国家社科基金重点项目

中国形象

审美规律与艺术构建

徐放鸣 等

著

中国教育出版传媒集团

高等教育出版社·北京

内容提要

　　本书是第一部系统阐述新时代中国文艺如何构建面向世界的中国形象的专题著作。全书分为"理论篇""文学篇""影视篇""域外篇"，共 21 章，聚焦文艺实践，立足文学与影视文本案例，在对国家形象的艺术呈现中把握审美规律。本书理论探索与案例分析相结合，从中导出实践方略，提出文艺中国家形象构建的对内凝聚和对外影响的"双功能说"，在"自我形象"与"他者形象"的复杂互动中，探索国家形象塑造功能如何有效实现。本书从形象诗学视角观照文艺现象，力求系统建构当代文艺实践塑造国家形象的总体框架，为文艺实践塑造"真实、立体、全面"的中国形象和"可信、可爱、可敬"的中国形象提供基本理路与实践指导。

图书在版编目（ＣＩＰ）数据

　　中国形象 ：审美规律与艺术构建 / 徐放鸣等著. --
北京 ：高等教育出版社，2023.2
　　ISBN 978-7-04-058203-1

　　Ⅰ . ①中… Ⅱ . ①徐… Ⅲ. ①国家-形象-研究-中国②文艺理论-研究-中国 Ⅳ. ①D6②I0

　　中国版本图书馆CIP数据核字（2022）第026637号

中国形象：审美规律与艺术构建
ZHONGGUO XINGXIANG：SHENMEI GUILÜ YU YISHU GOUJIAN

策划编辑	张　岩	责任编辑	张　岩	封面设计	姜　磊	版式设计	杜微言
责任绘图	李沛蓉	责任校对	高　歌	责任印制	存　怡		

出版发行	高等教育出版社	网　　址	http://www.hep.edu.cn
社　　址	北京市西城区德外大街 4 号		http://www.hep.com.cn
邮政编码	100120	网上订购	http://www.hepmall.com.cn
印　　刷	北京利丰雅高长城印刷有限公司		http://www.hepmall.com
开　　本	787 mm×1092 mm　1/16		http://www.hepmall.cn
印　　张	40		
字　　数	610 千字	版　　次	2023 年 2 月第 1 版
购书热线	010-58581118	印　　次	2023 年 2 月第 1 次印刷
咨询电话	400-810-0598	定　　价	148.00 元

前　　言

呈现在读者诸君面前的这部书，是关于文艺中的中国形象塑造的专题研究论著，也是我主持的国家社科基金重点项目"中国当代文艺实践中的国家形象构建研究"（批准号 12AZW003）的最终成果。承蒙各位成果鉴定专家的认可和鼓励，该项目完成之后的成果鉴定等级为"优秀"。在书稿即将付梓之际，作为项目主持人，我有一些感悟想在此与读者分享，并请各位方家赐教。

国家形象研究是最近十余年来的学术热点之一，与此相关的实践探索成果也在这期间不断涌现，形成了理论研究与实践探索互为支撑且相互促进的局面。文学艺术中的国家形象构建就是这一研究格局中令人瞩目的领域之一，产生了诸多值得探讨的理论问题。例如 2017 年国产大片《战狼 II》的上映，不仅创造了骄人的票房纪录，还引发了关于影片构建了怎样的中国形象及影片的英雄塑造属性激发了怎样的爱国热情的讨论，为我们的课题研究提供了值得重视的典型案例。

进一步说，中国形象研究的兴起正是伴随着中华民族伟大复兴的历史进程，伴随着脱贫攻坚和全面建成小康社会的伟大实践而出现的，是对这一伟大历史进程的生动反映。正在"富起来"和"强起来"的中国人民作为实践主体，开始自觉地关注国家形象的展现，希望向世界展示更趋完善的中国形象，而理论界正是顺应了这一要求而将国家形象的构建问题纳入研究视野。从另一方面看，在近代以来中国积贫积弱、饱受西方列强欺凌的历史的影响下，中国形象及中国人的形象被扭曲、被丑化、被贬斥乃至被妖魔化的印记依然留在人们的记忆中，而一些国人或多或少、有意无意地流露出的"自我东方化"倾向，也在不时地影响着人们对自己国家的认知，还有一些企业的不当行为和某些国人的文明素养缺失依然在损害着中国形象。这正说明对于国家形象构建的理论研究和实践探索需要在历史与现实的双重视域中逐渐深化，要真正建立起对中国形象的正确认知和表达机制，并且在国民中深化个人行为代表国家形象的自觉意识。从这个层面看，国家形象塑造所涉及的对内教育功能与对外传播功能同样重要，需要整体把握国家形象构建的双重指向。

本书选择文艺领域来开展国家形象构建研究，还有一个现实背景，即2011 年国务院学位委员会、教育部发布文件，调整学科专业目录，"艺术学"作为第十三个学科门类得以独立设置，获得了更大的发展空间。2014 年 5 月，中国文艺评论家协会成立，该协会致力于加强文艺评论工作。2014 年 10 月，习近平在文艺工作座谈会上的讲话中，提出了新时代党对文艺工作的新要求，为中国文艺的繁荣发展指明了方向。近年来，各艺术门类和相关学科吸纳了更多优秀人才投入创作、研究和教学，依托不同门类艺术而兴起的文化创意产业蓬勃发展；中外艺术交流频繁、活跃，中国艺术"走出去"出现良好态势；国家社科基金的艺术学项目也资助了多个关于艺术与国家形象塑造的重大和重点研究课题。可以说，文艺领域成为彰显中国文化"软实力"、促进文化强国建设的主战场。这些都在增强文化自信的高度，对以艺术的方式主动塑造中国形象提出了更高的要求，也起到了积极的促进作用，使得文艺领域成为中国形象构建的重要实践领域和理论研究与实践探索成果不断涌现的重要领域。本书所依托的研究课题就是在这一背景下成为该领域第一个获得立项的国家社科基金重点项目，课题的立项顺应了紧迫的现实需求。课题以"国家形象构建"为问题域，以"中国当代文艺实践"为切入点，以"形象诗学"和"综合研究"为方法论，对中国当代文艺实践中的国家形象构建问题开展了多个层面的总体研究，取得了预期的研究成果。

在研究成果体现的创新性方面，我们从三个方面做出了努力：第一，首次将国家形象研究引入"形象诗学"的理论视野,形成了基于国家形象塑造的"形象诗学新建构",建立起国家形象的诗学研究理论框架,拓展了形象诗学的应用范围。第二,注重国家形象构建的内在机理分析,揭示了形象构建的功能机理、主体定位、内涵表达机理、受众接受机理等诸多方面的内在机制,从而将文艺中的国家形象构建实践引向遵循内在机理的自觉和自为的新阶段。第三,选择不同艺术领域的典型个案做充分而深入的样本分析,从中把握并阐发了不同艺术形态的作品构建中国形象的审美规律。例如在文学领域,以具有较高文学性的"茅盾文学奖"获奖作品为典型个案,揭示了其中的"三大情结"(史诗情结、英雄主义情结、现实主义情结)在中国形象塑造方面呈现的审美规律。又如在影视艺术领域,将乡土题材纪录片作为一个类型,对其中构建的历史和现实语境中的乡土中国形象做审美分析,揭示了其"真实呈现与艺术呈现的双重性表达""乡土文化与国家意志的多样性融合""自我形象与他者形象的差异性互照"的审美特性。

在研究成果的特色方面,我们着力突出了如下三个关键点:一是在国家形象构建的主体分析方面,不限于内地(大陆)的、体制内的作家和艺术家,而是将体制内外、内地(大陆)、港澳台,以及海外华人作家和艺术家都作为中国形象构建的主体,从中分析和把握其不同的身份归属、观察视角和情感认同对国家形象塑造的深刻影响,突出强调了形象构建主体的自觉意识和形象构建能力问题。二是聚焦文艺实践,追求理论建构与实践指导的紧密结合,力求体现对新时代中国文艺实践的启发性和引领性。我们并不单纯追求理论探索上的知识生产,更希望能够对文艺创作如何塑造好中国形象、如何发挥好应有的影响和凝聚作用产生切实的助益,因此,突出了实践方略的探索。三是努力体现史论结合的研究思路,对文艺中的国家形象史与国家形象论做整体性的把握,打通文艺塑造国家形象的过去、现在和未来,在历史经验的总结分析中进一步明晰面向未来的国家形象构建之道。

在研究成果力求获得的理论建树上,我们也从若干方面做出了探索:第一,提出文艺中国家形象构建的对内与对外"双功能说",阐述了文艺中的国家形象塑造所具有的对内凝聚功能和对外影响功能,力图纠正国家形象塑造单纯对外的习惯性看法，针对当下的紧迫需求，更加凸显文艺的国家形象塑造对于国民精神的启迪、凝聚、提升作用。第二，有别于新闻传播学、国际关系学等领域的国家形象定性研究，突出阐发了文艺实践中国家形象构建的审美特殊性，遵循艺术生产的审美规律构建起中国形象的艺术呈现所涉及的理论基础和实践方略。第三，在艺术的诸多种类和形态中，主要聚焦于最具大众传播属性的文学和影视艺术，选择了代表性强的非直观性语言艺术和视听直观的影像艺术作为主要研究对象，从中选取典型案例进行样本分析，研究对象的集中度高、关联性强，便于在比较中深入阐释其中蕴含的形象构建的审美规律。第四，将西方哲学的"主体性"理论和"主体间性"理论引入形象诗学的新视域，集中阐发国家形象的"自我建构"与"他者建构"之间的关系，始终在"自我形象"与"他者形象"的复杂互动关系中理解和把握国家形象塑造功能如何有效实现的问题。第五，尝试揭示文艺实践自觉构建国家形象的内在实现机理，从形象构建的功能机理、主体定位、内涵表达机理、形象接受机理及形象批评机理等方面做出具体阐述，促进了国家形象的诗学研究的深化。第六，立足文艺实践，致力于形象构建的理论创新，在消化吸收传统艺术形象理论、比较文学形象学理论和一般形象学理论的基础上，将国家形象研究引入形象诗学，形成了形象诗学的新建构，建立起国家形象的诗学研究理论框架，体现出应有的学术前沿性。

在对于国家形象构建的理论研究和实践探索逐渐深化的过程中，来自官方的主流声音为我们的研究提供了基本遵循和生动案例。从 2011 年国家形象宣传片首次发布，到 2013 年对于塑造中国国家形象（文明大国、东方大国、负责任大国、社会主义大国）的定位表述，再到习近平先后关于讲好中国故事，彰显中国精神，努力塑造"真实、立体、全面"的中国形象和"可信、可爱、可敬"的中国形象的具体论述，以及倡议构建人类命运共同体的论述，这些代表了开放奋进的中国面向世界的自信豪迈姿态，也为文艺作品生动呈现当今中国的多元面貌提供了指引。我们在研究过程中注重从中理解精神实质，把握正确导向，并且将理论运用于具体作品案例的分析阐释，体现了较强的思想性和价值引领性。因而，本书可以为当前我国增强文化自信、全面提升国家文化软实力这一重大的时代性命题，为凝聚民族力量、提升国家形象、扩大中国文艺的世界性影响，从一个特定的视角提供基本理路和实践方略，同时可以深化和拓展形象诗学的理论建构及应用场域，体现出应有的学术价值。

这部书稿修改完成时，恰逢中国共产党成立一百周年。深入研究如何以艺术的方式讲好中国共产党治国理政的故事、中国人民奋斗圆梦的故事、中国坚持和平发展合作共赢的故事，是新时代中国形象构建的重要任务，也是我们社会科学工作者对建党百年的最好献礼。在未来实现第二个"百年奋斗目标"的伟大征程中，会有更多精彩的中国故事需要以艺术的方式完美呈现，实现中华民族伟大复兴的宏大主题也会以生动鲜活的微观叙事得以多方面展现。这也为中国形象的艺术呈现拓展了更广阔的空间，提供了更丰富的研究案例。探索和深化艺术中的国家形象研究需要继续，这是我们任重而道远的使命。未来可期，我们的研究依然在路上！

徐放鸣

2021 年 11 月 15 日

目　　录

文 学 篇

影 视 篇

域　外　篇

引言 国家形象研究视域中的"形象诗学"

　　本书关注中国当代文艺实践中的国家形象构建（又作"建构"）问题，这一研究最初是在党的十八大以来，中国特色社会主义进入新时代的总体背景下，对于中国文化如何走出去，如何以艺术的方式"用世界语言讲好中国故事"，生动构建中国国家形象所做的学理性探索和应用性研究。在此之前的 2011 年底，中国国家形象宣传片首次登陆美国纽约时报广场，开启了主动塑造当代中国形象的实践征程。这一举动既提供了值得研究阐释的典型案例，也彰显了对这一课题研究的紧迫性需求。

　　国家形象是在国际交流和竞争中由一个国家硬实力与软实力的有效组合而产生的综合影响力。国家形象不仅体现在经济、科技、外交、军事等领域，其文化呈现（包括文学艺术的呈现方式）也越来越受到重视。随着我国综合国力的提升、文化强国的建设、文化软实力的构建，国家形象研究逐渐进入多学科的研究视域，成为理论研究的前沿课题和实践探索的紧迫问题。从文艺领域入手来研究国家形象的构建和传播就是其中的一个重要的实践领域，也是当代文艺理论创新发展的一个新的生长点。因此，我们需要从国家形象研究这一新视域来审视传统的"形象诗学"的理论发展，以国家形象研究的新内涵来丰富和深化形象诗学的理论建构，进而实现当代文艺实践构建中国形象的理论自觉和理论创新，发挥形象诗学对文艺领域塑造中国形象的引领和促进作用。

一、形象诗学的理论发展

中国学术语境里的"形象诗学"是由文艺理论中的传统形象理论发展而来的，它历来都是文艺学研究的核心问题之一，并且在理论发展中形成了丰厚的学术积累和传承。一方面它建立在对中国古代文论核心范畴的解析和继承基础上，另一方面又从西方古今文论中获得了丰富的思想资源，在此基础上中国学者逐步建构起马克思主义文艺学中的形象诗学理论，在不同的维度进行了理论创新的可贵实践，显现出形象诗学理论发展的不同走向。

赵炎秋从 20 世纪 90 年代到 21 世纪初，历经十余年时间持续进行文学形象理论的专题研究，在对传统文学形象理论做了深入梳理分析之后，提出了"形象诗学"的理论建构。其著作《文学形象新论》（2000）、《形象诗学》（2004）是国内学界形象诗学研究的代表性著作。赵炎秋在形象诗学的理论发展上有如下三个方面的学术贡献：第一，系统地梳理国内外关于文学形象研究的学术史，对传统形象理论的演化线索有较为清晰的把握，对其中的代表性人物及其代表性观点做了恰当的评述，进而在新的认识高度提出了形象研究理论创新的紧迫问题。第二，在分析两种不同的文学理论传统（形象论文论与语言论文论）之间复杂关系的基础上，将形象问题作为一种文学本质观予以阐发，进而鲜明地提出"形象诗学"的理论建构。他认为："从作品的角度出发，文学只有两个基本要素，一是形象，一是语言，两者一直是文学理论的核心问题。""由此形成两种不同的文学理论传统：形象论文论和语言论文论。"[①] 他一方面"坚持认为，文学的本质是形象，而且从整体上看，形象论文论也更符合文学的实际"，另一方面也明确地指出"传统的形象理论的确存在着许多不足"[②]。因此，他致力于探索"如何结合文学实践和中国文论的传统，吸取语言论文论的长处，克服传统形象理论的不足，加以丰富与完善，建立有中国特色的符合文学实际的

① 赵炎秋：《形象诗学》，北京：中国社会科学出版社，2004 年，第 2 页。
② 赵炎秋：《形象诗学》，北京：中国社会科学出版社，2004 年，第 3 页。

形象理论体系"①。从传统的文学形象理论到作为一种文学本质观的形象诗学，理论定位和结构、内涵都发生了质的变化，这反映出对形象理论在总体文学理论中的定位和重要性的新认识。恰恰是在这层意义上，文学的形象研究上升为一种"诗学"。第三，由准确把握文学语言与文学形象的复杂联系入手，在对传统文学形象理论存在的缺陷做细致分析的基础上，着力阐发作者所标举的"文学的形象本质"，进而建构起具有创新性的形象诗学理论体系。在童庆炳看来，赵炎秋"基本的理论假设是，形象的实质是生活，但形象不等于生活，形象是对于生活的形象化。简言之，形象是形式化的生活"②。赵炎秋力图辩证地把握文学中语言和形象的关系，阐发了语言能否构建形象、如何构建形象的问题，强调"文学语言的特性就是它的构像性，它的目的就是构成形象"③，从而打通了语言论与形象论的内在联系。在形象诗学的理论建构上，赵炎秋从形象的形成机理、形象的内部结构和组合方式、形象的评价标准、形象的意义、形象的创造与接受等方面予以阐释，由此而建立的国内第一个形象诗学理论体系具有开创性，代表了文学形象研究的新趋向。

王一川的《中国形象诗学——1985 至 1995 年文学新潮阐释》（1998）④代表了形象诗学研究的另一种走向。该书并不急于构建新的形象诗学的理论架构，而是在对 1985—1995 年这 10 年间中国文学新潮的评述和解析中鲜明地提出了当代文艺创作与国家形象呈现的关系问题，从而探索并确立了一个新的文学批评视角：既从中国形象角度考察当代文学新潮，也从当代文学新潮考察中国形象的呈现，并且力求将两者结合起来，形成一种相互阐释。⑤这是国内学界最早将文艺创作与国家形象塑造紧密联系起来加以批评和阐释的专题著作。在王一川看来，"中国形象诗学是有关文学中的中国形象的一种审美与文化阐释"⑥。其立意在于强调"创造富于审美魅力的中国形象，就必然成为 20 世纪中国文

① 赵炎秋：《形象诗学》，北京：中国社会科学出版社，2004 年，第 3 页。
② 童庆炳：《形象诗学》"序一"，见赵炎秋《形象诗学》，北京：中国社会科学出版社，2004 年，第 2 页。
③ 赵炎秋：《形象诗学》，北京：中国社会科学出版社，2004 年，第 107 页。
④ 参见王一川《中国形象诗学——1985 至 1995 年文学新潮阐释》，上海：上海三联书店，1998 年。
⑤ 参见王一川《中国形象诗学——1985 至 1995 年文学新潮阐释》"引言"，上海：上海三联书店，1998 年。
⑥ 王一川：《中国形象诗学——1985 至 1995 年文学新潮阐释》，上海：上海三联书店，1998 年，第 22 页。

学的一项非常而又自觉的使命"。以此角度来考察 20 世纪中国文学，王一川发现："由于这百年间中国及世界历史的特殊性，对中国形象的反复寻找、呈现或重构，竟演变成了一个贯穿整个 20 世纪中国文学的'世纪性'传统"。[①] 他把这一传统概括为 20 世纪中国文学在中国形象创造方面的五次浪潮：世纪初年、五四时期、20—30 年代、50—60 年代、1985—1995 年，还对每次浪潮中文学所呈现的中国形象特点做了简要的分析，尤其是对 1985—1995 年文学所呈现的中国语言形象、表征形象、神话形象、家族形象、市民形象做了丰富的例证分析。这实际上构成了关于"20 世纪中国文学"的另一种独特阐述视角，对后来的相关研究具有启迪作用。

更加值得重视的是，王一川在讨论中国形象诗学时不再局限于文艺学领域和单纯的文学研究，而是在广阔的历史和文化视野中考察中国形象的构建问题。一方面，他揭示了中国形象从古典性到现代性的演变历程。他认为："以鸦片战争时期作为国体名称的'中国'的诞生为标志，古典性中国形象在西方他者冲击下急剧破灭，中国形象终于成为一个需要重新追问的空前急迫而重要的大问题；也正是为着解决这个问题，实现中国文化复兴，现代中国人开始了新的想象力活动——建构现代性中国形象。"文学恰恰是承载现代国人对国家形象的自我想象的重要方式，在我们过多地受到域外他者视野构建的中国想象的影响甚至困扰之后，"更需要考察的是中国人想象中的中国形象。因为，对于中国文化自身的发展来说，这种自我想象本身就是这种发展进程的一部分"[②]。由此，中国形象的自我想象和呈现，应当作为中国现代文化建设的急迫内容而确立。当然，由于诸多因素，20 世纪的中国文艺界和学术界尚未形成对这一使命的自觉意识。另一方面，王一川所建构的中国形象诗学力图凸显中国形象审美和文化的双重性质。他指出："作为一种文化的总体象征，'中国'代表的是同时富于强大的政治、经济和军事实力、以及审美魅力的文化想象。在这个意义上可以说，'中国'本身就是在审美魅力中凝聚着丰富文化想象的形象，或者说，是洋溢着审美魅力的文化形象。'中国'同时蕴涵着审美意味和文化象

---

① 王一川：《中国形象诗学——1985 至 1995 年文学新潮阐释》，上海：上海三联书店，1998 年，第 17 页。

② 王一川：《中国形象诗学——1985 至 1995 年文学新潮阐释》，上海：上海三联书店，1998 年，第 16、2 页。

征意味，即具有双重意味。中国如此，整个中国形象系统亦然，即都具有审美与文化双重意味。"① 这说明，他是在审美想象与文化批评的双重视野中来把握中国形象构建的，因此，他所运用的中国形象诗学，既是一种审美的诗学，也是一种文化的诗学。这种选择已经超出了形象诗学的原初理论内涵，展示了形象诗学发展的新空间。后来，王一川的观点又有深化。他以电影艺术为例，将中国文艺塑造的国家形象分为国家硬形象、国家软形象和国家软硬形象这三种类型，其中国家软形象在呈现方式上"较为隐性或含蓄，即不再以塑造国家领袖、人民英雄、模范人物、历史英雄等直接的主流价值象征系统为使命，而是主要透过一些非主流的边缘人物、小事物、小事件等去间接地和柔性地呈现国家精神、民族精神、民族气质、民族艺术韵味等"②。这进一步拓展了国家形象展示中的人物塑造空间。

笔者的形象诗学研究在前后期显示了不同的侧重点。前期是在传统形象研究领域内对文学和影视作品中的人物形象做现象考察和个案分析。③ 譬如从形象塑造的对象主体性入手，对文学作品中人物形象的性格发展规律做系列研究，针对人物性格的"背叛"现象——违反作家创作初衷而自然发展，探索其中存在的必然性与偶然性、主观性与客观性、主动性与被动性，以及人物性格发展的完整性和层次性等，以此来"从一个侧面深化对文艺作品的形象诗学研究"④。又如，将形象诗学的理论扩展到文学以外，运用于影视批评实践，对产生广泛影响的影视作品主人公形象及人物群像做个案分析，并进一步深入讨论当今时代英雄形象的塑造面临的新问题和出现的新趋向，提出了值得警惕的非英雄化倾向问题⑤，引起了有关方面的重视和讨论。后期研究的重点在就"我们的文艺如何面对中国的'形象焦虑'"提出问题，在《文艺报》展开了相关讨论⑥。笔者认为，如何在历史与现实的双重语境中塑造出我们正面的民族形象和国家

---

① 王一川：《中国形象诗学——1985 至 1995 年文学新潮阐释》，上海：上海三联书店，1998 年，第 20 页。
② 王一川：《国家硬形象、软形象及其交融态——兼谈中国电影的影像政治修辞》，《当代电影》2009 年第 2 期。
③ 参见徐放鸣《审美文化与形象诗学》，南京：江苏人民出版社，2008 年。
④ 徐放鸣：《审美文化与形象诗学》，南京：江苏人民出版社，2008 年，第 179 页。
⑤ 参见徐放鸣、杨森《英雄、形象塑造及其他》，《文艺报》2006 年 9 月 7 日。
⑥ 参见徐放鸣、张玉勤《我们的文艺如何面对中国的"形象焦虑"》，《文艺报》2007 年 3 月 6 日。

形象，是当代中国文艺责无旁贷的现实使命。我们既要肯定当代文艺实践在国家形象塑造方面取得的成就，也要看到中国当代文艺形象序列表面上的琳琅满目并不能掩盖深层次的苍白平淡，要看到存在的明显缺失，例如文艺形象纷杂背后的相对单一、深度缺失、原创性不足。[①] 更为重要的是，面对中国的"形象焦虑"，我们的文艺创作和理论批评还缺乏以文艺实践构建国家形象的充分的自觉意识，还没有在这个方面形成必要的理论支撑和实践引领。为此，迫切需要努力拓展形象诗学的研究视域，将国家形象构建研究纳入其中，同时，要从文学领域的形象塑造扩展到整个艺术门类各个艺术形态的形象塑造，形成适应新形势的形象诗学研究格局。

二、关于国家形象构建的诗学研究

中国语境里关于国家形象的研究是最近十余年间才逐渐开展的，其内在动因主要来自崛起的中国面向世界时的形象构建实践，以及在诸多方面遇到的现实困扰。可以说，正是不同领域的国家形象焦虑和十分紧迫的形象构建需求催生了对于国家形象的理论和实践研究。这方面的研究发端于国际关系和媒介传播领域，并逐渐进入文艺学和不同门类艺术的研究视域，已经有多个相关课题被确定为国家社科基金年度项目。这一研究动态具有十分积极的意义，可以说，当代中国文艺实践进入国家形象主动构建层面，是我们的文艺理论和文艺实践不断走向自觉和成熟的标志，显示了应有的现实关怀品格和担当精神。进一步说，以形象诗学为视角，系统地建构起当代文艺实践中国家形象塑造问题的研究框架，可以用理论的自觉来促进和指导文艺实践的深化，使得文艺实践中的国家形象塑造探索更加主动地融入中国形象塑造的总体话语体系，发挥其独特的凝聚和影响作用。

关于国家形象构建的诗学研究有着广阔的学术空间和丰富的研究内容。我们可以尝试做如下宏观描述。

首先，如何界定和把握独特而又极其丰富的研究对象，确立在文艺领域全

---

① 参见徐放鸣《审美文化与形象诗学》，南京：江苏人民出版社，2008年，第213页。

方位地构建"国家形象体系"的战略目标。我们认为，文艺创作主要是在历史与现实的广阔视野中通过书写、刻画、表现、展示关于中国的人、物、事，以审美创造方式生动具体地构建中国形象。这个中国形象体系是在传统与当代、个体与整体、物质与精神、民族与地方的张力中，以"社会生活史"与"民族心灵史"的方式呈现出的多元化样态：（1）范围上，包括政治形象、经济形象、军事形象、审美形象、艺术形象、文化形象等；（2）类型上，包括政府官员形象、知识分子形象、军人形象、工人形象、农民形象、青年形象、大众形象等；（3）地域上，包括民族形象、地方形象、民俗形象等；（4）层次上，包括先锋形象、世俗形象、娱乐形象等；（5）特质上，包括勤劳、质朴、勇敢的中国人形象，古老、多彩、现代的中华文明形象，发展、开放、和谐的中国社会形象，优美、宜居、独特的中国生态形象等。

其次，如何把握文艺实践中国家形象构建的"外在表现"和"内在机理"，从而实现在诗学层面的总体研究。我们试图从七个方面建立起形象构建的逻辑框架，构成"形象七论"。

一是"形象定位"。即如何解析国家形象的复杂内涵，明确文艺领域塑造国家形象的审美特殊性，当代文艺应当塑造什么样的国家形象，文艺中国家形象的类型划分与范式追求等。

二是"形象追踪"。包括中国文艺自身从传统到现代展示了怎样的中国形象，域外"他者"视域中的中国形象经历了怎样的变迁，以及当今世界文化对话格局中的中国形象构建出现了怎样的走向等。

三是"形象修复"。力图对外梳理和厘清西方对中国国家形象的误解、误读与歪曲、妖魔化，对内分析政府、企业、国民面向世界时存在的自身素质缺陷，提出以文艺实践重塑中国国家形象的基本方略。

四是"形象塑造"。立足于当代文艺实践，以主动、积极、建构的姿态和开放性、现代化的视野，确立国家形象的言语叙事和视觉审美的双重逻辑，构建起真实、立体、全面的国家形象，形成基于文艺形态的中国形象谱系。

五是"形象借鉴"。即借鉴美国（好莱坞大片）、韩国（韩剧）、日本（文学与动漫）等在国际文艺实践中塑造国家形象的成功模式，吸取经验，同时探索国家间文化交互传播对国家形象相互构建之作用的内在规律。

六是"形象接受"。对内考量并提升新的国家形象体系在国民中的认同度和归属感，发挥文艺作品在审美活动中对民族精神和国民人文素养方面的独特影响力，形成新的向度上的"文化共同体"；对外分析文艺中的国家形象呈现之于国外公众的可接受度和适应性，寻求形象塑造与形象接受的良性机制。

七是"形象传播"。以全球化为视域，以新媒介为载体，促进中国国家形象的包装、传播、影响，并以一种跨文化的间性智慧，实现与"他者"文化和"他者"形象的相互理解、相互印证、相互建构，不断激发自身内在的活力。

这"形象七论"的内容就体现在"理论篇"，以及文学、影视、域外各篇的具体样本和案例分析中，构成我们对于文艺实践中国家形象构建的内在机理的认识，也在传统的形象诗学基础上形成形象诗学的新建构。

再次，作为对国家形象构建的诗学研究，如何把握文艺作品中呈现的国家形象的审美特殊性，或者说如何把握国家形象审美呈现的形态特征。上文已经指出，文艺实践要以社会生活史和"民族心灵史"的方式呈现中国形象塑造的多元化样态。这种形象呈现当然不同于新闻传播领域、国际关系领域及世界经济与政治领域中所展示的中国形象，而是具有明显的特殊性。我们至少可以做如下概括：其一，它是生动形象、感性具体的艺术化呈现，而不同于一个抽象的"构建和谐世界"的价值观；其二，它是历史的，也是审美的，以审美化的形式承载着深厚的历史感；其三，它是想象的，也是现实的，在真实与虚构的张力关系中展现中国的多样化面貌；其四，它是个性化的呈现，要以民族的、地域的、民俗的独特人文生态展现中国文化多元而又具有整体感的特殊性；其五，它不是一个当下的"瞬间性"行为，而是一个富于历史感的"延续性"进程，体现了历史传承性、现实针对性和未来理想性的融通与统一。正是因为有着这种审美呈现的特殊性，文学艺术应当是中国形象构建和传播的最有效的载体之一，甚至可以说，当代中国文艺的创新发展过程在一定意义上也就是中国形象的构建和传播过程。

最后，如何把握文艺实践构建国家形象的创作主体和接受主体的复杂性。先谈塑造文艺中国家形象的创作主体。我们认为在中国语境里，创作主体的角色定位和情感体验并非单一的，而是存在明显差异的。具体说应当重视三类创作主体：一是内地（大陆）作家和艺术家，这一群体无疑是国家形象塑造的主力军。但是其中也要区分"体制内"和"体制外"的不同文化身份。体制内外的作家和艺术家在诸多方面有着明显的区别，对于他们在国家形象塑造方面的责任意识、角色定位和创作状态应当做细致的分析。二是港澳台作家和艺术家，他们有着特殊的文化身份和对国家的另一种认同感，可以从不同的视角表现家国情怀和故国想象，会从主流意识形态之外体现其国家意识和民族情感。三是海外华侨华人作家和艺术家，无论旅居还是入籍，这个艺术群体都有着对祖国的深厚而复杂的感情，其中有的还获得了诺贝尔文学奖和重要的国际电影奖项。他们的创作活动所呈现的中国形象，既不同于内地（大陆）和港澳台的作家和艺术家所构建的中国形象，也不同于所居国家读者观众对中国形成的"他者"形象。他们是十分特殊的创作群体，对于中国形象的塑造和传播也发挥着不可忽视的作用。

再谈文艺中国家形象的接受主体。我们并不认为中国的国家形象塑造只是对外传播所用，它同时对自己的国民起着影响、凝聚、启迪、提升的作用。因此，文艺实践构建国家形象的接受主体也是多元而复杂的。从域外接受主体来说，有海外华侨华人群体与外国公众之分。我国近年来春节期间组织的"文化中国，四海同春"海外慰侨艺术巡演活动就是以海外华侨华人群体为主要受众的，数千万海外华侨华人和他们的后代对祖国有着深厚的情感和地域、宗族的血脉联系，一定程度上是与祖国荣辱与共的，因而他们有着强烈的家国情怀，对于中国的形象展示特别关注，有的还力所能及地支持、协助、参与中国形象的海外传播。对这类接受群体，我们的文艺实践应当增强贴近性、针对性，努力强化海外华侨华人特别是其后代对祖国的认知和归属感，使之成为积极的、建设性的受众。至于外国公众，也是复杂的多元群体，政府、智库、媒体、企业界、艺术界各有自己的选择取向和利益关联，其中还有显而易见的意识形态差异甚至价值观壁垒。他们对中国形象的选择性接受和自主性想象形成了复杂的"他者形象"。再看本土接受主体，现实中发生的诸多国民素质缺陷严重损伤中国形象的事件充分说明，中国的国家形象构建必须建立在国民素质全面提升的基础上，必须强化全民族维护国家形象的自觉意识。因此，文艺实践中的中国形象塑造也应当针对本土国民，强化"形象接受"方面的探索，在国家意识、民族精神、公民素养的提升等方面发挥应有的作用，这甚至是更为紧迫的现实任务。

三、新视域下形象诗学中的多重形象关系问题

围绕国家形象塑造而拓展形象诗学的研究视域，必须在当今全球化时代多元文化的背景下，在历史与现实、东方与西方的时空转换中确立开放的、发展的中国面向未来的形象定位。在上述宏观描述之后，我们要重点探索文艺实践构建中国形象所涉及的若干形象关系问题。

第一，中国形象中的"他者形象"与"自我形象"。西方比较文学的发展在 20 世纪晚期形成了涉及文学中的他国形象的"形象学"研究，并被迅速地介绍到中国来。① 比较文学形象学强调，文学中的一国形象，是由他国受众在阅读、评论和想象中形成的，这属于一种"他国形象"研究，"基本不考虑本国对自身的形象塑造问题"②。可见，比较文学形象学的立意是"研究一国文学中异国形象的生成、流变，即异国形象是如何被想象、被塑造出来，又是如何传播的，继而分析异国形象产生的深层社会文化背景，发现折射在他者身上的自我形象"③。事实上，西方对古代中国和现代中国的这种"他者形象"的构建由来已久，其间经历了从热情赞美和景仰，到全面否定和蔑视，再到如今重视中的毁誉参半。对这种中国形象的"他者化"构建足以写成内容丰厚的他者视域的中国形象史，近年来，中国学者对此进行了必要的梳理，从宏观和微观层面为我们呈现了域外的"他者化"中国形象。④ 值得重视和反思的是，在西方对中国形象的"他者化"构建影响下，20 世纪中国作家和艺术家的创作所呈

① 参见孟华主编《比较文学形象学》，北京：北京大学出版社，2001 年。
② 孟华主编：《比较文学形象学》，北京：北京大学出版社，2001 年，第 2 页。
③ 张志彪：《比较文学形象学理论与实践：以中国文学中的日本形象为例》，北京：民族出版社，2007 年，第 1 页。
④ 参见周宁编《世界之中国：域外中国形象研究》，南京：南京大学出版社，2007 年；周宁主编"世界的中国形象"丛书，凡 9 种，分别为美国、西欧、俄罗斯、日本、印度、东南亚、非洲、阿拉伯、拉美的中国形象，皆于 2010 年由人民出版社出版；姜智芹《镜像后的文化冲突与文化认同——英美文学中的中国形象》，北京：中华书局，2008 年；姜智芹《傅满洲与陈查理——美国大众文化中的中国形象》，南京：南京大学出版社，2007 年。

现的中国形象也存在着明显的"他者化"迹象。有论者指出:"中国文学中所呈现出的'中国形象'虽是本土作家的自我塑造,但因为参照系来自于别国(主要是西方),所以在塑造过程中有意无意地将'中国形象'他者化、异质化了。"① 这种西方视角影响下"自我异质化"的现象不仅在文学中存在,而且在电影、美术及文艺批评中也存在,李朝全在《文艺创作与国家形象》(2007)② 一书中对不同艺术领域里的"他者化倾向"做了较为详尽的分析。中国本土作家、艺术家尚且如此,海外华侨华人作家更是直接受到西方观察和批评中国的倾向性影响,其作品里中国形象的他者化痕迹有时表现得更加明显。凡此种种,更加说明,新视域下的形象诗学立足于以文艺实践来实现国家形象自我塑造,努力构建当今中国的"自我形象",确实具有现实紧迫性。这需要我们冷静分析存在异质化、他者化倾向的深层次原因,增强自我主体意识和文化自觉。进一步说,文艺领域中国形象的自我呈现与他者化呈现都已经是历史性存在,它们共同构成了文艺中的中国形象史。

从今天的建构主义视野看,观察中国的"内视角"与"外视角",以及由此形成的中国"自我形象"与"他者形象"不应当是相互对立和隔绝的,而应当在双向或多边的主体间性中实现互照、互识甚至互补。重要的是,如何以"自我形象"的成功构建和有效传播来影响他国的读者和观众,同时,如何从"他者形象"中发现国家形象构建的得失,在他者的镜像中反观自身、引起警醒,激发我们努力构建当今中国形象的使命意识,增强形象构建和传播的针对性。有论者认为:"在全球化语境之下,'中国形象'的塑造与传播的突破需要的是国内外多元共生的完整的生态链,在这当中,'中国形象'的本土书写显然发挥着主体或主导的作用;同时在'中国形象'的塑造与传播问题上,塑造是基础,只有从根本上提升本土'中国形象'书写的水平和层次,才有可能打开'中国形象'传播的新局面。"③ 我们应当在这种"自我形象"与"他者形象"的对话交流中将中国形象的塑造融入世界多元文化发展的总体格局,努力彰显中国形

① 吴秀明主编:《文化转型与百年文学"中国形象"塑造》,杭州:浙江工商大学出版社,2011年,第4页。
② 参见李朝全《文艺创作与国家形象》,北京:华艺出版社,2007年。
③ 吴秀明主编:《文化转型与百年文学"中国形象"塑造》,杭州:浙江工商大学出版社,2011年,第18页。

象的影响力和凝聚力。

第二，文艺呈现的中国"历史形象"与"现实形象"。这要在两个层面分别讨论。

首先是在"史"的层面看，文艺中所呈现的中国形象已经构成了历史形象与现实形象交错交织的、复杂错综的国家形象史，其中既有外国作家、艺术家所呈现的中国形象，如美国作家赛珍珠荣获诺贝尔文学奖的长篇小说《大地》，又如埃德加·斯诺在世界上产生广泛影响的作品《红星照耀中国》(又名《西行漫记》)，再如在英美大众文化中从小说到电影构成系列的"傅满洲"和"陈查理"的形象，以及西方传教士和游历者对古代和近代中国的描述，也有本土作家、艺术家在不同的历史阶段、从不同的视角所呈现的中国形象。这些不同文化身份、不同观察角度所形成的中国想象构成了丰富复杂的中国形象呈现，反映了绵延六百余年的中国形象史，从中可以看到中国的历史形象与现实形象的变迁，也可以看到本土作家、海外华侨华人作家、外国作家等不同创作主体在中国形象呈现上的深刻差异。他们的中国想象形成了令人深思的对比和映照。"文学中异国形象不再被看成是单纯对现实的复制或描写，而被放在'自我'与'他者'、'本土'与'异域'的互动关系中来进行考察"①，系统地梳理以上由多元主体构成的国家形象史，对于我们今天增强构建国家形象的自觉意识具有深刻的启示。

其次是在"论"的层面看，国家形象研究视域中的形象诗学要探索当代艺术面向世界和面向未来的中国形象塑造，如何以自觉的主体意识来进行历史书写和现实书写，如何进一步反思和克服本土作家、艺术家存在的国家形象呈现的他者化、异质化问题。周宁认为："西方的中国形象支配现代中国的自我形象或自我想象，塑造中国的现代性自我。西方现代性想象正是通过中国现代思想转换成现代中国反思历史、改造现实、憧憬未来的思想视域与问题框架。"②这种被塑造出的现代性自我显然失去了应有的主体性意识，也显然缺乏应有的文化自信。从根本上说，文艺中的中国形象塑造必须确立具有世界眼光和开

① 张志彪：《比较文学形象学理论与实践：以中国文学中的日本形象为例》，北京：民族出版社，2007年，第18页。
② 周宁：《世界的中国形象丛书》"总序"，见吴光辉《日本的中国形象》，北京：人民出版社，2010年，第9页。

放心态的主体意识，这种主体意识应当超越"东方主义"或"西方主义"那种通过他者化、妖魔化对方而提升和肯定自我的思想局限，在倡导文化多元共生的全球化视野中构建自己国家的文化形象——民族性与世界性相融通的文化形象。王岳川对此提出了"后东方主义"的命题，他认为，"'后东方主义'（Post-Orientalism）意味着走出东方主义与西方主义的二元对立，将多元文化精神置于文化身份书写中，减少对抗性而增加对话性，共同促进世界文化的交往和发展。"[①] 这对于形象诗学探索中国形象构建应当确立的主体意识具有深刻的启示。走出二元对立的习惯性思维定式，积极寻求不同文化传统和民族特性之间的平等对话，才能真正实现文化自觉，才能确立超越性的主体意识，以文学艺术所呈现的开放性中国形象去寻求跨文化的交流互动，进而实现新的基点上多元文化的共存和互补。这正是形象诗学在国家形象构建方面探索的方向。

国家形象构建和传播所涉及的关系问题还涉及其他方面，例如形象构建的主体性与主体间性问题、形象构建的想象性与现实性问题、形象塑造与传播的对内功能与对外功能问题、形象的文学构建与影像构建的关系问题，等等，其中蕴含着文艺塑造中国形象的复杂关系机制，我们将在各篇内容的具体展开中做出阐述。

四、关于本书研究对象的范围界定问题

按照前文所述的"形象七论"的逻辑架构，本书具有从传统到当下的广阔的论述空间，也会涉及诸多的艺术门类和作品，但是考虑到篇幅容量和论述的集中性，以及分步推进后续研究的总体设计，目前的研究相对集中于特定的艺术门类，即主要围绕文学和影视艺术选取例证做分析阐释，兼及少量的美术和综艺作品。这是因为，相比其他艺术门类，文学和影视作品具有受众广泛、代表性强、跨文化传播的影响力更大的特点，引起公众关注和热议的、关涉中国形象的艺术作品大多属于这两个艺术类型。在后续的研究中，我们将会延展到音乐、舞蹈、戏剧、美术、建筑、综艺及新媒体艺术等门类，进一步拓展研究

① 王岳川：《发现东方》（修订版），北京：北京大学出版社，2011 年，第 42 页。

对象的覆盖面。

关于选择作品文本和研究案例的考虑，从兼顾作品的代表性和多样性出发，我们既把"茅盾文学奖"及诺贝尔文学奖、奥斯卡金像奖等获奖作品作为重点研究文本，也兼及近十年出现的值得关注的重要作品；既对影响面广的主旋律作品做重点案例分析，也对值得关注的非主旋律作品做出剖析，力求反映出文艺实践构建国家形象的多元面貌。同时，出于"形象借鉴"的需要，我们选择了如赛珍珠这样的获得过诺贝尔文学奖、有着长期在华生活经历的美国作家的代表性作品做专章分析，以便观察其中构建的中国形象具有怎样特殊的"他者"视域。类似的文本还包括好莱坞和迪士尼的电影作品，其中运用中国元素所构成的西方镜像可以作为我们主动构建中国形象的必要参照。

关于作家、艺术家的选择，鉴于参与文艺实践构建中国形象的作家和艺术家背景多样、身份复杂，既有专业与非专业之分，也有中国不同区域与海外之别，需要具体分析不同类型作家和艺术家在言说与呈现中国形象时的身份制约性和主体选择性，因此，我们也兼顾选择不同身份背景的作家和艺术家作为分析对象，以体现各自类型的代表性，同时对具有复杂身份背景、艺术影响力大的作家和艺术家给予特别关注，例如对兼有大陆、台湾背景，又活跃在美国主流社会的著名华裔电影导演李安，也列出专章分析他的五部华语电影所寄托的家国之思及其呈现的中国人形象。

关于作品选择的时间范围限定，本书主要聚焦"中国当代文艺实践中的国家形象构建研究"，自然是以改革开放以来这40余年出现的作品为主要研究对象，这构成了本书案例分析的主体部分，而对此前的"十七年"文学艺术有所涉及，则是为了与改革开放以来的作品构成必要的对比映照。事实上，文学艺术致力于国家形象的描绘与呈现主要就集中在晚近这40余年，而形成自觉意识并主动探索实践的时间还更短些。至于域外作品的样本选择也以晚近出现的代表性作品为主，以便和同时期的中国文艺在构建国家形象方面形成基于不同视域的"他塑"与"自塑"的区分和映照，这样有利于我们把握和揭示其中的内在差异和审美规律。

理论篇

第一章　研究背景与现实意义

本章作为"理论篇"的开端，主要讨论关于文艺中的国家形象构建问题研究之所以出现的现实背景，以及所蕴含的理论和实践意义，并且概要叙述国内外的相关研究状况，力求从总体上明晰本课题的研究基础。

第一节　国家形象研究兴起的现实背景

经过新时期 40 余年的改革开放历程，中国正在大踏步地走向世界，融入全球发展的总体格局，也更多地参与全球治理的各方面事务。特别是在 2011 年中国经济总量雄踞世界第二之后，军事、科技、文化等方面的竞争力日益提升，世界各国已经开始接受中国作为有综合实力和影响力的新兴大国的事实，因而更加要求中国成为"负责任大国"，承担更多的国际义务。当然，"强起来"的中国也面临着域外"中国威胁论"之类的"国强必霸"的论调日渐增多的现实，多方面、多层次的大国博弈日趋激烈。而致力于实现强国梦的中国公众也更加关注自身在经济、政治、文化、科技、军事、外交等方面所呈现的综合形象，并且由于期待颇高，一些领域甚至出现了"国家形象焦虑"。显然，由于综合国力的增强而产生的提升国家形象美誉度的期待与域外中国形象评价的实际状况之间存在着巨大的差距。这当中固然有其他国家和地区在意识形态方面的偏见因素、自我中心主义的利益考量及中国近代以来积贫积弱的既往形象带来的习惯性贬斥的影响，也有我国在现阶段经济和社会文化发展中存在的诸多现实问题所产生的负面影响，还相当鲜明地反映着国民素质亟待提高的现实制约因素。这些方面都为研究国家形象的构建问题带来了现实的紧迫感。具体来说，有如下背景值得进一步分析。

第一，国际竞争由"硬实力"向"软实力"的转变，为国家形象的内涵赋予了更加丰富的内容。在经济与文化全球化的大背景下，国家之间发展水平的竞争和发展利益的博弈不仅体现在传统的经济、军事、科技领域，而且更加突出地体现在文化领域，体现在国家（民族）文化的历史积淀、鲜明特色、传承发展中的国际影响力，尤其是体现在一国文化所代表的核心价值观的影响力。因此，国家形象作为域外媒体和公众对一个国家的印象和评价，就体现为这个国家的硬实力与软实力的有效组合而产生的综合影响力，而国家形象的塑造和传播能力恰恰构成了亟待增强的"软实力"的主要内容。

第二，国家形象的塑造和有效传播问题已经成为文化强国建设的核心内容和紧迫任务。2011 年 10 月，在党的十七届六中全会做出深化文化管理体制改革，促进中国特色社会主义文化大发展大繁荣的决定之后，"文化事业强，文化产业强，文化的影响力、凝聚力强"成为建设文化强国的具体体现，其中就包含主动塑造和有效传播中国形象的题中应有之义。也是在这一年，中国国家形象宣传片《人物篇》和《角度篇》首次登上美国纽约时报广场，标志着中国进入了主动塑造和传播国家形象的新的探索阶段。2013 年 12 月，习近平总书记在十八届中央政治局第十二次集体学习时的讲话中提出，要注重塑造我国的国家形象，重点展示文明大国形象、东方大国形象、负责任大国形象、社会主义大国形象①，从而回答了究竟要塑造怎样的中国形象的问题。

第三，由文化而及人，如何"以文化人"，致力于国民素质的有效提升和

---

① 参见中共中央文献研究室编《习近平关于社会主义文化建设论述摘编》，北京：中央文献出版社，2017 年，第 202 页。

国民形象的自觉塑造，是国家形象构建研究在实践层面的基础工程。现实中发生的诸多严重损伤中国形象的事件，已经引起人们的普遍关注和忧思，进一步说明了在实现强国梦的奋斗征程中，如何实现"人的全面发展"在我国实在是非常急迫的现实问题。除道德教化和法律约束外，需要在强化国民的人文和科技素养、加强青少年的文明养成教育方面取得更大成效。因此需要在以往习惯于单纯强调国家形象塑造的对外功能的基础上，进一步明确国家形象塑造的对内功能，发挥国家形象对于本国民众产生的启迪、影响、凝聚、提升作用，树立每个国人的文明行为和人文素养都代表着国家形象的自觉意识。

第二节　当代文艺实践构建国家形象的现实意义

　　以文学艺术形式塑造中国形象是国家形象构建的整体格局中的重要实践领域。当代文学艺术实践要自觉塑造面向世界的崭新中国形象，这是新的伟大时代赋予文艺的新使命。实现中华民族伟大复兴的中国梦必须努力提升中国文化的软实力，包括面向世界生动讲述中国故事，准确阐释中国精神，主动塑造丰富多彩、富有感染力和影响力的中国形象。在这方面，文艺界具有独特的优势和紧迫的使命感。早在 2007 年，笔者就曾经在《文艺报》发起"我们的文艺如何面对中国的形象焦虑"[1]讨论，提出了文学应当积极塑造中国的国家形象问题，引发了热烈讨论和积极反响。如今，这一紧迫性更加凸显，崛起的中国、开放的中国、自信的中国面向世界时更加关注自身的形象构建，也需要通过多方面的实践来构建和传播更加完善的中国形象——既是真实、立体、全面的中国形象，也是可信、可爱、可敬的中国形象[2]，以文学艺术形式来塑造中国形象应当成为其中的一个重要实践领域。为此，我们需要努力增强以文艺来塑造和传播国家形象的使命意识，积极探索文学艺术承载国家形象的有效

---

[1] 徐放鸣、张玉勤：《我们的文艺如何面对中国的"形象焦虑"》，《文艺报》2007 年 3 月 6 日。

[2] 参见中共中央宣传部、中华人民共和国外交部《习近平外交思想学习纲要》，北京：人民出版社、学习出版社，2021 年，第 38 页。

形式和内在规律。在某种意义上，这应当是当今时代语境下新的文学和艺术的自觉。

文学艺术塑造中国形象具有其独特优势和审美特殊性。文艺创作主要是在历史与现实的广阔视野中通过书写、刻画、表现、展示关于中国的人、物、事，以审美创造方式生动具体地构建中国形象。这个中国形象体系是在传统与当代、个体与整体、物质与精神、民族与地方的内在张力中，以"社会生活史"和"民族心灵史"的方式呈现出的多元化样态。这种形象呈现当然不同于新闻传播领域、国际关系领域及世界经济与政治领域中所展示的中国形象，而是具有明显的审美特殊性。本书的"引言"部分曾经做出如下概括：其一，它是生动形象、具体感性的艺术化呈现；其二，它是历史的，也是审美的；其三，它是想象的，也是现实的；其四，它是个性化的，以民族的、地域的、民俗的独特人文景观展现中国文化多元而又具有整体感的特殊性；其五，它不是一个当下的"瞬间性"行为，而是一个富于历史感的"延续性"进程。这种审美呈现的特殊性使文学艺术成为中国形象构建和传播的最有效的载体之一，当代中国文艺的创新发展过程在一定意义上也就是中国形象的构建和传播过程。

积极构建崭新的中国形象是当代文学艺术在"自律"基础上实现"自为"的一个广阔的实践领域，也是达到自身良性发展的现实需要。当代中国文艺实践进入国家形象构建层面，这是中国当代文艺理论和文艺实践不断走向自觉与成熟的标志，彰显了文艺的现实关怀品格与建构主义取向，可以在国家意识、民族精神、国民素质的提升方面发挥独特的影响作用。在中国文学发展的历史上，曾经有着对中国形象的自发性书写，也留下了令人难忘的形象记忆。例如古代诗人和作家呈现的农耕文明时期的古典中国形象，现代作家和诗人在新文化运动冲击下所呈现的多重矛盾互相激荡的现代中国形象，新中国成立之初作家和诗人所呈现的昂扬向上、改天换地的红色中国形象，改革开放的年代里作家所体验到的开放多元、富有人性深度的当代中国形象等。仅就"茅盾文学奖"的 10 届获奖作品共 48 部长篇小说而言，就足以反映出文学塑造中国形象的生动实践和创新探索，可以作为各具特色的典型案例来进行文学塑造中国形象的专题史研究。① 当前，在确立文学艺术应当主动塑造面向世界的崭新中国形象的自觉意识之后，我们要着意探索文学艺术中国家形象的丰富内容，譬如勤劳、善良、勇敢的中国人形象，古老、多彩、现代的中华文明形象，发展、开放、和谐的中国社会形象，优美、宜居、独特的中国生态形象等。应当指出，这种文艺中的国家形象塑造迫切需要由自发而走向自觉，强化主动塑造的自觉意识。前文已经特别提到，文学艺术领域关于中国形象的构建不是一个当下的"瞬间性"行为，而是一个富于历史感的"延续性"进程，体现了历史传承性、现实针对性和未来理想性的融通与统一。这需要对当代文艺塑造国家形象的历史性、现实性与理想性问题做整体性的把握，从中寻找其历史嬗变、范式重构的内在机理，进而把握其总体规律。

从国家形象研究视域来深化"形象诗学"，可以为当代文艺实践构建国家形象提供必要的理论支撑。此前，作为比较文学中一个分支的"比较文学形象学"注重一国或多国文学中他国形象的呈现，提出并确立了特定的"他者"形象的概念和内在机理。而中国学者（如王一川、赵炎秋和笔者）所提出的"形象诗学"概念，则意在强化文学形象乃至国家形象自身的主体性建构，提出了本国文学发展中的不同形象构建问题。新视域中的形象诗学将系统地建构起当代文艺实践中国家形象塑造问题的总体框架，力求以理论的自觉促进和指导实践的深化，使得文艺实践中的国家形象问题更加自觉地融入国家形象塑造的总体话语体系，进一步促进和深化当前国家形象的整体性塑造。

总之，以当代中国文艺实践为视界对国家形象构建进行整合研究，可以为当前我国全面提升国家文化软实力、促进文化大繁荣大发展这一重大的时代性命题，为凝聚民族力量、提升国家形象、扩大中国的世界性影响等，从一个特定的视角提供基本理路和实践方略。在具体的研究中，我们的总体思路是：从具体案例入手，渐次展开"问题域"，逐层进入理论厘析，自然导出实践方略，从而做到有理有据、史论结合，努力追求理论建构与实践指导的紧密结合，力求体现对当代中国文艺实践的启发性和引领性。我们并不单纯追求理论建构上

---

① 本书"文学篇"中有专章讨论茅盾文学奖获奖作品中的国家形象塑造问题。

的知识生产，而是贴近文艺实践，希望能够对回答文艺创作如何塑造好中国形象、如何发挥好应有的影响和凝聚作用的问题有所助益。

第三节　国内外相关研究现状概观

中国视域中对于国家形象的研究是最近十余年间逐渐开展的。其内在动因主要来自中国在面向世界时的形象构建实践，以及在诸多方面遇到的现实困扰。可以说，是不同领域的国家形象焦虑和十分紧迫的形象构建需求催生了对于国家形象构建的理论与实践研究。这方面的研究发端于国际关系和媒介传播领域，近年来引起更多关注，并逐渐进入文学艺术研究视域。

从国外研究现状看，乔舒亚·库珀·雷默等的《中国形象：外国学者眼里的中国》[①]、史景迁的《文化类同与文化利用——世界文化总体对话中的中国形象》[②]、哈罗德·伊萨克斯的《美国的中国形象》[③]、T. 克里斯托弗·杰斯普森的《美国的中国形象：1931—1945》[④]，以及俄罗斯的亚·弗·卢金所著《俄国熊看中国龙——17~20 世纪中国在俄罗斯的形象》[⑤]等为代表的国外研究成果陆续被译介到国内来，为我们提供了观察中国形象历史变迁的域外视角，从中体现出伴随着中国从积贫积弱而走向富强民主文明的进程，外国学者和媒体人士对中国的观感和评价也在发生历史性变化，其中乔舒亚·库珀·雷默的《淡色中国》和《北京共识》[⑥]更加关注"创新型中国"的发展，以及围绕中国梦的实现如何改善中国的外部形象问题，是对中国形象的当下构建具有建设性的观察

① 参见［美］乔舒亚·库珀·雷默等《中国形象：外国学者眼里的中国》，沈晓雷等译，北京：社会科学文献出版社，2008 年。
② 参见［美］史景迁《文化类同与文化利用——世界文化总体对话中的中国形象》，廖世奇、彭小樵译，北京：北京大学出版社，1990 年。
③ 参见［美］哈罗德·伊萨克斯《美国的中国形象》，于殿利、陆日宇译，北京：时事出版社，1999 年。
④ 参见［美］T. 克里斯托弗·杰斯普森《美国的中国形象：1931—1945》，姜智芹译，南京：江苏人民出版社，2010 年。
⑤ 参见［俄］亚·弗·卢金《俄国熊看中国龙——17~20 世纪中国在俄罗斯的形象》，刘卓星、赵永穆、孙凌齐、刘燕明译，重庆：重庆出版社，2007 年。
⑥ 参见［美］乔舒亚·库珀·雷默等《中国形象：外国学者眼里的中国》，沈晓雷等译，北京：社会科学文献出版社，2008 年，第 1、43 页。

和判断，值得予以重视。此外，美国著名汉学家史景迁的中国观察也具有代表性。他十分强调"不同文化间的互相联系对人类历史是非常有意义的"。他以自己的文化身份为例来说明这种联系之重要："作为一个生活在美国、同时又试图研究中国的英国人，我长期以来置身于这三种文化之中，努力使自己自由地游身其间。"在对西方关于中国的历史书写和文学书写做专题的个案分析之后，史景迁意识到："一个文化对另一个文化的利用是极其复杂的，它不仅体现在不同政治、经济和社会间相互影响的过程中，而且体现在两个不同民族间思想和意愿的微妙的交流中。"① 其中凸显了多种影响和交流对域外的中国形象构建所具有的作用。

综观国外的中国形象研究，大体呈现四个特点：一是大多停留于个案化研究，而系统性的学理化研究相对薄弱；二是由于文化背景、价值取向等的差异，对中国形象的理解与研究带有明显的主观性、片面性，意识形态色彩浓厚，甚至明显存在对中国国家形象的误读和歪曲；三是大多为"第三只眼"中的中国国家形象的印象描述，无法站在构建的视野上提供有效可行的改善策略；四是鲜有以当下中国文艺实践特别是代表性作品为切入点的针对性研究，目前学界还是停留在分析评价赛珍珠的中国题材长篇小说《大地》三部曲对美国公众及英语世界的中国印象的改变，在李安的华语电影获得奥斯卡奖之后，又出现了一些对中国形象的影像构建的评论。2012 年莫言获得诺贝尔文学奖，也在一定程度上引起国外对中国当代文学作品的关注，对中国当代文学作品的译介有所增加。

值得注意的是，国外的中国形象观察，不仅限于学界对中国的历史与现实研究及智库学者的分析报告，而且表现为专题纪录片形态的影像呈现，这种影像形态的中国观察产生了更为广泛的影响，塑造了更加直观丰富的中国形象。最具代表性的例证有三个，时间跨越了半个多世纪。

例证之一为 1972 年意大利著名导演安东尼奥尼应邀来华拍摄的大型纪录片《中国》。其观察视点并非全面介绍中国的经济、科技、军事、文化，而是

① ［美］史景迁：《文化类同与文化利用——世界文化总体对话中的中国形象》，廖世奇、彭小樵译，北京：北京大学出版社，1990 年，第 14、12 页。

观察和记录中国人，特别是普通民众，向国外公众介绍中国人的生活状态。因此片中天安门广场、天坛、长城、帝陵、工厂车间、学校、农村公社、寺庙、公园晨练的老人、北京国棉三厂的幼儿园、老式公共汽车、自行车大军、木偶剧演出等场景被真实记录和呈现。这本来是中国领导人主动邀请西方媒体人介绍中国的有眼光的举措，有利于打破西方媒体和公众对处在封闭状态的中国的误解和神秘感，向世界呈现新中国的真实形象。但是由于当时处于"文化大革命"中后期，极"左"思潮仍然盛行，使得本来侧重于客观记录中国人生活的域外纪录片受到不公正的批判，被视为诋毁中国形象的反华影片加以声讨，从而错失了主动借助域外媒体宣传中国形象的良好机会，其中的教训至今依然值得反思。

例证之二，2015 年 1 月，韩国三大电视台之一的 KBS 电视台推出的特别纪录片《超级中国》在韩国播出，呈现了来自东方的域外视角对当今中国的近距离观察，引起了来自各方的强烈反响。该纪录片共 7 集，分别从人口、经济、军事、土地资源、文化、中国共产党的领导等方面介绍当今中国的发展状况，试图全方位展现中国的现代化进程，进而观察中国的大国崛起给世界（特别是韩国）带来的影响和改变。该片从历史与现实的对比映照中积极评价中国的多方面发展和中国共产党的治国理政能力，具有域外视角正面呈现中国形象的积极作用。当然，由于中韩之间存在文化差异和不同的意识形态立场，作为域外视角的中国形象呈现，该片的一些内容也带有"他者化"的痕迹，容易使人产生误读。①

例证之三，最新的影像构建是 2017 年 10 月，在党的十九大召开前夕，美国探索频道推出三集专题纪录片《中国：习近平时代》（*China: Time of Xi*）。这是国际主流媒体首次播出全面、系统解读习近平治国理政思想和中国发展新时代的专题纪录片，具有非同寻常的意义。该片第一集《人民情怀》，讲述中国在高铁建设、教育、精准扶贫、医疗改革等民生领域的发展成就，集中阐释习近平"以人民为中心"的执政理念。第二集《大国治理》，讲述环境治理、

---

① 本书"域外篇"第十九章将具体分析《超级中国》所呈现的域外"他者"视域中的中国形象。

供给侧结构性改革及科技创新等领域的案例，集中阐释中国的新发展理念及其成功实践。第三集《合作共赢》，讲述"一带一路"倡议、蒙内铁路、中欧班列等故事，解读习近平提出的"构建人类命运共同体"理念，展示中国的和平发展给世界带来的机遇。制作方节目组采访了多位国际政要和知名专家学者，包括澳大利亚前总理陆克文、美国学者罗伯特·库恩、英国学者马丁·雅克、新加坡国立大学东亚研究所原所长郑永年、赞比亚经济学家丹比萨·莫约等，深入解读中国的发展道路、发展理念和对世界的启示。①

从国内研究现状来看，中国国家形象构建的研究具有如下三个突出的表征：第一，国家形象的塑造和传播实践涉及的领域日益扩展，中国、中国人、中国故事、中国元素、中国符号、中国精神、中国风等成为热词，越来越频繁地出现在全球媒介信息之中，共同构建了新的中国形象。第二，学理性的探讨逐渐深入，出现了一批从国际关系学、新闻传播学等视域研究国家形象的专著和论文，如李正国《国家形象建构》、管文虎《国家形象论》、张昆《国家形象传播》、段鹏《国家形象建构中的传播策略》、胡晓明《国家形象》、李智《中国国家形象：全球传播时代建构主义的解读》等，开始建立中国语境下国家形象研究的理论范式和应用场域。第三，当代文艺实践中的国家形象问题受到关注。如 2007 年《文艺报》开辟专栏，发起讨论文艺界如何应对"国家形象焦虑"问题。需要重视的是，艺术界对国家形象构建的敏感性似乎早于文学界。在 21 世纪的第一个十年，有关艺术机构就组织了多次关于艺术创作与国家形象的专题研讨会，引起了广泛关注，促进了相关研究的开展。例如：2007 年 2 月，中国艺术研究院文化战略研究中心与南京艺术学院联合举办"艺术作品中的国家形象"专题研讨会；2007 年 10 月，中国艺术研究院美术研究所、《美术观察》杂志社在人民大会堂举办"艺术的国家形象"研讨会；2008 年 1 月，中国艺术研究院和《文艺报》社联合举办"文艺作品中的国家形象"研讨会。电影研究领域的国家形象构建研究也开展得比较早，论者普遍注意到国家形象的影像构建在电影产业快速成长的背景下具有广泛的受众和重要的作用。而文学界最具

---

① 参见《美国探索频道播放纪录片〈中国：习近平时代〉》，新华网 2017 年 10 月 16 日。

有代表性的研讨活动是 2010 年 5 月由浙江大学举办的"百年中国文学与中国形象国际研讨会"，会后出版了专题论文集《文化转型与百年文学"中国形象"塑造》①。

就已经开展的学理性探索来看，论者对国家形象的概念内涵进行了历史与逻辑相结合的阐释②，特别是对国家形象究竟是"本质性"的抑或"建构性"的，是"主体性"的抑或"主体间性"的，进行了有意义的争鸣。此外，学界对国家形象的想象性与现实性、历史性与现实性、动态性与静态性、长期性与阶段性，文化交互传播与国家形象互构，不同国家形象的文化功能，传播学和国际关系领域国家形象构建的实践方略，文学中的中国形象谱系等都有不同程度的探讨。

从历史的维度来梳理中国形象的演化和变迁，构成了对于中国形象构建史的研究视角。这方面的研究在 20 世纪末有忻剑飞所著《世界的中国观——近二千年来世界对中国的认识史纲》③，该书初步梳理了西方从古至今对中国的观察、想象和评说，侧重点是西方学界关于中国的知识的建构过程和所形成的中国观念。此外，乐黛云为美国汉学家史景迁在北京大学的系列演讲集《文化类同与文化利用》所作的序言——《世界文化总体对话中的中国形象》一文也系统梳理了西方从西班牙人门多萨的《大中华帝国史》开始直到 20 世纪上半叶斯宾格勒的《西方的没落》对中国的观察、想象与言说。她强调要从世界文化的总体对话的视角来把握域外的中国形象言说，认为："从总体来说，世界文化对话中的中国形象仍然未能越出伏尔泰、黑格尔的界定，直到二十世纪初韦伯和斯宾格勒重新研究中国。"④21 世纪以来，厦门大学周宁系统地梳理了域外的中国形象史。他陆续推出了系列研究成果，如《天朝遥远——西方的中国形象研究》⑤、《世界之中国：域外中国形象研究》⑥、《异想天开——西洋镜里看中

---

① 参见吴秀明主编《文化转型与百年文学"中国形象"塑造》，杭州：浙江工商大学出版社，2011 年。
② 关于"国家形象"概念的定义及内涵辨析详见本书"理论篇"第二章。
③ 参见忻剑飞《世界的中国观——近二千年来世界对中国的认识史纲》，上海：学林出版社，1991 年。
④ 乐黛云：《世界文化总体对话中的中国形象》，见［美］史景迁《文化类同与文化利用》"序言"，北京：北京大学出版社，1990 年，第 5 页。
⑤ 参见周宁《天朝遥远——西方的中国形象研究》，北京：北京大学出版社，2006 年。
⑥ 参见周宁《世界之中国：域外中国形象研究》，南京：南京大学出版社，2007 年。

国》①、《中国形象：西方的学说与传说》②、《跨文化研究：以中国形象为方法》③，还主编了九卷本"世界的中国形象"丛书，在传统的西方的中国想象之外，介绍了日本、印度、东南亚、非洲、阿拉伯、拉丁美洲的中国形象构建。周宁提出了"跨文化形象学"的概念，在贯通古今的整体视域中把握了西方对中国形象的乌托邦化和意识形态化这两种构建倾向，凸显了域外中国形象生成和演化的内在脉络。这种对域外中国形象的研究和追踪不仅限于学者的观察，也上升为官方机构的行为。自 2011 年起，中国外文局设立了中国国家形象调查平台④，开展了规模较大、覆盖面广的域外公众和机构调查访谈活动，定期发布"中国国家形象全球调查报告"，就中国整体形象与影响力、中国形象与国民形象、中国政治与外交形象、中国经济形象、中国文化与科技形象等方面给出数据和评价，体现了智库层面对域外中国形象变化的研究态势。

再回到文学艺术领域中的国家形象研究状况，应当说，钱锺书在 20 世纪 40 年代所发表的系列论文《十七世纪英国文学里的中国》《十八世纪英国文学里的中国》（上下篇）⑤是中国学者在比较文学领域较早开展的异国文学中的中国形象研究。但是这种研究后来并没有受到重视，直到 21 世纪初才在新的学术语境中有所进展。李朝全所著《文艺创作与国家形象》是较早开展的文艺领域的国家形象构建研究。该书鲜明地提出了中国现代和当代文学、电影、绘画及文艺批评中存在的国家形象呈现被"他者化"的问题，从一个具有批判和反思性的视角切入了文艺中的国家形象构建问题。姜智芹多年从事这一领域的研究，陆续出版《镜像后的文化冲突与文化认同——英美文学中的中国形象》⑥《文

---

① 参见周宁《异想天开——西洋镜里看中国》，南京：南京大学出版社，2007 年。

② 参见周宁著/编注《中国形象：西方的学说与传说》，北京：学苑出版社，2004 年。分为《大中华帝国》《契丹传奇》《龙的幻象》《孔教乌托邦》《历史的沉船》《鸦片帝国》《第二人类》《世纪中国潮》8 册。

③ 参见周宁《跨文化研究：以中国形象为方法》，北京：商务印书馆，2011 年。

④ 该平台由中国外文局对外传播研究中心与华通明略（Mill Ward Brown）共同打造，旨在科学、客观、系统、全面地了解国际社会对中国的看法，及时掌握海外公众对我国的国家形象传播活动的反馈，提供具有针对性和可操作性的建议。

⑤ 参见钱锺书《十七世纪英国文学里的中国》《十八世纪英国文学里的中国》（上下篇），刊于 Quarterly Bulletin of Chinese Bibliography 1940 年 12 月号、1941 年 7 月号、1941 年 12 月号。

⑥ 参见姜智芹《镜像后的文化冲突与文化认同——英美文学中的中国形象》，北京：中华书局，2008 年。

学想象与文化利用——英国文学中的中国形象》[①]《美国的中国形象》[②]《西镜东像——姜智芹教授讲中西文学形象学》[③]等专著，侧重于从比较文学形象学角度研究英美文学和电影呈现的复杂多样的中国形象，特别是中国人形象，对于西方大众文化中流行的"傅满洲""陈查理"等定型化的中国人形象进行了深入分析，从中透视出"东方主义"的"他者化"构建。由于拥有广泛的受众，电影艺术中的国家形象构建也是研究者关注的重点领域，陈林侠的《跨文化背景下中国电影的国家形象建构》[④]、李娅菲的《镜头定格的"真实幻像"——跨文化语境下的"中国形象"构造》[⑤]、胡婷婷的《历史多棱镜中的"他者"：当代中国电影中的日本人形象研究》[⑥]等力图在影像文本的分析中把握中外电影作品中的国家形象呈现。

　　无论国外还是国内的中国国家形象构建研究，都存在着明显的缺憾与不足：一是整体研究呈现出"宏大叙事"与"局部叙事"相分立的研究格局，前者更多地偏重现代国际关系与媒介传播等宏观领域，对文艺实践中的国家形象构建重视不够；后者大多以个别艺术作品或某一艺术门类（如影视、美术）为例证，全方位、立体式、系统性的综合研究不够。二是当代文艺实践中的国家形象构建研究亟待深入，虽然相关问题的讨论已陆续开展，但尚处于问题提出和口号呼吁层面，关注"背景"（时机）、"意义"（应该）、"焦虑"（问题）居多，理论层面的综合、操作层面的构建远远不够，中国文艺需要塑造什么样的国家形象，如何塑造这样的国家形象，文艺实践中国家形象塑造的学理形态、深层机理、话语模式、实践策略等如何确立，这些方面的研究都有待深入。

① 参见姜智芹《文学想象与文化利用——英国文学中的中国形象》，北京：中国社会科学出版社，2005 年。
② 参见姜智芹《美国的中国形象》，北京：人民出版社，2010 年。
③ 参见姜智芹《西镜东像——姜智芹教授讲中西文学形象学》，北京：中央编译出版社，2014 年。
④ 参见陈林侠《跨文化背景下中国电影的国家形象建构》，北京：人民出版社，2014 年。
⑤ 参见李娅菲《镜头定格的"真实幻像"：跨文化语境下的"中国形象"构造》，北京：人民出版社，2011 年。
⑥ 参见胡婷婷《历史多棱镜中的"他者"：当代中国电影中的日本人形象研究》，北京：中国社会科学出版社，2018 年。

第二章 "形象"溯源与形象辨析

本章将对中西的"形象"概念进行词源学上的溯源,把握"形象"词意的演变,梳理"形象"在社会生活中的广泛运用,观察其如何从文学艺术中的形象分析扩展到社会生活诸多领域的形象构建和形象评价,进而对"国家形象"概念的内涵进行辨析,并在此基础上阐释文艺中的国家形象构建所具有的审美属性。

第一节 中西"形象"概念溯源

在汉语中,"形象"是双音节的合成词,其渊源可以从"形"与"象"的单音节词做简要追溯。

"形"在中国古代典籍中历经演化,逐渐形成了"形"与"神"相对的"形神论"美学和艺术范畴,体现着中国美学和艺术论的一个鲜明特征。上古典籍中关于"形"的代表性表述有:《老子·四十一章》有云"大象无形",《孙子兵法·虚实》有云"兵无常势,水无常形",《荀子·天论》有云"形具而神生",王充《论衡·齐世》有云"形而且恶"。这里的"形"是指外在的具体形体、形状、外貌，是与内在的神采、神明、精神相对的概念。特别是老子的"大象无形"之说，超越了有形之象而推崇无形之象，"通过对有限之形的否定，获得了无限的神韵"，强调"无形之象远比有形之象更富有审美韵味"①，由此形成了中国古代将"形"与"象"最初联系起来的高远境界。

"象"在中国古代典籍中的表述可见于《左传》，如"以类命为象"（《左传·桓公六年》）、"国无乱象"（《左传·襄公九年》）、"天事恒象"（《左传·昭公十七年》）等，主要是指的某种"征象"。更为典型的表述出自《周易》，《周易·系辞上》有云："子曰：书不尽言，言不尽意，然则圣人之意，其不可见乎？子曰：圣人立象以尽意。"又云："圣人有以见天下之赜，而拟诸其形容，象其物宜，是故谓之象。"这里提出了著名的"立象以尽意"之说，说明为了解决"言不尽意"的问题，要借助有形之感性的"象"去比喻和象征，达到对事物的玄妙深邃之意的表达与理解。这是以具体的感性的"象"来象征抽象的深层的"意"的中国哲学传统的表达，其中的"象"有着象征、物象之意，后来还发展出"意象"说，成为中国美学具有特色的代表性审美范畴。《易传·系辞上传》还说："在天成象，在地成形，变化见矣"，"见乃谓之象，形乃谓之器"，把形与象对举、象与器对举，以此说明象与形的区分。"虽然二者都是可感知的，但象是视觉对象，形同时又是触觉对象。"②

有学者指出，"在古文献中，'形'似乎更具体，'象'似乎更抽象"③，而"形"与"象"构成的双音节词"形象"，很早也有文献记载。"形象"一词最早见于《尚书·诰命》的疏注中，相传殷商王武丁借先帝托梦赠贤，于是回忆梦中所见，令百卫"刻其形象"，"使百官以所梦到之形象"去民间寻找贤臣傅说，这里的"形象"一词即指人的外形相貌。到了现代汉语中，"形象"意指"能引起人的思想或情感活动的具体形态或姿态"④。秦启文等在《形象学导论》一书中谈道："'形象'一词在历史文献中的生存状态，主要有三层含义：首先当指人、物

① 王振复、陈立群、张艳艳：《中国美学范畴史》第 1 卷，太原：山西教育出版社，2006 年，第 183 页。
② 帅魏巍：《文学作品中的中国国家形象及其当下建构》，南昌：江西师范大学硕士学位论文，2011 年，第 9 页。
③ 秦启文、周永康：《形象学导论》，北京：社会科学文献出版社，2004 年，第 2 页。
④ 中国社会科学院语言研究所词典编辑室编：《现代汉语词典》（第 7 版），北京：商务印书馆，2016 年，第 1468 页。

之相貌形状；其次是指能够作用于人们的感官，使人们产生印象、观念、思想及情感活动的物质；最后，它是具体与抽象的统一，也是物质与精神的统一。"① 这种概括比较恰当地揭示了"形象"在中国历史与现实语境中的内涵，但是尚未深入中国美学和艺术传统中的"形神论""意象论"的论域做进一步阐发，还没有从审美主体对具体审美对象的想象和创造来讨论"形象"的审美内涵。

在西方语言中，"形象"来源于希腊语的 eidos 和拉丁语 image，既有"形象"之意，也是"外表"的意思，学界通常认为 image 与汉语的"形象"一词更加对应，在翻译中已经成为通例。在英语中，"image"一词的基本含义是"人头脑中或心目中的图像"②。但是也有学者认为，在英语中与汉语"形象"一词可以对应的词不止一个，除 image 之外，还有 figure、form、identity 等，各个词的含义有多种，且都没有停止演变。苏联著名学者舍斯塔科夫曾经指出："'形象'这个概念并非总是用我们习惯的术语来表示，除了拉丁词 image 外，还有一些与形象概念相近的术语。这样的术语有希腊词 eidos，还有形态、意象、圣象等。此外，与形象概念相近的还有寓意、象征等等。它们是形象反映的变态的、比较间接的譬喻形式。"③ 按照《韦氏大百科辞典》（*Webster's Encyclopedia Unabridged Dictionary*，1994）的解释，"image"的最基本含义是：第一，通过照相、绘画、雕塑或其他方式制作的人、动物或事物的可视的相似物；第二，通过镜子反射或光亮折射而成的物体的图像；第三，大脑的反映、观念或概念。④ 显然，"image"在含义上更偏重艺术创作对表现对象的形象创造，或者人对事物的主观感性判断。后来的《朗文当代英文词典》则把"image"解释为"某人或某事在他人脑海里所留下的图像；多数人对某人、某组织或某一事物所持有的普遍判断和看法"⑤，这就与汉语中的"形象"一词的含义大致相同了。

---

① 秦启文、周永康：《形象学导论》，北京：社会科学文献出版社，2004 年，第 2 页。

②《英汉双解剑桥国际英语词典》，上海：上海外语教育出版社，2001 年，第 1248 页。

③ ［苏］舍斯塔科夫：《美学范畴论——系统研究和历史研究尝试》，理然译，长沙：湖南文艺出版社，1990 年，第 304 页。

④ 参见秦启文、周永康《形象学导论》，北京：社会科学文献出版社，2004 年，第 3 页。

⑤ *Longman Dictionary of Contemporary English*（*English Version*），北京：外语教学与研究出版社，1999 年，第 709 页。

第二节 "形象"在文艺与社会生活中的广泛运用

在美学和艺术理论中，"形象"已经成为重要的基础性理论范畴，并且具有广泛的应用场域，从语文课堂上的作品分析到《中国诗词大会》上的诗词意境解析，再到文学评论中的人物形象塑造研究，还有戏剧影视批评中的形象研究、美术界人物画及人物雕塑的品评等，都需要进行形象分析，甚至诉诸听觉的非直观性艺术——音乐，也可以进行想象性音乐形象的分析。因此，形象研究几乎成为美学研究和文艺批评的主要切入点，其中蕴含着东西方艺术理论所形成的深厚传统。

西方文艺理论中的形象研究传统可以追溯到古希腊。赵炎秋曾经梳理了西方的"形象论文论"的发展脉络，分析了从柏拉图、亚里士多德到黑格尔、别林斯基所形成的突出文学的形象思维特性的理论传统[1]，这一传统甚至被表述为"没有形象就没有艺术"，"艺术就是用形象来思维"[2]。虽然这一传统近代以来曾经受到语言论文论和形式论文论的质疑，但是仍然具有深厚的理论积淀和深远的影响力。

中国现代美学和文艺理论虽然是在西方理论资源的影响下构建起来的，但是在"形象论"的发展中，仍然传承了中国古代美学和艺术论的自身传统。有论者指出，"'形象'概念可以在中国古典美学的'象'学中找到其意气相投的同类，从而获得深厚的传统渊源和有力支撑"[3]。中国美学和文艺理论中的形象论也因此而与西方有明显的区别，西方的形象论突出"典型"塑造的审美内涵，侧重于人物形象的典型化创造，中国的形象论因为得到古典美学的"意象"论的滋养，不仅重视人物形象塑造，还突出审美"意境"的创构，从而扩展了艺术作品形象构建和形象批评的范围，形成了中国形象论的自身特点。在中国现代文论的学术史上，还曾经发生关于"形象思维论"与"反形象思维论"的论

---

① 参见赵炎秋《形象诗学》，北京：中国社会科学出版社，2004年，第13~26页。
② 参见［俄］什克洛夫斯基《作为手法的艺术》，方珊译，见［俄］维克多·什克洛夫斯基等《俄国形式主义文论选》，方珊等译，北京：生活·读书·新知三联书店，1989年，第2页。
③ 王一川：《中国形象诗学——1985至1995年文学新潮阐释》，上海：上海三联书店，1998年，第8页。

争，并且因为毛泽东致陈毅的一封论诗的信谈到"诗要用形象思维"而将这一问题的研究提升到更高的认识层面。进入 21 世纪以来，有研究者将"形象论"上升为文学的本质来强调，认为从古至今的文学理论传统就是两种：形象论文论与语言论文论。"我们坚持认为，文学的本质是形象，而且从整体上看，形象论文论也更符合文学的实际。"因此要致力于"坚持文学的形象本质，从形象的角度探讨文学问题，构建新的形象理论体系"[①]。这一努力体现了中国文艺理论界对形象理论和形象批评创新发展的积极探索。

伴随着现代社会的发展进程，对"形象"的研究和应用已经由文学艺术领域向社会生活的诸多方面扩展。有论者指出，"'形象'一词已逐步地也是迅速地从文学走向社会，从个别走向一般，从市井生活走入经济生活、政治生活、文化生活"，并且"形象"一词"在逐渐社会化的过程中，也逐渐在改变、深化、发展它的含义"[②]。形象定位、形象策划、形象塑造、形象传播、形象评价及形象危机应对等已经成为社会组织和不同职业自我形象构建的必修课，"内强素质，外塑形象"成为流行话语。这一趋势促进了形象研究和形象传播面向社会的理论建构，显示出将形象研究独立出来构建"形象学"的态势。罗长海从哲学层面将"形象"的含义区分为五个层级：即个体形象、类形象、组织形象、艺术形象和创造形象[③]，试图打通艺术与社会生活来构建各类形象的立体架构。在著作方面先后有宗坤明著《形象学基础》[④]，秦启文、周永康著《形象学导论》[⑤]推出。前者侧重于"形象学"的学理性建构，从九个侧面列举了"形象"的多重释义[⑥]；后者侧重于"形象学"的应用领域和实践方略。在后者所列举的不同类型组织的形象分析中，有企业形象、政府形象、学校形象、医院形象、城市形象、区域形象、国家形象，至此，"国家形象"也作为一种组织形象被纳入形象学的研究范围。

① 赵炎秋：《形象诗学》，北京：中国社会科学出版社，2004 年，第 3、7 页。
② 秦启文、周永康：《形象学导论》，北京：社会科学文献出版社，2004 年，第 8 页。
③ 参见罗长海《关于形象五层含义的哲学思考》，《社会科学辑刊》2002 年第 3 期。
④ 参见宗坤明《形象学基础》，北京：人民出版社，2000 年。
⑤ 参见秦启文、周永康《形象学导论》，北京：社会科学文献出版社，2004 年。
⑥ 参见宗坤明《形象学基础》，北京：人民出版社，2000 年，第 42~48 页。

在文学研究的晚近发展中，还有另外一种研究趋势指向了文学中的国家形象构建问题，这就是兴起于 20 世纪晚期的"比较文学形象学"研究。① 该研究作为比较文学学科的新兴分支，致力于研究一国文学中的他国形象构建，认为这种形象学研究的是"他者"的形象，即"对一部作品、一种文学中异国形象的研究"②，同时强调对"他者"形象的研究不能只局限于作家、作品，而要延伸到历史、文化、社会等诸多方面。需要指出的是，这种形象学研究所关注的重点并不是一种文学中构建的异国形象是否真实全面，是否准确反映了"他者"的实际状况，而是更强调对形象构建者的研究，即关注构建主体，观察作家是如何塑造"他者"形象的。当代法国比较文学研究学者莫哈把比较文学形象学的研究对象设定为："它是异国的形象，是出自一个民族（社会、文化）的形象，最后，是由一个作家特殊感受所创作出的形象。"③ 这种经由作家特殊感受而创作出的异国形象并非他国形象的真实呈现，而是带有形象构建者自身信息来源、情感选择和理性判断的主观形象。不仅如此，比较文学形象学还揭示了作家对异国形象的描写与他所处时代和社会氛围有紧密关联，不可避免地受到"社会集体想象"的影响，甚至其异国形象构建就是一种"社会集体想象物"。"异国形象应被作为一个广泛且复杂的整体——想象物的一部分来研究。更确切地说，它是社会集体想象物（这是从史学家们那里借用来的词）的一种特殊表现形态:对他者的描述。"④ 作为一种集体想象，"异国形象"是一个民族对另一个民族的共同想象。比较文学形象学的代表性学者达尼埃尔·亨利·巴柔谈道："一切形象都源于对自我与'他者'，本土与'异域'关系的自觉意识之中，即使这种意识是十分微弱的。因此，形象即为对两种类型文化现实间的差距所作的文学的或非文学，且能说明符指关系的表述。"⑤ 这一论断将自我与他者、本土与异域的关系引入国家形象构建的研究，揭示了文学中的国家形象得以形成

---

① 参见孟华主编《比较文学形象学》，北京：北京大学出版社，2001 年。
② ［法］巴柔：《从文化想象到集体想象物》，见孟华主编《比较文学形象学》，北京：北京大学出版社，2001 年，第 118 页。
③ ［法］莫哈：《试论文学形象学的研究史及方法论》，见孟华主编《比较文学形象学》，北京：北京大学出版社，2001 年，第 25 页。
④ ［法］巴柔：《从文化想象到集体想象物》，见孟华主编《比较文学形象学》，北京：北京大学出版社，2001 年，第 121 页。
⑤ ［法］巴柔：《形象》，见孟华主编《比较文学形象学》，北京：北京大学出版社，2001 年，第 155 页。

的复杂关系机制。

第三节　国家形象概念内涵的辨析

　　关于"国家形象"（national image）概念的由来，国内学界一般认为，中国当代学者首先提出并进行国家形象研究，但是也有学者认为，"国家形象"一词最早出现于著名经济学家、美国新制度经济学的代表人物肯尼思·博尔丁（Kenneth E. Boulding）的文章《国家形象和国际体系》（1959）中。博尔丁在该文中提出了国家形象的三个维度（地理空间维度、心理态度维度、物理实力维度），并且着重把国家形象界定为心理态度上的国家形象。[①] 不过，美国杜克大学的著名华人学者刘康认为，"国家形象"的概念不是一个舶来品。"国家形象"在英语与其他语言中并无对应的词汇。相关的概念包括在国际政治、国际关系和跨文化交流传播领域里的 "perception of the nation"（对国家的认知）、"cultural representation of the nation"（国家文化的再现或表述）等，以及公共关系、广告、市场营销、品牌形象等商业领域的观念。"National image" 一词在英语中往往是指特定国家的商品品牌。[②] 显然，西方学者及媒体所开展的国家形象研究和实践，主要侧重于以诸多方面的品牌为代表的国家形象构建，形成了"品牌国家"的观念。例如政治领域的基本价值观载体、经济领域的商业品牌、文化领域的经典文化元素、传媒领域的媒体巨头、旅游领域的名胜古迹等[③]，由具体的各个领域的品牌创构而提升国家品牌，进而实现国家品牌化（branding）。对此，李智指出："所谓'品牌'，不仅仅是一种视觉外表，更重要的是一个具有表意功能的符号，它以具体的意象表征抽象的观念及精神品质，因而，品牌带有产生情感偏好的附加值，所谓'国家品牌'（national brand），是指能够代表国家的

---

① 参见李智《中国国家形象：全球传播时代建构主义的解读》，北京：新华出版社，2011 年，第 11~12 页。
② 参见刘康《如何打造丰富多彩的中国国家形象？》，《新闻大学》2008 年第 3 期。
③ 参见李智《中国国家形象：全球传播时代建构主义的解读》，北京：新华出版社，2011 年，第 13 页。

具体的国家'意象'(往往是强有力的、充满活力的、有魅力的、积极正面的)。"①
相比之下，中国学界从 20 世纪 90 年代开始的国家形象研究和形象构建实践却
是主要聚焦在国际关系、政治外交及新闻传播等领域，带有更加明显的政治话
语属性和国家意志色彩。对此，胡晓明指出："国内外学者在国家形象定义上
的着重点有所不同，国外学者倾向于从相关领域多角度地对国家形象做相对应
领域内的阐释，而国内学者对国家形象的定义和研究多从国际关系的角度出发，
以在国际传播和国际关系中提升国家形象为一个重要的目的。"②

进一步梳理中外学者对国家形象的概念理解和运用，我们发现其中的差异
很大，可以说尚未形成相对统一的概念界定。在此我们不一一罗列，而是从中
概括出几个不同的入思角度来做总体性把握。

一是从域外媒体和公众对特定国家的观感和评价来界定国家形象，强调形
象构建的外部视角。例如认为一国形象是指"其他国家(包括个人、组织和政
府)对该国的综合评价和总体印象(主要体现在别国的大众传播媒体上)"③；
又如认为国家形象是"一个国家在国际间的政治、经济、文化、军事、科技等
诸方面相互交往过程中给其他国家及其公众留下的综合印象"④；再如，国家形
象是一个"国家在国际社会印象中的基本精神面貌与政治声誉"⑤；还有认为国
家的国际形象是"国际社会公众对一国相对稳定的总体评价"⑥。这种外部视角
的观察侧重于一国的国际形象的构建，但并不能涵盖国家形象认知和评价的全
部内容。

二是兼顾特定国家的内部公众和外部公众对国家形象的观感和评价，强
调形象构建的内部视角和外部视角的互补性。例如管文虎认为，"国家形象是
一个综合体，它是国家的外部公众和内部公众对国家本身、国家行为、国家的
各项活动及其成果所给予的总的评价和认定。国家形象具有极大的影响力、凝

① 李智：《中国国家形象：全球传播时代建构主义的解读》，北京：新华出版社，2011 年，第 13 页。
② 胡晓明：《国家形象》，北京：人民出版社，2011 年，第 23 页。
③ 刘继南主编：《大众传播与国际关系》，北京：北京广播学院出版社，1999 年，第 25 页。
④ 门洪华：《压力、认知与国际形象——关于中国参与国际制度战略的历史解释》，《世界经济与政治》2005 年第 4 期。
⑤ 郭树勇：《论大国成长中的国际形象》，《国际论坛》2005 年第 6 期。
⑥ 杨伟芬主编：《渗透与互动——广播电视与国际关系》，北京：北京广播学院出版社，2000 年，第 25 页。

聚力，是一个国家整体实力的体现"①；又如孙有中认为，国家形象是一国内部公众和外部公众对该国政治、经济、社会、文化与地理等方面状况的认识与评价②；再如李智认为，"国家身份的形成需要经由主体国家和客体国家（对象国及其民众）的共同同意而一致达成。也就是说，一国的国家身份既包含主体国家对自我的观念，同时也包含作为他者的客体国家对该国的观念，是主客体国家双方的共有认识或知识"③。上文提到的美国学者肯尼思·博尔丁也认为，国家形象是一个国家对自己的认知与国际体系中其他行为体对它的认知的结合，国家形象"是主观印象，而非客观事实"④。这种内外双重视角的观察和评价兼顾了自我与他者对一国形象的不同认知，承认不同视角的国家形象构建存在的差异性，凸显了形象构建中不同评价主体间的张力关系。

　　三是突出国家形象本身的客观性存在，并具体区分国家形象构成的自身要素，形成了对于构成国家形象的诸多要素的不同认识。例如认为"国家形象是在国际交流和竞争中由一个国家硬实力与软实力的有效组合而产生的综合影响力。国家形象不仅体现在经济、科技、外交、军事等领域，其文学呈现、文化呈现也越来越受到重视"⑤；又如认为国家形象"是国家力量和民族精神的表现与象征，是综合国力的集中体现，是一个国家最重要的无形资产"⑥；还有学者强调，国家形象就是国家的主体意识和民族精神本身，是行为主体"塑造"和"传播"的基础和前提。⑦关于构成国家形象的具体要素，其说不一。有的主张三大依托：物质基石、制度支撑、精神烘托。有的区分为物质形象和精神形象，前者指经济地位、综合国力，后者指公民素质和社会公德。有的直接强调国家形象包括物质要素、制度要素和精神要素三方面。⑧有的设定国家性质、国家

---

① 管文虎主编：《国家形象论》，成都：电子科技大学出版社，1999年，第23页。
② 参见孙有中《国家形象的内涵及其功能》，《国际论坛》2002年第3期。
③ 李智：《中国国家形象：全球传播时代建构主义的解读》，北京：新华出版社，2011年，第24页。
④ 转引自刘朋《国家形象的概念：构成、分歧与区隔》，见苏志武、丁俊杰主编《亚洲传媒研究2008》，北京：中国传媒大学出版社，2009年，第124页。
⑤ 徐放鸣等：《中国形象的艺术呈现研究》，南京：江苏人民出版社，2014年，第25页。
⑥ 管文虎主编：《国家形象论》，成都：电子科技大学出版社，1999年，"序言"。
⑦ 参见周明伟主编《国家形象传播研究论丛》，北京：外文出版社，2008年，第16页。
⑧ 参见张昆《国家形象传播》，上海：复旦大学出版社，2005年，第182~186页。

行为、国际地位是影响国家形象的三个最主要的变量。[①] 还有的提出了良好大国形象的五个决定性因素：现代身份、世界贡献、战略意志、特殊责任、有效治理。[②] 更为细致的区分还列举了政治、经济、军事、外交、文化、自然环境、社会、教育、科技、体育、国民等方面。[③] 李智认为："从国家形象的历史实践来看，国家形象应当包括政治局势、内政和外交品质、经济水平、科技能力（包括传媒实力）、军事实力、领袖风范、公民素质、国民士气、文化传统及地理空间等因素。"[④] 这是涵盖面最广、具有时代感的要素表述，强调了现代国家形象所应具备的更高水平和更高品质，其中兼有物质性与精神性、群体性与个体性、整体性与地域性、抽象性与具象性等因素。但是并非诸多构成要素的简单罗列就能有效构建起国家形象，还需要把握足以代表国家形象的关键性符号表征。

四是侧重于国家形象的代表性文化符号分析，将国家形象理解为在符号的有效传播和受众心理建构中形成的具体形象。蒙象飞认为："国家形象建构的过程实质上是跨文化传播的过程。国家形象建构的有效性根本上取决于一国的跨文化传播能力，而国家形象建构中的跨文化传播能力很大程度上又取决于体现该国核心形象的文化符号。"[⑤] 他还以美国的好莱坞、日本的动漫、韩国的"韩流"等为例说明文化符号对于构建国家形象的重要作用。孙祥飞认为："国家形象表现为一整套的符号表意系统，包含着以下三个维度：第一，这里的表述既包括自我的表述也包括异域的表述，两者相互交叉，相互影响；第二，中国形象往往作为西方想象中的'乌托邦'或'地狱'两种方式存在，这都是中国的'镜像'；第三，异域公众不同的立场和出发点都会引发对中国形象的不同评价。"[⑥] 他在博士学位论文中还尝试构建了这套符号表意系统的运行机制模型。徐小鸽基于传播学的视角认为，"国家形象是一个国家在国际新闻流动中

① 参见王珏《权力与声誉——对中国在美国国家形象及其构建的研究》，上海：复旦大学博士学位论文，2006 年。
② 参见郭树勇《论大国成长中的国际形象》，《国际论坛》2005 年第 6 期。
③ 参见刘继南、何辉等《中国形象——中国国家形象的国际传播现状与对策》，北京：中国传媒大学出版社，2006 年，第 10~11 页。
④ 李智：《中国国家形象：全球传播时代建构主义的解读》，北京：新华出版社，2011 年，第 18 页。
⑤ 蒙象飞：《中国国家形象建构中文化符号的运用与传播》，上海：上海外国语大学博士学位论文，2014 年，第 11 页。
⑥ 孙祥飞：《中国形象的跨文化传播路径研究》，上海：复旦大学博士学位论文，2014 年，第 7 页。

所形成的形象，或者说是一国在他国新闻媒介的新闻言论报道中所呈现的形象"①；沈义贞则主张："国家形象是指能够呈现出该国的国别特征并能够与该国内在的物质要素、精神要素、制度要素相对应的、凭借其可以引发关于一国的整体想象的、以人、事、景、物为外在表现形态并有着一定系列与序列的具象符号。"② 这一入思角度在符号学与传播学的观念及方法的结合中拓展了国家形象研究的视野，注重传播的主体性与对象性之间的期待视野实现融合，探索了国家形象传播的有效机制。

五是立足跨文化交流的历史与现实语境，强调国家形象的生成性和动态性，用建构主义的观念和方法来把握国家形象在交往互动中的动态生成。李智在反思了本质主义的国家形象观存在的弊端之后，大力倡导建构主义的国家形象观，认为"国家形象不是国家内在的或本身固有的，而是存在于与他者（包括他国）的关系之中"。"建构性无疑是国家形象最根本的属性，国家形象的建构性通过多重属性表现出来。""国家形象不是一个实体，而是一种（国际社会）关系，一种在国际社会内与对象国互动过程中所形成的相互承认、认同的关系，它具体表现为国家在国际社会中的'身份'或'角色'。显然，国家形象的形成是国家特征的自我设定与他国（或国际社会）的社会承认两方面的结合。""基于此，可以把国家形象定义为：国家在国际社会中通过交往互动而被对象国赋予的一种身份表达、折射。"③ 蒙象飞也认为："国家形象在根本上取决于国家的综合实力，但国家形象并不能简单地等同于国家的实际状况，它在某种程度上是被建构出来的，是国家间基于社会互动基础上而建构起来的一种相互身份认同关系。"④ 这种建构主义观念突出了自我与他者、主体与受众之间的交往互动关系，强调国家形象生成于交互性关系的建构，体现了对自我与他者的双重主体性的重视，在不同时期、不同的交互性关系中把握了国家形象的动态演变。

---

① 徐小鸽：《国际新闻传播中的国家形象问题》，见刘继南主编《国际传播——现代传播文集》，北京：北京广播学院出版社，2000 年，第 25 页。
② 沈义贞：《塑造国家形象：影视艺术的新使命》，《南京师范大学文学院学报》2007 年第 1 期。
③ 李智：《中国国家形象：全球传播时代建构主义的解读》，北京：新华出版社，2011 年，第 25~28 页。
④ 蒙象飞：《中国国家形象建构中文化符号的运用与传播》，上海：上海外国语大学博士学位论文，2014 年，第 1 页。

第四节　中国国家形象的自身定位

新中国成立七十多年来，党和国家几代领导人在不同的建设发展时期都重视立足于当时的内外部环境对中国形象做出自身定位，并且推动外宣工作进行有效传播。[①]改革开放四十多年来，我国对于国家形象塑造和传播的自觉意识进一步强化，主流意识形态对构建怎样的中国形象有了更加清晰明确的表达。例如 2010 年 6 月，时任中共中央宣传部副部长、中央外宣办主任、国务院新闻办公室主任王晨在《人民日版》发表署名文章，强调要坚持文明、民主、开放、进步的基本定位，全方位塑造符合国情和时代精神的良好国家形象，并且明确了塑造八个方面的国家形象：

> 繁荣发展进步的国家形象、改革创新进取的国家形象、民主法治公正的国家形象、文明开放现代的国家形象、和平和谐稳定的国家形象、谦虚包容自信的国家形象、团结友爱自强的国家形象、合作共赢负责的国家形象。[②]

正是在此定位基础上，2011 年初，我国在号称"世界的十字路口"的美国纽约时报广场大屏幕投放播出中国国家形象宣传片《人物篇》和《角度篇》，对外展示中国面向世界的繁荣发展和谐包容的自身形象。尽管各方对这次主动推介中国形象的行动在宣传片创意水平、推介的成效如何等方面评价不一，但是它标志着中国形象的自我塑造已经由学界的研究和倡导转为国家层面的自觉实践行为。

党的十八大以来，我国促进和平发展和国际合作的努力更加积极主动，先后提出了"亲、诚、惠、容"的周边外交理念、共建"一带一路"倡议和构建"人类命运共同体"的理念，赢得了包括联合国在内的国际社会的积极反响。2013

[①] 关于这方面的资料，县祥的博士学位论文《当代中国国家形象构建研究》（西南财经大学，2011 年）的第二章有比较详尽的梳理，在此不做详细叙述。

[②] 参见王晨《抓住难得历史机遇　塑造良好国家形象》，《人民日版》2010 年 6 月 1 日。

年，习近平阐述了中国进入新时代的国家形象新定位——构建四个大国形象：东方大国形象、文明大国形象、负责任大国形象、社会主义大国形象。

这是立足新的世情、国情和中国发展的自身定位而做出的新表述，与之前2010年的国家形象定位相比较，表述更加简洁，定位更加明确，进一步凸显了中国作为文明古国、东方大国、新兴经济大国及社会主义国家的自身属性，凸显了崛起的中国积极参与国际事务，努力发挥自身作用，勇于担负应有大国责任的姿态，特别是明确表达要积极构建四个大国形象，积极回应了国内外公众对中国发展如何惠及世界各国的期待，凸显了"大国"的担当。

在更高的层面，习近平于2016年5月17日在哲学社会科学工作座谈会上的讲话中阐述了"六个中国"。他强调，我们不仅要让世界知道"舌尖上的中国"，还要让世界知道"学术中的中国""理论中的中国""哲学社会科学中的中国"，让世界知道"发展中的中国""开放中的中国""为人类文明作贡献的中国"。① 这里的"六个中国"固然有针对哲学社会科学创新发展的语境，但是也从总体上展现了中国的发展、开放、创新的形象定位，尤其是要在哲学社会科学的学科体系、学术体系、话语体系的建构上为人类作出贡献的形象定位。2018年8月21日，在全国宣传思想工作会议上，习近平又把"展形象"直接作为宣传思想工作战线的使命任务之一，要求"讲好中国故事，传播好中国声音，向世界展现真实、立体、全面的中国，提高国家文化软实力和中华文化影响力"。更为重要的是，习近平还对于讲好怎样的中国故事提出了具体要求："主动讲好中国共产党治国理政的故事、中国人民奋斗圆梦的故事、中国坚持和平发展合作共赢的故事，让世界更好了解中国。"② 这里的讲好"三个故事"就是对于新时代塑造怎样的中国形象做出的阐述，具有时代特征和全球视野。

学者层面对于当代中国应当塑造怎样的国家形象也做出了各自的定位分析。胡晓明在专著《国家形象》（2011）中基于其长期作为驻外记者的观察，认为应当努力构建五个方面的中国形象：一是积极合作、富强进取的经济形象，

① 参见习近平《在哲学社会科学工作座谈会上的讲话》，北京：人民出版社，2016年，第17页。

② 《习近平在全国宣传思想工作会议上强调举旗帜聚民心育新人兴文化展形象 更好完成新形势下宣传思想工作使命任务》，《人民日报》2018年8月23日。

二是文明现代、正义负责的政治大国形象，三是和平、友好的军事形象，四是坚持原则、灵活务实的外交形象，五是底蕴丰富、创新发展、兼容并蓄的文化形象。① 孙有中则在著作《解码"中国形象"》（2009）中提出另一种定位表述：塑造和传播传统而又现代、一统而又多元、人文而又科技、吸纳世界文明以自主创新的"中国形象"。② 具祥认为，中国的国家形象是由其经济形象、政治形象、文化形象、社会形象等侧面构成的国家形象群，"当代中国国家形象的定位必须充分观照国家形象的多维特征，最终致力于呈现一个和平、发展、合作、负责任的整体形象和经济、政治、文化、社会'四位一体'全面协调发展的侧面形象"③。蒙象飞认为："国家形象定位是一国国家形象建构的出发点和落脚点"，"中国国家形象的战略定位应聚焦为'和平发展、求同存异、负责任大国'的国家形象。"④ 党的十九大之后，面对新的时代要求，孙敬鑫认为，应当向世界多方面地展现更加丰富多彩的中国形象：一个更有智慧引领全球发展的中国；一个更有意愿参与全球治理的中国；一个更有能力承担国际责任的中国；一个更有能力维护世界和平的中国；一个更有信心维护自身利益的中国。⑤ 这些观点注重在国家形象诸多侧面的有机组合中构建具有整体感的、得以全方位展现的中国形象，突出的是在雄厚的物质和精神基础上，由国家行为所呈现出的中国形象。除此之外，我们认为还应当重视国民素质和国民行为所代表的中国形象，应当立足于自我形象定位，致力于国民文明素养的提升和国民自觉维护国家形象的引导，避免"大国小民"现象对中国形象的损伤，这方面的建设任务是十分紧迫的。

对此，外国学者也给出了基于域外视角的建议。美国学者乔舒亚·库珀·雷默认为："中国有必要设计一套全新的理念，以向世人恰如其分地展示自己的国家形象。所谓的全新理念并不是要抛弃民族的传统文化，而是要想办法借

---

① 参见胡晓明《国家形象》，北京：人民出版社，2011 年，第 56~60 页。

② 孙有中：《解码"中国形象"：〈纽约时报〉与〈泰晤士报〉中国报道比较（1993—2002）》，北京：世界知识出版社，2009 年，第 326~328 页。

③ 具祥：《当代中国国家形象构建研究》，成都：西南财经大学博士学位论文，2011 年，第 78 页。

④ 蒙象飞：《中国国家形象建构中文化符号的运用与传播》，上海：上海外国语大学博士学位论文，2014 年，第 66 页。

⑤ 参见孙敬鑫《塑造新时代中国形象》，《中国社会科学报》2018 年 3 月 1 日。

助文化艺术、商业产品等，让世人看到一个令人耳目一新的中国，从而进一步完善和巩固中国的传统声誉。"据此，他提出了"淡色中国"的形象定位，认为"这个'淡'字既包含了'水'（左边的三点水），也包含了'火'（右边上下两个火），恰如中国自身融合了诸多矛盾因素"。"中国需要一种类似于'淡'的国家形象，使矛盾的方面得以统一起来。"① 这种特殊的形象定位显示出雷默基于中国形象的自我观察与域外观察的巨大差异而力图缩小其中的矛盾性，也为我们思考中国的形象定位提供了另一种思路。

第五节　文艺中的中国形象

有论者指出："国家形象作为大国崛起中的文化动员，必然要从国际关系和新闻传媒扩展到其他方面，扩漫到文学和艺术上、哲学和理论上。"② 因此，本章行文到此，对于国家形象的问题梳理回到了文学艺术领域。我们需要回答的是，从现实中的国家形象到文艺中的国家形象有怎样的不同？如何把握其中的审美性和创造性特征？毫无疑问，文艺中的中国形象塑造不同于国际关系领域、新闻传播领域、世界经济与政治领域所构建的国家形象，它是在作家和艺术家的审美创造中呈现出的艺术化的国家形象。这个中国形象体系是在传统与当代、个体与整体、物质与精神、民族与地方的张力结构中，以"社会生活史"和"民族心灵史"的方式呈现出的多元化样态。对于这种多元化样态，王一川认为，"它可以是具体而细小的单一形象，也可以是包含若干单一形象在内的弥漫于全篇的总体形象，有时，还可能是贯穿多部作品的系列形象"。在王一川看来，中国形象也是一个美学概念，"简单地说，'中国形象'直接指艺术中那种由符号表意系统创造的能呈现'中国'、或能使人从不同方面想象'中国'的具有审美魅力的艺术形象"。他还进一步强调，"作为一种文化的总体象征，'中

---

① ［美］乔舒亚·库珀·雷默：《淡色中国》，胡颖廉等译，见［美］乔舒亚·库珀·雷默等《中国形象：外国学者眼里的中国》，沈晓雷等译，北京：社会科学文献出版社，2008 年，第 13、14 页。

② 张法：《国家形象概论》，《文艺争鸣》2008 年第 7 期。

国'代表的是同时富于强大的政治、经济和军事实力,以及审美魅力的文化想象。在这意义上可以说,'中国'本身就是在审美魅力中凝聚着丰富文化想象的形象,或者说,是洋溢着审美魅力的文化形象"①。这些论述突出强调了文艺中的中国形象所具有的文化特性和审美特性。

杨洪承也对文学中的中国形象做出了自己的阐释。他认为:"'中国形象'至少有这样几方面内容。首先,她存在于作家笔下实写的具体生活和文学形象,甚至包括作家本身的人格形象。其次,文学是诗意的人生形式和文化存在,文学形象还应该是一种'经验世界'的情感和想象空间的精神化呈现。再次,'中国形象'还应该是一个流动的概念,她在本土文化语境中生成和衍生,有着自身文化历史发展的痕迹。同时,'中国形象'更属于一个开放的异域文化参照下文化间对话和迁移中生成的形象。最后,'中国形象'的命题,既交叉着文学史和思想史的研究,又有理论的经验体系,即包容着诸多理性的基本元素。"②这一论断揭示了文学的国家形象塑造所具有的主观选择性,作家自身的审美经验、个性特征及本土和异域的文化背景等因素都会对中国形象的构建产生深刻影响。很显然,与上文所述中国的经济形象、政治形象、文化形象、社会形象及科技形象、军事形象相比较,文学艺术呈现的中国形象是经过了艺术家的情感体验和审美想象而创构出来的、带有作家与艺术家个体经验和审美特征的虚构性形象,是具有鲜明的个体审美体验印记的中国形象。其中熔铸了艺术家基于自身人生和情感经历而传达的家国情怀、乡土记忆及现代性进程中的体验,是最具有个性化特征,也最具有情感选择性的艺术表达。不仅文学如此,在电影研究方面,也有论者指出:"中国电影作为特殊的叙事媒介,能够传达一种整体性、抽象性的国家形象,这正是国家形象在跨国传播中总体认知、判断与构想的接受状态。它是从个体记忆和情感角度对他国整体状况的宏观认知,在个体经验、知识与文化背景的参与下,具有特殊的个体性。"③

---

① 王一川:《中国形象诗学——1985 至 1995 年文学新潮阐释》,上海:上海三联书店,1998 年,第 9~10、20 页。
② 杨洪承:《现代中国作家群体生态与"中国形象"结构研究》,见吴秀明主编《文化转型与百年文学"中国形象"塑造》,杭州:浙江工商大学出版社,2011 年,第 82 页。
③ 陈林侠:《跨文化背景下中国电影的国家形象建构》,北京:人民出版社,2014 年,第 9 页。

对此，张法做出了更加明晰的表述："艺术在国家形象塑造中的作用是其重要（乃至非常重要）的一个方面。但是艺术是以一种'特殊的方式'进行国家形象塑造的。如果说，在与国家形象相关联的几大形式中，传媒要求的是新闻的真实，经济要求的是数据的真实，那么，艺术要求的是情感的真实。如果说，传媒的形象塑造在于对真实的新闻进行巧妙的选取和对所选进行高明的安排，然而，无论怎样的选取和安排，而所选事项必须是真实真确的，事项不可以为伪；那么，艺术本身就可以按照理想的目的进行虚构，塑造出典型的或变形的或抽象的形象、形式、图像、故事，然而无论怎样的艺术虚构，情感必须是真诚真挚深厚深邃的，情感不可以为伪。"这里的艺术的虚构与情感的真实的有机统一揭示了艺术构建国家形象的审美特点。不仅如此，张法还进一步强调："艺术家的艺术虚构，达到自己所需要的形象塑造，这种理想的形象会对现实中实际形象产生巨大的改变作用和提升作用，让理想变为现实；另一方面，现实的景况和心态又制约着艺术的虚构限度，超过了这一限度，会透出情感之假，反而会损害艺术家的情感诚信。因此，让艺术担负起国家形象的塑造任务，毫无疑问在中国作为大国崛起的过程，在中华民族的文化复兴中，具有一种历史的神圣性，但这里又存在着极大的复杂性。"[①]他既充分肯定了虚构的理想形象对社会现实的影响和提升作用，又强调了现实状况对艺术虚构的制约性；既看到了艺术塑造国家形象的使命具有神圣性，又注意到其中存在极大的复杂性，这是具有辩证思维品性的冷静分析。

在分析了文艺中的国家形象的基本属性之后，我们还应当注意到，研究者进一步对"文艺作品的国家形象"与"文艺作品中的国家形象"做出了必要的辨析。李溢提出："文艺作品的国家形象，指的是文艺作品创造的艺术和思想唤起人们对一个国家的思想力、想象力、创造力以及情怀和境界的印象、评价和想象，而文艺作品'中'的国家形象则指的是作品的题材、人物、环境、主题唤起人们对一个国家社会生活的印象、评价和想象。从表面上来看两者都与国家形象有着千丝万缕的关联，但经过分析就会发现，二者却存在着重大的内

第二章 「形象」溯源与形象辨析

---

① 张法：《国家形象概论》，《文艺争鸣》2008 年第 7 期。

45

部矛盾，导致的逻辑结果和社会结果大相径庭，甚至天壤之别。"[①] 因此，他反对把"文艺作品的国家形象"误读为"文艺作品中的国家形象"，认为如此误读将导致片面理解文艺中的国家形象塑造，只准写光明面，不能写阴暗面；只能体现歌颂性，不能体现批判性。这样做会出现三大后果：其一，将否定中国乃至世界文明史中对现实具有反思批判精神的作家和艺术家的历史贡献与地位；其二，将使文艺创作违背真实性和艺术性两大基本法则；其三，将导致"题材决定论"和"作家世界观改造"等文艺思想回潮。[②] 这里就触及了文艺中国家形象塑造的复杂性问题。作家和艺术家对中国形象的构建应当秉持深刻的历史感，生动地呈现古老中国的人文底蕴、民族传统和艰难曲折的现代化进程，从中体现历史的深度、人性的深度和艺术的深度，其中必然包含了自我认同与自我反思的双重体验，包含了讴歌与批判的不同向度，这样的形象塑造才能充分发挥其对内与对外的双重功能。

进一步说，文艺作品塑造中国形象，可以通过不同艺术形态的实践积累，在整体上构成文艺中的中国形象谱系，从而呈现出中国国家形象塑造的多元化样态，全方位地向世人展现当今中国的多样化风貌。

综合上述关于文艺中中国形象构建的基本属性的分析，我们可以进一步明确地把握这种中国形象的审美独特性。在后文的"文学篇""影视篇""域外篇"中，我们将以个案分析来具体展现中国文艺构建国家形象的审美特殊性。接下来，我们需要对当代中国文艺塑造国家形象的历史性、现实性与理想性问题做整体性的把握，从中寻找其历史嬗变、范式重构的内在机理，进而把握其总体规律。

---

① 李溢：《对"国家形象论"引入文艺批评后的理论思考》，《文艺争鸣》2009 年第 5 期。
② 参见李溢《对"国家形象论"引入文艺批评后的理论思考》，《文艺争鸣》2009 年第 5 期。

第三章 文艺实践构建国家形象的三种属性

近年来，随着综合国力的提升和世界影响的不断扩大，中国国家形象的主动塑造和有效传播问题日益凸显。"中国的形象从来没有像今天这样具体而细微、又超大规模地呈现在全世界人民的面前，世界也从来没有像今天这样近距离地观察中国，并且细细地体味着如此'活生生'的中国文化。"① 中国在走向世界、引领发展，并且秉持着建设和谐世界、构建人类命运共同体的理念和愿景，因此更加需要努力构建与自身相应的国家形象。

研究当代文艺实践构建国家形象问题，首先应该关注的便是其时间性维度。严格地说，国家形象构建不是一个"瞬间性"行为，而是一个"延续性"进程，是历史传承性、现实针对性和未来理想性的融通与统一。本章拟就中国当代文艺塑造国家形象的三种属性——历史性、现实性、理想性的诉求来展开研究。

---

① 景海峰：《中国文化形象的世纪性转折》，《齐鲁学刊》2005 年第 1 期。

第一节　当代文艺实践构建国家形象的历史性诉求

当代文艺实践构建国家形象不仅直指当下现实，体现当代性，同时要诉诸历史、回应历史、总结历史、反思历史。这种历史性诉求大体包括如下四个方面的内涵。

第一，重视国家形象塑造的历史传统。众所周知，中国的民族文化中孕育着国家形象的优秀传统，它是民族之根。当代文艺实践构建国家形象必须重视自己的民族文化和传统历史，即传统的文艺形塑了怎样的国家形象，传统的文化赋予了我们怎样的民族之魂。有学者指出："优秀的文艺作品应该能够展示民族文化的优秀传统以及蕴含在这种文化中美好的道德情操"[1]。还有学者列举出一连串能够代表和体现民族文化传统的形象样态："作为中国形象的艺术体现，从彩陶、玉器、青铜、篆字到诗经，楚辞、汉赋、汉画像，从敦煌、云冈、龙门石窟到霓裳羽衣的宫廷歌舞到唐诗、宋词、宋瓷、宋元山水画，宋话本到明清小说，从元曲到明清传奇，从唐宋古文到明清小品文，从宋元文人画到明清版画、年画，这是一个五彩斑斓的古代中国的艺术形象；从清末谴责小说到民国鸳鸯蝴蝶派到新文学，从沿海的外销油画到上海画派，从新体诗到白话诗，从学堂乐歌到艺术歌曲，从新剧到话剧，从戏曲电影到艺术电影，从五四文艺到革命文艺，从抗战木刻到土改小说，从抗美援朝电影到大跃进诗歌，从红色战争记忆到八个样板戏，从伤痕文艺到八五新潮，从邓丽君歌曲到崔健的摇滚乐，从第五代导演的电影到先锋小说，从陕风小说到政治波普画风，从贺岁片到网络小说……中国现代性的曲折历程同样产生了丰富多彩的艺术作品。"[2] 需要思考的是，这些形象样态在特殊的历史时期如何代表和呈示了一个时期的国家形象？这些形象样态呈现出怎样的内在意蕴和历史积淀？这些形象样态为当下国家形象的构建形成了怎样的经验范式，又提供了何种启迪性价值？不得不说的是，国家形象的历史形态、民族文化的深厚底蕴，既是当代文艺塑造国家形象的一种历史借鉴和审美参照，又是其不断寻求超越创新的内在驱动力。中

---

① 周景雷、韩春燕：《文艺的担当和国家形象塑造》，《文艺报》2007年4月28日。
② 张法：《国家形象概论》，《文艺争鸣》2008年第7期。

国文艺在历史上自觉构建起来的中国形象、民族形象，无论时代风云的现实映照还是未来之境的审美想象，无疑都大大丰富了当代文艺实践构建国家形象的历史根基和文化底蕴。因此，当代文艺实践中的国家形象塑造无法与历史形象完全分离。

第二，注重历史语境的现实考索。现实是生动的历史，历史是固化了的现实。当代文艺实践构建国家形象既不能回避历史、消解历史，也不能简单地重复历史："国家形象的塑造，不仅是一个今天中国形象的呈现，而且是一个包括对整个中国历史在内的中国形象的重释。"[①] 但是，"回眸历史"并不等于"回到历史"，"表现历史"并不能"蹂躏历史"。当前中国文艺发展存在着两种倾向：一是"重历史，轻现实"，文艺作品大都跟风式地喜欢表现历史题材，却有意无意地回避历史反思，远离当代思考；二是还原历史、戏说历史甚至架空历史，形成了"泛历史"现象，造成了表面上的历史题材创作繁荣，而对启迪国民尤其是青少年正确认知历史、传承文化并无益处。当代文艺实践构建国家形象必须尽快改变这一现状，在现实语境中推进历史反思，在历史思考中观照当代现实。借用历史题材和历史形象表达当代思考和现实深度，是当代文艺实践构建国家形象的重要取向。

第三，关注形象构建史中的诸种误读。当代文艺实践构建国家形象首先不得不面对的是世界文学历史中对中国国家形象的乌托邦式误读与妖魔化处理。如果以《马可·波罗游记》为标志，西方的中国形象书写至少已经有七个多世纪的历史。其间，中国的国家形象可谓历经变迁，大起大落。受国家利益之争、意识形态的冲突、文化差异和文化隔阂的存在等因素的影响，中国形象长期以来成为西方的他者镜像，无论是从 19 世纪的黄祸论、睡狮论到 20 世纪的"中国威胁论"、文化冲突论，还是西方人眼中所确立的"大汗的帝国""大中华帝国""孔夫子的中国"等形象，恰如周宁所言："西方的中国形象是西方文化投射的一种关于文化他者的幻象，是西方文化自我审视、自我反思、自我想象与自我书写的方式，表现了西方文化潜意识的欲望与恐怖，指向西方文化'他者'

---

① 张法：《国家形象概论》，《文艺争鸣》2008 年第 7 期。

的想象与意识形态空间。"①从这个意义上讲，必须正视和重新审视西方人眼中的中国形象诸问题，如西方人通过文艺作品究竟展现了怎样的中国形象，西方人对中国形象的正面或负面呈现的内在动因是什么，如何在当今世界文化总体对话格局中从根本上改变以往中国形象塑造中的西方话语模式主导格局，等等。当代文艺实践构建国家形象必须面对这段形象历史，或以史为参照，或以史为借鉴，或以史为教训，进而形成中国形象的自我构建。

进一步说，当代文艺实践构建国家形象不得不面对的还有我们自身对中国国家形象的误解与误读。应当看到，广大文艺工作者对中国形象、民族形象、国家形象等的观念体系的理解、认知、把握等层次不一，自然在形象塑造的行为方式（创作、评论、接受）和物化产品（艺术形象、作品质量、作品深度）等方面也呈现较大差异。正如有的论者所言，"我们的一些艺术家没有意识到自己受'冷战思维'的影响而充当着'妖魔化中国'的角色，以所谓的政治批判或国民劣根性揭露来表达'普通意义'和'现代意识'"②。有的学者甚至把这种做法概括为"恶性话语"，认为这种话语体系之下的"中国形象"塑造一般是贬损的、落后的、压抑的，或是变态的、动荡的、功利的，这种话语"虽然表达了作家们企图拯救社会现实的积极动因，但这种救赎分明呈现的是一种在绝望中期待的被救赎"③。确实当下就有这么一些艺术家，常常以西方文化或内心营构的理想为参照，看到的更多的是国人和民族文化中的劣根性，对中国大地上的自然、人情、事件等过多地进行阴暗性、暴露式的处理，采取的是审丑、批判、启蒙的基本立场，有的甚至对丑陋、本能、两性、乱伦、暴力、犯罪等极尽能事地大书特书，对健康、正面、积极、肯定、向上的形象却视而不见，从而给国家形象塑造带来了消极和负面影响。这种带有片面启蒙与虚假理想色彩的形象呈现方式和历史倾向，是当代文艺在构建国家形象的创作实践中必须正视和极力避免的。

① 周宁：《天朝遥远——西方的中国形象研究》上卷"前言"，北京：北京大学出版社，2006年，第3页。
② 汉初：《"文艺作品中的国家形象"学术研讨会纪要》，《美术观察》2008年第2期。
③ 方爱武、吴秀明：《文学的中国想象与跨域——跨文化语境下的"中国形象"塑造与传播》，见吴秀明主编《文化转型与百年文学"中国形象"塑造》，杭州：浙江工商大学出版社，2011年，第4页。

第四，把握国家形象内涵与构建的动态性。国家形象是一个历史性的范畴，不同时期的内涵呈现不尽相同，不同时期的构建方式也有差异。有学者就设法证明，中国在欧洲人的想象中呈现出不同的形象，中国更恰如其分的象征不是龙，而是"变色龙"。[①] 其实，在文学史上，西方人眼中的中国形象无论正面还是负面，都与西方特定的文化历史背景相一致："前启蒙运动时代持续美化的中国形象，是一种社会乌托邦化的文化'他者'，寄托着西方文化不同层次的理想，教士、哲学家、政治家和商人们，都在用中国形象表现他们对西方社会的不满与改革的期望。后启蒙运动时代，西方现代性确立，中国形象从乌托邦转化为意识形态，西方社会想象不再是用中国形象衡量并批判西方现实，而是以西方现实为尺度衡量并贬低中国，确证现存的西方现代性的合法性。"[②] 但是在全球化的今天，中国的国际地位、世界影响和国家形象都发生了巨大变化，文艺作品中的国家形象塑造从历史中走出、出现相应的调整乃至根本性的变化成为一种必然。这种"动态性"和"历史性"还意味着，我们既可以充分利用传统形象塑造中的有利因素和经验模式，又可以消解和改变传统的形象史对国家形象的塑造所带来的负面效应和消极影响。现代形象与历史形象之间既表现出承续关系，又有重新构建的空间。如果说历史上的国家形象塑造更多属于主体性的建构，西方人眼中的中国形象很大程度上是"第三只眼"中的主观镜像，那么当代文艺实践的国家形象塑造更应成为一种主体间性的自觉建构。[③]

总之，当代文艺实践应在历史性维度中推进国家形象的立体化塑造与全方位构建。这种历史是民族传统的文化积淀和长期孕育，是基于当下现实而对过去的延续、回眸、反思甚至超越，它既依存传统又变动不居，既深深埋藏又向当下和未来开放。正是这种历史性诉求，赋予了当代文艺实践的国家形象构建更丰厚的底蕴、更深刻的内省和更巨大的变革。

---

① 参见［英］雷蒙·道森《中国变色龙：对于欧洲中国文明观的分析》，常绍民、明毅译，北京：时事出版社，海口：海南出版社，1999 年，第 16 页。

② 周宁：《天朝遥远——西方的中国形象研究》上卷"前言"，北京：北京大学出版社，2006 年，第 7 页。

③ 关于国家形象塑造的主体性与主体间性问题，在本书第四章有具体阐述。

第二节　当代文艺实践构建国家形象的现实性诉求

当代文艺塑造国家形象固然有历史性诉求和想象与理想的成分，但毕竟离不开当代土壤，必须是立足于中国当下现状的自觉建构。那种缺少现实基础和实践情怀的形象构建，一定是不真实的、带有乌托邦性质的审美幻象。立足于中国的当代现实，提供中国人自己的发现和思索，发出中国人自己的声音，这是当代文艺实践构建国家形象的必然选择。在我们看来，当代文艺实践构建国家形象的现实性属性至关重要，代表了我们主动构建中国形象的主导倾向，概括地说大致有生存现实、文化现实和媒介现实三个方面的表征。

一、生存现实

在中国逐步走向现代化、国际化和民族复兴的伟大进程中，在中国经济转轨、社会转型、观念转变的特殊历史时期，中国人乃至整个国家的生存状态、生存际遇、生存需求、生存困惑、生存出路究竟怎样，展示了怎样的内在追求、精神境界、人文情怀，中国向世界输出了怎样的哲理性思考、文化成果和民族经验，对此当代文艺必须做出回应、给出解答。当代文艺所构建的中国国家形象不是虚空和抽象的，总是由当代的各种"形象序列"组合而成的，如世俗形象与高雅形象、物质形象与精神形象、严肃形象与娱乐形象、人物形象与社会形象、个体形象与群体形象、外在形象与内在形象等。这些形象虽说具有想象和虚构的文学特质，但毕竟是从现实生活中来，不可能与生存现状全然割裂。

然而，对生存现实的关注是要讲究笔力和策略的。当代艺术家们要站在国家形象塑造的角度和高度，关注人们的现代生存，尤其是要通过人物塑造、场景安排、情节设置、活动设计等，着重表现那些最能够代表国家形象、最能够凸显中国人气魄的精神风貌、内在气质、高远境界、不懈追求等基本内容。基于当代中国生存现实的艺术描写、诗意想象和文化思考，立足展现那些包孕内在能量、主体精神和民族之魂的文艺形象，应该成为当代文艺塑造国家形象的自觉追求。像《红高粱》《老井》《白鹿原》《可可西里》《你在高原》等一批文艺作品，不仅具有强烈的地域根性，更展现了历代中国人和中华民族在面对生存灾难、民族危亡、艰难困苦时所表现出的强烈的生存抗争与精神追求。有学者指出，国家形象是由"自我"和"他者"相互构建而成的，它不取决于单一的主体性，而是取决于双向或多边的主体间性。[①] 据此我们不妨说，当代文艺必须依凭源源不断地塑造具有民族蕴涵和内在品质的国家形象，方能赢得世界的尊重，只有通过塑造体现价值追求和精神力量的国家形象，方能改变世界对中国的传统印象。

二、文化现实

应当看到，中国当代文艺向国人和世界展现怎样的国家形象，又如何呈示这样的国家形象，并不只是一个从技术层面便可以理解和解决的问题，也不只是纯粹的文艺创作技巧问题。换句话说，当代文艺塑造国家形象应该体现两个维度：一是中国国家形象不能仅仅属于中国，而应向世界开放，成为在域外公众的接受视域中的中国形象；二是中国文艺应该以"文化的方式"塑造国家形象，并实现与世界的融通和对话。当代文艺对国家形象的塑造必须是一种"文化"意义上的塑造，只有依靠文化塑造方能进入世界艺术话语的总体体系，必须依靠体现中国精神的深度文化思考向世界文艺作出贡献。这便是中国当代文艺塑造国家形象必须面临的"文化"现实。

前文所列举的诸如《红高粱》等作品，其对国家形象的塑造既基于中国的生存现实，又基于中国的文化现实。艺术家们所传达的不仅仅停留于对现实的单纯模仿，也不在于这种展现所带有的强烈的民族风貌，更重要的是通过作品传达出特有的文化品质，提供世界性的文化思考。这种文化品质和文化思考是中国所持有和特有的，也是世界所认同和需要的。20 世纪 80 年代"红色·旅"便成功地展现了当年一批艺术家的文化思考。其中丁方的作品《城》(系列)等，曾被视作"文化反思的象征"："一种说不出的历史苦味，贯穿于我所感受到的东方命运之中。似乎历史的过去、未来、现在都在这渺小的生命个体中被强烈

① 参见李智《中国国家形象：全球传播时代建构主义的解读》，北京：新华出版社，2011 年，第 25 页。

地体验到了。"① 在丁方的眼里，"凝固、沉重、单纯的城墙、城垛，既是历史重负的象征，又是其内在伟力的象征"。其《呼唤与诞生》系列，"面具般的黄土大地象征着沉睡千年而力图在烈火中获得新生的民族之魂"；他在"第一驿"画展中展出的《意志与牺牲》《原创精神的启示》等作品同样体现出"深沉痛苦所凝聚的力度"，即"在人类文化历史和大人类精神的高度上对中国文化命运的深切关注"②。有的学者甚至提出"理性绘画"的概念，主张在艺术中植入由"器"入"道"的"反思"，即"对社会与人生的审视和对整个文化传统及其制约着的道德价值、宇宙观等形而上的问题的思考的探究"③。

张隆溪曾经把西方人眼里的中国形象概括为"非我的神话"，强调了对异国想象中形成的"非我的"、不同的、异己的文化属性。他指出："西方心目中的中国是在历史过程中形成的形象，代表着认为不同于西方的价值观念，这不同可以是好，也可以是坏。在不同时期，中国、印度、非洲和中东都起过对衬西方的作用，或者是作为理想化的乌托邦、诱人和充满异国风味的梦境，或者作为永远停滞、精神上盲目无知的国土。"他认为："如果我们想越出直接生活环境狭隘的范围而多所了解，如果我们决定扩大自己文化视野的疆界而认识人类的根本——我认为这正是不同文化比较研究的目的——那就绝对有必要打破作为想象对立面那个非我的神话。"按照张隆溪的理解，如果中国当代文艺塑造国家形象能够充分地基于"文化现实"，传达世界性的文化思考，那么对中国的那些"非我"式的误解也就会自然而然地得以消解和泯除，如此一来，"非我不再是异己的、神奇的、无法说明的，却是可以了解和可以吸取的，最终可以成为我们对世界的经验和共同认识之一部分"④。获得茅盾文学奖的作家阿来便主张一种"跨族别的写作"："借用异域、异族题材所要追求和表现的，无非就是一种历史的普遍性而非特殊性的认同，即一种普遍的眼光，普遍的历史感

---

① 丁方：《"城"——文化反思的象征》，《中国美术报》1985 年第 23 期。
② 高名潞等：《中国当代美术史 1985—1986》，上海：上海人民出版社，1991 年，第 132、138 页。
③ 高名潞：《关于理性绘画》，《美术》1986 年第 8 期。
④ 张隆溪：《非我的神话——西方人眼里的中国》，见［美］史景迁《文化类同与文化利用——世界文化总体对话中的中国形象》书后附录，廖世奇、彭小樵译，北京：北京大学出版社，1990 年，第 217、220 页。

和普遍的人性指向。我把这概括为跨族别的写作。"①他坚持认为，所有人，不论身处哪种文明，哪个国度，都有爱与恨，都有生和死，都有对金钱、对权力的接近与背离，这是具有普遍意义的东西，也是不同特质的人类文化可以互相沟通的一个基础。②从这个意义上讲，文艺作品中的国家形象塑造，是艺术家们在以民族的个性和自身的风格诠释着世界性话题和人类终极性关怀，体现了本民族的理性思考和文化贡献，进而丰富了世界的总体形象。他们透过艺术实践所传达出的文化思考和文化深度，既是基于中国的一种文化现实，又可以较好地融入世界话语体系和世界文化格局。

三、媒介现实

当代文艺实践构建国家形象面临的另一个基本现实是，形象的塑造离不开形象的传播，形象的传播必须紧紧依赖日趋多元的媒介技术和传播手段。麦克卢汉提出过"媒介即是讯息"③的著名理论。斯图尔特·霍尔则认为："文化首先涉及一个社会或者集团的成员间的意义生产和交换，即'意义的给予和获得'"，"意义还通过种种不同的传媒生产出来，尤其是目前，通过复杂的技术，通过现代大众传媒这种全球通讯手段生产出来，这使得意义以历史上从未有过的规模和速度在不同文化之间循环起来"④。当代文艺实践构建国家形象既要应对和善用多元化的传媒现实，又要站在建构的立场上予以整体策划、主动推介和必要的包装打造。

在塑造和传播国家形象方面，传统媒介与新兴媒介各有优势，要相互取长补短，形成合力。传统媒介（如书籍、报纸、杂志、广播、电影、电视等）在传播国家形象方面的作用自不待言，新兴媒介（如网站论坛、博客、手机报、微信公众号等）凭借其信息海量、即时性、互动性、高效性等优势，在传播国家形象方面也起到了不可估量的作用。比如，2006 年和 2007 年，中俄两国成

① 阿来、孙小宁：《历史深处的人生表达》，《中国文化报》1998 年 3 月 31 日。

② 参见冉云飞、阿来《通往可能之路——与藏族作家阿来谈话录》，《西南民族大学学报（哲学社会科学版）》1999 年第 5 期。

③ ［加］马歇尔·麦克卢汉：《理解媒介——论人的延伸》，何道宽译，北京：商务印书馆，2000 年，第 33 页。

④ ［英］斯图尔特·霍尔编：《表征：文化表象与意指实践》，徐亮、陆兴华译，北京：商务印书馆，2003 年，第 2~3 页。

功互办"国家年"，是推进国家形象塑造方面较为成功的范例，其中网络媒体在形象传播中发挥了先导性和主干性的作用。论坛、跟帖、邮件、网络直播、在线访谈等方式，为中国公众更好地了解世界和世界更好地认知中国提供了有益而快捷的渠道。此外，中国国家形象宣传片在纽约时报广场户外大屏幕播放，向全世界展示了立体化的中国和生机勃勃的"中国精神"："宣传片充分体现了视觉语汇在传达意义时的直观、逼真、细腻而又真实的传播优势，这种以视觉图像为主的文化传播媒介，也凸显了其在跨文化交流中作为国际沟通符号的独特作用。"[1] 有的学者则对"微博"给予了较多关注，认为"微博对于中国国家形象的塑造体现为构建了一个新型的'公共话语空间'，一个公民行动的生发地"[2]。这是自媒体参与国家形象塑造和传播的新方式。

利用各种媒介进行国家形象传播，应当注意两个层面的问题。

一是充分利用媒介的自身特性，高度重视图像、影像、综艺演出等文艺实践形态在国家形象塑造与传播方面的作用。比如，利用图像所具有的形象直观和直指人心的巨大功能，《西方人笔下的中国风情画》（上海画报出版社1999年版）展现了西方人如何通过绘画在较长的时间内和较持久的意义上形塑了"中国人的形象"和"中国形象"，进而影响着人们的主观认知和价值判断。2012年，时任中国美术家协会主席刘大为在法国巴黎举办"东方之美"国画展。2013年，刘大为又与西班牙王室画家林德共同举办"中西之美"作品联展，向世界呈现了《雪域生灵》等一批佳作，为中国形象的塑造和传播作出了贡献。张艺谋、李安等一批电影导演，则是通过运动的影像来诠释中国风格，呈现中国形象，传播中国精神。以云南少数民族歌舞《云南映象》和《云岭天籁》、交响乐诗篇《土楼回响》、大型藏族歌舞诗《神奇的家园》、歌剧《木兰诗篇》、舞剧《风中少林》和《二泉映月》，以及北京夏季奥运会和上海世界博览会的开幕式文艺演出等为代表的一批综艺作品成功走上国际舞台，展示了良好的中国国家形象，同样是巧妙利用了媒介的直观传播功能。在这方面，国际上有许多成功案例值得借鉴，如美国电影《拯救大兵瑞恩》、韩剧《大长

---

① 汤天甜：《论中国国家形象宣传片的文化公关与价值输出》，《南京社会科学》2011年第3期。
② 张爱凤：《媒介变迁与中国国家形象的嬗变》，《南京社会科学》2011年第11期。

今》、日本动画片等都以各自不同的媒介优势展现了国家形象，向世界输出自己的文化价值观。

二是要形成媒介的合力优势。文艺实践塑造中国国家形象是个庞大的系统工程：既要善于运用传统媒介，又要发挥新兴媒介的优势；既要有静态媒介，又要利用好动态媒介；既可能是单一型媒介，也可以是复合型媒介。从另一个层面看，出于国家层面的媒介传播策略必不可少。比如，原国家文化部推出的国家舞台艺术精品工程、国家动漫精品工程，以及近几年颇受学界关注的中国古代文化典籍的域外传播、中华学术外译项目等。就像冯远所指出的那样："正如许多中国人心目中的美国形象来自于好莱坞的影视作品及其文化产品一样，法兰西、美利坚、英伦人民心目中最直观的中国形象也将得之于当代中国的艺术作品。"[①] 从这个意义上说，基于国家战略考量的媒介包装、倾力打造、域外传播，将成为当代文艺实践构建国家形象的伟大工程。在此进程中，另外一个群体即"新型文化媒介人"的媒介行为同样不可忽视。"新型文化媒介人"是在社会转型过程中产生与崛起的一个特殊群体。"他们主要供职于文化艺术业、广播电视业、音像业、新闻出版业、信息网络服务业、教育业、文化旅游业、广告业、会展业、咨询业、娱乐业等行业与部门，而这些行业现在一般被归入所谓'文化产业'。"[②] 按照费瑟斯通的理解，"他们因工作需要，必须从事符号商品的服务、生产、市场开发和传播"，他们"掳掠各种传统与文化，目的是为了生产新的符号商品，并对使用这些商品的人提供必要的解释"[③]。在现代社会，作为一支重要媒介力量的"新型文化媒介人"，在文艺实践构建国家形象方面必将承担特殊的使命，起到特殊的作用。如何让这一特殊群体既服膺于市场化的商品逻辑，又自觉承担起形塑国家形象的宏大使命，其间的张力和结合点如何把握，值得关注和深究。

---

① 冯远：《艺术的国家形象》，见《国家舞台艺术精品工程论评（2002~2003）》，北京：文化艺术出版社，2004年，第12页。

② 陶东风：《新文化媒介人批判》，《首都师范大学学报（社会科学版）》2003年第6期。

③ ［英］迈克·费瑟斯通：《消费文化与后现代主义》，刘精明译，南京：译林出版社，2000年，第27页。

第三节　当代文艺实践构建国家形象的理想性诉求

文艺作品中的国家形象不仅具有鲜明的历史性、现实性指向，还具有突出的理想性特征。正是缘于历史性、现实性与理想性的胶合与融通，当代文艺实践构建的国家形象才得以更加丰盈和立体。

首先，文艺本身即具有虚构和理想性质。这是文艺实践显著区别于国家形象构建的其他文化形态之处。一方面，包括文学行为在内的文艺行为所呈现的人物、环境、场景、情节等可能是虚构的、假想的、非现实的，"作为一种媒介，文学所显示的所有固定形态都只能是一种想象。文学甚至能将人类所有特性具体化为一种非真实性的幻象，这种幻象是文学呈现千变万化的相关事物特征的唯一途径"①。另一方面，文艺世界是源于生活的另外一种真实，同样符合艺术存在发展的规律及人们的欣赏习惯和形象需求，它以虚构和想象的方式寄托着人们的内心情感与审美理想。这便使得当代文艺实践构建国家形象带有了某种想象的成分与理想的色彩。

其次，国家形象体现或满足了不同文化背景中人们的不同文化想象。西方人眼中的中国国家形象并非真实的中国，而是按照西方逻辑想象和构建出的对象化"他者"，是"把中国当作了寄托自己文化理想的一种符码和载体"，欲"通过'中国形象'来遥想自己的民族与国家"②，是"另一种方式的寻找自我，或者说是寻找另一个自我的方式"③。像美国动画电影《花木兰》和《功夫熊猫》，虽然运用的是中国文化符号，讲述的是中国故事，却并不是中国故事本身，而是改造过的中国故事，是在用西方的眼光和逻辑来讲述中国故事。"迪斯尼通过这样的改编，使西方的自由、独立精神得到充分诠释"④，因而，美国动画电

---

① [德]沃尔夫冈·伊瑟尔：《虚构与想像：文学人类学疆界》，陈定家、汪正龙等译，长春：吉林人民出版社，2003年，第4页。

② 方爱武、吴秀明：《文学的中国想象与跨域——跨文化语境下的"中国形象"塑造与传播》，见吴秀明主编《文化转型与百年文学"中国形象"塑造》，杭州：浙江工商大学出版社，2011年，第8~9页。

③ 秦海鹰：《20世纪法国作家的"中文课"》，见钱林森、[法]克里斯蒂昂·莫尔威斯凯主编《20世纪法国作家与中国——99'南京国际学术研讨会》，南京：南京大学出版社，2001年，第43页。

④ 王艳、薛英英：《论美国动画电影中的"中国形象"》，见吴秀明主编《文化转型与百年文学"中国形象"塑造》，杭州：浙江工商大学出版社，2011年，第552页。

影中的"花木兰"和"功夫熊猫"充满了居于西方文化背景中的人们对异域中国的文化理解与艺术想象。中国当代文艺的国家形象构建实践同样寄托着人们对中国国家形象的种种期盼与想象。诚如有学者所指出的那样:"国家形象不仅是一个国家的人民通过现实生活取得的政治、经济和文化成就所塑造出来的,也是这个国家的人民通过文艺作品所'重塑'出来的,在这种重塑中,包含了既定的现实,更蕴含了一种向往、追求的价值目的,即希望成为什么样的国家,希望追求什么样的精神。"①

当然,理想的形象又会在一定程度上提升和形塑现实的形象。国家形象的理想性不只是国家形象未来的一种想象、理想和预设,更重要的是可以提振国人的民族自信,满足人们的文化期盼。这一点也正可以解释,为什么我们倡导塑造光明的而非阴暗的、积极的而非消极的、美丽的而非丑陋的、正面的而非反面的、主流的而非支流的国家形象。一方面,中国当代文艺通过塑造富强、民主、文明、和谐、美丽的国家形象,以此提升国人的民族自信心和民族自豪感,不断增强民族的凝聚力和内生动力;另一方面,美好的形象可以影响、改变甚至代替现有的不合理、消极、丑陋的东西,以"瑜"去"瑕"。有的学者便认为:"艺术家的艺术虚构,达到自己所需要的形象塑造,这种理想的形象会对现实中实际形象产生巨大的改变作用和提升作用,让理想变为现实。"②比如,与闻一多笔下的"死水"形象不同,郭沫若以"凤凰涅槃"完美塑造了当时居于新旧转变时期的中国形象。当代诗人舒婷则以"雪被下古莲的胚芽""绯红的黎明"等意象,寄寓对于未来中国的理想,期盼千年古国重获新生。很明显,这些形象或意象均带有理想化的色彩,给人以极大的鼓舞和力量。王一川更是直接表白,"中国形象"其实就是指那种"由符号表意系统创造的能呈现'中国'、或能使人从不同方面想象'中国'的具有审美魅力的艺术形象"③。

总之,当代文艺实践构建国家形象体现了历史性、现实性与理想性相统一、

---

① 《"文艺作品中的国家形象"研讨会在我院举行》,《文艺研究》2008 年第 2 期。

② 张法:《国家形象概论》,《文艺争鸣》2008 年第 7 期。

③ 王一川:《中国形象诗学——1985 至 1995 年文学新潮阐释》,上海:上海三联书店,1998 年,第 10 页。

相融通的审美品格。如果说历史之维指向的是国家形象的底蕴和厚重感，现实之维指向的是国家形象的现状和现在感，那么理想之维指向的则是国家形象的想象与期待感。失去了其中任何一维，当代文艺实践所塑造出的国家形象都将是平淡、苍白和无力的。

第四章　国家形象构建中的主体性与主体间性

　　美国政治学家布丁认为，国家形象是一个国家对自己的认知与国际体系中其他行为体对它的认知的结合，是一种由信息输入和信息输出所产生的信息资本。[①] 也就是说，国家形象的形成存在自身构建和外部构建两个层面，它包含着个体的感性态度，也隐含着特定群体的理性评价。从本书第二章所述多方面对国家形象概念的考量中可以看出，主体性与主体间性对国家形象构建的重要性。主体性表现在国家形象深受认识或评价主体自身主观因素的影响，主体间性则表现在国家形象本身就是一个主体间概念，作为一种观念文化结构，国家形象不仅有自身文化的印迹，还要受其他文化观念的影响。以这样的视角来看，国家形象并非单一主体性的构建，而是主体间交互构建的产物，其中体现着显著的主体间性。

[①] K. E. Boulding. "National Images and International Systems." *Journal of Conflict Resolution*. 3（2），1959，p.123.

第一节　国家形象构建：从主体性到主体间性

主体性概念是现代社会发展到一定阶段所凸显出的一种重要理念，它在本质上追求一种自由。在对主体的认识上，笛卡尔认为，主体就是指自我或心灵，本质上是指思想。他所强调的主体的主观能动性直接启发了康德，成为从康德到黑格尔的整个德国古典哲学都十分重视的哲学主题。康德将主体规定为先验主体，由此带来了认识上的一场革命。他认为主体不仅仅是认识论上的那个自我，它还呈现为一种存在样式，即实体就是主体。主体性思想强调了人在认识对象时的主体地位和主导性，但是，"主体性"仅仅关注主体与客体之间的关系，还局限于认识论层面，而更为本质的存在即主体与主体之间的关系被忽视，因此"主体间性"的出场实际上有着历史所赋予的合理性和必然性。主体间性作为与主体性相对应的一个重要概念，可以理解为多主体性，或者主体之间性，主要是表达或研究一个主体与其他主体的相互作用，实际上是一种交互主体性，也就是互为主体的主体之间的相互作用。

从主体性理论到主体间性理论的转移，体现了哲学"从纯粹先验的'思'到生活世界，从终极理性到境遇合理性，从先验自我到世俗自我，从反躬沉思到交往对话，从理想到现实，从天上到人间的转向"[①]。主体性为主体间性的确立奠定了基础。主体间性推崇的是自我主体与对象主体的交互活动，涉及人的生存本质。它并没有完全否定主体性，而是强调主体应该意识到自身的存在是与其他主体的共在，是主体与主体的共在关系形成了主体，主体之间的交互主体性形成了主体间性。这种自我主体与他者主体的对话追求的是自我与他人的认同，它不是否定主体性，而是在新的基础上重新确立主体性。"事实上，依我之见，再没有什么比全盘否定主体性的设想更为糟糕的了，因为真实的原因在于……我们无法采取一种有意宣布它无效的形式，来开辟超越现代性的通道。"[②]

美国学者哈罗德·伊萨克斯在《美国的中国形象》中指出："所有的形象都是通过它们被观察的方式得以形成，与背景、时间、角度、光线、距离都有

---

① 高秉江：《胡塞尔与西方主体主义哲学》，武汉：武汉大学出版社，2000年，第161页。
② ［美］弗莱德·R.多尔迈：《主体性的黄昏》，万俊人、朱国钧、吴海针译，上海：上海人民出版社，1992年，第1~2页。

关联。"① 国家形象作为一个人为的抽象概念，它也是一种具象，但不是一种事物，不是在主体的脑海中简单投射出来的东西，而是一种作用，或者说是一种意识。这种形象是一种客观具体事物的主观映像，是客观刺激物经主体思维活动加工或建构的产物，是直接或间接引起主体思想情感等意识活动的迹象或形象。② 可以说国家形象呈现出三个既相互独立又相互联系的层面，即它是物质形象，是价值形象，同时是一种审美形象，这三种形象共同组合成国家形象。

　　国家形象首先是通过主体构建起来的，主体通过这种构建来寻求属于自我的"精神家园"。主体在对这种精神乐土的追索中将那种混沌之形式转化为一种有秩序的形象序列，它虽不可能是充满乌托邦色彩的归宿，但至少应是一种在主动想象中的自觉选择。国家形象应该成为主体的"精神家园"，或者说主体性理论在构建国家形象的过程中发挥着基础性的作用。但从国家形象的存在本身来看，它又是主体间性理论意义生成的一种体现，它作为主体间的存在方式不是孤立的自我主体活动，而是主体间共同活动的结果，它的意义生成就是主体与主体交互对话的结果。

　　应当肯定，主体在构建国家形象时发挥着重要的基础作用，主体要有自主性，主体要有自身的自主性诉求。在当下国家形象的构建中应当追求康德所说的"无目的的合目的性"，需要主体不仅要去经营和寻找自身存在的意义，还要意识到当代国家形象构建的过程实际上处于一个祛魅的环境之中。这种祛魅的环境使得国家形象构建自身处于巨大的虚空之中，同时拥有无限的表达可能，带有"非功利的功利性"特点。这种非功利性的表象之中实际上隐藏着作为主体的功利性，它是主体确立自我话语权力的一种策略，是自主的也是自律的。

　　"祛魅"源于马克斯·韦伯的"世界的祛魅"之说，意指对世界的宗教性解释的解体。当然我们现在理解的"祛魅"一词已不完全是韦伯所赋予它的原始含义，它已成为对权威性和神圣性消解的指称。祛魅与解构主义有某种相通的地方，均带有强烈的质疑意味。祛魅之后，世界进入一个文化价值多元化的时代，不再笼罩在统一的权威之下，而是日趋多样。因此主体在构建和塑造国

① ［美］哈罗德·伊萨克斯：《美国的中国形象》，于殿利、陆日宇译，北京：时事出版社，1999 年，第 339 页。
② 参见管文虎《国家形象论》，成都：电子科技大学出版社，1999 年，第 22 页。

家形象过程中应该表现出强烈的祛魅意味，应该消解掉国家形象的神圣性和神秘性，剥去附着于国家形象表层上的带有虚假成分的"魅"，简单讲就是主体在文化态度上体现出对宏大叙事或崇高感的能指疑虑。主体应该在神性权威的结束中起步，正如马克思和恩格斯在《共产党宣言》中所言："一切固定的僵化的关系以及与之相适应的素被尊崇的观念和见解都被消除了，一切新形成的关系等不到固定下来就陈旧了。一切等级的和固定的东西都烟消云散了，一切神圣的东西都被亵渎了。人们终于不得不用冷静的眼光来看他们的生活地位、他们的相互关系。"[①]

当下关于中国国家形象的一些文艺表达，虽然在国家形象构建上体现出鲜明的东方意味，但主体性中呈现出主体的多元化色彩。一是带有宣传性的官方形象的主体，其宣教色彩比较浓厚，强调国家形象构建的主导权。实际上国家形象不应是政治和权力意志的发明创造，而应是带有人文精神的有机结合体，是带有理性判断和情感认同的精神性表征。康德认为对于"国家"这个概念只能"象征"地加以理解，而国家形象是"一个主权国家和民族在世界舞台上所展示的形状面貌及国际环境中的舆论反映"[②]。它虽然从根本上取决于国家的综合实力，具有一定的客观性，但国家形象同时应该是体现民族特性和国民精神的、带有生命意味的结构。它具有客观性，但不是纯粹客观的事实；它是一种精神存在，但又不是凭空虚构的幻象，而是基于人性的自然的精神存在。二是带有主观性的自我主体，往往沉湎于自我意识之中，过分执着于自我文化认同的视角，不承认他者作为交流主体的存在，满足于自我在想象中言说。这是一种典型的以自我为中心的形象言说。三是迎合西方口味的他者化主体，往往偏重揭示民族根性中消极丑陋的东西，在一定程度上呼应了西方舆论对中国国家形象的"定型化"的认识，创造出带有暧昧色彩的形象，实际上这是充满后殖民色彩的审丑观念。定型化的"负面"的国家形象呼应着西方对于中国和中国人形象构建的"套话"思维，在这种被塑中到底存在着多少自塑的问题，自塑

---

① [德] 马克思、恩格斯著，中共中央马克思恩格斯列宁斯大林著作编译局编译：《共产党宣言》，北京：人民出版社，2018 年，第 30~31 页。

② 李寿源主编：《国际关系与中国外交——大众传播的独特风景线》，北京：北京广播学院出版社，1999 年，第 305 页。

与他塑又如何能互为建构，确实值得深入反思。从中也可以看出，国家形象的构建不应是孤立的自我主体的活动，不应过分秉持个人化、自我化的色彩，而应成为主体间交互性的活动，使得孤立的自我成为共在的自我，由此使所构建的国家形象具有主体间性的普遍意义。

主体间性理论为国家形象的构建和研究提供了在主体性理论之外的另一理论之维。主体间性在本质上表现为一种交互主体性，即不再是主体与对象的关系，而是传播者与接受者作为不同主体之间的相互关系，涉及自我与他者、个体与群体等的关系，它追求的是主体与主体的共在。以哈贝马斯的理解，这是一种交往行为的合理化，"是指去建立一种社会关系，在这种社会关系中，相互共存占统治地位……"[①]它反映的是主体与主体的理解关系对主体之间相互交往和实现理解的积极意义。国家形象的构建和解读实际上是一种主体间性的存在。按照巴赫金的理解，这是自我主体和他者主体之间所构成的多声部的复调形式。自我主体所构建起的国家形象实际上具有一种未完成性和不确定性，而他者主体与自我主体共存，只有在主体间的这种关系中，主体的存在才得以充分体现。

国家形象产生于各个主体间的互动关系之中，单一主体所呈现出的是片面的形象，只有多元主体的互动、混融才使得构建出的国家形象得以立体和丰满。对此，有论者指出："主体间建构，即自我建构（自塑）与他者构建（他塑）两种途径共同作用的建构，是一国国家形象形成的最终途径。它体现了国家形象的形象间性的本质。"[②]可以说特定的国家形象是不同国际评价主体间即多元主体相互建构的结果，它是基于主体间性的一种跨文化交往。建构主体与认识主体共同作用，它们之间存在着主体间性。建构主体是认识主体对于国家形象产生认知的基础和源泉，这种认知是复杂和渐进的一个过程，在认知的过程之中，认识主体对国家形象的认知会越来越接近建构主体，主体间性的距离会越来越小。当然认知主体受着自身文化背景的影响，在对他国形象进行认识时必定带有偏见，会形成主体与主体之间的认知偏差，这种偏差就形成一种主体间

① [德]哈贝马斯：《交往与社会进化》，张博树译，重庆：重庆出版社，1989年，第205页。
② 蒙象飞：《中国国家形象建构中文化符号的运用与传播》，上海：上海外国语大学博士学位论文，2014年，第43~44页。

性。这种间性距离与认知主体的主观想象是分不开的,但不能由此使得主体间性表现出一种疏离感。

国家形象的存在应是主体间性的,它的构建实质上可以看作主体间的存在方式,它既是建构主体的情感投射,也是认知主体的了解渴望。建构主体不能表现出霸权意识,认知主体也不能流露出随意想象。两个主体可把对方当作另一个自我,由此自我意识就变成了他者意识,他者意识也成为自我意识。它消解了主体间的对立,达到二者的同一。虽然之间尚具有充分的主体间性,但已经是哈贝马斯所谓的"完整的主体间性"。当然,这样的认识在现实的国家形象构建中只是一种充满乌托邦色彩的审美向往,主体间性实际上难以得到充分的实现。

国家形象的构建及传播是一种现实存在,这种存在是自我和他者的共在,是自我主体和他者主体间的交往、沟通和理解活动,是一种对话关系。国家形象构建的意义就体现在它是主体间的产物,是主体间的一种活动,是在主体间的交流和沟通中形成的,以一种共在的认知和经验来呈现。

第二节 国家形象构建意义:交互主体性

传统主体性偏重单向度,这是它的弊端所在。这种"单向度"可能使主体发生异化,按照哈贝马斯的理解,主体与主体的合理交往已从人的关系降格为物的关系,只有合理的交往模式方能使得异化发生改变,如上文所言,那就是主体之间要能够实现相互理解,去建立一种相互共存占主导地位的社会关系。也就是说历史理性的关注点已从"主体—客体"的认识结构转换为"主体—主体"的共存结构,这是一种对话关系,是单一主体性向主体间性的转向,最终是为了达到主体与主体间的相互理解。国家形象的构建也应该体现为一种对话关系,是主体间性的产物。它不仅是来自自我或他者的单一主体建构,还应是来自自我主体与他者主体的对话,是交互对话和融合的结果,是主体间的共在。因此,研究国家形象是如何形成的,就不能只关注"自我"或"他者"的单一建构主体,而要在"自我"与多个"他者"的交流融合中寻求国家形象的真实呈现，同时也在对话互动中澄清和纠正对国家形象的误读和歪曲。

国家形象构建的世界应是一个主体间性的世界，所谓意义的生成即从主体间性角度出发。国家形象是国家主体间的相互建构和文化认同，最重要的表现是在国家与国家之间的认识上，它是主体与主体的共在。其中体现了自我主体与他者主体之间关系的内在性质，即主体间性。这种性质强调对话中的交流、沟通中的理解。它打破和超越了自我与他者之间的二元对立关系，形成的是你中有我、我中有你的融洽关系。

国家形象是一种历史沉淀，也是现时呈现，构建国家形象过程中的主体与主体的"对话"是共时性的，也是历时性的。对话既有对传统的理解，会不自觉地被先在的"意识形态"制约，同时有对当下意识形态的误读，它是一种随着语境而变化的建构对象。因此对话应该按照哈贝马斯的理解，遵循"真实性""真诚性"和"正确性"等原则，建立一种合理性交往，使得国家形象的塑造能在主体与主体之间的相互理解和客观认知中完成，只有相互否定、相互协同上的交互作用，才能使得国家形象的构建达到带有普遍色彩的客观性。

主体性是带有个体性的，主体间性包含着社会性和个体性，可以说主体间性就是群体性，是主体与主体共在的交互主体性。这种交互主体性使得主体间性张扬出对自我主体的反思性及对他者主体的批判性。体现在国家形象的构建上，主体性回答的是"我是谁"的问题，试图以民族国家的身份面向他者说明"我是谁"，即达成自我身份的确认，这是一种自我感知和自我领悟，是一个复杂的过程。在对自身形象的确立和解读中进行重新建构，当然这一过程会始终受到自身文化结构的制约和国家自身意图及能力的影响。

主体间性确定的是"他是谁"，它是对他者身份的确定和认同，是一种图景再现和形象感知，带有他者想象的话语建构。这种建构有时会带来误读，客观上的误读主要是"由双方文化上的差异造成的，即它是零碎的、不系统的、粗疏的，常常是当事人以己方的价值观去衡量他方的行为；以自己的文化为中心,对对方所做的判断和评价"①。这种对他者的想象是"集体无意识"的文化

---

① 张威：《文化误读与比较新闻学》，《国际新闻界》2001 年第 2 期。

反映，如荣格所言，它形象地再现植根于主体的无意识，并且确定其外延的方向和了解他人的自我模式。可以说，形象是一种主体间的文化关系，就现实而言，形象是一种变形。[①] 当然因政治因素和意识形态壁垒而出现的误读带有刻意性，其所构建的"妖魔化"形象有着很明显的功利色彩，在这里，福柯的"话语即权力"论断得到了充分展现。约瑟夫·奈指出："历史从来没有像今天这样，知识就是权力，强有力领导着世界信息革命的国家比任何国家都有力量。"[②] 形象的构建完全在自我想象中进行，话语完全被权力控制，强势文化所构筑的是权力观念结构。这种构建在相当大的程度上是一种带有文化偏见的社会想象。因此，他者所构建的国家形象实际上是一个矛盾体，表现为既尽可能构建真实客观的他国形象，又在构建中极易被意识形态所主导，难以赋予国家形象构建以真实意义。

国家形象的真实意义在于他者的客观状况对于自我而言有何意义，它实际上是一种文化观念意义上的国家形象。国家形象的自我建构则是在自身文化结构下的自我期许和自我造就。它还不是完整意义上的国家形象，只是自我在一定文化背景或思维定式中所确立和解读的自身形象。只有自我与他者都赋予其一定意义之后，国家形象的构建才有可能，它只能存在于一定意义符号系统之内。无论"我是谁"还是"他是谁"，二者体现出的是自我与他者的相互身份认同问题，是一种相互身份建构关系，或者说国家形象是自我与他者的共同建构。

第三节　国家形象构建意义生成：主体间的"视界融合"

在西方，出现了从对主体性的高度张扬发展到接近于"主体性的黄昏"的阶段，"在我看来，主体性观念已在丧失着它的力量，这既是由于我们时代的

[①] 参见姜源《异国形象研究中的文化意义》，《社会科学研究》2005 年第 2 期。
[②] Joseph S. Nye & William Owen, "America's Information edge." *Foreign Affairs*, Mar/April 1996, p.20.

具体经验所致，也是因为一些先进哲学家们的探究所致"①，再到主体所自觉培养出的一种自我批判性，使得主体更强调对话和交往，更愿意参与不同主体间的相互交流。这也是与哲学一直所追寻的自我、认识、外在世界、心灵等联系在一起的状态。因此主体间性作为历史发展的一种必然，它的出场自然有它的理论基础及合理性。

主体间意义的相互理解体现在对话上，对话具有存在论上的意义。通过对话，国家形象得以重新构建。国家形象既不能是一种具有固定内涵的客观物，也不能是一种意识形态和观念的传声筒，它的意义生成体现在作为塑造主体的自我和作为解读主体的他者的对话之中，其间"必然存在着一种允许某事向我们言说的意愿。正是在这种方式中，词语变成了纽带，它把一个人同另一个人联系在一起。无论何时，只要我们彼此述说并真正进入与他人的真诚的交流，这种情况才会出现"②。伽达默尔认为，对话能从根本上通过对主体双方观点的改变最终达到对世界的共同理解，这种理解就是主体与主体的"视界融合"。

国家形象构建中的对话意味着"他者"身份的主体对"自我"身份主体的理解，这种理解不是对所感受和认知的国家形象的全盘接纳，而是在自我构建的国家形象的基础上加入他者观察的对话，从而促使新的国家形象意义生成。这种主体间的对话，强调了国家形象"意义"解释的多元性，肯定了他者主体在形象塑造中的主动介入，也就是说理解视野的转向增加了主体间相互沟通的可能。他者主体的存在对自我主体来说成为一种有效的事实，意味着两个乃至多个主体相互沟通的可能性及它们之间所存在的共同性，这种共同性使得对话理性、交往理性成为可能。实际上，中国上古时期阴阳五行学说中所倡导的"和实生物，同则不继"观念，就体现着不同主体之间和而不同、相辅相成、相反相成的辩证关系。

进一步说，只有在自我存在与他者存在的相互对话即主体间性的关系中，主体存在的意义方能被凸显。国家形象的构建不仅仅是主体的个体言说、自说

① ［美］弗莱德·R. 多尔迈：《主体性的黄昏》，万俊人、朱国钧、吴海针译，上海：上海人民出版社，1992 年，第 1 页。
② ［德］伽达默尔：*The Relevance of the Beautiful and Other Essays*，转引自周宪《超越文学——文学的文化哲学思考》，上海：上海三联书店，1997 年，第 125 页。

自话，它还需要主体与主体之间的互相验证、互相呼应。作为个体性的主体是不完整的存在，从巴赫金的认识来讲，每个自我都有认识的盲区，他称之为"视野剩余"，所谓的剩余需要他者来补充和完善，它是自我与他者所建立起的一种完整的关系和超在的理想境界。巴赫金从一个新的视界来把握主体与主体之间的关系，这启发我们，在国家形象构建中，任何一个主体都不能把特定的国家形象当作一个客体去构建和解读，应该将情感投射于其中，带着审美经验参与到其中，"有生命之物不是那种我们可以从外界达到对其生命性理解的东西，把握生命性的唯一方式其实就在于我们内在于它"①。这种心灵上的投注是主体与主体的情感契合，呈现出的是一种完整的"主体间性"和"视界融合"。

还应当指出，国家形象构建的意义生成不是静止的，而是需要在开放性视域中展开其意义的世界。在主体与主体不断对话的循环中，建构的意义得以不断实现。而且国家形象的意义生成，应是分布在两极之间的相互作用所形成的张力场，既不完全是对国家形象的客观反映，也不尽是自我主体和他者主体的主观解读，它们之间所形成的这种张力使得国家形象呈现出一种开放性、动态性、流动性，它的意义也不断被建构和生成。

当代文艺实践所构建出的中国国家形象首先是自我主体的意图显现，作为接受者的他者主体不应带着既有的观点去解读，而要从构建的形象自身出发来理解。当然任何形象构建都存在有限性和局限性，主体在构建国家形象时要进行一定的反思，其自我诉说要带有历史性和整体性，给国家形象的构建提供一个更为宏大的叙事空间，创造一个更为广阔的比较视野。同时，主体在面对本土文化时不能固守自身，而应该在国家形象构建中创造出一些新的范式，承载这种形象所应该表达出的思想情感，不能停滞于某些固定的形式之中。从接受主体角度来看，形象理解同样存在这样的问题：理解以构建作为基础，他者构建以自我构建为基础。每一次理解都能够意识到国家形象所展现出的意义丰富性，这样的理解不仅丰富了对话的内涵，体悟出更新的意义，也改变了他者主体，这样的对话和交流及所形成的新的"视界融合"拓展了对国家形象的丰富

---

① [德]汉斯－格奥尔格·加达默尔：《真理与方法——哲学诠释学的基本特征》上卷，洪汉鼎译，上海：上海译文出版社，1999年，第325页。

意义的理解。理解了这一点，中国文艺在面向世界呈现中国形象的传播实践中，就不能停留在一般性的"走出去"，表面化地演出、展览、播放、讲述，而要力求面对不同接受主体，追求"走进去"的传达效果，能够真正面对域外公众，打动其心灵，激发其兴致，提升或者转变其认知，从而寻求构建"视界融合"的有效方式和可能途径。

第五章　国家形象构建中的"自我"与"他者"

　　国家形象作为一个想象的综合体，一个国家整体实力的形象体现，要有引人注意、唤起想象的特定的具象符号。它不同于政府形象，也不单纯是国民形象。它是一个复杂体，标志着一个国家的文化软实力，也是一个国家基于这种软实力所呈现出的思想和精神力量。中国当代文艺构建的国家形象实际上是作为一种符号而存在的，它承载着对一个国家形象的整体想象。创作者努力构建国家形象为的是表达一种强烈的家国情怀和自我诉求，但这种形象的构建并不完全掌握在创作主体"自我"手中，还有诸多的"他者"通过这种符号来形成各自的认知，特定的国家形象总是在"自我形象"与"他者形象"的映照和互鉴中构成其复杂多样的面貌。王一川指出："完整的国家形象，应既包括自我形象，也包括'他者'形象，确切点说，应是由自我和他者的关系构成的。"[①] 因此对于特定的国家形象，存在两个乃至多个观看主体，需要实现自我认知与他者感受的互鉴和互识。

　　索绪尔认为，任何符号都包括"能指"和"所指"。"能指"是作为一个有形有体物的存在，包括文字、声音或是形象；"所指"是指通过语言所反映出

---

① 王一川：《中国形象诗学——1985 至 1995 年文学新潮阐释》，上海：上海三联书店，1998 年，第 12 页。

的事物的概念，而能指和所指结合的过程是意指，符号就是这种意指系统。[①]
卡西尔认为，人是符号的动物。中国有着深厚的文化积淀，它在表现民族特色的符号方面具有自身独有的个性表达。中国的艺术家接受着民族文化的滋养，其作品作为一种符号借助文艺表达再现着本民族的情感和精神追求。丹纳认为："人在艺术上表现基本原因与基本规律的时候，不用大众无法了解而只有专家懂得的枯燥的定义，而是用易于感受的方式，不但诉之于理智，而且诉之于最普通人的感官与情感。"[②] 当代文艺既是形象传播的手段和载体，也是一种符号表达，是体现主体诉求的表意符号，同时它在构建国家形象的实践中不仅仅作为一种符号的存在，而且是以审美方式展示国家形象的"窗口"。自我创作主体通过符号来构建心目中的国家形象，他者作为接受者也通过符号来认知想象中的国家形象。当代文艺需要塑造的是一个自我主体和他者都能够确认的实际形象，既不能过分拘泥于自我文化视角，消解崇高并钟情于国家形象中的负面叙事，引来他者的误读，也不能过于迎合他者的趣味和理念，构建出"他者化"的国家形象。文艺实践需要挖掘的是国家形象中最为本质的东西，是通过社会生活史和民族心灵史的书写来表现的深层意蕴，它是独特的，也是自觉的。

国家形象作为一种表意符号，体现出一种民族精神和文化品格。它可以是一种抽象的国家存在，也可以借用一些具体的、带有标志性或独特性的符号表现出来，使得自我文化价值被他者认知。当然，根据不同的文艺实践，其表意方式也存在着差异性。无论运用什么样的表意符号，它都有一定的生成路径，是自我感知和他者认知互鉴互识的过程。不同的他者通过文艺实践中的"国家形象"这一特定的具象符号，实现着对这个国家的认知和想象。问题是如何让非本土的、具有不同文化背景的认知主体理解这些符号，让他们在对这些符号生成的文化背景逐渐接受的同时，缩小主体与主体的"间"性距离。

美国作家马克·吐温曾经说过："当真相还在穿鞋，谣言已经跑遍半个世界。"我们的正面形象构建传递和推送给他者的未必都是正面信息，还可能在

① 参见孟华《符号表达原理》，青岛：中国海洋大学出版社，1999 年。
② ［法］丹纳：《艺术哲学》，傅雷译，北京：人民文学出版社，1963 年，第 31 页。

误读中产生负面判断，因此当代文艺追求的不仅是对国家形象的正面塑造，还要有积极的维护和修复。从根本上说，国家形象的构建实际上也是关乎价值观的传播问题，所构建出的国家形象需要身体力行去维护，不能任由他者有意或者无意地误读和歪曲。重要的是学会对自我国家形象的有效表达，通过深度交流打破隔阂、得到认可，而不要在"被表达"中遭到扭曲。

第一节 "自我"认知与"他者"解读

不可否认，在现有的国际话语格局中，西方占有主导地位。西方在许多领域以强势姿态存在，包括文化层面的对话交流领域。国家形象的塑造是一个重要且复杂的战略问题，塑造过程中所带来的"自我"与"他者"的关系实际上也存在着一种文化战略问题。也就是说，在国家形象的构建中实际上有两种形象出现：一种是自我努力塑造同时又期待他者认可的内在的"自我"形象，一种是纯粹来自外部认知的"他者"形象，这两个形象总是处在互相矛盾又互相映照中。

"自我"对"他者"的影响实际上是本土文化对异质文化的影响，"自我"与"他者"的关系问题的确是在国家形象构建中一个萦绕不去的主题。"自我"是传播者，"他者"是接受者，作为异质文化代表的"他者"对塑造国家形象的"自我"存在着一定的期待视野，这就要求"自我"对国家形象构建中的叙事策略、叙事节奏作相应的调整。

"自我"是带有主体性的自我，"他者"是相对于"自我"而言。黑格尔在《精神现象学》中所界定的自我与他者的主奴关系成为概括西方之自我与东方之他者关系的一个理论基点。这样的一种关系明显渗透着西方作为主体性自我的优越感，展示出西方对东方的刻意描写并力求使之对象化，也凸显出西方的自我确证是以被贬斥的他者作为对立面或参照系的。这种不对等带来的是对他者的轻蔑，不承认他者作为一个交流主体的实在。不承认就预示着不与之"对话"，他者就没有言说的可能，他者的实体性只能任由那个所谓的自我在想象中单方面言说，这种缺少平等对话的界定暴露出的是一种权力暴力和以自我为中心的霸权意识。

西方视自己为"自我"，"自我"以外均为"他者"，存在将两者人为对立起来的误区。正如张隆溪所说："东方代表着非我，相对于这非我，西方才得以确定自己之为自己，所以东方乃是西方理解自己的过程中在概念上必有的给定因素。事实上，东方正和西方一样，都是在那过程中产生出来的形象。"[①] 实际上"自我"与"他者"是一组相对的概念，它们应是互为参照、相互渗透的关系，它们是既有联系又有区别的相互参照。黑格尔也认为"他者"的显现对构成"自我意识"是必不可少的，他者之存在使主体意识得以确立。萨特在《存在与虚无》中也承认"他者"对主体"自我意识"形成的"重要的本体论的意义"[②]。虽然主体与他者之间的基本关系是矛盾的，甚至存在尖锐的对立，但在二者关系建构中，"对话"还是发挥了重要的作用。在我们看来，不同的主体之间互为"他者"，需要平等的交往和"对话"。我们要在构建国家形象时做积极的对话者，成为平等的对话方，要在积极的对话场域中成为与"他者"真正的"对话者"。因为以西方视野来看，中国只是永远的"他者"，以中国视野来看，西方当然也是永远的"他者"。我们不能"媚外"，"他者"也不会"媚中"，分歧是永远存在的，化解冲突的唯一可能就是交流与对话，对话关系就是强调"自我"与"他者"互为建构的关系。

国家形象的构建既不能完全摒弃"他者"视野中固有的、本土文化中已存在的原有形象，也要在保持艺术性的基础上增强这种形象塑造的思想性。"他者"眼中的"中国情调"和"中国风"是域外他者对中国国家形象的一种固有想象模式，实际上带有一种猎奇的甚至歧视的色彩。我们能感受到这种目光，但不能去取悦这种窥视心理。实际上，所谓的"中国情调"并不仅仅是那些粗鄙的表面习俗，它还充满着浓厚且独有的"中国情味"，代表着民族性格和民

---

① 张隆溪：《非我的神话——西方人眼里的中国》，见［美］史景迁《文化类同与文化利用——世界文化总体对话中的中国形象》书后附录，廖世奇、彭小樵译，北京：北京大学出版社，1990 年，第 197 页。

② ［法］萨特：《存在与虚无》（修订译本），陈宣良等译，杜小真校，北京：生活·读书·新知三联书店，2007 年，第 447 页。

族精神，耐人寻味，更耐人品鉴。

国家形象的自我构建实际上还存在着现实困境，包括自塑中的"他塑"问题。这里是说"自我"受着"他者"导引，"自我"没有自主性，或者说"自我"实际上被"他者"所塑造。"自我"的失语导致中国国家形象在国际传播上的含混不清，在"被塑"中逐渐"他者化"了。近年来，有学者鲜明地指出"中国形象"的本土观照中存在的"自我异质化与自我东方化"问题。"中国文学中所呈现出的'中国形象'虽是本土作家的自我塑造，但因为参照系来自于别国（主要是西方），所以在塑造过程中有意无意地将'中国形象'他者化、异质化了。"① 在"他者化"的过程中，带来了自我的主体性缺失的问题，作为"自我"的主体应当有对自身形象构建的主导权，应当基于自身的民族特性和现代性眼光来讲述历史的中国和当今的中国，只有这样才能强化构建国家形象的主导权，才能实现形象自塑。当然主体不能一味沉浸在自说自话的封闭语境之中，要有勇气面对西方的强势话语体系，能够找寻自己的文化立足点。此外，还有自我构建的主体面临多元化的问题，各个层面的创作主体都可能参与到国家形象的构建中，创作主体的多元化带来了国家形象呈现的多元化面貌。因此在构建国家形象时要能够使得"他者"为"自我"所用，在互鉴和互识中让他塑给予自塑构建的依据，利用"他者"的言说为"自我"提供反思的空间，"自我"需要具有反思的精神。但是这种反思要立足于文化自信的基础之上，不能在反思中迷失自我，毕竟"自我"与"他者"是作为异质文化的存在。

第二节 "他者"的异样表达与善意言说

西方作为有别于中华文化的异质文化的"他者"，它在面对作为"他者"的中国形象的想象时一般表现为两种情形，一为异样表达，一是善意言说。追溯西方七百多年的中国形象构建史可以发现，西方对中国形象的认知和评价始

① 方爱武、吴秀明：《文学的中国想象与跨域——跨文化语境下的"中国形象"塑造及传播》，见吴秀明主编《文化转型与百年文学"中国形象"塑造》，杭州：浙江工商大学出版社，2011年，第4页。

终是与西方自身的发展状况联系在一起的，它"不仅与中国自身的变化有关，也与欧洲历史的发展密不可分。因为这些发展既向欧洲人提供了一个不断变化的比较基点，又造成了特定时期中国观念有助于满足其不断变更的需求和愿望"①。西方文化观念中本就存有"中国形象的原型"一说，中国一直是作为西方自身发展的一个重要参照物，并因此具有了某种魅力。对此，史景迁有过精彩的论断："对于西方来说，中国具有深刻的魅力。西方被中国迷住了。我故意用迷住了这个词，它意味着不仅仅是感兴趣，而是被陶醉了，不仅是在感情上，在想象和智识方面也是如此。问题是，为什么会出现这样的情况呢？我相信日本、印度、中东（波斯或者伊朗）都从未如此强烈地吸引过西方，你可以说它们对西方也产生了影响，但中国四百年来对于西方所具有的却是一种复杂的魅力。"②这里所说的"深刻的魅力""复杂的魅力"就包含着善意言说与异样表达的中国形象。中国形象在西方被想象成了神秘而具有某种威胁性的"他者"，因此就形成了西方的中国言说所特有的复杂状况。

西方对中国的关注、认知和想象经历了一个不断变化的过程。"早期（14至16世纪）英国文学里的中国形象多半是传奇和历史的结合，人们心目中的东方（中国）世界是一个神秘、奇幻、瑰丽的乐土"，这种乌托邦化的想象曾经在16世纪达到顶峰，这时展现在欧洲人面前的是一个令人向往的文明之邦，是启蒙思想家们心目中理想的天堂。然而到了18世纪开始逐步趋向一种否定性的评价，"在他们看来，中国无异于一个野蛮、愚昧、异教的民族"③。这种评价要么是因为对中国缺乏真正的了解，要么是出于确认自身文明进步的需要而有意识丑化中国形象。正如史景迁所说，"所有早期的（从孟德斯鸠一直到黑格尔）关于中国缺乏适应能力的观点，到了十九世纪已经引出这样结论：无论从哲学的还是从遗传学的角度讲，中国都是命该被世界历史摒弃在外，而且

① ［美］哈罗德·伊萨克斯：《美国的中国形象》，于殿利、陆日宇译，北京：时事出版社，1999年，第157页。
② ［美］史景迁：《文化类同与文化利用——世界文化总体对话中的中国形象》，廖世奇、彭小樵译，北京：北京大学出版社，1990年，第15页。
③ 参见葛桂录《"中国不是中国"：英国文学里的中国形象》，《福建师范大学学报（哲学社会科学版）》2005年第5期。另参见钱锺书《十七世纪英国文学里的中国》《十八世纪英国文学里的中国》（上下篇），刊于 Quarterly Bulletin of Chinese Bibliography 1940年12月号、1941年7月号、1941年12月号。

在先进国家的威压下，中国必将失去其在世界上的生存权力"①。这种认识就是来自"他者"基于自身需要的异国想象，其中包含着明显的异样表达。

历史上的西方因为并不真正了解中国而在文艺作品中塑造出一个"想象"中的中国形象，它"把中国当做了寄托自己文化理想的一种符码和载体"，是"通过'中国形象'来遥想自己的民族与国家"，"目的都是为了进行自我的文化调适"②。现代社会的西方，无论在现实还是在文学书写中，普遍存在着对中国的否定倾向，而在主流意识形态层面更是存在着明显的反华倾向，可以说在"他者"视野中否定中国的情绪实际上包含着一种立场上的敌意。这种情绪的来源主要是那些基于意识形态偏见和西方中心主义观念的"他者"的丑化和书写，他们在"想象"中书写，也在"书写"中想象，在有意识的贬抑和概念化否定中认为异国形象是"社会集体想象物的一种特殊表现形态：对他者的描述"③。这种描述实质上是在通过对他者的想象来表达自身潜在的某种需求和渴望。"他者"在想象中书写着"自我"，"自我"也在被想象中凝视着自我、反思着自我，或者也可以说同时在想象着"自我"。

这种在想象中的书写实际上涉及跨文化交流中的文化误读问题，乐黛云指出，历史上对文化差异性有三种心态：一是将其斥为异端而同化之；二是承认其生命，崇拜其空壳；三是赞赏不同文化多元共存的相对主义。④其实无论怎样的理解和误读，它都会随着历史之变迁和文化之交流而发生变化，而且文化误读出自一定的语境，未必就是刻意的歪曲。中国形象在西方始终是作为异己的"他者"而呈现的，其中充满着神秘的、纷繁芜杂的异国情调，吸引着西方的目光，并且让西方人从中反观自身。正如史景迁指出的："中国在很长一段时期内一直是作为一个'他者'出现的，而它的有用之处或许也正在于此，对

① ［美］史景迁：《文化类同与文化利用——世界文化总体对话中的中国形象》，廖世奇、彭小樵译，北京：北京大学出版社，1990年，第96~97页。
② 方爱武、吴秀明：《文学的中国想象与跨越——跨文化语境下的"中国形象"塑造与传播》，见吴秀明主编《文化转型与百年文学"中国形象"塑造》，杭州：浙江工商大学出版社，2011年，第8~9页。
③ ［美］雷蒙·道森：《中国变色龙：对于欧洲中国文明观的分析》，常绍民、明毅译，北京：时事出版社，海口：海南出版社，1999年，第121页。
④ 参见乐黛云、［法］勒·比雄主编《独角兽与龙——在寻找中西文化普遍性中的误读》，北京：北京大学出版社，1995年，第108~112页。

那些富于创见的作家和思想家来说，更是这样，因为他们就是要探寻存在于自己已知的领域之外的东西。"① 这种探寻是出于西方人自我认知和自我想象的现实需要，其中所构建的中国形象也是为了适应西方在不同时期自我提升及自我确认的实际需要。对此，周宁认为："西方的中国形象是西方文化投射的一种关于文化他者的幻象，是西方文化自我审视、自我反思、自我想象与自我书写的方式，表现了西方文化潜意识的欲望与恐怖，指向西方文化'他者'的想象与意识形态空间。"② 这种被西方放大的文化他者的幻象在一定程度上丑化和歪曲了中国本应有的形象，构成了对中国形象的异样表达，迎合了西方主流的自我中心主义价值观。这样的认知值得参与构建中国形象的文艺创作者们深刻反思，需要思考我们可以为域外的中国认知和中国想象提供怎样的现实例证和鲜活素材，应当如何秉持文化自信去讲述中国故事。因为在全球化时代，域外"他者"对中国的想象既是通过媒体报道的相关事件来了解中国，也是通过文艺作品的解读和接受这一途径完成的，并且依托艺术的审美特性而形成的中国想象更具有感染力和可接受性。问题在于，西方通过当代中国的文艺作品，特别是通过国际化传播并且在国际上获奖的一些作品所了解到的可能是被"误读"的中国形象。例如中国当代的"第五代导演"群体曾经通过电影改编将中国当代文学中有影响的作品《红高粱家族》《妻妾成群》《伏羲伏羲》等推向世界，产生了引起争议的海外影响。评论家李朝全曾经就作家刘恒的《伏羲伏羲》的海外传播效果指出："小说对东方混乱无序、原始纯粹、本能的性描写，是其能够引起西方读者关注的一大原因。其通过性疯狂、扭变、报复、施虐等描述反映中国人愚昧、粗野、落后的特征及丑陋的国民性，也是其备受西人瞩目的重要原因。据小说改编的电影《菊豆》获西方大奖，恐怕也是顺理成章的事。"③ 显然，本土的文艺创作通过海外传播，会影响到域外"他者"对中国的形象构建，甚至直接导致域外中国形象的异样表达。

---

① [美] 史景迁：《文化类同与文化利用——世界文化总体对话中的中国形象》，廖世奇、彭小樵译，北京：北京大学出版社，1990 年，第 187 页。

② 周宁：《天朝遥远：西方的中国形象研究》上卷"前言"，北京：北京大学出版社，2006 年，第 3 页。

③ 李朝全：《文艺创作与国家形象》，北京：华艺出版社，2007 年，第 129 页。

事实上，无论何种文化身份，都容易在确认"自我"中想象"他者"，这是一种不自觉的行为。实际上我们也在对西方的想象中构建西方国家的形象，其中也会存有一些误读现象。但即使中国在历史和现实层面确实存有一定的复杂性和多元性，我们也不能接受那个本该真实的"自我"被妖魔化，逐渐失去"自我"而被"他者化"。我们需要警惕"自我"在不自觉地西方化的过程中逐渐趋向于"他者"化，外在形象上的"他者化"已经相当可怕，更为可怕的是它所带来的思想观念上的"他者化"。一旦自身思想被他者化，"自我"也就不是本来的那个主体了，"自我"就等同于"他者"，再也难以找寻到确切的文化身份了。

不过，随着"西方科技的高速发展、政治乌托邦的崩溃和道德失信所造成的精神真空，特别是两次世界大战给人类所带来的深重劫难和心灵创伤，使得以获取一种稳定、和平与持久为旨归的生存期盼，成为这一时期西方人所共有的心理指向"[1]，因此在"他者"言说中也出现善意之言。如美国作家赛珍珠的中国书写作品中所表现出的善意就赢得更多人的关注，20世纪70年代意大利导演安东尼奥尼的纪录片《中国》对封闭的中国的影像叙事也因为聚焦普通中国人的生活情境而成为可贵的善意言说。当然更多的还是带有想象的异样表达，这种情形在新中国成立之后的一段时期尤为突出，域外作家和公众往往根据自己的想象而构建着"铁幕后的中国"——异己的、落后的、神秘的形象。

中西之间在主流价值观及文化意识等层面存在着明显的差异，中国谦和内敛的文化传统使得自身在国家形象塑造过程中曾经长期表现出谨言慎行的低调倾向，不同于西方文化对个性的张扬。西方对中国形象的认识体现出强烈的优越感和意识形态色彩，在国际舞台上以西方为代表的他者占有明显的强势话语权，因为西方的话语垄断，展示出的往往是已被妖魔化或误读的中国。我们要学会解构"他者"的文化霸权意识和优越心理，通过自己的硬实力和软实力来争取在国际舞台上的话语权，从中争取国家形象塑造和构建的自主权。近年来中国在推进大国外交中所举办的若干次主场外交峰会，例如2016年G20杭州

---

① 张弘等：《跨越太平洋的雨虹——美国作家与中国文化》，银川：宁夏人民出版社，2002年，第10页。

峰会、2017 年金砖国家厦门峰会、2018 年上海合作组织青岛峰会，就是值得借鉴的成功范例：每次峰会都有一场精心准备、富有创意的文艺演出，结合峰会主题向世界呈现繁荣富强、开放包容、文化厚重的中国形象，借助国际多边交流平台展现了中国形象的丰富内涵。这一探索可以作为中国文艺运用现代技术手段展现中国风貌，讲述中国故事的生动实践。

第三节 文艺实践中国家形象的"自我"构建与"他者"想象

中国国家形象的塑造是一个历史的过程，也是摆在现实层面的迫切问题。当代文艺实践无疑作为一种媒介的存在，以文艺所特有的方式来构建国家形象。构建国家形象需要具有自觉的国家形象塑造和传播的意识，也需要把握文艺作品构建国家形象的审美特殊性和内在规律。当代文艺要"从语言文字构成的文学史中，树立民族精神的脊梁，建立国家文化的谱牒，以确立历史悠久、文学发达的'民族/国家'形象，并使之成为国民应有认识"[①]。面对当今的传播语境，我们的文艺在国家形象塑造和传播中不能以失去"自我"来取悦"他者"。"自我"要有清醒认知，方可建立起其在国际上的话语权，才能引起"他者"的关注和认可，并且外在"形象"塑造与内在"实质"表达应当形成一种互为建构的关系。

国家形象自身属性的复杂性决定了国家形象塑造的复杂性，其中包含有自我创造的真实的国家形象、自我想象的理想的国家形象和他者眼中不真实的国家形象等多种复杂形态和属性的形象。有论者指出："国家形象存在于自我与他者的关系之中，它所反映的是本国自我与作为他者的对象国或者说目标国之间的相互认同关系。"[②]我们不希望给予他者的是一个不确定又非常矛盾和复杂的形象，现代国家形象体现出的是多元、多样、多种意识形态和文化软实力的

---

① 付祥喜：《中国文学史与民族/国家想象》，见吴秀明主编《文化转型与百年文学"中国形象"塑造》，杭州：浙江工商大学出版社，2011 年，第 26 页。

② 李智：《中国国家形象：全球传播时代建构主义的解读》，北京：新华出版社，2011 年，第 30 页。

综合反映，它展示出国民的一种理念和心态，同时表达一种自信和自省的态度。

国家形象体现出国民的心态和理念，它既是一种自我认知，也需要得到他者的认同。自我认知既不是一种虚幻的民族自豪感，也不是充满恐慌的危机意识，它带有一定的民族主义情绪，这种情绪容易在同为自我的国民中泛滥，泛滥的结果是会产生非理性的认识：既可能妄自尊大，也可能自卑自弱。独立自主是中国在国家形象塑造中所推崇的一种理念，但这并不意味着陶醉于自说自话中，我们应当对自身进行一个重新定位。这种重新定位就是一种自我表达，要学会这种表达，而不要在被表达中迷失自我。面向他者的表达最终也是为了赢取他者的认同，应该尽量缩小自我认可与他者认同之间的偏差。

一般来讲，自我认知往往与他者认同存在着巨大的偏差，自我与他者实际上是在一种相互依存中共生，国家形象的塑造就要努力寻求自我与他者的兼容之道。自我是他者之"他者"，客观存在着异己之因素。不要对他者有"媚相"，不必刻意面向他者创作，不要在漠视自我中媚取他者，要保持自我，但不要做自大、封闭之自我。我们并不追求他者眼中的国家形象与自我感知"同样"，但也不希望是一种"异样"，无论自我还是他者都不应当戴着有色眼镜来观察对方，要能以客观之眼观真实之境。虽然存在文化差异，但要力求在多元文化中共存，探寻"自我"与"他者"的认同之道。

中国当代文艺作为国家形象构建和重塑的一个重要实践领域，应该发挥重要作用，它所扮演的文化角色不可小觑。当代各种艺术形式表现出丰富多样的国家形象，艺术作品中国家形象研究的重要性逐渐凸显，因此当代文艺实践应该遵循一定的表述策略。以"自我"视角来看，国家形象的文艺表达更多地应体现出爱国情怀和审美呈现，由此构建的国家形象带有正面性。如果我们把"他者"假想为西方国家，以它们的视野来看，中国当代文艺创作中明显强调着主流意识形态的价值观，强化主旋律色彩，国家形象带有宣传性。作为"他者"的西方对真正的中国形象是缺乏全面了解的，即使有一定的了解，这种认知也是一个不断变化的过程。在"他者"眼中，当代文艺实践中的中国国家形象没有凸显它的文艺价值，而带有张扬的宣传色彩，过多带有口号标志的说教使得它的艺术价值大打折扣，"宣传性"在一定层面压制着"审美性"。这里提出突出艺术实践的"审美性",实际上是在挑战中国形象塑造和传播中习以为常的"宣传性"策略,致力于寻求"自我"与"他者"的国家形象认知的契合点。尽管"自我"与"他者"不同的视角本身就存在着文化背景和价值观上的"错位",但是在错位中寻求形象呈现的情感认同、价值认同及审美认同仍然有存在空间。

作为进行国家形象塑造的"自我"来讲,其形象定位应该立足于全球不同文明对话的总体格局来把握中华文明的独特风貌和自身价值,而不应该一味迎合西方趣味,刻意表现本土民族特性中的消极因素。创作者应该以宽广视野和发展眼光看待和展现国家的历史变迁和社会进步,不使其成为"他者"热衷炒作的谈资,借以消解中国国家形象中本应有的崇高属性。如上文例证所述,要警惕事实上存在的本土作家、艺术家构建中国形象的"他者化"倾向,这种他者化的结果使得"西方的中国形象支配现代中国的自我形象或自我想象,塑造中国的现代性自我。西方现代性想象正是通过中国现代思想转化成现代中国反思历史、改造现实、憧憬未来的思想视域与问题框架"[1]。中国当代文艺实践确有迎合西方审美趣味之倾向,从表象上看这是为了文化寻根和追求创新,实质上是迎合西方对中国的固有观念和习惯性贬斥,片面歪曲了中国的悠久文化传统。在媚俗中消解崇高,在娱乐中戏说历史,这些都为"他者"歪曲地构建中国国家形象提供了例证。自觉的、主动的国家形象构建实践要寻求与域外"他者"的对话交流,但绝不能被"他者"控制和同化,要通过积极的全方位构建力求让"他者"从更具有历史感和时代性的视域来认知和感受中国形象。具体来说,应当通过如下方面的"自我"构建来影响域外的"他者"想象。

第一,当代文艺呈现的应该是一个厚重的中国、真实的中国、发展的中国,它不是纯粹客观的事实再现,而应当是生动的历史讲述和诗意的现实观照。我们应该有表达真实国家形象的强烈意愿,不应该让他者通过文艺作品获得一个在想象中被曲解的中国形象。这就需要创作者能以更为宽阔的视野,从多角度来生动展示中国形象的诸多侧面,呈现出真实而丰富的国家形象特征。它不仅仅要告诉自己"我"是谁,它还要以"自我"的身份面向"他者"说明,到底"我"

① 周宁:《世界的中国形象丛书》"总序",见吴光辉《日本的中国形象》,北京:人民出版社,2010年,第9页。

是怎样的。在这种自我书写和自我展示中，既要有民族自信和自尊，真实展现悠久的历史、灿烂的文化及改革开放带来的活力，也应当有清醒的自我反思和批判精神，能够冷静面对民族文化和国民素质存在的突出问题，深刻地揭示"国民性"中的固有弱点，并且在不同文明的对话中致力于自我提升，实现形象修复。要以积极的自我形象构建来影响域外他者的观感，改变其既有的陈旧观念和印象，但是不必过分追求"自我"眼中的国家形象与"他者"视域中的国家形象完全等同，其间的差异肯定会存在，重要的是实现"自我"构建与"他者"想象的对话和融通。

第二，当下文艺实践构建新的国家形象，应该探寻新的展现形式，那就是以中国传统文化为内核的民族形式。艺术家在当代文艺的表达中要能够把握国家形象构建的表意方式，从中彰显本民族文化的独特性，要积极挖掘民族传统文化中更有价值的东西，并将其呈现在当代文艺的表达中。同时，要葆有对其他民族文化的平等尊重和必要的敏感性，使得主体的表达能够融贯于接受者即他者的心目之中。当然"自我"在表达中要有文化归属感和自豪感，也要进行文化反思，这种反思是对民族文化精神和国民文化品格的拷问，也可以说在当代文艺实践中重塑国家形象是"现代性"的构建过程。要能够对传统文化资源进行改写与重构，实现传统文化资源的现代性转换。在文艺实践中以"现代性"来构建国家形象，能使"他者"认识到中国国家形象在现代性进程中的自我构建过程，从而产生认同感，改变"他者"的既有认知。

第三，当代文艺实践中的国家形象塑造不能仅仅立足于"自我"的文化语境，而应该将其置于全球化语境之中，面向更多的"他者"，以全球化视角摄取西方塑造国家形象之经验，使"他者"资源逐渐转化为"自我"之用。需要注意的是，在这一过程中要避免"自我"创作中的"他者化"。在当今时代进行国家形象塑造的文艺实践中，文艺创作者实际上承受着来自"他者"的重压，一些并不客观的否定性评价使他们面临着"自我"的精神属性和文化品格被"他者"书写的境遇。这就更加需要强化自我的主体意识，以自己的话语权力重建当下的国家形象。这种形象应该是"自我"与"他者"的交融，是"他者"视域与"自我"语境的渗透。虽然多元化是我们在塑造国家形象时不能回避的一个事实，甚至在一定程度上它会成为主导方面，但我们必须有清醒的认知方能在国际舞台上争取到本该属于自己的话语权。

第四，文艺实践主体应该以敬畏之心担当"自我"构建国家形象的使命，在"他者"之言说中保持清醒的头脑和自信的心态，体现文艺实践的终极关怀理念。这种构建的努力应当从一种无意识的自在状态转化为有意识的自觉、自为状态，从历史感和时代性中深刻把握民族文化的复兴和国家综合实力的变化，以自尊自信之心、落落大方之态在作品中重塑国家形象，既保持自我，又尊重他者，既凸显东方民族特色，又保持与西方互通和对话。中国当代文艺塑造的国家形象应是具有人文精神和一定历史哲学根基的特有文化符号。文艺实践不需要刻意强调国家形象，它应是作品中的一种自然呈现。我们需要那种最符号化的国家形象，它是自由的不是夸张的，是自觉的不是刻意的。同时我们有责任，也应该有意识地创作出具有导引作用的国家形象，挖掘传统与现实中可利用的资源，展示民族文化的优秀传统，它充满诗意，更要有思想。带着这样的思想背景，基于一种美好的文明的呼唤，当代文艺实践所构建的国家形象必定能反映出民族深厚的激情和内力。彰显民族特色、伸张自我文化诉求，这一追求呼唤着当代文艺实践中的国家形象塑造能够真正达到审美回归。

第六章　国家形象构建的内在机理

在对国家形象构建涉及的若干关系问题做出具体分析的基础上，本章将就文艺实践中的国家形象构建的内在机理进行具体阐述，从而建立起当代文艺塑造国家形象的学理形态。概括地说，本章主要是从国家形象构建的功能机理、国家形象构建的主体定位、国家形象构建的内涵表达机理、国家形象构建的受众接受机理这四个方面入手来把握文艺实践中国家塑造的审美机制。

第一节　国家形象构建的功能机理

如前文所述，我们主张文艺实践中的国家形象塑造具有对内和对外的双重功能。即"对内"要发挥振奋民族精神、提升国民素质的启迪作用、濡染作用和凝聚作用，"对外"要发挥对域外公众的艺术传播和影响作用，生动地呈现中国形象的深厚底蕴和蓬勃生机。有学者认为，"中国好故事的文艺书写，既是书写给中国人看的，也是书写给世界看的，根本是要书写出人的丰富的精神气象。中国需要对自己的 13 亿人讲好故事，也需要对世界讲好中国的故事"①。因此，中国文艺所承担的塑造国家形象的使命并不仅仅是"用世界语言讲好中国故事"，而是要在作品的传播定位中兼顾两种功能的发挥，"这种强大的文化力量，也可分为内外两个方面，即对内表现为自信力、凝聚力，对外表现为吸引力、辐射力"②。就具体作品来说，还要有所侧重。例如 2017 年创造了国产电影票房奇迹的影片《战狼Ⅱ》，就是主要面对国内公众发挥爱国主义与民族精神启迪和激励作用的成功之作，而该片在海外传播的效果并不理想。而在海外发行取得收视佳绩的电视剧《媳妇的美好时代》，就是兼有两种功能的成功作品。该剧在娱乐的喜剧氛围中凸显了中国的传统家庭伦理在现代生活中的作用，具有跨文化的可接受性，该剧曾经得到习近平总书记的称赞。从功能发挥的内在机理来说，我们需要解决的是，在全球化背景和消费时代的文化产业发展环境下，如何实现形象构建的意义生成，如何探索对内和对外功能的实现机制。

一、国家形象构建对内功能的实现机理

当代文艺努力构建中国形象，首先就要发挥对我们自身民族精神和国民素养的建构性作用，要通过对国民特别是青少年的美育引领和艺术传播体现文艺对国民精神的启迪、凝聚、提升作用。正如有学者所说："建构国家（民族）形象，一个很重要的目的在于提升国民的民族认同。"③要弄清如何实现这一对内功能，必须积极探索其中的内在机理。这就包含了文艺作品塑造什么（写什么）、如何表现（怎么写）、对接受众（写给谁看）、效果评价（受众反响）等相互关联的审美机制，构成了文艺塑造中国形象的实践场域。我们可以通过一个典型案例来把握其中的对内功能实现机理。

大型原创史诗话剧《雨花台》由江苏省委宣传部、南京市委宣传部组织创作，南京市话剧团制作并演出。该剧的创作宗旨是"创新弘扬雨花英烈精神，铸造新时期信仰高地"。自 2015 年 9 月正式上演以来，该剧不仅在江苏演出，

① 陈彦:《讲好有价值持守的中国故事》,《人民日报》2013 年 12 月 13 日。
② 白烨:《贴近新时代 谱写新篇章》,《文艺报》2017 年 10 月 27 日。
③ 蒙象飞:《中国国家形象建构中文化符号的运用与传播》,上海:上海外国语大学博士学位论文, 2014 年, 第 75 页。

而且到北京、上海、武汉、广州等地，走进众多高校巡演。剧团所到之处引发了广大观众特别是青年学生的强烈共鸣，产生了很好的教育激励和艺术熏陶效果。甚至可以说，该剧的巡演形成了引发关注和热评的"《雨花台》现象"。2016 年清明节当天，该剧在北京大学开始全国高校巡演。演出场面令人激动和振奋，演员们经历了艰难的谢幕："幕布合上了，掌声却经久不息，只得再次拉开，就这样闭幕开幕反复六次。""在北京师范大学演出时，舞台搭在学校体育馆。到了演出时，不仅前排挤满了坐小板凳的学生，几乎看不到舞台的两侧也挤得水泄不通，不少人站着听完了两个小时。"① 笔者曾经走进剧场做现场观察。北京师范大学这场的观众都是高校教师和学生，约 1 400 人。演出过程中学生的反应十分热烈，自发响起的掌声至少 12 次，许多师生感动落泪，剧终谢幕时全场起立，学生向演员们献上鲜花，掌声经久不息。最后是扮演主人公恽代英的主演崔钟代表剧组激情致谢全体师生，形成了台上台下互动的高潮。这使笔者体验到了一部能够走进当代人内心的主旋律作品，一部展现革命文化强烈感染力的成功之作。主办方还组织剧组主创人员与高校师生代表的面对面交流、"我演《雨花台》"群众演员招募活动，举办了"穿越时空的对话——信仰的力量"当代青年给雨花英烈回信征文活动，得到了各校学生的积极响应，这也进一步放大和提升了该剧的教育作用和艺术效果。2017 年 9 月，该剧荣获第 14 届全国精神文明建设"五个一工程"奖，位列戏剧类第一。

《雨花台》展现了以恽代英为代表的一批中国共产党人在艰苦卓绝的革命年代所经历的狱中斗争历程。该话剧塑造了面对敌人的威逼利诱、严刑拷打，坚守理想信念，不屈不挠斗争，大义凛然慷慨就义的英雄群像。剧中所展现的恽代英、石璞、许包野、冷少农、施滉、郭凤韶、袁咨桐、郭纲琳、顾衡、曹顺标等共产党人形象都是雨花台革命英烈，每个名字背后都有着真实感人的斗争故事。该剧将不同时期、不同地点的雨花台烈士集中到同一个戏剧空间，共同为了保护革命领袖恽代英，为了保护身负重任的红色特工"保尔"，为了不惜代价将作战情报送出监狱而与敌人斗智斗勇，直至英勇就义。恽代英和他的

---

① 顾姝姝、吴纪攀：《江苏创新弘扬雨花英烈精神 铸造新时期信仰高地》，人民网江苏频道，2017 年 4 月 28 日。

战友们没有武器、没有自由，只有"信仰、忠诚、为民、担当"的精神，以及共产党人的勇气和智慧，在与敌人的巧妙周旋中终于将作战情报送出，使红军赢得了反"围剿"的胜利。全剧最后，受尽折磨的难友们聚拢在恽代英的周围，相互扶持，齐声朗诵恽代英的爱国宣言，在雄壮的《国际歌》声中大义凛然地迈向烈火，将全剧推向高潮，给现场观众带来强烈的情感冲击。

一部反映革命文化、塑造红色中国的原创话剧《雨花台》为何能够产生如此强烈的演出效果和教育感染作用，其中揭示了怎样的思想意义、创作机制和审美规律，这些问题都值得我们做细致的分析。对此，有论者指出："新时期的红色革命题材戏剧，在创作形式上摒弃了空洞的说教和苍白的宣传，不用简单罗列情节，过度拔高英雄来谋篇布局，而是用理想和激情，为这些年纪轻轻就为国献身的英烈身上注入了鲜活的生命力和时代印记。话剧《雨花台》重在展现历史风云激荡捭阖的上个世纪，雨花台英烈在个体如何实现自我的生命价值这一值得每一个志士仁人苦苦追问和求索的人生命题上做出的庄严回答。"[1]《雨花台》将革命历史题材的作品用当下受众特别是青年学生喜闻乐见的方式来表达，从而在新的时代氛围里做到了内容与形式的深刻契合，其中蕴含着国家形象构建对内功能的实现机理。进一步来说，该剧获得成功得益于它有效实现了三个"对接"。

第一，深度挖掘雨花英烈事迹的精神内涵，寻找革命文化的"老故事"与当代社会生活精神导向的结合点，实现了"历史感"与"时代性"的有效对接。虽然革命年代的出生入死与新时代建设社会主义现代化强国征程上的砥砺奋进处在"革命"与"建设"两个不同历史阶段，但是共产党人所秉持的坚定的理想信念、强烈的家国情怀、一心为民的担当精神是一以贯之的，依然具有强大的精神感召力，同样体现了"不忘初心、牢记使命"的时代要求。对雨花英烈事迹的"重述"可以彰显其中的精神内涵对今天人们的启示和激励。剧中有一幕是蒋介石派首都卫戍司令谷正伦去监狱审讯两位留学归来的共产党人、地下党省委书记许包野和施滉。在不同政治立场的交锋过程中，他们谈到了人生，

---

[1] 陈伟龄、张宁：《红色话剧何以感动万千人——大型原创史诗话剧〈雨花台〉的启示》，《群众·大众学堂》2017年第4期。

谈到了家庭和亲人，还谈到了艺术，当然也谈到了"保尔"，在斗智斗勇中，两位坚定的革命者既严守党的秘密，坚持理想信念绝不动摇，又对美好的生活和艺术充满留恋，对家庭和妻子十分挂念，这种处理构成了血肉丰满的、具有儒雅风度和性格丰富性的艺术形象，更能打动今天的观众。

第二，贴近当代青年学生理想信念教育的紧迫需求，重点塑造一批青年英烈形象，以雨花英烈的青春来映照当代青年学生的青春，实现了两种"青春"跨越时空的生动对接。青春是文艺创作的永恒母题，具有独特的审美感染力。《雨花台》所展示的是一群青年革命者的壮丽青春风采，石璞、顾衡、袁咨桐、郭纲琳、曹顺标、郭凤韶都正在风华正茂的年纪。该剧真实而生动地讲述了这群年轻人投身革命的心路历程，以及他们对美好人生的向往。袁咨桐年龄最小却不愿意因此受到难友格外照顾，他鼓足勇气面对严刑拷打的考验；郭凤韶作为花季少女，蒙难入狱，她内心中的遗憾就是没有体会过恋爱的滋味；面对来自父母、哥哥、姐姐、师姐、律师等各方面的探望和规劝，他们没有放弃自己的理想信念；面对敌人的严刑逼供，他们以青春的生命面对死亡的威胁，始终坚守党的秘密。在人生最好的年华，他们为了崇高的理想信念而坦然面对生死考验，以狱中斗争的坚韧不屈迸发出革命者的青春光华。该剧注重寻找狱中青年与当今青年的情感联系，在不同的青春体验中触发剧中人与在场青年的情感对接点，从而形成有互动性的观剧体验。对如今的青年学生来说，革命者的青春似乎很遥远，属于过去的年代，但是他们对美好生活的憧憬和奋斗牺牲精神同样能够激励今天的青年担负起民族复兴的历史使命。

第三，运用现代多媒体技术手段，创新话剧的艺术表现方式，强化综合影像视听效果，实现了革命传统题材戏剧的表现形态与新媒体环境下观众欣赏习惯方式的审美对接。《雨花台》定位为"史诗"话剧，这就带来了如何将厚重的、富有历史感的表现内容生动地呈现给观众，从而产生史诗性审美体验的问题。该剧创作团队在这方面做出了积极探索。他们综合运用多种技术手段来拓展戏剧的审美表现空间，为在多媒体影像主导的当代艺术场域如何保持话剧的审美特质和艺术魅力积累了实践经验。从戏剧形态来看，该剧遵循了传统的"三一律"（一天时间、一个场景、一个故事），叙事紧凑，转换流畅，戏剧冲突有很强的张力。同时，该剧充分运用场景并置、灯光切换、创设梦幻空间等方法来扩大戏剧的容量，多角度、多层面展示狱中斗争的复杂和艰巨，展现革命志士内心世界的丰富。该剧将信仰的力量与人性的光辉、现实场景与梦幻世界融为一体，增加了人物塑造的"筋骨"和"温度"。剧中许包野和施滉在梦中与妻子相见的段落因此而成为全剧的动情点，给观众留下难忘的印象。此外，多媒体手段的运用增加了视听结合的艺术接受效果，更加直观地展现人物的背景信息、人物的箴言和诗句，渲染和强化全剧的情感基调。这些努力进一步契合了当代观众的欣赏习惯，提高了该剧的综合艺术表现力，也获得了更显著的剧场效果。

这三个"对接"都是围绕着如何吸引和打动新的艺术消费环境下的受众的问题，来探索艺术表现什么和如何表现，在剧场效果的特定空间里发挥了文艺的熏陶濡染、影响提升的功能，也为我们思考国家形象构建的对内功能实现机理提供了鲜活生动的案例，是艺术实践中的成功探索。

二、国家形象构建对外功能的实现机理

国家形象构建的对外功能是伴随着中国文化"走出去"的步伐和文化软实力的建设进展而逐步实现的。中国文艺在"讲好中国故事""传播好中国声音"的导向激励下，通过多种艺术形式努力构建面向世界的中国形象，积累了一些实践经验，但是形象传播和接受的效果尚有明显不足，还需要进一步探索其中对外功能的实现机理。对此，我们认为可以从如下三个方面力求改进和提高。

第一，需要进一步确立形象构建主体的文化个性和身份认同。长期以来，我们的对外文化艺术输出存在刻意迎合外国人（特别是西方人）欣赏口味的不自信的心态，为了海外获奖、为了打开国际市场而迎合域外公众的阅读或者观看预期，由此导致中国形象被局限于"奇观化""民俗化""武侠化"的传统模式中，缺少富有时代精神和中国气象的当代表达。更值得警惕的是，因为要迎合西方口味，中国艺术家在创作中表现出明显的"自我东方化"倾向，将本土构建的中国形象异化成西方人眼中的"他者形象"，带有西方人谈论中国所热衷的"猎奇"和"揭丑"的特点。对此，有论者尖锐指出："20世纪80年代以

后某些重要的中国大陆电影人在异域目光的注视下，在国内电影工业十分脆弱的不利现实下，选择了模式化的镜头语言和叙事手段，塑造了一个个具有'他者'指称的'中国镜像'。一方面，他们以崭新的电影语言和风格将中国的民族电影送入了世界影坛，让世界看到了一个再次洞开的、奇妙的中国世界，同时，他们又不得不将中国民族电影的身份不断边缘化，将中国形象嵌入了远离历史的魔幻世界，嵌入了西方意识形态和霸权话语的观看预期。"① 这种评价是客观和中肯的，我们需要从中反思创作主体在自我身份认同上的偏差，反思中国形象构建中的文化个性缺失问题。"在世界范围内建构国家形象，首先需要文化个性和身份认同。文化个性确定可辨识性的文化符号，身份认同则赋予了这种符号一种特殊的意义价值和情感。"② 我们应当在增强文化自信的基础上明确自身的文化身份，真正以自主的立场和世界的眼光来塑造中国的国家形象，以对中华文化和民族精神的深刻理解和情感认同向世界传递中国的声音，彰显中国从边缘走向中心的在场姿态。

第二，需要在形象构建中强化"文化的阐释"与"艺术的表达"。文艺的国家形象构建不同于政治宣传和国际关系中的中国声音，不需要过多的国家立场宣示和意识形态表达，而是要立足于内容上的文化阐释和形式上的艺术表达，要以生动的艺术形式传达民族文化的厚重传统和现代性的中国精神。文化阐释固然也会带有意识形态属性，但是因为艺术载体的审美观赏性和形式感，已经明显钝化了意识形态的分歧。陈林侠在谈到中国电影的国家形象塑造时就曾经强调："之所以需要'文化的阐释'，是因为文化提供了认知当下的意义与价值体系；之所以需要'艺术的表达'，是因为艺术所具有的情感性、特殊性，有效地钝化、遮蔽了国家形象等意识形态的分歧。"③ 正如本书"理论篇"第二章所述，文艺实践所塑造的中国形象具有审美特殊性，其艺术的呈现方式带来的审美观赏性使得形象构建具有了更高程度的可接受性。

第三，需要在"走出去"的基础上积极寻求如何真正"走进去"。推动中

---

① 李娅菲：《镜头定格的"真实幻像"：跨文化语境下的"中国形象"构造》，北京：人民出版社，2011 年，第 2 页。

② 陈林侠：《跨文化背景下中国电影的国家形象建构》，北京：人民出版社，2014 年，第 156 页。

③ 陈林侠：《跨文化背景下中国电影的国家形象建构》，北京：人民出版社，2014 年，第 164 页。

国文化艺术"走出去"是文化强国建设的重要内容。在初始阶段，中国文化艺术能够走出国门在海外亮相就是成功，所以自己出资在海外举办艺术珍品巡展、当代美术作品展，租用维也纳金色大厅开音乐会，邀请华侨华人和友好人士免费出席观看等都要作为业绩广为宣传。但是从国家形象的有效传播来评价，这种"走出去"并不能实现形象构建的对外功能，因为尚未实现"走进去"——走进外国公众视野、吸引外国公众的注意力、产生外国主流媒体的权威评价，进而扩大中华文化艺术的影响力。"走出去"只是表层上的文化艺术展示，还说不上真正意义上的深度交流和理解认知，只有真正"走进去"才有可能实现国家形象构建的对外功能。衡量中国文化艺术是否"走进去"的标准是：中国电影在海外上映获得票房佳绩，拥有广泛观众；中国剧目和综艺演出受邀在国外实现商业巡演，而不只是一味赠票请人观看捧场；中国艺术珍品受邀在国外著名艺术机构举办专题展览，得到主流媒体和评论界的关注；中国音乐家和音乐团体受邀在国外举办重要的音乐会，真正得到海内外业界好评；中国作家的作品被国外出版机构主动译介，产生良好的发行反响，获得重要的国际文学奖项；中国在海外设立的中国文化中心真正成为吸引所在国家公众了解中国、认知中国文化的展示窗口。以此来观察中国文化艺术走向世界的状况，我们既要看到《云南映象》《木兰诗篇》《风中少林》等剧目成功实现了海外商演，中国文物精品多次赴海外巡展，产生良好反响，中国作家莫言、刘慈欣、曹文轩的作品被外国译介，并获得重要文学奖项，也要看到中国文化艺术在国际传播中尚未真正"走进去"，其影响力尚未充分发挥，我们主动构建的中国文化形象还没有得到海外受众更广泛的深度理解，实现"走进去"依然任重道远。

第二节　国家形象构建的主体定位

在文艺的中国形象的自我构建中，参与构建的创作主体也并非单一的体制内作家、艺术家，而是体制内外多种身份的艺术从业者都有参与，这就必然存在创作主体的自身定位如何把握、不同创作主体如何在形象构建中实现互补性融合的问题，其中也存在定位与融合的内在机理问题。

我们在本书引言中曾经分析了文艺实践构建中国形象的创作主体的复杂性，区分了三类作家、艺术家。一是内地（大陆）作家、艺术家，这无疑是国家形象塑造的主力军。但是其中也要区分"体制内"和"体制外"的不同文化身份。二是港澳台作家、艺术家，他们有着特殊的文化身份和对国家的另外一种认同感，可以从另外的视角表现家国情怀和故国想象，会从主流意识形态之外体现其国家意识和民族情感。三是海外华侨华人作家、艺术家，无论旅居还是入籍，这个艺术群体都有着对祖国的深厚而复杂的感情，他们的创作活动所呈现的中国形象，既不同于内地（大陆）和港澳台的作家、艺术家，也不同于所居国家读者观众对中国形成的"他者"形象，是十分特殊的创作群体。这种不同的身份认同和观察视角，会形成在国家形象书写中的定位差异，但是所呈现的都是不同历史和现实情境里的中国。正如吴秀明所说："'中国形象'应该是立体、多层、多维的综合，而不仅仅是主流意识形态的单一打造，鲁迅的中国是中国，沈从文的中国也是中国，王安忆的《长恨歌》是中国，阎连科的《受活》也是中国。"① 这种形象构建主体的多元性，带来了国家形象塑造的多样性和丰富性，能够从不同的维度描写中国、展现中国，具有积极意义。我们需要探索的是，如何实现不同创作主体对国家形象构建的互补性融合，构成中国"自我形象"呈现的整体格局。对此，我们也可以通过下面一类作品作为例证来观察其中的互补性。

在本书"影视篇"的第十六章中，我们分析了乡土题材纪录片所构建的乡土中国形象，其中就涉及了三类创作主体所构建的乡土中国，分别由官方主流媒体、内地独立制作人、港台媒体及域外媒体创作完成，不同的创作主体有着不同的创作理念和观察视角，形成了不同的创作风格。无论从内容、题材的选择来看，还是从创作手法的运用来说，三类创作主体对乡土中国形象的构建都显示出各自不同的特征。我们试图对这三类创作主体的形象构建特征做出如下概括：

---

① 吴秀明主编：《文化转型与百年中国文学"中国形象"塑造》"前言"，杭州：浙江工商大学出版社，2011年，第3页。

官方主流媒体：国家的宏大叙事与民族的多样呈现

民间独立纪录片：底层的凝视反思与现实的独立纪录

海外华人纪录片：社会的冷静旁观与他者的差异解读

从这种形象构建特征的概括中，我们可以清楚地发现不同创作主体的立场、视角及情感倾向的差异，它们形成了乡土中国形象的多元表达，也给国内外的观众带来了认知乡土中国的历史和现实的多方面观察。其中无论诗意的乡土、现实的乡土抑或要逃离的乡土，都是带有"温度"的影像呈现。可以说，这三类主体的乡土中国形象构建都不可偏废，他们以不同的视角构成了观察乡土中国的整体性的全面认知，展现了真实的乡土带给国人的复杂的乡愁。这种多元视角的影像建构实际上形成了对乡土中国形象塑造的互补性格局，从而带给观众既可感受到厚重的文化传统，又能体悟到现实的沉重，同时寄予美丽乡村希望的乡土中国印象。

在分析这种形象塑造的互补性格局之外，我们还需要重视创作主体的自身定位所出现的互补性融合趋势。这主要表现在内地（大陆）的体制内外作家、艺术家在创作中出现的新气象。应该说，体制内与体制外的作家、艺术家在身份认同上的差异是明显的，其从事艺术创作的职业性与非职业性也有区别，但是在以艺术方式构建国家形象的探索精神上面都有各自的追求。"主旋律作品"的创作并非体制内文艺工作者的专利。例如赢得广泛好评的长篇小说及其改编的电视剧《亮剑》，就是由体制外作家都梁完成的，虽然他已经出版了数部长篇小说（如《血色浪漫》《狼烟北平》《荣宝斋》《大崩溃》），但是他并没有加入中国作协，也不以专业作家的身份参加活动。又如三卷本长篇网络小说《大江东去》，是全景式展现中国改革开放伟大历史进程的主旋律作品，被誉为"描写改革开放三十年的第一小说"，也是荣获第 11 届精神文明建设"五个一工程"奖的第一部网络小说。根据该小说改编的电视剧《大江大河》和《大江大河 2》也成为庆祝改革开放四十年的献礼作品。其作者阿耐是浙江某民营企业的一位高管，她同样不是体制内的专业作家。再如赢得高票房和好口碑的电影《战狼Ⅱ》和《红海行动》，前者是由民营影业机构和演员吴京创作完成的，后者则是由官方机构创作的，二者都是弘扬民族精神、激发爱国热情、展现大国形象的主旋律影片，只是前者塑造了"独狼式"的个人孤胆英雄，而后者则塑造了一组英雄群像。从这些例证可以看到，体制内外的文艺工作者在构建中国形象的创作实践中存在互补性融合的迹象，他们都要面对文化产业的消费市场环境，也都要思考如何赢得今天的读者和观众，因此其主体定位会出现一定的融合趋势。但是，创作主体的身份认同依然是有区别的，正如论者所说："作家的创作应该是自由的，服膺于他生命经验和价值要求的一种自觉选择。他并不必须承担要塑造'中国形象'尤其是要塑造通体透亮的'中国形象'的义务，但这并不妨碍在特定的社会文化环境下其创作可以自觉不自觉地体现出与时代精神相呼应的共性特征，等等。"[1] 这里说到的共性特征就是不同创作主体在形象构建中表现出的互补性融合，其中就蕴含着形象构建的主体定位的内在机理。

第三节　国家形象构建的内涵表达机理

内涵表达是国家形象构建最为重要的核心环节，其中既有历史和现实语境的影响制约，也有作家、艺术家自身创作风格和艺术个性的鲜明印记。国家形象本身是丰富多样的，是诸多侧面构成的宏观整体，甚至形成了国家形象的谱系，但是具体到各个作家、艺术家的观察视角和表现的对象则是具体的、微观的，往往突出了形象谱系中的某些层面，是基于不同艺术家的生活感悟和情感体验的审美表达。在这种内涵表达中也存在需要认真梳理的内在机理。

一、社会生活史与民族心灵史的艺术化表达

对社会生活史和民族心灵史的生动讲述是文艺作品塑造国家形象的独特方式，唯其如此，文艺才能具有超越表层宣介的、直抵人心的艺术力量。在对"两史"的艺术化表达中，社会生活史书写是显性的，涉及历史或现实中的实际生

---

[1] 吴秀明主编：《文化转型与百年中国文学"中国形象"塑造》"前言"，杭州：浙江工商大学出版社，2011年，第4页。

活，可以在人物与事件的叙述中展现中国社会生活的生动画卷；民族心灵史则是隐性的，需要透过历史和现实的叙述来揭示民族集体无意识（民俗民风）的生成和演变，彰显民族情感和民族精神的独特性。

社会生活史的艺术化表达呈现出不同的美学向度。一是具有史诗性的恢宏的历史建构，在鸿篇巨制中书写一个时代的重大历史事件或一个地域的社会历史变迁，从中展现中华民族由传统走向现代的历史征程。本书"文学篇"第八章就具体分析了茅盾文学奖获奖作品中的"史诗情结"，列举了大量例证来分析这类史诗性的社会生活史书写如何构建丰富的中国形象。二是具有诗意化的、体现作家和艺术家精神寄托的社会生活书写，其中寄予了作家和艺术家"向前看"的憧憬或"向后看"的怀旧情愫。例如舞蹈家杨丽萍编创的《云南映象》和《藏谜》，在对少数民族原生态歌舞形态的审美表现中构建了诗意的七彩云南和魅力西藏。又如张艺谋的电影《英雄》在对"荆轲刺秦"故事的重述中展现了今人的历史观念和诗意情怀。这类文学书写当然还包括沈从文的《边城》，对诗意湘西的想象性书写中寄托了作家的无尽乡愁。三是具有"新写实主义"风格的现实社会生活书写。这种艺术表达摒弃了史诗性的宏大叙事，也不去刻意寻找生活的诗意，而是真实生动地描写现实世界中琐碎细微、平淡无奇的寻常生活，展现国人最本真的生存状态和他们的喜怒哀乐，从而建构起世俗化中国的真实图景。池莉的《烦恼人生》、刘震云的《单位》《一地鸡毛》等作品是这类文学书写的代表。他们已经放弃了对于现实生活的"典型化"描写，而是力求写出立足现实的深切的生活感受和复杂的情感体验，所追求的不再是"本质的真实"，而是"体验的真实"。这三种美学向度体现了作家、艺术家以社会生活史书写来呈现中国形象的不同视角和不同的价值取向。

民族心灵史的艺术化表达在中国语境里也有着不同的指向性。一方面是指在漫长的历史更替和民族融合的艰难进程中，中华民族作为整体所形成的民族性格、民族精神和民族文化。这就构成了对中华民族源远流长的思想积淀、文化传统和审美精神的艺术表达。雕塑家吴为山的大型写意雕塑《问道》生动再现了儒家思想创始人孔子和道家思想的创始人老子历史性会见的场景，是对中华原创性思想渊源的视觉艺术传达。作家宗璞的四卷本长篇小说"野葫芦引"（包括《南渡记》《东藏记》《西征记》《北归记》）则聚焦中国现代百年大变局中的知识分子心灵史，生动展现了作为民族良心的知识分子在社会变迁和民族危亡之际的心路历程及人生抉择。我们甚至可以提到著名美学家宗白华的《美学散步》，他用充满灵性的文学语言来概括中华民族的艺术传统和美学精神，并且从中凸显民族文化和审美的特质。另一方面，民族心灵史的艺术书写还表现为对中国少数民族自身民族特性的生动展现，显示了在中华民族大家庭中不同民族自身的文化传承和民族精神。例如霍达的长篇小说《穆斯林的葬礼》通过描写回族文化人格的演变史，生动深刻地书写了回族心灵史，展现了一个古老民族行走在从传统文化向现代文明转变道路上的艰辛与痛苦。这是一部致力于挖掘回族文化心理的史诗性作品。[1] 又如阿来的长篇小说《尘埃落定》描述了藏族土司制度的兴衰史，以小说与诗歌相结合的跨文体创作方法，为读者展现了浓郁的民族风情，书写了一部藏民族的史诗。[2] 再如迟子建的长篇小说《额尔古纳河右岸》描绘了以放养驯鹿为生的鄂温克族的生活状况与沧桑历史。这些作品虽然讲述的是少数民族的文化传承，但是作家能够以少数民族为视角来观照整个中华民族的现代化进程，通过多民族文化共同体的文学书写构建了民族团结、合和包容的中国形象。上述的两种民族心灵史书写都体现了文艺构建国家形象在内涵表达上的审美独特性，就是以诉诸情感的民族心灵世界的呈现来产生打动读者的力量。正如鲍鹏山所言，"文学史就是心灵史"，"文学史一个民族的情感记忆，文学是心灵的表达，然后用我的心灵表达感动另外的心灵。这需要心灵对心灵的体察、体谅和体味"[3]。

二、形象构建的内涵表达的关系机理

1. 宣传性与审美性

本书"理论篇"第二章已经具体阐述了中国文艺构建中国形象的审美特殊性，基于此，还要把握内涵表达的宣传性与审美性的关系机理。固然，文艺构

---

[1] 详见本书"文学篇"第九章第四节《〈穆斯林的葬礼〉：回族心灵史与中国形象》。
[2] 详见本书"文学篇"第九章第三节《〈尘埃落定〉：'跨族别写作'与国家形象构建》。
[3] 鲍鹏山：《文学史就是心灵史——浅谈〈中国人的心灵——三千年理智与情感〉》，《光明日报》2018年9月2日。

建国家形象需要体现对国家形象丰富内涵的描述与推介，将历史悠久又充满活力的中国形象呈现在世人面前，但这种呈现并非直白的宣传和生硬的灌输，而是要以艺术特有的审美表现方式生动展现中国风貌和中国精神，展现民族文化特质和民众生存状态。文艺本质上不是宣传，但是可以起到单纯的宣传难以达成的作用，在形象的审美构建中弱化了简单说教可能产生的抵触心理，而通过诉诸情感与诉诸理性的双重作用产生良好的接受效果。我们可以把它称为"并非宣传的宣传效果"，有利于实现对内和对外的形象构建功能。

2. 歌颂性与批判性

对国家形象的自我塑造来说，歌颂性与批判性是不可偏废的内涵表达，必要的前提是，二者都应当立足于历史与现实的真实书写，立足于中国面向世界寻求更好发展的愿景。讴歌时代精神、展现发展成就、凸显大国形象的歌颂性书写可以提振国人信心，凝聚民族力量，这构成了"主旋律作品"的形象构建，近年来也有可喜的收获，改变了以往"叫好不叫座"的尴尬局面，呈现出"叫好又叫座"的好口碑和高票房①，值得总结其中的创作经验和审美规律。但是应当看到，文艺塑造国家形象的作用并非一味地歌颂所能达成，对于存在的问题和弊端的揭示与批判也是题中应有之义，甚至更为重要的是形象反思。当年鲁迅先生对"国民性"的批判就具有清醒的反思精神,力求警醒国人，引起"疗救的注意"。时至今日，这种批判依然具有现实意义。每个国家在不同的发展阶段都会存在一些问题，都有光明面和阴暗面，因此对形象的自我构建没有必要回避问题。恰恰相反，敢于直面自身问题，具有自我反思和批判精神的民族才更能赢得世界公众的尊重。对于民族根性、国民素养及企业经营、社会管理等方面问题的揭露是形象构建中十分重要的内涵表达，可以发挥警醒国人、引发反思、促进整改的积极作用。

3. 中国性与世界性

这一组关系揭示的是关于中国的形象构建在内涵表达上如何具有世界性意义。强调"中国性"就是要立足本土立场和主体地位，表现中华民族的精神

---

① 参见本书"影视篇"第十四章第四节《战狼Ⅱ》与《红海行动》：新英雄叙事与中国形象构建"。

特性,"民族性应该成为国家形象的核心内容,中国国家形象的建构也应该体现中华民族特定的历史情感、历史使命和历史追求"①。这方面的习惯性表达有二:一是强调"越是民族的就越是世界的",二是主张"用世界语言讲好中国故事"。前者重在内容传达,是在尊重文化多元共生的前提下,突出民族文化特性的国际表达;后者重在形式载体的可接受性,要在融入世界的共同语境中讲述中国故事。其中都涉及对"世界性"的理解问题。我们认为不能把世界性简单理解为"西方性",不能沿袭西方中心主义的文化观念和价值取向,而是应当确立新的世界性观念。其内涵可以表述为:第一,确立尊重民族文化多样性,倡导文化多元共生的全球化观念;第二,促进不同文明的平等对话,交流互鉴,进而构建人类命运共同体;第三,尊重不同民族和国家选择的适合自身的发展道路,倡导互利共赢的合作发展模式。在中国走向世界的进程中,不仅要遵守规则融入世界,而且要发挥自身的影响力,促进建立更加平等公正、和谐有序的世界秩序。我们应当在这个认识基点上来把握形象构建中的中国性与世界性,以自身的文化自信来塑造既面向世界,也引领世界的中国形象。

三、中国符号与中国精神的艺术化表达

国家形象构建的内容表达需要通过特定文化符号的运用和传播来实现。因此,对中国文化符号的选择和运用就成为关键所在。"任何一个民族、一个国家都具有自己独特的文化底蕴、文化魅力,同样也具有自身的文化符号系统。"②重要的是,怎样选择出在历史与现实的不同时代真正能够代表中国的文化符号,通过艺术化表达来构建中国形象,让外国公众理解一个厚重、独特,又富有活力的中国。以往,"在外国老百姓看来,最能代表中国文化的就是中餐、中国功夫、大红灯笼和京剧这样一些'符号'"③。这些显然不能完全代表中国文化的丰富内涵。我们注意到,国际主流媒体也进行过关于中国文化符号的读者调查和遴

---

① 蒙象飞:《中国国家形象建构中文化符号的运用与传播》,上海:上海外国语大学博士学位论文,2014 年,第 75 页。
② 蒙象飞:《中国国家形象建构中文化符号的运用与传播》,上海:上海外国语大学博士学位论文,2014 年,第 52 页。
③ 《中国文化的海外流行文化符号》,《环球时报》2007 年 11 月 30 日。转引自蒙象飞《中国国家形象建构中文化符号的运用与传播》,上海:上海外国语大学博士学位论文,2014 年,第 61 页。

选。2010 年，美国《新闻周刊》曾征集主要发达国家的网友投票，评出进入
21 世纪以来世界上最具有影响力的 12 个文化国家，以及能代表这 12 个国家
的 20 个形象符号。最后入选的 12 个国家是：美国、中国、英国、法国、日本、
意大利、德国、俄罗斯、西班牙、印度、希腊、韩国。评出的代表中国文化的
20 个形象符号是：

> 汉语、北京故宫、长城、苏州园林、孔子、道教、孙子兵法、兵马俑、
> 莫高窟、唐帝国、丝绸、瓷器、京剧、少林寺、功夫、《西游记》、天坛、
> 毛泽东、针灸、中国烹饪

入选的 12 个国家中除了美国，都是历史悠久富有人文传统的国家，而入选的
中国文化符号则主要是传统中国的文化符号，代表了中国作为文明古国的特性，
现代中国的符号表征就很少。这说明外国公众对于中国的认知还是偏重古老的
中国。我国学者也曾经在大学生群体中进行过"中国文化符号"的调查，列举
出 270 个有一定代表性的中国文化符号候选项，最终筛选出 10 个中国大学生
认为最具代表性的中国文化符号：

> 汉语（汉字）、孔子、书法、长城、五星红旗、中医、毛泽东、故宫、
> 邓小平、兵马俑[1]

可见中国大学生对现代中国的认知度也在发生改变。尽管如此，我们还是
应当看到，中国形象的对外传播尚缺乏更具有品牌推广效应的现代中国文化符
号，例如好莱坞之于美国、动漫之于日本、韩剧之于韩国，都具有提升本国形象、
有效传播本国文化和价值观的重要作用，而中国在现代艺术方面还缺乏更有国
际影响力的文化符号，这会为构建传统与现代交相辉映的中国形象带来局限。
进一步说，中国符号的表征应当承载的是中国精神，"要让中国文化符号

① 柳田、王一川：《中国人需要怎样的文化符号》，《解放日报》2011 年 1 月 13 日。

为更多的人接受、理解和认同，我们展示给世界的文化就应该是中华优秀文化，传播给世界的文化符号就应该体现中国气味、中国作派和中国美感，就应该彰显自己民族文化的独特个性。"①这种代表中华优秀传统文化的中国精神在官方的权威表述中被概括为三个方面：一是核心思想理念，包括"革故鼎新、与时俱进的思想，脚踏实地、实事求是的思想，惠民利民、安民富民的思想，道法自然、天人合一的思想等"；二是中华传统美德，包括"天下兴亡、匹夫有责的担当意识，精忠报国、振兴中华的爱国情怀，崇德向善、见贤思齐的社会风尚，孝悌忠信、礼义廉耻的荣辱观念等"；三是中华人文精神，包括"求同存异、和而不同的处世方法，文以载道、以文化人的教化思想，形神兼备、情景交融的美学追求，俭约自守、中和泰和的生活理念等"②。其中的内容十分丰富深刻，是国家形象构建的内容表达必须把握的思想引领。联系到当今的现实语境，中国精神又被赋予了更加体现新时代特征的内容表达，例如以爱国主义为核心的民族精神和以改革创新为核心的时代精神，又如坚定道路自信、理论自信、制度自信、文化自信所体现出的中国精神和中国力量等。可以说，弘扬中国精神是当代文艺构建国家形象的核心要旨，需要通过结合文艺门类特点的艺术化表达积极探索有效传播中国精神的内涵表达。对此，张江指出："'弘扬中国精神'，是新时代文艺的主题。中国精神深深熔铸于我们的民族意识、民族品格、民族气质之中，熔铸于我们的民族生命力、凝聚力、创造力之中，是锻造中国力量的思想之基、情感之源、信念之本，是中国文艺的灵魂。"③

第四节　国家形象构建的受众接受机理

国家形象构建的最终实现，需要延伸到接受方对形象传播的接受状态来评估其成效如何，其中也存在着深层的接受机理问题。这就恰似接受美学或读者

① 蒙象飞：《中国国家形象建构中文化符号的运用与传播》，上海：上海外国语大学博士学位论文，2014 年，第 76 页。
②《关于实施中华优秀传统文化传承发展工程的意见》，《人民日报》2017 年 1 月 26 日。
③ 张江：《开辟新时代文艺之路》，《人民日报》2017 年 10 月 20 日。

反应理论的倡导者所主张的，文学活动的最终完成需要延伸到读者的接受状态。只是文艺中国家形象构建的接受方本身还存在着内外之别，存在着是否需要跨文化传播的差异性。从形象塑造的对内功能来说，面对的是本土受众，是在拥有共同文化背景和民族特性的人群中构建国家形象，共同的文化身份和国家认同使得其接受预期要明显高于域外公众。因此，我们在本节中重点探索跨文化传播中的形象构建所存在的接受机理问题。

一、交互主体性中的"传受"关系机理

我们在本书"理论篇"第四章中已经从形象构建的主体性和主体间性的关系角度，分析了国家形象构建的双重主体性关系，这构成了形象构建的交互性，是"自我形象"构建与"他者形象"构建的相互映照。由此可知，域外公众作为形象传播的接受者并非被动的个体，而是同样具有主体选择性的形象构建者。在这种"传播"与"接受"行为所构成的"传受"关系中，存在着诸多的制约性因素，例如传播者方面存在的价值立场选择问题、形象构建的内涵表达及形式表征问题、如何尝试用世界语言讲述中国故事等，其中最为关键的就是如何克服"自我东方化"的文化自卑心理，确立中国本位的文化自信，避免一味迎合域外的中国想象和中国言说。又如接受者方面存在的固有印象和意识形态立场、或友好或冷漠或敌视的主观态度，以及由此而形成的艺术接受中的期待视野，都会对"传受"的效果产生影响。这在西方看待东方的既有话语权力机制中有着根深蒂固的影响力。"作为一种权力话语机制，从异国情调、美丽风景、难忘记忆和非凡经历等显性叙述，到怪异、专制、纵欲、非理性等隐性象征，'东方主义'（Orientalism）在'东方化东方'（Orientalizing the Orient）这一过程中，自始至终起着控制作用。"[1] 这必然为域外公众（特别是西方公众）带来不同程度的影响，会制约其进行形象接受和形象构建。

在这个复杂的关系机制中，我们的形象构建实践究竟该如何有所作为？首先是要坚定构建主体的文化自信，确立跨文化交流中的主体立场，立足不同文

---

[1] 王汝良:《"东方": East or Orient》,《中国社会科学报》2018 年 9 月 4 日。

明（包括文艺）的平等对话、交流互鉴来构建开放多元的中国形象。其次是要努力破除西方文化中心论、西方文化优越论的习惯性思维，积极展现有别于西方的中华文化特性和审美特质，真正彰显中国精神和中国艺术的独特风貌。最后是要积极寻求跨文化传播中的"文化通性"，以及文化融合中的"可通约性"，尽力缩小中国的自我形象与他者形象之间的差异，进而在积极互动中构建起中国形象塑造的交互主体性，力求传播者与接受者之间构成和而不同的文化共同体。这是需要在实践中逐步深化的形象构建立场和策略。

二、形象接受中的"误读"性构建机理

"误读"（Misreading）是跨文化传播中普遍存在的现象，也是对艺术传达与艺术接受之间存在的理解差异乃至悖反现象的概括。"有一千个读者，就有一千个哈姆雷特"之说，就是对读者接受中的理解差异的生动表达。在国家形象传播和接受的过程中，误读也是屡屡发生的，"在跨文化传播中，误读现象非常普遍，不同的意识形态、相异的文化背景以及不同的思维方式都是造成文化误读的重要原因"①。有学者把"误读"看作跨文化传播中接受方的"文化过滤"的结果："从西方的文化视野来看待中国形象，是一种文化对另一种文化的体察和认识，是异质的文化交流。但在吸收、借鉴异质文化，同异质文化进行交流时，总要在自身文化最本质的特征过滤下进行。"接受方自身民族文化的独特性构成了一种"文化屏障"，"也是异质文化交流中对他者文化阐释误解的内在因素"，"文化屏障使得文化交流和对异国形象的误读不可分割"②。

可以引为教训的一个典型例证是中国1993年第一次申请举办2000年夏季奥运会时提交国际奥委会全体会议做申奥陈述的宣传片，片中有一个北京老人晨练时提着鸟笼遛鸟的场景。创意的初衷是表现北京的安乐祥和，以及老人幸福的晚年生活。但是面对具有不同文化背景和生态观念的奥委会成员和国际媒体，这一场景被误读为对鸟儿的摧残，限制了鸟儿的自由，因此产生了负面的宣传效果。这是一个典型的传播初衷与接受效果相悖的"误读"案例，也启示

---

① 蒙象飞：《中国国家形象建构中文化符号的运用与传播》，上海：上海外国语大学博士学位论文，2014年，第59页。
② 姜智芹：《西镜东像——姜智芹教授讲中西文学形象学》，北京：中央编译出版社，2014年，第15页。

我们，要重视在文艺的跨文化传播中存在的创作语境与受众的主体认知之间的复杂缠绕关系。类似的例证还可以在中国当代文学作品的海外传播实践中发现。姜智芹曾经介绍作家王安忆获得茅盾文学奖的优秀长篇小说《长恨歌》的海外译介经历。

> 王安忆的《长恨歌》虽然最终以忠实的译名 *The Song of Everlasting Sorrow* 之名出版，但出版社最初主张把书名改成《上海小姐》，理由是有这样一个书名做噱头好卖。只是由于译者白睿文（Michael Berry）一再坚持忠实于原名的翻译，才最终使《长恨歌》的英文版在美国非营利性的哥伦比亚大学出版社出版，不过仍加上了一个副标题："一部关于上海的小说"（*A Novel of Shanghai*）。上海是西方人熟悉的意象，也是放荡不羁的想象力的释放地，而"上海小姐"更令人联想到东方主义与东方情调，其中的意识形态蕴涵不言而喻。①

显然，作为文艺的跨文化传播的"把关人"——域外出版社，先要进行文化过滤，要基于销售前景和读者接受度做综合考量，其中就有《长恨歌》作为反映上海弄堂文化的中国作品与美国读者的阅读兴趣如何实现对接的策略选择，其中也包含着对作品意蕴理解上的选择性偏差。

形象接受中的误读还发生在反向的"传受"关系中。例如曾长期在中国生活、具有双重文化背景的美国作家赛珍珠创作的长篇小说《大地》三部曲是真实反映 20 世纪上半叶中国农村社会状况和中国人生活的著名作品，对纠正以往英美作品对中国人形象加以丑化的定型化描写具有积极作用，在美国广受好评。作者赛珍珠还因此获得了诺贝尔文学奖。根据该小说改编的同名电影于 1937 年上映，同样受到热捧，赢得了很高票房，累计观影人数达到 4 250 万人②，还获得了 5 项奥斯卡金像奖提名。应当说，《大地》从小说到电影都比较正面地展现了中国形象和中国人形象，美国评论家认为，该片"在美国大众文

---

① 姜智芹：《西镜东像——姜智芹教授讲中西文学形象学》，北京：中央编译出版社，2014 年，第 182 页。

② 参见姜智芹《西镜东像——姜智芹教授讲中西文学形象学》，北京：中央编译出版社，2014 年，第 106~107 页。

化建构亚洲形象方面向前迈进了一大步。电影把目光聚焦到一般的中国人身上，展现了普通的男人和女人如何在困境中奋斗的故事。影片没有追逐东方情调，刻画中国人的难以捉摸，而是把我们带到一个交织着奋斗与雄心的普通人类世界"。还有论者评论说，米高梅第一次以严肃的态度"在好莱坞电影中描绘了一个真实的中国，体现了对待中国问题的全新视角"[①]。但是无论《大地》的小说还是影片，被译介到中国来都遭到冷遇，都没有产生如同在美国及其他域外国家那样的积极反响。虽然有评论者肯定赛珍珠的中国书写有别于此前的完全丑化的中国书写，是对中国的比较真实的书写，但是仍然对作品未能反映出变化发展的、处于革命进程中的中国感到失望。也有学者认为赛珍珠向西方世界进一步揭露了中国的落后和贫穷，其笔下的中国形象与现在的中国现状也不尽相同，指出赛珍珠并没有表现出中国现代革命下的种种激荡与变化。评论家胡风在《〈大地〉里的中国》一文中认为赛珍珠对中国的了解只是没有像其他西方人那样狭隘，开明的宗教态度让赛珍珠在看待中国社会时有了更多的同情和关注，他指出："因为作者只是一个比较开明的基督教徒这个主观观点上的限制，她并没有懂得中国农村以至中国社会。"[②] 而鲁迅也认为赛珍珠对中国人的描写浮于表面，鲁迅的巨大影响力至今仍影响着赛珍珠在中国的接受。他对影片《大地》的评论也有许多保留，例如认为该片"乏味、陈腐"，男主角笑得太夸张，女主角的表演尚可，但不时"令人困惑"。[③] 这种同时代的接受反应体现出创作初衷与接受认知之间存在的明显差异，也说明了跨文化的国家形象塑造体现在接受方的复杂性。

在文学理论和文学批评中，对"误读"现象也有着基于读者接受的主体性的积极判断，甚至认为它是一种创造性阅读。例如美国文学批评家哈罗德·布鲁姆就认为误读是一种"创造性的校正"[④]。法国学者埃斯卡皮在《文学社会学》（1987）中强调，误读在某种意义上是"创造性的背叛"。读者基于自身文化背

---

① 转引自姜智芹《西镜东像——姜智芹教授讲中西文学形象学》，北京：中央编译出版社，2014 年，第 107 页。
② 胡风：《〈大地〉里的中国》，见郭英剑编《赛珍珠评论集》，桂林：漓江出版社，1999 年，第 96 页。
③ 姜智芹：《西镜东像——姜智芹教授讲中西文学形象学》，北京：中央编译出版社，2014 年，第 107 页。
④ ［美］哈罗德·布鲁姆：《影响的焦虑》，徐文博译，北京：生活·读书·新知三联书店，1989 年，第 31 页。

景、欣赏水平和期待视野，对作品的理解完全有可能超越或者违背作者的主观意图，从作品中获得更加丰富的审美体验，或者对其中的某些意蕴有独特的发现。这恰恰是文学活动的复杂性和丰富性之所在，其中蕴含着读者接受的审美规律。从文艺塑造国家形象所追求的效果来说，也应当重视接受方的"误读"所产生的复杂效应，充分评估产生误读的可能性及其方位，善于因势利导，发挥误读的正向接受效应。我们可以尝试从两个方面来应对这种误读性的形象接受机理。第一，针对形象接受中的文化过滤机制，积极寻求创作的历史语境与接受的主体认知之间的契合度，力求"传受"的双方在相近的历史视域和价值基点上形成对国家形象的主体构建，在此基础上接受方的多元视角和期待视野可能产生更加丰富的形象认知，甚至获得超越创作初衷的形象感知。第二，针对形象接受中的文化隔膜，积极寻求扩大异域生活呈现中的"共同经验范围"①。要用域外公众熟悉的艺术语言和表现方式承载具有中华文化特质的表现内容，并且在文学书写和影像呈现中力求唤起接受方的认知兴趣和情感体验，引领接受方超越对异国风情的表面性观察，进而深入中华文化和民族特性、民族精神的层面去理解，获得想象性的共同经验。这恰恰是所谓"用世界语言讲述中国故事"的内在真谛。

三、两个案例中的接受机理分析

我们还可以从两个具有广泛影响的案例——《舌尖上的中国》和中国国家形象片《人物篇》的海外反响的对比中分析其受众的接受度得失，从中深化对形象构建的接受机理的认识。

《舌尖上的中国》系列纪录片是以影像形态构建中国形象的成功实践，其对内和对外的形象构建功能都得到很好的发挥。该片对内吸引了不同年龄段的观众回到电视机前，感受中华饮食文化的博大精深，甚至宣称不看电视的网络"原住民"也对该片产生了兴趣。该片让更多的国人理解了美食背后的文化蕴

---

① "共同经验范围"之说是国际传播领域的用语，由"传播学之父"、美国学者威尔伯·施拉姆提出，指的是传播者与接受者所具有的共同语言、共同经历和共同感兴趣的问题。一般认为，"共同经验范围"越大，双方引起共鸣的程度越高。

涵，从而对民族文化传统和内在精神有了鲜活生动的体悟。该片在域外的传播也产生了积极的反响：一方面是唤起了华侨华人对祖国、对故乡的深切回忆，让他们在对故乡美食的追怀中，由味蕾体味到情感皈依，增强了他们的文化身份认同；另一方面是引起了外国民众对原汁原味的中华美食的浓厚兴趣，使他们通过美食制作的视觉体验，更多地了解了中国文化特质和中国人的日常生活，这对于增进异质文化的相互理解和融合具有积极作用。"舌尖上的中国"的海外传播为多方面中国形象的构建提供了感性的、易于接受的认知基础。分析域外公众对该片的接受机理，我们可以发现如下几点：一是中国美食作为中华文化的代表性符号，在海外广为人知，形成了对该片接受的良好心理基础；二是以美食为载体所承载的中华文化在跨文化传播中明显弱化了其中的意识形态属性，有利于通过接受方的"文化过滤"，减少因为意识形态的隔阂而造成的拒斥心理，便于具有不同文化背景和价值观念的受众在关注中产生兴趣；三是对美食的体验具有人类共同性，中华美食文化的艺术化呈现可以唤起域外受众的"共同经验范围"，由对影像的观察延伸到想象性的味觉体验，从而激发域外受众对中华文化的浓厚兴趣；四是该片通过对美食制作工艺的生动叙事多方面展现中国文化的丰富底蕴，千差万别的饮食习惯和独特的味觉审美，让接受者从感官的审美体验逐渐深入对中国文化特质和充满生存智慧的东方生活价值的认知，这样有利于建立对异质文化的理解和认同。这些方面为我们认识形象构建的接受机理提供了必要的启示。

中国国家形象宣传片是由国务院新闻办组织制作的，具有明显的官方背景和国家意志显现，也是中国第一次自觉地、主动地面向世界展示当今的国家形象，是值得关注和总结的形象构建实践。该片由时长60秒的《人物篇》和15分钟的《角度篇》组成。前者用于公共媒体的推介，在美国纽约时报广场的大型显示屏播放，从2011年1月17日至2月14日，每小时播放15次，每天24小时不间断播放，之后还在美国主流媒体CNN的各个频道播出，引起了各方的广泛关注。后者只是供中国驻外使馆举办大型活动时展示，影响面相对较小。所以我们主要就《人物篇》做分析。该片以人物群像展示的方式来呈现中国形象，在60秒中推出了59位各界精英人士，涉及科技、文艺、体育、教育、金融、智库、时尚、企业等领域，力图展示"令人惊艳的中国美"（Stunning Chinese Beauty）。开场以中国舞蹈演员、著名影星、时尚名模展示"中国式美丽"，然后引出各界人士群像。"一张张自信微笑的中国面孔，没有台词，只是在镜头前，向全世界展示立体式的中国，展示中国人的智慧、美丽、勇敢、才能、财富以及淡定和自信。"[①] 另有论者做出阐释："整个短片以数十个行业的精英形象，用他们的'笑脸'来抓住人的情感。运用这个无国界的视觉符号来体现中国人的精神状态，构筑本国民众的亲善性；在 60 秒的时间内，不断地切换镜头，把微笑传递给每一位受众，向他们发出友好的信息，描绘出当代中国人大气、自信的精神面貌与热情好客的形象。"[②] 这一富有美感的创意当然有较强的观赏性，有一定的视觉冲击力。但是作为国家形象片，其传播效果未能达到预期，在国内民众和海外公众中有明显的质疑和批评。国内学者和公众的质疑主要集中在该片的精英意识，认为该片只是聚焦于精英阶层，而没有呈现普通的中国人的风貌，缺乏人文关怀，无法对受众产生巨大影响。[③] "受众们普遍认为影片充满了精英意识，这不能很好地反映国家形象，不具有代表性。影片应该将镜头对准普通民众，记录他们的生活和情感，普通人的普通生活才能真正代表中国形象。"[④] 在海外公众的接受体验中，问题更加突出，众多精英微笑希望展示的美丽、自信、友善、淡定被误读为"保守""呆板""矜持""自负"的负面形象[⑤]，并且这些精英人士中为外国人了解的可能只有姚明、刘翔、丁俊晖等几个面孔。众多陌生面孔的出现给美国人带来了担忧和不快。美国有线电视新闻网 CNN 的评论员说，这些形象代言人令美国人对中国人"更多的

---

① 蒙象飞：《中国国家形象建构中文化符号的运用与传播》，上海：上海外国语大学博士学位论文，2014 年，第 64 页。

② 闫静静：《跨文化语境下国家形象输出研究——以两部国家形象片为例》，西安：陕西师范大学硕士学位论文，2012 年，第 11 页。

③ 有关国内受众对该片的评论和调查统计，详见闫静静《跨文化语境下国家形象输出研究——以两部国家形象片为例》，陕西师范大学硕士学位论文，2012 年，第 3 章。

④ 闫静静：《跨文化语境下国家形象输出研究——以两部国家形象片为例》，西安：陕西师范大学硕士学位论文，2012 年，第 29 页。

⑤ 参见宁海林、吴国华《视觉表征 ACTE 模式视域中的〈国家形象宣传片——人物篇〉》，《新闻与传播研究》2011 年第 4 期。

是恐惧，而不是友谊"①。福布斯的评论员也认为，美国观察者仍然会带着固有的刻板成见来看待这些广告，甚至做出一些苛刻的评论。②针对这些问题，有论者指出，"国家形象宣传片应该去精英化，建构平民话语，展示普通人的面貌，普通人虽然很普通，但很中国"，"仅用60秒59张精英人物脸谱代表中国国家形象，而忽视了中国人的人物脸谱，成为这部宣传片最大的缺陷"③。这些问题进一步说明，国家形象的艺术化构建必须研究受众的接受心理，要积极寻求主体创意与受众体验的有效契合，在尊重受众的接受机理中达成形象构建效果。

---

① 何平华：《论传播语境、价值取向与国家影像的符号表达——兼谈"国家形象公关时代"的对外传播策略》，《新闻记者》2011年第8期。

② 参见何平华《论传播语境、价值取向与国家影像的符号表达——兼谈"国家形象公关时代"的对外传播策略》，《新闻记者》2011年第8期。

③ 刘瑜、吴国娟：《从〈中国国家形象片〉看我国对外宣传的弊端与策略》，《新闻世界》2011年第8期。

文学篇

第七章　中国当代文学的国家形象构建概观

中国当代文学与共和国一起走过了七十余年的风雨征程，以文学的方式记录和呈现了当代中国发展所经历的复杂历程及国人的心路历程。特别是改革开放以来，它以独特的审美方式生动展现了中华民族摆脱积贫积弱的历史窘境，实现国家富强、民族振兴的时代画卷。在新的时代语境下回顾过往，可以看出，中国当代文学对国家形象的呈现取得了可喜的成绩，尤其是历届"茅盾文学奖"获奖作品及近十年中国作家协会实施的"作家定点深入生活项目"，都体现出中国当代文学对国家形象的构建已经有了一定的自觉意识。中国当代文学随时代脉动而不断创新与发展，以文学特有的使命与担当塑造出统一又多样的中国形象。其中的历史经验值得深入总结，而存在的突出问题也需要认真反思，从而明确未来的文学实践在国家形象塑造方面如何遵循审美规律，构建新时代的中国形象。

第一节　当代文学实践中的国家形象呈现

1949 年 7 月，中华全国文学艺术工作者第一次代表大会（简称"第一次文代会"）召开，茅盾的报告《在反动派压迫下斗争和发展的革命文艺——十年来国统区革命文艺运动报告提纲》高屋建瓴地总结了国统区革命文艺运动发展的历史脉络，周扬的报告《新的人民的文艺》则高瞻远瞩地勾勒了革命文艺发展的宏伟蓝图。这是一个"伟大的开始"，来自国统区、解放区的新老文艺工作者实现了艺术上的交流融合。"第一次文代会"以毛泽东《在延安文艺座谈会上的讲话》为指导，用体制化的形式完成了作家、艺术家的整体转型，明确了革命文艺的指导思想、组织规范和历史使命，使革命文艺真正有效地成为社会主义建设事业的齿轮和螺丝钉。七十年来，风雨兼程，沧桑巨变，包括革命文学在内的中国当代文学在实践中创作了一批经典，也向世界呈现了新中国多姿多彩的整体形象。2009 年陈晓明以《壮怀激烈：当代文学 60 年》为题，从"开创与清除：新中国文学的披荆之路；恢复与变革：新时期的文学；转型与多元：后新时期之后的文学流向"三个维度对当代文学做了一次巡礼。[①] 中国作家协会原副主席、评论家张炯则在《新三十年文学的超越性》中比较了三个三十年，在此基础上对新时期文学进行了总结："我以为，近三十年文学发展的超越性至少表现在如下几个方面：第一，思想多元冲撞中，与时俱进的当代马克思主义成为创作思想的主导。第二，艺术方法多样展现中，开放的现实主义成为文学创作的主流。第三，题材多方开拓中，历史题材广被作家所重视和青睐。第四，文学形式不断创新中，长篇小说的繁荣成为文学发展的重镇。"[②] 作为文学发展重镇的长篇小说成为塑造中国形象的主要文学载体。虽然新中国成立的前 60 年间，当代文学并没有明确提出国家形象塑造的观念，但具体的文学实践还是在这方面取得了国家形象构建的明显成效。概括地说，当代文学塑造的国家形象主要有如下五种类型。

第一，开放形象。改革开放是新中国历史的重要转折点，标志着中国走向世界舞台，开放的中国也成为新时期以来中国当代文学呈现国家形象的重要内容。这种开放形象主要体现在两个方面：一方面是展现逐步深化的体制改革。改革是开放的前提与基础，中国的开放程度随着改革的全面展开而不断提高。

---

① 参见陈晓明《壮怀激烈：当代文学 60 年》，《文艺争鸣》2009 年第 7 期。
② 张炯：《新三十年文学的超越性》，《文艺争鸣》2008 年第 12 期。

这方面的文学作品如张宏森《车间主任》展现了北方重型机械厂的改革历程，吕雷、赵洪长篇报告文学《国运——南方记事》描绘了改革开放伟大的历史进程。另一方面是表现中国农村与城市的巨变。以农村与城市为视点展现了充满活力、和谐稳定的中国社会形象。孙力、余小惠《都市风流》表现了城市的改革；何建明长篇纪实文学《江边中国》全景式记录了江苏永联村这个长江滩涂上的贫穷村落的发展历程，展现了"一个村的'中国梦'"。可以说，中国的开放形象成为最具国际认同感的国家形象特质。

第二，民族形象。为抵御全球化带来的文化"趋同"、民族性消解等风险，弘扬民族精神、展现地方性成为文学构建国家形象新的立足点，地域文学、少数民族文学在呈现民族形象方面成就突出。民族形象既是指称中华民族共同体的历史与现实形象，也包含当代文学中各少数民族形象的生动展示。如河南文学的"中原突破"、陕西文学的"陕军东征"、河北文学的"三驾马车"、江苏的"苏派文学""里下河文学"等文学现象，作为"地域文学"的代表，构成了一道独特的文学风景线。中国是一个统一的多民族国家，各民族在历史进程中形成了相似而又独具本民族特色的发展轨迹，呈现出神采各异的民族风情。扎西达娃《西藏，隐秘岁月》、张承志《心灵史》、阿来《尘埃落定》、迟子建《额尔古纳河右岸》等文学作品，分别从不同的侧面展现了多个民族独特的艺术形象。

第三，世俗形象。20世纪90年代以来，在市场经济深入发展、经济日趋活跃繁荣的时代背景下，人们关注的焦点转向了个人，下移到了世俗而琐细的生活情境。在消费主义、后现代主义影响下，中国文学开始重视对日常生活和寻常人物的非典型化书写，呈现出一种特定时代下的世俗形象。以新写实主义小说为例，在市场化的文学时代，作家将社会化叙事转向私人化写作，崇尚零度叙事，消解了精英与平民的差异，拒绝崇高，回避理想，表现出中国社会转型期特有的叙事美学与生活哲学，展现出一幅独特的世俗形象。如刘震云《一地鸡毛》以"小林家的豆腐馊了"为开场白，奠定了叙事基调。寻常的人物、寻常的风景、寻常的吃喝拉撒琐屑叙事，演绎了寻常人家的喜怒哀乐和悲欢离合。又如池莉《太阳出世》、刘恒《贫嘴张大民的幸福生活》等作品，注重表现平常人家的琐碎生活和普通人的人生际遇，为世人呈现了活在当下的中国人的生存现实。

第四，文化形象。随着文化软实力在国际竞争中的地位日益凸显，中国经济崛起与文化发展的相对失衡给人们带来了焦虑。中华文化的伟大复兴、建设文化强国成为国人新的文化理想，文化事业强、文化产业强、文化的影响力和凝聚力强成为建设文化强国的具体目标。文学作为文化的重要组成部分，本身就肩负着传播中华文化、呈现国家文化形象的重要使命。回顾当代文学对中国文化形象的呈现，可以看出这种努力是一以贯之的。比如霍达《穆斯林的葬礼》对玉文化的描写，王安忆《长恨歌》对上海弄堂文化的展现，王旭烽《茶人三部曲》对茶文化的展示等，这些作品都以文学特有的形式展示了独具中华民族特色的文化。而在文化大发展大繁荣的时代背景下，时代又强化了中国文学呈现国家文化形象的使命，促使当下文学深入思考如何呈现古老、多彩、现代的中华文化形象的问题。

第五，美丽中国形象。新的时代语境下，文学对国家形象的呈现又出现新的内容，即努力呈现美丽中国形象。当前环境问题日益突出，人们对生态问题愈发关注，长期以来学界对生态美学的倡导与研究也成为文学呈现美丽中国形象的理论先导。这里的美丽中国形象是指中华民族在伟大复兴的征程中所展现出的优美、宜居、独特的中国生态形象。美丽中国作为中国梦的重要组成部分，与经济建设、政治建设、文化建设、社会建设一起构成"五位一体"的总体布局。中国文学勇于承担时代的责任，为世界呈现一幅在保持经济快速增长的同时，注重环境保护的中国生态形象。如裔兆宏长篇报告文学《美丽中国样本》，记录了南水北调工程在生态保护方面的贡献。又如大型电视纪录片《美丽中国》，向世界展示了中国生态的独特魅力。这些创作实践都为美丽中国形象的呈现发挥了积极作用。

我们还可以进一步从横向的空间主题来梳理当代文艺塑造的国家形象，主要有如下三种类型所构成的形象序列。

第一，勤劳、质朴、勇敢的中国人形象。鲁迅在《中国人失掉自信力了吗？》一文中说道："我们从古以来，就有埋头苦干的人，有拼命硬干的人，有为民请命的人，有舍身求法的人"①。这些人是民族的脊梁，是公平正义的化身，是推进社会历史进步的中坚力量。在当代中国，这些脊梁又有具体的指称。一是气势如虹的革命英雄及当代军人形象。以《林海雪原》中的杨子荣、《董存瑞》中的董存瑞、《上甘岭》中的王成、《平原游击队》中的李向阳、《历史的天空》中的姜大牙、《亮剑》中的李云龙、《激情燃烧的岁月》中的石光荣等为代表。上述作品以恢宏的场面、雄壮的气势，强有力地塑造了国家主体文化形象，书写着人民军队听党指挥、服务人民、英勇善战的光荣传统。二是鞠躬尽瘁的人民公仆形象。以《焦裕禄》中的焦裕禄、《任长霞》中的任长霞、《第一书记》中的沈浩、《生死牛玉儒》中的牛玉儒等为代表。在他们的词典里，老百姓的事情比天大，他们始终把人民群众的利益放在第一位，倾尽心血而至死无悔。三是默默奉献的普通劳动者形象。以《人到中年》中的陆文婷、《江北好人》中的张维扬、《那山那人那狗》中的老邮递员等为代表。平凡的人物，平凡的岗位，他们以自己的坚毅和努力默默奉献，用爱传递人间真情。四是勇立潮头的改革先驱形象。以《乔厂长上任记》中的乔光朴、《新星》中的李向南、《命运》中的宋梓南等为代表。他们敢于解放思想，勇于打破陈规，不畏艰险，不避困难，在改革开放的道路上积极探索，昂首向前。

第二，古老、多彩、现代的中华文明形象。文化是文明的外在形式。华夏文明源远流长，中华文化积淀丰厚，历经风雨而光华璀璨，在当代文学中得到充分展现。一是博大精深的古典文化。2005 年，英国坎农格特出版公司发起全球首个跨国出版合作项目——"重述神话"，要求入选作家以本国神话故事为原型，融入个人创作风格，重塑影响世界文明进程的神话经典。中国作家苏童的《碧奴》和叶兆言的《后羿》成功入选，这是传播中华文明、积极融入世界的成功尝试和典型个案。此外，由文学延伸至影视，《孔子》《商鞅》《秦始皇》《汉武大帝》《贞观长歌》《雍正王朝》等影视剧对展示古典文化、再现历史盛况也大有裨益。二是熠熠生辉的类型艺术。《穆斯林的葬礼》对玉文化的钟情、《大宅门》对中药文化的发掘、《梅兰芳》对京剧艺术的展现等，令人产生对中

① 鲁迅：《中国人失掉自信力了吗？》，见《鲁迅全集》第 6 卷，北京：人民文学出版社，2005 年，第 122 页。

华传统文化的深刻认同和情感皈依。三是梦幻神奇的少数民族文化。《格萨尔王》是藏族人的民族史诗，《黑骏马》是蒙古族人的精神图腾，《额尔古纳河右岸》是鄂温克人原始狩猎文化的挽歌，这些作品和汉族文艺一起谱写了中华文明的五彩华章。

第三，发展、开放、和谐的中国社会形象。1936年，埃德加·斯诺在编选小说集《活的中国》时说道："到处都沸腾着那种健康的骚动，孕育着强有力的、富有意义的萌芽。它将使亚洲东部的经济、政治、文化的面貌大为改观。在中国这个广大的竞技场上，有的是冲突、对比和重新估价。今天，生活的浪涛正在汹涌澎湃。这里的变革所创造的气氛使大地空前肥沃。在伟大的母胎里，新的生命在蠕动。"① 这种形象描述从某种程度上说也是当下中国的真实写照。一是热火朝天的新农村建设。电视剧《八百里洞庭我的家》以湖南省洞庭湖区退田还湖、移民建镇等历史事件为背景，以改革开放的新农村为舞台，以新农民、新青年为叙事主体，讲述了一群农村青年立足洞庭湖区建设社会主义新农村的故事。二是稳步推进的经济体制改革。柳建伟《英雄时代》将叙事语境置于国企改革、发展民营经济和政府转变执政理念等一系列政策实施的背景下，用宏观视角广阔地再现了中国在向社会主义市场经济体制转型过程中的艰难历程和历史必然趋势。三是日新月异的城市化进程。报告文学《珠江故事：东方的觉醒》，聚焦深圳经济特区的发展变化，讲述了珠三角人民用自己的智慧和汗水把40年前的一个小渔村变成当代国际大都市、创造富裕美好新生活的光辉历程，使人深切体会到了改革开放给当代中国带来的深刻变化，呈现了当今中国的勃勃生机。

当代文学实践的多元化趋势，使得国家形象塑造的实际情况十分复杂，且交叉和复合现象很普遍。以上划分是就总体情况来讲的，难免有挂一漏万之憾。我们注意到，也有论者从语言形象、表征形象、神话形象、家族形象和市民形象这五个方面的要素来分析新时期以来文学新潮中的中国形象构建②，体现了其观察角度和素材选择的独特性。在以往的研究中，我们还以"政治的中国

① [美]埃德加·斯诺：《活的中国——现代中国短篇小说选·序》，文洁若译，长沙：湖南人民出版社，1983年，第2页。
② 参见王一川《中国形象诗学——1985至1995年文学新潮阐释》，上海：上海三联书店，1998年，第31页。

形象""审美的中国形象""先锋的中国形象""世俗的中国形象""娱乐的中国形象",按照时间先后分类描述当代文学所构建的复杂多样的中国形象。[①]

第二节　当代文学实践构建中国形象的审美规律

中国当代文学在国家形象构建方面已经取得了显著的成绩,其中富有文学性的长篇小说发挥了更为突出的作用。对这些作品呈现国家形象的成就进行回顾,可以从更深的层面把握中国文学呈现国家形象的内在审美规律,或者称之为审美"共性"。以长篇小说为例,我们认为这种审美规律可以概括为以下三个"统一"。

第一,史诗情结与社会生活史、民族心灵史呈现方式的统一。国家形象的构建是以社会生活史和民族心灵史的方式呈现国家形象多元而又整体的样态的,着重塑造中华民族在社会物质生活发展史、民族精神世界变迁史中的多元形象,表现中华民族伟大复兴征程中的人、物、事。回顾中国当代文学的发展历程可以看出,中国作家的史诗情结贯穿于整个当代文学。虽然 20 世纪 90 年代以来,文学已经从"共名"走向"无名","宏大叙事"亦被诟病,然而"史诗性"依然被看作评价中国当代长篇小说的最高标准,评论家亦不吝惜用"史诗"来评价优秀的长篇小说。如雷达评论路遥《平凡的世界》是"史与诗的恢弘画卷",陶然评价阿来《尘埃落定》是"西藏的史诗",陈忠实《白鹿原》也被称为"民族秘史"等。在史诗情结的影响下,中国作家的创作尤爱"大部头",力争"全景式"。从国家形象构建研究领域看,史诗所具有的客观性与整体性的内在特质、崇高与宏伟的美学风格、民族性与人类性相融通的思想内涵都与国家形象社会生活史和民族心灵史的呈现方式实现了遇合,成为"讲好中国故事"的重要手段。可以说,作家的史诗情结成为中国当代文学呈现国家形象的一种审美共性。

---

① 参见徐放鸣等《中国形象的艺术呈现研究》,南京:江苏人民出版社,2014 年,第 104~105 页。

第二，英雄情结与国家形象构建主体性特征的统一。具体到中国国家形象构建的主体性特征，是指国家形象的呈现需要富有责任意识的创作主体积极主动地参与到国家形象的构建中来，以蕴含正能量的国家形象为表现内容，用作品影响本国国民对"自我形象"的认知，发挥对国民的启迪、凝聚、提升的作用，以实现文学艺术所特有的审美教育功能；同时积极影响他国读者对"他者形象"的构建，从而努力修复被误读、歪曲、妖魔化的中国形象。中国知识分子由来已久的家国情怀和社会责任感，反映在当代文学创作中则表征为英雄情结，英雄形象的塑造亦被当前的主流作家钟爱。时代需要英雄，人民也需要英雄，虽然近些年由于人们对"高大全""假大空"式英雄的厌弃，文学创作领域出现了非英雄化倾向，然而在中国当代文学的长廊中，英雄形象依然是读者心中最为深刻的形象记忆，如《历史的天空》中的革命英雄，《乔厂长上任记》《燕赵悲歌》中的改革英雄，《抉择》《至高利益》中的反腐英雄，《亮剑》中的另类英雄等。英雄所具有的价值尺度与人格精神，一定程度上被看作时代精神的化身，具有超越性的品格，对国民有着引领、激励与启迪的作用。英雄也是展示时代风云、历史变迁，为世界呈现新时期开放多元的中国形象的重要载体，因而在英雄情结的影响下，作家以时代精神与主流价值为叙事起点，达到与国家形象构建主体性相一致的审美效果。

第三，现实主义情结、人性深度与国家形象构建主体间性特点的统一。文学中国家形象的构建不取决于单一的主体性，而是取决于作家与读者双向的主体间性。国家形象构建的主体间性是指在国家形象的构建中要重视接受主体，要以更易于为本国读者与他国读者观众所理解和接受的内容、形式、策略来塑造自己的国家形象，最终形成构建主体与接受主体之间的良性互动关系。如果文学构建的国家形象"叫好不叫座"，接受范围局限于评论家、文学研究者的狭小圈子，这种国家形象的价值显然会大打折扣。现实主义在中国具有悠久传统，虽一度被怀疑与贬低，最终却以独特的文学生命力实现了回归。作家心中也有着深厚的现实主义情结，这种现实主义情结尤其体现在茅盾文学奖获奖作品中。由于现实主义文学特有的反映时代、贴近现实、客观描写等特征，易于被读者认可与理解，促进了国家形象的接受。另外，中国文学一直以来都在深入探讨如何"走出去"的问题,2012 年莫言获得诺贝尔文学奖,此后又有刘慈欣、曹文轩相继获得重要国际文学奖项,成为中国文学"走出去"的重要标志,其作品所富含的人性深度成为赢得国际认可的重要原因,这种人性深度亦如阿来《尘埃落定》中的寓言性色彩。从国家形象传播的角度看,中国当代作家所追求的这种人性深度具有"世界性"品格,成为与"他者"文化进行沟通的重要方式。中国当代文学就是以这种现实主义、人性深度与国家形象构建的主体间性特征实现了统一。

第三节　当代文学实践中国家形象塑造的困境

回顾中国当代文学中的国家形象构建问题,在总结成果和把握审美规律的同时,我们要正视存在的明显不足,分析存在的形象塑造困境,从而为今后文学中的国家形象塑造实践带来启发与促进。下面试从五个方面来做分析。

第一,作品潮流化仿写,原创力不足。潮流化仿写主要有三个表现:一是作家自我重复。不少作家缺乏真实生活体验,创作资源枯竭,其长篇小说创作就是几个中短篇小说的拼凑,或者是中篇小说的扩充。二是作家跟风模仿别人。文学和影视改编的选题扎堆,缺乏独特的视角和新鲜的创意,流于跟风模仿,造成过多的题材撞车、创意雷同。举个简单的例子,在《暗算》斩获茅盾文学奖《潜伏》热播之后,谍战小说《风声》《风筝》等及其影视改编作品接踵而来,形成谍战题材热潮,缺乏新的创意。三是作家间相互抄袭。艺术固然需要"互文",应当鼓励相互借鉴学习,但问题是"画虎不成反类犬",参照的水准不高,痕迹过于明显,潮流化仿写背后折射出原创力的不足。原创力像一根红线牵动着文艺的神经,只有真正的原创才能创造艺术的本真价值,只有真正的原创才能转化成艺术发展的不竭动力。原创的魅力在于独辟蹊径的审美呈现,要摒弃类型化、模式化的窠臼,用自己的声音来表现独特的审美个性。当代中国处于经济社会转型期,新成就频频取得,新思想频频闪耀,新问题频频出现,新矛盾频频发生,在变动不居的现实中作家可瞩目的范围很广,可选择的题材很多，可创新的空间很大，尽可以在艺术创作中崭露头角，体现个性。

第二，追求个人化叙事，公共伦理缺失。远离了国家政治的意识形态书写后，当代文学陷入自娱自乐的私语言说，不再追求思想的高度和诗意的建构。一方面是无痛的写作。不少当代作家回避现实的苦难、无视命运的不公、拒绝责任的担当，或对此仅作隔靴搔痒式的泛论，而醉心于风花雪月的描摹、盛世太平的满足和自我情感的吟咏，乘着轻盈的翅膀自由滑翔。诚如法国学者吉尔·利波维茨基在《责任的落寞——新民主时期的无痛伦理观》中所说："人们不但消费着物品和电影，也消费着搬上荧屏的时事，消费着灾难，消费着现时的及已经逝去的事端，被如此制作出来的新闻，应和着个人享乐主义时代的社会节拍，既如同是一些高度写实的、富有情趣的有关社会日常生活的'动画片'，也如同是一出让人喜忧参半的剧目。由此，朴素的责任隐没于毫不停息的新闻里，消散在由后道德主义时代的新闻所制作的场景和悬念中。"[1] 另一方面是炫痛的写作。生命中有不可承受之重，痛感之于人类是无法抹除的集体记忆，因此，书写苦难和苦难书写也成了永恒的文学母题。和"无痛"相比，"炫痛"的虚假更具有隐蔽性，更容易混淆视听，并获得道义上的支持。手持放大镜，打着底层写作的旗号，刻意夸大现实的苦难，目的是制造卖点，制造眼球经济，博得观众廉价的同情。如果说卡夫卡《变形记》之痛是一种客观深邃，陀思妥耶夫斯基《罪与罚》之痛是一种刻骨铭心，那么，炫痛的写作无论在主体精神上，还是在文体、修辞、语体上，均呈现为矫揉造作的轻浮和无病呻吟的虚伪。

第三，审美趣味低俗，追求感官愉悦。曾被激烈批判过的"将文艺当作高兴时的游戏或失意时的消遣"的文学观在当代市场经济和消费主义大潮的裹挟下卷土重来。具体表现为：一是小资情调的泛滥。一段时间以来，我们的文艺话语在很大程度上被小资、白领、"宝贝"们独霸，艳丽唯美的氛围营造、滥情主义的文本叙事、轻松戏谑的语言表达等充斥书市并侵蚀着人们的审美感知。陈晓明指出："消费社会已经把所有的时尚趣味女性化，创造出越来越精细的

---

① ［法］吉尔·利波维茨基：《责任的落寞——新民主时期的无痛伦理观》，倪复生、方仁杰译，北京：中国人民大学出版社，
2007 年，第 69 页。

感知方式，它使一种唯美主义的风格开始蔓延。"① 二是身体写作的肆虐。身体最初是作为哲学美学话语出现的，具有革命性和反叛性，用以对抗工具理性的束缚和极权政治的压迫。而作为文学话语的身体写作，则是剥除了身体和精神层面后的肉体欲望化写作，像卫慧的《蝴蝶的尖叫》，棉棉的《糖》《盐酸情人》等逐渐堕落为赤裸裸的私欲展览和感官愉悦。三是恶搞经典的盛行。近年来，恶搞经典、戏谑历史人物的情况时有发生，英雄形象被丑化、扭曲得惨不忍睹，历史虚无主义得以流行。② 恶搞本来起源于戏拟和反讽，有一定的积极意义，如先锋意识、原生态色彩、全民娱乐精神，但当恶搞衍化为胡搞，违背了道德底线，超出了大众心理承受能力时，就披上了反文化的外衣。

第四，国家形象构建的想象性与现实性失衡。文学中的国家形象构建既是想象性的又是现实性的，并且偏重想象，文学构建国家形象就是需要努力缩短想象与现实之间的差距，以想象性的国家形象生动反映现实的中国。反观当下，部分作品反映现实的深度与广度明显不够，一些作家在文学创作中存在的"闭门造车""技巧优先"等问题无疑拉大了想象与现实之间的距离，无法贴近读者的生活实际，以致作品脱离现实，偏离读者的阅读经验期待视野，使得读者在阅读中产生接受障碍，因而无法实现构建国家形象的对内功能。上文提到的中国作家协会实施的"作家定点深入生活项目"，也反映了当今文学界对这一问题的关注与改进的探索。

第五，国家形象视域下的"形象批评"乏力。我们在关注文学呈现国家形象的创作主体、接受与传播主体的同时，并未忽视文学批评这一要素。文学批评作为文学活动的重要组成部分，具有较为突出的动力与纽带作用，它既推动着文学创作，又影响文学的传播与接受，其作用发挥的程度影响着整个文学活动的实现。目前对文学如何呈现国家形象的批评与研究显然乏力，从国家形象构建的角度开展的"形象诗学"研究亟待加强，迫切需要深化对文学艺术塑造国家形象的内在机理、形象谱系、审美规律、传播特性的研究，形成支撑"形象批评"的理论基础。有鉴于此，文学批评同样需要增强主动塑造国家形象的

---

① 陈晓明：《表意的焦虑：历史祛魅与当代文学变革》，北京：中央编译出版社，2002 年，第 458~459 页。

② 参见徐放鸣、杨森《英雄、形象塑造及其他》，《文艺报》2006 年 9 月 7 日。

自觉意识，努力促进创作与批评两方面构成国家形象塑造的合力，共同探索当代文学有效构建中国形象的创新境界。

上述问题的存在实质上反映出文学界对作品承载的文化和审美功能缺乏深刻认知，还缺乏对文学创作主动塑造中国形象、提升国人的民族精神和人文素养的自觉意识，也反映出文学构建国家形象的能力不足。对此，理论和批评界已经开始做深刻反思，在2010年举办的"百年中国文学与'中国形象'国际学术研讨会"上，刘勇强调："塑造'中国形象'，应具有国家高度、历史站位和世界视野，要展示一个国家传统的力量和文化的力量，也即软实力，这不仅是文化发展问题，也是文学发展问题，其根本还在于文学对于一个国家文化力量和文化形象的塑造与展示。"[1] 这里提到的国家高度、历史站位、世界视野恰恰是中国文学主动塑造中国形象的实践活动必须体现的根本遵循。因此，我们将在"文学篇"的后续章节以获得茅盾文学奖的作品为主要例证，来具体总结分析其中所塑造的中国形象，从对一组例证的文本分析中进一步阐释我们所提炼的文学作品塑造国家形象的审美规律。

---

① 吴秀明主编：《文化转型与百年文学"中国形象"塑造》，杭州：浙江工商大学出版社，2011年，第566页。

第八章　茅盾文学奖获奖作品中的中国形象构建

　　文学的体裁多种多样，其中具有丰富文学性的长篇小说在文学实践中对国家形象构建发挥着重要的作用。以获得茅盾文学奖的长篇小说为视角来研究文学呈现国家形象的问题，具有一定的代表性与典型性。茅盾文学奖由中国作家协会设立，是中国当代文学重要的文学奖，推动着中国长篇小说创作不断繁荣发展，也展现了当代作家在长篇小说领域的创作成就，因此应当成为研究当代文学构建国家形象的重要观察视角。其获奖作品从多角度、多层次塑造出丰富的中国形象，构建出独特的国家形象谱系。通过对茅盾文学奖获奖作品的分析与解读，可以看出中国文学对中国形象的构建已经走向自觉，作家们开始有意识地以文学独有的方式向世界展现多样的中国。

　　茅盾文学奖获奖作品具有独特的审美特质与思想内涵，它致力于民族精神的发掘与重铸，在呈现中华民族伟大复兴征程中的多元形象外，还发挥着积极的价值引领作用，以正面形象荡涤丑恶，有力地维护着国家形象的主体性地位。在欲望化、世俗化的后现代主义语境下，人们的阅读品位日趋多元化，阅读动机日益功利化，文学失去了中心地位而逐渐被边缘化。同时，新时期以来随着政治与文学关系的改变，主旋律作品在当下的消费时代常常面临一种"叫好不叫座"的尴尬境地。"读屏时代"的图像对文学产生了巨大的冲击，文学在接受层面存在较大的问题。思考如何将文学实践所构建的国家形象落到实处，如何获得国内外读者的理解与认同，增强国家形象的传播与接受水平，这是文艺工作者不得不面对的现实问题。值得注意的是，茅盾文学奖获奖作品中的有些作品却可以穿越文学历史的长河，为数代人所钟爱，保有强大的文学生命力。我们尝试以茅盾文学奖的获奖作品整体作为研究对象，通过对茅盾文学奖的审美特质（如史诗情结、英雄主义情结、现实主义情结等）进行分析与阐释，同时联系相关典型文本，可以对获奖作品中的国家形象进行剖析与解读，并且以此为基础进一步厘清文学构建国家形象的特殊性，以及国家形象构建的主体性与主体间性，思考国家形象传播特质与"形象批评"等问题。

第一节　史诗情结与文学构建国家形象的特殊性

考察茅盾文学奖获奖作品中的国家形象构建问题，从中可以得出文学构建的国家形象相较于国际政治学与新闻传播学中的国家形象的特殊性。文学呈现国家形象具有独特优势，具体说，它能够以社会生活史与民族心灵史的方式展现国家形象的内涵特质，表现在茅盾文学奖中则是通过"史诗情结"实现了这种构建。史诗与长篇小说有着密切的关联，从史诗情结入手，能够从形式和内容两个方面较好地体现文学构建国家形象的特殊性。

史诗作为一种重要的文学体裁，反映着特定民族文学的独特风貌。而"史诗性"作为对长篇作品的评价尺度体现着文学的审美理想，成为文学理论中重要的审美范畴。茅盾文学奖的作品评价具有浓厚的史诗情结。虽然对于茅盾文学奖的这一审美倾向，学界的认知和评价并不一致，但是这一情结在"茅盾文学奖美学"中依然固守。具体来说，我们将通过对作为体裁的史诗与作为审美范畴的史诗性的阐释，剖析史诗中吸引作家进行创作的独特美学因子，具体分析史诗情结在茅盾文学奖中的表现，整体梳理茅盾文学奖获奖作品中的国家形象谱系，分析文学构建国家形象的独特优势及特殊性。同时对史诗情结在国家形象构建方面展现的不足给予解读，以期对如何通过文学"讲好中国故事"有所启示。

一、史诗及其审美意蕴

史诗，原本是长篇叙事诗这种古老文学体裁的代称，又称为古典史诗。史诗范畴或称"史诗性"则是在发展过程中逐渐形成的，它起始于长篇叙事诗，后来逐渐演变为审美范畴。史诗性范畴所特有的美学意蕴，使史诗拥有长久的魅力，不断地为时代所用。史诗性从古典史诗这一文学体裁中孕育产生，随后又将古典史诗所具有的美学因子转移到了近现代长篇小说即现代史诗中。

史诗这一概念起源于西方，以《伊利亚特》《奥德赛》为代表的荷马史诗被称为古典史诗，作为体裁的古典史诗有许多研究者、理论家进行过讨论，黑格尔在《美学》中对史诗进行了十分详尽的分析，后世的研究者也多以黑格尔对史诗这一体裁的理论阐释作为研究标尺。黑格尔认为："史诗以叙事为职责，就须用一件动作（情节）的过程为对象，而这一动作在它的情境和广泛的联系上，须使人认识到它是一个与一个民族和一个时代的本身完整的世界密切相关的意义深远的事迹。"[①] 在黑格尔所处的时代，史诗只是一种体裁，尚未泛化为审美范畴，黑格尔也只是在文学体裁的意义上使用史诗，虽然黑格尔对史诗进行分析的时候也论及了资产阶级小说，却只从渊源上分析了小说与史诗之间的关系，但从中可以看出黑格尔敏锐的学术眼光。在他之后，小说迅速发展，成为时代的宠儿。

在作为体裁的史诗向审美范畴转化的过程中，卢卡契的作用不容忽视。卢卡契所处的时代比黑格尔所处的时代晚了半个多世纪，这是一个资本主义开始在全球扩张的时代,社会状况已发生了翻天覆地的变化,资产阶级生活成为"平凡、枯燥和空虚"[②] 的散文性质的生活。在文学领域，小说蓬勃发展，出现了托尔斯泰、巴尔扎克等一大批现实主义大师。托尔斯泰被卢卡契认为是现实主义发展过程中的重要人物，卢卡契认为《战争与和平》具有"朴素的史诗式的

① ［德］黑格尔：《美学》第三卷下册，朱光潜译，北京：商务印书馆，2011 年，第 107 页。
② ［匈］卢卡契：《托尔斯泰和现实主义的发展》，黄大峰等译，见中国社会科学院外国文学研究所外国文学研究资料丛刊编辑委员会编《卢卡契文学论文集》（二），北京：中国社会科学出版社，1981 年，第 335 页。

鸿篇巨制的气派、差不多像荷马史诗那样的雄浑和奔放的风格。"[①] 在卢卡契所处的时代，史诗这一概念已经逐渐演变成为审美范畴，在这一理论化过程中卢卡契起了至关重要的推动作用，卢卡契在分析现实主义小说的基础上提出了"资产阶级史诗"的概念，将史诗的特性转移到小说中，体现了对史诗所具有的审美品格的向往。这启发我们进一步认识史诗具有的独特审美意蕴。

第一，从史的角度看，史诗具有客观性与整体性的特质。史诗应具有深厚的历史内涵，而这一历史内涵不仅指"绝对的过去"，同时泛化为具有历史意义的当下。这种历史内涵既具有客观性，又具有整体性。客观性是史诗的基本特性，黑格尔在分析了史诗产生的时代之后，认为"史诗须客观地实事求是地描述一个内在理由的，按照本身的必然规律来实现的世界"。为了实现这种客观性，黑格尔认为史诗作者应该保持客观的态度，并且不能在作品中出现，需退居"后台"。整体性是史诗很重要的品格，黑格尔认为："史诗的内容是发生某一个别动作（情节）的那个世界的整体。"[②] 卢卡契也认为："史诗式的表现生活整体——跟戏剧不一样——不可避免地必然包括生活的外表，包括构成人生某一领域的最重要的事物以及在这一领域内必然发生的最典型的事件的史诗式的和诗意的变革。"[③] 他称赞托尔斯泰的作品所表现的黑格尔所谓的"事物的整体"最为丰富，并且在一定程度上发展了史诗"事物的整体"的特征，用更为自然的方式表现个人与世界的密切联系。巴赫金认为："恢宏的史诗形式（大型史诗）（其中包括长篇小说在内），应该描绘出世界和生活的整体画面。"[④] 显然，不论黑格尔、卢卡契还是巴赫金，他们都很推崇史诗的整体性特征。

第二，从诗的角度看，史诗具有崇高与宏伟的风格。史诗的本质还是诗，作为诗它拥有自己的艺术风格。史诗所拥有的整体性的特征在审美风格上体现为崇高与宏伟。用崇高来概括史诗范畴的审美品格，意在表现史诗所带给读者

---

① ［匈］卢卡契：《托尔斯泰和现实主义的发展》，黄大峰等译，见中国社会科学院外国文学研究所外国文学研究资料丛刊编辑委员会编《卢卡契文学论文集》（二），北京：中国社会科学出版社，1981年，第390页。

② ［德］黑格尔：《美学》第三卷下册，朱光潜译，北京：商务印书馆，2011年，第111、150页。

③ ［匈］卢卡契：《托尔斯泰和现实主义的发展》，黄大峰等译，见中国社会科学院外国文学研究所外国文学研究资料丛刊编辑委员会编《卢卡契文学论文集》（二），北京：中国社会科学出版社，1981年，第338页。

④ ［苏］巴赫金：《小说理论》，白春仁、晓河译，石家庄：河北教育出版社，1998年，第258页。

的强烈情感冲击。史诗所具有的全景式的场面、庄严的主题、完整的英雄形象等特点，共同组成了史诗崇高与宏伟的美学风格。黑格尔说："战争情况中的冲突提供最适宜的史诗情境，因为在战争中整个民族都被动员起来。"[①] 从风格上来讲，战争的确是书写史诗的绝佳题材，战争将人们的激情与勇气激发出来，成为史诗最适合生长的土壤。卢卡契以史诗称赞《战争与和平》，同样是看到了作品本身所展现的崇高与宏伟的审美风格。虽然随着时代的变化，战争不再是书写史诗的充分必要条件，崇高与宏伟却成为史诗不可或缺的品质，即使有些主题庄严、规模宏大的作品，缺少这一风格也不能算是史诗性的作品。

第三，从思想的角度看，史诗具有民族性与人类性的内涵。民族性是史诗在思想层面的首要特点，"史诗就是一个民族的'传奇故事'，'书'或'圣经'。每一个伟大的民族都有这样绝对原始的书，来表现全民族的原始精神"。无论对本民族还是对其他民族，若想深入了解一个民族深层的思想基础、民族精神，最为直接的方法就是阅读该民族的史诗。我国组织专门力量从事民族史诗的整理出版，《格萨尔王传》《江格尔》《玛纳斯》三大史诗为读者呈现了中华民族的多样性民族传统。然而，"如果一部民族史诗要使其他民族和其他时代也长久地感兴趣，它所描绘的世界就不能专属某一特殊民族，而是要使这一特殊民族和它的英雄的品质和事迹能深刻地反映出一般人类的东西"[②]。这"一般人类的东西"可以说是普遍的人性，黑格尔从这一角度分析了史诗拥有长久魅力的原因，史诗在描写一个民族成长的同时揭示了人类社会的普遍规律，具有超越性的品质。

二、茅盾文学奖的史诗情结

茅盾文学奖具有深厚的史诗情结，这种史诗追求不只是一种简单的对具有史诗品格的长篇小说这一文学体裁的热衷，史诗形式与内涵的统一应是茅盾文学奖史诗情结的题中应有之义。茅盾文学奖的史诗情结有其独特的历史渊源，这一情结也表现在多个层面，有其产生的深刻原因。当前学界对茅盾文学奖存

---

① ［德］黑格尔：《美学》第三卷下册，朱光潜译，北京：商务印书馆，2011 年，第 126 页。

② ［德］黑格尔：《美学》第三卷下册，朱光潜译，北京：商务印书馆，2011 年，第 108、124 页。

在的质疑中，史诗情结是一个重要方面。史诗情结也成为我们分析茅盾文学奖获奖作品中国家形象构建的关键所在。

应该说，史诗情结并非茅盾文学奖所独有，它在中国现当代文学史中由来已久。中国史学传统悠久，历史记载系统翔实，使得史诗记录历史的作用被弱化。同时，在中国传统文学中，史传传统与诗骚传统又是割裂的，缺少史诗成长的文化土壤，从而导致中国的汉民族史诗不发达，只在少数民族文学中有所表现，例如藏族的《格萨尔王传》、蒙古族的《江格尔》、柯尔克孜族的《玛纳斯》。在近代东西方文化碰撞的大背景下，向西方学习成为时代潮流，中国文学在中西文学体裁的碰撞中，同样将视角转向了西方。被称为西方文学滥觞的史诗理所当然就被中国研究者引进，用以改造中国的文学体裁，使得中国传统叙事文学从"搜奇志异"的"小说小道"转而承担起重大社会历史文化使命，"'史传'传统使'新小说'家热衷于把小说写成'社会史'"[1]，"这个现代历史小说未曾树立的'史诗性'，倒是在现实题材的长篇小说中渐次现身"[2]。从 1954 年冯雪峰第一次使用"史诗"来评价《保卫延安》开始，史诗逐渐成为评论家评价中国长篇小说的一种标准。由于特定的社会历史原因，在 20 世纪五六十年代或者称为"十七年文学"时期，产生了一大批"革命史诗"或称"英雄史诗"，比如"三红一创，青山保林"[3]。虽然这些被标举为史诗的作品以今天的眼光看缺乏隽永而深邃的艺术性，但仍是讨论中国当代文学史诗情结问题回避不了的关键作品，具有重要的文学史地位。新时期以来，在后现代主义语境下，史诗逐渐走向式微，但是史诗情结仍然在包括陕西作家群在内的创作群体中强势存在，并影响了新创设的茅盾文学奖。史诗作为一种美学的理想追求，在中国语境下具体演化成了对一定历史时期社会生活进行全景式反映，以艺术的手法反映社会生活的广度与宽度，对社会历史发展的必然性与本质性进行深度挖掘的长篇小说的一种概括。在茅盾文学奖中这种史诗情结具体表现在显性与隐性两

---

① 陈平原：《中国小说叙事模式的转变》，上海：上海人民出版社，1988 年，第 233 页。

② 王姝：《多元哗变下的"史诗性"重构——20 世纪 90 年代以来长篇历史小说研究》，杭州：浙江大学博士学位论文，2006 年。

③ "三红一创，青山保林"代指：吴强的《红日》，罗广斌、杨益言的《红岩》，梁斌的《红旗谱》，柳青的《创业史》，杨沫的《青春之歌》，周立波的《山乡巨变》，杜鹏程的《保卫延安》，曲波的《林海雪原》。

个层面上。

　　首先是茅盾文学奖史诗情结的显性表现。一方面，这一情结表现在茅盾文学奖获奖作品中历史题材与具有重要历史意义的现实题材的作品数量众多。这两种题材的作品数量占全部获奖作品的绝大多数。这种历史题材及具有历史意义的现实题材为史诗叙事提供了重要的条件。从广义上来看，茅盾文学奖获奖作品中具有史诗意味的作品将近 20 部。[①] 这些具有史诗特性的作品又表现出不同的艺术境界，有的是史的品格大于诗的意境，有的是诗的品格大于史的韵味，极个别的能做到史意与诗情的和谐相融。另一方面，这一情结表现在评论家对茅盾文学奖获奖作品中史诗性作品的评价与推崇。如果评论家看好一部长篇小说，往往使用史诗这个词进行评价，茅盾文学奖获奖作品中有多部被冠以史诗的称号，比如魏巍的《东方》被丁玲评为"一部史诗式的小说"[②]，姚雪垠的《李自成》被严家炎称为"气壮山河的农民战争的史诗"[③]，路遥的《平凡的世界》被雷达评为"史与诗的恢弘画卷"[④]，阿来的《尘埃落定》被陶然称为"西藏的史诗"[⑤]，陈忠实的《白鹿原》被李星称为"民族灵魂的秘史"[⑥]，王火的《战争和人》被冯宪光评为"史和诗的一体化"[⑦]，王旭烽的《茶人三部曲》被葛红兵称为"一部具有史诗气韵的出色长篇"[⑧]，张炜的《你在高原》被媒体泛称为"一部精心镌刻的民族史诗"[⑨]，等等。这使得史诗这个词逐渐成为中国评论界评价优秀长篇小说的重要标准，引领着当今文坛文学批评的走向。

　　其次是茅盾文学奖史诗情结的隐性表现。茅盾文学奖的史诗情结不仅仅表

① 这些作品罗列如下。第一届：魏巍《东方》、姚雪垠《李自成》（第二卷）；第二届：李凖《黄河东流去》；第三届：凌力《少年天子》、霍达《穆斯林的葬礼》、路遥《平凡的世界》、刘白羽《第二个太阳》；第四届：王火《战争和人》（一、二、三）、陈忠实《白鹿原》（修订本）、刘斯奋《白门柳》（一、二）；第五届：阿来《尘埃落定》、王安忆《长恨歌》、王旭烽《茶人三部曲》（一、二）；第六届：熊召政《张居正》、徐贵祥《历史的天空》；第八届：张炜《你在高原》；第九届：格非《江南三部曲》、王蒙《这边风景》；第十届：梁晓声《人世间》、徐则臣《北上》。

② 丁玲：《我读〈东方〉——给一个文学青年的信》，见魏巍《东方》，北京：人民文学出版社，2005 年，第 1 页。

③ 严家炎：《〈李自成〉初探》，《北京大学学报（哲学社会科学版）》1978 年第 3 期。

④ 雷达：《史与诗的恢弘画卷》，《求是》1991 年第 17 期。

⑤ 陶然：《西藏的史诗——阿来〈尘埃落定〉掠影》，《阅读与写作》2001 年第 3 期。

⑥ 李星：《〈白鹿原〉：民族灵魂的秘史》，《理论与创作》1993 年第 4 期。

⑦ 冯宪光：《史和诗的一体化——评王火长篇小说〈战争和人〉》，《当代文坛》1992 年第 6 期。

⑧ 葛红兵、周羽：《论王旭烽〈茶人三部曲〉》，《小说评论》2000 年第 5 期。

⑨ 《一部精心镌刻的民族史诗》（记者采访），《文艺报》2011 年 9 月 19 日。

现在上述史诗的数量及评论家热衷使用史诗这一概念评价茅盾文学奖获奖作品这一个方面，从某种程度上可以说，茅盾文学奖的史诗情结"成了茅盾文学奖的'潜规则'或者基本的审美特征"①。情结的本质是一种美学偏好，可以说是一种审美趣味的缓慢积淀。史诗情结作为茅盾文学奖的内在审美倾向，作为一种情结，有着更为深层、更为隐性的表现。这种表现不只是一种既成的事实，更是一种潜在的"规范"，引领并约束着评委的审美取向与评奖走向。也就是说，茅盾文学奖在评奖既成事实之前就已经预设了一个评选的标准，使得史诗情结虽然游离于官方的评奖条例之外，但又隐藏在评委的评选实践之中。虽然《茅盾文学奖评奖条例（修订稿）》提倡题材、主题、风格的多样化，然而茅盾文学奖评委仍然认为："重大题材还是有着自己的独特优势，特别是重大历史题材。"②在另一个层面，茅盾文学奖对宏大叙事的史诗偏好还体现为对个体小叙事与私人化写作等创作风格的排斥。比如陈建功就认为："作家局限在自己的小世界里，小情小调地封闭自己，会导致创作的狭窄和重复，也会让读者生厌。"③正是这种思维逻辑规训着茅盾文学奖的评选走向。可以说，茅盾文学奖的史诗情结是从中国现当代作家由来已久的史诗情结中演化而来的，并逐渐内化为自身的独特审美偏好，影响着评委的审美倾向，最后评选出符合这一审美特性的文学作品，潜在控制着茅盾文学奖的评奖走向。

应当客观地说，茅盾文学奖中的史诗作品相较于"十七年文学"中的史诗作品已经在艺术性上普遍有了相当大的提高，出现了多部把史的意蕴与诗的特质融合较好的长篇小说，因而有学者认为茅盾文学奖的史诗情结在逐渐走向开放，并出现了一种新的心灵史诗，它以下沉的视点叙述人物的意识活动，引发对生命的哲理思考，呈现出浓郁的寓言和象征意味。比如《无字》《尘埃落定》《冬天里的春天》等作品。④当然，对于茅盾文学奖演变为注重史诗情结，亦有学者提出了比较尖锐的质疑，比较有代表性的是洪治纲。他在《无边的质

---

① 任美衡：《近三十年茅盾文学奖审美经验反思》，《小说评论》2011 年第 3 期。
② 雷达：《我所知道的茅盾文学奖》，《小说评论》2009 年第 3 期。
③ 陈建功：《茅盾文学奖不是中国"诺贝尔"》，《成都商报》2005 年 12 月 26 日。转引自任东华《茅盾文学奖研究》，北京：中国社会科学出版社，2011 年，第 37 页。
④ 参见任东华《茅盾文学奖研究》，北京：中国社会科学出版社，2011 年，第 139 页。

疑——关于历届"茅盾文学奖"的二十二个设问和一个设想》一文中提到，茅盾文学奖的局限性首要表现在"对小说叙事的史诗性过于片面强调"，并认为："除了《白鹿原》具有一点史诗的迹象之外，所有获奖作品都毫无史诗气息。"[①]这算是对茅盾文学奖的史诗情结比较严厉的批判。另外，王彬彬亦对茅盾文学奖的史诗情结表现出不满，认为茅盾文学奖具有一种"阴魂不散的史诗情结"[②]。新时期以来，随着宏大叙事的解体，中国当代文学也逐渐由"共名"走向"无名"[③]，小叙事、私人叙事兴起，文学领域渐渐出现一股"反史诗性"[④]的潮流，先锋文学、新历史主义等文学思潮不断解构史诗叙事，"文学的史诗品格：对社会道义的担当，对人类价值的守护，对诗性家园的追寻，渐次在当下反映现实的文学中消失不见"[⑤]。对茅盾文学奖的史诗情结分析到这里，我们不禁会产生疑问，在宏大叙事多有诟病的后现代主义时代，在史诗叙事日益受到质疑的背景下，茅盾文学奖依然坚守史诗情结的原因何在？

对于茅盾文学奖的史诗情结，学术界也进行了较长时间的研究。比如有的学者认为评委的构成导致审美趣味的单一与文艺观念的落后，这使得评委们对史诗叙事有着独特的美学偏好。也有学者认为茅盾文学奖对史诗的偏爱其实是对中国现当代文学创作中的"茅盾传统"[⑥]的一种继承。比如第五届茅盾文学奖的评委、评论家曾镇南面对质疑曾说："由于茅盾是社会主义现实主义大作家，他的长篇反映的就是时代，为时代描绘出广阔的社会画卷，茅盾文学奖的评选不可能与茅盾对长篇小说的思想艺术要求及追求风格相背离。"[⑦]然而不管持上述哪种观点，我们认为都是对这一问题的比较浅显的理解与分析。众所周知，

① 洪治纲：《无边的质疑——关于历届"茅盾文学奖"的二十二个设问和一个设想》，《当代作家评论》1999 年第 5 期。
② 王彬彬：《茅盾奖：史诗情结的阴魂不散》，《钟山》2001 年第 2 期。
③ 陈思和：《共名和无名：百年中国文学发展管窥》，《上海文学》1996 年第 10 期。
④ 王又平：《反"史诗性"：文学转型中的历史叙述（上）》，《荆州师范学院学报（社会科学版）》2001 年第 3 期。
⑤ 王姝：《多元哗变下的"史诗性"重构——20 世纪 90 年代以来长篇历史小说研究》，杭州：浙江大学博士学位论文，2006 年。
⑥ "茅盾传统"即中国现代文学史上延续下来的茅盾本人所开创的长篇小说创作模式，其中史诗叙事与现实主义是其突出的创作风格。部分学者认为茅盾文学奖的史诗品格与现实主义特性与茅盾本人有很大的关系，使得"茅盾传统"成为部分学者研究茅盾文学奖审美特性的一种路径。
⑦ 曾镇南：《孰是孰非"茅盾文学奖"》，《深圳商报》2000 年 9 月 17 日。转引自任东华《茅盾文学奖研究》，北京：中国社会科学出版社，2011 年，第 137 页。

茅盾文学奖是由中国作家协会主办的"政府专家奖"，它的半官方与半专家的性质是其史诗情结存在的重要原因，在评奖实践中会将这种偏好或显性或隐性地表现在获奖作品中。新时期以来，随着思想的不断解放，"去革命化"与"再传统化"成为文学的主题。旧的革命理想价值已经崩塌，人们从反思历史上的政治与文学的非正常关系中反思革命，如伤痕文学与反思文学等。而新的理想信念尚未建立起来，这个时候回归传统成了最受青睐也最为现实的选择，如寻根小说的尝试，希望能够从中国文化传统中获得价值信仰。另外，杰姆逊也认为："一个阶级要成为一个统治阶级、胜利的阶级，就一定要获得自己的历史感。"[①]同时杰姆逊认为第三世界的知识分子执着地"希望回归到自己的民族环境之中。他们反复提到自己国家的名称，注意到'我们'这一集合词"[②]。更为重要的是，史诗是一种关于认同的表达，史诗叙事的背后隐藏一个有关国族认同的问题。[③]所以，史诗理所当然地被主流话语设定为增强国家民族认同的一种方式。在价值多元的时代，史诗情结也表现了茅盾文学奖为确立凝聚民族国家、聚拢民族精神的文学走向而做出的努力，这是茅盾文学奖史诗情结存在的更深层原因。

需要指出的是，这一史诗情结已经内化为茅盾文学奖的审美倾向，可以说作为一种美学追求，其获奖作品中即使一些不具有史诗框架，不太符合史诗的标准，不能被确切地称为史诗的作品，由于其中书写的重大历史题材，而隐藏着史诗要素，同样是作家史诗情结的一种体现。茅盾文学奖表现出的或显或隐的史诗情结，有其产生的深刻社会历史原因。在文学观念多样化的今天，在"反史诗性"的大潮中，在面对多种质疑与争议的情况下，由于茅盾文学奖的"政府专家奖"性质，史诗情结即便在某些方面会有所改变与发展，但是仍然会长期固守，在国家民族认同方面发挥作用，茅盾文学奖的史诗情结也成其获奖作品构建国家形象的重要起点。

---

① ［美］弗雷德里克·杰姆逊：《后现代主义与文化理论》，唐小兵译，西安：陕西师范大学出版社，1987 年，第 180 页。
② ［美］弗雷德里克·杰姆逊：《处于跨国资本主义时代中的第三世界文学》，张京媛译，《当代电影》1989 年第 6 期。
③ 参见王璐《文化转向与认同表达——中国当代长篇小说的史诗性探索》，《中华文化论坛》2012 年第 4 期。

三、文学"讲好中国故事"的独特方式

作为长篇小说的一种体裁与美学追求，史诗本身就拥有长篇小说的诸多特性。小说作为一种叙事文类被巴尔扎克称为一个民族的秘史，它是文学样式的重要代表，而其中的长篇小说是一个国家文学实力的重要标志，代表了文学创作的最高成就，它能将书信体、散文体等多种体裁融入其中，可以在广阔的背景中反映重大的历史事件与丰富的社会面貌，因而被誉为"时代的百科全书"。史诗为长篇小说增加了历史的厚重感，添加了浓厚的国家和民族认同的色彩，成为有效塑造国家形象，实现国家和民族认同与国家和民族想象的重要形式。这两个概念在使用上也出现了某种程度的杂糅，比如有学者认为："某种意义上，长篇小说对于'长度''宽广度'以及'大而全'的追求也可以说就是对'史诗'的追求。"[①] 长篇小说能够运用叙事这一重要功能，将一个民族生存与发展的历史及民族心灵在历史"节点"的重大变化投射到文学的艺术底版之上，同时国家形象这一概念本身就带有宏大叙事的色彩，因而史诗情结成为茅盾文学奖获奖作品构建国家形象的突出特点。

茅盾文学奖获奖作品能够通过史诗情结构建国家形象的原因在于文学构建国家形象拥有优势与特殊性。赵炎秋认为，形象的实质是生活。具体而言，文学形象是生活的反映，文学形象的内容是生活，文学形象要受生活的制约，文学形象中所表现的生活与现实生活具有同一性，文学形象是用语言形式化了的生活。[②] 因而我们可以说文学实践中的国家形象的实质也应是生活，国家形象构建就是"讲好中国故事"，反映国家与民族的生活。由于生活分为物质生活与精神生活两个层面，加之"文学领域关于中国形象的构建不是一个当下的'瞬间性'行为，而是一个富于历史感的'延续性'进程"，因而"这个中国形象体系是在传统与当代、个体与整体、物质与精神、民族与地方的张力中，以社会生活史与'民族心灵史'的方式呈现出的多元化样态"[③]。可以说"社会生

① 吴义勤：《难度·长度·速度·限度——关于长篇小说文体问题的思考》，《当代作家评论》2002 年第 4 期。
② 参见赵炎秋《形象诗学》，北京：中国社会科学出版社，2004 年，第 118~130 页。
③ 徐放鸣：《文学的使命与中国梦》，《文艺报》2014 年 2 月 10 日。

活史"与"民族心灵史"从表征与内涵两个方面入手，成为文学呈现国家形象最有效的实现路径，鲜活地表现中华民族在社会物质生活发展史与民族心灵变迁史中的动态变化过程，全方位向国人与世界展现关于中国独特的人、事、物，从历时性与共时性多个层面构建了国家形象。

社会生活史作为国家形象构建的一种方式，着眼于文学实践中的国家形象构建的表征性诉求，是国家形象最为直接与鲜明的表达。这种表现方式常常以具有历史意义与时代感的社会、政治生活为表现内容。这一社会生活不仅包括重大历史事件，比如抗日战争、解放战争、抗美援朝等重大战争，像茅盾文学奖获奖作品中的《东藏记》《东方》《战争和人》《历史的天空》等，也有像新中国成立及改革开放等决定国家与民族走向的历史"节点"，例如《第二个太阳》《芙蓉镇》《沉重的翅膀》等作品，还有蕴含浓郁的世俗情怀，描写社会生活中的衣食住行、婚丧礼俗、饮食习惯、节庆风尚等，比如《钟鼓楼》《平凡的世界》《湖光山色》《推拿》等作品。上述作品从宏观与微观两个层面表现不断变动的中国。这种社会生活史的广阔视角，以这种方式呈现的国家形象既来源于中国深厚的历史传统，又立足于中国的当下现实，历史与现代的交错扭结共同构成了一种错综复杂的国家形象史。对一般的读者而言，他们没有精力与时间去研读某一国家的历史，往往是通过一国的文艺作品来了解一个国家。这种构建方式能够比较直观生动地展现一国的国家形象，成为国家形象最为基础且重要的一种构建方式。

民族心灵史作为国家形象构建的另外一种方式，着眼于文学实践中国家形象构建的深层性诉求，立足于文化与精神层面，展现一个国家与民族的情感世界。这种构建方式虽然也会从社会生活等较为宏观的角度展开社会政治、军事与经济，亦会从村落史、家族史入手，展示生产活动、人情世故，但是它观照的是社会生活中民族心灵的变迁历程，主要视角集中于民族文化心理、民族精神、民族文化人格、民族审美理想、对民族文化的反思、灾难中的民族心灵创伤、传统与现代性冲突中民族的矛盾心理等。茅盾文学奖获奖作品中有反思中华民族的现代化进程的，如《平凡的世界》《穆斯林的葬礼》《白鹿原》《尘埃落定》《秦腔》《蛙》《额尔古纳河右岸》等；有描写"左"倾思潮带给民族心灵创伤的，如《许茂和他的女儿们》《将军吟》《芙蓉镇》等；有描写改革开放以来，民族价值观念与民族心态变化的，如《都市风流》《骚动之秋》《抉择》等。国家形象的这种民族心灵史的呈现方式往往从小处着手，观照整个民族的心灵变迁，通过个体的命运去辐射群体，继而对整个民族予以普遍性的观照。它从民族精神生活的层面构建国家形象，因而包孕着民族独特的精神力量、精神气质、价值观念、理想信念，以五千年悠久的历史文化为价值底蕴，为世界文化盛宴带去独特的中国味道。

"讲述中国故事、具有中国风格和中国气派的原创文学……意味着整体客观呈现中国社会生活，展现文明古国在现代化进程中的经验、情感和精神世界。"[①] 社会生活史与民族心灵史成为文学构建国家形象的独特方式，共同构建了一种动态的中国形象。茅盾文学奖获奖作品通过这种方式所构建的国家形象从历时性的角度可以划分为古典中国形象、近现代中国形象、红色中国形象与当代中国形象这四种主要的中国形象。

古典中国形象。作为四大文明古国之一，中国拥有五千年的深厚历史文化底蕴。古典中国形象是一种代表农耕文明的中国形象，对古典中国形象进行构建，也是为了反映中国进入现代化潮流之前的社会生活与精神世界的变迁，这一中国形象因而具有深厚的历史感。茅盾文学奖获奖作品参与古典中国形象构建的共有四部：《李自成》以明末农民起义为主线，再现了当时风云变幻的历史面貌；《少年天子》描写了清朝顺治皇帝的改革，展现了明、清鼎革之际汹涌变幻的政治风云；《白门柳》描写了明末清初文人士大夫的面貌，刻画出一幅多彩的历史图景；《张居正》塑造了封建社会改革家张居正的形象，生动展现了"万历新政"及与其出现相关的广阔历史场景。正如克罗齐所说"一切历史都是当代史"[②]，古典中国形象的构建往往也是"借用历史题材和历史形象表达当代思考和现实深度"[③]，拉近了历史与现实的时空距离，如《少年天子》和《张居正》以成功的经验和失败的教训为当前正在走向深化的改革开放提

① 廖文：《提升中国文学的原创力》，《人民日报》2013 年 11 月 8 日。
② ［意］克罗齐：《一切历史都是当代史》，田时刚译，《世界哲学》2002 年第 6 期。
③ 张玉勤：《当代文艺实践构建国家形象的历史性、现实性与理想性》，《江海学刊》2013 年第 4 期。

供了借鉴。

近现代中国形象。近现代中国形象是"1840—1949"这一民主革命时期的中国形象，这是一段特殊且值得每个中国人反思的历史形象，这一形象在中国形象史中占有突出的地位，深刻地反映了处于社会转型时期的中国动荡与苦难交织，在外来侵略与民族自强多重矛盾激荡中，整个民族在黑暗中等待黎明，在旧秩序的废墟中等待新中国的浴火重生。近现代中国形象是茅盾文学奖获奖作品着重构建的一种国家形象，以其为主要描写内容的作品为 13 部，截至 2019 年，约占十届 48 部获奖作品（其中两部为荣誉奖）的 27%。[①] 从社会生活史与民族心灵史的角度又可以分为两类。一类是描写这一历史时期的重大社会与历史事件的作品。比如《冬天里的春天》《战争和人》《历史的天空》《东藏记》《第二个太阳》《牵风记》等，这几部作品以抗日战争、解放战争等重大历史事件为主要描写内容，蕴含着浓浓的爱国热情。另一类则是以一个家庭或者一个家族为切入点，描写中华民族在近代社会风雨飘摇中的精神变迁。比如：《白鹿原》是对五四以来饱受批判的儒家文化的再思考；《穆斯林的葬礼》在回望中国的穆斯林漫长生活足迹的过程中，观照了时代风云中回族民众民族文化人格的变化，并且折射了整个中华民族的发展历程；《茶人三部曲》通过对茶精神、茶人精神的解剖来展现中华民族的某些精神。

红色中国形象。新中国的成立是一件具有里程碑意义的大事件，以它为标志的红色中国形象成为文学塑造的国家形象之一。这一国家形象反映出中国人民对新时代到来的欢呼，对改天换地、翻身当家做主人的热情，饱含着浓厚的革命激情色彩。红色中国形象成为"十七年文学"特别是"三红一创，青山保林"等具体作品构建国家形象的主体。茅盾文学奖获奖作品同样也参与了红色中国形象的构建，但是这些作品对新中国的成立及之后开展的现代化建设没有单独描写，只散见于作品对"百年中国"的构建之中。比如刘白羽的《第二个

---

① 茅盾文学奖以近现代中国形象为主要内容的作品如下。第一届：李国文《冬天里的春天》；第二届：李准《黄河东流去》；第三届：刘白羽《第二个太阳》、霍达《穆斯林的葬礼》；第四届：王火《战争和人》（一、二、三）、陈忠实《白鹿原》（修订本）；第五届：王旭烽《茶人三部曲》（一、二）；第六届：张洁《无字》、徐贵祥《历史的天空》、宗璞《东藏记》；第八届：张炜《你在高原》，第九届：格非《江南三部曲》；第十届：徐怀中《牵风记》。

太阳》在歌颂为新中国的诞生抛头颅洒热血的英雄的同时，也满怀希望地迎接新中国这"第二个太阳"的升起。又如魏巍的《东方》以抗美援朝战争为描写内容，再现了火红的岁月，赞扬了中国人民志愿军这群"最可爱的人"，歌颂了他们为了保卫祖国和人民而将生死置之度外的大无畏精神。

当代中国形象。新时期以来，伴随着思想领域的逐步解放和改革开放的深化，当代中国呈现出一种多元的国家形象，城市与乡村的剧烈变化也为作家提供了广阔的创作空间。中华民族日益复兴，在现代化的道路上快速前行，逐步走向开放与富强，充满活力与生机的当代中国形象成为文学构建的着力点。对当代中国形象进行构建的茅盾文学奖获奖作品主要有以下几类。首先是反思"文化大革命"，如《许茂和他的女儿们》《将军吟》《芙蓉镇》等作品；其次是反思改革开放进程中的不足和教训，如《沉重的翅膀》《蛙》等作品；最后是描写新时期以来的城乡巨变，这是茅盾文学奖获奖作品构建当代中国形象的主要方式，如《钟鼓楼》《平凡的世界》《都市风流》《骚动之秋》《英雄时代》《秦腔》《湖光山色》等。茅盾文学奖获奖作品构建的当代中国形象与上述三种中国形象又有不同之处，因为"现代生存是当代文艺形象塑造的着力点和根本旨归"[1]，对当代中国形象的构建立足于新时期以来中国社会剧烈变化的基础之上，具有当下性与现实性的意义。

虽然长篇小说通过社会生活史与民族心灵史构建的是一种"延续性"的国家形象，但是我们依然能够从共时性的视角，尝试从不同的层面梳理茅盾文学奖获奖作品中的国家形象谱系，可以整合出几种较为突出的国家形象。范围上有乡土形象、地方形象、民族形象等；层次上有文化形象、改革形象、世俗形象等。

乡土形象。费孝通说过："从基层上看去，中国社会是乡土性的。"[2]华夏文明的根基深深扎在这种乡土性的社会中，对乡土中国的构建是茅盾文学奖获奖作品构建的重点，有多部作品涉及对乡土中国的构建，反映了20世纪尤其是

---

① 徐放鸣、张玉勤：《我们的文艺如何面对中国的"形象焦虑"》，《文艺报》2007年3月6日。
② 费孝通：《乡土中国》，北京：生活·读书·新知三联书店，1985年，第1页。

改革开放之后中国乡土社会的现代化历程。① 乡土中国构建的背后隐藏着强烈的"现代性焦虑"问题，中国作为后发现代性国家，被迫卷入了全球化的浪潮之中，使得中国的社会面貌发生了深刻的改变。乡土作家对乡土中国的构建或是为逝去的家园唱一曲挽歌，如贾平凹的清风街、陈忠实的白鹿原，或是对现代性带来的灾难做无情的批判，比如《蛙》中的代孕公司、《秦腔》中的万宝酒楼等。"对于人与土地关系的书写和想象，可以说也是乡土文学构建国家形象的主要内容和方式。"② 人与土地的关系之中隐含着丰富的乡土哲学，从孙少平、白嘉轩、岳鹏程等农民的身上，能够看出中国深厚的农耕文明的价值观念与生存哲学。

地方形象。中国地大物博，不同的生活环境孕育产生了不同的地方文化，这种地方文化蕴含着特有的民俗风情、生产方式、思维模式、价值观念、文化心态等，以地域性为特色的地方审美文化成为构建地方形象的重要内容。鲁迅说："有地方色彩的，倒容易成为世界的，即为别国所注意。"③ 地方文化拥有与民族文化一脉相承的文化基因，保留有传统文化的印记。比如《许茂和他的女儿们》对巴蜀文化的描写，《黄河东流去》对中原文化的描写，《白鹿原》对关中文化的描写，《蛙》对齐鲁文化的描写，《尘埃落定》对藏族土司文化的描写，《茶人三部曲》对吴越文化的描写，《江南三部曲》对江南地域文化的展现，等等。地方形象的构建之于国家形象具有极为深刻的内涵与意义，"地方审美文化所具有的文化原生态性、历史传承性、资源丰富性等特点"④，可以更为深刻地表现中国形象的内在特质。

民族形象。民族形象是中国的国家形象谱系中独具特色的一种形象，民族形象以民族风情为主要内容构建中国形象，致力于挖掘、传播拥有五千年文化底蕴及多彩民族风的中国。比如霍达的《穆斯林的葬礼》展现了回族百年心灵

---

① 这些乡土作品指周克芹《许茂和他的女儿们》、古华《芙蓉镇》、李準《黄河东流去》、路遥《平凡的世界》、陈忠实《白鹿原》、刘玉民《骚动之秋》、贾平凹《秦腔》、迟子建《额尔古纳河右岸》、周大新《湖光山色》、莫言《蛙》、李佩甫《生命册》等。

② 郝敬波：《当代文学想象与国家形象构建——以乡土文学创作为视角》，《江苏师范大学学报》2014 年第 1 期。

③ 鲁迅：《340419 致陈烟桥》，见《鲁迅全集》第 13 卷，北京：人民文学出版社，2005 年，第 81 页。

④ 徐放鸣、张儒雅：《论地方审美文化的研究视域和学术意义》，《徐州师范大学学报》2009 年第 4 期。

史，刻画了一个古老民族在文化碰撞与融合中形成的民族精神。阿来的《尘埃落定》通过一个特定的视角，展现了神秘的嘉绒藏族聚居区的土司文化。迟子建的《额尔古纳河右岸》描绘了以放养驯鹿为生的鄂温克族的生活现状与沧桑历史。这些作品虽然讲述的是少数民族的故事，但是作家都以少数民族为视角观照整个中华民族的现代化进程，也就是说将中华民族放在了世界文化的参照系中，为思考民族性与世界性的问题提供了新的视角，告诉我们要以更为开放的理念看待全球化时代多元文化的碰撞与融合，中华民族积极吸纳其他文化中的有益因子，同时不可避免要经历从传统走向现代这一"阵痛"的蜕变过程。

文化形象。中华文化的伟大复兴是现代化进程中的重要一环，源远流长的中华文明、五千年的历史传统为我们留下了很多类型文化，比如茶文化、酒文化、玉文化、药文化等，这些熠熠生辉的类型文化已经成为代表特定意义的中国符号。文化形象的呈现是一种以小见大的构建方式，这里我们从狭义的角度看，茅盾文学奖获奖作品通过对类型文化的书写构建了文化形象，进而将之融会进国家形象的总体格局之中。比如刘心武《钟鼓楼》中的北京胡同文化、霍达《穆斯林的葬礼》中的回族玉文化、王安忆《长恨歌》中的上海弄堂文化、王旭烽《茶人三部曲》中的茶文化、徐则臣《北上》中的运河文化等。这些作品描写的类型文化为世界展示了具有中国特色的魅力文化，呈现了古老、多彩的中华文明，成为构建文化中国的独特元素，不断丰富中国形象的符号系统。

改革形象。改革开放在中国历史上具有里程碑的意义，茅盾文学奖获奖作品对改革开放的描写是一个重要的着眼点，改革形象也成为国家形象谱系中的重要组成部分。关于改革形象的构建也表现出多元化色彩，其中有关于经济体制改革的，如《沉重的翅膀》以曙光汽车制造厂的整顿与改革为线索，描写了围绕经济管理体制进行的改革；有关于城市改革的，如《都市风流》以市政建设为主线，反映了城市改革的面貌；有描写农村改革的，如《平凡的世界》《骚动之秋》《湖光山色》表现了经济大潮下城乡社会的剧烈变化。值得注意的是，改革形象成为茅盾文学奖获奖作品向世界展示不断发展、充满活力、开放和谐的中国社会生活的重要窗口，成为当今中国为世界展现的独特形象。

世俗形象。新时期以来，随着改革开放的逐步深化，社会转型期出现了新写实小说的创作倾向。同时伴随着大众文化的崛起，日常生活审美化与审美日常生活化的浪潮，消解了精英与平民之间的身份差距，一批批世俗形象进入文艺研究的视野之中，也成为国家形象谱系中的重要内容，它所呈现的是"非神圣的、非官方的或非精英的市民大众的日常生活状况"①，着重描写的是市民阶层的生活方式、平常人的喜怒哀乐、普通人的人情悲欢，反映的是当下中国大众的生活现实。如刘心武《钟鼓楼》描写了北京钟鼓楼一带发生的平民故事，展现了一幅丰富多彩的市井图画；毕飞宇《推拿》以世俗的视角描写了盲人推拿师这一特殊群体的日常生活。

通过以上对茅盾文学奖获奖作品所构建的国家形象的分析，可以看出，文学通过社会生活史与民族心灵史这两种独特的方式，从共时性与历时性的角度呈现出丰富多彩的中国国家形象，这种形象不同于国际关系研究领域与新闻传播研究领域的国家形象构建。呈现了文学构建国家形象的审美特殊性，我们尝试用以下"四个统一"进行简单概括。

一是历史性与现代性的统一。历史性指向国家形象的传统底蕴，现代性指向国家形象的先锋追求。中华民族悠久的历史文化传统为国家形象增添了厚重的历史感，并且成为中华民族发展的内生动力。呈现中国历史形象是国家形象构建不可或缺的一部分，并且能够通过这种历史性的构建对中国的当下予以观照。全球化的冲击使古典中国纳入世界文化潮流中，对于现代性的追求成为民族发展的外部动力，国家形象的现代性反映了中国文学在中西文化交流中的世界性眼光。历史性与现代性表明文学呈现国家形象是以东西文化为坐标而开展的全面考察。

二是想象性与现实性的统一。国际政治学与新闻传播学中的国家形象研究讲求真实，往往是立足于中国的现实表达真实感，深刻而真实地反映中国人当下的生活现状与生存现实。文学构建国家形象的特殊性在这里表现为在现实性的基础之上增加了文学的想象性，文学是一种带有丰富想象性色彩的艺术形式，"文学的本质在于形象"②，文学呈现的国家形象便带有了想象性的色彩。从另

---

① 王一川：《中国形象诗学——1985 至 1995 年文学新潮阐释》，上海：上海三联书店，1998 年，第 374 页。
② 赵炎秋：《形象诗学》，北京：中国社会科学出版社，2004 年，第 106 页。

一个层面也可以讲"国家形象体现或满足了不同文化背景中人们的不同文化想象"①。国家形象的想象性与现实性相互扭结,以立足于现实的文学想象呈现出国家形象构建的复杂性。

三是个性化与整体性的统一。文学呈现的国家形象可以从共时性的角度梳理出多样化的形象谱系,它可以通过类型、地域、层次等几个标准划分出多元样态,比如乡土形象、民俗形象、地方形象、民族形象、文化形象、改革形象、政治形象等。这些个性化的形象系统又统一于整体性的国家形象中,服务于从历时性角度梳理出的古典中国形象、近现代中国形象、红色中国形象与当代中国形象这些具有整体感的国家形象体系。文学能够从历时性与共时性的角度呈现重叠交叉与错综复杂的国家形象系统,所以说,个性化与整体性的统一,给予国家形象立体与全面的呈现,为世界展现出一个多姿多彩的中国。

四是审美与意识形态的统一。国际政治学与新闻传播学中的国家形象具有强烈的意识形态色彩,往往服务于政府的外交与政治需要,以传播具有政治色彩的话语为主要任务,侧重于宣传性。文学是一种审美意识形态,审美性是它的重要特征之一,"文学能够使读者沉迷它所创造的艺术形象和境界中,感到审美的愉悦、情绪的感染和精神的熏陶"②。文学呈现的国家形象以审美的方式构架起整个国家形象系统,能够以审美化的形式生动、感性地呈现有关中国的人、事、物,使得具有意识形态色彩的国家形象话语融汇于文学的审美属性之中,从而与国际关系、新闻传播领域的国家形象表现出巨大的差异,成为区别二者的重要标志。

通过上文关于茅盾文学奖的史诗情结与文学呈现国家形象的优势的分析,我们系统梳理了茅盾文学奖获奖作品所构建的国家形象谱系,并以此为基础阐释了文学构建国家形象的特殊性。本着辩证与客观的立场,我们对茅盾文学奖通过史诗情结构建国家形象的方式并不是单方面地肯定,也看到了这一情结在实际运用中所存在的问题。

① 张玉勤:《当代文艺实践构建国家形象的历史性、现实性与理想性》,《江海学刊》2013 年第 4 期。
② 张炯:《论文学的审美愉悦性》,《文艺报》2013 年 10 月 21 日。

首先,史诗形式的填空与史诗内涵的缺失。国家形象这一课题本身就带有宏大叙事的意识形态色彩,通过宏大叙事的史诗构建国家形象具有独特的优势,这一方式本身并没有错。然而由于茅盾文学奖的这种史诗情结导致相当一部分作家在创作时对这一框架进行机械式、概念化的填空,导致"史诗的空洞"①。此外,史诗这一概念在使用的众声喧哗中,也长期处于一种被乱用的状态,有些作品只不过沾上一些"史"的色彩,便被授予了史诗的称号。所以从这一角度看,无论是部分作家还是一些专业批评家,都没有真正搞清楚史诗这一概念的真正内涵,有些作品只不过是追求了史诗的形式,实质上缺乏史诗的美学内涵与思想深度。

其次,阻碍优秀作品的入围及其他文学形式的发展。史诗是长篇小说的一种理想追求,一种具有超越性的艺术境界,然而它并不是唯一的选择,茅盾文学奖的史诗情结虽然逐渐走向开放,但也可以说,它对史诗美学的固守在一定程度上阻碍了其他优秀作品的入围,成为一道坚实的门槛伫立于茅盾文学奖的评奖大门之外。更为严重的是,作为中国最高文学奖的茅盾文学奖所具有的权威性与标杆性,将史诗情结扩散到了整个文学创作中,有可能不利于文学的创新。此外,茅盾文学奖的部分评委也对史诗这一概念存在理解上的偏差,对史诗的误用起了推波助澜的作用。

茅盾文学奖获奖作品通过史诗的追求构建了多样的中国形象,在国家与民族认同方面做出自己的努力,然而一定程度上讲对史诗的固守可能会影响到文学创作的多样化,不利于当代文学的繁荣发展,长远来看,可能更不利于深层次的多元性国家形象的构建。这一矛盾成为茅盾文学奖亟待解决的"难题",茅盾文学奖也正是在各种矛盾的张力中,在其独特美学风格构建的道路上艰难前行着。

---

① 朱伟曾这样评价陈忠实的《白鹿原》:"在《白鹿原》中,我们感觉到的是陈忠实的生命形态被他所要寻找的形式与框架不断的阻隔。这种阻隔的结果,使他的生命形态在其中越来越稀薄,最后就只剩下一大堆材料艰苦拼接而成的那么一个'对一个历史时期社会风貌全面反映'的史诗框架,这个框架装满了人物和故事,但并没有用鲜血打上的印记,在我看来,它是空洞的一个躯壳。"(朱伟:《〈白鹿原〉:史诗的空洞》,《文艺争鸣》1993年第6期)

第二节　英雄主义情结与国家形象的主体性

应当说，史诗情结、英雄主义情结及下文将讨论的现实主义情结在某些方面存在一定程度的重合与杂糅，比如正面价值、英雄情怀、理想主义等方面，我们从三个不同的视角予以观照的出发点是希望能够对国家形象的若干特性进行深入的阐释。通过史诗情结来考察文学构建国家形象的特殊性问题，通过英雄主义情结与现实主义情结，分别从创作层面及接受层面对国家形象的主体性与主体间性予以深入的分析。

英雄主义是一种具有理想主义色彩的价值尺度，在深层次上代表着一个民族的精神信仰。每个时代都有属于自己时代的英雄，对英雄形象的塑造也成为各民族文学的不懈追求。英雄主义作为茅盾文学奖的一种情结，即使在出现"非英雄化""反英雄化"（即英雄被矮化与消解）浪潮的时代背景下，依然坚守在"茅盾文学奖美学"中，高扬的英雄主义以主体的地位为国家形象的构建增添了价值硬度与精神钙质。本节将从分析英雄主义及其审美意蕴入手，具体展开茅盾文学奖的英雄主义情结，并以此为出发点，从创作层面考察茅盾文学奖如何通过英雄主义参与到国家形象的构建之中，如何将这种精神特质融入国家形象，最后对国家形象的主体性问题展开分析。

一、英雄主义及其审美意蕴

英雄叙事是人类历史上经久不衰的一个母题，塑造英雄、歌颂英雄也成为世界上不同民族文艺的永恒主题。东西方都对英雄做出过阐释，在英雄观念上同中有异。英雄主义产生于人与自然、社会的矛盾中，是民族自我意识与集体无意识的再现。英雄主义与文学保持着密切的联系，从英雄史诗、传记文学、神话故事、民间传说到小说、散文等文类，无不涉及英雄形象的塑造，如盗火的普罗米修斯、反抗"弑父娶母"命运的俄狄浦斯、治水的大禹、射日的后羿等。英雄主义有着独特的审美意蕴。

关于英雄主义东西方都做过一定的探讨，对英雄概念的理解也经历了一定的变迁。在西方，英雄首先指称的是古希腊神话与史诗中的半人半神的英雄。

对于这类英雄,维柯、黑格尔与弗洛伊德等人都进行过较为深刻的阐释,他们都认为:"'英雄时代'是指称早期人类社会特别是早期希腊社会的,以具有半神半人特征的'英雄'为如此社会时代的主宰或悲剧代表。"[①]之后的卡莱尔将西方英雄的概念进行了扩大。他在《英雄和英雄崇拜》一书中分析了六种英雄[②],提出了"英雄即伟人"[③]的观点。爱默生在《论英雄主义》中对英雄进行了个性化与人性化的解读,消解了英雄神性的光环,加入了"自信""公正""慷慨"等人性特质。[④]尼采也通过"超人哲学"发展了西方的英雄主义理论。悉尼·胡克在《历史中的英雄》中对英雄进行了改造,将英雄与历史相关联,重视英雄对历史事件的影响。[⑤]英雄不是一个舶来品,在中国文化中,英雄作为一个重要的观念存在着。中国古代也产生了一些有关英雄的论述,比如刘劭在其《人物志》中专门论述过英雄的概念,阐释为"草之精秀者为英,兽之特群者为雄",进而指出"聪明秀出谓之英,胆力过人谓之雄"[⑥],从文与武两个角度指出英雄形象的特质。东西方文化互为异质文化,由于东西方神话中的思维方式不同,对西方神话英雄的评价往往着眼于力量与智慧,对东方神话英雄的评价往往立足于道德,"西方悲剧精神的英雄主义体现为推动历史兼殉难历史的人物形象,中国悲剧精神的英雄主义则体现为忠实伦理道德的人物形象"[⑦]。英雄主义在异质文化心理中表现出差异性。

卡莱尔说:"只要有人存在,英雄崇拜就永远存在。"[⑧]可以说英雄崇拜是人类的一种本能,具有时空超越性,这种本能从个体的角度而言,"来源于对自我的认可和实现,来源于渴望创造更大价值的冲动,可以说它是人性的自然

---

① 张岩:《英雄·异化·文学——西方文学中的英雄母题及其流变研究》,上海:华东师范大学博士学位论文,2008年。
② 六种英雄即神灵英雄(沃丁)、先知英雄(穆罕默德)、诗人英雄(但丁、莎士比亚)、教士英雄(路德)、文人英雄(约翰逊、卢梭)、君王英雄(克伦威尔、拿破仑)。
③ [英]托马斯·卡莱尔:《英雄和英雄崇拜——卡莱尔讲演集》,张峰、吕霞译,上海:上海三联书店,1988年,第126页。
④ 参见[美]爱默生《爱默生集》(上),吉欧·波尔泰编,赵一凡等译,北京:生活·读书·新知三联书店,1993年。
⑤ 参见[美]悉尼·胡克《历史中的英雄》,王清彬等译,上海:上海人民出版社,1964年。
⑥ [魏]刘劭:《人物志》卷中《英雄第八》,郑州:中州古籍出版社,2007年,第136页。
⑦ 马小朝:《中西悲剧精神的英雄主义》,《烟台大学学报(哲学社会科学版)》2008年第1期。
⑧ [英]托马斯·卡莱尔:《英雄和英雄崇拜——卡莱尔讲演集》,张峰、吕霞译,上海:上海三联书店,1988年,第21页。

生成，具有积极的一面"①。那么从集体的角度看，英雄主义可以看作一种集体无意识或者说集体意愿的产物，英雄作为民族意识中的理想"自我"，成为民族的自我改造与能力提升的一种想象，包含着一种对自我形象的"预期"，成为一个共同体在特定的历史语境下对自我可能形象的一种理想化的精神价值构建。虽然英雄是一个变动的概念，东西方又存在些许差别，但它在本质上表现出一致性，这里试着从共性的角度，以哲理抽象的方式对英雄主义的审美意蕴进行阐释。

第一，超越性与现实性是英雄主义的基本属性。这里的超越性是指英雄身上所蕴含的高于普通人的特质，这也是英雄成为英雄的重要原因，例如自由意志、勇气、力量、牺牲精神、反抗精神等，这些因子使得英雄具有强烈的理想主义色彩，一定程度上成为真、善、美的集合体，继而成为民族精神的重要表征，如逐日的夸父渴死于途中，身体幻化为自然，表现出一种自强不息的精神。正是由于英雄所具有的这种超越性的特质，人们"对英雄的景仰与崇拜，从而产生一种向上的追求与超越自身的希望，这就是英雄主义的理念与精神"②，英雄主义逐渐成为一种价值尺度。英雄主义在拥有超越性品格的同时，具有现实性的属性，所谓英雄主义的现实性是指英雄身上蕴含的有关人性的光辉。黑格尔说："人民就是丰收的大地，英雄们像是从大地里长出来的花朵和树干，他们的整个的生存是要受这种土壤制约的。"③英雄虽然是一种理想化的构建，然而这一形象毕竟是基于人的价值的想象，英雄形象本身就带有人的普遍特征，包含着人类固有的情感模式，杂糅有一种人性的真实感，这成为认识英雄主义的重要起点。

第二，悲壮是英雄主义的基本美学风格。英雄主义本身显然带有一种崇高与悲剧性的色彩，如果想更为具体地表述英雄主义的美学风格，"悲壮"是最为恰当的，它可以看作崇高感与悲剧性的结合。英雄不仅仅表现为勇敢、力量、光明等崇高的品质，其表现中最为独特的便是英雄的自我牺牲精神，如被马克

---

① 何艳萍：《从精神分析的角度看"英雄主义"》，《中州大学学报》2007年第2期。

② 胡克俭：《中国当代文学的英雄主题研究——以长篇小说为中心》，兰州：兰州大学博士学位论文，2008年。

③ ［德］黑格尔：《美学》第三卷下册，朱光潜译，北京：商务印书馆，2011年，第304页。

思称为"哲学日历中最高尚的圣者和殉道者"①的普罗米修斯，为了人类的幸福不惜牺牲自我盗取天火，饱含着对人类的怜悯情怀。英雄的结局往往伴随着自我牺牲，有时甚至为了群体而牺牲生命，"'死亡哲学'与英雄的悲剧精神往往是一对共生的现象"②。牺牲生命成为悲剧性的最高表现形式，悲剧性的结局往往成为突出崇高的重要方式，英雄的死亡成为引发哲理思考的手段，虽然英雄的肉体毁灭了，但是英雄的力量、价值与光辉得到了升华。悲壮成为衡量英雄叙事艺术水平高低的标准。

二、茅盾文学奖的英雄主义情结

茅盾文学奖具有浓厚的英雄主义情结，或者更为确切地说是对英雄形象塑造的坚守。茅盾文学奖中英雄形象的塑造，也为我们思考当下如何弘扬英雄主义提供了很好的视角。在后现代主义语境下，在娱乐化泛滥的今天，大众文化的冲击，导致英雄主义被祛魅与戏仿，"非英雄化""反英雄化"暗流涌动，茅盾文学奖的英雄主义情结有其存在的历史与现实原因。从这个角度切入，对研究其获奖作品中的国家形象构建规律有着非常重要的价值。

英雄主义情结不仅仅为茅盾文学奖独有，它在文艺中是一种共性的传统。在我国，英雄主义又有着更为内在的历史渊源，呈现出一定的复杂性。由于英雄主义所呈现的民族精神特质、所具有的激励作用等诸多超越性的精神价值，使得它与主流文学保持着密切的关系。中国知识分子骨子里有"以天下为己任"的情怀，鲁迅在《中国人失掉自信力了吗？》一文中说道："我们自古以来，就有埋头苦干的人，有拼命硬干的人，有为民请命的人，有舍身求法的人，……虽是等于为帝王将相作家谱的所谓的'正史'，也往往掩不住他们的光耀，这就是中国的脊梁。"③在中国文化传统中，文学的社会教化功能源远流长，英雄主义可以看作对中国传统所推崇的文学教化功能的一种继承与发展。中国古代有"诗言志"的观念，如孔子的"兴、观、群、怨"说，周敦颐的"文以载道"说，

---

① ［德］马克思：《博士论文·序》，贺麟译，北京：人民出版社，1961年，第3页。
② 张岩：《英雄·异化·文学——西方文学中的英雄母题及其流变研究》，上海：华东师范大学博士学位论文，2008年。
③ 鲁迅：《中国人失掉自信力了吗？》，见《鲁迅全集》第6卷，北京：人民文学出版社，2005年，第122页。

顾炎武的"经世致用"学说等，近代以来有五四时期文学启蒙的观念，有毛泽东的《在延安文艺座谈会上的讲话》所强调的文艺的社会作用，新中国成立后有第二次文代会的报告提到的"文艺作品所以需要创造正面的英雄人物，是为了以这种人物去做人民的榜样，以这种积极的先进的力量去和一切阻碍社会前进的反动的和落后的事物作斗争"[①]。文学的这种社会教化功能观念，使得新中国成立后的文学塑造了一大批带有高度理想色彩的英雄人物，但这种对文艺教化功能的过分强调，最后发展成了革命样板戏中"三突出"的模式。进入改革开放的新时期，"二为方向"及"主旋律文学"的提出，都可以看作中国诗教传统的一种具体演化，强调文学的社会道德使命，使得中国的英雄主义带有伦理道德的色彩。茅盾文学奖的英雄主义情结主要就是通过各种英雄形象的塑造展现出来的，概括地说，茅盾文学奖获奖作品塑造了以下三种较为突出的英雄形象。

革命英雄。20 世纪的中国呈现出复杂多样的国家形象，对百年中国形象的构建也成为作家笔下的重要主题。在反抗侵略、求得自强的背景下，中国人民被迫走上革命的道路。革命往往与战争密不可分，其中的抗日战争、解放战争、抗美援朝等重要战争在中华民族心灵史上留下了浓墨重彩的印记，战乱的时代为英雄的产生提供了条件，革命英雄的塑造也成为书写战争的重要方式。英雄作为在历史的关键时刻能够力挽狂澜的斗士，他们身上具有强烈的革命理想主义色彩与坚韧、执着的奋斗精神，在民族危亡的关头能够挺身而出，在战场上英勇战斗、不怕牺牲。信仰与忠诚的力量使得这些革命英雄前仆后继，为了民族的未来抛头颅、洒热血，成为那个时代的民族脊梁。比如：《东方》中在朝鲜战场上不怕死、敢于为革命牺牲的郭祥；《第二个太阳》中宁死不屈的白洁；《战争和人》中带着一腔爱国热情，弃暗投明，寻求救国救民之路的童霜威；《历史的天空》中敢打硬拼屡立战功的草莽英雄梁大牙；《暗算》中拥有特殊天赋、献身革命事业的谍战英雄等。茅盾文学奖获奖作品中的革命英雄塑造能够在超越性的基础上注意英雄形象的现实性品格，融入了人性的光辉，书写了英雄作为人本身的价值。

改革英雄。改革开放走过了四十年的光辉历程，在这一大潮中诞生了一批

新的时代英雄。从计划经济向社会主义市场经济体制转型，是一个充满着巨大的困难与艰辛的过程，城乡巨变及思想、价值、伦理的冲突无不考验着改革英雄的魄力与信念。对改革英雄的塑造往往通过改革与反改革的矛盾冲突的描写体现出来，它包括如下几个部分。首先，改革会受旧有思想、陈腐观念、保守势力与既得利益者的阻碍。改革，即是对旧有体制的一种改造，势必遇到旧有事物的反抗。同时，打破常规也会使一些人不习惯，产生强烈的抵触心理。以落后势力为代表的既得利益者成为改革的最大人为阻碍因素，这时的改革英雄需要有非凡的魄力与胆识，有敢于向旧体制宣战的精神。比如：《沉重的翅膀》描写了在曙光汽车制造厂经济管理改革中，面对阻力与困难依然没有放弃改革热情的郑子云；《都市风流》描写了在复杂的城市改革进程中带领整个城市开展市政建设的市长阎鸿唤；《英雄时代》塑造了在国企改革、发展民营经济背景下成长起来的时代弄潮儿史天雄。其次，改革者会面临在改革过程中出现的腐败问题。由于改革的复杂性，改革与反改革的矛盾将会长期存在并贯穿始终，社会落后与腐朽的观念会以各种形式再次出现，买官卖官、权力寻租等腐败行为也会成为改革的绊脚石。反腐败成为改革进程中的重要一环，这也是改革英雄不得不面对的现实，有时甚至需要直面亲人的腐败问题，所有这些都将考验着改革者的胆识与魄力。比如《抉择》描写了李高成这个清正廉明的市长，在面对腐败分子时的大无畏精神，在面对亲人腐败时灵魂的搏斗与抉择。再次，改革的道路是曲折的，改革英雄身上往往有浓厚的悲剧色彩。比如茅盾文学奖获奖作品中两部以古喻今的改革作品《张居正》和《少年天子》，在赞扬改革英雄不畏困难、为时代奉献自己价值的同时，也突出了他们悲剧性的命运。改革英雄成为茅盾文学奖获奖作品塑造的独特的英雄形象。

平民英雄。平民英雄虽然是对拥有英雄品质的普通人的一种统称，却是英雄主义的一种隐性表现，他们不都是作品的主人公，往往没有上述两种"卡里斯马英雄"[①] 耀眼的光环。他们之所以被称为英雄，主要在于他们身上所展现

---

① 卡里斯马（Charisma）原意为"神圣的天赋"，来自早期基督教，初时指得到神帮助的超常人物，引申为具有非凡魅力和能力的领袖。王一川：《中国现代卡里斯马典型——二十世纪小说人物的修辞论阐释》，昆明：云南人民出版社，1994年，第5~6页。

的英雄的品格，或者是一往无前的奉献精神，或者是在苦难面前不低头的奋争精神，或者是在强权面前坚持真理的反抗精神等。总之，这些平民英雄能够从某一侧面展示出英雄主义的特质，背后展现的是中华文化的优秀品格，闪烁着绵延至今的民族精神的光辉。比如：《尘埃落定》中宁愿被割去舌头也不愿失去自由的翁波意西；《平凡的世界》中不管遇到什么困难、挫折都能够保持乐观心态与自强不息精神的青年孙少平；《茶人三部曲》中面对侵略者的威逼利诱，选择反抗的杭忆、杭汉；《黄河东流去》中在灾难面前表现出顽强精神的李麦；《白鹿原》中关心族人的疾苦，为了族人的利益能够挺身而出的白嘉轩；《东藏记》中抗日战争时期避难到昆明继续办学的西南联大教授群像，他们代表了知识分子为了民族存亡而奋争不息的精神。平民英雄虽然是普通人，身上却散发着英雄主义的光辉，丰富了茅盾文学奖获奖作品中的英雄形象系统。

相对于茅盾文学奖坚守英雄主义的行为，中国文坛近些年有一股"非英雄化""反英雄化"浪潮，对这一浪潮的阐释，能够帮助我们更好地理解这一情结。一如卡莱尔谈到民众对彭斯的迎接时说过的那样，"过于陷入纯粹无理性的神魂颠倒的爱戴和敬慕英雄并不好，但现在这种无理性的甚至非理性的目空一切的不爱英雄，也许更糟"[1]。对当下的英雄主义的困境而言也是如此。我们认为文坛这股"非英雄化""反英雄化"的浪潮大致有如下三种原因。

第一，后现代主义思潮的影响。随着改革开放的深化，后现代主义与商业化、娱乐化的潮流涌入中国，大众文化随之兴起。后现代主义有去中心化、削平深度、不确定性等特征，解构主义大行其道，使得经典被祛魅、英雄被戏仿，可以说英雄主义的消隐成为被我们视为进步的现代性的二律背反，这可以看作"非英雄化""反英雄化"浪潮的重要时代背景。

第二，以往英雄形象塑造存在的流弊。由于特定的历史原因，在"三突出"等创作原则的导向下，从新中国成立到改革开放，中国的英雄塑造存在英雄形象的扁平化、英雄性格的单一化与英雄叙事的泛政治化等问题[2]，这可以集中概括为不重视英雄的现实性品格。20 世纪 50 年代中期，钱谷融提出"文学是

① ［英］托马斯·卡莱尔：《英雄和英雄崇拜——卡莱尔讲演集》，张峰、吕霞译，上海：上海三联书店，1988 年，第 70 页。
② 徐放鸣、杨森：《英雄、形象塑造及其他》，《文艺报》2006 年 9 月 7 日。

人学"①的观点，其实也是对当时英雄塑造症结的一种反拨。可以说"大众并非不要英雄，而是厌弃了假大空式的英雄"②，假大空式的英雄是对英雄主义超越性的错误解读，更是对英雄主义的现实性与人性特征狭隘的理解。英雄主义的超越性与现实性应当处于一种平衡的状态，不论是之前的革命样板戏、现在的无视公共理性的"抗日神剧"还是"庸常化"的英雄，都可以看作对英雄主义的一种极端阐释。另外，中国语境下解构英雄主义的潮流如此汹涌，却对西方英雄认同度很高的现象有着更为复杂的原因。

第三，整体性价值信仰的缺失。上文已经提到英雄主义本质上是一种集体无意识，这一集体指的是文化共同体，比如王一川就认为，"卡里斯马英雄"是"现代自我以符号系统所创造的'幻想之物'"③。不可否认的是，新时期以来中国缺少文化价值的"主潮"，虽有专家提出新时期文学的主潮是"民族灵魂的发现与重铸"④，但是我们依然可以看出，这一说法在侧面上反映了民族精神价值的虚无，新时期文学也在为精神价值的重构寻找出路。比如，"'寻根文学'对传统意味浓厚的中国神话形象的创造，主要正是为着解决中国文化的根本性的信仰虚位的问题"⑤。中国在儒家传统文化阶段、革命理想主义的历史时期都产生过各自时代特有的英雄。新时期以来，旧的价值体系被打破，新的价值体系尚未建立起来，加上西方文化的精神冲击，导致国民价值观的缺位，人们逐渐醉心于世俗化的物质生活之中。作家并非不想创造英雄，只是缺少创造英雄的文化环境罢了，没有中心化的价值信仰，英雄是很难出现的。同时，王一川也认为，作为中国的第三次定义的"中华性"即将到来，再卡里斯马化是一种必然趋势⑥，所以在另一个层面上讲，目前也是以新英雄观再塑英雄形象的大好时期。

文艺界要深入思考英雄形象的塑造问题，因为英雄在一定程度上代表了

---

① 钱谷融：《论"文学是人学"》，见《钱谷融文集·文学卷：文学是人学》，上海：上海人民出版社，2013年，第2页。
② 徐放鸣、杨森：《英雄、形象塑造及其他》，《文艺报》2006年9月7日。
③ 王一川：《中国现代卡里斯马典型——二十世纪小说人物的修辞论阐释》，昆明：云南人民出版社，1994年，第314页。
④ 雷达：《民族灵魂的发现与重铸——新时期文学主潮论纲》，《文学评论》1987年第1期。
⑤ 王一川：《中国形象诗学——1985至1995年文学新潮阐释》，上海：上海三联书店，1998年，第314页。
⑥ 参见王一川《中国现代卡里斯马典型——二十世纪小说人物的修辞论阐释》，昆明：云南人民出版社，1994年，第320~321页。

本民族的价值观，英雄主义是民族生存发展的重要精神力量。"茅盾文学奖充满了敢于也能够把握历史的英雄主义精神……把'英雄'当做构建整个民族灵魂的符号和象征。"[①] 茅盾文学奖的英雄主义成为反抗"非英雄化""反英雄化"浪潮的中流砥柱，发挥着主体性的重要作用。有学者指出："对于当代文艺塑造中国形象而言，还是要以主流形象引领支流形象，不能'一叶障目'，只关注鸡零狗碎和边边角角；以正面形象改造负面形象，传递正能量，战胜假丑恶；以积极形象战胜消极形象，弘扬正气，激发动力，增强自信。"[②] 所以说，英雄主义的这种主体性价值为茅盾文学奖获奖作品中国家形象的主体性研究埋下了逻辑伏笔。

三、国家形象视域下"民族灵魂的发现与重铸"

英雄主义与国家形象构建拥有非常密切的关联，可以简单地说，"英雄主义有利于全球化文化交流中国家形象的塑造"[③]。英雄主义被打上了鲜明的民族精神色彩，然而与史诗通过民族历史的书写所产生的国家和民族认同相比，英雄主义又具有更为深层的精神文化认同色彩，可以从更为深层的精神角度阐发民族精神的内核，是一个国家与民族价值体系最为核心、最为突出的体现。同时我们要看到，由于文化历史的原因，以美国为代表的西方世界特别擅长通过宣扬英雄主义来构建本国形象，以及强势输出本国文化价值观，尤其突出地表现在他们的电影传播中，比如《美国队长》《超人》《蜘蛛侠》《复仇者联盟》《泰坦尼克号》《拯救大兵瑞恩》《黑鹰坠落》等。他们通过这种方式描绘西方的生活方式、传播西方的价值观念、讲述美国人拯救世界的故事。这些好莱坞英雄们为美国赢得了巨额的经济利益，更为重要的是获得了巨大的政治效益。这是我们尤其需要关注、借鉴的，只有如此，才能为东西方英雄主义的共存互补与融通寻找到出路。

这里就涉及国家形象的功能问题。有研究者指出："中国好故事的文艺书

① 任东华：《茅盾文学奖研究》，北京：中国社会科学出版社，2011 年，第 108 页。

② 张玉勤：《当代文艺应积极塑造中国形象》，《文艺报》2015 年 5 月 11 日。

③ 徐放鸣：《当前文学要弘扬英雄主义》，《文艺报》2009 年 3 月 24 日。

写，既是书写给中国人看，也是书写给世界看，根本是要书写出人的丰富的精神气象。"① 国家形象的功能分为对外功能与对内功能两种。首先，对外功能是指本国文艺所构建的国家形象需要在对外交流中发挥作用，致力于扭转长久以来西方构建的与中国形象不相符的"他者形象"，通过"自我形象"的塑造对西方"妖魔化"中国的行为、"中国威胁论"的观念予以有力的反拨，比如铁凝认为："如果全球化一定要催促或者教导作家想一些东西，我想那也应该是如何更深入地追寻民族文化和审美精神，用汉语塑造出真正有魅力的中国形象。"② 而英雄主义则为对外形象增添了思想与价值的深度。其次，对内功能是指文艺所构建的国家形象需要在国民精神方面发挥引领、启迪与凝聚的作用，在国家和民族认同方面充当着重要的角色，尤其是在当下社会转型的大背景下具有独特的价值。英雄主义关乎价值体系的建构，可以为当下国家形象的构建增加文化价值的硬度与精神钙质。同时，这一对内功能还表现在人文精神的弘扬这一方面，当下在国内外所发生的一系列有损国家形象的事件，表明国民素质亟待提高，对于这一问题，李建军认为："建设优秀的、美好的国家形象，说到底，就是在现代价值理念的引导和支持下，培养和提高国民素质，建设优秀的、美好的国民形象。"③ 中国现代化的进程离不开精神的现代化，英雄主义蕴含着中华民族的精神气质，能够从不同侧面提升国人的精神境界，是民族价值观的集中体现。虽然国家形象的研究肇始于对外交流与域外传播，但尤其要关注国家形象的对内功能。"文艺是国民精神所发的火光，同时也是引导国民精神的前途的灯火。"④ 在当下精神价值多元的时代，文学实践中的国家形象尤其发挥着精神引领的独特作用，能够通过构建国家形象进而传播文化价值。

英雄主义的融入，强化了国家形象构建的主体性特征。"主体在构建国家形象中发挥着重要的基础作用，主体要有自主性，要有自身的自主性诉求。"⑤

---

① 陈彦：《讲好有价值持守的中国故事》，《人民日报》2013 年 12 月 13 日。
② 李舫：《艺术作品怎样输出国家形象》，《人民日报》2008 年 1 月 15 日。
③ 李建军：《国家形象与文学艺术》，《中国社会科学院院报》2008 年 2 月 19 日。
④ 鲁迅：《论睁了眼看》，见《坟》，北京：人民文学出版社，1980 年，第 234 页。
⑤ 周维萍：《国家形象构建中的主体性与主体间性问题研究》，见徐放鸣等《中国形象的艺术呈现研究》，南京：江苏人民出版社，2014 年，第 69 页。

具体来说，国家形象的主体性是指国家形象的呈现需要富有责任意识的建设主体，以正面的形象影响本国与他国读者。国家形象的主体性是由哲学上的主体性演化而来，主体性是源于西方哲学的重要概念，是现代哲学的基石，它与现代性相伴相生，以理性为基点，强调作为主体的"人"的能动性。后现代主义反对绝对理性的主体，以此解决主客二元对立哲学的弊端，逐渐将主体边缘化。社会转型的大背景及西方理论的涌入，使中国语境下的主体性问题呈现出复杂性，表现为一个开放的体系。进入新时期，随着改革开放的不断深化，思想解放的潮流带来对机械反映论的反拨与文学自律性的追求，李泽厚率先提出了哲学领域的主体性问题，之后刘再复倡导文学的主体性。文学主体性上承20世纪80年代"人道主义"探讨，下启90年代"人文精神大讨论"，强调对人的关注，以及发挥主体的能动性，带有强烈的思想启蒙色彩，深化了文学理论的研究，在中国文艺学学术史上具有重要意义。具体而言，国家形象的主体性分为构建的主体性和价值的主体性两部分，并且这两个部分在不同层面发挥着各自作用。

第一，国家形象构建的主体性。构建的主体性是指国家形象的呈现需要富有责任意识的创作主体，积极主动地参与到国家形象的构建中来。国家形象构建的主体性成为问题有其产生的特殊背景。历史上的中国形象长期处于被"他者"构建的地位。中国形象从最初的爱慕景仰到后来的妖魔化，再到现在的毁誉参半，而在这一历史过程中，中国只能充当一个无言的被塑造者、被构建者，默默接受西方"他者"的言说。这些不公正的对待，尤其是近代以来的"妖魔化"中国的浪潮，严重遮蔽了真实的中国形象。同时"他者形象"的流行导致严重的本土"他者化"与"异质化"的构建逻辑，"西方的中国形象支配现代中国的自我形象或自我想象，塑造中国的现代性自我。西方现代性想象正是通过中国现代思想转换成现代中国反思历史、改造现实、憧憬未来的思想视域与问题框架"[①]。这种逻辑是一种丧失主体意识的表现，使中国在国家形象塑造方面失去了言说的合法性与权威性。因而我们要坚持国家形象构建的主体性，积极构

---

① 周宁主编：《世界的中国形象丛书·总序》，北京：人民出版社，2010年，第9页。

建符合全民意识的"自我形象"来影响"他者形象"，进而努力修复中国形象。

第二，国家形象价值的主体性。国家形象价值的主体性是指以蕴含正能量的国家形象为表现内容，传播崭新的中国形象。首先，国家形象价值主体性是为了消除"他者形象"与"他者化"的后果。西方"他者"视角下被歪曲、妖魔化的中国形象使得西方读者对中国产生了误读，产生的负面影响至今仍未消除。更为严重的是，在"西方中心主义"影响下，部分中国作家逐渐"他者化"与"异质化"，虽然这也是对中国形象的一种有意构建，却陷入"猎奇"和"揭丑"的快感中。他们运用西方的文化逻辑，打着文学深刻揭露现实的幌子，大量描写落后、黑暗、腐朽及有违中国文化伦理的事物，这些都严重损害了中国形象。李朝全的专著《文艺创作与国家形象》是研究国家形象"他者化"的代表性著作，他在书中批判了这种"西方中心主义创作视角"，并认为《乌鸦》《上海宝贝》《废都》《赤地之恋》等作品都是"他者化"的典型代表。① 其次，国家形象价值的主体性可以积极影响本国国民对"自我形象"的认知。国家形象价值的主体性能够实现文学艺术所特有的审美教育功能，发挥对自己国民的启迪、提升的作用，提高国民的精神境界，提升国民文化素养与民族凝聚力，增强国家、民族认同感，构建本国的"文化核心价值观"。雷达说："就现在的文学本身而言，最缺少的是弘扬正面精神价值的能力，而这恰恰应该是一个民族文学精神能力的支柱性需求。"② 同时，当代文艺实践中的国家形象塑造存在追求个人化叙事、公共伦理缺失、审美趣味低俗、追求感官愉悦等困境③，国家形象价值的主体性在当今文坛尤为重要。"主体在构建国家形象中要进行一定的反思，其自我诉说要带有历史性和整体性，给国家形象的构建形成一个更为宏观的叙事空间，创造一个更为广阔的比较视野。"④ 这就要求我们的创作者在构建以文学为载体的国家形象时，要以正面的价值荡涤丑恶，以更为广阔的文

---

① 参见李朝全《文艺创作与国家形象》，北京：华艺出版社，2007 年，第 66~71 页。
② 雷达：《当前文学创作症候分析》，《光明日报》2006 年 7 月 5 日。
③ 参见徐放鸣、温德朝《当代文艺实践中的国家形象塑造问题》，《中国中外文艺理论研究》，北京：中国社会科学出版社，2012 年。
④ 周建萍：《国家形象构建中的主体性与主体间性问题研究》，见徐放鸣等《中国形象的艺术呈现研究》，南京：江苏人民出版社，2014 年，第 75 页。

学视野，在国家形象对外功能与对内功能这两个方面实现统一。

可以说，茅盾文学奖的英雄主义情结与国家形象的主体性实现了内在的契合。具体而言，英雄主义实现了国家形象视域下"民族灵魂的发现与重铸"，即"作为创作主体的众多作家，呼吸领受了民族自我意识觉醒的浓厚空气，日益清醒地反思我们民族的生存状态和精神状态，不倦地、焦灼地探求着处身今日世界，如何强化民族灵魂的道路"①。正如李凖在《黄河东流去》一书"开头的话"中所说："《黄河东流去》不是为逝去的岁月唱挽歌，她是想在时代的天平上，重新估量一下我们这个民族得以生存和延续的生命力量。"② 英雄背后所隐藏的民族精神，英雄身上所凝结的价值观念成为传播本国形象，以及对内实现国族认同的重要因子。茅盾文学奖的英雄主义积淀着中华民族的优秀文化品格，代表着民族的灵魂，它通过对"人"的塑造，展现维持中华民族生命力的永恒动力，并成为支撑民族历经浩劫，依然能够延续下去的灵魂支柱，同时探索了"人的现代化"之路。整体而言，茅盾文学奖通过英雄主义情结在其获奖作品中呈现了以下三种突出的民族精神。

自强不息的进取精神。自强不息是中华民族精神的重要内容，"天行健，君子以自强不息"被看作中华传统文化的核心延续至今，自强不息是一种奋发向上、不断进取的精神。自强不息作为一种理想的人生态度被提出来，随着时代的变迁，汇入民族精神的长河，激励着每个中国人奋斗不止，维系着中华民族的生存，推动着中华民族不断前行。自强不息是中华民族数千年在饱尝苦难、历经变革后，依然屹立于东方的重要原因，成为中华民族宝贵的精神财富。比如《平凡的世界》中的孙少平，不论在家劳作、外出揽工还是成为煤炭工人，总是保持一种乐观的心态。他默默奋斗，不屈从于命运，永不放弃，从不将自己的命运放在他人手中，通过个人努力去改变生活、改变命运。他成了最能引起读者共鸣的人物形象，特别受到有类似生活经历的农民工、大学生，以及通过自己的努力进入城市的农村青年的喜爱，这些奋斗者在作品中找到了他们的影子，从而产生了强烈的共鸣。《穆斯林的葬礼》中的韩新月，她从小就有远

① 雷达：《民族灵魂的发现与重铸——新时期文学主潮论纲》，《文学评论》1987 年第 1 期。
② 李凖：《黄河东流去·开头的话》，南昌：百花洲文艺出版社，1999 年，第 2 页。

157

大的理想，立志考北京大学，报考时只填写第一志愿，并且坚信自己能考上。在学校她不认为少数民族的学生就应该低人一等，她通过自己的不断努力去证明"人的灵魂是平等的"。在面对母亲的阻挠，又承受着穆斯林教义压力的情况下，依旧追求平等的爱情，在临死之前，她仍然要求将自己的校徽别在衣服上，她热爱学习，热爱自己的事业，为了自己的理想永不放弃。《天行者》中的农村民办教师，即使办学条件艰苦，却依然在这种环境中传播现代文明、播撒希望，以坚韧不拔的精神奋斗在农村教育的一线，正是这些农村知识分子的存在，给了乡村希望。

忧国忧民的济世精神。在民族危难之际，在历史的转折点，每每涌现出无数的仁人志士，在"达则兼济天下"的理想感召下，在救国救民愿望的驱动下，投身时代的洪流，他们身上闪烁着耀眼的爱国主义光芒。这一精神深深植根于中华民族的优良传统之中，成为中华民族家国情怀的独特呈现。历史上的屈原、陆游、岳飞、文天祥、顾炎武等都是这一精神的代表，在新的历史背景下，它的内涵又不断扩展着。比如《白鹿原》中的朱先生，在辛亥革命爆发后，为了稳定民心，他亲自撰写《乡约》。在面对民族大义与乡民疾苦等问题的时候，他又能够挺身而出。为了让乡民免受战乱的伤害，他冒着生命危险深入虎穴，说服方巡抚退兵。在百姓遭受饥馑的时候，他主持放粮赈济灾民，能够做到公正不阿。在抗日战争爆发时，他肩负起民族大义弃笔从戎。在对世事无能为力的战乱时代，他又能静下心来编撰县志。朱先生充分体现了儒家"内圣外王"的理想人格与"达则兼济天下，穷则独善其身"的道德修养。《东藏记》中以孟弗之为代表的知识分子，在日寇的铁蹄下，从北平避难到昆明继续办学，秉承"天下兴亡，匹夫有责"的理念，以知识分子独有的方式播撒救亡图存的希望，蕴含着浓厚的爱国主义情怀。《东藏记》刻画了每次防空警报拉响的时候都要跑去守护实验室的物理系教授庄卣辰。有次警报已经拉响，本来已经接受大家的劝告、答应跟着一起跑警报的庄卣辰，却因实验室购了两件珍贵仪器而放心不下，继续留守实验室。当日机逼近时，拿着光栅准备逃离实验室的庄卣辰差点被炸死，半截身子被埋在了土里。《张居正》中的张居正，在明后期社会弊端丛生、矛盾尖锐的背景下，推行新政。他采取一系列措施，丈量土地，改革税制，整饬吏治，即使最后是悲剧性的结局，但仍然展现了主人公"挽狂澜于既倒，扶大厦之将倾"的决心和忧国忧民的情怀。

不屈不挠的奋争精神。在苦难与灾难面前，无论天灾还是人祸，即使生活在水深火热之中，勤劳勇敢的中国人都能表现出不屈不挠的奋争精神，表现出顽强的生存毅力与坚韧不拔的民族性格。比如《黄河东流去》以国民党扒开黄河花园口大堤为叙事背景，书写了黄泛区难民的血泪史。其中的李麦、马凤英、海老清、徐秋斋等人，在饥饿与流亡的死亡线上展现出不屈的奋争精神，展现了中国农民的灵魂。《蛙》这部作品书写了中国人的生育史。小说在一群孩子吃煤的场景中拉开序幕，描写了在苦难的日子里关于吃的问题，人们在饥饿中度日，这也是莫言小说中经常出现的情节。作品描写了姑姑从"送子观音"到"杀人魔头"的角色转变过程，通过这一计生医生的悲剧人生启发国民人性层面的思考，对生命价值进行反思。作品以独特的视角考察了当代中国的计划生育政策，展现了那个特殊年代中国人在苦难中的生存精神与坚忍力，并重新审视中华民族为了生存而做出的牺牲。对外而言，虽然中华民族历来爱好和平，但是在遇到外来侵略时，在面对民族压迫时，从来没有停止过斗争与反抗。作为统一的多民族国家，中华民族在民族危亡的关键时刻，又能够做到一致对外，比如《历史的天空》《将军吟》《第二个太阳》等革命历史题材小说塑造的军人英雄就是这一精神的突出代表，他们为了民族的危亡与同胞的幸福，在战场上抛头颅、洒热血，抗争不息直至牺牲生命。

应当指出，英雄形象的塑造还有许多需要提升的地方，其中，当下很多读者与观众热爱西方英雄的程度超过东方英雄的问题（突出地体现在青少年与儿童身上），是尤其需要注意的。以塑造英雄的方式构建国家形象的时候"一方面要克服狭隘民族主义的局限，另一方面也要警惕文化殖民主义"①，我们在宣扬自身的文化个性的同时，需要克服狭隘的民族主义情绪。这种狭隘的民族主义表现为文化保守主义，它固守本民族的文化，认为本民族文化一旦对外交流就容易被外来文化同化，因此保持着一种文化的"闭关锁国"状态，通过各种

---

① 徐放鸣：《当前文学要弘扬英雄主义》，《文艺报》2009 年 3 月 24 日。

方式构建起文化"防火墙"，拒绝与其他民族文化交流。这种以自我为中心而排斥他者文化的狭隘的民族主义思想是没有出路的，不能很好地与他者文化进行交流就无法通过英雄的塑造输出本国价值观。同时，全球化背景下的文化交流还有一个值得注意的文化特征，它是一种传播西方"普世价值观"的文化全球化，在西方霸权主义国家的推进下排挤他国文化传统，妄图通过"文化软实力"实现其全球战略。国家形象的构建处于这对复杂的矛盾运动之中，这对文学实践中的国家形象构建提出了严峻的挑战。由于英雄主义带有强烈的国族与文化认同色彩，是一国价值观的突出表现。在强调英雄主义的沟通与交流的时候，强调共通性的同时，我们要对西方的文化殖民主义保持警惕，这意味着我们需要更加注重对本国英雄的塑造与对本土价值的挖掘，积极适应全球化和后现代背景下的受众需求。

茅盾文学奖的英雄主义情结以民族精神为根本内核，在国家形象对外功能实现中增加了民族精神色彩、传播了文化价值观，在国家形象对内功能实现中重铸了民族灵魂、发挥了文化认同的作用，从国家形象构建的主体性与国家形象价值的主体性两个方面实现了国家形象的主体性意义。英雄形象塑造的好坏关乎文学作品的接受程度，进而关乎英雄主义的弘扬，这要求我们要更加深入地思考英雄形象塑造的问题，以主动的塑造与正面的价值在国际交往中拥有文化自信，为国家形象增添精神钙质，同时在新的历史条件下提高民族凝聚力、提升国民素养、促进新的"文化共同体"的构建。

第三节 现实主义情结与国家形象的主体间性

现实主义情结作为茅盾文学奖中国家形象构建的另一方面，同样发挥着重要的作用。这是从大的接受角度对国家形象的一种考察。在新的时代语境下如何更好地实现国家形象的接受，继而发挥其中蕴含的能量，是非常关键并且相当紧迫的现实问题。现实主义与国家形象的主体间性有很大的相关性，国家形象的主体间性具体分为传播的主体间性（国外接受）与接受的主体间性（国内接受）。

现实主义作为近代中西文化交流中引进的重要文学概念[1]，成为中国近现代作家的一种重要情结，有其存在的深刻历史渊源。我们先从范畴的角度对现实主义做出一定的阐释，以利于下文的理解与解读，随后对茅盾文学奖的现实主义情结的表现形式予以分析，并且对存在的原因进行剖析，最后从国家形象研究的视域审视茅盾文学奖的"现实主义审美领导权"，对国家形象的主体间性问题进行较为深刻的阐发。

一、现实主义及其审美意蕴

现实主义[2]这一概念作为文学批评的重要术语，拥有广义与狭义两种内涵。广义上说，它是一种起源于西方的诗学传统，泛指文艺对现实的一种写实复现的理论；狭义上说，专指发生于 19 世纪的西方批判现实主义文学运动。现实主义在其历史发展过程中展现出较为开放的状态，有较为复杂的理论渊源与创作实践。因为先有现实主义的创作实践才有现实主义理论的发展，若要从范畴的角度对现实主义这一问题予以阐释，显然不能仅停留于共时性的分析，需要对其历史发展予以大致梳理并进行抽象概括，才能较为准确地阐释这一理论的内涵与特质。

在西方，现实主义范畴拥有清晰的发展脉络。它产生于西方历史悠久的诗学传统，可以追溯到古希腊。亚里士多德在其《诗学》中说："史诗的编制，悲剧、喜剧、狄苏朗勃斯的编写以及绝大部分供阿洛斯和竖琴演奏的音乐，这一切总的说来都是模仿。"[3] 亚里士多德的"模仿说"可以看作西方现实主义传统的重

---

[1] 对于现实主义是本土化的文学概念还是舶来品这一问题，目前学界尚存在争议。有学者从中国传统写实性文学入手对中国的现实主义予以梳理与分析。然而，亦有学者认为中国传统写实主义只是与现实主义在创作方法与风格上相似，缺少现实主义的哲学内核，因而不属于同一个范畴。本书以现实主义是一种外来引进的概念为逻辑起点，对这一问题进行阐释。

[2] 现实主义的内涵相对于上文的史诗与英雄主义呈现出更为复杂与开放的状态，学界从创作方法、文艺思潮、创作原则、美学风格或者立场等角度对其进行论述，对于这一概念众说纷纭，成了一个"无边的语义场"。鉴于此，本节无意于对现实主义做详尽的理论溯源或线性梳理，而是从范畴的角度，对其内涵与风格做宏观理论描绘（而非一种定义），从而帮助我们更好地理解茅盾文学奖的现实主义情结。

[3] ［古希腊］亚里士多德：《诗学》，陈中梅译注，北京：商务印书馆，1996 年，第 27 页。

要标志，文艺复兴时期达·芬奇的"镜子说"也是对这一传统的发展。在文学领域里首次出现现实主义这一名词则是在席勒的《论朴素的诗与感伤的诗》中，"席勒有时把朴素的诗与感伤的诗的对立看作是'现实主义'与'理想主义'的对立"[①]。这在现实主义理论的发展过程中发挥了重要作用。西方批判现实主义作为现实主义的重要继承与发展，是指 19 世纪产生于欧洲的一种文艺思潮或者创作方法。它产生于资本主义的内部矛盾，发源于法国，成为继浪漫主义之后欧洲文学的主要潮流。与法国一样，英国、俄国也是批判现实主义创作的重要基地。批判现实主义取得了丰厚的成果，比如司汤达的《红与黑》、巴尔扎克的《人间喜剧》、托尔斯泰的《战争与和平》《安娜·卡列尼娜》等都是有代表性的作品体现。随着马克思主义的传播及世界共产主义运动的发展，西方现实主义进入了革命现实主义阶段，赋予了无产阶级文学特殊的使命，社会主义现实主义成为无产阶级文学的创作方法，产生了一系列作品，比如《铁流》《青年近卫军》《钢铁是怎样炼成的》等。现实主义兴起于西方对浪漫主义的反抗，后来演变为无产阶级重要的创作方式，最后在与西方现代主义的论争中走向末路。20 世纪西方现代主义文学的繁荣与苏联、中国现实主义文学的兴盛成为世界文艺一大景观。承续苏联文艺创作精神，作为社会主义现实主义的支流并且已然本土化的中国现实主义拥有强大的生命力。由此可以看出，现实主义在其发展过程中呈现出不断变化的形态，被赋予了越来越丰富的内涵。对于这一概念，从抽象的角度可以提取出几种比较重要的审美特征。

首先，现实主义以客观真实性为根本原则。不论西方古代现实主义还是近代反抗浪漫主义的批判现实主义，都将客观真实性当作根本追求，尤其是批判现实主义。韦勒克认为："它排斥虚无缥缈的幻想、排斥神话故事、排斥寓意与象征、排斥高度的风格化、排除纯粹的抽象与雕饰，它意味着我们不需要虚构，不需要神话故事，不需要梦幻世界。"[②] 以客观真实性戳穿浪漫主义伪饰现状的虚假面具，揭露现实，为弱势群体发声，显露出人道精神。对于现实主义的客观真实性问题，卢卡契也进行了深入的研究。他论述马克思主义美学时指出，

---

① 朱光潜：《西方美学史》，北京：人民文学出版社，1963 年，第 452 页。
② ［美］韦勒克：《批评的诸种概念》，丁泓、余徽译，成都：四川文艺出版社，1988 年，第 230 页。

"艺术的任务是对现实整体进行忠实和真实的描写"①，提出以整体的视角反映社会的观点。别林斯基确定了现实主义的重要理论原则，如文学真实性、典型性与完整性，对于真实性问题，他认为文学要反映现实生活，按照实际生活的原样对现实进行真实的描写。②真实客观地再现社会现实，是现实主义的意义所在。

其次，现实主义以典型性为美学风格。现实主义的典型性本质上可以说是有关人物形象塑造的普遍性与特殊性的关系问题。黑格尔的关于性格普遍性与特殊性的"整一性理论"③成为典型论的重要美学基础。恩格斯在给哈克奈斯的信中说道："据我看来，现实主义的意思是，除细节的真实之外，还要真实地再现典型环境中的典型人物。"④"典型环境"与"典型人物"成为现实主义典型性的基本构件，也是马克思主义文艺理论对现实主义理论的重要贡献。对于现实主义的典型性问题，别林斯基认为："典型性是创造的基本法则之一，没有它就没有创造……必须使人物一方面成为一个特殊世界人们的代表，同时还是一个完整的、个别的人。"⑤别林斯基采用了与黑格尔类似的研究思路，他强调现实主义的典型性可以是共性与个性的统一，是"熟悉的陌生人"。典型性虽然不是所有现实主义文学都具有的特征，却是现实主义的重要风格，典型理论深刻影响了批判现实主义及其后的现实主义文学。

最后，现实主义以批判性为思想核心。现实主义具有天然的批判性，成为文艺干预现实的重要方式，在批判现实主义文学中表现得尤为突出。这与其产生的时代背景有很大的关系。西方资本主义制度建立之后，"现代性"获得快速发展，资本主义的阴暗面也逐渐暴露，新的剥削与对金钱最大化的追求使人们陷入了精神危机，启蒙主义所倡导的理想幻灭，加上科学技术的发展，唯物主义认识反映论与实证主义哲学也影响到现实主义，人们开始反抗空幻的浪漫

① ［匈］卢卡契：《马克思、恩格斯美学论文集引言（1945）》，严宝瑜译，见中国社会科学院外国文学研究所外国文学研究资料丛刊编辑委员会编《卢卡契文学论文集》（一），北京：中国社会科学出版社，1980年，第288页。

② 朱志荣：《西方文论史》，北京：北京大学出版社，2007年，第228页。

③ ［德］黑格尔：《美学》第一卷，朱光潜译，北京：商务印书馆，1979年，第307页。

④ ［德］恩格斯：《致玛·哈克纳斯的信》，见中共中央马克思恩格斯列宁斯大林著作编译局编《马克思恩格斯选集》第4卷，北京：人民出版社，1972年，第462页。

⑤ ［俄］别林斯基著，别列金娜选辑：《别林斯基论文学》，梁真译，上海：新文艺出版社，1958年，第121页。

主义，以冷静的目光关注现实的丑恶，现实主义作家也往往采用暴露现实的方式反映社会。现实主义是对现代性所带来的灾难的批判，具有"锋利的唯理主义和批判精神"①。现实主义注重对社会现实与人生的关怀，批判的背后往往暗合着正面价值的弘扬，批判性成为现实主义的思想灵魂。

二、茅盾文学奖的现实主义情结

新时期以来，经历了"现实主义回归""现实主义过时论""现实主义冲击波"等曲折的发展路径，面对西方各种文艺思潮的冲击，现实主义依然固守着一片天地，并在茅盾文学奖评选中坚守着，成为主流文学推崇的一种创作方法，并引导着当代文坛的审美观念。同时，它成为反对者质疑茅盾文学奖价值的一个很重要的方面。茅盾文学奖的现实主义情结与史诗情结有相似的产生背景，与英雄主义中的功利主义文学观亦有相通之处。回到中国的语境看待现实主义情结，可以说它有着更为内在的原因。

茅盾文学奖的现实主义情结其实是百年中国文学现实主义情结的一种延续。在世界文艺的发展历程中，现实主义出现了诸多的历史嬗变和较大的争议，而在当代中国，不同时期对现实主义的理解也不同。②在中国现代批评中也形成了现实主义的不同类型，主要有茅盾的人生现实主义、周扬的政治现实主义、胡风的伦理现实主义，这三种现实主义又有各自的独特性。③现实主义作为一个舶来品，曾被中国数次引进。20世纪初，东西方文化发生碰撞，在救亡图存的社会背景中，文化领域的知识分子赋予了中国文学改良政治、变革社会的功用，西方现实主义关注社会现实的精神迎合了时代的需要，成为知识分子干预社会的一种重要方式。现实主义以日本文学为中介，伴随着五四新文化运动的浪潮传入中国，成为我国文艺界的主流。这一时期，文学研究会提出了"文学为人生"的主张，随后中国左翼作家联盟也继承了这一主张并将其深化。

---

① ［苏］高尔基：《论文学》，孟昌、曹葆华、戈宝权译，北京：人民文学出版社，1978年，第336页。
② 参见张宏《论现实主义创作在中国的历史嬗变与当下意义》，《文学评论》2010年第2期。
③ 参见刘锋杰《中国现代批评中的现实主义三类型——茅盾、周扬与胡风比较谈》，《海南师院学报（人文社会科学版）》1996年第4期。

1927 年后，由于国内政治环境的变化，源于苏联国内被称为无产阶级现实主义，带有革命文学色彩的新写实主义应运而生，中国的现实主义文学逐渐形成了启蒙现实主义与社会分析现实主义两种传统。随着国际无产阶级运动的日渐壮大，20 世纪 30 年代，在苏俄文学的影响下，所引进的苏联社会主义现实主义又丰富了中国现实主义文学的内涵。新中国成立后，现实主义文学作为主流文学存在着，20 世纪 50 年代又提出了"革命的现实主义要和革命的浪漫主义相结合"的创作方法，为现实主义加入了浪漫主义的色彩。"文化大革命"时期，现实主义成为政治运动的工具，使得现实主义的精神被扭曲和异化。新时期以来，现实主义实现了回归，出现了伤痕文学、反思文学、改革文学等文学现象，并且深入反思文学与政治的关系。茅盾文学奖便承续了新时期现实主义文学的精神内核，并且在评奖的实践中不断发展着这一文学传统，逐渐把它沉淀为自身的审美特性。

　　茅盾文学奖显示出对现实主义的绝对偏好，从十届茅盾文学奖获奖作品中可以看出，它们基本都以现实主义为主要创作方法。[1] 虽然茅盾文学奖通过历届文学评奖实践，拓展了现实主义的文学传统，具体表现在重铸现实主义的精神主题、扩展现实主义文学的题材领域、构建新的现实主义人物谱系、对典型人物塑造进行突破、对文学真实性进行拓展等方面[2]，但茅盾文学奖的现实主义情结仍饱受质疑。更为有趣的是，虽然受到诸多挑战，它却表现出比茅盾文学奖的史诗情结与英雄主义情结更为旺盛的文学生命力。因而有必要对茅盾文学奖获奖作品中的现实主义问题进行历时性的梳理与分析。

---

[1] 茅盾文学奖以现实主义为主要创作方法的作品列举如下。第一届：周克芹《许茂和他的女儿们》、魏巍《东方》、莫应丰《将军吟》、姚雪垠《李自成》（第二卷）、古华《芙蓉镇》、李国文《冬天里的春天》；第二届：李準《黄河东流去》、张洁《沉重的翅膀》（修订本）、刘心武《钟鼓楼》；第三届：路遥《平凡的世界》、凌力《少年天子》、孙力和余小惠《都市风流》、刘白羽《第二个太阳》、霍达《穆斯林的葬礼》；第四届：王火《战争和人》（一、二、三）、陈忠实《白鹿原》（修订本）、刘斯奋《白门柳》（一、二）、刘玉民《骚动之秋》；第五届：张平《抉择》、王安忆《长恨歌》、王旭烽《茶人三部曲》（一、二）、阿来《尘埃落定》；第六届：熊召政《张居正》、张洁《无字》、徐贵祥《历史的天空》、柳建伟《英雄时代》、宗璞《东藏记》；第七届：贾平凹《秦腔》、迟子建《额尔古纳河右岸》、周大新《湖光山色》、麦家《暗算》；第八届：张炜《你在高原》、刘醒龙《天行者》、莫言《蛙》、毕飞宇《推拿》、刘震云《一句顶一万句》；第九届：格非《江南三部曲》、王蒙《这边风景》、李佩甫《生命册》、金宇澄《繁花》；第十届：梁晓声《人世间》、徐则臣《北上》、陈彦《主角》、李洱《应物兄》。只有 4 部作品算不上主要以现实主义为创作手法。

[2] 参见张旭《论茅盾文学奖获奖作品的现实主义特质》，沈阳：沈阳师范大学硕士学位论文，2012 年。

　　茅盾文学奖第一届与第二届评奖期间，新时期文学正处于"现实主义回归"阶段，为了打破政治对文学的桎梏，破除"三突出"等"左"的文艺观念，还原现实主义的精神特质，伤痕文学、反思文学与改革文学等文学流派渐次出现。第一、第二届茅盾文学奖获奖作品客观反映了当时的文学走向，比如《许茂和他的女儿们》真实揭露了"文化大革命"给农业生产带来的破坏，以及在农民精神上留下的创伤；《沉重的翅膀》关注现实社会的改革，直面改革中的尖锐矛盾，并对改革的阻碍因素进行了批判。虽然这类作品仍然带有一些政治色彩，但在一定程度上还原了现实主义创作原则的本来面目。第三届茅盾文学奖之后，评奖开始引发争议。尤其是第三届与第四届茅盾文学奖，这两届茅盾文学奖除极个别的作品有所创新外，比如《白鹿原》使用了魔幻现实主义的创作手法，获奖作品整体表现出对现实主义的坚守，这使得很多人日益对茅盾文学奖感到失望，认为它已经严重滞后于当时的文学潮流。因为在这一时期，西方文艺思潮随着改革开放的深化而涌入国门，超现实主义、新新闻主义、象征主义、意识流小说、魔幻现实主义、存在主义、表现主义等西方现代主义文艺话语强烈冲击着传统的现实主义创作观念，在为中国文学带来新的创作观念和文学形式的同时，与中国的现实主义传统产生了冲突。这些眼花缭乱的西方现代文艺话语使中国作家晕头转向，一时间"趋之若鹜"，不少作家逐步抛弃文学"写什么"的理念，开始转向对"怎么写"的研究，所以1985年也有文学研究"方法年"之称。作家的关注重点逐步从文学的"内容"转向"形式"，"现实主义过时论"一时甚嚣尘上。在这种时代背景下，可以看出第三届与第四届茅盾文学奖的现实主义倾向仍然相当明确。虽然从第五届茅盾文学奖开始，获奖作品逐渐显现出开放性，甚至为了缓解茅盾文学奖历来的争议，茅盾文学奖的评奖组织机构放下身段寻求一种平衡，比如：包含多种艺术元素，凭借同名电视剧的影响力与良好读者口碑入围的畅销书《暗算》进入新世纪之后获得了第七届茅盾文学奖。即便如此，茅盾文学奖仍是以现实主义为主体，每一届茅盾文学奖都有多部获奖作品延续着现实主义的品格，如第五届的《茶人三部曲》、第六届的《张居正》、第七届的《湖光山色》、第八届的《天行者》等，这些都是传统现实主义创作手法的代表，可以说现实主义已经内化为茅盾文学奖的审美特质。

新时期以来，中国文学有两条显著的发展脉络：一是现代主义实验的兴盛，二是现实主义创作的坚守。从茅盾文学奖的现实主义获奖作品中，我们也可以看出创新因素的融入，比如：《白鹿原》《额尔古纳河右岸》《蛙》中的魔幻现实主义；《冬天里的春天》中的意识流；《无字》中的象征主义；《平凡的世界》中的心理现实主义等，这些具有现代主义色彩的文学创作手法也极大地丰富了茅盾文学奖美学。除此之外，也出现了几部纯文学作品，比如《尘埃落定》《长恨歌》《穆斯林的葬礼》《你在高原》等。

三、国家形象视域下的"现实主义审美领导权"

用文学这一"世界语言"讲好中国故事是一个非常复杂的问题，它不只涉及创作问题，还包括更为现实的国家形象接受问题。对于文学接受问题，接受美学代表人物姚斯认为："在这个作者、作品和大众的三角关系之中，大众并不是被动的部分，并不仅仅成为一种反应，相反，它自身就是历史的一个能动的构成。"[①] 文学接受的对象具体分为一般读者、批评家，接受者的作用非常重要，每一部文学作品都只是在被读者、听众等接受者接受之后才成为现实的作品。文学文本"召唤"读者根据自己的阅读习惯、审美经验、期待视野对文本进行"填空"，进行"二度创作"，产生"第二文本"，最终完成文学接受活动。由此可见，读者既有的阅读基础将对文学接受产生非常大的影响，甚至是实现文学活动的关键所在。接受美学理论的这一逻辑起点也为我们研究国家形象的接受问题提供了启示。

国家形象的接受对于每个国家而言都是值得关注的问题，只有实现国家形象的有效接受，才能够更好地释放国家形象所蕴含的能量，从而有效传播本国价值观。例如上文涉及的美国英雄，先撇开美国电影的质量不谈，他们在形象接受方面也有很多成功的模式值得借鉴。比如，美国依托先进的科学技术、雄厚的产业基础及规模化的影视基地，所拍摄的电影往往在特技、音效等方面占有领先地位，其科幻、动作等类型影片往往能给他国观众带来强

---

① ［德］姚斯、［美］霍拉勃：《接受美学与接受理论》，周宁、金元浦译，沈阳：辽宁人民出版社，1987年，第24页。

烈的视觉震撼，在当下"读屏时代"常常获得比较高的票房。除此之外，美国的"超级英雄"电影在拍摄之前就有了很好的文本接受，其中漫威漫画公司便具有代表性，蜘蛛侠、钢铁侠、美国队长、雷神托尔、绿巨人等"超级英雄"就是在漫画的基础上拍摄而成的，借助新的媒介，他们逐渐成为世界观众心中美国英雄的代表。在这个层面上讲，国家形象接受程度直接关涉国家形象的整体性构建，具有极其重要的实践意义。本书仅从广义的读者接受角度，考察现实主义情结在构建国家形象方面的重要现实意义，并对国家形象的主体间性问题进行分析与阐释。

本章第二节分析了国家形象的主体性问题，而国家形象的构建不只取决于此，更要关注创作者与接受者双向的主体间性。国家形象的主体间性这一概念是指在国家形象的构建中要关注接受主体，以更易于为他国接受者与本国读者所理解的内容和形式来塑造本国形象，最终形成国家形象的构建主体与接受主体之间的良性互动关系。主体间性本是哲学概念，后来引入文学研究中。我们将主体间性理论引入用来观照国家形象接受问题，可以具体分为国家形象传播的主体间性与国家形象接受的主体间性两个方面。

第一，国家形象传播的主体间性。国家形象传播的主体间性是指为了实现国家形象的对外功能，以全球化为视域进行域外输出时，需要关注他国接受主体，以他国读者更易理解与接受的方式进行推广，与域外进行跨文化接轨、展开对话、丰富全球国家形象体系。中国形象的传播是实现国家形象对外功能的保障，之所以提出国家形象传播的主体间性，在于中国形象域外传播存在困境。其原因如下：一是异质文化之间的交流障碍。产生于不同"土壤"上的文化，由于特定的地理、历史、传统的不同而在国民文化心理方面表现出非常大的差异，异质文化之间的交流往往存在巨大的障碍，以文学为载体的国家形象同样如此。二是文学作品价值深度的缺失。这里所谓的价值深度指的是文学所蕴含的关乎人性、指向人类生存、展示现代性思考的思想价值。文学作品作为中国形象域外传播的重要载体，需要拥有较为深刻的思想内涵，以其为载体的国家形象才能够得到有效传播，才可能在域外传播中获得认同。目前部分文学作品的思想深度欠缺，成为以其为载体的国家形象传播受阻的重要原因。

　　既然国家形象的传播存在这种困境，需要从理论的角度予以考量，结合茅盾文学奖的现实主义情结，应从技巧与内容两个角度进行思考。首先，国家形象传播载体"他国化"的输出策略。曹顺庆的"他国化"概念本是用来分析文学在异质文化中的变异情况，也成为构建软实力的一种方式，其中"送去"的策略包括对文学作品的语言进行他国化、对某些文化事物与文化意象等进行他国化、根据接受国读者的兴趣进行他国化。[①]而应用于国家形象领域，则可以理解为在国家形象域外传播中，需要努力将文学作品进行转化，尽量符合他国的文化特质、文化习惯，这样才能降低在异质文化中的传播阻力，这种"他国化"策略又要求我们更加注意文学作品的外译工作，"探讨如何从翻译层面解读、再现并重构作品中的形象，实现中国现代文学英译在构建国家形象中的积极作用具有现实意义"[②]。比如莫言获得诺贝尔文学奖，除了作品本身的思想价值，"翻译"也发挥了巨大的作用。其次，国家形象"共同美"的追求。对于这一问题，有学者指出，"中国文艺要以关注现代生存这个'共同的文艺'为基点展开形象塑造，以此展现民族形象和国家形象，并实现与世界的融通"[③]。也有学者认为，"要进行文化反思，这种反思是对民族文化精神和民族良心的拷问，也可以说在当代文艺实践中重塑国家形象是'现代性'的建构过程"[④]。这就要求我们的作家拥有国际视野，而不是仅仅局限于"小我"，只有如此才能为人类文明贡献中国人的思考，与世界文明产生共鸣、形成"和声"，实现与"他者"文化和"他者"形象的相互沟通与理解。如上文所述，现实主义具有批判性与反思性，又由于"现实主义是现代性获得迅速发展时代的文学思潮，是对现代性的第二次反抗"[⑤]，从这些角度考察茅盾文学奖的现实主义，可以看出其中的一致性。比如茅盾文学奖获奖作品《蛙》"以一种悲悯的情怀从生存

① 参见董首一、曹顺庆《"他国化"：构建文化软实力的一种有效方式》，《当代文坛》2014年第1期。
② 张乐金《论〈长恨歌〉英译本中女性形象的跨文化构建策略》，见徐放鸣等《中国形象的艺术呈现研究》，南京：江苏人民出版社，2014年，第214页。
③ 徐放鸣、张玉勤：《我们的文艺如何面对中国的"形象焦虑"》，《文艺报》2007年3月6日。
④ 周建萍：《中国当代文艺实践与"国家形象"建构中的"自我"与"他者"》，《江苏师范大学学报（哲学社会科学版）》2013年第5期。
⑤ 杨春时：《文学思潮：一种现代性的反应》，《粤海风》2006年第4期。

和发展的视角去观照计划生育，以反思的态度提供对计划生育过程更多的阐释可能，从而赋予读者对国家形象更深刻的想象和理解"①。《蛙》展现了莫言的现代性思考与忏悔意识。在生育政策发生重大变化的时代，"生育"既成为人们获得子嗣的途径，也成为一些人牟取暴利的手段，最终酿成了一出"现代性"悲剧，导致陈眉母子的分离。书中的现代性思考，尤其是与其他民族共通的忏悔意识，无形中提高了《蛙》的文学价值。在西方基督教教义中每个人都有"原罪"，人只能等待最后的末日审判，才会最终得到救赎。而莫言通过最后一幕话剧告诉我们，罪恶是不会得到赦免的，人只能永远忏悔下去，这种忏悔意识实现了《蛙》与世界文学对话的可能。还有《尘埃落定》，阿来使用"跨族别写作"的方式，自由穿梭于异质文化之间，使得这部小说具有强烈的寓言色彩，作品通过对尊严的肯定表现了"普遍的人性指向"，显示出国家形象构建的立场与终极关怀，这种"普遍的人性指向"观照的是人类的现实生存，它犹如一座桥梁，为异质文化之间的交流提供了条件。阿来在《尘埃落定》中用权力寓言肯定了人的尊严，挖掘到了人类所共有的、普遍关注的事物，从而获得了成功。所以说，这种对共同美的追求有利于我们"在倡导文化多元共生的全球化视野中构建自己国家的文化形象——民族性与世界性相融通的文化形象"②，有利于我们传播本国形象和本民族文化价值。

第二，国家形象接受的主体间性。国家形象接受的主体间性是指为了实现国家形象的对内功能，在更广的范围发挥国家民族认同的价值，实现对国民提升、启迪的作用，需要采用更易使读者接受的策略，其中也包括"形象批评"这一特殊接受形式。国家形象问题的提出虽然是为了扭转"他者"形象的误读，但是对于茅盾文学奖获奖作品中的国家形象的功能而言，在目前的中国语境下，并参照中国文学的域外传播状况，它的对内价值要远远大于对外价值。之所以重视国家形象接受的主体间性问题，是因为国家形象的内部接受也面临着困境。其中原因如下：一是国家形象现实性的缺失。国家形象需要生动反映现实的中国，目前部分作家的创作素材却不是来自社会生活，存在"闭门造车"的问题，

① 郝敬波：《〈蛙〉：小说叙事与国家形象》，《江苏师范大学学报（哲学社会科学版）》2013年第5期。
② 徐放鸣：《国家形象研究视域中的"形象诗学"》，《江海学刊》2013年第4期。

使得部分作品反映现实的力度欠缺，无法贴近读者的生活实际，使得读者在阅读中产生接受障碍。二是当代语境下接受主体地位的改变。在商业化浪潮中，在后现代思潮的影响下，读者群体的审美趣味日益多元，接受的自主权日益扩大，文学逐渐失去了中心地位，而新媒体的发展、图像时代与以微博、微信、微电影等为代表的"微"时代的到来，更对读者的"浅阅读"起了推波助澜的作用。而在创作者与接受者之间的双向互动中，部分作家逐渐失去主体性地位，慢慢抛弃了文学的超越性品质，最终成了市场的附庸。

任东华认为茅盾文学奖坚守现实主义的一个不容忽视的原因就是"读者对现实主义的主导接受"[1]。上文已经分析了接受美学相关理论，从这个角度讲，茅盾文学奖的现实主义品格在国家形象接受方面具有先天优势。从源头上看这一问题，可以说，现实主义文学与中国文学传统中的现实主义观念有内在的亲和力，与中国实用主义文学观有相通之处，现实主义作品的民间立场往往带给读者一种亲切感。此外，虽然改革开放后，涌入国门的现代主义与后现代主义作品给中国文坛带来了新鲜空气，但是"就鉴赏主体的总体来考察。应该说，中国的鉴赏者对于西方现代派作品的欣赏是存在困难和障碍的"[2]。现实主义侧重的"写什么"与现代派文学关注的"怎么写"在一定程度上存在冲突，所以中国语境下对现实主义的接受基础直接影响着当下的创作环境，影响着文学实践中国家形象的构建与研究。

由于国家形象对内功能的属性，要求国家形象有较为广泛的接受对象，在现实主义视野下深入思考国家形象接受的主体间性存在的困境，具有重要的现实意义。对于当下作品现实性缺失的问题，需要通过弘扬现实主义精神予以解决。现实主义的精神就是促使作家深入现实，贴近百姓生活，这样才能有利于读者接受，否则作品只能被束之高阁，无法完成文学接受，更无法实现国家形象的对内功能。比如荣获第三届茅盾文学奖的《平凡的世界》，这部作品描写了中国改革开放最初十年农民生活的变迁过程及十年中国形象的演变历程。更为引人瞩目的是从该书问世至今一直受到读者青睐，成为常销书，这部小说从

① 任东华：《茅盾文学奖研究》，北京：中国社会科学出版社，2011 年，第 69 页。
② 徐放鸣：《审美文化与形象诗学》，南京：江苏人民出版社，2008 年，第 118 页。

面世至今，在大部分中国当代文学作品接受调查中都居于首位。[①] 然而与之相悖的是路遥从中国当代文学史叙述中"消失"了，进入 21 世纪，路遥在文学史中的地位逐渐引起学者的关注并有所好转，《平凡的世界》这部作品在文学史中也占有了一席之地[②]，据此改编的同名电视剧也获得好评。《平凡的世界》的成功接受也成为研究者反驳茅盾文学奖获奖作品不受读者欢迎这一言论的重要证据。这部作品成功的原因在于作者的现实主义精神，路遥将自己的创作立足于现实生活。在路遥看来，现实主义不仅是一种创作方法，更是一种理念、一种精神，作家应该将现实生活与自身体验相结合进行创作。路遥以近乎透支生命的方式，艰苦地创作《平凡的世界》。他翻阅了十年间的《参考消息》《人民日报》等报刊，走遍学校、矿区、集市，深入基层搜集写作素材。《平凡的世界》第三部涉及矿工的生活，为了更为生动地展现底层生活状况，路遥深入矿区与矿工一起生活，与矿区医院的病人在一个灶上吃饭，恶劣的饮食外加复杂的脑力劳动都在慢慢摧残着路遥的身体。也正是因为路遥的创作来源于现实，《平凡的世界》才能更加贴近生活，贴近大众的审美趣味、接受水平，符合读者的阅读经验期待视野，从而获得了打动读者的"金钥匙"。正如陆贵山所言，国家形象构建要"以现实主义与理想主义情怀烛照现实生活。坚持贴近实际、贴近生活、贴近群众的创作原则"[③]。文学构建的国家形象应是承载正能量的国家形象，因此其立场就不能只是精英主义的，因为文艺构建的国家形象旨在被读者阅读，并在文学接受发生时释放它所蕴含的能量，而不是被置诸高阁。这就不可避免地需要广泛的接受群体，因而在构建国家形象时要充分考虑到读者的审美趣味与接受能力，以朴素、大众的创作手法与读者产生对话，搭起作家与读者之间的桥梁，使读者更加容易接受。文艺只有从大众立场出发，本着深入生活的原则，所构建的国家形象才能更加贴近读者的阅读经验，才有可能在

---

① 例如 "1978—1998 大众读书生活变动调查"、1998 年的 "茅盾文学奖获奖作品调查"、1999 年的 "感动共和国 50 本书" 等调查。

② 例如 2000 年出版的郑万鹏的《中国当代文学史——在世界文学视野中》，2004 年出版的黄修己主编的《20 世纪中国文学史》等文学史。

③ 温德朝：《徐放鸣教授主持的 2012 年国家社科基金重点项目"中国当代文艺实践中的国家形象构建研究"隆重开题》，《江苏师范大学学报（哲学社会科学版）》2013 年第 1 期。

接受层面获得成功。

在国家形象接受的主体间性中还存在"形象批评"这一特殊问题。文艺批评作为一种特殊的接受方式，是文学活动的重要组成部分，既推动文学创作又影响文学的接受，起着桥梁与纽带的作用。文学中的国家形象构建为文学创作提供了新的维度，关于国家形象的批评显然不能仅仅局限于过去对文学作品文学性与思想性进行批评的单一范畴内，文学作品是否积极构建国家形象、构建了什么样的国家形象、构建的国家形象的接受程度，以及文学作品构建国家形象的审美规律、传播特性、形象谱系等问题理应成为一个新的批评方向，并通过这种批评话语逐步化解现实主义与现代主义之间的矛盾，帮助国家形象接受走出困境。随着国家形象研究的逐步深入，更需要我们进一步探索"形象批评"发展的新维度，思考文艺批评的新方向。

除此之外，对国家形象而言，不论国内接受还是国外接受，都需要"着力探讨文学与其他艺术在艺术生产上的有效协同创新机制"[1]。比如在图像时代，如何利用新媒体，实现从"文学经典"到"影视经典"的转化，将文学所蕴含的价值转移到影视作品中，以适应当下读者的接受需求，促进中国形象的接受，这也是国家形象接受需要考虑的问题。此前，茅盾文学奖中《白鹿原》《平凡的世界》《芙蓉镇》《历史的天空》《抉择》《穆斯林的葬礼》《暗算》《推拿》等作品都曾拍摄成影视剧，其中电影《白鹿原》获得第62届柏林国际电影节最佳摄影银熊奖，并获金熊奖提名，电影《推拿》在第64届柏林国际电影节入围主竞赛单元金熊奖并最终获得最佳艺术贡献（摄影）银熊奖。这些改编自茅盾文学奖优秀作品的电影，大大促进了国家形象的传播与接受。在新的历史语境下，如何有效地运用新媒体，利用好视觉文化的优势提高国家形象的接受度，是一个需要研究者予以关注与思考的新课题。

现实主义在中国发展的过程中逐渐本土化，并成为中国现当代文学中一个非常复杂的问题。在当下中国语境下，茅盾文学奖必然选择以现实主义为"体"，并批判接纳现代主义或后现代主义为"用"[2]。由于茅盾文学奖的官方专

---

① 徐放鸣：《文学的使命与中国梦》，《文艺报》2014年2月10日。

② 参见任东华《茅盾文学奖研究》，北京：中国社会科学出版社，2011年，第68页。

家奖的性质，即使在其美学风格日趋多样、现实主义领导权不断弱化的背景下，现实主义依旧会在茅盾文学奖中处于主导地位。现实主义能够较好地解决当下文学远离社会生活的弊端，有利于国家形象的接受，因而在当代文学实践中我们要努力弘扬现实主义的优良品格，促进国家形象构建中主体间性的实现。

第九章　茅盾文学奖获奖作品构建国家形象的
　　　　　文本分析

　　在本书第八章中，我们已经对茅盾文学奖获奖作品所构建的中国形象从整体上做了分析，提炼出史诗情结、英雄主义情结和现实主义情结来凸显茅盾文学奖作品的审美特质。本章将进一步以五部茅盾文学奖获奖作品为案例做文本分析，观察其中构建中国形象的审美风貌和文本策略，从而实现对文学作品塑造国家形象的审美规律的深度阐释。

第一节　"《平凡的世界》现象"与国家形象的现实性构建

　　路遥的《平凡的世界》自问世以来，在它的接受史上形成了一种独特的"读者、主流价值与学术界意见分歧"的文学现象，被称为"《平凡的世界》现象"，或称"路遥现象"。这一现象持续了二十多年，已引发学界对路遥文学史地位的重新讨论。美国学者艾布拉姆斯在《镜与灯——浪漫主义文论及批评传统》一书中提出了文学四要素的观点："文学作为一种活动，总是由作品、作家、世界、读者等四个要素组成的。"① 在接受美学看来，作为文学四要素之一的读者，是一部作品价值及价值大小的决定性因素。《平凡的世界》保持了长久的热度，荣获第三届茅盾文学奖，并受到读者的普遍认可。从读者接受的角度看，《平凡的世界》可以说是一部经典之作，它却没有得到文学史家与文艺批评家的肯定，出现了"冰火两重天"的接受状况，这一现象值得我们深思。

国家形象具体分为对内形象与对外形象。对内形象可以"对自己的国民有着影响、凝聚、启迪、提升的作用"②。从国家形象构建的角度看，《平凡的世界》塑造了改革开放初期的青年形象，并通过这些形象弘扬了自强不息的奋斗精神与正直善良的道德情操，成为激励万千青年面对困境奋斗不息的励志之作。应该说《平凡的世界》是文艺构建国家对内形象的成功实践，协调了国家形象构建的主体性与主体间性的关系。在新的语境下，对"《平凡的世界》现象"原因的重新审视，可以为文艺实践中的国家形象构建提供有益的启示，解决研究者在国家形象的功能、立场、构建方法等方面的困惑。

一、国家形象研究视域下"《平凡的世界》现象"再思考

《平凡的世界》这部路遥用生命写成的代表作，以榜首的位置获得了第三届茅盾文学奖。更加难得的是，它经受住了时代的考验，在各种新潮作家和新潮作品层出不穷的市场经济环境下，仍然能够不断地再版，赢得了主流话语与读者群体的双认可，成为常销书。从这部小说面世至今，有研究者在不同的时期做过多次调查，如"1978—1998 大众读书生活变动调查"、1998 年的"茅盾文学奖获奖作品调查"、1999 年的"感动共和国 50 本书"等调查，《平凡的世界》的排名都很靠前。我们在国内多所高校网上图书馆借阅系统搜索到的借阅、浏览排行榜，显示《平凡的世界》同样是热门图书。《平凡的世界》以独特魅力受到读者的热烈欢迎。路遥在作品中所塑造的人物形象，特别是孙少平的形象，已经深深刻在民族的记忆深处，成为改革开放初期青年形象的代表，激励着一代代的青年正确面对苦难，努力追求美好的生活。在读者群体中拥有深远影响

---

① 童庆炳主编：《文学理论教程》，北京：高等教育出版社，2008 年，第 3 页。
② 徐放鸣：《国家形象研究视域中的"形象诗学"》，《江海学刊》2013 年第 4 期。

的《平凡的世界》，默默地为我们展现着它的"不平凡"。在中国当代文学史中，《平凡的世界》成为极少数能够被读者长期热读的新时期文学作品。

然而与之相悖的是，路遥从中国当代文学史著作中"消失"了。在很多文学史著作中，找不到关于作家路遥的介绍和评论。文学研究者、评论家和21世纪以前影响较大的当代文学史著作对《平凡的世界》这部小说"集体失声"了。进入21世纪，路遥在文学史中的地位逐渐有所好转，《平凡的世界》占有了自己的一席之地。这样一种"热"与"冷"的对比构成了"《平凡的世界》现象"，使得路遥在中国当代文学史中处于一种"失重"的状态。可以说，《平凡的世界》这部小说获得主流话语与读者群体认可的原因，在一定程度上也恰恰是路遥在文学史中处境尴尬的原因。

《平凡的世界》在弘扬主流价值与拥有广泛读者群体这两方面的成功实践很值得研究。随着政治与文学关系的改变，以及读者审美趣味的多元化，主旋律作品在当今消费时代常常面临一种曲高和寡的尴尬境地。而《平凡的世界》是如何做到既在创作层面写出了鼓舞人心的主旋律作品，体现了主流价值观并获得了茅盾文学奖，又在接受层面赢得广泛读者的呢？在国家形象研究视域下，这是一个值得深思的现象。因为文艺实践构建国家形象，不是要将它束之高阁的，而是要充分发挥国家形象的对内功能，从这一意义上说，《平凡的世界》是国家形象构建方面一个成功范例。因为文艺实践所构建的国家形象，既是主体性的又是主体间性的。国家形象构建的主体性，表明国家形象的构建需要有自觉意识的创作主体，在文艺实践中积极主动地构建能够提高民族凝聚力、鼓舞人心、给人正能量的国家形象，从而发挥国家形象的对内功能，《平凡的世界》塑造的青年形象就体现了国家形象构建的主体性特征。国家形象构建的主体间性，说明文艺实践构建国家形象时要充分考虑到接受主体，使文艺构建的国家形象更易于读者接受、理解，《平凡的世界》拥有众多读者并且被长期热读，则体现了它在构建国家形象主体间性方面的成功。所以说，"《平凡的世界》现象"从产生的那刻起就拥有很高的研究价值，体现了国家形象构建的主体性与主体间性的高度统一。

二、"《平凡的世界》现象"与国家形象构建的内在关联

在中国当代文学史上，像《平凡的世界》这种既能给人强烈的心灵震撼、鼓舞读者奋发向上，又能在读者群体中产生深远影响的作品，并不多见。当下人们的审美趣味也日趋多元化，阅读动机日益功利化。在众声喧哗的文坛，作家将何去何从，文学创作是自律还是他律，是要积极承担社会责任还是一味地从事个人化写作，是盲目追赶潮流还是固守自我审美个性，在市场经济的大潮中又要何去何从等，这些问题无不考验着当代作家。"《平凡的世界》现象"可以作为一座灯塔，给处于现代性焦虑的当代文学指引方向。虽然《平凡的世界》"是道德叙事大于历史叙事的写作，是激情多于思想的写作，是宽容的同情多于无情的批判的写作，是有稳定的道德基础但缺乏成熟的信仰支撑的写作"①。但是，这些不足之处并没有影响读者对它的喜爱。《平凡的世界》这部小说之所以受读者欢迎，在很大程度上来源于作品所弘扬的自强不息的精神、对善良道德的呼唤，以及民间创作立场与现实主义品格。这和国家形象构建的主体性与主体间性具有高度的内在关联。

首先，自强不息的精神、对善良道德的呼唤与国家形象构建的主体性。《平凡的世界》长期受读者欢迎，很重要的一点就是小说对自强不息精神的弘扬，对善良道德的呼唤。路遥具有强烈的作家责任感，甚至可以说，路遥是一位"文学的殉道者"，他以苦行僧般的创作姿态完成了长篇小说《平凡的世界》。艾特玛托夫说，"作家是他那个时代的良心"②，作家应该承担社会赋予的责任。路遥认为："我们需要一种积极的人生态度，而不是一种消极的人生态度和一种过分的自我主义。也就是说，我们不仅使自己活得很好，也应该想办法去帮助别人。"③与后来一些作家热衷于下半身写作、私人化写作不同，路遥希望通过自己的创作激发人们，特别是青年的生活热情和进取心。自强不息的精神主要

---

① 李建军：《文学写作的诸问题——为纪念路遥逝世十周年而作》，《南方文坛》2002 年第 6 期。
② ［苏］艾特玛托夫：《作家——时代的良心》，张敬铭译，见北京师范大学苏联文学研究所编译《苏联当代作家谈创作》，北京：北京师范大学出版社，1984 年，第 9 页。
③ 路遥：《答陕西人民广播电台记者问》，见《路遥全集·早晨从中午开始》，北京：十月文艺出版社，2010 年，第 190 页。

通过主人公孙少平体现出来。孙少平放弃了在家劳作的安逸生活，放弃了与大哥孙少安联合开办砖厂的机会，独自一人出去闯世界。不管是在揽工期间还是在做煤炭工人期间，面对苦难，他总是保持一种昂扬乐观的心态，通过自己的艰苦努力去改变命运。

对善良道德的呼唤是《平凡的世界》的另一个主题。作品中，孙少安虽因为给社员多划地而被批斗，但富裕起来后又义务建学校；孙少平冒着生命危险营救被洪水围困的侯玉英，解救被胡永州欺负的小翠，不顾非议照顾师傅留下的妻儿等情节，都体现了作者对崇高道德境界的追求。20世纪，中国当代文学经历了各种文学思潮汹涌的80年代，在遭遇解构思潮、消解崇高的肆虐后，又受到了90年代世俗化、商业化、"作家下海"的冲击，文学进入了浮躁的快餐时代，缺少了价值指向与思想感召的力量。然而，在路遥的创作理念中从来就没有"纯审美"的文学，他认为，文学就应给人正能量，给人阳光的心态，鼓励人去追求美好的生活。在这一点上，《平凡的世界》的创作与文艺实践中的国家形象构建是高度一致的，"当代文艺通过塑造积极、正面、光明、美丽、主流的国家形象，以此提升中国人的民族自信心和民族自豪感，不断增强民族的凝聚力和内生动力"[①]。国家形象的对内功能决定了文艺构建的国家形象应该承载积极、正面的精神与理想，起到鼓舞人心、提升民族凝聚力与弘扬美德的作用。在情欲化写作、身体写作泛滥的当代，在作家责任感缺失、民众道德水平滑坡的背景下，文艺在国家形象的构建中更要展现出主体性的作用，承担起时代的责任，以美好的正面形象荡涤社会的丑恶。

其次，民间立场、现实主义品格与国家形象构建的主体间性。在路遥看来，文学应该是属于大众的，不是精英集团所独享的贵族文学。路遥的民间立场，成为作品广受读者好评的又一重要原因。正如路遥在第三届茅盾文学奖颁奖典礼上所说的："我们的责任不是为自己或少数人写作，而是应该全心全意全力满足广大人民大众的精神需要。我国各民族劳动人民创造了辉煌的历史壮丽的生活，也用她的乳汁养育了作家、艺术家。人民是我们的母亲，生活是艺

① 张玉勤：《当代文艺实践构建国家形象的历史性、现实性与理想性》，《江海学刊》2013年第4期。

术的源泉。"① 当自己的作品受到评论界的冷遇时，路遥仍然能够坚定自己的立场，称自己的作品不是为评论家只是为读者而写，只要读者认可了自己作品，自己的创作就是有价值的。在路遥看来，即使某些迎合了潮流，受到评论家赞赏的作品也不能算是好作品，只有读者才是文学创作的根本出发点。路遥认为："如果对于最广大的劳动人民采取冷淡的态度，那么，我们的作品只能变成无根草。"② 这一立场成为路遥的人民性创作的动力。反观当下，受到市场经济大潮的冲击，部分作家逐渐脱离大众立场走向"私人空间"，书写个人的情感与欲望，文学渐渐沦为宣泄个人情感与获取权力、金钱的工具，这些现象不得不引发我们反思。作为国家形象构建的成功实践，《平凡的世界》的民间立场与国家形象构建的立场是高度一致的。

现实主义品格也是《平凡的世界》深受读者喜爱的原因。在一定程度上，现实主义品格可以说是作品内涵与创作立场落到实处的有力保障。20 世纪 80 年代中后期，伴随着改革开放的深化，西方现代文学思潮涌入中国，不少作家逐步背弃文学"写什么"的理念，开始转向对"怎么写"的研究。路遥坚持"不能轻易地被一种文学风潮席卷而去"③，坚持使用现实主义方法创作《平凡的世界》，这在当时看来显然是"不合时宜"的，也成为这部小说被文学史家与批评家忽略的重要原因。《平凡的世界》的民间立场、现实主义品格和国家形象构建的主体间性是高度一致的，文艺实践构建的国家形象是承载正能量的国家形象，从这一功能出发，它的立场就不能只是精英主义的，因为文艺构建的国家形象不是要束之高阁的，而是要被读者阅读并在文学接受发生时释放它所蕴含的能量。因此，它需要广泛的接受群体，所以我们在构建国家形象时就需要充分考虑读者的审美趣味与接受能力，要以朴素、大众的创作手法与读者产生对话，搭建作家与读者之间的桥梁，让读者更加容易接受。文艺只有立足于大众立场、本着深入生活的原则，所构建的国家形象才能更加贴近读者的阅读经验，更易

---

① 路遥:《在茅盾文学奖颁奖仪式上的致词》，见《路遥全集·早晨从中午开始》，北京:十月文艺出版社，2010 年，第 165 页。
② 路遥:《关注建筑中的新生活大厦》，见《路遥全集·早晨从中午开始》，北京:十月文艺出版社，2010 年，第 177 页。
③ 路遥:《早晨从中午开始——〈平凡的世界〉创作随笔》，见《路遥全集·早晨从中午开始》，北京:十月文艺出版社，2010 年，第 86 页。

在接受层面取得成功。这体现了国家形象构建实践在重视主体性的同时，也要注重主体间性的构建策略。从这一意义上讲，《平凡的世界》可以为研究者在国家形象"构建什么""为谁构建""怎么构建"等问题上提供有益的借鉴。

三、作家创作回应国家形象构建的三个问题

从国家形象构建问题引入文艺研究以来，我们就面临着国家形象"构建什么""为谁构建""怎么构建"这三个基本问题，而《平凡的世界》的创作实践恰恰为我们提供了一个可供剖析的样本。它在国家形象构建的主体性与主体间性上所达到的高度统一的特点，可以为研究者深入思考国家形象对内形象的功能、立场、构建途径等问题提供借鉴。

"构建什么"体现的是国家形象的功能问题。国家形象的对内功能，相较于对外传播功能而言，拥有更为直接的现实意义。对于国家形象的对内功能已有许多学者进行过阐释，如石一宁认为："对本国人来说，文学作品中的国家形象使人自立和自省，可以进一步激发民族自豪感和认同感，增强国民的凝聚力。"[1] 李建军认为："建设优秀的、美好的国家形象，说到底，就是在现代价值理念的引导和支持下，培养和提高国民素质，建设优秀的、美好的国民形象。"[2]《平凡的世界》对自强不息精神的弘扬和对善良道德的呼唤就体现了上述理念。应当指出，国家形象的对内形象具有复杂性，这一复杂性特征主要是由于国家形象的动态性导致的。国家形象不是一成不变的，它是一个不断变化的形象，因而"构建什么"也是不断变化的。在我们看来，国家形象功能的动态变化应该与社会需求相一致。当人心涣散时，国家形象应该起到凝聚民心的作用；当道德滑坡时，国家形象能起到提升国民道德水准的作用；当国人在经济大潮中迷失方向时，国家形象要起到引领人们寻找精神家园的作用。然而，不论国家形象功能如何变化，其承载正能量的终极内涵是固定不变的。

"为谁构建"体现的是国家形象构建的立场问题。国家形象的功能决定了对内形象的构建立场，它应该与《平凡的世界》的创作立场一样，坚持"人民

---

① 汉初：《"文艺作品中的国家形象"学术研讨会纪要》，《美术观察》2008年第2期。

② 李建军：《国家形象与文学艺术》，《中国社会科学院院报》2008年2月19日。

性"的构建立场。承载着国家形象的文艺作品是要充分发挥其对内功能的，不只是拿给评论界、文学史家点评的，它的受众不能是少数人。因此我们需要抛开狭隘的文学史观念，不能简单以文学史家的态度为参考，而要将读者的态度作为最高评价标准，要把发挥对国民精神的引领与提升作用当作最高价值追求。

"怎么构建"体现的是国家形象的构建途径问题。国家形象的构建途径是国家形象的功能与立场得以实现的桥梁，解决的是如何使读者更加容易接受的问题。如上文所言，在当今功利化阅读的时代，承载着主旋律的文学作品在市场上不占优势。在国家形象构建的视角下，不能被读者接受的作品难以体现其内在价值。《平凡的世界》所使用的现实主义创作方法就是一个很好的尝试。由于历史文化传统的差异，西方现代主义的创作方法曾经给文坛带来新鲜空气，但也导致读者的接受困难。加之国家形象的对内形象受众面较广，因此就需要考虑到不同人群的审美能力与接受水平的问题，文艺构建国家形象对内形象时需要采用更为大众化的、"接地气"的创作方法，这时候现实主义便展现出了独特的魅力。

需要说明的是，对《平凡的世界》创作中作家的高度社会责任感、民间立场、现实主义创作方法的赞扬，并不是对诸如精英立场、现代主义创作方法的否定，之所以如此强调，是由国家形象构建的功能决定的。国家形象的功能、立场与构建方法是环环相扣、缺一不可的，国家形象的功能决定了国家形象的立场与构建方法，而国家形象构建的方法又是国家形象的功能与立场得以实现的保障。《平凡的世界》作为国家形象对内形象构建的成功实践，是文艺塑造国家形象的成功范本，对这一文本的阐释在帮助我们看见当代文坛得失的同时，解决了国家形象对内形象构建方面长期困扰研究者的问题，为我们研究国家形象的功能、立场、构建途径诸问题带来了深刻的启发。

第二节　《白鹿原》：民族心灵史书写与国家形象构建

文艺所具有的柔性塑造国家形象的特点，在构建国家形象时有其审美特殊性。茅盾文学奖以其突出的文学性和审美价值被称为中国的诺贝尔文学奖。通过对获奖作品的研究可以看出，中国当代文学实践对国家形象的构建已经逐渐走向自觉。获得第四届茅盾文学奖的长篇小说《白鹿原》在文学阅读传播并引发热议之外，被改编成电影于 2012 年公映，改编的同名长篇电视剧也于 2017 年播出，再次引起学者对它的关注与研究。小说《白鹿原》是一部反映中华民族在历史大变革的时代背景下对民族未来这一重大问题的迷茫与反思的史诗性巨著。作者陈忠实以家族史为切入点书写了民族秘史，全景式再现了中华民族在民主主义革命这一巨大历史变革期间的社会状况，浓缩着深刻而丰富的民族精神内涵，以民族心灵史的方式构建了近现代中国形象。《白鹿原》所构建的近代国家形象，在满足国家形象构建的历史性诉求的同时，着眼于对民族现代生存的思考与新时代民族文化审美理想的探求，并期望在此基础上探索新时代的民族文化信仰问题。因而思考这部作品在构建国家形象方面的特殊意义，将为我们研究当下文艺中的国家形象构建提供有益的启示。

一、民族史诗与近现代中国形象

正如陈忠实在小说卷首引用的巴尔扎克的话"小说是一个民族的秘史"所表达的那样，《白鹿原》称得上一部书写民族秘史的史诗性巨著。作者有意选择家族史的题材，以白鹿村白、鹿两家三代人的人生历程为主要内容，描写了辛亥革命到中华人民共和国成立初期这半个世纪的中国近现代史。国家形象是历史形象与现实形象的综合体，中华民族拥有五千年的灿烂文明，在文艺创作实践中形成了错综复杂的国家形象史。而在中国历史长河中的民主主义革命史是一段特殊且值得深思的历史，是一段中华民族致力启蒙、反抗侵略、探索民族复兴之路的历史，在民族发展史中更加具有警醒作用。近现代中国形象有别于灿烂文明古国的"历史性"国家形象与改革开放之后中华民族伟大复兴的"现实性"国家形象，在国家形象史中具有特殊性。又因为《白鹿原》作为民族的"秘史"，"包括心灵史，家族中的原始形态，他们都同以往作品的阶级斗争史不同，这是一种更为广大的视角"①，因此在国家形象构建的视角下更加凸显了

---

① 冯牧：《一部可以称之为史诗的大作品 北京〈白鹿原〉讨论会纪要》，《小说评论》1993 年第 5 期。

研究价值。

黑格尔在《美学》中为史诗下了定义，他认为："史诗以叙事为职责，……须使人认识到它是一件与一个民族和一个时代的本身完整的世界密切相关的意义深远的事迹。"① "史诗"概念源于西方，本来是一种古老文学体裁的概念，后来逐渐演变出"史诗性"这一审美范畴。"茅盾文学奖深在的史诗情结，成了茅盾文学奖的'潜规则'或者基本的审美特征。"② 可以说，"史诗性"这一审美特征目前已成为评价中国当代长篇小说的最高标准。与传统官方的宏大叙事史诗所不同的是，《白鹿原》避免了以往革命历史小说重"史"轻"诗"的倾向，达到了思想内涵与艺术形式的高度统一。陈忠实站在一个历史超越的高度，抛却以往革命历史题材小说政治斗争的单一线索，以人性、人生和命运的变迁来表现对民族文化的反思，深刻描写了中华民族从辛亥革命到新中国诞生50年间中国民主主义革命的历程。小说以关中平原上的"仁义村"白鹿村为叙事空间，以白、鹿两家祖孙三代的人生历程为线索，在反映祖孙三代人恩怨情仇的同时全景式再现了当时的社会变迁，囊括了国共合作、北伐战争、抗日战争、解放战争、土地革命及之后的"文化大革命"等一系列重大历史事件，其间又穿插着关中平原的旱灾、瘟疫等社会事件。陈忠实站在宏观鸟瞰的历史高度，选取中华民族从农耕文化向现代文化转型的这一特殊时期，写出了一部与"正史"相对的"秘史"，以民间宗族变迁史为主体，写出了人生，写出了心灵，塑造了中华民族精神与近现代中国形象。

正是由于《白鹿原》这部作品所具有的"史诗性"特点，它才能为我们鲜活地再现中华民族在启蒙与救亡复杂交织的大变革时代、在东西方文化交流碰撞背景下的国家形象，为我们展现了一幅以宗族为根本的农耕文明和强调阶级本位的外来文明相冲突的历史画面，也正是这种冲突导致近现代中国形象具有复杂性。《白鹿原》既让我们看到了儒家文化凝聚人心的力量，又向我们展现了它的弊端，作者没有将笔墨专注于英雄人物，而是着重描写了普通民众在这一社会大变革时代的选择与挣扎，展现了中国半个世纪的"民族秘史"，在塑

---

① ［德］黑格尔：《美学》第三卷下册，朱光潜译，北京：商务印书馆，1981年，第107页。
② 任美衡：《近三十年茅盾文学奖审美经验反思》，《小说评论》2011年第3期。

造一个复杂的近现代中国形象的同时，书写了民族心灵史的生动画卷。

二、儒家文化的反思与民族心灵史的书写

有学者指出，"开展中国当代文艺实践中的国家形象构建研究……以'民族心灵史'的方式呈现中国国家形象塑造的多元化样态"①。从这一意义上讲，我们需要重视挖掘中华民族在那些特殊的历史大变革时期的心灵震颤与抉择。五四新文化运动以降，在民族救亡图存的时代背景下，在外来文化的冲击下，儒家文化受到批判并在现当代文学中被描绘成禁锢我们民族发展的陈腐观念，沦为落后文化的代表。新中国成立后儒家文化又一次次受到冲击与批判，直到20世纪80年代才有所改变，在全球化与民族主义的冲击下，儒家文化成为用来抵抗西方消费主义思潮的有力武器而重新受到学者的关注。《白鹿原》这部小说是在"寻根思潮"背景下创作的，与传统寻根文学不同的是，作者没有书写"不规范文化"，而是对正统的儒家文化进行了全面审视，《白鹿原》所描写的已不再全是"吃人"的文化。陈忠实以艺术的手法书写了"我们民族的精神史、心灵史、苦难史、'折腾'史、命运史"②，在对儒家文化的反思中，展现了中华民族的心路历程，书写了民族的心灵史。

首先，《白鹿原》通过对儒家文化"仁义"与"吃人"的再思考书写了民族心灵史。建立在儒家文化基础上的"封建礼教"自鲁迅的《狂人日记》开始便被打上了"吃人"的烙印，随着近代中国文化激进主义的蔓延，儒家文化被全盘否定，最终沦落为"吃人"的文化。《白鹿原》在民族心灵史中留下的最为重要的一笔就是对儒家文化的再思考。《白鹿原》贡献给中国当代文学史一个迥然不同的地主形象。在陈忠实的眼中，儒家文化不再只有"吃人"的一面，它还有"仁义"的一面。儒家文化的这种内在冲突通过小说主人公白嘉轩这一人物形象展现出来。白嘉轩这一复杂的人物形象体现了儒家宗族文化的两面性，即"仁义"与"吃人"的尖锐矛盾，他的身上承载着儒家文化的精华与糟粕，

① 温德朝：《徐放鸣教授主持的 2012 年国家社科基金重点项目"中国当代文艺实践中的国家形象构建研究"隆重开题》，《江苏师范大学学报（哲学社会科学版）》2013 年第 1 期。
② 李建军：《一部令人震撼的民族秘史》，《小说评论》1993 年第 4 期。

堪称儒家文化的代言人。白嘉轩作为儒家文化的卫道士，忠实地实践着以仁义为核心的儒家道德。身为族长，他修祠堂，定《乡约》，整饬民风。为了延续儒家的伦理规范，他办义学教人读书。他关心族人的疾苦，为了族人的利益能够挺身而出，当族人因为参加农协受到田福贤的迫害，他又能够忍辱负重，以下跪的方式为族人求情。作为地主，他义待鹿三、善待黑娃的行为，最能体现他的"仁义"。《白鹿原》描绘了一种此前文学作品中不多见的地主与佃户的关系。白嘉轩与鹿三虽为主仆，却更像是兄弟，白嘉轩平时称呼鹿三为三哥，他们能够在一个桌上吃饭，忙时一起在地里劳动，农闲时又能推心置腹地交流感情。白嘉轩在饥荒之年也不辞退鹿三，当鹿三家因为旱灾口粮不够吃的时候，白嘉轩主动送去，又让自己的宝贝女儿白灵认鹿三做"干大"。白嘉轩展现在世人面前的仁义形象实际上体现的是儒家文化的精华，陈忠实通过白嘉轩这一形象全面阐释了儒家宗法文化调节社会家庭关系的巨大作用。然而白嘉轩同时具有冷峻的一面，在祠堂里他对烟鬼和赌徒施以酷刑，当亲生儿子白孝文走向堕落的时候，对其使用"刺刷"。当田小娥的灵魂回来复仇时，他痛斥族人为田小娥修庙的想法并且主张修塔镇压她。当自己的女儿白灵离家出走闹革命时，他发誓以后永远也不认这个女儿。

其次，《白鹿原》通过对儒家文化眷恋与批判的矛盾态度书写了民族心灵史。有学者指出："陈忠实《白鹿原》中的文化立场和价值观念是充满矛盾的：他既在批判，又在赞赏；既在鞭挞，又在挽悼。"[1]其实这种矛盾态度不只是陈忠实个人的文化立场，它体现的是中华民族在自我救赎时挣扎与迷茫的矛盾心理。在看到民族文化落后时，我们彻底打碎了儒家文化，然而在新的历史条件下又发现自己的民族失去了文化根基，导致信仰的"虚位"。20世纪90年代"寻根文学"之说就是在这种背景下产生的，寻根文学以"不规范文化"为出发点，"回溯于更原始而更深层的'传统'——中国神话形象，试图由此探寻中国文化得以重新自立于世界的强有力的'根'"[2]。而在陈忠实看来，从规范的、正统的儒家文化入手能更为准确地寻找到民族文化的根基。只是陈忠实对待儒家

---

① 雷达：《废墟上的精魂——〈白鹿原〉论》，《文学评论》1993年第6期。
② 王一川：《中国形象诗学——1985至1995年文学新潮阐释》，上海：上海三联书店，1998年，第278页。

文化的态度确实是矛盾的。这一矛盾态度主要通过黑娃反叛—皈依—被害的整个人生历程体现出来。黑娃作为雇工鹿三的儿子从小就具有反抗意识，他不想像鹿三一样一辈子在白家做工，长大以后就外出闯世界了，做工时带着郭举人的小妾田小娥私奔后，不仅被族长白嘉轩赶出祠堂，而且被父亲鹿三逐出家门，只能住在村头的破窑洞里。后来在共产党人鹿兆鹏的启发下，黑娃掀起了一场"风搅雪"运动，砸烂了祠堂，砸碎了刻有《乡约》的石碑，运动失败后被迫沦为土匪。可以说黑娃前半段的人生历程是反叛与不羁的，在风云变幻的社会动乱中，黑娃像一个流浪者，一直找不到精神归宿。具有戏剧性的是黑娃最终拜倒在朱先生的门下，决心要"学为好人"，之后又回乡祭祖，白鹿村的祠堂是他与田小娥受辱的地方，也是他"风搅雪"运动的指挥部，是他砸碎封建枷锁的地方，而现在他要拜倒的正是这个自己曾经厌恶的地方。正如白嘉轩在黑娃回乡祭祖离开时所说的那样："凡是生在白鹿原炕脚地上的任何人，只要是人，迟早都要跪倒到祠堂里头的。"曾经反抗儒家伦理的浪子现在重新皈依宗法文化，这说明了儒家文化本身具有相当强大的同化力，展示出传统宗法文化巨大的约束力。不过最后黑娃出乎意料地被害令我们不得不思考，当他被革命投机者白孝文陷害抓进监狱时说的那句"我后来就学为好人了呀"[1]是多么的无奈。黑娃在困惑中死去，这又体现了宗法文明和儒家伦理地位的失落。

陈忠实以艺术的手法重构国家形象，有时甚至会让我们分不清历史真实与艺术真实之间的界线。陈忠实既看到儒家宗族文化的落后与腐朽，又想从中开出拯救民族文化的苦口良药，他矛盾的心理正体现了中华民族对传统宗族文化的反思，在反思中书写了中华民族的心灵史，从心灵史的角度为国家形象增添新的内涵。虽然儒家文化长期受到批判，然而儒家思想的精髓早已经融入中华民族的血脉中，沉淀为民族的集体无意识，支配着我们的行为方式、思维模式。寻根文学所寻之根，从本质上而言是民族的文化信仰，可以说在民族心灵史视角下，《白鹿原》对儒家文化的反思为我们挖掘国家形象的深层内涵提供了契机。

---

① 陈忠实：《白鹿原》，北京：人民文学出版社，1993年，第591、675页。

三、民族文化的审美理想与国家形象的深层内涵

陈建功认为："所谓'国家形象'，从本质上说，就是作品的艺术形象所体现的民族的思想、情感和审美的深度。"[①] 国家形象在拥有具体表征的同时，蕴含着深层的民族审美理想。儒家文化在中国近现代史上受到了长期的批判与质疑，然而在儒家文化基石上形成的民族审美理想与文化精神并未随着对儒家文化的批判而消失。因为"民族的文化精神和审美心理像血液，像一个民族的灵魂，它流淌在民族的血脉中，主宰着民族的生存走向与特征。民族文化精神与审美心理具有历史延续性"[②]。它以民族集体无意识的方式构成我们民族的文化心理结构，在不知不觉中支配着我们的思想和行为。中华民族五千年光辉灿烂的文明史在每个中华儿女心中积淀和传承了独特的民族审美理想，这种审美理想虽然随着时代的变迁而不断变化，但有着共同的"原型"。正如陈忠实所说："我和当代所有作家一样，也是想通过自己的笔画出这个民族的灵魂。"[③]《白鹿原》在更高的审美理想的层次上描述了中华民族的文化心态及其顽强的生命力，揭示了人们对新的文化审美理想的诉求。"现代生存是当代文艺形象塑造的着力点和根本旨归"[④]，国家形象的构建要在民族文化反思中观照现实生存，体现国家形象深层内涵的民族审美理想，将之深深地镌刻在民族心灵史的深处，成为我们坚守民族精神家园的强有力后盾。《白鹿原》对儒家文化的反思，对新的民族审美理想的追求恰恰是在探索民族文化的救赎之路，试图在民族审美理想的基础上建立新时代的民族文化信仰，重建民族精神家园。《白鹿原》所阐释的民族审美理想通过白鹿传说及白鹿精神的具体承担者朱先生、白灵这两个人物形象体现出来。以下分述之。

白鹿传说——民族文化审美理想的"原型"。《白鹿原》所创造的白鹿意象是一种高度理想化的审美意象。它象征着美与善相统一的终极意义，赐予世人

---

① 任晶晶：《"文艺作品中的国家形象"研讨会在京举行》，《文艺理论与批评》2008年第2期。

② 范伯群、朱栋霖：《中外文学比较史》，南京：江苏教育出版社，1995年，第71页。

③ 陈忠实：《关于〈白鹿原〉的答问》，《小说评论》1993年第3期。

④ 徐放鸣：《审美文化与形象诗学》，南京：江苏人民出版社，2008年，第214页。

希望与美好，是人们所追求的理想社会的"原型"，成为人们在灾难来临之时的精神寄托。《白鹿原》为我们讲述了一个流传已久的古老传说，有一只美丽的白鹿，它会在天灾、人祸发生的时候出现去解救世人，"所过之处，万木繁荣，禾苗茁壮，五谷丰登，六畜兴旺，疫疠廓清，毒虫灭绝，万家乐康，那是怎样美妙的太平盛世！"① 白鹿精灵一直悄无声息地护佑着白鹿原，由于白鹿精灵的滋润，滋水县一直是"水深土厚，民风淳朴"。因为白嘉轩将父亲的坟迁到了自己费尽心机换来的白鹿显灵的二亩慢坡地里，白嘉轩娶的第七房妻子仙草不仅没死，还为他生养了四个孩子，白家最后家业兴旺。《白鹿原》在描绘白鹿精灵带给人们美好生活的同时，将白鹿精魂赋予了两个具体的人物形象朱先生和白灵，他们分别代表了不同时代人们心中的"白鹿"，诠释了不同历史环境下民族文化的审美理想。

朱先生——传统农耕文明审美理想的化身。如果说白嘉轩是儒家文化的忠实实践者，那么朱先生则喻示着"白鹿精魂"，体现了传统农耕文明的审美理想。在乡民心中圣人朱先生就是白鹿的化身，带有传奇色彩的朱先生同白鹿精灵一样保护着白鹿原的一切。朱先生充分体现了儒家"内圣外王"的理想人格与"达则兼济天下，穷则独善其身"的道德修养。然而在新的历史条件下，当儒家文化地位没落的时候，朱先生只能是一个悲剧。为了民族大义他去抗日，却在中途被拦下，其思想的继任者黑娃皈依儒家，践行"学为好人"的儒家文化道德，最后却被精于政治投机的白孝文陷害。朱先生去世时，"前院里腾起一只白鹿，掠上房檐飘过屋脊便在原坡上消失了"② 这象征着传统道德理想被时代抛弃的悲惨命运。

白灵——新时代文化理想的探索者。作为摆脱宗法文化影响的新时代女性，白灵从一出生便带有一种神秘色彩，出生时"一只百灵子正在庭院的梧桐树上叫着"③，所以白嘉轩给她起名叫白灵。白灵是一个打破旧制度、建立新世界的时代新人形象。当白嘉轩不让她继续读书时，她自己一个人偷偷跑进城

---

① 陈忠实：《白鹿原》，北京：人民文学出版社，1993 年，第 29 页。
② 陈忠实：《白鹿原》，北京：人民文学出版社，1993 年，第 632 页。
③ 陈忠实：《白鹿原》，北京：人民文学出版社，1993 年，第 76 页。

去读书；当白嘉轩进城叫她回家时，她拿起剪刀放在脖子上以死相抗；当白嘉轩知道她参加国民革命将她锁在屋里的时候，她高唱"谁阻挡国民革命就把他踏倒"，并在夜里把墙挖穿逃了出去。面对"父母之命媒妁之言"的封建婚姻，她写退婚书毁掉婚约。她就是一只摆脱宗法枷锁的白鹿精灵，为了民族的未来，在寻求新的民族文化理想的道路上不断探索着。当白灵在女子教会学校第一次听到上帝这个名字的时候，认定"上帝其实就是白鹿，奶奶的白鹿"。她本是国民党人，在大革命失败国民党杀害共产党人时，经鹿兆鹏的介绍加入了共产党。当宣誓过后鹿兆鹏问她想到了什么，她说："我想起奶奶讲下的白鹿，咱们原上的那只白鹿。我想共产主义就是那只白鹿了。"[①] 白灵的一生都在为理想而不断追求着。与静谧中化作白鹿逝去的朱先生不同，白灵的被害充满着壮烈与崇高色彩，她被活埋前大骂毕政委，被害之时又化作白鹿托梦告诉亲人自己的死讯。

代表农耕文明审美理想的朱先生在种种拯救民族的尝试失败后只能化作白鹿翩然而逝，而新时代文化审美理想的探索者白灵虽然经历了历次革命斗争的锤炼，却最终没能躲过革命根据地的肃反运动。小说最后悲剧性的结局深刻体现了陈忠实对民族文化救赎的深沉思索，他认为："我们几千年的封建制度，许多腐朽的东西有很深的根基……而最优秀的东西和新生的东西要确立它的位置，只能是反复的剥离，所以，我们这个民族就是在这样一种不断饱经剥离之痛的过程中走向新生的。"[②] 对历史文化的反思不仅仅是为了忏悔，它更为重要的价值是教会我们如何用历史之光烛照民族现实生存，如何坚守住本民族的精神家园。那就是对传统文化不能全盘否定，对外来文化也不能全盘接受，应当在复兴民族文化传统、在"寻根"的过程中对传统文化进行"剥离"，在"剥离"中探寻民族文化之根，建设自己的精神家园，实现民族文化的救赎。有学者认为："国家形象是动态的，不同时代有不同的内涵。"[③] 从《白鹿原》塑造的白鹿传说、朱先生、白灵这些形象上可以看出，镌刻在民族心灵史中作为祥瑞的白鹿形象

---

① 陈忠实：《白鹿原》，北京：人民文学出版社，1993年，第208、413、421页。
② 陈忠实：《〈白鹿原〉获茅盾文学奖后答问录》，见《〈白鹿原〉评论集》，北京：人民文学出版社，2000年，第420页。
③ 任晶晶：《"文艺作品中的国家形象"研讨会在京举行》，《文艺理论与批评》2008年第2期。

被赋予了越来越多的内涵，并随着时代的变迁不断地充实调整，承载着世人更多的审美理想，然而民族文化审美理想的核心——"和"文化从未改变。《白鹿原》构建的国家形象在更高的审美层面上展现了各个时代的民族审美理想，并希望以此为基础探索以"和"化为核心的新的民族审美理想，从而实现民族文化信仰的重构。通过构建这样一种国家形象，可以在满足民族心灵诉求的同时，在更高的层次上发挥鼓舞、引导国人寻找本民族的精神归宿的作用。

第三节 《尘埃落定》: "跨族别写作"与国家形象构建

《尘埃落定》作为藏族作家阿来的第一部长篇小说，从问世以来就受到读者与学界的认可，并被翻译成多种语言，在西方社会也引起了热烈反响。该书获得第五届茅盾文学奖，阿来成为第一个获得茅盾文学奖的少数民族作家。《尘埃落定》通过二少爷这一特殊人物的视角描述了藏族土司制度的兴衰史。作品融合了汉藏两种异质文化，以小说与诗歌相结合的创作方法，为读者展现了浓郁的民族风情，书写了一部藏民族的史诗。在这一意义上，可以说小说从民族心灵史的角度构建了国家形象，而在国家形象构建视域下更为吸引我们的则是作家阿来的双重文化身份及"跨族别写作"的理念。

"穿行于异质文化之间"的阿来以藏族文化为载体，书写人类最本质、最普遍的指向人性的东西，从而获得了认可。"从根本上说，文艺中的中国形象塑造必须确立具有世界眼光和开放心态的主体意识，这种主体意识应当超越'东方主义'或者'西方主义'那种通过他者化、妖魔化对方而提升和肯定自我的思想局限，在倡导文化多元共生的全球化视野中构建国家的文化形象——民族性与世界性相融通的文化形象。"[1]汉族文化与藏族文化本质上有相异处，又同属中华文化，而在全球化视野下，中华文化与其他国家地区的民族文化之间也是异质文化。那么文艺应该如何构建这种民族性与世界性相融通的文化形象并

① 徐放鸣：《国家形象研究视域中的"形象诗学"》，《江海学刊》2013 年第 4 期。

在对外传播中得到认可,这是一个亟待思考和实践的问题。阿来"跨族别写作"的成功实践或许能给我们带来启发,为我们打通国家形象构建的"可能之路",让文艺塑造的中国形象在多元文化共生的时代发出"大声音"。这里我们以阿来的双重文化身份、"跨族别写作"理念为切入点,深入思考民族性与世界性的关系,探索文艺构建的国家形象在全球化时代如何与不同民族文化平等对话的问题。

一、"穿行于异质文化之间"

作家阿来在 1999 年美国比较文学协会年会上做过一次题为《穿行于异质文化之间》的演讲,称自己是受到汉藏两种文化影响的作家,是"用汉语写作的藏族人"。阿来是藏回混血儿,出生于四川省阿坝藏族羌族自治州,这个藏语中被称为"嘉绒"的地方在地理上位于四川省西北部,是汉藏文化交融的过渡地带。阿来在这个地方生活了 36 年,从小就接受汉藏两种语言的影响,在学校使用汉语,书写汉字,在平时的日常交流中则使用藏族口语。正是由于阿来的这种独特身份与"穿行于异质文化之间"的成长经历培养了他特殊的创作思维,使其能够拥有局外人与局内人的双重眼光来观察文化现象,在充分吸收汉藏两种语言文化养分的基础上为优秀作品的创作提供了可能。当然阿来这种"穿行"是有前提的,那就是植根于优秀的藏族文化传统。由于生活在汉藏文化的交叉地带,没有接受过藏族书面文字的教育,阿来看不懂藏文,只能从"藏族民间口耳传承的神话、部族传说、家族传说、人物故事和寓言中吸收营养"[1],并在此基础上形成自己的创作风格。正是由于阿来的这种特殊身份,将文学创作深深根植于藏族文化传统,并能熟练地使用汉语进行文学表达,从而为外族人生动地展现藏族聚居区令人向往的雪域高原和神秘世界。

这种"穿行于异质文化之间"的特点鲜明地体现在《尘埃落定》这部小说中。故事发生在成都平原与藏族聚居区的接壤地带,这里是汉藏文化的交融区域。这里生活着一群受到汉藏文化影响的藏族人,麦其土司的二儿子作为小说

---

[1] 阿来:《穿行于异质文化之间》,《中国文化报》2001 年 5 月 10 日。

的主人公，是一个汉藏混血儿。小说书写的是十分特殊的土司文化题材，故事情节在汉族文化与土司文化碰撞的过程中逐渐展开，随着汉族文化的介入，封闭保守的土司制度开始发生变化，土司家族内部、土司与土司之间、土司与红白汉人之间展开了一次次争夺权力的斗争。小说在很多方面都展现了汉藏两种异质文化之间错综复杂的关系，而阿来则在汉藏这两种异质文化碰撞的过程中展现了藏族美丽独特的民族风情。《尘埃落定》描写的这个遥远的地方的故事与中华民族现代性的进程是同步的，读者从中也能看到很多熟悉的东西。穿行于异质文化之间是阿来创作成功的重要因素。可以说，阿来为读者了解藏族文化架起了一座桥梁，通过陌生的土司文化为读者展示了藏族文化的独特的魅力，让读者看到了那里的人们真实的生活状态。

在国家形象构建的视野中审视异质文化问题将给我们带来深刻的启示，因为文艺所构建的民族性与世界性相融通的国家形象在对外传播中也将面临如何才能"穿行于异质文化"的问题，即这一形象如何才能为其他民族所理解和接受的问题。民族性是文化多样性的重要基础，文化多样性也是文化的活力所在，推动着人类文明不断进步，也印证了中国传统哲学"和实生物，同则不继"的思想。然而也正是由于文化的民族性，在文化交往中往往因为差异而产生障碍，这时我们又不得不寻找文化交流的桥梁，这时文化的"通约性"便成为文化沟通的有效路径。文艺要构建民族性与世界性相融通的、超越东西方文化二元对立的文化形象，就需要寻找具有文化通约性的东西，寻找各民族文化平等对话的共同话题。汉藏文化是异质文化，而阿来是如何立足于藏民族文化资源，"穿行于异质文化之间"构建国家形象的呢？这与阿来所寻找到的文化"通约性"不无关系。那么，文化通约性具体指什么，文艺该如何通过这一桥梁传播文化形象，从阿来的"跨族别写作"中我们可以寻找到答案。

二、国家形象构建的"可能之路"

由于阿来"穿行于异质文化之间"的双重文化身份促使其更加需要一种认同感。在《尘埃落定》中阿来借二少爷之口，通过主人公对"我是谁？我在哪里？"这两个问题的反复质疑来表达这种感受：在汉族地区自己被看作藏族人，在藏族地区又被看作汉族人，这种"文化身份焦虑"成为阿来寻求文化沟通桥梁的心理动机，直接催生了阿来的"跨族别写作"。阿来在"他者"文化与"自我"文化之间形成了一种"混合文化身份"，由于这种特殊的文化身份，生活在文化交叉地带的阿来拥有独特的文学视野，在民族文化交流中充当了一个"协商者"的角色。他试图以藏族文化为出发点来填补汉藏文化之间的缝隙，追求异质文化所共有的事物。在阿来看来，《尘埃落定》讲述的并不仅仅是藏族土司家族的故事，藏族文化只是一个载体，用土司制度这一特殊题材书写的是人类最普遍的事物。阿来在《通往可能之路》这一访谈录中讲到自己的创作"是在探讨一种取胜的险道"[1]，而他对"可能之路"的探索主要是通过"跨族别写作"的世界性寓言，以及对人性的描写体现出来的。在我们看来，阿来的"跨族别写作"与国家形象的构建立场、普遍的人性指向与国家形象构建的终极关怀等方面都是高度一致的，阿来对文学"可能之路"的探索在一定程度上也为中国形象的构建打通了"可能之路"。

第一，"跨族别写作"与国家形象构建的立场。阿来最鲜明的创作特点就是"跨族别写作"，最早对阿来的文化身份进行研究的是王一川。他在《跨族别写作与现代性新景观——读阿来长篇小说〈尘埃落定〉》一文中高度评价了阿来的这种"跨种族写作"，并认为它为"我们解读中国少数民族的生活、从而也为整个中国的现代性进程提供了一个新的感人的美学标本"[2]。在阿来看来，"借用异域、异族题材所要追求和表现的，无非就是一种历史的普遍性而非特殊性的认同，即一种普遍的眼光，普遍的历史感和普遍的人性指向。我把这概括为跨族别的写作"[3]。这种写作方式反映了阿来的文化立场，他认为文化不能故步自封，只有在与各民族文化的交流中才会不断发展，而这种文化立场与阿来的双重文化身份有直接关系。在他看来，文化多样性只是不同文化之间进行交流的基础，而文化所蕴含的共同话题才是异质文化平等对话的关键，因而"跨族别写作"也就是"从特殊性走向普遍性的写作"的另外一种说法罢了。

① 冉云飞、阿来：《通往可能之路——与藏族作家阿来谈话录》，《西南民族学院学报（哲学社会科学版）》1999 年第 5 期。
② 王一川：《跨族别写作与现代性新景观——读阿来长篇小说〈尘埃落定〉》，《中国消费者报》1998 年 3 月 23 日。
③ 阿来、孙小宁：《历史深处的人生表达》，《中国文化报》1998 年 3 月 31 日。

特殊性与普遍性相统一是很多优秀作家所追求的创作境界，正如黑格尔所言："如果一部民族史诗要使其他民族和其他时代也长久地感到兴趣，它所描绘的世界就不能专属某一特殊民族，而要使这一特殊民族和它的英雄品质和事迹能深刻地反映一般人类的东西。"① 这种人类文化中普遍的、一般的东西就具有文化通约性。作为一名优秀的藏族作家，阿来深受藏族文化的熏陶，并从藏族口头文学中吸收了丰富的养分。在这种民族性的基础上，阿来追求一种世界性的寓言，以寓言的方式体现普遍性。他将寓言加入自己的创作，一如《变形记》《百年孤独》这些伟大的世界文学名著。阿来通过寓言将民族性与世界性相关联，如在《尘埃落定》中二少爷的形象就具有深刻的寓言性，小说通过二少爷的个人史揭示了土司制度的衰亡史，通过二少爷最后被杀揭示了土司制度不可挽回的衰落，因而二少爷的一些不合理的言行与对生死的看法都具有鲜明的寓言色彩。通过寓言表现普遍的人性，这正是阿来创作的最终目的，也是他寻找到的文学发展的"可能之路"。我们以此来反观国家形象构建会发现二者是相一致的，构建一种超越"自我"与"他者"二元对立的、民族性与世界性相融通的文化形象，就会面临与阿来同样的问题。文艺构建的国家形象要想获得与其他民族平等对话的机会，那它就不能只是本民族的，不然只会给国家形象的有效传播带来障碍，走一条"跨族别写作"或称特殊性到普遍性的道路才是国家形象构建的"可能之路"。文艺构建的国家形象应该立足于民族文化传统，塑造一种融合着人类共同话题的文化形象，这样才能在跨文化交流中引起"共鸣"，获得与其他民族文化平等对话的平台，从这一视角可以说国家形象的构建也应该坚持"跨族别写作"的立场。

第二，"普遍的人性指向"与国家形象的终极关怀。阿来将寓言性看作文学走向普遍性的途径，通过寓言表现"普遍的历史感""普遍的人性指向"。在《尘埃落定》中阿来主要书写了一个权力寓言，在土司制度的统治之下，统治者都在为争夺权力而不断斗争，各个土司为了加强统治而掀起战乱，罂粟花之战、麦子之战等各种战争不断；红白汉人也加入土司的权力争夺；土司家族内

---

① ［德］黑格尔:《美学》第三卷下册，北京: 商务印书馆，1981 年，第 204 页。

部的权力斗争更为激烈，大儿子与二少爷之间为了王位暗暗较劲，麦其土司对自己的大儿子也充满猜忌防范之心。阿来在《尘埃落定》中通过权力寓言拷问人性，挖掘"普遍的人性指向"的东西，他说："我愿意强调两样东西：其一是人的归属感、命运感、光荣感，我知道这才是真正打动人的东西，而不是一般所认为的异域风情。"① 对人的尊严的肯定正是阿来在《尘埃落定》中所表现的"普遍的人性指向"，茅盾文学奖给《尘埃落定》的颁奖辞说："作者以对人性的深入开掘，揭示出各土司集团间、土司家族内部、土司与受他统治的人民以及土司与国民党军阀间错综的矛盾和争斗。并从对各类人物命运的关注中，呈现了土司制度走向衰亡的必然性，肯定了人的尊严。"② 小说在权力斗争中肯定了人的尊严，如麦其土司选择与红色汉人抵抗，在官寨被攻破之前，设法将女人与不想打仗的人送出去求得生路。为了偿还麦其土司欠下的血债，二少爷在仇人来寻仇之时不愿逃跑，甘心以死替父亲还债。整个麦其土司家族在死亡面前无不坦然地面对，没有一个人选择退缩，这种生死观展现了藏民族的人格尊严。在小说中最具有象征意义的便是翁波意西了。虽然笔墨不多，但仍然深刻地刻画了他宁死也要维护自己尊严的精神。第一次为了自己的教义，认为土司制度不该存在，惹怒了麦其土司，麦其土司让他在死亡和做奴隶之间做出选择，翁波意西不愿意做奴隶而被土司割去了半个舌头。第二次因政见不同，他不满麦其土司立大儿子做王位继承人的决定力推二少爷，被割去了另外一半舌头，小说处处显示着阿来对尊严的肯定。从这个意义上讲，国家形象承载的也应是"普遍的人性指向"的事物，这是文化通约性的具体表现。阿来在《尘埃落定》中通过对尊严的肯定展现了"普遍的人性指向"，这种"普遍的人性指向"观照的是人类的现实生存，它犹如一座桥梁，为异质文化之间的沟通提供了条件。阿来在《尘埃落定》中用权力寓言肯定了人的尊严，挖掘到了人类所共有的、普遍关注的主题，从而获得了成功。"普遍的人性指向"除了对尊严的肯定还有许多其他的具体表现，而这些蕴含普遍人性光辉的东西也应该是文艺构建的国家形象所要承载的，在国家形象对外传播中诠释的普遍人性力量应是

---

① 阿来、孙小宁：《历史深处的人生表达》，《中国文化报》1998 年 3 月 31 日。
② 严家炎：《阿来茅盾文学奖颁奖词》，《成都商报》2000 年 10 月 25 日。

国家形象构建的终极意义。

三、中国形象要发出"大声音"

阿来希望通过自己的"跨族别写作"书写关乎人类生存的普遍事物，使文学发出"大声音"。他曾经引用佛经中的一句话进行阐释："声音去到天上就成了大声音，大声音是为了让更多的众生听见。要让自己的声音变成这种大声音，除了有效的借鉴，更重要的始终是，自己通过人生体验获得的历史感与命运感，滚烫的血液与真实的情感，潜行在字里，在行间。"[①] 阿来从藏民族文化中寻找到了"普遍的人性指向"的东西，通过《尘埃落定》对人的尊严的肯定而发出了"大声音"。在多元文化共生的时代，中国文艺需要在国际上讲述中国故事，发出自己的声音。在各民族文化对话的语境中，民族声音的发出其实是民族文化价值观的表达，中国自己的声音需要以国家形象发出的"大声音"为引领，否则中国文艺将在文化价值观输出的过程中受到异质文化的强烈排斥而丧失传播的机会，中国形象所发出的"大声音"是中华民族文化价值观输出的桥梁。在这一角度，具有"大声音"特质的中国形象应该是一种立足于民族文化传统的、在书写"普遍的人性指向"的过程中塑造出的、民族性与世界性相融通的文化形象。中国形象发出"大声音"的问题本质上体现的正是文化的民族性与世界性的关系问题。在全球化背景下，在文化学研究视野下，已有许多学者对这一问题进行了探讨并取得了丰硕的成果。中国形象最终需要借助文化产品和文化品牌才能输出，对文化问题的思考在一定程度上也是对中国形象构建的探索。为了更好地促进中国形象在国际文化交流中发出"大声音"、实现民族价值观输出的目标，需要对民族性与世界性的关系进行更为深入的思考。

藏民族文化是阿来作品发出"大声音"的基础，作为阿来精神原乡的藏民族文化成为他文学创作的不竭源泉。阿来的精神原乡根植于独特的藏传佛教文化，如"尘埃"一词的运用就体现了佛教文化的认知方式。《尘埃落定》处处展现着藏族神秘的宗教文化。阿来又从藏民族口头文学中汲取营养，譬如二少

---

① 阿来：《自述》，《小说评论》2004 年第 5 期。

爷这一特殊人物形象就来源于藏民族口传文学中的智者阿古顿巴。由于特殊的双重文化身份，阿来对民族文化之根的挖掘显得更为热切，《尘埃落定》通过多种样式的神话描写展现了阿来的文化寻根思想。重视民族性也是许多文学大师的作品拥有持久魅力的原因所在。只有将自己的创作根植于民族文化中，回归到本民族的心灵史，挖掘民族文化的深沉底蕴，才能在文学书写的审美表现水平上达到较高的层次。中华民族拥有五千年的灿烂文明，博大精深的中华文化在全球化时代展现了文化的多样性并为我们提供了丰富的民族文化资源，这些民族文化资源成为我们与不同民族文化展开对话的深厚基础。"中国当代文艺要在世界上发出自己的声音，必须探求民族根性，挖掘民族神韵，凸显民族底蕴，展示民族理念，塑造民族形象。"[1]中国形象的塑造必须立足于自身民族文化，否则所构建的国家形象只能是无源之水、无本之木。在民族文化基石上形成的文化价值观展现的是本民族所特有的品质，文艺发出的声音需要彰显这种民族特质。不可否认的是，对民族性的过分重视有时会导致狭隘的民族主义，阻碍文化的发展，因而在对外文化交流中，中国形象发出的声音不能是"杂声"，而要融入各民族文化对话中从而形成"和声"。在我们看来，国家形象的"大声音"是各民族文化形成"和声"的前提，"和声"是一种和而不同的声音，"不同"在于文化的多样性，展现了各民族文化的独特性，而"和"则体现了"普遍的人性指向"的人类共同话题。追求中国形象的"大声音"就需要正确认识文化多元共生的世界性问题。

阿来在"跨族别写作"理念下创作的《尘埃落定》作为民族文化交流的代表性文本，在文化多样性这一理念流行的背景下尤其难能可贵。只有生活在异质文化中的人才真正明白差异意味着什么，才会试图去建立沟通的桥梁弥合文化之间的间隙。阿来的创作追求一种立足于民族性而又超越民族性的创作，他认为文化只有不断地交流才能创新发展，在《尘埃落定》中阿来通过保守的土司制度的衰亡告诉我们故步自封的文化只会走向灭亡。为了追求文学的"大声音"，阿来从特殊性出发书写普遍性，书写"普遍的人性指向"

---

① 徐放鸣：《审美文化与形象诗学》，南京：江苏人民出版社，2008年，第214页。

的东西，这一理念一如阿来所说是一种取胜的险道，然而以实际效果看阿来选择的这一险道是成功的。费孝通指出："一种文明、文化，只有融入更为丰富、更为多样的世界文明中，才能保证自己的生存。"[①] 王岳川认为，在多元文化共生的时代中华文化要走出去，需要"从一种全球性视角出发，从生命体验和文明变迁的角度追问困扰人类生命心性的共同问题"[②]。这是一种在全球化背景下各民族文化增加对话，减少对抗的正确路径，也是中国形象发出"大声音"的必由之路。

文化的差异往往导致各民族间思维习惯、价值信仰、生活方式、审美取向等方面的不同，拥有不同文化的民族在交流中往往因为这些差异的存在而产生摩擦与冲突，文化的多样性很容易成为不同民族文化对话的障碍，这时世界性的话题就成了文化交流的前提。对于中国形象而言也是如此，正如有学者所言："文艺作品中的国家形象塑造，是艺术家们在以民族的个性和自身的风格诠释着世界性话题和人类终极性关怀，体现了本民族的理性思考和文化贡献，进而丰富了世界的总体形象。"[③] 阿来通过对尊严的肯定使得自己的文学作品发出了"大声音"。在国家形象的层面，除了人类尊严还有更多的人性内涵需要我们去挖掘，这些人性内涵都是观照人类灵魂的特有品质。每个民族在文化交流中都希望发出自己的声音，这种体现本民族文化价值观的声音如果不能被大多数民族接受，那它只能是自说自话。为了减小文化价值观输出的阻力，文艺应该承载"普遍的人性指向"的事物，从而在文化对话中获得认同，国家形象发出的"大声音"是中国形象在世界上能够有效传播的前提，中国形象要在承载人类终极关怀的条件下，发出中华民族自己的声音。

在国家形象构建的层面上，民族性与世界性是相辅相成的。文艺应根植于民族文化构建中国形象，根深才能叶茂，为了让受众更容易接受异质文化，中国形象应该承载世界性话题与人类终极关怀，在各民族文化对话中发出"大声音"，融入各民族文化对话的"和声"，进而彰显中华民族文化特质，发出

---

① 费孝通：《费孝通九十新语》，重庆：重庆出版社，2005 年，第 322 页。
② 王岳川：《发现东方》，北京：北京图书馆出版社，2003 年，第 4 页。
③ 张玉勤：《当代文艺实践构建国家形象的历史性、现实性与理想性》，《江海学刊》2013 年第 4 期。

我们自己的声音。如"构建和谐世界"和"构建人类命运共同体"的文化价值观，不能只是一个抽象的概念，它应该深深植根于中华民族文化之中，然后寻求与世界其他民族文化本源上相统一之处，以文化产品为载体，在"和而不同"的全球文化对话"和声"中，发出自己的声音，传播当今中国的价值观。因此立足于民族文化传统发出"大声音"，这应是构建国家的对外形象的最终路径，这种策略可以使文艺构建的中国形象更为有效地融入世界文化格局。

第四节 《穆斯林的葬礼》：回族心灵史与中国形象

回族女作家霍达的长篇小说《穆斯林的葬礼》，以生动的笔触描写了北京的一个回族家庭两代人的爱情纠葛、三代人的命运浮沉与六十年的历史变迁，展现了回族在伊斯兰文化和中华文化碰撞与融合过程中的民族文化人格的演变，深刻挖掘了回族所特有的文化心理，成为"现代中国百花齐放的文坛上的一朵异卉奇花,挺然独立"[1]。这部作品获得第三届茅盾文学奖,具有独特的审美价值和文学史地位。从国家形象构建的角度看，"文艺实践要以'民族心灵史'的方式呈现中国形象塑造的多元化样态……它是个性化的，以民族的、地域的、民俗的独特人文生态展现中国文化多元而又具有整体感的特殊性"[2]。中国作为统一的多民族国家，以汉民族为主体，各少数民族在历史进程中形成了本民族独特而又相似的发展轨迹，呈现出丰富多彩的民族风情。少数民族形象成为中国的国家形象谱系中不可或缺且独具魅力的组成部分，如杨丽萍领衔编创的《藏谜》《云南映象》这类原生态音舞诗综艺演出在海内外所引起的强烈反响，就是以民族文化魅力塑造中国形象的成功实践，而最能书写"民族心灵史"的长篇小说与原生态综艺演出相比在中国形象构建上又有其特殊性。

---

① 霍达：《穆斯林的葬礼》"序言"，北京：十月文艺出版社，1988 年。
② 徐放鸣：《国家形象研究视域中的"形象诗学"》，《江海学刊》2013 年第 4 期。

在我们看来，一个民族历史发展过程中其民族文化人格在重大历史事件影响下的演变历程应是"民族心灵史"的重要组成部分。回族诞生于伊斯兰文化与华夏文化的碰撞和融合之中，在这一历史过程中，回族形成了根植于本民族文化传统又融合其他文化的动态民族文化人格。《穆斯林的葬礼》采用"以史为文"的独特视角，以 20 世纪 60 年时代变迁为横切面，描写了不同时代背景下三代人的人生经历，通过对以梁亦清为代表的穆斯林传统人格，梁君璧、韩子奇为代表的文化混血人格，梁冰玉、韩新月为代表的现代人格三代人不同文化人格的历史演变的梳理，书写了回族的民族心灵史，表现了回族在中华大地上艰苦跋涉、不断走向现代化的心路历程，从回族心灵史书写的角度丰富了中国形象。

一、回族文化精神的认同与坚守

回族是外来的伊斯兰文化在中华大地上与华夏文化碰撞和融合过程中逐渐形成的新民族，是一个信仰伊斯兰教的民族，因而它从诞生起便产生了独特的民族文化心理，在新的文化土壤上成长的过程中又不断形成新的文化人格，在不同民族文化中具有一定的典型性。对回族民众的民族文化人格的阐释是作者霍达关注的重点。

霍达对回族心路历程的书写始于"玉器梁"家第一代——梁亦清，他生活在封建社会末期，代表了坚忍、善良的传统穆斯林形象，展现了回族民众的传统人格。作为信仰真主安拉的穆斯林，他对过路同胞的厚待、对韩子奇的收留都是出于对同胞的爱，体现了回族在虔诚宗教信仰下的真诚善良的秉性。作为奇珍斋玉器作坊主，他有精湛的琢玉手艺，但由于缺乏更多的文化知识，只会埋头干活，安贫守道，并牢牢记住自己作为回族玉器匠人的使命——"就是穷得要'乜贴'（乞讨），也扛着水凳儿走。"[1] 这种传统的回族精神和品格典型地体现在雕琢《郑和航海图》的过程中。梁亦清说："我应这活儿，一不是为了保住奇珍斋的招牌，逞能，二不是贪图他给的这个价钱。让我横下

---

[1] 霍达：《穆斯林的葬礼》，北京：十月文艺出版社，1988 年，第 83 页。

这条心的，就是因为三保太监郑和是个穆斯林，是咱们回回。"① 正是这种潜藏在心灵深处的民族认同和民族自豪感促使梁亦清全身心地投入宝船的雕琢过程。为了表现出宝船在大海中航行的气势，他费尽心思想出了"三层"雕刻法。当韩子奇让梁亦清做长远打算，抛开汇远斋直接做玉器生意的时候，梁亦清斥责韩子奇的心气太高，告诉韩子奇"玉器梁"家得好好守着祖宗传下来的摊子，不能毁了家业。正是这种发自内心的民族自豪感与坚忍的民族精神激励着梁亦清在一千多个日日夜夜废寝忘食地雕琢，直至最终耗尽心力倒在了坚守一生的水凳前。

梁亦清的身上较多地保留了传统穆斯林的文化心理，是伊斯兰文明的传承者，体现了穆斯林文化的精神内涵。然而梁亦清对伊斯兰信仰的追求与最终玉毁人亡的悲惨结局似乎预示着，旧的民族文化人格已经消失，回族也必将在民族碰撞与融合中继续艰难地书写自己的心灵史。

二、复杂文化人格映现的回族心灵史

民族文化人格的巨变常常发生于历史大变革的时代，20 世纪是中华民族从传统文明向现代文明过渡的转型期，是本土文化与外来文化碰撞与融合的时期。霍达对回族心灵史的书写、对民族文化人格的挖掘也是通过将人物命运放在民族文化碰撞与融合的大背景下展开，重点表现主人公在伊斯兰文化与华夏文化发生碰撞与融合时的心理困惑，成为民族心灵史中的重要"结点"。小说主要通过梁君璧、韩子奇这两个人物形象表现了回族在历史文化转型期间的民族心灵变迁。"玉器梁"家第二代生活在近代中国转型时期，展现了一种文化混血的人格特征，作者通过梁君璧这一人物形象的塑造，展示宗教文化与世俗文化相结合的文化人格，又通过塑造韩子奇这一人物形象，展示传统文明与现代文明影响下的文化人格表征。

梁君璧作为"玉器梁"家的第二代，是作者塑造出的一个较为典型的人物形象，展示出复杂多元的矛盾人格，体现的是宗教文化与世俗文化相结合的文

---

① 霍达：《穆斯林的葬礼》，北京：十月文艺出版社，1988 年，第 69 页。

化人格。梁君璧是一个虔诚的穆斯林，她继承了穆斯林文化的传统，以伊斯兰教教义作为自己的人生准则，宗教信仰给了她生活的动力。当父亲突然猝死在水凳前，作为家里的长女，面对苍老的母亲、年幼的妹妹，梁君璧表现出回族坚韧不拔的精神品质。15 岁的她果断、冷静地处理好父亲的丧事，面对汇远斋老板蒲昌寿的落井下石，来家里追讨债务的行为，她又表现出一种铁骨铮铮的气概，毅然决然地以全部家当抵债，当韩子奇投靠蒲家为徒时，她骂韩子奇是"蒲寿昌的狗"，在韩子奇表达他只是假装投靠蒲昌寿，目的是希望重振家业的良苦用心后，梁君璧即果断选他作为自己的夫婿。作为一个女人，梁君璧表现出非凡的胆识。然而这种虔诚的宗教信仰也酿成了家庭的悲剧。当丈夫带着妹妹梁冰玉和他们在国外生的女儿韩新月一起回家时，作为博雅斋的女主人，恪守着伊斯兰教规范的梁君璧，费尽心思将与自己"情感一半儿像姐妹，一半儿像母女"的梁冰玉驱逐出家门，因为《古兰经》规定"真主严禁你们……同时娶两姐妹"。在梁君璧看来，梁冰玉与韩子奇的结合"没有'古瓦西'，没有证婚人，没有婚书，也没有举行宗教仪式，当然是非法的，是真主和穆斯林所不能容忍的"[1]。而在明知女儿韩新月有严重的心脏病在身，不久便会离世的情况下，她仍然不顾十多年的母女之情，破坏韩新月与老师楚雁的爱情，加速了韩新月的死亡，这一切都只是为了维护穆斯林血统的纯洁。然而作为大都市的底层小市民，梁君璧又受到了世俗势利文化的影响，"伊斯兰文化的负面——保守和固执与华夏文明的负面——世俗功利相结合"[2]，导致梁君璧的多元人格，小说通过这一形象展示了一种矛盾的文化人格。她看不起儿子谈的女朋友——"切糕容"家的容桂芳，而费尽心机地撮合女儿的好朋友——"玉器陈"家的陈彦淑与儿子结婚，为了符合所谓的"门当户对"传统观念而不惜牺牲儿子的人品与终身幸福，让两个年轻人过着无爱的生活，亲手制造了一出爱情的悲剧。

韩子奇比梁君璧在"玉器梁"家第二代中的地位更为重要，是作者表达其反思民族文化，书写回族心灵史的关键人物。"由于时代变迁转折之时自然社

---

① 霍达：《穆斯林的葬礼》，北京：十月文艺出版社，1988 年，第 157、635、665 页。
② 秦敬：《以"葬礼"的方式呼唤民族的新生》，《电影文学》2008 年第 7 期。

会的多重元素具体到个体身上的相互冲撞难以调和"[1]，韩子奇徘徊在传统文化与现代文化之间，在文化的矛盾中不知何去何从。韩子奇拥有一种文化混血人格，他是汉人出身，后来随朝圣老人吐罗耶定踏上朝圣之路，最后被"玉器梁"家收养。他恪守着吐罗耶定巴巴和师傅梁亦清所尊崇的伊斯兰文化，又从"玉魔"老先生那里接受了汉文化的影响，因而形成了有别于师傅梁亦清的文化人格。他从伊斯兰文化与华夏文化中汲取了丰富的文化养分，又从师父那里继承了高超的琢玉技术与坚韧的精神力量，这使得他能够忍辱负重背负着"叛徒"的名声，在汇远斋老板蒲昌寿手下做三年徒弟，为师父还债，完成师父梁亦清雕琢宝船的遗愿。他还私下偷学英语与先进的管理理念，并且颇有心计地将师傅与自己的名字刻在了《郑和航海图》玉船的底部，使其得以认识英国商人沙蒙·亨特先生，接触到西方现代文明。他随后与师妹梁君璧结为夫妻，复兴了师傅的奇珍斋，又广泛学习关于玉的知识，进一步发展了奇珍斋。他购买"玉魔"老人藏玉的博雅斋，举办"览玉盛会"并获得了"玉王"的称号。在英国伦敦避难时，他筹备开办玉展，名声远播海外。可以说韩子奇的前半生是辉煌的，然而以爱情的破灭、梁冰玉的出走为界，韩子奇的人生发生了重大转折。他将自己的全部希望寄托在了密室里的玉器与女儿韩新月身上。所以当女儿病故，藏在密室里的玉被红卫兵洗劫后，韩子奇最后只能在绝望中抑郁而死。韩子奇是一个具有矛盾人格的悲剧人物，为了自己的事业，为了遵守传统的伦理道德，明知道自己对梁君璧的感情大部分是出于对师傅的感激，与梁冰玉才是真爱，然而他还是选择了梁君璧，从而导致他悲剧的命运，从此窝窝囊囊，对妻子一味地忍让，生活于痛苦之中。为了支持女儿的学业，他不得不答应妻子的无理要求，拿自己心爱的玉器作为交换。他一心想保护女儿的爱情，最终却只能迫于妻子的淫威而放弃。

宗教化与世俗化相结合的文化人格的代表——梁君璧，在制造了一出出人生悲剧之后，最终也以悲剧的结局结束。当韩子奇临死前因为隐藏了自己汉人身份而忏悔时，不得不说是对梁君璧坚持一生的信仰的讽刺。而韩子奇后半生

---

[1] 秦敬：《以"葬礼"的方式呼唤民族的新生》，《电影文学》2008年第7期。

身处两难境地，在玉与女儿这两个人生寄托相继毁损后绝望而死的悲惨结局，似乎正印证了作者霍达所说的："伊斯兰文化和华夏文化的撞击和融合，这种撞击和融合都是痛苦的，但又是不可避免的，中华民族的历史就是这样延续发展的，是不以人的意志为转移的。"[①] 文化的转型是一个痛苦的过程，民族的发展也将以这种心灵的痛苦作为代价。

三、文化碰撞融合中的现代型文化人格

韩子奇、梁君璧夫妇这种处于历史转型期的矛盾文化人格在民族发展历史的长河中只是暂时的，终将为新的民族文化人格所取代。"玉器梁"家的第二代梁冰玉与第三代韩新月则体现了一种新的文化人格，一种更加开放的现代人格。虽然母女俩生活在不同的时代，然而其文化人格却有内在的一致性。

梁冰玉与梁君璧同为"玉器梁"家第二代，深受穆斯林文化的影响，然而与姐姐梁君璧不同的是，梁冰玉从小就接受新式教育，长大后又受过高等教育，从而形成了独立开放的人格。梁冰玉的初恋以失败告终，自己的爱人杨琛成了卖友求荣的叛徒，她在感情受到伤害之后当机立断，随姐夫韩子奇前往英国伦敦。沐浴在西方现代文明的阳光中，接受着异国"平等""自由"等思想的影响，梁冰玉逐渐形成一种现代人格。在惨烈的战争影响下，她的个人意识逐渐觉醒，她追求个性与自由，所以拒绝了奥利弗的追求，毅然决然地跟自己喜欢的韩子奇结合。"我们是人，活着……就应像一个人，有爱的权力！"[②] 梁冰玉的这种爱的宣言不仅不符合穆斯林文化传统，也与中国传统伦理道德相悖，离开了孕育这种人格的土壤回到故乡的她只能面临悲剧。回到中国的韩子奇为了事业而选择与梁君璧在一起，当梁冰玉看到自己心爱的男人是一个懦夫的时候，她喊出"我是一个人，独立的人，既不是你的，更不是梁君璧的附属品，不是你们可以任意摆布的棋子！女人也有尊严，女人也有人格"[③] 的宣言，面对死亡的

---

① 霍达：《我为什么写作》，《文艺报》1991 年 4 月 20 日。
② 霍达：《穆斯林的葬礼》，北京：十月文艺出版社，1988 年，第 632 页。
③ 霍达：《穆斯林的葬礼》，北京：十月文艺出版社，1988 年，第 660 页。

爱情，她毫不犹豫地选择离开，维护了自己的人格尊严。

韩新月同梁冰玉一样，同样体现了一种现代人格。同为"玉器梁"家第三代，流着回汉融合的血液，韩新月跟哥哥韩天星比，表现出迥异的文化人格。韩天星的性格更像他的父亲，徘徊于传统与现代之间，最终选择屈服于传统。韩新月从小就有远大的理想，立志考北京大学，报考时只填第一志愿，并且坚信自己能考上。在学校她不认为少数民族就应该低人一等，她通过自己的不断努力去证明"人的灵魂是平等的"。在爱情上，当韩新月怀疑楚雁潮对自己的爱情是出于怜悯时，她说："也许，我们之间并不存在爱情？爱情是什么？每个人都有不同的答案，但我想，爱情总不等于同情、怜悯和自我牺牲吧？"表现了她努力追求平等的爱情观。他们的爱情是坚不可摧的，无论梁君璧的阻挠还是宗教教规都不可动摇，她像生母梁冰玉一样开始反抗。与爱人楚雁潮合译的一本本书支撑着她，然而最终无情的病魔依旧夺去了她的生命，夺去了她的幸福。她在临死之前，仍然要求将自己的校徽别在衣服上，她热爱学习，热爱自己的事业，为了自己的理想永不放弃，可是她最后只能带着自己的梦想死去。与梁冰玉最后做出离开的选择所不同的是，韩新月一直坚守着自己的爱情，做到了母亲梁冰玉所期望的："有一颗坚强的心，在布满迷雾的人生中能牢牢地把握自己的命运，闯过一道道的难关。"[1]使自己的爱情与事业永存。

作为回族现代人格的代表，梁冰玉、韩新月母女表现出比祖辈更加开放的文化人格，在伊斯兰文化、华夏文化与西方文化的交流碰撞中保持独立，表现了回族的民族心理从传统向现代的转型。可以说，第三种现代型文化人格的塑造是霍达对第二种文化转型期所导致的困惑的解决，而从她们最后的悲剧性结局上看，可以说文化人格的转变之路依然是艰难与痛苦的。

四、民族性与世界性书写的积极探索

霍达以凄美的爱情故事为叙事线索向读者展示了回族在其历史发展过程中文化人格的演变，《穆斯林的葬礼》也是一部致力于挖掘回族文化心理的史

---

[1] 霍达：《穆斯林的葬礼》，北京：十月文艺出版社，1988年，第183、557、670页。

诗性作品。不论代表传统伊斯兰文化人格的梁亦清，还是代表转型期文化人格的梁君璧、韩子奇，以及代表现代型文化人格的梁冰玉、韩新月，"三代人均葆有至少是一定程度地承续了伊斯兰文化精神和生活，但一代比一代以更开放、主动的姿态吸取伊斯兰文化之外的其他文化滋养，从而与时俱进地实现自我超越、自我更新"①。他们身上都保留有回族民族文化心理的共性，如"天下回回是一家"的思想所体现的民族认同感与坚韧不拔的精神，激励着三代人在遇到困苦时能自强不息、开拓进取，还有虔诚的宗教信仰与强大的民族凝聚力，以及在民族融合过程中展示出的旺盛生命力。这些民族特质世代延续，深深镌刻在每个穆斯林的灵魂深处。

《穆斯林的葬礼》通过描写回族文化人格的演变史，生动深刻地书写了回族心灵史，展现了一个古老民族行走在从传统文化向现代文明转变这条不可逆转道路上的艰辛与痛苦。然而这部小说的意义还不止于此，霍达"以超越民族、超越历史的气度和胆识'审父''审母''审祖'，敢于在祖坟前作冷静深邃的自审。着眼于民族的未来"②，因而小说不仅表现回族在中华大地上生存的历史与现状，它还将中华民族放在世界文化的整体格局中予以观照，以引发读者对民族性与世界性、传统与现代之间的矛盾的思考。民族性与世界性之间的矛盾问题是世界难题，然而我们从霍达所描写的民族文化人格上看到了作者的文化观与民族观，对于本民族独有的文化、习俗、宗教信仰等体现民族个性的东西，她非常珍惜，然而又清醒地看到了宗教传统中有碍民族发展的因子，呼吁同胞对现代文明因子积极吸纳，实现民族文化人格现代化的转变。所以说作品中的韩新月这一人物所体现的价值选择与生活观念便是一种现代因子，这一人物是霍达笔下仅有的近乎完美的形象，体现了作者的文化理想。

霍达以书写回族心灵史的方式构建了中国形象，"为我们画出了一个个的中国魂——颗颗我们民族在振兴中华的伟大创业中饱经坎坷而奋斗不息的美丽心灵"③。对"玉器梁"家三代人不同人格类型的梳理，为我们思考民族性与世

---

① 徐其超：《回民族心灵铸造范型——〈穆斯林的葬礼〉价值论》，《西南民族学院学报（人文社科版）》2002 年第 9 期。
② 吕豪爽：《民族历史叙写的两种文学景观》，《名作欣赏》2006 年第 12 期。
③ 马丽蓉：《艺术心灵光烛照下的"葬礼世界"》，《新疆师范大学学报（哲学社会科学版）》1994 年第 2 期。

界性的关系提供了新的角度，启发我们要以更为开放的理念看待全球化时代多元文化的碰撞与融合，积极吸纳其他文化中的有益因子。小说的悲剧性结局告诉我们，一个民族从传统走向现代是一个充满"阵痛"的蜕变过程，然而这一历史潮流是不可阻挡的。

第五节 《蛙》：小说叙事与国家形象

莫言于 2012 年获得诺贝尔文学奖，在此之前的 2011 年，其作品《蛙》获得了第八届茅盾文学奖，这使莫言成为得到国际认可与国内认可的当代中国代表性作家，也被大众媒体更多赋予了以文学构建国家形象的期待，甚至被作为"中国崛起的一个象征"①进行宣介。从社会学、传播学的角度对莫言获奖进行关注和探讨，对国家形象的多元构建当然是有意义的。但是，我们应该意识到文学艺术之于国家形象构建的特殊性，"政治和传媒中的国家形象塑造，基本上对应于具体的境遇，有针对性地做一种塑造之功，达到一种具体的目的；而艺术形象则是一种相当稳定的，甚至带有永恒性的创造。一个再伟大的政治行为和媒体行为，都会很快成为过眼云烟，而伟大的艺术形象一旦产生，就永垂不朽"②。因此，我们不能仅仅从获奖的社会效应方面给莫言标注一个"形象"的符号，而应该在形象符号的背后更多地阐释莫言小说与国家形象构成内在关联的可能性，换句话说，应该从小说艺术的视角观照莫言作品本身到底承载了国家形象构建的哪些艺术信息。关于这个问题的研究，无论对于当下文学艺术对国家形象的构建探讨，还是对于中国当代文学多元化的文化反思来说，都是值得重视的。我们就以莫言的获奖作品《蛙》作为典型例证来做必要的文本分析。

---

① 陈小方：《澳外长称莫言获诺文学奖是中国崛起的一个象征》，《光明日报》2012 年 10 月 13 日。
② 张法：《国家形象概论》，《文艺争鸣》2008 年第 7 期。

一、小说题材与现代国家形象

长篇小说《蛙》成为莫言获茅盾文学奖后最受关注的作品，正在获得更多的阅读、传播和阐释，并以更快的节奏步入"经典化"的进程。从题材的层面来说，《蛙》书写的是中国的计划生育政策，这个题材使得《蛙》从刚开始就具有了现代国家形象构建的可能。国家形象首先是一个综合的认识和评价问题："国家形象是一个综合体，它是国家的外部公众和内部公众对国家本身、国家行为、国家的各项活动及其成果所给予的总的评价和认定。"[①] 所谓现代国家形象，就是国家形象体现的"当下性"，从时间上趋近国家形象的"现场性"，从内涵上指向国家形象的"现代性"。现代国家形象的聚焦点不是国家的历史形象，而是关注国家在政治、经济、文化和社会发展的新形势下所呈现的新观感、新印象和新理解。从当下中国对国家形象的诉求来说，"现代国家形象"是国家形象最为核心的内涵。中国作为世界文明古国，建立在悠久历史和灿烂文明之上的"历史性"国家形象已经熠熠生辉，而建立在近现代史基础之上的国家形象则需要在历史的进程中注入和展示新的形象元素，构建和完善新的国家形象，也就是现代国家形象。因此，建立现代国家形象必须切入中国发展的当下历程。从这个意义上说，《蛙》书写了中国曾经长期实施，并且对人口结构带来巨大影响的计划生育国策，那么小说叙事中所生成的国家形象无疑是中国现代国家形象的一部分。

需要指出的是，小说《蛙》对国家形象的构建当然是一种艺术的构建，是一种潜移默化的塑造；它对计划生育的书写当然不是为了形象塑造而进行题材选择，这是一个非常简单的问题。问题在于，计划生育的文学叙事成就了《蛙》在现代国家形象构建方面显著的艺术品格。小说是叙事的艺术，叙事要有具体的时空背景，正是在具体的时空背景中小说完成了人物塑造、心灵发掘和人性展示。《蛙》正是在计划生育政策推行的背景中书写了人物的精神世界。值得注意的是，在阅读感受中，小说并不是把计划生育作为一个叙事背景来处理，

---

① 管文虎主编：《国家形象论》，成都：电子科技大学出版社，1999年，第23页。

而是更多地把它作为重要的创作客体来对待，也就是说小说在故事推进的过程中更多凸显了对计划生育本身的思考，这使得小说具有了强烈的现实感，从而为国家形象的塑造提供了更为直接的艺术路径。从这个角度来说，《蛙》对国家形象的艺术构建至少在以下两个方面是值得重视的。

第一，敏感的题材。毋庸讳言，计划生育是一个非常敏感的题材。计划生育是中国基于国情而实施的基本国策，同时在国际上面临着来自"人权"方面的某些非议。正因为如此，小说《蛙》对这个题材的正面切入和成功叙写正是这部小说之于国家形象构建的独特意义。从题材的角度而言，伴随着当代文学与政治关系的调整，许多作家往往自觉或不自觉地疏远社会生活中的重大题材，特别是类似计划生育这样的敏感题材更是很少涉及，他们或走向历史深处，或叙写日常生活的琐屑，或沉浸于私人的隐秘空间，或聚焦于感官的欲望表达。当然，作为文学叙事的自由性而言，这些作品有其存在的必然性，但是不可忽视的是，作为创作主体而言，这些创作现象似乎少了些许知识分子的审视和批判，正如有批评家指出："上世纪五六十年代出生的作家们，虽然在八九十年代勉力展现了他们对于鲁迅和五四文学传统的致意与传接，也留下了足以让他们载入史册的艺术作品，但在最近的这些年中，他们身上的批判性和知识分子性，却无疑是呈现了渐至稀薄的趋势。在更年轻一代的作家身上，消费符号的包装与绑架、写作身份日益严重的'去知识分子化'，则更成为了一个无法挽回的趋势。"① 从这个意义上说，莫言在小说创作中表现出一种可贵的自信、责任和担当。莫言在《蛙》中对计划生育题材的处理表现得从容自若，没用丝毫的闪烁其词，而是直面这个许多人熟视无睹、不敢言说或不能言说和把握的题材，呈现出他一以贯之的创作姿态和艺术表现能力。"他表现着我们很难正视、力图忘却的图景，那是被'历史'、被社会、被我们兢兢业业的日常生活和日常经验、被我们的文学齐心协力地遮蔽的我们世界的底部。"② 也正因为如此，莫言才有可能在国家形象的艺术构建方面提供更为直接的注解，注入更为新颖的元素。

第二，悲悯的态度。在直面敏感的题材之后，《蛙》的叙事伦理也是值得

---

① 张清华：《诺奖之于莫言，莫言之于中国当代文学》，《文艺争鸣》2012年第12期。
② 李敬泽：《莫言与中国精神》，《小说评论》2003年第1期。

关注的。长期以来，小说家对计划生育题材的叙事态度是简单化的，要么是严肃的主流话语般的"讴歌"，要么是诙谐的民间娱乐式的"漫画"。正如有学者指出的那样："在新时期以来的文学作品中，计划生育一方面被作为中国现代化进程中的'进步事业'得到充分肯定，另一方面，则成为90年代以来主旋律乡土文学突出乡村基层政治尴尬现状和困境的点缀情节。于是，被不理解、不支持的农村群众撵得到处跑的'乡镇干部'形象，就在几分黑色幽默的喜剧色彩中，将计划生育政策与人性的冲突，轻松地嫁接为'分享艰难'的主旋律阐释。"① 莫言在《蛙》中对计划生育的叙事没有国家宏大叙事的立场，也不是民间传统的道德观念，更不是西方"人权"规则的价值判断，而是以一种悲悯的情怀，从生存和发展的视角去观照计划生育，以反思的态度提供对计划生育政策实施过程更多阐释的可能，从而赋予读者对中国形象更多的、更深刻的想象和理解。《蛙》对计划生育政策没有任何倾向性的评说，只是打开了一段历史的广阔视野，让历史的凝重气息伴随着计划生育的艰难进程共同建构对历史事件的叙说空间。小说开篇便是蝌蚪、陈鼻、王胆等一群孩子"吃煤"的场景，拉开了那段艰难岁月的序幕。计划生育开始介入，使得人们的精神世界发生了激烈的、痛苦的震荡。从宁公安、妇女主任抓捕王脚去"结扎"的场景开始，读者便能感受到物质的改变诉求与精神的深切痛楚之间所形成的张力。在这种张力中，小说表现出对岁月沧桑的关注和哀悼，对命运忧患的感怀和悲悯，从而衍生出对计划生育言说的复杂性和艰难性，这实际上构成了对计划生育题材简单化书写的一种冲击，赋予了计划生育哲学式的悲剧色彩，为在民族生存和国家发展的视域中观照计划生育打开了必要的、有效的路径，这对构建中国现代国家形象来说是非常重要的。

二、民族心灵史叙事与国家形象构建

巴尔扎克说过，小说被认为是一个民族的秘史。小说通过其卓越的叙事功能，将潜隐的、散落的物质世界和精神世界显现出来，以艺术的手段展示一个

① 吴义勤：《原罪与救赎——读莫言长篇小说〈蛙〉》，《南方文坛》2010年第3期。

民族的生存历史，表达民族的心路历程和心灵世界，从而完成对民族心灵史的发掘和书写。民族心灵史不仅是国家形象的重要内容，也是国家形象不可或缺的文化想象空间，比如读托尔斯泰我们会想到俄罗斯，读巴尔扎克会想起法兰西等，因此对民族心灵史的勘探和表达也是国家形象构建的主要方式。新时期文学处在中国改革开放的时代，中华民族的心灵世界经历了一个风云变幻的历程，这无疑为新时期文学书写民族的心灵史提供了更为广阔的艺术空间，也为国家形象的艺术构建提供了更多的可能。在这种情况下，如何为民族的心灵史提供更为丰富的书写，赋予读者关于民族和国家合理的、深刻的文化想象便成为新时期文学长期关注的问题。《蛙》以宏观的视野展现了中国特有的"生育史"，这个"生育史"在小说文本世界中显得广阔而完整、丰富而深入。《蛙》中没有计划生育的相关历史调查，也没有档案学式的数字信息，但我们感到，《蛙》通过对计划生育的言说所书写的"生育史"，似乎比社会学的调查统计、民间的口头传播更加丰满、真实和鲜活，这很大程度上来源于小说对一段历史时期民族心灵史的成功叙写。小说叙事在生育史和心灵史的彼此渗透中生成了更多的言说空间，为困境中生存和发展的民族形象增添了一种悲壮和庄严的精神品格，这在一定程度上为国家形象的塑造增加了新的元素。具体来说，《蛙》对民族心灵史的叙写是通过三个"历程"的言说来完成的。

一是"苦难"的历程。"苦难"是新时期文学常见的主题之一，从"伤痕"文学到当下的"底层"写作，小说始终关注和述说着不同时代的生存之痛。《蛙》对苦难历程的叙写并不是再次打量和刺痛历史的伤口，而是把苦难处理成小说冷峻和深沉的色调，通过具体的叙事场景和个体命运来展开对苦难的言说，间或一抹黑色幽默的色彩，平添了一种欲哭无泪的叙事效果。譬如，对姑姑和县委书记杨林的批斗会便是小说精心打造的场景。批斗会正值隆冬时节，被安排在滞洪区内开阔的冰面上进行："那天，全公社四十八个村子里的人，一拨拨的，有扛着红旗的，有敲打着锣鼓家什的，有的从路上来，有的从河道里走，都押着自己村子的坏人，往滞洪区汇聚。"[①] 这是一场闹剧，更是一场悲剧，莫

---

① 莫言：《蛙》，北京：作家出版社，2012年，第68~69页。

名的悲凉笼罩在人们的心头："我有点担心母亲和村里那些老人们的安全。我搜索着他们。但冰发射阳光，耀花了我的眼。寒风从后面吹透我的破棉袄，我感到很冷。"场景叙述以更悲惨的事故收尾："这时，只听到湖面上发出一阵怪响，冰层塌裂，许多人，落到了冰水中。"可以说，这个场景是那个特殊年代中民族和百姓苦难历程的缩影。同时，小说对个体命运的叙写更增加了苦难叙述的深度。譬如，小说对姑姑的初恋悲剧的描写。王小倜是空军飞行员，他与姑姑的恋情曾经让姑姑一家感到非常荣耀，也带给姑姑对未来生活的美好想象。王小倜驾机叛逃到台湾，这突如其来的灾难压垮了姑姑，几乎要了她的命："我逃出医院之后，姑姑切开了左腕上的动脉，用右食指蘸着血，写下了血书：我恨王小倜！我生是党的人，死是党的鬼！""姑姑被救活，但受到了留党察看的处分。处分她的理由并不是怀疑她与王小倜真有关系，而是她以自杀的方式向党示威。"这场初恋悲剧影响了姑姑的一生，成为她心灵深处挥之不去的阴霾。显然，个体苦难与民族苦难在这里是紧密联系在一起的，汇成一道深广的悲鸣之河，在历史的涛声中久久冲刷着民族的沧桑心灵，并成为民族心灵史的一种基调。而这种基调，也是构建和认知现代国家形象的起点。我们对国家形象的言说和展示或许都应从这里开始，才能找到国家形象构建的纵深，才能走进国家形象的历史和未来。

二是"奋争"的历程。有学者指出："现代生存是当代文艺形象塑造的着力点和根本旨归。"① 《蛙》在书写民族"苦难"历程的同时，更呈现了对民族现代生存的思考，尤其凸显了现代生存中民族"奋争"的历史。从当代小说的创作来看，通过对历史事件的书写，展示民族奋争的坚韧品格，也是当代小说的重要主题。小说往往通过波澜壮阔的斗争史或一个家族的沧桑变化，彰显痛苦、挣扎和奋斗的姿态，从而描绘人物的精神风貌和心路历程。莫言则不同，他对"奋争"历程的书写实际上是对一段集体记忆的娓娓叙述，没有强调和放大"奋争"的姿势，而是让它朴素、自然地融入了生活的进程之中。而正是这种看似漫不经心的叙述却恰恰把"奋争"——无论抗争天灾还是人祸——处理

---

① 徐放鸣：《审美文化与形象诗学》，南京：江苏人民出版社，2008 年，第 214 页。

成民族精神和心灵的一种自然属性，从而在很大程度上强化了民族心灵史的艺术构建效果。譬如，在困难的岁月里人们如何在饥饿中艰难度日，小说并没有用多少笔墨进行描述，而是把这种艰难的"奋争"铺陈到一个个细小的生活场景中去，并与人物的精神状态交融在一起。"有一次，父亲在田野里捡到了半只野兔，估计是老鹰吃剩下的。母亲从地里挖来半筐野菜，和兔肉一起煮了。"接着母亲盛了一碗兔肉打发"我"给公社卫生院的姑姑送去。作为孩子的"我"一路上忍受着腹中的饥饿和兔肉的诱惑，在路边寻找食物充饥："从我们村通往卫生院公路的两侧，栽种着一排排桑树，桑叶早已被饥民采光，我折下一根枝条，咀嚼着，苦涩难以下咽。但这时我看到桑树干上有一只刚刚从壳中退出来的蝉，嫩黄的颜色，翅膀还没干。我大喜，扔下枝条，将那蝉捂在手里，想也没想就塞进嘴里。"这样的场景叙述中没有家庭、"我"的饥饿痛苦，更多的是他们似乎与生俱来的生存能力的呈现，以及心灵世界中忍受、抗争的精神品格。在满足了最基本的物质需求时，人们就能像"蛙"一样，生命蓬勃，生生不息："那些吃饱了地瓜的女人们的乳房又渐渐大起来，她们的例假也渐渐地恢复了正常。那些男人们的腰杆又直了起来，嘴上又长出了胡须，性欲也渐渐恢复。在饱食地瓜两个月后，村子里的女人几乎都怀了孕。"在如此生息繁衍的历史进程中，人们所表现出来的坚韧的奋争品质始终伴随着沧桑的心灵历程，从而构成读者关于民族心灵史的一种绵远、悲怆的文化想象。

三是"反思"的历程。《蛙》在书写"苦难""奋争"心路历程的同时，特别突出了对"反思"情结的叙写。从当代文学史来看，新时期文学开始后就出现了"反思小说"，不过此时的"反思"显然与政治话语是互动的，小说采用的依旧是"共名"的语言叙述，人们的反思还不是一种个体自觉的行为，实际上是一种集体的、宏大叙事的声音。在文学向自身回归的进程中，更多的作家在寻根小说、新写实小说、私人化写作等创作思潮中转向历史文化深处、私人空间中去思考和反思。莫言在《蛙》中则把人们的"反思"历程与国家行为紧紧联系在一起，这无疑增加了这种"反思"的叙事难度，而这种叙事难度在民族心灵史的书写、国家形象的构建方面赋予了小说更为有效的艺术路径。《蛙》中的心灵"反思"主要通过姑姑的个体反思来完成。姑姑是那个时代的"英雄"，把自己所有的一切都献给了她的信仰和事业。一方面她作为妇产科医生接生婴儿救人无数，另一方面她作为计划生育的具体执行者流产婴儿无数，甚至造成不少起母子双亡的惨剧。应该说这种悲剧更多的是一种历史和时代的尴尬和苦难，但是，小说中这种精神痛苦的代价是由姑姑这样的个体来承受的："进入晚年后，姑姑一直认为自己有罪，不但有罪，而且罪大恶极，不可救赎。我以为姑姑责己太过，那个时代，换上任何一个人，也未必能比她做得更好。姑姑哀伤地说，你不懂……"这里有什么"罪"？"不懂"什么？显然这就是姑姑痛苦和反思的内容。值得关注的是，在计划生育政策依然推行的过程中，姑姑为何有如此沉痛的反思？这种反思来源于心灵中那种僵硬掩体的脱落，来源于一种自省和提升的心灵觉醒，它在历史的进程中深刻反映了民族心灵史的"现代性"历程。

三、生命敬畏的精神特征与国家形象的内在元素

观照和反思社会敏感问题，探究和呈现人的精神世界，一直是莫言追求的创作品格，正如他自己所说："直面社会敏感问题是我写作以来的一贯坚持，因为文学的精魂还是要关注人的问题，关注人的痛苦，人的命运。而敏感的问题，总是能最集中地表现出人的本性，总是更能让人物丰富立体。"[1]《蛙》在计划生育的叙事中突出了对人物命运的思考，在特殊的社会事件中呈现人们对生命的态度和反思，从而力图从一个视角表现出"人的本性"。那么，《蛙》所集中表现的这种"人的本性"是什么呢？从阅读感受来看，这种"本性"在很大程度上是对生命亲近和敬畏的精神特征。关注个体的存在和价值，突出对个体生命的尊重和关爱，也是现代国家在社会发展中极其重要的价值取向。正是从这个意义上说，《蛙》对生命敬畏的书写也是其在国家形象构建方面不可忽视的艺术品格。

《蛙》关于生命敬畏的书写也是主要通过姑姑的形象塑造来完成的。姑姑"实际上是我们公社计划生育工作的领导者、组织者，同时也是实施者"，她恪

---

① 莫言：《听取蛙声一片——代后记》，见莫言《蛙》，上海：上海文艺出版社，2012年，第343页。

尽职守，敢于碰硬，从不徇私枉法，是一个典型的"战士"形象，而后来，姑姑被青蛙围追撕咬时却变成了一个胆小的、狼狈的"逃兵"形象：

> 姑姑一边嚎叫一边奔跑，但身后那些紧紧追逼的青蛙却难以摆脱。姑姑在奔跑中回头观看，那景象令她魂飞魄散：千万只青蛙组成了一支浩浩荡荡的大军，叫着，跳着，碰撞着，拥挤着，像一股浊流，快速地往前涌动。而且，路边还不时有青蛙跳出，有的在姑姑面前排成阵势，试图拦截姑姑的去路，有的则从路边的草丛中猛然地跳起来，对姑姑发动突然袭击。姑姑说那天晚上她原本穿着一条肥大的黑色绸裙，但那裙子，被那些偷袭的青蛙一条一条地撕去了。姑姑说那些撕得了一长条绸裙的青蛙，便一口口吞食下去，直噎得举前爪挠腮，打滚露出了白肚皮。

这是典型的"莫言式"书写场景。莫言此时似乎放开了在这部小说中对语言放纵的约束，恢复了他擅长的"魔幻"叙事方法去展示姑姑丰富、复杂的内心世界。从"战士"到"逃兵"，实际上战胜姑姑自己的仍然是她自己，这种力量来自她内心深处像婴儿啼哭般的蛙鸣，来自本性中对生命的一种敬畏，来自对生命毁灭的一种恐惧和负罪感。姑姑算不上行政职务上的"领导"，仅仅是公社卫生院妇产科主任兼公社计划生育领导小组副组长；她也算不上"知识分子"，念过抗日小学，由于出身好进了专区卫生学校学习，16岁毕业就在镇卫生所行医。从这个角度来看，姑姑是那个时代社会大众的普通一员，因此她对生命敬畏的精神特征便具有了一种普遍的代表性，从而在一定程度上也可以成为历史进程中国家形象和民族形象的一种内在解码。

　　更值得注意的是，小说还通过郝大手、秦河两个形象的塑造，进一步丰富和深化了关于生命态度的表达，同时在他们的行为叙事中完成了姑姑生命中的自我救赎。可以说，郝大手、秦河是当代文学中不可多得的两个艺术形象，他们超越了文学作品中一般的"艺人"概念范畴，既具有人物形象的丰富性和立体性，又闪烁着传奇和神秘的光芒，极大地提升了莫言小说的艺术力量。郝大手、秦河是两位民间泥塑艺人，专门捏泥塑娃娃。他们的艺术光彩不仅仅是能把泥娃娃捏得栩栩如生、活灵活现，重要的是他们赋予了每个泥娃娃以生命和神性。在小说中，莫言的艺术重心并不在于展示他们精湛的手艺，而是更聚焦于这两位艺人对捏制泥娃娃的艺术态度，呈现这种艺术态度所折射出的精神世界才是小说潜在的艺术主题。姑姑后来嫁给了郝大手，秦河是姑姑一生的追随者，姑姑与二人的艺术世界有着密不可分的内在关联。这样，"泥娃娃"便成为姑姑、郝大手、秦河三个人物精神内涵的外在艺术载体。小说中人物对"泥娃娃"的艺术态度实际上变成了一种生命态度，对生命的敬畏，对自我的救赎，都交融在泥娃娃艺术品的制作过程中。郝大手、秦河的泥娃娃制作过程充满了神秘感，这种神秘已经不是选料的讲究、工序的精细，而是把每个泥娃娃的制作都视为一个生命的诞生，每一个细节都注入了艺人对生命的理解、虔诚和敬畏。譬如，姑姑在逃脱青蛙围追的过程中看见郝大手正在月光之夜的河边制作泥娃娃："我看见一个披着大蓑衣、戴着大斗笠的人坐在小桥中央，手里团弄着一块银光闪闪的东西——后来才知道，他团弄的是一块泥巴。制作月光娃娃，必用月光泥巴。"嫁给郝大手后，夫妻二人就共同制作泥娃娃。姑姑口述泥娃娃的相貌，郝大手动手把姑姑心中的孩子捏制出来，以这种方式表达姑姑的愧疚、实施生命的救赎：

> 姑姑捧着泥娃娃，先是远看，后是近看，远远近近地看过，慈祥的表情在她脸上漾开。对，就是这个样子，就是他。姑姑突然转变了口气，直接对着那泥娃娃说话：就是你，你这个小精灵鬼，你这个小讨债鬼，姑奶奶毁掉的两千八百个孩子里，就缺你了，你来了，就齐了。

这种捏塑泥娃娃所寄托的对生命敬畏的情感诉求，实际上反映了人们关于计划生育现实的一种复杂的精神表达，生存与毁灭、生命与死亡、原罪与救赎等哲学命题在小说中成了一种朴素、悲情的生命情结。从这个意义上说，以生命敬畏为内涵的精神世界就不仅仅是姑姑、郝大手、秦河等艺术形象的个体特征，而是成为社会历史变迁中民族心灵的一种言说，因而也是国家形象的一种内在元素。

　　作为叙事艺术，小说承载的哪些艺术信息最终可以积淀下来，并从创作的角度形成一种艺术经验，应该更多地留待历史去检验。但无论如何，像《蛙》一样，用小说的叙事方式触及敏感的题材，关注民族的心灵变迁，审视民族对生命的态度，从而在客观上形成对国家形象的不同层面的艺术构建，这些或许都是我们当下应当重视的文学品格。因为在当下的消费时代，这种文学品格力图穿越物质的屏障去触摸精神的内核，去发掘散落的历史碎片，并通过这种方式来完成一种形象构建，从而实现艺术的自由和责任。——这或许是《蛙》带给我们的一种启示和经验吧。

第十章　莫言小说中国家形象的审美构建

　　莫言作为第一个获得诺贝尔文学奖的中国籍作家，其作品充满了中国元素，在传播中国国家形象方面起到了不可替代的作用。莫言作品具有强烈的色彩感，这些色彩的使用不仅与中国传统的"五色论"有着深厚的渊源，而且在某种程度上与中国的民族心理相契合，因此在莫言小说中，色彩审美作为一个特殊的符号，与中国形象有着紧密的联系。莫言小说中的人物形象塑造带有特殊的张力，这些人物形象的多变、性格的真实，使作品结构严谨、富有动态性。在题材的选择上，莫言喜欢写抗战题材的小说，如在《红高粱家族》中，塑造出一个"自强不息"的国家形象；他巧妙地利用很多作家规避的敏感题材，如《蛙》涉及的计划生育政策等，以善意的批评和理性的思考积极地构建出国家形象更真实、深刻的意蕴。其作品揭露历史发展中存在的问题，更能彰显中国恢宏、自信、开放、包容的大国风范，也反映出作家与中国人民面对这些历史问题时的心态和解决问题的方法与勇气。他的作品更新了世界对中国形象的认识，发挥着文学作品既塑造又传播中国形象的功能。

　　莫言获得诺贝尔文学奖后，其作品的国际影响力正在逐步提高。由于对中国文化不了解，有些西方学者对莫言作品的误读，影响了对莫言小说主题的理解与把握，他们以不公正和片面的态度评价中国，多以"他者"的视角对莫言小说呈现的中国形象进行挖掘和阐释，以自己的思维模式去认识中国。他们原有的"视阈"决定了他们的"不见"和"洞见"，也决定了他们对其他文化的选择和切割，并以他们的价值观进行解释。因此，如何客观、公正地解读莫言作品中国家形象的问题就显得尤为重要。莫言的小说语言充满魔幻现实主义色彩，其中的人物形象丰满且充满魅力。他的文学语言根基于中国自身的文化环境，具有独特的韵味，产生了特殊的文化影响力，体现出国家形象的"当下性"与"现场性"。对外国读者来说，莫言小说中的语言和形象都是陌生的，误读也就由此产生，而莫言小说的深层次意蕴和国家形象呈现，正是国内学术界研究的重点。

第一节　语言符号的审美象征与国家形象的构建

　　文学作品具有的审美特性是其他艺术形式所不具备的。文学的审美形象是由带有审美特性的文学语言构成的。瑞士语言学家索绪尔认为，"语言是一种表达观念的符号系统"[1]。由此可以看出，文学作品不仅仅是审美语言的艺术，更是一种"审美符号"的艺术。作为文字符号的汉字，具有不同于其他文字的审美特性，而汉语的抽象性、概括性、象征性等特征，又是其他文字无可比拟的。汉字是表意的象征文字。"一个汉字简直可以称为一个意象，它本身就已融合了人作为主体的感觉、体验和想象。"[2]鲁迅说，汉字的审美效果是意美、音美、形美三者的结合[3]；闻一多认为，汉字可以直接表现绘画的美[4]。莫言对汉字的使用非常娴熟，其语言特色鲜明、风格独特。大胆的写作风格与狂欢化的语言是其小说创作最大的特点，特别是他善用色彩词来调动读者的感官与想象。在中国，色彩的寓意早已成为一种"集体无意识"存在于民族心理中。民族心理

---

① ［瑞士］索绪尔：《普通语言学教程》，高明凯译，北京：商务印书馆，1980 年，第 37 页。

② 朱立元主编：《美学》，北京：高等教育出版社，2001 年，第 173 页。

③ 参见鲁迅《汉文学史纲要》，见《鲁迅全集》第 9 卷，北京：人民文学出版社，2005 年，第 354~355 页。

④ 参见朱立元主编《美学》，北京：高等教育出版社，2001 年，第 173 页。

作为国家形象内部研究的重要组成部分，在国家形象的整体研究中占有重要的地位。研究莫言小说语言的审美化象征，有助于对莫言小说中国家形象的构建研究。在语言的使用技巧上，莫言擅长使用"前景化""陌生化"等修辞技巧，使文字符号"偏离"了一般意义，从而达到意想不到的修辞效果。因此，对莫言小说的修辞语言进行研究，可以依托汉语的表达语境考察其作品的国家形象构建。我们将通过对莫言小说色彩语言与修辞语言的分析，来探讨莫言小说语言符号所呈现的国家形象，并分析莫言语言的审美象征意义，从而总结出莫言小说语言构建国家形象的整体特征。

一、色彩符号与民族心理

在符号论美学家苏珊·朗格看来，色彩是一种"艺术符号"，是"情感的表现"，色彩符号具有一般艺术符号的特性，"显示出来的是一种由感知、情绪和那些较为具体的大脑活动痕迹组成的结构，即一种不受个人情绪影响的认识结构"[①]。苏珊·朗格还认为，色彩符号的艺术表现力与人类的整体情感密切相关。朱立元认为，色彩的审美意义主要表现在"表情性"与"象征性"两个方面。其中"表情性"是指色彩能直接引起人的某种感受与情感，"象征性"则是指在不同民族中，色彩与某种特定意义相联系，使色彩具有特殊的意义。[②] 色彩在中国是一个古老的话题，它在远古时代就具有特殊性与实用性，色彩对中国人的文化心理影响深远，因此，在某种程度上来说，对色彩的象征意义的变化与发展的研究，就是对色彩所体现的民族心理变更的研究。

中国的色彩审美源远流长。李泽厚在《美的历程》中就有记载，在旧石器时代的山顶洞人时期，我们的祖先就喜欢用彩色的饰品装饰自己。在出土的文物中"装饰品的穿孔，几乎都是红色，好像是它们的穿戴都用赤铁矿石染过"[③]。李泽厚认为，这些饰品中的色彩运用"表明了（山顶洞人）对形体的光滑规整、对色彩的鲜明突出、对事物的同一性（同样大小或者同类物件串在一起）……

---

① ［美］苏珊·朗格：《艺术问题》，滕守尧译，北京：中国社会科学出版社，1983年，第120、121页。

② 参见朱立元主编《美学》，北京：高等教育出版社，2001年，第126页。

③ 李泽厚：《美的历程》，北京：文物出版社，1981年，第2页。

有了最早的朦胧理解、爱好和运用"①。至迟在战国时期，中原地区常常提到五种颜色，以之为正色。这"五色"即"青""红""黑""白""黄"。"五色"和"五行"学说关系密不可分，又与"五德""五方""五音""五味"等概念相互联系。统治者将"五色"作为给祖先和神灵祭祀的主要颜色，但在不同时期，各个朝代偏好不同。例如：奴隶社会时期的夏朝和春秋时期的秦国崇尚黑色，祭祀主色多为黑色；商代崇尚白色，祭祀用白色的祭牲；周代崇尚赤色，祭祀时用赤色的祭牲。② 封建社会时期的唐朝崇尚黄色，宋朝崇尚赤色，等等。不仅如此，在日常生活中，古代统治者服饰的颜色也是与平民截然不同的，这一方面显示出了古代统治者与贵族对"五色"的重视，另一方面也显示出等级森严的色彩制度。随着时代的发展，色彩也从一种普通的社会规范上升到"礼"的范畴。"五色"作为中国色彩论美学的基础，对中华民族心理的形成与发展具有重要的作用。

在儒家与道家学说的影响下，"中国人认为和谐的色彩搭配是色彩之间取之于'五行'的相生关系，同时又维持色彩强度平衡；对色彩的审美是基于相信色彩与人的运势，心理及生理健康有着紧密的关联，并不是单纯的'好看'"③。"五色"作为中国人对其他事物的一种比附，带有强烈的象征意义，这种象征意义也随着时代的发展而深植于中国人的内心当中，成为一个民族的"集体无意识"。

二、莫言小说中的色彩审美与色彩符号的象征性

"五色"论在中国的地位根深蒂固，影响着古代中国的色彩审美，也对中国民间的文化与风俗有着深远的影响。莫言发挥汉字的优势，将大量生动的色彩词运用到语言艺术中。喜欢"凭感觉写作"的莫言，擅长使用色彩符号表达感情，他的色彩观不仅受到了中国的"五色"论影响，也与西方后现代的油画艺术有着紧密的联系。荣格在《分析心理学的理论与实践》中指出："我们的

---

① 李泽厚：《美的历程》，北京：文物出版社，1981 年，第 3 页。

② 参见王宇《论五色审美观与中国古代色彩符号的历史嬗变》，《贵州大学学报（艺术版）》2005 年第 6 期。

③ 李大勇：《五行色彩的发展与研究》，《浙江工艺美术》2006 年第 1 期。

心理有其历史，正如我们的身体有其历史。比如，我们可能对人有阑尾感到奇怪"，"我们的无意识心灵，像我们的身体一样，是一间堆放过去的遗迹和记忆的仓库"①。此段论证也印证了莫言小说中色彩符号的频繁使用与民族的原始经验和民族心理有着密切的关系。纵观莫言小说的内容，他常常用单色来描绘人物情感、渲染民族心理，也喜欢对比两种或者多种鲜明的色彩来抒发心中的情感、描绘自然景观，他还擅长叠加多重色彩来塑造出一个"感官的世界"。因此，有评论称莫言展现出了西方现代艺术中"印象派"的风范。色彩符号的使用让莫言的小说形象丰富，层次鲜明，审美价值极高，象征意义强烈，色彩符号的象征性与民族心理之间的关联也为我们展示了丰富、独特的国家形象。

1. 红色：生命与抗争的颜色

红色是中国人喜爱的颜色，也是莫言最偏爱的颜色。在莫言小说中，"红"作为单独的色彩符号频繁出现。根据语言学中的"言语风格统计学"的方法，我们在长篇小说《食草家族》中，找到作为颜色词或红色事物的符号"红"共767处，在长篇小说《红高粱家族》的《红高粱》一章，"红"的字眼就出现了106处。这样大量地使用"红"这一色彩符号的例子，在莫言小说中比比皆是。不仅中国人喜欢红色，其他民族也喜欢红色。格罗塞在《艺术的起源》中做了大量的考证后，断言"红色——尤其是橙红色——是一切的民族都喜欢的"②。红色在实际生活中被认为是"男性的颜色"，是"血的颜色"。在莫言小说中红色符号成为多义的能指符号，被赋予了"生命""抗争""革命""喜庆""祥瑞"等含义。例如在《红高粱家族》中有这样的描述：

> 八月深秋，无边无际的高粱红成洸洋的血海。高粱高密辉煌，高粱凄婉可人，高粱爱情激荡。秋风苍凉，阳光很旺，瓦蓝的天上游荡着一朵朵丰满的白云，高粱上滑动着一朵朵丰满的白云的紫红色影子。一队队暗红色的人在高粱棵子里穿梭拉网，几十年如一日。③

① ［瑞士］荣格：《分析心理学的理论与实践》，成穷、王作虹译，北京：生活·读书·新知三联书店，1991 年，第 41 页。
② ［德］格罗塞：《艺术的起源》，蔡慕晖译，北京：商务印书馆，1984 年，第 47 页。
③ 莫言：《红高粱家族》，北京：人民文学出版社，2007 年，第 2 页。

这段文字出现在小说的开篇，其中包含了很多的颜色词，展现出莫言过人的色彩天赋。仅就红色一种颜色而言，就有"红""紫红""暗红"三种亮度不同的色彩，它们分别被作家用来形容"高粱""白云的影子""英雄"。在阅读中读者会慢慢发现"红"的"高粱"与"暗红"的"英雄"之间具有相同的属性，它们都具有强大的生命力。在"红"的影响下，高密东北乡上演着可歌可泣的英雄故事。莫言在小说开头用诸多色彩词来渲染故事的悲壮气息，红色既是抗日战争中牺牲的民族英雄热血的颜色，也是虽然遭到日本人碾压、摧毁但又重新生长起来的红高粱的颜色。在《红高粱家族》中的"红色"高粱是一类特殊的意象。作者运用隐喻的手法将其与"抗战英雄"相关联，将"红高粱"与"英雄"做类比，暗示"红高粱精神"就是无畏牺牲的英雄精神。例如在小说中莫言这样写道："纷纷落地的红高粱……像英雄一样纷纷倒下的红高粱……"① 因此，红高粱的颜色是英雄斗争的颜色。

红色也是生命和幸福的象征。在小说中类似的例子还有很多，在"我爷爷"余占鳌与日本人的一场恶战之后，小说的叙述者"我父亲"看到了一片红色的血海，"一九三九年古历八月初九的太阳消耗殆尽，死灰余烬染红天下万物，父亲经过一天激战更显干瘦的小脸上凝着一层紫红的泥土"②，这里的"红"是"血"的象征，也是逝去生命的象征。在《蛙》中"红"是喜庆的象征，例如，"跪拜完毕，女人们拿出钱，塞入娘娘座前的红色木箱。拿钱少的匆匆塞入，拿钱多的则不无炫耀。奉献完毕，立在木箱旁的尼姑便将一根红绳套在泥娃娃的脖子上"③，"红色木箱"与套着"红绳"的"泥娃娃"都是祈福、吉祥的事物，"红"也是一种祥瑞的象征。

"红"这一色彩符号在莫言笔下大放异彩，它作为莫言作品中使用频率最高的颜色词，奠定了他小说的主要"基调"。陈思和甚至认为，"红色是《红高粱家族》中最重要的角色"④。在莫言小说中，红色作为"原型意象"，富有深刻、

---

① 莫言：《红高粱家族》，北京：人民文学出版社，2007 年，第 86 页。

② 莫言：《红高粱家族》，北京：人民文学出版社，2007 年，第 82 页。

③ 莫言：《蛙》，北京：作家出版社，2012 年，第 200 页。

④ 转引自安作璋、王志民主编《齐鲁文化通史·远古至西周卷》第 1 册，北京：中华书局，2004 年，第 414 页。

丰富的象征意义，莫言对红色的崇拜不仅体现了他对原始生命力的向往，也塑造出了一个独特的中国形象。

2. 绿色：生长与愤怒对立的颜色

在中国古代，"绿"的含义是包含于"青"的范畴之中的。在莫言的小说中，我们将"青"与"绿"提炼成一个色彩符号，在本章用"绿"来代替"青"这一色彩符号。据统计，在莫言长篇小说《食草家族》中，颜色词"绿"出现了158处。莫言小说中"绿"的含义带有双重性，分别具有生命生长、人物愤怒这两种不同的含义。

"绿"作为生命生长的颜色，在小说《蛙》最后一章的话剧里就有类似的例子："一个身穿绿色小兜肚（肚兜上绣着一只青蛙）、头皮光溜溜犹如一块西瓜皮的孩子……绿孩子大声喊叫着：讨债！讨债！'青蛙'们发出嘎嘎咕咕的叫声。"小说中的"姑姑"曾经是一个乡村产科医生，受人尊敬，但是在计划生育政策实行的初期，"姑姑"因强制执行国家政策，变成了人们眼中"杀人如麻"的流产医生，又为人唾骂。她在晚年觉悟以后，嫁给了会做泥娃娃的郝大手，夫妻俩一起做泥娃娃为"姑姑"赎罪。在这一例句中，"绿色"象征着生长，"蛙"也是"娃"的谐音，穿着绿色肚兜的"青蛙"就象征着正在成长的孩子。小说中的姑姑很害怕青蛙，她也害怕死去的"娃娃"报复她。在小说中，作者有意安排了绿色的青蛙"围攻"姑姑，促成她的醒悟。关于对"绿"的描写，在小说《蛙》中作者有这样的描述："如果有人问我，高密东北乡的主色彩是什么，我会不假思索地回答：绿！"① 由此可以看出，在莫言的文学王国中，家乡是美丽的、生长的、"绿色"的。在小说《红高粱家族》中，作者有一段对故乡墨水河美丽景色的描写："河边潮湿的滩涂上，丛生着灰绿色的芦苇和鹅绿色车前草……金风串河道，宝蓝色的天空深邃无边，绿色的星辰格外明亮。"② 在这里，"绿"是美丽家乡的颜色，也是生机勃勃植物的主色，甚至连美丽的"星辰"都是"绿"的，我们可以看出莫言通过描写家乡的美丽来表达对绿的喜爱与赞美。

① 莫言：《蛙》，北京：作家出版社，2012年，第303~304、342页。
② 莫言：《红高粱家族》，北京：人民文学出版社，2007年，第4页。

但是，绿色同时是一种让人感到愤怒、恶心的颜色。在《食草家族》中，这种用法尤为突出。一是用绿色形容人物的愤怒、恐怖等情绪，例如"九老妈的眼睛立刻闪烁出翠绿的光芒，像被恶狗逼到墙旮旯里的疯猫的眼睛"①；"他的眼睛因激怒发出绿色的光芒，像猫眼一样"；"四老爷腮帮子痉挛，眼里迸射绿色火花，他如狼似虎地向九老爷扑过去"；"爹的眼绿光灼灼，迅速地打量了屋里的情景"。在以上例句中，无论眼睛中"翠绿的光芒""绿色的光芒""绿色的火花"，还是"眼绿光灼灼"，都是用"绿"来表现小说人物情绪的用法，在这里，绿色更多的是一种愤怒的情绪表达。此外，"绿"在莫言笔下还有恶心、丑陋的含义。例如，在《食草家族》中，蝗虫泛滥时，整个高密东北乡"天地阴惨，绿色泛滥，太阳像一块浸在污水中的圆形绿玻璃。九老爷周身放着绿光，挥舞着手臂，走进了那群灭蝗救灾的士兵里去"。其中"绿色泛滥""绿玻璃""绿光"都是形容蝗虫的多与丑陋。与之类似的还有，"天！我的脑盖都被炸子掀掉了，脑浆子溅到了树皮上，红红白白的，招来了一大群红头绿苍蝇"。在这里，"绿苍蝇"是一种令人恶心的生物。在小说《欢乐》中也有这样的描写："我再也不要看你这被着绿脓血和绿粪便的绿躯体，生满了绿锈和绿蛆虫的灵魂，我欢乐的眼！再也不要嗅你这个扑鼻的绿尸臭，阴凉的绿铜臭，我欢乐的鼻！再也不听你绿色的海誓山盟，你绿色嘴巴里喷出的绿色谎言，我欢乐的耳！永远逃避了绿色，我欢乐的灵魂！"②"绿"被用来形容脓血、粪便、蛆虫、谎言等让人厌恶的事物，给这些原本不具有"绿色"特征的事物也赋予了新的含义，这种用法在修辞学上被称为"移就"，显示出莫言高超的色彩运用天赋。

总之，在莫言笔下，"绿"承载了作者的复杂感情，"绿"不仅是美丽家乡的颜色，也是愤怒、恶心的象征，这显示出莫言对自己故乡又爱又恨的复杂情感。在他的心目中，"绿色的原野给了故乡那些面朝黄土背朝天的父老乡亲生命所需要的一切，但也熬尽了他们的血汗与青春。于是，在莫言的作品中，绿色由生命力与希望的象征，转变成为丑陋的代名词，转而象征着逆境的恶劣、现实

① 莫言：《食草家族》，上海：上海文艺出版社，2012 年，第 10、44、62、246、71、280 页。
② 莫言：《欢乐》，上海：上海文艺出版社，2010 年，第 291~292 页。

的邪恶、人性的肮脏和鄙俗"①。

3. 黑色：富饶、死亡、原始生命力的颜色

在莫言的笔下，黑色是富饶的土地的颜色。在小说《红高粱家族》中，莫言将墨水河底的淤泥描述为"乌黑发亮，柔软得像油脂一样"，故乡的土地也是肥沃的黑土地，"故乡的黑土本来就是出奇的肥沃，所以物产丰饶，人种优良，民心高拔健迈，本是我故乡心态"，以至于长在黑土中的红高粱也变得富有灵性："（红高粱）根扎黑土，受日精月华，得雨露滋润，上知天文下知地理。"在这里，作者用夸张的手法写了"乌黑发亮"的河泥、"肥沃的黑土"，用来形容家乡土地的富饶与肥沃。因此，黑色在莫言小说中有肥沃黑土的象征意义。黑土也是原始生命力孕育的场所，作者在《红高粱家族》中"我奶奶"戴凤莲去世时有这样的描写："（奶奶）最后一丝与人世间的联系即将挣断，所有的忧虑、痛苦、紧张、沮丧都落在了高粱地里，都冰雹般打在高粱梢头，在黑土上扎根开花，结出酸涩的果实，让下一代又一代承受。"② 在此，黑土成了生命意识的发源地，也是原始生命力轮回的起始点。

莫言小说中黑色的象征意义还体现在原始生命力上。他结合自己对生命的理解，塑造出一批生命力旺盛的人物形象。例如《透明的红萝卜》中的"黑孩"，虽然出身卑微，过着异常辛苦的生活，却体现出惊人的生命力。在《红高粱家族》中的黑皮肤女人"二奶奶"也是一个具有原始生命力的女人："黑皮肤女人特有的像紫红色葡萄一样的丰满嘴唇使二奶奶恋儿魅力无穷。"③ 她是一个性格泼辣、敢作敢当的女人，正是她不同于其他女性的张扬与独立，使得"我爷爷"余占鳌很快被这种原始生命力吸引并征服。

黑色也是不祥的颜色，是死亡的颜色：

胡同里静悄悄的，一个人影也没有，只有一群看上去十分虚假的黑色蝴蝶像纸灰一样飞舞着。上官寿喜的脑海里留下了一片片旋转得令人头晕

---

① 高君：《论莫言小说中的色彩意象》，重庆：西南大学硕士学位论文，2010年。

② 莫言：《红高粱家族》，北京：人民文学出版社，2007年，第4、6、7、65页。

③ 莫言：《红高粱家族》，北京：人民文学出版社，2007年，第295页。

眼花的黑色的不吉利的印象。①

小说中"黑"的蝴蝶及"黑色的不吉利的印象"等事物都是黑色的。莫言使用"黑"这一色彩符号，渲染出日本人侵略高密东北乡时上官寿喜的恐惧心理，突出了日本人侵略中国的事实。黑色有一种压抑的感觉，也令人头晕眼花。从上官寿喜对黑色的直观感受中，我们读出了他的恐惧心理，也为后来他被日本人劈死埋下了伏笔。在小说《十三步》中，主人公物理老师被在殡仪馆从事整容工作的妻子这样训斥："要不是我照顾得好，你，早就进了我们的'美丽世界'，化做天空中的一片黑云……"② 在这里，"美丽世界"是殡仪馆的代称，是整容师对死亡的象征说法，而"黑云"是对死亡的委婉说法。由此可以看出，在莫言小说中，"黑"也是死亡的颜色。

黑色在莫言小说中被认为是富饶土地的象征，也是死亡归属地与孕育原始生命力的场所。莫言的黑色运用具有中国古代典型的"天人合一"的思想，他笔下的黑色也富有独特的魅力。

三、莫言小说中色彩符号的象征性与国家形象

色彩作为一种特殊的艺术符号具有传达人情感的作用，然而色彩符号不同于一般的语言符号，一般语言符号可以直接揭示作者的情绪、心理，而"语言色彩符号的表情功能是间接的、主观的、模糊的"③。荣格在《分析心理学的理论与实践》中认为："原型意味着模式（印迹），这是一类在形式和内容上都包含神话主题的远古特征……它所表现的，是有意识的心灵沉潜到无意识这一内向心理机制。非个人的心理内容、深化特征，或者换言之原型，正是来自这些深层无意识，因此，我们把它们叫做非个人的无意识或集体无意识。"④ 荣格认为，"原型"源自民族原始经验和记忆中的集体潜意识，它可以唤起读者潜意

---

① 莫言：《丰乳肥臀》，上海：上海文艺出版社，2012 年，第 13 页。
② 莫言：《十三步》，北京：作家出版社，2012 年，第 40 页。
③ 朱堂锦：《语言色彩的审美意识》，《云南教育学院学报》1992 年第 4 期。
④ ［瑞士］荣格：《分析心理学的理论与实践》，成穷、王作虹译，北京：生活·读书·新知三联书店，1991 年，第 38 页。

识中的原始经验。荣格的"集体无意识"理论告诉我们这样一个结论：一些遗传的先天倾向，反映了人类几千年进程中的集体经验，是个体始终意识不到的心理内容。"集体无意识"的内容即人们熟知的"原型"。因此，在莫言小说的话语语境中，很多色彩作为一种"原型"不断地在作者及国人的心中再现，成为一个民族的"集体无意识"，也构成了民族心理的一部分，民族心理对国家形象的塑造起到重要作用，而莫言小说中的色彩符号恰恰与中国国家形象有着紧密的联系。

1. 红色符号与"自强不息"的国家形象

日本学者滝本孝雄与藤沢英昭在《色彩心理学》中指出："色彩作为文化的载体往往代表某种象征，承担特定的含义，代替语言文字的功能……有相当多数量的色彩与特定的含义紧密结合，作为传统深深根植于民族文化的土壤中。"[①] 格罗塞在《艺术的起源》中认为，红色是与生命相关的颜色，它在原始社会中使用频繁，并能使人和动物"异常兴奋"[②]。在中国，红色是国旗的颜色，是春联的颜色，是民间婚嫁的主色，是传统的吉祥色彩，它因根植于中华文化的土壤中而包含了很多深层次的含义。在《红高粱家族》中，红色符号贯穿整篇小说，红高粱、高粱酒、抗日战士流出的鲜血、奶奶的嫁衣……这些意象的颜色都是红色的。作者通过对红色意象的反复描写，展现出红色意象中包含的精神，即红色不仅是"我奶奶"爱情启蒙的颜色，也是勇于反抗敌人侵略的血性色彩，作者通过红色展现出一个不屈不挠、勇于牺牲的民族形象，红色是一种不卑不亢的民族性格，也是"自强不息"的国家形象的体现。下面我们将分对自由生命形态的追求和反抗侵略者压迫两个方面来论述。

一是对自由生命形态的追求。在《红高粱家族》中，红色依附于具体意象，整部小说的中心意象就是"红高粱"，在小说中有两处描写"红高粱"被碾压：第一次是在日本人到高密东北乡修路的时候，"被碌碡压倒高粱闪出来的公路轮廓，一直向北延伸……压断揉烂的高粱流出的青苗味道……遍野的高粱都在痛哭"。此句运用拟人的手法，将人的感情赋予高粱，让高粱具有了人的情感，

① ［日］滝本孝雄、［日］藤沢英昭：《色彩心理学》，成同社译，北京：科学技术文献出版社，1989年，第73页。
② ［德］格罗塞：《艺术的起源》，蔡慕晖译，北京：商务印书馆，1984年，第48页。

其中的"断""烂""痛哭"等词语显示出高粱的痛苦与高密东北乡人们的煎熬。日本侵略者在中国大地上肆意妄为，他们在屠杀手无寸铁的高密东北乡人时，红高粱也受到了碾压，"遍野的高粱都在痛哭"，这里的红色高粱是对蓬勃自由生命力的隐喻，而对红色高粱的压迫则象征着对生命的压迫。第二次是"我奶奶"和"我爷爷"在高粱地里"野合"时，"余占鳌把大蓑衣脱下来，用脚踩断了数十棵高粱，在高粱的尸体上铺上了蓑衣"。在这里，红高粱的红色是爱情的颜色，是"我奶奶"主动追求幸福的颜色，她不满封建婚姻，因此在被余占鳌"劫持"之后，她在心中是狂喜的，她"暗呼苍天，一阵类似幸福的强烈震颤冲激得奶奶热泪盈眶"①，与余占鳌在高粱地的"野合"也是"我奶奶"勇于反抗封建婚姻，勇于追求个人幸福的象征，红色展现出一种对自由自在生活的向往，也是对自由生命的追求。

二是反抗侵略者压迫的民族精神。莫言用红色符号塑造出一批反抗侵略者压迫的英雄形象，他们像红色一样斗志昂扬，像红高粱一样自由舒展。在《红高粱家族》中，因违抗了日本人的意愿而被剥皮示众的罗汉大爷的死是惨烈的：

（罗汉大爷）顶上的血嘎痂像落水的河滩上沉淀下那层光滑的泥，又遭阳光曝晒，皱了边儿，裂了纹儿……从罗汉大爷头上浇下去。罗汉大爷被冷水一激，头猛然抬起，血水顺着他的脸、脖子，混浊地流到脚跟……罗汉大爷的双耳底根上，只流了几滴血，大爷双耳一去，整个头部变得非常简洁……罗汉大爷把一口血痰吐到孙五脸上……罗汉大爷脸皮被剥掉后，不成形状的嘴里还呜呜噜噜地响着，一串一串鲜红的小血珠从他的酱色的头皮上往下流……当天夜里，天降大雨，把骡马场上的血迹冲洗得干干净净，罗汉大爷的尸体和皮肤无影无踪。②

罗汉大爷的牺牲是悲惨的，他红色的鲜血浸染在高粱地上，他最后成为高

---

① 莫言：《红高粱家族》，北京：人民文学出版社，2007年，第28、62页。
② 莫言：《红高粱家族》，北京：人民文学出版社，2007年，第32页。

密东北乡的传奇，不仅唤起了整个高密人的觉醒，也被当作英雄而载入了高密的县志。在《红高粱家族》中，围绕着为"罗汉大爷"复仇而展开的反抗日本侵略者的斗争是悲壮而宏大的，女人、男人和孩子们开始用最简单、最原始的方式对抗日本侵略者，余占鳌司令带领一群由民兵组成的队伍去伏击日本人，七天之后他的"部队"已经全部牺牲："余司令牵着他（我父亲）的手在高粱地里行走，三百多个乡亲叠股枕臂、陈尸狼藉，流出的鲜血灌溉了一大片高粱，把高粱下的黑土浸泡成稀泥,使他们拔脚迟缓。"① 他们为胜利而付出了沉重的代价，"鲜血"灌溉着象征着原始生命力的红高粱，红色的鲜血也成为反抗的色彩。在此，小说中的红色符号是一种抗争的符号，是为生存而努力反抗的符号。

　　小说通过对红高粱、英雄人物鲜血的红色意象的描写来弘扬自强不息的精神，呼唤对自由、英雄气概的追求，作者对红色的喜爱也展现出对生命的礼赞，对自由生命形态和反抗精神的追求。在阅读中，读者也会通过对红色意象的认识、喜爱、认同，进而产生对小说人物的喜爱，从而产生对整个民族、国家的认同，因此，红色的精神与国家形象的构建有很高的内在关联性。

　　2. 绿色符号与乡土中国

　　费孝通在著作《乡土中国》中首次提出了"乡土中国"这个概念，该书旨在通过"乡土"来探究中国乡村社会的特点，揭示中国乡村以农业为根基的文明的深层次内核，从中国的乡村生活衍生到中国社会的传统结构与中国的民族心理。② 在莫言小说中，关于"乡土中国"的叙写有很多，其中最明显、最突出展现"乡土中国"特色的就是小说中绿色符号的运用。绿色符号是与土地、乡村联系最紧密的色彩符号，透露出作者的"怀乡"情怀；绿色符号又象征着丑陋与愤怒，蕴含着作者对乡村生活的否定，即"怨乡"情怀。在对绿色符号的理解和运用上，莫言形成了一种既"怀乡"又"怨乡"的复杂情怀,在《蛙》中，莫言认为"绿"是家乡的颜色，是美丽乡村的颜色，但是在《欢乐》中，莫言

① 莫言:《红高粱家族》，北京: 人民文学出版社，2007 年，第 69 页。
② 参见费孝通《乡土中国》，上海: 上海人民出版社，2007 年，第 1 页。

又说："你感到被人赞美的绿色非常肮脏，绿色是浑浊的藏污纳垢的大本营。"[1]莫言通过绿色符号的运用来展示他对乡土中国的文化、人际生活、道德状况等社会内涵的理解。

首先，绿色符号与怀乡情怀。莫言曾经说："我的故乡与我的文学是密切相关的，高密有泥塑、剪纸、扑灰年画，民间艺术、民间文化伴随着我成长。"[2]高密在历史上出现了很多历史文化名人，有很深厚的文化底蕴，因此，当作者走出高密的时候，就产生了浓厚的"怀乡"情怀，他称赞高密东北乡是"地球上最美丽"[3]的地方，被美丽绿色植物覆盖的高密东北乡，也被莫言提炼成"绿"这个色彩符号。在对乡土中国的叙写中，莫言继承了鲁迅等作家开创的国民性视角，延续了沈从文对"原乡"的叙写[4]，因此有学者称赞他的作品"营造原乡视野，化腐朽为神奇"[5]。在《红高粱家族》中，家乡是浪漫鲜活的场景，当高粱没有成熟的时候，高密东北乡"长七十里、宽六十里的低洼平原上……曲折着几十条乡间土路外，绿浪般招展着的全是高粱"[6]，家乡如诗卷、如壁画般美丽，也是作者原乡记忆的展现。绿色符号最能体现莫言对农村文化的思考与理解，透露出他浓浓的怀乡情，也体现出一个超越传统、具有创造性的乡土中国形象。

其次，绿色符号与怨乡情怀。由于高密地处山东胶东半岛东，临近东海，在历史上曾被殖民者入侵，又遭受过很多次水旱灾害与蝗灾，因此人民生活较为贫困，当地的很多村名都是以"荒"来命名。[7]莫言从小备受饥饿与孤独的折磨，生活经历复杂、曲折。与美丽的《红高粱家族》中浪漫的家乡相比，莫言又重新定义了他的家乡，他在现实泥潭中展现出一种怀旧与寻根的感受，

① 莫言：《欢乐》，上海：上海文艺出版社，2010年，第216页。

② 管谟贤：《莫言的成长和故乡——在首都师范大学文学院的讲演》，见张志忠、贺立华主编《莫言：全球视野与本土经验》，济南：山东大学出版社，2014年，第319页。

③ 莫言：《红高粱家族》，北京：人民文学出版社，2007年，第2页。

④ 参见张书群《莫言创作的经典化问题研究》，济南：山东大学出版社，2014年，第2页。

⑤ 谢静国：《论莫言小说（1983—1999）的几个母题和叙述意识》，台北：台北秀威资讯科技股份有限公司，2006年，第40页。

⑥ 莫言：《红高粱家族》，北京：人民文学出版社，2007年，第11页。

⑦ 参见管谟贤《莫言的成长与故乡——在首都师范大学文学院的讲演》，见张志忠、贺立华主编《莫言：全球视野与本土经验》，济南：山东大学出版社，2014年，第324页。

即"对于真实家乡的两种构思展现了辩证写作潜力"①。在《白狗秋千架》中的回乡青年井河眼中，家乡的土地还是贫瘠的，语言也依旧粗俗，他无法对故乡产生好感。他在高粱地遇到了儿时的青梅竹马——暖，这个可爱的玩伴在玩秋千时，不慎将眼睛弄瞎，她也只能被迫嫁给了一个哑巴，然后生下了三个小哑巴。面对曾经的青春，作者感叹白驹过隙、时光匆匆，但是暖却说："在这个鸟不拉屎的地方，有什么好留恋的？"②显示出对乡村残酷现实的犀利揭露。莫言在《枯河》《透明的红萝卜》中，写出了让人印象深刻的饥饿感受。土地带给农民食物，但是又让农民在土地上耗尽他们的青春与汗水，莫言用"绿"来表达农民被束缚的痛苦，在他眼里，贫瘠的盐碱地成了农民沉重的负担，于是，莫言将对故乡的思念转换成为一种恨，形成了一种怨乡的情绪。"绿"也成了丑陋的代表。

在上文中，我们将莫言小说中绿色的内涵归纳为生命生长与对立的色彩，也将莫言小说中的"青"与"绿"提炼成一个色彩符号，在传统意义上，绿色是一种美丽的颜色，莫言在对传统绿色的理解上又阐发了新的意义。正如黑格尔所说："艺术家凭色调的这种主体性去看他的世界，而同时这种主体性仍不失为创造性的；正是由于具有这种主体性……色彩的变化并不是出于单纯的任意性和对某一种不符合自然规律的着色方式的癖好，而是出于事物的本质。"③总之，莫言笔下的绿色符号是对乡土中国的叙写与印证，显示出作者对家乡、对中国深沉的爱。

3. 其他色彩符号的隐喻性与"天人合一"的中国形象

莫言小说中除了红色符号与绿色符号，还有很多其他色彩符号，例如黄色符号、黑色符号与白色符号，这些色彩符号在小说中所发挥的作用也不是其他语言符号所能相比的，特别是很多色彩符号的影响力已经经受住了时间的考验，成为一种独具特色的色彩符号。色彩符号因其隐喻性而产生出更多更丰富的含义，其隐喻性最常见的用法是"将颜色词语，用于更为广泛的其他事物范畴中去，

① David Wang. "The Literary World of Mo Yan." *World Literature Today*, 74（3），2000.

② 莫言：《白狗秋千架》，上海：上海文艺出版社，2012年，第39页。

③［德］黑格尔：《美学》第三卷上册，朱光潜译，北京：商务印书馆，1981年，第282~283页。

即用它来修饰原本没有颜色的事物，使该事物的性质、概念被颜色的象征意义赋予更为形象、生动的意义内涵[①]。莫言在使用黄色、黑色、白色等色彩符号时，常常借助隐喻的手法，将几种看似没有关联的事物联系到一起，表达出作者对它的感受。例如在短篇小说《秋水》中就有类似的例子：

> 绿蚂蚱，紫蟋蟀，红蜻蜓。
>
> 白老鸹，蓝燕子，黄鹊鸽。
>
> 绿蚂蚱吃绿草梗。红蜻蜓吃红虫虫。紫蟋蟀吃紫荞麦。
>
> 白老鸹吃紫蟋蟀。蓝燕子吃绿蚂蚱。黄鹊鸽吃红蜻蜓。
>
> 绿蚂蚱吃白老鸹。紫蟋蟀吃蓝燕子。红蜻蜓吃黄鹊鸽。
>
> 来了一只黑毛大公鸡，伸着脖子叫：哽哽哽————噢。

在此段文字中，莫言使用了多种色彩叠加在一起，产生出一种全新的色彩审美体验。

在中国传统文化中，"天人合一"观念是中华传统审美文化的重要范畴，它是一种人与自然和谐统一的学说。莫言小说中其他色彩符号的隐喻性具有"天人合一"的审美特征。在《食草家族》中，有这样一个细节："四老爷倚着断墙……一切都应该历历在目，包括写休书那天的气候，包括那张休书的颜色。那是一张浅黄色的宣纸。四老爷用他的古拙字体，像开药方一样，在宣纸上写了几十个杏核大的字。"[②] 黄色是土地的颜色，是象征权威的颜色，因此，"黄色"的休书也是代表着权威与力量，这种颜色是醒目而富有权力的。《丰乳肥臀》中也有类似例子："上官寿喜看到母亲的脸色像熟透了的杏子一样，呈现出安详的金黄颜色"[③]。在小说中，上官寿喜是一个懦弱的男人，他对他母亲言听计从、唯唯诺诺，而他的母亲上官吕氏是家里的绝对权威，是家里的主人，因此，她脸上显现出的"金黄"色，也是一种权威的颜色。

---

① 王依平：《现代汉语颜色词的认知研究》，哈尔滨：黑龙江大学硕士学位论文，2010年。

② 莫言：《食草家族》，上海：上海文艺出版社，2012年，第55页。

③ 莫言：《丰乳肥臀》，上海：上海文艺出版社，2012年，第12页。

在中国古代的色彩审美中，黑色是寒冬的颜色，是水的颜色，是深渊无垠的颜色；而白色是秋天的颜色，也是金属的色彩，黑色与白色这两种颜色都是人对自然界中色彩属性的总结。在《食草家族》中，故事的叙述者走进了一个潮湿、阴暗、深邃的地下宫殿，在这里，"孔雀在座椅之间徜徉着，过道上摆着一盆盆名贵的黑色丁香花"①。此处，作者运用隐喻的手法，将"黑色"与"丁香花"相联系，生动地表达出作者对地下宫殿阴冷、潮湿、黑暗的感受，"黑色"带给人的固有感受被移情到丁香花与地下宫殿上，是作者主观情绪的表达。在《丰乳肥臀》中有高密东北乡的老百姓都在初雪的日子赶"雪集"的故事，"雪集"即雪上的集市、雪中的交易、雪的祭祀和庆典。"雪集"也是白色的世界——在"雪集"上，"那些熟悉的脸和不熟悉的脸，被白雪映衬得颜色浓重，红得如重枣，黑得如煤球，黄得似蜂蜡，绿得如韭菜"②。在寒冷冬天的大雪中，赶集的老百姓们的脸都冻成了红色、黑色、黄色等颜色，这里的白色也具有了雪一样的属性——寒冷，在此，白色作为一种冷色既作用于老百姓的大脑，也产生了与他们的其他感官的共鸣。

莫言小说中色彩符号的超常运用，是作者将"天人合一"的中国古代哲学内化为一种艺术的表现，通过色彩的审美体现出了人与自然的统一和谐，形成了莫言独特的艺术形式。莫言小说中的色彩符号也是"天人合一"中国形象的一种展现，并成为其重要的一部分。因此，有国外学者评论："莫言的色彩语言是超越启蒙式的，是民族的，是野性的，是无拘无束、自由自在的，他的语言在词汇、修辞、想象中也达到了盖世无双的高度，精彩的色彩符号运用体现出了中国独特的国家形象，也让莫言成为世界文学的先锋。"③

---

① 莫言：《食草家族》，上海：上海文艺出版社，2012 年，第 169 页。
② 莫言：《丰乳肥臀》，上海：上海文艺出版社，2012 年，第 286 页。
③ David Wang. "The Literary World of Mo Yan." *World Literature Today*，74（3），2000.

第二节　审美原型与国家形象的呈现

荣格认为,有六种原型一直伴随我们,它们是"英雄""孤儿""流浪者""武士""殉教者""巫师"。① 在莫言的笔下,也有几种形象原型在他的小说中反复再现,并承载着特定含义,代表了特定的国家形象。莫言小说中出现了很多动物形象,这些动物都是作者借其形象的隐喻来重现历史、思考历史的,展现了国家形象的历史性;母亲形象在莫言小说中也是一类重要的形象,在长篇小说《丰乳肥臀》中,他讴歌了母亲的坚韧、伟大、无私,用莫言自己的话来形容,母亲就是"大地"与"世界"的象征,也是国家形象现实性的代指;莫言笔下的英雄形象是亦匪亦侠的矛盾复合体,充分地阐释了抗战时期农民与土地的复杂关系,显示一种浪漫的生命力,彰显出国家形象的理想性。我们通过对莫言小说中代表性形象的分析来探讨莫言小说中审美原型与国家形象的关联。下面分别从动物形象、母亲形象、英雄形象三种形象原型入手,来探讨国家形象的历史性、生存现实性与理想性的特征。

一、动物形象的隐喻与国家形象呈现的历史性

人类因拥有语言和智慧而成为世间万物的灵长,但是在有些时候这些"智慧"也会让人烦恼。尼采在《历史的用途与滥用》中认为,回忆(历史)对于人类个体与国家民族都是非常有必要的,但一旦这种"历史感"累积到了一定程度,人就感到迷惑,这种历史感就会伤害到人的个体,甚至是一个民族。因此,必须确定回忆的限度,使其更好地服务于生活。② 在他看来,兽类总是能立刻忘记"并看着每一刻真正逝去,沉入到夜晚和薄雾之中,永远消失。兽类是非历史地活着的"③。他认为人类要向动物学习,肯定了"非历史地活着"的必要性。"莫言也注意到人对动物的学习;不同的是,他更注重从人类本身

---

① [瑞士]荣格:《分析心理学的理论与实践》,成穷、王作虹译,北京:生活·读书·新知三联书店,1991年。
② 参见[德]尼采《历史的用途与滥用》,陈涛、周辉荣译,上海:上海人民出版社,2000年,第3~6页。
③ [德]尼采:《历史的用途与滥用》,陈涛、周辉荣译,上海:上海人民出版社,2000年,第1~2页。

所具有的从未泯灭的动物性角度,来关照人类自身的问题。"① 因此莫言常常利用动物性来描摹人性的复杂性,并通过动物形象来重回历史,借动物的口吻来思考历史。

在莫言的小说中出现了很多动物形象,如《食草家族》中充满情欲的斑马、乱伦的生蹼祖先们、《红高粱家族》中忘恩负义的狗、《蛙》中让人恐怖的青蛙、《天堂蒜薹之歌》中带给人爱情希望的红马、《生死疲劳》中的六道轮回中的几种动物等。莫言借小说中的动物之口来刻画人性的复杂性,讲述时代的变迁。小说中的形象塑造都与中国的民族文化与历史传统有着深厚的渊源,而莫言也借这些形象重新回到历史、思考历史,展现出独特的中国形象,这些形象的隐喻与国家形象的历史性有着紧密的联系。

在小说《蛙》中,"蛙"这个意象是小说的线索,也是小说的中心形象,"蛙"是对生命的隐喻。在《蛙》第五部分的剧本中,小说的叙述者"蝌蚪"将他写的剧本命名为《蛙》,原因是"暂名青蛙的'蛙',当然也可以改成娃娃的'娃',当然还可以改成女娲的'娲'。女娲造人,蛙是多子的象征,蛙是咱们高密东北乡的图腾"②。"蛙"与"娃""娲"同音,在作品中"蛙"也象征着啼哭的婴儿与多子女神——女娲,因为"蛙"的多重含义,它也成为高密东北乡的生殖图腾。由此可以看出"蛙"这个动物在小说中蕴含的意义,作者塑造这个意象也表达出他对生命的敬畏。在中国的传统文化中,"'蛙'是多子多孙、人丁兴旺、福气的象征。有着超强繁殖能力的蛙,是人们对多子的崇拜和期盼,突出了娃的母性"③。作者借"蛙"这个具有强大生殖繁殖能力的动物形象,来阐释计划生育政策所带来的不良后果。费孝通在《乡土中国》中肯定了生育对稳定社会的意义:"生育是社会持续所必需的,任何社会都一样,所不同的是说有些社会用生育所发生的社会关系来规定各人的社会地位,有些社会却并不如此。"④而在法国学者张寅德看来,计划生育政策在最初的实行阶段是旨在提高人口素

---

① 张雪飞:《莫言小说中"人的动物性回归"探讨》,《南京师范大学文学院学报》2013年第4期。
② 莫言:《蛙》,北京:作家出版社,2012年,第314页。
③ 岳境晨:《论莫言小说的意象系统》,信阳:信阳师范学院硕士学位论文,2015年。
④ 费孝通:《乡土中国》,上海:上海人民出版社,2007年,第43页。

质并提高人生活水平的一项政策，最后却成了"死亡的生物政治学"①。莫言借"蛙"这个形象来探讨计划生育问题，体现出作者作为知识分子对生命的敬畏，也体现了借助动物形象来思考中国历史的隐喻性。

在《生死疲劳》中，主人公西门闹是在土改时被镇压的地主，他认为自己无罪，在阎王面前申冤，因此经历了驴、牛、猪、狗、猴、大头婴儿的"六道轮回"。作者巧妙地通过动物视角来观察时代变迁，记录当时的历史。除了最后一次轮回，西门闹的每一次轮回都能用动物视角来反映当时农村的变化。在莫言笔下，这些动物不再是尼采认为的"非历史性"②的，恰恰相反，它们承载着西门闹前世的"回忆"，是历史的记录者，是带有人性、有"历史感"的动物。做人时的回忆让动物感觉到了痛苦，因而动物也在轮回中渐渐淡化了它们的"人性"回归到动物性中来。小说以动物的视角真实再现了中国农村的土地改革、大跃进运动、大炼钢铁、人民公社化、"文化大革命"等新中国的重要历史事件。

在形式上，《生死疲劳》采用的是中国传统的章回体小说的形式，莫言毫不回避地称自己是从蒲松龄那里得到了一支毛笔并向"祖师爷学习"③。有论者也认为这是对蒲松龄《聊斋志异》的致意。④ 每一章的命名颇有民间意味，如"驴折腾""牛犟劲""猪撒欢"等，充满了中国传统小说的幽默气息。在内容上，每个标题对应的故事分别与当时的时代紧密贴合。如：在大炼钢铁与人民公社化的时代，"西门驴"的主人"蓝脸"作为一个单干户，被人认为是在"折腾"；在"西门牛"时期经历了"文化大革命"，而"蓝脸"也作为一个单干户被人们批判着，"西门牛"因倔强而不耕种公家的土地被西门金龙打死；而"猪撒欢"则是在"大养其猪"时代受到了人对猪的优待……莫言巧借动物的"历史性"来描写农村的历史，使历史叙事真实而生动。

在《红高粱家族》中的"狗道"这一章，莫言成功地塑造了"狗"这个

① Zhang Yinde. "The (Bio) political Novel: Some Reflections on *Frogs* by Mo Yan." *China Perspectives*，4（2011）.

② ［德］尼采：《历史的用途与滥用》，陈涛、周辉荣译，上海：上海人民出版社，2000 年，第 3 页。

③ 莫言：《学习蒲松龄》，北京：中国青年出版社，2012 年，第 3 页。

④ 参见齐春晓《论莫言小说中的生命意识》，济南：山东师范大学硕士学位论文，2013 年。

动物形象。在和平时代，狗既是高密东北乡人的下酒菜，也是高密农民看家护院的好帮手①；但在日寇入侵后，狗的地位与狗的数量发生了质的变化，日本人养狗的目的是追杀中国人，它们是罪恶的帮手也是背叛主人的动物。在高密乡亲被日本人屠杀后，这些饥饿的、无主的狗群，开始贪婪地吃起曾经是自己主人的尸体。"腥甜的气味令人窒息，一群前来吃人肉的狗……群狗一哄而散，坐得远远的，呜呜地咆哮着，贪婪地望着死尸。腥甜味愈加强烈，余司令大喊一声：'日本狗！狗娘养的日本！'他对着那群狗打完了所有的子弹，狗跑得无影无踪。"在此，"狗"是背信弃义的动物，"日本狗"三个字是对日本人的辱骂与痛恨。与之类似的还有："十几个汉子，两人一伙，把这些也许是善良的、也许是漂亮的，但基本上都年轻力壮的日本士兵抬起来，悠三悠，喊一声：'东洋狗——回老家——'"②作者甚至在《红高粱家族》中论述道，打日本人应该就"像杀狗一样"。在莫言笔下，"狗"也携带着特殊年代的记忆，成了故事中重要的意象。

莫言借很多动物形象书写了国家的历史，他借动物之口重回历史，并反思历史，这种历史性是国家形象的真实塑造，是"民族传统的文化积淀和长期孕育，是基于当下现实的对过去的延续、回眸、反思甚至超越，它既依存传统又变动不居，既深深埋藏又向当下和未来开放"③。

二、母亲形象与国家形象呈现的生存现实性

母亲形象是莫言小说中的重要人物类型，在他的眼中母亲是大地的象征。《丰乳肥臀》中勇敢的上官鲁氏、《四十一炮》中坚韧的杨玉珍，都是典型的母亲形象。在莫言笔下，这些母亲是苦难的象征，也是大地的象征，她们的隐忍、坚强是全人类母亲的象征，也是苦难中国的象征，从母亲形象中可以看出国家形象的生存现实性。

在小说《丰乳肥臀》中，作者淋漓尽致地讴歌了母亲的伟大。在该书出版

---

① 参见莫言《红高粱家族》，北京：人民文学出版社，2007年，第88、125页。
② 莫言：《红高粱家族》，北京：人民文学出版社，2007年，第3、121页。
③ 张玉勤：《当代文艺实践构建国家形象的历史性、现实性与理想性》，《江海学刊》2013年第4期。

时，很多人曾质疑它的内容与标题，他们认为莫言用粗俗的标题与耸人听闻的故事来吸引读者，莫言却解释他的写作灵感来自一尊原始石像，她夸张的乳房与突出的臀部让莫言想起了母亲的形象。他认为："那尊女性雕像，其实是我们共同的母亲，是母亲的最物质化、最形象化的表现。"① 他解释说："'丰乳肥臀'象征着'母亲'和'大地'"，创作小说的目的是"探索人性的本质……母亲象征着大地和生育。"②

《丰乳肥臀》讲述了一个苦难家族的故事，时间跨越了上百年，上官家族中人物的命运也成为中国近现代历史的浓缩版。故事始于20世纪初，小说中的母亲经历了义和团运动、抗日战争、解放战争、土地改革、自然灾害的困难时期、"文化大革命"、经济体制改革等一系列历史事件。小说开篇就是"母亲"上官鲁氏嫁给了无生育能力的上官寿喜，在三年没有生育后，她受尽了丈夫与婆婆的责骂与凌辱，在无可奈何之下，温柔贤淑接受封建传统女性道德教育的她只好分别偷偷地向不同的男人"借种"，并分别生下了上官来弟、上官招弟、上官领弟、上官想弟、上官盼弟、上官念弟、上官求弟七个女儿，由于一直没有生下儿子，丈夫和婆婆对她的打骂一直没有停止。特别是在她生下第七个女儿时，"上官寿喜怒火万丈，扔过一根木棒槌，打破她的头，血溅墙壁……"③ 甚至是在她生第八胎上官金童和上官玉女时，她因难产而生命垂危，自己的丈夫、婆婆却只去帮助"头胎生养"的黑驴而丢下难产的她。封建的婚姻制度与重男轻女思想戕害了上官鲁氏的幸福，也愈加显示出母亲的宽厚与隐忍。

在《丰乳肥臀》中，"母亲"上官鲁氏似乎是苦难的象征。"母亲"的八个女儿、亲人、爱人都在一轮轮的战争、灾害、动乱中死去，她不仅独自抚养了自己的九个孩子，还抚养了自己的八个外孙、外孙女。苦难的生活与艰苦的命运折磨着母亲，但是她凭借更强大的意志来化解这一切。"母亲"是一个

---

① 莫言:《〈丰乳肥臀〉解》,《光明日报》1995 年 11 月 22 日。
② Cai Rong. "Problematizing the Foreign Other: Mother, Father, and the Bastard in Mo Yan's *Large Breasts and Full Hips*." *Modern China*, 29（1）, 2003.
③ 莫言:《丰乳肥臀》,上海:上海文艺出版社, 2012 年, 第 8 页。

普通的农村妇女，被作者置于战争年代，并卷入政治斗争。她的大女婿沙月亮在抗日战争时期，先是当了抗日黑驴鸟枪队队长，后来投降当了"皇协军"旅长；二女婿司马库是抗日英雄，后来被国民党收编，任命为抗日别动大队司令；五闺女上官盼弟与五女婿鲁立人是共产党领导的八路军战士。由于所处的地位和立场的不同，三方的斗争也越来越激烈。上官鲁氏小心地与国民党、共产党、日本人周旋着，并靠着自己的隐忍与坚持，不仅保全了自己的性命，也"使得全家奇迹般地越过历史的制约与政治的隔膜，在情感与理性的细缝之中觅到一处属于自己的生存空间"①。纵观全书，上官鲁氏一生遭受苦难的原因分别来自以下几个方面。

一是封建制度。母亲首先受到了裹脚的残害。她从五岁就开始用竹片、木锤等工具裹脚，母亲的姑姑"用竹片把母亲的脚夹起来，夹得母亲像杀猪一样嚎叫，然后用洒了明矾的裹脚布，千层万层、一层紧似一层地缠起来，缠紧了再用小木棰均匀地敲一遍"。而裹脚的目的就是取悦男性，以便日后能嫁一个好的男人。其次，母亲受到了封建包办婚姻的压迫。母亲鲁璇儿是被上官家用一头黑骡子作为聘礼换来的，由于丈夫不能生育，她受尽了屈辱，在回娘家的时候"她身上带着丈夫赠给的斑斑伤痕，耳边回旋着婆婆的臭骂，夹着个小包袱，红肿着眼睛，灰溜溜地回到了姑姑家"②。在无后为大思想的压迫下，她不得不违背封建社会对妇女"三从四德"的要求，向不同的男人"借种"，她默默忍受着巨大的屈辱，只是为了能生下一个男孩。在她一连串生下七个女儿之后，丈夫对她的打骂愈演愈烈。因此，封建的婚姻制度与重男轻女的观念是母亲在肉体和心理上双重受难的根源。

二是动荡的社会。由于封建婚姻的压迫与重男轻女思想的戕害，上官鲁氏在夫家受尽了折磨，生活的虐待使她躲进基督教，她渴望从信仰中获得安慰。这使她爱上了外国牧师马洛亚，在与他生下玉女与金童后，不幸也随之降临——黑驴鸟枪队是一群打着抗日旗号的土匪，他们在打残马洛亚后，又强暴了母亲，马洛亚不堪凌辱而跳下钟楼自杀，母亲也失去了她的爱人；在"文化

第十章 莫言小说中国家形象的审美构建

---

① 杜盈盈：《莫言小说中的野史叙事研究》，青岛：中国海洋大学硕士学位论文，2013 年。
② 莫言：《丰乳肥臀》，上海：上海文艺出版社，2012 年，第 547、557 页。

大革命"时期，由于家庭成员政治背景的复杂性，母亲也受到了批判，被迫游街示众：

> 郭平恩……说："跪下！"上官鲁氏便痛苦地嚎叫着跪下了。然后他又揪着上官鲁氏的耳朵，说："站起来！"上官鲁氏刚刚站起来，他又把她一脚踢倒，并把一只脚踩在她的脊背上。他的一系列打人活动，是在用动作解释着"把阶级敌人打翻在地，然后再踏上一只脚"的流行口号。
>
> 上官金童看到母亲挨打，心中怒火升腾。……他心里打着寒颤，想努力地质问一句，但郭平恩的手一举起，到了嘴边的质问就变成了阵哀嚎："娘啊……"上官金童跪在母亲面前。母亲把很沉的头抬起来，恼怒地看着儿子，说："没出息的东西，给我站起来！"[1]

在这两段中，上官鲁氏痛苦地"嚎叫着"跪下，但是当她的儿子跪下求饶时，她却"恼怒"地看着自己的儿子。在动荡的社会中，上官鲁氏从来不肯向命运低头，面对各种折磨，她都自己一一化解。她一生忍辱负重，在历史的创伤中，她学会了宽容与原谅，不得不说《丰乳肥臀》是对母亲受难的一首悲伤的赞歌。

三是战争。在上官鲁氏仅有六个月大时，她的父母就死于战争，她因被父母藏在了面缸里而躲过了一劫，但成了孤儿；在抗日战争时，日本人的扫荡与杀戮使得高密东北乡哀鸿遍野，饥饿的并几近绝望的"母亲"想用砒霜自杀，在孩子们的苦苦哀求之下，她决定要好好生活下去，她带着孩子们挖草根、捕田鼠，捞鱼虾用来充饥。艰难的生活没有压垮母亲，更没有打倒她，她忍受着饥饿的煎熬，忍受着痛苦顽强地活了下来；在解放战争时，"母亲"带着孩子们跟随区政府撤退，冒着枪林弹雨，在寒冷的冬天里艰难地行走着，当"人们陷入困难境地，一动就跌跤，不动就冻死。谁也不愿在这里冻死，于是便在跌跤中开始失去目标的撤退"，在进退两难中，"母亲"果断地准备

---

[1] 莫言：《丰乳肥臀》，上海：上海文艺出版社，2012年，第428页。

回家，但在回家的路上也是困难重重："地上的冰壳在木轮的碾压下破碎，爆起。天上又落下冰来修补……母亲推车，大姐拉车。大姐的鞋后跟裂开，凄惨地露出她的冻裂的脚后跟……母亲没有哭，她双眼发蓝，牙咬嘴唇，集中精力，既小心翼翼又大胆果敢，把她的两只小脚变成了两个小镢头，抓着地，步步踏实，往前走。八姐默默地跟着母亲，她拽住母亲衣角的那只手，像一只流水的烂茄子。"[①] 母亲用勇敢与智慧设法保全、呵护她的孩子们，在这次战争中，母亲失去了大哑和二哑两个孙子，但是母亲的伟大与无私在弥漫着硝烟的历史中也愈发显得珍贵。

四是饥饿。在《丰乳肥臀》中，莫言集中地展现了饥饿带给人的痛苦与绝望。抗日战争时期，幸存者的粮食被日寇扫荡一空，当严寒的冬日开始的时候，饥饿折磨着活着的人。当母亲听说腊月初八早晨教堂有施粥行善时，她便领着孩子们跟着饥饿的人群，连夜向一碗腊八粥进发。在这一次悲壮的行军中，上官鲁氏的母亲形象也愈显得高大：

> 我们顶着满天寒星艰苦行进，我站在母亲背上，司马家小东西在我四姐背上，五姐背着八姐，六姐七姐单独行走。半夜时分。荒野上络绎不绝地响起了孩子们的哭声。七姐八姐和司马小家伙也哭起来。母亲大声批评着她们，但母亲也哭了，四姐五姐六姐也哭了。她们摇摇晃晃地倒下去。母亲拉起这个，那个倒下去，拉起那个，另一个又倒下去。后来，母亲也坐在冰冷的地上。我们挤在一起，靠彼此的身体温暖自己。母亲把我从背后转到胸前，用冰冷的手指试着我的鼻息。她一定认为我已经冻饿而死了。我用微弱的呼吸告诉她我还活着。母亲……将冰凉的乳头硬塞到我嘴里，仿佛冰块在我口腔里融化，使我的口腔失去知觉。母亲的乳房里什么也没有，我吮吸着，吸出了几缕像蛛丝一样纤细的血丝儿。寒冷啊，寒冷……樊三大爷……声嘶力竭地叫喊着："乡亲们啊——千万别坐下——千万别坐下——坐下就冻死啦——乡亲们起来啊——往前走啊——往前走是生，

① 莫言：《丰乳肥臀》，上海：上海文艺出版社，2012 年，第 266、267 页。

坐下就是死呀——"

在这次冬夜行军之后，饥饿感再一次侵袭着他们。上官鲁氏不得不将自己的孩子送给别人，在七姐上官求弟被收养后，母亲病倒了，而四姐上官想弟也为了病倒的母亲与饥饿的家人而卖身进了妓院。在这里，母亲是苦难、无私、坚韧、忍辱负重的代名词，她挣扎着养活自己的孩子，她忍受着痛苦而坚强地活着。在三年困难时期，母亲因饥饿而偷粮的样子却显得更加深沉且善良：

> 瘦得只剩下一副庞大骨架的母亲急匆匆地进了家门……母亲从厢房的过道里像纸壳人一样，僵硬地扑进来。他叫了一声娘，委屈的泪水汹涌地流了出来。母亲似乎吃了一惊，但却没说话。她用手捂着嘴巴，跑到杏树下那个盛满清水的大木盆边，扑地跪下，双手扶住盆沿，脖子抻直，嘴巴张开，哇哇地呕吐着，一股很干燥的豌豆，哗啦啦地倾泻到木盆里，砸出了一盆扑扑簌簌的水声。她歇息了几分钟，抬起头，用满是眼泪的眼睛，看着儿子，说了半句含混不清的话，立即又垂下头去呕吐。后来吐出的豌豆与黏稠的胃液混在一起，一团一团地往木盆里跌落。终于吐完了，她把手伸进盆里，从水中抄起那些豌豆看了一下，脸上显出满意的神情。①

母亲为了养活自己的外孙而用胃来偷粮，当饥饿威胁到了人的生存时，母爱的深沉与坚韧驱使着善良的母亲去做违背道德的事。莫言在饥饿的遭遇中赞美着母亲朴素的爱，歌颂着生命的意义。

《丰乳肥臀》是一部母亲的受难史，表达了作者对生命的敬畏与对苦难的记忆，上官鲁氏作为苦难的象征，她是整个人类的母亲，是大地母亲。莫言在《〈丰乳肥臀〉解》中写道："母亲具有大地的品格，厚德载物，任劳任怨，默

---

① 莫言：《丰乳肥臀》，上海：上海文艺出版社，2012年，第417~418页。

默无言，无私奉献，大言希声，大象无形，大之至哉！"①上官鲁氏一生隐忍而坚强，她经历了 20 世纪中国历史上的灾难、屈辱、创伤，聪明、勇敢、坚韧、无私的品质让她成为一个伟大的母亲。因此有学者认为上官鲁氏是中华民族的象征，因为"跨越了政治，女主人公被非人化，她代表了中国：她是一个高尚的、坚忍的人物形象。因此，上官家族代表了这个国家。就此看来，母亲的家乡——各种政治和生存斗争上演的高密东北乡，就超越了个体意义，代表了中华民族"②。因此，在《丰乳肥臀》中，母亲的形象也是国家形象的象征与隐喻，母亲承受的苦难与悲剧也是 20 世纪前半期中国人民所经受的痛苦与难以逃脱的悲剧，在经历了战争、饥饿与动乱后，中国呈现出一个宽容、隐忍的国家形象，从而展示出中国国家形象的生存现实性，即"展现了历代中国人和中华民族在面对生存灾难、艰难困苦时所表现出的强烈的生存抗争与精神追求"③。作者对母亲形象的刻画不仅展现了中华民族的历史生存状况，也是作者对处于历史变迁中中华民族无可奈何的悲剧命运的无限悲悯。

总的来说，在《丰乳肥臀》中，上官鲁氏的隐忍、坚强不仅体现了中国传统女性身上的坚韧不拔、勤劳勇敢的品质，持久的爱，对家庭无私的奉献，还体现了一种充满了母性般坚韧、温柔、朴实品格的中国形象。《丰乳肥臀》中母亲形象的成功塑造使国家形象得到了鲜活的展示。"母亲"自身没有任何的主动权，她的身体成为本土男性和外国他者之间斗争和比拼的场所④，成为在抗战时期中国大地的象征，而在本土与他者的博弈中，本土渐渐获得了优势。

三、英雄形象与国家形象呈现的理想性

英雄是人类理想的化身，在人类社会中起着凝聚、激励、引导的作用。托马斯·卡莱尔在《英雄和英雄崇拜》一书中认为，英雄是"人类的领袖"，"是

---

① 莫言：《〈丰乳肥臀〉解》，《光明日报》1995 年 11 月 22 日。

② 宁明编译：《海外莫言研究》，济南：山东大学出版社，2014 年，第 54 页。

③ 张玉勤：《当代文艺实践构建国家形象的历史性、现实性与理想性》，《江海学刊》2013 年第 4 期。

④ 参见 Kenny K. K. Ng. "Critical Realism and Peasant Ideology: The Garlic Ballads by Mo Yan." Chinese Culture，39（1），1998。

伟大的领袖，凡是一切普通人殚精竭虑要做或想要得到的一切事物，都由他们去规范和塑造"，"可以公正地说，整个世界历史的灵魂，就是这些伟人的历史"①。他在书中高度赞扬了英雄的作用，并总结出六种英雄。中国自古以来就崇拜英雄，在中国的文学作品中，英雄也是经常被歌颂的形象。无论《水浒传》中的绿林好汉、新中国成立后"十七年文学"中"高大全"的红色英雄，还是通俗武侠小说中的侠客形象，这些都是中国人对英雄的描写与想象。莫言在小说中塑造出一批有血有肉、生命张扬的英雄形象，被命名为"新英雄"。与"高大全"红色英雄相比较，"新英雄"具有更鲜明的时代特点：人物形象的不完美，更贴近底层生活。"新英雄"作为一个符号凝结了莫言的情感，承载着莫言的书写，寄托着莫言的理想。"新英雄"也契合了时代的要求，更满足了读者对英雄的期待。"新英雄"作为审美形象原型，成了带有地域特色的文化形象，其中的女性英雄、传奇英雄、"反英雄"都是对地域文化形象的反映。作者渲染出原始生命力的张扬美，并显示出民间侠义精神，是对国家旺盛生命力的礼赞，展示出国家形象的理想性。

1. 女性英雄：坚韧不拔的国家形象

莫言在他的小说作品中对女性特别偏爱。他笔下的女性兼具了女性的柔情之美与男性的阳刚之气，女性英雄的塑造体现出对封建传统的批判与对男尊女卑规则的藐视。她们是真正的女中豪杰，例如《红高粱家族》中的戴凤莲、《蛙》中的万心、《檀香刑》中的孙眉娘，都是当时的女性英雄，也有着不同的性格。"我奶奶"戴凤莲是一个自由不羁、生命力旺盛的抗日女英雄；"我姑姑"万心则是国家要求高于一切，永远忠于国家政策的政治女英雄；而孙眉娘则是一个敢爱敢恨、大胆追求爱情的反封建女英雄，她的出现让《檀香刑》里的男性形象成了黯然失色的配角。这些女性英雄的荣辱与国家历史紧密联系，她们的大胆泼辣、不屈不挠是民族向心力的表现，更是坚韧不拔的国家形象的体现。

在《红高粱家族》中，"我奶奶"戴凤莲被描述为高密东北乡最美的女人，

---

① ［英］托马斯·卡莱尔：《英雄和英雄崇拜——卡莱尔讲演集》，张峰、吕霞译，上海：上海三联书店，1988年，第1~2页。

她从小学习刺绣，研习女红，学习那些女孩子喜欢的东西，也曾幻想嫁一个读书认字、知冷知热的如意良君。但在十六岁那年，她被贪财的父母许给了患有麻风病且病入膏肓的"单扁郎"，她心灰意冷，在她看来出嫁的花轿就"像个棺材，不知装过了多少个必定成为死尸的新娘"。正是因为对封建婚配制度的不满与怨恨，她走上了一条反抗之路。在反抗中，她一步步追求到了自己的幸福，最后也在反抗中成为高密东北乡的抗日英雄。作者认为"她老人家不仅仅是抗日英雄，也是个性解放的先驱，妇女自立的典范"①，为了让读者更能相信"我奶奶"是一个名副其实的"民族英雄"，作者借历史亲历者来证实他的描述：

> 我们村里一个九十二岁的老太太对我说："东北乡，人万千，阵势列在墨河边。余司令，阵前站，一举手炮声连环。东洋鬼子魂儿散，纷纷落在地平川。女中魁首戴凤莲，花容月貌巧机关，调来铁耙摆连环，挡住鬼子不能前……"老太婆头顶秃得像一个陶罐，面孔都朽了，干手上凸着一条条丝瓜瓤子一样的筋。她是三九年八月中秋节那场大屠杀的幸存者，那时她因脚上生疮跑不动，被丈夫塞进地瓜窖子里藏起来，天凑地巧活了下来。老太婆所唱快板中的戴凤莲，就是我奶奶的大号。听到这里，我兴奋异常。这说明，用铁耙挡住鬼子汽车退路的计谋竟是我奶奶这个女流想出来的。我奶奶也应该是抗日的先锋，民族的英雄。②

莫言对"我奶奶"的赞美溢于言表，他认为"我奶奶"的英雄气概几乎是一夜之间形成的，关于这种气概是如何形成的，作者也解释不清楚，对此，他有一段关于英雄的论述："在某种意义上，英雄是天生的，英雄气质是一股潜在的暗流，遇到外界的诱因，便转化为英雄的行为。"③纵观《红高粱家族》这部小说，"我奶奶"的一生都在抗争，面对封建婚姻，她揣着剪刀，与之对抗，

---

① 莫言：《红高粱家族》，北京：人民文学出版社，2007年，第36、10页。
② 莫言：《红高粱家族》，北京：人民文学出版社，2007年，第10页。
③ 莫言：《红高粱家族》，北京：人民文学出版社，2007年，第77页。

当遇到心仪的人时，她大胆地与之在高粱地里野合；面对"我爷爷"与"恋儿"的姘居，她毫不甘心地与"恋儿"斗争着，并光明正大地与土匪头子"黑眼"走到了一起，泼辣大胆的举动也使"我爷爷"又重新回到了她的身边；面对日本人对村民的残害，她鼓励自己的丈夫与十四岁的儿子拿起武器保卫家园，她最后也倒在了抗日战场上。"我奶奶"的一生都在与命运抗争，她抛开了世俗的束缚，不畏生死、大义凛然，冲破了男权文化的桎梏，捍卫爱情、守护家乡的土地与尊严。

像"我奶奶"一样的女性英雄不断出现在莫言的作品中，并成为一种类型。例如小说《蛙》中的"姑姑"——万心也是如此。她出生在抗日英雄家庭，是"我大爷爷"的女儿，"我大爷爷"曾经师从白求恩，是八路军的医生，医术高明，也是一名意志坚定的共产党人，在日本人绑架了家人并威胁他投敌时，他坚决不从，最后在营救家人的时候牺牲。此后姑姑也继承父业，学习医术，成为一位优秀的产科医生，被人称为"活菩萨""送子娘娘"，她也光荣地加入了中国共产党。由于受到"我大爷爷"的英雄气节的影响，姑姑从小便立志忠于祖国、忠于党，在小说中，姑姑的命运与国家政策、国家形象紧密相连。在计划生育时代，她也因刚正不阿而成为众叛亲离的孤家寡人。她凭着对共产党的信仰与忠诚而"虽九死其犹未悔"，她是计划生育政策的执行者与守护者。小说《蛙》是以姑姑的一生为主线，叙写了计划生育政策在农村实施中的复杂与困难，透露了作者对生命的敬畏，并反映出强烈的"人性的深度"。

姑姑忠于职守、大义灭亲，在"我"（姑姑的亲侄子）的妻子王仁美向姑姑索要能生双胞胎的偏方时，姑姑批评了王仁美，并教导她说："姑姑是共产党员，政协常委，计划生育领导小组副组长，怎么能带头犯法？我告诉你们，姑姑尽管受过一些委屈，但一颗红心，永不变色。姑姑生是党的人，死是党的鬼。党指向哪里，我就冲向哪里！……对那些超计划怀孕的——姑姑对着虚空猛劈一掌——决不让一个漏网！"她的语言表露出对共产党的忠诚，在姑姑为孕妇做流产被孕妇家人痛打的时候，她仍然坚定不移地说："计划生育是国家大事，人口不控制，粮食不够吃，衣服不够穿，教育搞不好，人口质量难提高，国家难富强。我万心为国家的计划生育事业，献出这条命，也是值得的。"① 姑姑的形象贴近百姓生活，作者以特殊的视角表现了计划生育对农村生活的影响，反映了"时代要求"与"人性呼唤"之间的矛盾。同时，姑姑是一个遭受了政治尴尬的政治英雄，为下文中她形象的悲剧性埋下了伏笔。

在封建社会中国女性一直倍受男性压迫，女性也是男性的附属物，她们的命运往往是悲惨的，而在莫言笔下这些女性虽然比较柔弱，却具有反传统的精神与意识，因而能在特殊时代大显风采。在莫言笔下，"我奶奶"（戴凤莲）与"我姑姑"（万心）等这些女性形象是小说中的英雄，具有虚构性，但是从另一方面来看，这些作品不仅彰显了作者对女性的赞美，也凸显了国家形象的理想性。

2. 传奇英雄：酒神精神与原始生命力

"酒神精神"与"日神精神"是尼采哲学对古希腊文明的高度概括，尼采在《悲剧的诞生》中指出，"酒神精神"旨在情绪发泄，让自身回归到原始自由状态的生存体验。具有摆脱个体的束缚，打破外观的幻觉的作用。尼采称这种状态为"醉"，它最主要的表现就是"个体化原理的崩溃"②。尼采认为，"酒神精神"可以"呼唤着整个现象世界进入人生"③。在莫言笔下，有很多人物原型具有"酒神精神"，其中"传奇英雄"就是典型的一类。"传奇英雄"这个名词最初来自莫言的长篇小说《红高粱家族》，莫言用它来形容余占鳌。小说写道："（我父亲）跟着后来名满天下的传奇英雄余占鳌司令的队伍，去胶平公路伏击日本人的汽车队。"④ 在莫言笔下有一类人物都符合作者对传奇英雄的定义，他们是集正义与邪恶于一体的英雄，也是一群有着鲜活人性的英雄。《红高粱家族》中的余占鳌，他的强而有力是作者对生命力的崇尚，也是尼采哲学中"酒神精神"的体现；《红高粱家族》中的罗汉大爷，也是一位临危不乱的民族英雄，他被日寇剥皮残杀，却不失英雄气节；还有《红高粱家族》中耿直的"任副官"与富有血性、敢于担当的"余大牙"，《丰乳肥臀》中的司马库，《蛙》中的大

① 莫言：《蛙》，北京：作家出版社，2012 年，第 89~90、110 页。
② 赵淑阳：《尼采的酒神精神及其现实意义》，成都：四川外国语大学硕士学位论文，2014 年。
③ ［德］尼采：《悲剧的诞生》，周国平译，南京：译林出版社，2011 年，第 117 页。
④ 莫言：《红高粱家族》，北京：人民文学出版社，2007 年，第 1 页。

爷爷……他们都是传奇英雄的代表，他们张扬的精神与生命力是尼采"酒神精神"的写照。

《红高粱家族》中孔武有力的余占鳌是个血性十足的英雄。他出身低下，地位卑贱，自幼丧父，与母亲相依为命。其母为生活所困，做了天齐庙里和尚的情人，忍受不了闲言碎语的余占鳌在18岁时怒杀了母亲的情夫，其母为此上吊自杀，从此，他就开始了流浪生涯。他喜欢追求自由生活，在流浪过程中遇到了被迫嫁给麻风病人的"我奶奶"，在爱情或是情欲的作用下，他与"我奶奶"开始了一段狂放不羁的浪漫生活。由于种种巧合，他在杀死高密东北乡的土匪头子后名声大噪，也半推半就地成了"吃拤饼"的土匪。在抗日战争爆发之后，他拉起抗日的旗帜，开始与日本人斗争。就是这样一个"匪气"十足的人物被莫言定义为了"最英雄好汉也最王八蛋"的传奇英雄。余占鳌这个形象富有矛盾的美学张力，既是"英雄好汉"，又是"王八蛋"，可以"杀人越货"，但是更会"精忠报国"。他的一生跌宕起伏，生活是被传奇化了的。余占鳌的出现让读者眼前一亮，他是对传统古典小说中的侠客形象与新中国"十七年文学"中"高大全"英雄人物的彻底反叛。余占鳌身上激荡的生命力是尼采酒神精神的体现，他是一个野性十足的硬汉，他的这种生命力是原始的。尼采心中的理想人性就是摆脱了所有禁锢的，他们享受着自由。[①] 正是因为余占鳌抛弃了封建道德的约束，追求生命的自由，也使他的生命充满了诗性的超越，他也成为高密东北乡甚至是读者们心中屹立不倒的英雄。

《丰乳肥臀》中的司马库是一个进步地主，在抗日战争时期，他坚决抗击日本人，并被国民党政府收编，后来在解放战争中被击垮，开始了逃亡生涯，被捕后遭到了枪决。用上官鲁氏的话来形容他："他是混蛋，也是条好汉。"[②] 他是英雄，但也是一个"恶人"，他的英雄之气是从他"恶"的一方面汲取着力量，他狂野的气质与彪悍的生命使他的形象既简单又复杂，一方面他是一个抗日民族英雄，但是另一方面他又是国民党将士，是"人民公敌"。但是莫言在小说中消解了他作为"人民公敌"的含义，将笔墨更多地指向了他作为

---

① ［德］尼采：《论道德的谱系》，周红译，北京：生活·读书·新知三联书店，1992年，第25页。
② 莫言：《丰乳肥臀》，上海：上海文艺出版社，2012年，第343页。

抗战英雄的一面。在面对异族侵略时，挺身而出的就是他，因而"（司马库）英雄的本性便被合情合理地放大和凸现出来了，而'正史'中的政治力量之间的交锋也就演变成了'野史'中的英雄之间的较量"[1]。在战争年代，司马库与日本人、国民党、共产党三方面小心地周旋着，抗战胜利后，他仓皇而逃，住在茂盛的高粱地里，他本可以这样逍遥放纵一生，最后却不忍家人受苦而毅然决然地选择了自首。在小说中，死亡是他"英雄之路"的必经环节，在行刑之前，他要求在行刑前修面、洗脸，又要求刽子手不可以在他背后开枪，这些举动使他死得体面，也捍卫了他的尊严。站在当今回望历史，与其说司马库是罪行累累的"人民公敌"，不如说他是一个充满酒神精神、骁悍勇武、叱咤风云的枭雄。

借助酒神精神，莫言在作品中也塑造了其他英雄形象，他们遵循着自由对原始生命力的呼唤，肆意张扬着自己的生命力。例如，在《红高粱家族》中，余占鳌的叔叔余大牙因醉酒后强奸了民女，被任副官勒令处死，但是余大牙慷慨接受，在被枪毙时还保持着英雄气概，"他犯了大罪，死有余辜，但临死前却表现出了应有的英雄气概"；在枪毙余大牙后，任副官面对愤怒的余占鳌，还可以从容不迫地与之"四目相对"并说："是大英雄自风流！"甚至当余占鳌射出的子弹贴着任副官的头发滑过去，他头也不回；罗汉大爷在被日本人剥皮时也是"面无惧色，骂不绝口，至死方休"[2]，他在酷刑面前的视死如归让人肃然起敬。莫言作品中的暴力场面是为了突出英雄的洒脱与刚烈，他们在面对外来侵略时的宁为玉碎不为瓦全的精神，是民间个体对国家形象的完美诠释。

3."反英雄"：对人性弱点的反叛与自强不息的国家形象

"反英雄"是中国当代文学在"文化大革命"后形成的一类文学形象，其具有鲜明的两面性，往往是既崇高又卑贱，既英勇又懦弱。他们不具备"高大全"式英雄的光明磊落，也缺少传奇英雄那般的勇猛剽悍，他们有很多缺点，比如胆小、懦弱、多疑、缺乏行动力，但是在民族和国家危亡时，他们仍旧能

---

① 赵勇：《莫言的两极——解读〈丰乳肥臀〉》，《文艺理论研究》2013 年第 1 期。
② 莫言：《红高粱家族》，北京：人民文学出版社，2007 年，第 50、51、11 页。

舍生取义、挺身而出。有学者认为，"反英雄"这一原型的被塑造是因为作者对历史的回顾与思考，"（作者）创作倾向出现的同时……更有一些西方现代主义的创作流派及其创作手法，被作为借鉴、模仿的对象"[①]。因为"反英雄"自身具有的矛盾性，在他们身上显示出特殊的张力，他们的人格特点表现在"真实性"与"多面性"[②]两个方面。一方面，他们希望为国家民族做点事，但"心有余而力不足"，在他们的故事中，可以看出来自社会底层的人的反叛与无可奈何的命运；另一方面，他们用自己的努力做出的抗争似乎是可以燎原的"星星之火"，这也是对自强不息民族精神的真实写照。

在小说《檀香刑》中，孙丙就是一个来自社会底层的"反英雄"，他风流成性，富有反叛精神，但是骨子里又比较懦弱。他是泼辣、大胆的孙眉娘的父亲，也是高密东北乡猫腔班子的班主，他将猫腔继承、改革并发扬光大。他的自身就是矛盾的统一体，一方面，他没有责任心、风流成性，气死了老婆，对女儿的婚事不闻不问，使得如花似玉的孙眉娘嫁给了一个不懂人之常情、没有生育能力的傻子；另一方面，他又是反德抗德的民族英雄。他的小老婆被德国人调戏之后，他愤怒地将德国人打死，之后加入了义和团。在晚清政府与德国军队的双面围剿下，他不幸被俘，高密东北乡的很多老百姓将他视为民族英雄，并想方设法帮助他越狱。其中乞丐帮派提出要将他用狸猫换太子的方式救出，但是他拒绝了女儿孙眉娘与叫花子朱八偷梁换柱的想法，慷慨地接受了残酷的檀香刑。孙丙既英勇又懦弱。他在戏班时形成了豁达、仗义的性格，面对调戏自己老婆的德国技师，他奋力反抗；可是面对县长钱丁对他的威胁，他不甘心但是又不得不解散了自己钟爱的戏班；在他的娇妻与幼小的孩子被德国人用刺刀挑死扔到河里时，他也仅仅是"眼前一片血红，如被噩梦魇住，心中急如火烧，身体无法动弹。他竭尽全力挣扎着，终于，发出了一声吼叫，身体解放了，会动了。他努力地往前扑去，身体砸断了一些树杈子，沉重地落在了柳树下柔软的沙地上"[③]。他不彻底的反叛与缺乏智谋的思维方式

[①] 胡克俭：《中国当代文学的英雄主题研究——以长篇小说为中心》，兰州：兰州大学博士学位论文，2008 年。

[②] 参见胡克俭《中国当代文学的英雄主题研究——以长篇小说为中心》，兰州：兰州大学博士学位论文，2008 年。

[③] 莫言：《檀香刑》，北京：作家出版社，2013 年，第 421 页。

让他最终成为反抗外国侵略者的牺牲品。其生命形式充满了悖论，更反衬出他作为"反英雄"的庸常性。

在《檀香刑》中，孙丙的反叛是与高密东北乡人紧密联系的，他不仅是义和团运动的象征，更是中华民族反抗外来殖民、侵略的象征，孙丙的失败也代表着中国农民运动的失败。宏观上说，中国的农民运动正是由于晚清政府与外国列强的介入而夭折在摇篮中。但是，从客观上讲，孙丙飞蛾扑火般的勇气又促进了中国广大群众的觉醒。他身上的懦弱、不彻底的革命性，并不应该受到指责，反而应当是他作为英雄的一个重要元素。虽然他本身有很多的缺点，但他仍然是在中国历史舞台上广大农民自强不息、勇于抗争的国家形象的真实写照。

莫言笔下还有很多其他形象，他们也是对中国国家形象的真实记载与历史再现，他们代表着不同时期的国家形象与人民形象。无论女性英雄抑或是传奇英雄、"反英雄"，莫言笔下的英雄形象是在历史变迁中，忠于乡土、民族与国家的一群人物，其英雄本色令人精神振奋。他们或疾恶如仇，或大义凛然，或舍生忘死、无私奉献，都具有强烈的正义感，在战争年代满足了民众对英雄的想象，他们的豪气与胆略是保家卫国的英雄气概，是国家形象理想性的显示。

第三节　莫言小说中国家形象的分类呈现

莫言小说中的深刻内涵渗透着现代国家形象塑造的审美意蕴。现代国家形象的最大特性体现在"当下性"与"现场性"两个方面。其聚焦点不在于历史，而在于当下——关注"在政治、经济和文化发展的新形势下，国家所呈现的新观感、新印象和新理解"[1]。由此，姜智芹在《当代文学对外传播中的中国形象建构——以莫言作品为个案》一文中，提出了莫言的小说在国家形象的对外传

---

[1] 郝敬波：《〈蛙〉：小说叙事与国家形象》，《江苏师范大学学报（哲学社会科学版）》2013年第5期。

播中所体现出的"批评的国家形象"与"反思的国家形象"这两种现代国家形象。① 我们认为莫言小说中塑造的现代国家形象，还包含"正面的国家形象"这一重要部分，这是对中国当下国家形象的真实反映，也是作者对国家状况的一个客观判断。莫言是一个有责任心的作家，他勇于歌颂乡村生活中像"红高粱家族"中英雄好汉的张扬的生命力，也敢于批评在现代文明中像"食草家族"和"上官家族"中的"种的退化"问题。他书写正面积极的国家形象却不粉饰太平，其小说题材包含了像计划生育、政府腐败、人性的弱点等许多作家选择规避的敏感话题。他作为一个有悲悯心、责任心、同情心的知识分子，站在一个公正、客观的立场，向读者娓娓讲述一个个动人的故事。这些故事有天马行空的想象，也有让人心灵震撼的叙事，但是他力图为我们展现出一个全面、真实、现代的国家形象，从中透露出一种独特的审美意蕴。具体说，莫言小说中国家形象的这种类别和表现可以从以下三个方面来审视。

一、批判的国家形象：民族发展的善意批评

在 2009 年的法兰克福书展上，莫言表达了一个作家对作品中"批判行为"的观点："一个作家应该表达他的批判与愤怒，特别是当他看到社会的黑暗与自然人性的丑陋时。但是，我们表达的方式不同，有些人喜欢在街上大喊大叫来表达自己的想法，但是我们要承认那些用文学来捍卫自己观点的人。"② 在莫言笔下，无论封建社会的刽子手形象还是对社会事件漠不关心、麻木不仁的看客形象，还是优柔寡断、曲意逢迎的知识分子形象，甚至是精神与肉体上不能断奶的"巨婴"等人物形象，都是作者对人性的批判。而这些特殊的人物形象也成为莫言小说塑造批判的国家形象的重要组成部分，何绍俊认为国家形象是一个综合体，最直观的形象就是中国人的形象。而让国家形象更加真实、丰满、充实的办法就是让作者的批判精神和正面描写相互补充。③ 莫言塑造的这些批判的人物形象旨在揭露社会问题，但是他的批评又是善意、有节制的。"莫言

① 姜智芹：《当代文学对外传播中的中国形象建构——以莫言作品为个案》，《人文杂志》2015 年第 1 期。
② "2012 Nobel Prize for Literature to Mo Yan: An Award for All Asians' Aspirations." *China Daily*, 2012–10–15.
③ 参见汉初《"文艺作品中的国家形象"学术研讨会纪要》，《美术观察》2008 年第 2 期。

在小说中批判的现象是执政党致力于解决的、同时也是广大民众所关心的问题。可以说莫言小说中的批判意识从主旨上顺应了民意，也与执政党的理念相一致，因而在调节公共权力关系、塑造中国形象方面，发挥了不可忽视的作用。"①

1. 对城市文明的批判

从《红高粱家族》（1986 年）到《食草家族》（1987 年至 1989 年）再到《丰乳肥臀》（1995 年）中的"上官家族"，莫言在小说中展现出一条鲜明的脉络——"种的退化"。关于"种的退化"的问题已经困扰了莫言很多年，在《红高粱家族》的开篇题词中他写道："此文召唤那些游荡在我的故乡无边无际的通红的高粱地里的英魂和冤魂。我是你们的不肖子孙，我愿扒出我的被酱油腌透了的心，切碎，放在三个碗里，摆在高粱地。伏惟尚飨！尚飨！"②这种夸张的语言是一种自我嘲讽，也是身处都市中的作者的自我救赎。对莫言来说，城市是现代生活的同义词。③而城市中的叙述者，则显示出一种"不肖子孙"的形象，他的心也是"被酱油腌透"的黑心。与《红高粱家族》中"我奶奶""我爷爷""罗汉大爷""任副官"等祖先们对比，叙述者显得孱弱不堪，显示出了"种的退化"。因此，《红高粱家族》在开篇就透露出作者对城市的鄙视，对乡土的肯定。为了逃离"种的退化"，作者从祖先那里得到一个这样的启示："可怜的、孱弱的、猜忌的、偏执的、被毒酒迷幻了灵魂的孩子，你到墨水河里去浸泡三天三夜……洗净了你的肉体和灵魂，你就回到你的世界里去。在白马山之阳，墨水河之阴，还有一株纯种的红高粱，你要不惜一切努力找到它。你高举着它去闯荡你的荆棘丛生、虎狼横行的世界，它是你的护身符，也是我们家族的光荣的图腾和我们高密东北乡传统精神的象征！"④在作者笔下，"纯种高粱"是"我爷爷""我奶奶"那个时代的"红高粱精神"，也是原始生命力的彰显，但是这种精神与生命力已经在"我们"这些后代的身上明显地退化了。小说叙述者的祖先（二奶奶）让叙述者"高举着"一株纯种高粱，这株红高粱是

① 姜智芹:《当代文学对外传播中的中国形象建构——以莫言作品为个案》,《人文杂志》2015 年第 1 期。

② 莫言:《红高粱家族》, 北京: 人民文学出版社, 2007 年, 第 1 页。

③ 参见宁明编译《海外莫言研究》, 济南: 山东大学出版社, 2014 年, 第 60 页。

④ 莫言:《红高粱家族》, 北京: 人民文学出版社, 2007 年, 第 347 页。

"护身符"，可以保佑作者在"荆棘丛生、虎狼横行的世界"里穿行，也表明了作者对城市生活的厌恶与批判。

在莫言看来，"种的退化"似乎是不可避免的。《红高粱家族》中，"我父亲"被狗咬伤了生殖器，这就暗示着像"我爷爷""我奶奶"那一代的生命力到"我父亲"那里已经受到了损伤，原始生命力因此开始萎缩，而"绝后"的恐慌似乎也就此开始——莫言随后的小说无不表现着这一恐慌。在长篇小说《食草家族》中，就有关于"食草家族"的描写。小说在形式上由六个梦境组成，这些梦叙写了高密东北乡"食草家族"的过去与现在。小说在第六梦中揭示了食草家族的过去——小男孩与小马驹（后来变成了一个美丽姑娘），他们就是食草家族的祖先，本是纯洁善良，而他们的后代充满了乱伦与残杀。关于"种的退化"的寓言是整个家族不可逃脱的命运。在《食草家族》中有歌谣这样记载："兄妹交媾啊人口不昌——手脚生蹼啊人驴同房——遇皮中兴遇羊再亡——再亡再兴仰仗苍狼……"[1] 小说是梦境中的世界，极具荒诞性，字里行间充斥着性欲与乱伦——兄弟手足因情人而反目，老先生与女学生发生不伦恋，第三者插足正常家庭等。因此，有论者认为《食草家族》中"种的退化"是由人的欲望所造成的。[2] 在莫言看来，高密东北乡的"食草家族"中人与人的关系最初是美好的，他们因为每天吃草而排出的粪便都是香的，但是他们会生出一种粉红色的"蹼"，这也是食草家族的象征，《食草家族》确立了莫言对乡村与城市的态度，那就是喜爱与厌恶、"食草／食肉、香便／臭屎"这样的二元对立。在莫言的小说逻辑里，"现代文明"恰恰是一种萎缩和堕落，是种群的退化。[3]

到了《丰乳肥臀》，"绝种"的问题似乎也更加凸显。上官鲁氏嫁给了一个不能生育的丈夫，迫于"无后为大"的精神压力与丈夫辱骂的肉体压力，她开始向不同的男人借种，但命运一直不肯眷顾她——让她先后生下了七个女儿。在她终于在第八胎生下一个男孩的时候，这个男孩却是一个混血——中国母亲与外国传教士的孩子。这似乎证实了中国人的"种的退化"，也似乎在嘲讽中

---

① 莫言：《食草家族》，上海：上海文艺出版社，2012年，第351页。

② 参见王晓燕《莫言长篇小说主题学研究》，沈阳：辽宁大学硕士学位论文，2013年。

③ 参见廖增湖《沸腾的土地——莫言论》，上海：华东师范大学博士学位论文，2004年。

国人的尊严。但随着故事的发展，我们看到这个具有"优势"血统的混血男孩居然是一个只会吃奶的"巨婴"，他成为全文"种的退化"的典型。这个"巨婴"一生软弱无能、受人利用，不能保护自己的亲人，也不具备生殖能力。《丰乳肥臀》中与之对比的是他的七个姐姐与他的侄子、侄女们。这群人具有旺盛的生命力，他们勇敢、坚强，遇到困难挺身而出，很多人成为高密东北乡在那个时代的英雄。莫言在作品中暗示这个私生混血的性格来源于他的外国父亲而非中国母亲。因为在《丰乳肥臀》中上官鲁氏这一母亲形象是"大地之子"与"国家"的象征。这个具有象征着"国家"意义的女性身体受到外国"侵犯"后，受到了惩罚——被一帮土匪们侮辱。而外国传教士也付出了生命的代价——他受到本地土匪的侮辱、枪击，最后跳楼自杀。因此，在与外国的"他者"争夺女性身体的过程中，中国的"自我"占有了明显的优势。[1] 而莫言在《丰乳肥臀》中也暗示了"种的退化"的原因：一是城市文明的发展与社会的变迁；二是本土与外来"他者"的杂交。[2]

莫言通过对"种的退化"这一主题的延伸，展示了他对城市文明的批判与对乡村文明的坚守、喜爱，并且夹杂着同情。在莫言看来，乡村与历史和过去相连，他坚信在这里可以找到生活的美感。[3] 莫言在叙写乡土小说时继承了"五四"时期的批判精神，但是他对故乡的感情是复杂的——是又爱又恨的。国内外的研究者们都认为莫言小说与"五四"时期的批判现实主义作品有很多相似之处，美国学者杜迈克认为，莫言的乡土小说表现了对乡村社会的同情，是"乡村的梦魇"[4]。莫言小说中的《透明的红萝卜》《枯河》《欢乐》等都表现了农民生活的不公平，即"想往上攀爬就要付出生命的代价"[5]，表达了作者对

① 参见 Cai Rong. "Problematizing the Foreign Other: Mother, Father, and the Bastard in Mo Yan's *Large Breasts and Full Hips*." *Modern China*, 29（1），2003。

② Cai Rong. "Problematizing the Foreign Other: Mother, Father, and the Bastard in Mo Yan's *Large Breasts and Full Hips*." *Modern China*, 29（1），2003.

③ 参见宁明编译《海外莫言研究》，济南：山东大学出版社，2014 年，第 56 页。

④ Michael Duke. *Past, Present, and Future in Mo Yan's Fiction of the 1980s*. Cambridge，MA: Harvard University Press，1993. pp.295-326.

⑤ Michael Duke. *Past, Present, and Future in Mo Yan's Fiction of the 1980s*. Cambridge，MA: Harvard University Press，1993. pp.295-326.

处于弱势地位的农民的怜悯与同情，从而塑造出一种批判的国家形象。

2. 对丑陋人性的批判

莫言关注当下问题，大胆揭露了很多社会现象，比如，改革中地方政府的腐败问题，计划生育强制流产导致的一系列社会问题等。莫言通过构造复杂的寓言来指涉中国人，从而揭示人性的缺失。例如在《酒国》中有关于"红烧婴儿"这样骇人听闻的"吃人"故事，在《檀香刑》中批判了以钱丁为代表的懦弱知识分子形象，在《天堂蒜薹之歌》中有对官僚主义的严厉批评。这些作品凸显了莫言的价值选择，是他对历史与社会的反思，也是对丑陋人性的揭露。他在作品中不是为了批判而批判，而是希望通过这种一针见血的揭露来引导人们向善。姜智芹认为，"建构积极的国家形象并不等于掩盖问题，粉饰太平，揭露社会主义建设中存在的问题，更能彰显中国恢宏、自信、开放、包容的大国风范，关键是要反映中国人民面对这些问题时的心态和解决问题的方法与勇气"[1]。因此，莫言在小说中对人性弱点的种种批评也彰显了国家的自信与开放。

莫言在《檀香刑》中一个懦弱知识分子形象上着墨颇多，显示出他对这类形象的批判。钱丁是一个才华横溢的读书人。他仪表堂堂，是晚清肱股之臣曾国藩的外孙女婿，又是当地的父母官，高密东北乡的人民对他寄予了很高的期望。《檀香刑》的女主人公孙眉娘对钱丁一见钟情，钱丁明知道孙眉娘是有夫之妇却对她的爱不置可否，他享受着孙眉娘的爱。钱丁年少艰苦的求学之路，让他对物质生活有更强烈的欲望，他不惜通过与名门之后结婚来换取自己的官位。在生活上，他受到了自己夫人的压制；在官场上，他一方面痛恨德国人与朝廷对百姓的胡作非为，另一方面却为了保住自己官职而对他们"忠心耿耿"。在感情生活上，他一方面喜欢孙眉娘，另一方面又不得不将孙眉娘的父亲送往檀香刑的刑场。小说通过对比表现了钱丁的懦弱，他没有"纯种英雄""戊戌六君子"般抛头颅洒热血的英勇，他也不如"反英雄"孙丙有担当，他甚至没有情人孙眉娘的泼辣。他失去了骨气，在掌握着官运前途的袁世凯面前"狼狈

---

[1] 姜智芹：《当代文学对外传播中的中国形象建构——以莫言作品为个案》，《人文杂志》2015年第1期。

跪倒，磕头如捣蒜"。他曲意逢迎，内心充满了煎熬，他既不能掌控自己的命运也不具有独立的人格，像是一个受人控制的傀儡。在小说的形式上，《檀香刑》被人认为是"最能表现声音的作品"，小说中的标题多以声音命名。例如在"钱丁恨声"这一章表现了他夹在侵略者与朝廷之间的无奈与压抑，在"知县绝唱"这一章，他反思着自己的行为——"在百姓面前耀武扬威，在上司和洋人面前谀言谄笑，余是一个媚上欺下的无耻小人"①。小说的叙述视角来自各个人物的声音，并通过不同身份、不同处境的人的声音作为叙述单元，这正是巴赫金所说的"有着众多的各自独立而不相融合的声音和意识，由具有充分价值和不同声音组成的真正的复调"②，"多语和弦、杂语共生"③。莫言塑造钱丁这一形象是对知识分子的批判与解构，钱丁的存在是对民族英雄的衬托，也是对《檀香刑》多重含义的述说。

《酒国》是一部讽刺性长篇小说，在小说中"酒"具有多重所指，是物质丰盛、生活水平提高的象征，也是精神麻痹、社会堕落的象征。作者借"酒"讽刺了官僚主义的腐败与堕落。这部小说在国际上受到一致好评，葛浩文、托马斯·英奇、王德威、杨小滨等人都对小说的内容与形式做过详细的评论，但是国内学界对《酒国》的研究寥寥无几。我们认为，《酒国》因其发人深省的"吃人"主题起到了很好的反思作用，构成了莫言小说构建的批判的国家形象的一个重要部分。小说主人公丁钩儿是省级人民检察院的特级侦查员，他奉命去调查酒国市烹食婴儿的案子，本能成为一个"反腐英雄"④，却没能拒绝酒国市的诱惑最终走向了堕落，也难逃欲望的魔爪——醉死在茅坑里。这不是一部传统意义上的反腐小说，其中夹杂着魔幻小说、书信体小说等其他小说文体，被称为小说文体的"满汉全席"。莫言在《酒国》中有很多对鲁迅《狂人日记》的戏仿，如对"吃人"的叙述，总会让人想起《狂人日记》中对"吃人"的描写。《狂人日记》中的"吃人"是鲁迅对封建社会吃人制度的抨击，而《酒国》中的"吃

① 莫言：《檀香刑》，北京：作家出版社，2013 年，第 373、293 页。
② ［苏］巴赫金：《小说理论》，白春仁、晓河译，石家庄：河北教育出版社，1998 年，第 32 页。
③ ［苏］巴赫金：《小说理论》，白春仁、晓河译，石家庄：河北教育出版社，1998 年，第 146 页。
④ 徐放鸣、杨森：《英雄、形象塑造及其他》，《文艺报》2006 年 9 月 7 日。

人"事件则是某些为官者、富贵者对"红烧婴儿"这一菜肴的追捧与猎奇。在《酒国》中，地方官员纵容"红烧婴儿"事件的发生是为了升官发财；女人怀孕生孩子只是为了卖掉他们，让他们成为"肉孩"的原料；烹饪先生的专业知识与科学态度一度让烹饪婴儿披上了"合法""科学"的外衣，看似文明的吃法模糊了人们对野蛮与残忍的认知界限，让"吃人"不但合理，更成为一种让人欣赏的"艺术"。在"吃人"的过程中，"酒"也成为促使人坠入深渊的工具，它让人精神麻痹，让侦察干部丁钩儿一步步走向深渊，也让醉酒的作家克制着冲动，"嗓子发着颤说：'我好像在恋爱！'"[1] 在《酒国》中，莫言将奢侈的饮食与享乐看作奢侈文化的缩影，小说也是作者对扭曲人性的猛烈批判。正如卢梭在《论人类不平等的起源》中的控诉："为什么人类的进步史就是一部人类的堕落史？"卢梭认为奢侈是所有灾难中最大的灾难，他将人类的奢侈比喻为"南方的热风，使草原和绿色的田野盖满了贪食的蝗虫，把有益动物的食料完全吃光，凡是这种热风所刮到的地方，无不发生饥馑和死亡"[2]。莫言在小说中用讽刺手法与荒诞的情节来批判社会的不正之风，抨击了人性的堕落，显示出对弱势群体的悲悯与同情。

总之，莫言小说夹杂的魔幻现实与部分写实让他的小说既充实又好看。然而莫言并非为了批判而批判的作家，他在写作的时候带有自己的价值判断，他怀着悲天悯人的情怀来审视每部作品中的好人与坏人。这些好人并非十全十美，这些坏人也不是十恶不赦。他用心观察社会底层的苦难与不幸，认为"只有正视人类之恶，只有认识到自我之丑，只有描写人类不可克服的弱点和病态人格导致的悲剧命运，才是真正的悲剧，才可能具有'拷问灵魂'的深度和力度，才是真正的大悲悯"[3]。在这里"人类之恶"与"自我之丑"都是人性的弱点，是作者批判的对象。莫言通过批判弱点、拷问灵魂重塑了自己作为知识分子的责任，他对社会问题的再现也刻画出一个开放、自信、负责的大国形象。

---

① 莫言：《酒国》，上海：上海文艺出版社，2012 年，第 310 页。
② ［法］卢梭：《论人类不平等的起源》，吕卓译，南昌：江西教育出版社，2014 年，第 67、159 页。
③ 莫言：《捍卫长篇小说的尊严——代序言》，见莫言《食草家族》，上海：上海文艺出版社，2012 年，第 3 页。

二、反思的国家形象：反思的个体与国家形象

莫言在长篇小说《蛙》《生死疲劳》《天堂蒜薹之歌》与中篇小说《师傅越来越幽默》中塑造了许多反思的个体，并通过对个人命运的思考进而构建出一个反思的国家形象。小说《蛙》记叙了计划生育政策在执行中所遇到的阻挠，主人公"姑姑"从一个执行国家政策坚定不移的共产党员干部的形象，转变为一个供奉泥娃娃为自己赎罪的忏悔老人的形象。作者赋予了计划生育以悲剧性的色彩，同时也肯定了计划生育在当时中国的现实作用，"为民族生存和国家发展的视阈中观照计划生育打开了必要的、有效的路径"[1]。《生死疲劳》讲述了一个被枪毙了的地主西门闹的生死轮回与所见所闻，他再世为长工蓝脸，因为阻碍了农村土地合作化运动而受到排挤《天堂蒜薹之歌》是一部讽刺性小说，作品中流露出作者对底层农民生活深切的同情和对有着官僚主义作风的官员的批判，塑造了高马这个对社会现状具有反思性的人物形象。《师傅越来越幽默》中的主人公丁师傅，在快退休时下了岗，他无儿无女，为了自己的生活再次去打拼。这四部小说都表现出苦难的生活与沧桑的岁月对普通小人物的磨炼。作者选取了敏感题材去追问这些事件发生的社会意义，并塑造了具有反思性的个体形象，进而构建出一个能够不断反思的国家形象。在小说中，反思的个体是与国家的发展紧密联系的。[2] 因此我们将对反思的个体进行剖析，以期分析出莫言小说中反思的国家形象的塑造特点。

《蛙》中的主人公"姑姑"万心既是一个英雄，也是一个遭遇了政策变动的尴尬的无助者。她曾经是接生医生，是人们心目中的"送子娘娘"，但是由于姑姑不遗余力地狠抓计划生育，她在村民中的威信也逐渐下降。姑姑在小说中是计划生育这一国家政策的执行者，她与国家政策紧密联系着。作者经常使用"我知道这没有道理"，但是要"服从""执行"国家政策，"关心国家的未来"等字眼来使"姑姑"的行为、做法更具有权威性。直到小说的后半段，姑姑开始为自己扼杀的生命而不断地感到后悔。悔改意识在她的心中也愈加强烈，最

---

① 郝敬波：《〈蛙〉：小说叙事与国家形象》，《江苏师范大学学报（哲学社会科学版）》2013 年第 5 期。
② 参见姜智芹《当代文学对外传播中的中国形象建构——以莫言作品为个案》，《人文杂志》2015 年第 1 期。

后她甚至默许自己的第二个侄媳（第一个因流产而死）也是自己的爱徒——小狮子，通过非法代孕的方式来获得自己的孩子。对于"姑姑"形象的理解，法国学者张寅德企图通过福柯的"生命政治学"理论，来描述计划生育政策带给国家的矛盾后果。在他看来，"姑姑"就是计划生育的化身，而计划生育最初的目的是提高国家的人口素质与生活水平，是一项为了让人生活得更好的政策，但是由于人们的反抗与一些地方政府的操作不当，计划生育也由一个好的政策变成了一项"死亡的生物政治学"①。在生命与死亡的矛盾对立中，作者表达了对计划生育政策的复杂情感，中国如何面对生存现实与时代需要的双重考验。他以悲悯、宽容的态度塑造出一个复杂的反思个体——姑姑，她关心国家的未来，但是她狂热的口号与她暴力的姿势让人生畏。例如在小说中，姑姑对着武装部长——"举起右手……和突然降低"②，这个手势也化身为虐待和杀害，让村民的树被连根拔起。但"残忍"的同时姑姑是一个有原则的人，她认为一旦孩子出生，这个孩子就值得保护。作者并不是要妖魔化这个角色，而是让她作为"一个一半天使一半恶魔的人……身上覆盖着'香气'和'臭气'"③，莫言在这部作品中以公正、客观的态度肯定了计划生育政策的时代特征，也批判了一些地方政府强制执行计划生育，带给人的痛苦与灾难性后果，从而对国家政策的解读提供了更多的阐释空间，也赋予了这个个体所折射的反思国家形象的象征意义。

《生死疲劳》中的蓝脸是一个在人民公社运动时的单干户，在特殊年代，他因不参与集体劳动、不上交土地而备受排挤，他的亲人们也纷纷与他划清了界限。对于这个人物形象的塑造，莫言在2009年美国纽曼文学奖的颁奖现场讲出了原委。在童年时代（1960年前后），莫言总能看到一个姓"蓝"的地主在低头单独干活，他不理会别人对他的辱骂与鄙视，只是低头劳动，到了"文化大革命"时期，这个地主却不能决定自己的生活而遭遇了不幸。到了80年代"人民公社制度被废除了，那时，农民又分配到了土地，农民又重新成为

---

① Zhang Yinde. "The（Bio）political Novel: Some Reflections on *Frogs* by Mo Yan." *China Perspectives*，4（2011）.

② 莫言：《蛙》，北京：作家出版社，2013年，第129页。

③ Zhang Yinde. "The（Bio）political Novel: Some Reflections on *Frogs* by Mo Yan." *China Perspectives*，4（2011）.

了像以前一样独立的人民……蓝姓的那个地主在用自己的生命守护自己的尊严"①。莫言在《生死疲劳》中围绕着土地这个话题，阐释了农民对土地的珍视与爱惜，探析了"文化大革命"对个体命运的改变，展示了新时期以来的中国农民乐观、坚韧的精神。在小说中无论是被人枪毙的地主西门闹还是被视为"走资本主义道路"的蓝脸，都是在那段混乱、狂热历史中的受害者，作品充满了深深的反思意识。因此，有学者认为："贯穿全书的几乎都是低沉的格调，弥漫着浓重的忏悔意识……忏悔意识，可以说是一个民族、一个政治组织、一个国家优劣等级的重要尺度之一，这也是一个作家是否能成为世界级作家的重要尺度之一。"② 无独有偶，美国《纽约时报》曾开辟专栏称赞莫言的另一部代表作《丰乳肥臀》是一部"野蛮的想象力与创造性的小说"，"其小说推动了人类的发展（包括人类普遍的残忍性），直面人类改革，充满了反思意识、批判精神与黑色幽默"③。这两部小说呈现出同样的反思精神。《生死疲劳》中的蓝脸和西门闹作为反思的个体承载着作者对社会现代性的反思、对社会政策的反思，带给人强烈的震撼。

《天堂蒜薹之歌》中的高马，是作者塑造的对中国当今社会具有反思意义的人物形象。高马本是一名军人，因刚正不阿的性格得罪了团长的小姨子，背上了黑锅被迫复员。在回到家乡以后，他与金菊的自由恋爱又遭到了女方家人的阻碍。为了寻找公平正义他屡屡碰壁，不得不与金菊私奔，在私奔的路上，他又被抓住毒打，而且被抢走了所有的积蓄。后来因为金菊怀孕，女方家才勉强同意把女儿嫁给高马。面对高昂的礼金，高马只能把希望寄托在蒜薹上。在蒜薹丰收时，当地政府禁止外县人收购，以致蒜薹滞销。面对这一切的变故，高马彻底绝望，成为一个自觉的、彻底的"暴民"最终入狱。遭到精神打击的金菊上吊自杀。多年以后，听闻金菊的兄弟将她的尸体卖掉，给一个光棍配阴婚，劳动改造中的高马试图为金菊报仇，最后却因越狱被击毙。总的来说，小

① Mo Yan and Sylvia Li Chunlin，"Six Lives in Search of a Character: The 2009 Newman Prize Lecture." *World Literature Today*，vol.83，no.4，2009.

② 王源：《莫言茅盾文学奖获奖作品〈蛙〉研讨会综述》，《东岳论丛》2011 年第 11 期。

③ Howard Goldblatt. "Mo Yan's Novels Are Wearing Me out: Nominating Statement for the 2009 Newman Prize." *World Literature Today*，July–August，2009.

说中的高马是一个认真追求爱情、维护正义、敢于反抗的军人，作者对他的赞美溢于言表。但是，他遭遇到的一系列社会问题与悲剧令人深思，到底是谁"杀死"了高马？

中篇小说《师傅越来越幽默》的故事背景，设置在了计划经济向市场经济转型的阶段。小说主人公丁师傅是一个努力工作的人，在临近退休前的一个月，他下岗了。厂长却这样安慰他："师傅，您的来意我知道，工厂连年亏损，裁人下岗势在必然，但是，像您这样的元老，省级劳模，即使厂里只留一个人，那也是您！"①下岗之后，他一度被副市长那些承诺与赞扬感动着。经济的快速发展与世界的迅猛变革让丁师傅如梦初醒。为了养老，他在郊区的湖边将一辆废弃的公车作为情侣休闲小屋。他克服了自己的羞耻心，慢慢去寻找潜在的客户。直到有一天，一对年轻的情侣进去后就没有再出来，丁师傅认为他俩是殉情了，惊慌失措中通过徒弟小胡找来了警察，却发现屋里是空的。小说中，小胡多次使用"幽默"一词来形容师傅，而"幽默"的含义一是为了强调丁师傅与周围世界的格格不入，二是为了给师傅与这个社会不相符的行为开脱。小说题目中这种黑色幽默般的辛酸，正如有研究者指出的："如果将'丁师傅'比作是幽默的影子，那么他的大小（比例）和形状将指出我们的喜剧的光源。"②莫言以喜剧模式塑造出一个处于变革中的尴尬个体，他为人提供一种反思性，也为反思的国家形象提供一种可能。

莫言通过对敏感题材的介入，塑造了一系列反思的个体，他们的生活与遭遇引人深思，他们的尴尬与困顿，是作者对处于变革中小人物的刻画与描写，也是作者对反思性国家形象的叙写与塑造。作品展示出作者在面对一些社会问题时的痛心，也体现出他敏锐的观察能力，着力刻画出在新旧体制变换时小人物的生活写照。莫言作为一个知识分子，"他抛弃了知识分子高高在上俯视一切的姿态，而以民间社会一员的身份平视或仰视藏污纳垢、良莠不齐的民间社会，表现出其他知识分子无力表现的盲区"③。其小说中的艺术原创性与深刻思

① 莫言：《师傅越来越幽默》，北京：作家出版社，2012年，第180页。
② Alexander C. Y. Huang. "Mo Yan as Humorist." *World Literature Today*，83（4），2009.
③ 李艳艳：《苦难·欲望·反启蒙——论莫言小说创作的民间叙事》，合肥：安徽大学硕士学位论文，2007年。

想内涵塑造出反思的国家形象，也成为打动各国读者的重要原因。

三、正面的国家形象：历史的忠实反映

我们认为，国家形象是对内形象与对外形象的综合体，其中对内形象"对自己的国民有着影响、凝聚、启迪、提升的作用"[①]。因此，国家形象对内具有积极、正面的引导作用。在莫言众多的小说中可以梳理归纳出两种正面的国家形象，分别是刚健有为的国家形象与诗性的国家形象。其中刚健有为的国家形象与"草根中国形象"[②]有密切的联系，"草根中国形象"中的主体为底层中国人的形象，自强不息的精神和坚韧的品质让他们能承受更大的压力，他们有积极向上的生活观，"重生"的生死观，爱国重情的天下观。莫言小说中诗性的中国形象更多地以民俗、地方审美文化来体现。王一川认为："（中国）在审美'平台'上把古代文化含义与现代民族国家意义交织在一起，已远不只是一个民族国家意义上的国体术语，而是一个寄托着有关自己民族文化和主权的丰富想象力和审美体验的总体象征符号。"[③]莫言笔下的诗性国家形象是对中国民俗文化和"天人合一"的哲学智慧的认同与审美追求。这些正面的国家形象对内起到了鼓舞人心、提升民族自信力的作用，也在某种程度上打破了一些国家对中国农村的"偷窥症"与"东方化"的想象。

1. 刚健有为的国家形象

孔子提倡"刚健有为"的精神，这种积极进取的精神在《易传》中被概括为"天行健，君子以自强不息"。由此"刚健有为""自强不息"成为中华文化宝贵的精神传统，是在国家危亡时同仇敌忾的精神，也是"虽九死其犹未悔"的坚韧与忠贞。在莫言小说中，刚健有为的国家形象可以表现在以下几方面：积极向上的生活观，乐生、重生的生死观，爱国重情的天下观。

首先是积极向上的生活观。《红高粱家族》中的余占鳌出身卑微，贫困的

[①] 徐放鸣：《国家形象研究视域中的"形象诗学"》，《江海学刊》2013年第4期。

[②] 杨华：《二十世纪美国华人文学中的中国形象》，济南：山东大学博士学位论文，2012年。作者在文中首次提出了"草根中国形象"这个概念，作者论述的中国形象与本章中的国家形象虽处于不同的历史语境，但概念的内涵是一致的。

[③] 王一川：《九十年代文论状况及修辞论批评——兼谈中国形象诗学研究》，《山花》1998年第6期。

生活让他低人一等，物质的匮乏与生活的困苦并没有打倒他，他通过自己的天分与努力成为后来"名满天下的传奇英雄余占鳌司令"。《红高粱家族》中的戴凤莲，她被自己的父母"卖"给了一家中患有麻风病的儿子为妻，她不接受命运的安排勇于反抗，在新婚丈夫和公公死于非命后，"我奶奶经过短暂的迷惘和恐惧、挺直腰杆、天才迸发、顶起了门面"①。作为一名封建社会的女性，她能独当一面，将酒坊的事情处理得井井有条，在她的经营下，酒坊成了高密县酒业中的翘楚。她大胆地追求自己的爱情，并获得了自己的幸福。《丰乳肥臀》中的上官鲁氏，独自抚养着十几个孩子长大成人，付出了常人无法想象的辛劳。莫言小说中的这些小人物有着坚韧不拔的精神和毅力，展现出积极向上的生活观。

其次是乐生、重生的生死观。在中国古典哲学中，对生命意义的探讨是常见的。《论语》中就有记载："季路问事鬼神。子曰：'未能事人，焉能事鬼？'敢问死。曰：'未知生，焉知死？'"由此可以看出孔子对人生命的重视。道家秉持着"重生"的生死观，在《庄子·让王》中有"重生则利轻"的论述。此处的"重生"是珍爱生命的意思，除此之外，"重生"还有死而复生、涅槃之意。《生死疲劳》借用佛教中的六道轮回展示出一种生生不息、生命轮回的生死观。在小说中，西门闹的肉身虽死，但是携带着他记忆的灵魂得到了一次次的转生，西门闹在肉体经历过巨大的痛苦之后，灵魂也得到了升华，这是莫言对"重生"含义的新解读与挖掘。相似的还有《红高粱家族》中，"我奶奶"出殡时，"我父亲"手执长枪高唱"指路歌"为"我奶奶"的灵魂指路："娘——娘——上西南——宽宽的大路——长长的宝船——溜溜的骏马——足足的盘缠——娘——娘——你甜处安身，苦处花钱——"在对亲人的深情呼喊中，"（我奶奶）灵魂向西南方向的极乐世界进发"②。莫言在小说中提及神秘的极乐世界，实际上是对中国人"重生"的生死观的再现。

最后是爱国重情的天下观。莫言小说塑造出一批有血有肉、生命力旺盛的民族英雄，在国难当头时，他们毅然决然地选择牺牲自我生命，维护了民族尊

---

① 莫言：《红高粱家族》，北京：人民文学出版社，2007年，第1、74页。
② 莫言：《红高粱家族》，北京：人民文学出版社，2007年，第241页。

严。在《檀香刑》中名门之后钱夫人，因亡国之恨而服毒殉国。她整齐地穿戴着凤冠霞帔，留下了一张遗书表明她的决心："皇都陷落，国家败亡。异族入侵，裂土分疆。世受皇恩，浩浩荡荡。不敢苟活……"她宁愿一死，不愿屈服于袁世凯与德国侵略者的压迫，留下一身浩然正气，彰显了儒家的"舍生取义"精神。在小说《檀香刑》中，英雄孙丙因为反抗德国殖民统治而遭到追杀，在德国人血洗村子后，他正式加入了抗德队伍。他参加义和团并"举着大刀长矛，扒铁路，烧窝棚，杀洋人"，被捕后他毅然决然地坚持接受了"檀香刑"这一酷刑。在《檀香刑》中还有因刺杀袁世凯而遭到了五百刀凌迟之刑的钱雄飞，他的视死如归是莫言对英雄的赞歌。同样在《檀香刑》中，被害的"戊戌六君子"，面对死亡展现出了不凡的气度，他们的英雄形象被莫言赋予了魔力："谭嗣同大人的无头身体，竟跑到监刑官刚毅大人面前，扇了他一个耳光。而刘裴村光第大人的头颅，则在滚动中吟诗一首，声音洪亮，数千人都亲耳听到。"[1]这些人物都是对儒家最高精神"杀身成仁"的新阐释，展现出了爱国重情的天下观。

莫言在小说中塑造出一批个性鲜明的人物，他们大多来自民间，展现出一种"草根力量"，即"带有自发性的生生不息，柔弱的表象内里是坚韧的品质，能够承受巨大的外力"[2]，中华民族中自强不息的意识在他们的血液中流淌着，也在不断传递着。生活在社会底层的中国人，他们有一种顽强的生命意识与生机勃勃的民族精神，"草根"形象是卑微的、苦难的、也是英勇的、坚韧的，他们象征着强大的民族血脉与精神，也是对刚健有为国家形象的展现。

2. 诗性的国家形象

莫言从沈从文那里继承了对原始生存状态的理想化描述，他不遗余力地将高密东北乡叙述为一个不可思议的、充满浪漫性的地方，那里的人物具有英勇的气概，即使他们的很多行为不是文明的，比如很多英雄也会杀人、抢劫、野

---

① 莫言:《檀香刑》，北京：作家出版社，2013年，第120、345、133页。
② 杨华:《二十世纪美国华人文学中的中国形象》，济南：山东大学博士学位论文，2012年。

合,但是"这些元素在他自然不加修饰的笔触下却具有诗性的光环"①。毋庸置疑,莫言的语言是具有表现力与穿透力的,"他通过应用语言学的象征手法来装饰自己的乡土,莫言同时也给历史空间提供了几乎无尽的可能性,即让人感到陌生但美妙的全新叙事"②。但是莫言也不失为一个温情的叙述者,他笔下的家乡是充满诗意的,他通过对高密东北乡的描写,构建出一个诗性的国家形象。"诗性"是中国传统文化中重要的美学特质,"中国的传统文学在本质上都有诗性文化的特质,即作家在文学观念、作家心态以及文本世界中体现出来的诗性特征。诗性根植于现实的土壤,于平凡琐碎中突显美好,感动人心"③。莫言小说中故事的平凡琐碎是美好的、让人感动的,作者通过小说文本呈现出一个小小的、温情款款的"高密东北乡",这里的诗性国家形象与莫言的乡土构建紧密联系。具体表现在以下两个方面。

一是天人合一的生活状态。在莫言笔下,人与动物都以自然为家,动物、人与自然之间体现出一种亲密无间的关系,保持着"天人合一"的境界。首先,在《红高粱家族》中漫山遍野的红高粱,《食草家族》中美丽的草原、悬崖、大河、神秘的地洞,《红树林》中幽静的小渔村,这些绚烂瑰丽的景色一部分是莫言对美好自然的描绘,但更多的则是他对家乡的一种想象。④ 这一方面表明了莫言高超的写作功底,另一方面也体现出他对自然的热爱与对动物的关怀。其次,在生产力发展比较低下的时代,人类在创造物质文明时要依赖很多动物,动物也成为人的好朋友。在《生死疲劳》中,西门闹转世的黑驴——西门驴虽作为一只动物,却受到了人类的呵护与关爱,他的主人蓝脸与迎春甚至将它视为自己的亲人。西门驴见到自己前世时的妻子白氏受辱时挺身相救,它充满爱怜地去"亲吻"白氏的额头,却忘记自己是一头驴子,不慎将白氏头颅咬破,因此村里很多人要"严惩"这头黑驴——阉割它的生殖器,但

---

① Liu Hongtao, Lee Haiyan. "Mo Yan's Fiction and the Chinese Nativist Literary Tradition." *World Literature Today*, 57(2), 2009.

② David Wang. "The Literary World of Mo Yan." *World Literature Today*, 74(3), 2000.

③ 陈清:《诗性家园的守望——迟子建小说论》,海口:海南师范大学硕士学位论文,2013年。

④ 参见王俊菊主编《莫言与世界:跨文化视角下的解读》,济南:山东大学出版社,2014年,第55页。日本佛教大学的著名学者吉田富夫曾为莫言小说中的自然所感动,并亲自到莫言的家乡实地考察。

是它的主人迎春阻止了村民，并连束缚黑驴的"铁嚼子"都舍不得勒紧，生怕西门驴会受伤。同样，蓝脸的儿子蓝解放将家里耕种的黑牛视为自己最好的朋友，"牛"也变成了蓝解放嘴里特殊的第二人称："我的牛，勇敢的、通人性的牛"，"我感到你（牛）的头在我怀里哆嗦，我抓了一把碱土抹到你（牛）的伤口上，我从棉袄里揪出一团棉絮擦着你的眼泪"。在蓝脸看来，牛就是他的儿子，并被他亲切地唤作"老黑"，并经常与牛"对话"："我的牛，就像我的儿子一样，通人性，我对你好，不把你当牛，当人，人，还有给人扎镊鼻的吗？"[1] 在《食草家族》中，人与自然的关系是和谐的，那里的人每天都要吃很多茅草，叙述者"大奶奶"家的茅草是"香、甜、微酸、略带酒香……焦而不酥，纤维经口水浸滋后能恢复良好的弹性与韧性"[2]。日本作家平山隆评价莫言的作品"以关注大自然与小人物的生活为根本……体现出一种人与自然的关系"[3]。莫言在《红高粱家族》《食草家族》《生死疲劳》等作品中运用诗性的语言，塑造出一个世外桃源般的故土，描绘了自己心目中自然的旖旎风光，他在作品中呼唤着自然的美好人性，倡导人与自然、人与动物的和谐相处，构建出一个深入人心的诗性中国形象。

二是乡土写作与民间的价值取向。在莫言的小说中有很多英雄好汉与鬼神怪物，这是他对山东祖先们的致敬，因为尽是义气英雄、热血好汉的《水浒传》故事来自山东，满书神仙鬼怪的《聊斋志异》也出自山东作家之手。"每当莫言在小说中提到高密东北乡时，他总是提醒自己：没有了家乡，他便没有了文学创造力，便没有了天马行空的想象力。"[4] 莫言笔下的高密东北乡，这里有琐碎的生活与纯净、美好、善良的人民。在《红高粱家族》中，胆小怕死的王文义的形象是呆板的："任副官在演练场上对他也对其他队员喊：向右转——王文义欢欢喜喜地跺着脚，不知转到哪里去了。"他的举止甚至是滑稽可笑的："'豆官，你是豆官吧，你看看大叔的头还在脖子上长着吗？''在，大叔，长得好

---

① 莫言：《生死疲劳》，上海：上海文艺出版社，2012 年，第 324、427 页。

② 莫言：《食草家族》，上海：上海文艺出版社，2012 年，第 77 页。

③ 王慧荣：《日本媒体眼中的莫言——以日本报界对莫言获诺奖的报道为中心》，见王俊菊主编《莫言与世界：跨文化视角下的解读》，济南：山东大学出版社，2014 年，第 54 页。

④ David Wang. "The Literary World of Mo Yan." *World Literature Today*，74（3），2000.

好的，就是耳朵流血啦。'王文义伸手摸耳朵，摸到一手血，一阵尖叫后，他就瘫了：'司令，我挂彩啦！我挂彩啦，我挂彩啦。'"① 但是，这个卑微的小人物有一颗善良的内心，他对亲人的爱是执着的，爱也成为支撑他参加游击队的信念。他没有远大的理想——参加抗日武装队伍仅仅是为了给自己死去的三个儿子报仇，但是他的内心是淳朴与善良的，在小说中，王文义这个小人物以一种惨烈的牺牲方式完成了自己的使命，他的出现，是作者对纯净人性的赞美与讴歌。陈思和认为，《红高粱家族》这部作品"鲜明地表达出一种真正的民间价值尺度认同的倾向"，"民间是自由自在无法无天的所在，民间是生机盎然热情奔放的状态，民间是辉煌壮阔温柔敦厚的精神"②。实际上，不仅《红高粱家族》这一部作品，莫言的每部作品都与乡村与农民有着或多或少的关系，他也是"中国现当代文学史上仅有的农民作家"③。莫言站在"作为老百姓写作"而不是"为老百姓写作"④的民间立场上，着力体现着乡土生活的真实性，其作品的民间价值取向是粗粝的、活生生的，因此有人称赞"他的小说捧在手里就能闻到乡村原有的驳杂的气息"⑤。其小说承袭了乡土小说中对乡村生活的赞美与热爱，也体现了作者对诗性中国形象的塑造。莫言在小说中对诗性中国形象的塑造，体现了其作品对中国传统美学的传承与发扬。他通过对乡村、自然、人物的描写将平凡琐碎的美好根植于其中，展现出一个富有自然美、人情美的高密王国。

总之，无论刚健有为的国家形象还是诗性的国家形象，莫言通过对正面国家形象的塑造，打破了"他者"对中国的"窥探"与"想象"。日本学者认为，"欧美人以及我们都认为生活在中国农村的人们是一个处于社会底层的、受压制的、没有发言权的弱势群体，但是《红高粱》完全颠覆了我们的这种认识"，"《红高粱》是对来自世界的差别审视的反审视……对中国农村的东方主义认识

---

① 莫言：《红高粱家族》，北京：人民文学出版社，2007 年，第 3、8~9 页。

② 陈思和：《中国当代文学史教程》，上海：复旦大学出版社，1999 年，第 319~320 页。

③ 张志忠：《莫言论》，北京：北京联合出版公司，2012 年，第 17 页。

④ 杨扬编：《莫言研究资料》，天津：天津人民出版社，2005 年，第 62 页。

⑤ 郭群：《大地悲歌的另类吟唱——莫言乡土小说论》，广州：暨南大学硕士学位论文，2006 年。

实际上是一种偷窥症"①。

第四节　莫言小说中国家形象的审美呈现

　　莫言自 1985 年登上文学舞台以来，其小说以艺术的独创性引领着文学创作潮流，在读者中形成了热点效应，很多评论家给予关注和肯定。程光炜认为莫言的小说运用近乎开放式的文体，并以"主观感觉天马行空、多面辐射，形成了一个具有鲜明特征的感觉世界。莫言的这种奇特的叙事方式，在不同时期都对文坛构成了强烈的冲击"②。莫言的小说不仅引领着当代的文学潮流，也在国家形象的审美塑造上成为当代文学中的标志与经典，特别是 2012 年莫言获得诺贝尔文学奖以来，其作品被列入中国当代文学史教材中作为专章叙述。③众所周知，"依照文学史编写通例，名字被列为'专章'题目的是第一流作家"④，即经典作家。莫言的小说在国家形象的呈现方面体现出鲜明的审美特性，莫言对国家形象的构建是建立在雅俗共赏的大众文化趣味之上的，他的许多作品并非宏大叙事，而以特殊历史背景下的特殊个体作为切入点，进行丰富的细节描写，作品丰富生动、极具感染力和震撼力。他既富有批判性，塑造出反崇高的个体与悲剧性的平民故事，又能让作品最终回归到中国文化的美丽精神中，体现出极高的审美价值。

一、崇高与反崇高的张力关系

　　"张力"本是一个物理学概念，在阿仑·退特引到文学艺术领域后使用的范围越来越广，频率也越来越高。⑤一般看来，"凡是存在着对立而又互相联

① 王慧荣：《日本媒体眼中的莫言——以日本报界对莫言获诺奖的报道为中心》，见王俊菊主编《莫言与世界：跨文化视角下的解读》，济南：山东大学出版社，2014 年，第 54 页。
② 程光炜：《文学史的兴起：程光炜自选集》，开封：河南大学出版社，2009 年，第 60 页。
③ 参见张书群《莫言创作的经典化问题研究》，济南：山东大学出版社，2014 年，第 181 页。
④ 程光炜：《文学史的兴起：程光炜自选集》，开封：河南大学出版社，2009 年，第 61 页。
⑤ 陈大柔：《美的张力》，北京：商务印书馆，2009 年，第 3 页。

系的力量，冲动或有意义的地方，存在着张力"①。因此，张力是两种以上的力量既相互依存又相互制约而形成的某种动态平衡的关系。在世界文学史上，具有崇高特性的人物，体现着伟大和不平凡的特征，同时文学作品塑造的崇高人物形象也提高了读者的情绪和自尊感。②崇高作为一种重要的美学范畴，在莫言小说中表现突出，具体表现为自然领域的崇高、社会领域的崇高、艺术领域的崇高三个方面，他高度赞扬了崇高的精神与崇高的事物。莫言虽然赞美崇高，但是在他的小说中也能发现明显的反崇高倾向，最让许多评论家批判的就是"审丑""狂欢化"与"溢恶"等几个方面。莫言擅长写丑，有论者认为他的写丑是一种对"丑"的玩味，而无半点批判意识。③然而我们认为莫言通过对丑恶现象的书写能真实批判社会现实，通过对丑陋的现象、丑的人性的揭露，能批判封建社会的腐朽和人类愚昧的一面，也能批判现代化文明对人类造成的异化。因此，在莫言的作品中，崇高与反崇高的矛盾特质形成了一种美的张力关系，展现出独特的审美风格。

1. 莫言小说中崇高的表现形式

"崇高"一词最早出于柏拉图的《文艺对话集》④，在西方美学史上，朗吉弩斯首次将崇高作为一个美学范畴提出。朗吉弩斯认为，崇高是伟大心灵的回声，伟大的风格是伟大精神力量的显现。⑤黑格尔在《美学》中指出，表现艺术家在创造艺术美时，作品中神的神性与理想性之间具有统一性、普遍性的特征。他认为："如果神们在艺术表现里卷入了世事的纠纷，他们却仍必须保持住他们的不可磨灭的纯洁无瑕的崇高性格。"⑥在朗吉弩斯和黑格尔看来，崇高与伟大心灵、伟大精神、神性是统一的。莫言小说对崇高的文学书写主要有以下三个方面。

一是作品中自然领域的崇高。博克认为崇高具体表现在体积的巨大、壮

---

① 骆寒超主编：《现代诗学》，杭州：浙江大学出版社，1990 年，第 123 页。

② 参见朱光潜《西方美学史》，北京：人民文学出版社，2002 年，第 378 页。

③ 参见王金城《从审美到审丑：莫言小说的美学走向》，见李斌、程桂婷编《莫言批判》，北京：北京理工大学出版社，2013 年，第 324 页。

④ 参见［古希腊］柏拉图《文艺对话集》，朱光潜译，北京：人民文学出版社，1980 年，第 5 页。

⑤ 参见朱光潜《西方美学史》，北京：人民文学出版社，2002 年，第 433 页。

⑥ ［德］黑格尔：《美学》第一卷，朱光潜译，北京：商务印书馆，2011 年，第 189 页。

丽、无限等方面。^① 因此可以说，自然领域中的崇高偏重物体的形式。小说《红高粱家族》就描写了红高粱对高密东北乡、对高密人民、对抗日战争的重要作用。因为当地的居民喜食高粱，因此每年都会大量种植，"八月深秋，无边无际的高粱红成洸洋的血海。高粱高密辉煌，高粱凄婉可人，高粱爱情激荡"^②。在作品中，高粱成了"海"，给人一种体积巨大、空间无限、气势磅礴的崇高感。红高粱是高密父老乡亲赖以生存的粮食作物，是主人公"我爷爷"和"我奶奶"相爱的地方，也是伏击日本人时躲避的场所。因此洸洋的红高粱带给高密东北乡老百姓一种"崇高"的特性，它涉及自体的保存，即维持个体生命的本能。在博克看来，在生命受到威胁时，人就会产生恐怖感，而红高粱的庇佑使得这种恐怖感消除，就让人产生一种快感，这也是崇高感的来源。^③ 在红高粱地中有"一队队暗红色的人在高粱棵子里穿梭拉网……他们杀人越货，精忠报国，他们演出过一幕幕英勇悲壮的舞剧"^④，正是因为红高粱的庇护，让高密的百姓保住了自己的家园，让抗日武装队伍得以生存。

二是作品中社会领域的崇高。莫言小说写了很多具有巨大力量或者伟大精神的人物。例如《丰乳肥臀》中坚韧的母亲——上官鲁氏，《檀香刑》中勇于担当的孙丙，等等。社会领域中的崇高在莫言小说中又体现在两个方面。一是勇于与自然斗争的巨大力量。在《丰乳肥臀》中，母亲上官鲁氏独自一人带领自己的孩子们在恶劣的生存环境中顽强地生存着，在人与自然的斗争中，获得征服自然或改造自然的力量和智慧时，人就会产生一种自豪感，崇高感由此产生。二是具有伟大的精神。在《红高粱家族》中，被作者誉为"纯种好汉"的任副官，铁骨铮铮，富有胆识，帮助余占鳌建立部队，强调纪律，与队伍存在的不良风气斗争，在高密的抗日斗争中发挥了积极作用，表现出优秀的品质，使人产生敬佩之情。"父亲对我说过，任副官八成是个共产党，除了共产党里，很难找这样的纯种好汉。"^⑤ 无疑，在作者莫言看来，"纯种好汉"就是崇高感

① 参见朱光潜《西方美学史》，北京：人民文学出版社，2002 年，第 389 页。
② 莫言：《红高粱家族》，北京：人民文学出版社，2007 年，第 2 页。
③ 参见朱光潜《西方美学史》，北京：人民文学出版社，2002 年，第 310 页。
④ 莫言：《红高粱家族》，北京：人民文学出版社，2007 年，第 2 页。
⑤ 莫言：《红高粱家族》，北京：人民文学出版社，2007 年，第 52 页。

的一个代名词。

三是作品中艺术领域的崇高。莫言的小说充满了各种各样带有中国传统特色的艺术品。中华文化也是莫言小说中国家形象展现的文化源泉，例如高密的婚嫁方式、红高粱、丧礼、方言俗语、扑灰年画、"猫腔"和高密东北乡广袤的土地。这些文化元素在莫言小说中得到了读者广泛的赞赏与向往。《檀香刑》中"猫腔"作为高密东北乡独特的戏曲形式，展现出了当地的特色与人物性格，例如祖师爷在他的猫死后，"走路的姿势、说话的腔调都摹仿着那只猫……他的优美动听、令人柔肠寸断"[1]，由此奠定了猫腔悲凉、凄惨的腔调。孙丙将猫腔在高密地区发扬光大，他的悲剧人生也如猫腔一般凄凉婉转。作为慷慨就义的英雄，他身上的崇高感是艺术美崇高感的集中体现，莫言将其与"戊戌六君子"、县官钱丁等人物分别做了正衬与反衬，显示出作为传统文化继承人与民族英雄的孙丙在人格上的崇高感。

总之，莫言的作品展现出中华民族自强不息的精神，在作品的小人物中充分展示出他们的执着、果敢、坚韧、牺牲精神，也体现出他们的尊严、崇高、博爱等人类所共有的情感。莫言将作品中的主人公置于在苍凉、悲壮的历史背景中，以关切的姿态去探讨这些人的命运，展现他们不屈不挠的精神，他在小说中将中华民族的伟大精神归结为"红高粱精神""纯种精神"，并诠释了深刻的人性。莫言小说塑造的英雄形象属于文化软实力的一部分，是对中华民族的民族向心力的诠释，旨在增强中华民族的内在认同感，这些英雄人物一般都是底层的"草根英雄"，他们的喜怒哀乐、悲欢离合折射出动荡时代的变迁与苦难，是对中国的历史形象的真实书写。

2. 莫言小说中反崇高的表现形式

在中国当代文学中，作品中的英雄往往是带有"神性"的，是一种"高大全"式、令人仰望的人物，他们是普通人学习的楷模。而莫言小说中的英雄更多的是一种"反英雄"，他们带有明显的两面性，是亦正亦邪的矛盾复合体，在精神与性格上体现出了崇高与反崇高这两种矛盾的特质。首先，莫言小说中"新

---

[1] 莫言：《檀香刑》，北京：作家出版社，2013年，第326页。

英雄"的崇高性是"结合当时社会对于自由个性解放要求"①的典型，是摆脱"封建性"的"类型"。蒋孔阳曾批判过典型构造中的"类型说"，他认为这种"类型说"是带有封建性的。在中国的古典美学中，英雄一般具有不凡的身世、超凡的能力，或是维护社会秩序，或是时代的弄潮儿，他们完美的性格是"高大全"英雄的来源。而莫言小说中的"反崇高"是对审美范畴的一种变异，具体表现在"审丑""溢恶"等方面，这是莫言对"高大全"式英雄人物的反叛，也是对古典美学的一种解构。

在博克看来，美与丑是对立的，丑在某种程度上与崇高也具有一致性，因为崇高与丑都有可怖性。②但是在具体文学作品中，有些丑本身不一定就崇高，反而会有反崇高的作用。莫言在作品中有大量的审丑，这种丑本身带来的是一种反崇高。莫言在很多长篇小说中塑造了一批顶天立地、舍生取义、不屈不挠的英雄，他们在保卫祖国的抗战斗争中慷慨捐躯，但是这些英雄往往是不完美的，都有这样或那样的缺点，当这种缺点被作者放大，并经过文学加工，就成了"丑"。克罗齐认为"丑"使心灵活动受到阻碍，现出矛盾、伴随痛苦。③莫言在小说中塑造了一批虽然英勇顽强，但是带有"丑"的特质的英雄形象。

小说《红高粱家族》中，传奇英雄余占鳌④是对"红高粱"精神的生动诠释，"惨烈辉煌生生不息的民族气质，民族品格和民族精神之魂，是中华民族'精忠报国'传统精神和爱国壮举的当代书写"⑤。在高密东北乡抗日历史上有突出贡献的余占鳌，既是一个十足的土匪，又是一个热血民族英雄。一方面，他的出现消解了英雄的崇高特性，他杀人越货，在高粱地里抢占别人的新娘，又杀死情人的丈夫与公公。另一方面，他又挺身而出保家卫国、义气十足，虽然是土匪，但做事有原则，因此在小说中，余占鳌成为一个缺点明显的英雄。在他

① 厉震林主编：《中国国际获奖电影的国家形象研究》，北京：中国电影出版社，2013 年，第 22 页。

② 参见朱光潜《西方美学史》，北京：人民文学出版社，2002 年，第 208 页。

③ 参见朱立元主编《美学》，北京：高等教育出版社，2001 年，第 73 页。

④ 参见莫言《红高粱家族》，北京：人民文学出版社，2007 年，第 1 页。"传奇英雄"是作者对余占鳌的命名。

⑤ 王金城：《消解崇高：莫言军事小说的文化解码》，见李斌、程桂婷编《莫言批判》，北京：北京理工大学出版社，2013 年，第 351 页。

身上非理性精神与张扬的生命力得到充分显现。

在《檀香刑》中,作为"反英雄"的民族英雄孙丙即将被行刑之前,整个高密县城的叫花子都从各地赶来,他们的形象是丑陋、滑稽的,有的穿着"长过了膝盖的红绸子夹袄","十有八九是从死人身上剥下来的"[①],甚至还有的叫花子涂脂抹粉。这些叫花子与成千上万的高密百姓一边走一边唱着猫腔,他们簇拥着孙丙,让县衙的官员都感受到了压力。在小说中,这些"丑"的叫花子与当地百姓的活动是为了庆祝高密八月十四的"叫花子节",但更重要的是,他们是为了营救英雄孙丙。作者用狂欢化的写作,以一种谐谑的、嘲弄的语言,甚至是荒诞、怪异的人物,来塑造"叫花子"们的反抗精神与英勇气概。这种"丑"的描写虽然消解了"叫花子"救人的崇高,但是在另一方面也让读者在阅读中体会出处于社会底层的群体在被压迫时的反抗精神,更加容易引起读者的共鸣。

莫言将很多人性中丑陋的瑕疵结合在这些"英雄"身上,使这些人物变得有血有肉、充实生动的同时,也让读者对"英雄"的崇高理解大打折扣。在他的小说中,很多本来应该完美无缺的英雄人物形象的身上却充满了"丑"的因素,而在阅读活动中,这些"不和谐""不优美"及丑的形式都成为莫言小说中重要的审美对象。其重要的原因就是在阅读作品的时候,读者的审美活动不在于形式本身,而在于小说的审美意蕴。随着西方现代主义思潮对中国文坛的影响,"丑怪""狂欢化"也成了审美活动中必不可少的要素,它们不和谐、反理性的特征起到了特有的作用。从某种程度上来说,揭示丑与社会的癫狂能让人更全面地认识世界。在哲学层面上来说,任何事物都具有两面性,一个国家与社会的构成也是如此,美与丑、崇高与反崇高组成了我们真实的世界。莫言小说中的审丑写作唤起了读者对战争的惨痛记忆,莫言充分尊重人的合理感情,并在"丑"带给人的滑稽与反崇高中寄寓作者对主人公的同情与怜悯。"审丑"是作者在反思国家形象的构建,并且在这一过程中使国家形象构建在人文精神、人性思索等层面得到提升。国家形象的塑造逐

---

① 莫言:《檀香刑》,北京:作家出版社,2013年,第64页。

步走向了自省的轨迹，在批判的、苦难的国家形象中蜕变成一个坚韧不屈的、具有强大生命力的国家形象。

二、平民的生存与历史现实之间的悲剧性冲突

在莫言小说中叙写了很多具有悲剧性的故事。这些悲剧发生的根本原因，就是当时的社会正处于历史变革时期，而主人公又与历史现实、社会现实之间存在着冲突。正如恩格斯所说，悲剧的本质在于"历史的必然要求和这个要求的实际上不可能实现之间的悲剧性的冲突"①。作为小说悲剧的主人公，他们为了坚持正义、坚持自己的原则、守护自己的家园等因素，在与现实之间的冲突中牺牲了生命或自己的利益，从而成就了精神的永恒，也使读者在悲壮的情感中净化了自己的心灵。莫言小说中的悲剧性主要体现在英雄的悲剧、底层的悲剧、爱情的悲剧三个方面。

一是英雄的悲剧。王德威认为，莫言小说中英雄的历史话语（historical discourse）带有明显的崇高感，充满了宏伟的抱负及大胆的感官视角，而在文学作品中英雄完成自己使命的最终归宿往往就是死亡。② 在莫言的历史故事类小说中，英雄是整个故事发展的动力，随着故事的发展，家族历史与民族国家史也逐渐走向融合，英雄不仅改写着家族的历史，也成为改变中国的力量，英雄在历史的进程中体现出的舍生取义、牺牲自我的精神就是小说悲剧性的展现。例如在《红高粱家族》中，"我奶奶"本是"一个女流之辈"，她本与"女性英雄"相去甚远，她也想过幸福、滋润、安稳的小日子，但是日寇的入侵，使得她的生活发生了改变。酒坊主要生产资料——大黑骡子被日本人抢占，酒坊的主要劳动力——罗汉大爷等壮丁都被抓走，甚至罗汉大爷也因反抗而被日本人残忍地剥掉了头皮。在一系列变故与打击下，"我奶奶"几乎是一夜之间由一个"女流之辈"变成了"女中豪杰"。小说对"我奶奶"的这种突变也是解释不清的，只是说："在某种意义上，英雄是天生的，英雄气质是一股潜在的暗流，遇到外界的诱因，便转化为英雄的行为。"《红高粱家族》中作

① 朱立元主编：《美学》，北京：高等教育出版社，2001 年，第 187 页。
② 参见 David Wang. "The Literary World of Mo Yan." *World Literature Today*，74（3），2000。

者对"我奶奶"的牺牲描写得很细致："父亲靠着某种神秘力量的启示……看到奶奶像鲜红的大蝴蝶一样款款地飞过来。父亲高叫一声：'娘——'父亲的叫声，像下达了一道命令，从日本人的汽车上，射出了一阵密集的子弹……父亲眼见着我奶奶胸膛上的衣服啪啪裂开两个洞……她挑来的那担绿豆汤，一桶倾倒，另一桶也倾倒，汤汁淋漓，如同英雄血。"① 她中枪之后以一种美丽的姿态倒地，作者刻意让她的死亡呈现出一种美的感觉，让读者在"我奶奶"的牺牲中产生一种类似悲悯的痛感，并在恐惧和敬畏中转换为"快感"，人的心灵也得到了净化。有评论家认为，"我奶奶"是"男人手下的牺牲品"，因为"我爷爷"让她给埋伏战士送饭、儿子"豆官"见到她时对她的呼唤暴露了她，从而让她命赴黄泉。② 这种具有讽刺意味的死亡结局也加剧了读者心中的悲剧性感受。因此，英雄在正义面前的牺牲让人能体会历史的矛盾，也能在黑暗中看到光明。

二是底层的悲剧。想往上攀爬就得付出代价③，这个概念是美国哈佛大学的学者杜迈克提出的。他以莫言小说《枯河》为例，讲述了农民在乡村生活中的"梦魇"——想往上攀爬就得付出代价。这也就是底层生活的悲剧。《枯河》中的小男孩小虎爬到了一棵树的顶端，想向村支书的女儿显示自己的勇敢与能力，也想去看看自己一直没机会看到的村支书家，但是他不慎压断树枝并从树上掉落，砸死了村支书的女儿，小虎也因此遭到父母的毒打、家人的谩骂，遍体鳞伤的男孩最后选择了自杀。小说中的小虎为了坚持自己的某种理想——往高处攀爬，最终付出了生命的代价。小说低沉的气氛显示出了农民、小孩等弱势群体在社会底层中遭受的困顿无奈。与之类似，在小说《天堂蒜薹之歌》中，莫言用一种平静的、带有叙事性的语气来描述高密乡村历史中的苦难与悲剧。有学者认为这部小说"成熟的艺术风格令人印象深刻，吐露着迷人的智慧气息……纵观21世纪中国小说，其构思实在精妙，在艺术方面，在叙述

---

① 莫言：《红高粱家族》，北京：人民文学出版社，2007 年，第 76、77、56 页。

② 参见 Shelley W. Chan. "From Fatherland to Motherland: On Mo Yan's *Red Sorghum* & *Big Breasts and Full Hips*." *World Literature Today*，74（3），2000。

③ 参见 Michael Duke. *Past, Present, and Future in Mo Yan's Fiction of the 1980s.* Cambridge，MA: Harvard University Press，1993，pp.295-326。

方面,唤起了人们对于农村生活复杂的感觉"①。杜迈克认为这部小说具有明显的意识形态色彩，也凸显了作者对改革的呼唤，对底层的农民与草根人群的关心，对他们悲剧生活的同情。②《天堂蒜薹之歌》取材于真实的生活事件。其中的主人公是三个不同身份的农民：高马、高羊与方四婶。高羊的名字是"羔羊"的谐音，也暗示着他善良并懦弱的性格。他是在暴乱活动中被迫卷入的一员，在打砸县政府之后，他也付出了代价——坐牢。高马是退伍军人，他为了娶到已经怀了自己孩子的金菊而拼命凑集高昂的彩礼，他将自己的全部积蓄都压在了蒜薹上。方四婶参加暴乱的原因是方四叔在卖蒜薹的途中被乡党委书记撞得车毁人亡，还得不到合理的赔偿，方四婶在放火烧了县长办公室之后自言自语道："老头子，俺给你报仇了。"③ 在小说中一直出现的瞎子张扣串起了这部小说的故事情节，小说的结尾处，这位一直通过演唱歌谣的方式来讲述真话的流浪歌手惨死街头。"这位流浪歌手的歌唱描绘了书中的丑恶，如同希腊悲剧诗中的齐唱。"④ 在时代变革之际，这些来自底层的个体，以自己微薄的力量来倒逼体制的改革，却因此而失去了生命。作者在小说中为这些群体正名，充分地显示出这些个体在追求正义与公平时的勇气。

三是爱情的悲剧。在封建社会，青年的爱情婚姻不能自己做主，对他们而言，婚姻就是"父母之命，媒妁之言"。而在新中国成立之后，这种封建婚姻制逐渐消失，但是在一些偏远的农村仍然存在这些现象并成为很多年轻人爱情悲剧的原因。在小说《红高粱家族》与《天堂蒜薹之歌》中，主人公"我奶奶"与金菊都是封建包办婚姻的牺牲品，她们被作为可以"置换"的物体而存在着，"我奶奶"被换了一头黑骡子，被迫嫁给一个病入膏肓的麻风病人；金菊则被父母换给了一个45岁的老光棍做老婆。她们是不幸的，但是她们都通过自己的努力向命运抗争，在往自己心中的爱情与幸福的方向努力着，然而这种努力在特殊的社会历史时期得不到回应——"我奶奶"最后死于抗日，金菊则最终

---

① Thomas M. Inge. "Mo Yan Through Western Eyes." *World Literature Today*，74（3），2000.

② 参见 Michael Duke. *Past, Present, and Future in Mo Yan's Fiction of the 1980s*. Cambridge，MA：Harvard University Press，1993，pp.295–326。

③ 莫言:《天堂蒜薹之歌》，上海：上海文艺出版社，2012 年，第 312 页。

④ Thomas M. Inge. "Mo Yan Through Western Eyes." *World Literature Today*，74（3），2000.

279

自杀，社会与历史造成了她们爱情的悲剧。除此之外，在短篇小说《白狗秋千架》中也有作者对爱情悲剧的刻画。大学教师井河在回乡时遇到了昔日的恋人——暖。暖以前是一个漂亮的女孩，能歌善舞，自从在秋千上坠落不慎弄瞎了眼睛以后，她的生活也一落千丈，最后被迫下嫁。丈夫粗鲁蛮横，经常对她毒打，暖默默承受着这一切，她生下的三个儿子也都是残疾。暖在无爱的婚姻中备受煎熬。面对恋人的遭遇，井河唏嘘不已，又因为无法帮助她而感到惭愧。在小说的最后，暖支开了自己的丈夫，用一只白狗引诱井河来到了高粱地，她提出了一个井河无法拒绝的理由，"我要个会说话的孩子"，"你答应了就是救了我，你不答应我就是害死了我。有一千条理由，有一万个借口，你都不要对我说"①。情节到此戛然而止，留给读者一个开放的故事结尾。暖的"计划"一方面是对自己悲惨命运的反抗，她希望要一个会说话的孩子，点亮她的生活；另一方面也是对昔日恋人的留恋，对昔日爱情的祭奠。故事的悲剧性就在于命运的不公与她对命运的持续抗争，到最后即使失去了一切，也要自己努力改变生活与命运。

无论英雄的悲剧、底层人民的悲剧还是爱情的悲剧，都使得悲剧成为莫言小说中不可忽视的一个主题，人们在面对悲剧冲突时的恐惧、怜悯，甚至是情感的陶冶与净化都是悲剧存在的意义。莫言的这些故事也塑造出一个温情的国家形象。他追求着人内心的东西，因为生活中的故事常常被人的内心欲望、被琐碎的生活所掩盖，但是悲剧所传达给每个人的感情都是共同的，有引发共鸣、激励人心的作用。在国外，《红高粱家族》甚至成为一个中国符号，引起人们对中国的兴趣，而作者对待小人物的悲悯、细腻的情感，感动着每一个读者，很多外国读者也对其中的悲剧故事持宽容、认可的态度。②

三、回归中国文化的美丽精神

宗白华在《艺境》一书中有一篇文章名为《中国文化的美丽精神往哪里去？》。文章一方面对中国文化的美丽精神饱含赞叹，对它的过去充满了自信，

① 莫言：《白狗秋千架》，上海：上海文艺出版社，2012年，第33页。
② 参见宁明编译《海外莫言研究》，济南：山东大学出版社，2014年，第10页。

另一方面他又发现了中国文化的美丽精神在逐渐涌入中国的西方文化中渐渐迷失。[1] 他因此充满感伤地提出中国文化的美丽精神在未来将何去何从的问题。随着时代的发展，这个问题也显得历久弥新，中国在经历了经济全球化、后现代文化、消费主义等多重洗礼后，文化自信与文化的发展也显得越发重要。莫言似乎早就认识到了这一点，他的小说最初就被界定为一种寻根小说。"那时'文化寻根'之旅开始启程，而那时莫言也在这一时代崭露头角，他非凡独特且引人入胜的小说风格，得益于那个时代，但又忠于那个时代的审美风格。"[2] 随着莫言艺术创作日臻成熟，他的小说风格也成为后现代式的魔幻现实主义。其小说形式是不拘一格的，但是在他最初的小说作品中，还能找到很多温柔敦厚的美学范例。《春夜雨霏霏》《售棉大路》《民间音乐》《初恋》等小说，都体现了对中国文化的美丽精神的那种追求与渴望，这些都是民族精神中的朴实无华与温馨亮丽[3]。在晚近的莫言小说作品中，我们可以看到一个明显的走向，就是批判精神，莫言擅长用批判、反思的手法来讲述中国故事，这也让他显得更具有反思精神与批判性。但是"不管莫言眼中看到了何种的荒凉，他总能在最后发现世间的美——一个忠诚的国家战士或一个无私的共产党员——来保留住希望。他所展现出来的不能承受之悲痛，让这些主角们超越了原本粗野的本性，超越了自己的生命"[4]。莫言之所以能在苍凉、悲剧中发现美，是因为他始终秉持对中国文化美丽精神的坚守，我们将莫言小说中的美丽精神概括为以下两个关键词。

一是"水"。老子在《道德经》中赞美道："上善若水。"在中国"水"早已成为中华民族崇高美德的象征。王岳川在《发现东方》一书中，将"水"展

---

① 参见宗白华《艺境》，北京：北京大学出版社，1997年，第53页。

② Thomas M. Inge. "Mo Yan Through Western Eyes." *World Literature Today*，74（3），2000.

③ 参见王金城《从审美到审丑：莫言小说的美学走向》，见李斌、程桂婷编《莫言批判》，北京：北京理工大学出版社，2013年，第324页。

④ Thomas M. Inge. "Mo Yan Through Western Eyes." *World Literature Today*，74（3），2000.

第十章　莫言小说中国家形象的审美构建

281

示的中国文化美丽精神提炼为勇敢、坚韧、纯洁等美好的精神。①在莫言小说中，"水"的美丽精神在莫言小说中至少有两种体现。一方面是像"水"一样的美德。莫言笔下的很多女性形象具有"水"的美德，即勇敢、坚韧、纯洁、公正的精神。她们情感率真，敢于追求，其充满生命力的形象令人心潮澎湃，是作者对"新女性"的真实写照。《红高粱家族》中的戴凤莲、《白棉花》中的方碧玉、《金发婴儿》中的紫荆、《檀香刑》中的孙眉娘、《丰乳肥臀》中的上官鲁氏等女性的人生经历非常类似。她们婚姻不幸，多是被社会、被男人"物化"的女性。在她们当中，有很多人年轻貌美、渴望幸福，却被自己的父母通过"换亲""逼迫"的方式嫁给了麻风病人、痴呆、没有生殖能力的男人。她们也都遇到了自己心爱的男人，有的愿意赴汤蹈火地跟随（孙眉娘），有的愿意为他生儿育女（戴凤莲、上官鲁氏），有的宁可舍弃自己的清誉也要维护这段感情（方碧玉）。这些女性都非常勇敢，敢于反抗原有的婚姻。《白棉花》中的方碧玉为了爱人李志高放弃自己的生活，最终却被爱人抛弃。《金发婴儿》中的紫荆爱上了热情似火的黄毛，生下的金发婴儿却被丈夫孙天球扼杀。《檀香刑》中的孙眉娘敢于追求自己的爱，无怨无悔。这些女性都是对"水"精神的完美诠释。另一方面是像"水"一样的生命和欲求的延续。莫言在小说中肯定了女性欲望的合理存在。水作为万物之源，很多生物的主要成分都是水。在中国，自古就有对水的深刻理解，半坡出土的陶器中就有"水纹样式的图像"，这种图像"是一个象征图式：既像贝类，又像女阴，其实代表了财富的累计与种族的繁衍"②。因此，在中国古代，"水"这个意象就与生命繁殖有很多联系，而人的生命欲望也是合天理、应人伦的。莫言笔下的这些女性，她们对生活的热爱、对爱情的追求是直白的，是毫无隐藏、表露无遗的，也是孜孜不倦的。作者肯定了她们的原始欲望，并对她们的勇敢、坚韧加以歌颂，她们对爱情的追求、向往也使得她们的形象变得纯净而非充满欲望，这让读者看到了爱的勇敢与伟大。因此，"水"

---

① 参见王岳川《发现东方（修订版）》，北京：北京大学出版社，2011 年，第 155 页。王岳川认为，水在中华民族中有几大美德。首先水主平，人们说海平面，天下没有比水更平的了，水公正；水赴深谷而不畏，水勇敢；水坚持在九曲黄河中滚滚向东，水坚韧；水冲洗掉一切泥污，水洁净；最后是子曰：逝者如斯夫，不舍昼夜。水成为生命时间。水是中国文化中重要的水的哲学、水的精神的集中体现。了解了水文化，就了解了中华文明的根本。

② 蔡丽：《水滨泽陂的上古逸响——从水意象透视〈诗经〉性文化》，西安：西北大学硕士学位论文，2010 年。

也成为中国文化美丽精神的内核。

二是"义"。在中国古代，"礼"是儒家治世的思想，而"义"是"礼的加强，是对秩序强制性遵守的产物"①。莫言笔下，"义"体现在多方面。首先，"义"是正义的化身。在《酒国》中，丁钩儿肩负重任来酒国调查食婴案。在故事中，他被酒国的美酒、美食、美人麻痹，案件调查不仅毫无进展，还被一个侏儒情人牵制住，倍受胁迫。在他的无奈与绝望中，他遇到了一个有着坚定革命信仰的共产党干部，也就是小说中的"老革命"。"老革命"有着坚定的革命信仰，愤世嫉俗，勇于与邪恶作斗争，是小说中正义的化身。"老革命"对公平的坚守与对正义的追求，不仅使丁钩儿的精神得到了洗礼，也使读者受到了震撼。与之类似的例子还有，在《天堂蒜薹之歌》中，高马是一名受过教育的军人，他既是刚正不阿、维护社会公平正义的人，也是一个勇于对不公正、不平等说"不"的农民。高马这一人物形象的塑造，就是作者对"现实生活中农民面临的被社会边缘化和贫困问题等的一种虚构性的替代"②。高马是作者苦心刻画的，反映了万千民众心声。作者通过对高马的反思与侧面描写，投射出他对真理、对正义的不懈追求。因此，"义"在这里是对公平和正义的追求，是农民主动写写自己历史的方式。其次，"义"是自由精神和民族精神的体现。在莫言笔下，高密东北乡是山东充满了冒险精神的地方，这里的居民也是具有强烈情感与骑士精神的人。③无论"传奇英雄"余占鳌，敢爱敢恨的"女性英雄""我奶奶"，还是作为"反崇高"的"反英雄"而存在的孙丙，他们都是在山东大地上孕育出来的杰出人物，他们的自由精神与民族精神是小说中的亮点。因此，高密东北乡是山东地域文化中自由精神的象征，也是红高粱般的民族精神的展示，正如雷达指出的："一方面，它是人与自然契合冥化的象征：红高粱是千万生命的化身，千万生命又是红高粱的外观，天人合一，相生相长，让人体验那天地之间生生不息的生命律动，从而引向人与自然、生命与地域的重叠、合影、浑一的魂归自然和宇宙之故乡的境界。另一方面，也是较为显露的一面，它又

第十章 莫言小说中国家形象的审美构建

---

① 朱存明：《汉画像之美：汉画像与中国传统审美观念研究》，北京：商务印书馆，2011 年，第 294 页。

② 吴国坤：《批判现实和农民的思想意识形态：莫言的〈天堂蒜薹之歌〉》，《中国文学》1998 年第 1 期。

③ 参见宁明编译《海外莫言研究》，济南：山东大学出版社，2014 年，第 4 页。

是历史与现实的象征：象征坚韧、象征不屈、象征苦难、象征复仇、象征英雄主义、象征纯朴而狂放的道德，一句话，象征伟大民族的血脉、灵魂和精神。"[1]

总之，莫言小说对中国文化中美丽精神的追求是孜孜不倦的，因为对每个中国人来说，"民族文化是绵延至今的'集体无意识'，是祖先灵魂的反复召唤，正是在文化中，个体的心理才能获得平静与皈依"[2]。莫言对中国文化中美丽精神的坚守，也显示出了他对美好中国形象的期待和想象。

---

① 雷达：《论"红高粱家族"的艺术独创性》，见雷达《文学活着》，北京：人民文学出版社，1995 年，第 216 页。
② 王岳川、胡淼森：《文化战略》，上海：复旦大学出版社，2010 年，第 14 页。

第十一章 不同类型中国形象构建的文学文本分析

我们在本书"理论篇"中曾经列举了当代文艺实践构建中国形象所涉及的诸多方面，它们构成了文艺中的中国形象谱系。在本章中，我们将选择代表性文本，对文学作品中呈现的两岸视域下的知识分子形象、跨文化视野下的文化中国形象、现代性视域下的乡土中国形象做具体分析，以此来深化如何构建中国形象谱系的理解。

第一节 海峡两岸女性自传性小说中的"中国形象"之比较
——以《巨流河》与《东藏记》为例

中国形象是全球华人内心深处关于民族认同的生动图像。对来自中华文化这一共同母体的人来说，它是凝结民族记忆、汇聚民族情感、维系民族血脉的纽带。20世纪的中国展现出复杂多样的形象，外族的入侵、连年的战乱及海峡两岸的阻隔，都成为中华民族心灵史中刻骨铭心的记忆。尤其是三四十年代抗战时期的民族危亡和人民颠沛流离，已镌刻在每个中华儿女的灵魂深处。对20世纪中国的描绘成为作家笔下经久不衰的"母题"，而带有自传色彩的小说以人生的真实体认来回首过往，在家国叙事的视野下独具魅力。进入 21 世纪以来，有两部女性自传性小说非常值得关注。一部是台湾著名文学家、教育家齐邦媛创作的《巨流河》，作者在 85 岁高龄以深沉的情感书写了父女两代知识分子的心灵变迁，以自传性小说的形式叙写了从辽宁巨流河到台湾哑口海近一个世纪的故事。另外一部是大陆著名作家宗璞的《东藏记》，这部带有自传色彩的小说是其《野葫芦引》系列作品的第二卷①，获得了第六届茅盾文学奖。宗璞同样在 70 多岁的高龄，以独特的女性视角回顾自己所亲历的时代，塑造了包括父亲冯友兰在内的知识分子群像，书写了一代知识分子在教育救国理想引领下从北平避难到昆明继续办学的心路历程。中国形象的文学书写有三类创作主体尤其值得关注，一是内地（大陆）作家、艺术家，二是港澳台作家、艺术家，三是海外华文作家、艺术家。②在这里我们选择《巨流河》与《东藏记》为具体对象来比较台湾与大陆两类创作主体笔下塑造的中国形象，从两部作品所书写的知识分子心灵史入手，具体分析它们所构建的中国形象历史图景的相似之处，并借用叙事诗学的相关理论分析二者在中国形象构建的叙事策略方面的差异。

一、知识分子心灵史与中国形象

在后现代思潮的影响下，在商业化、世俗化、娱乐化的时代潮流中，"祛魅"与"戏仿"盛行，崇高被消解，经典被颠覆，曾经作为人文精神体现者的知识分子被嘲讽甚至流于自我嘲讽。在知识分子的价值备受质疑的今天，在解构比建构容易得多的时代，出身于知识分子家庭的齐邦媛与宗璞却不约而同地选择了知识分子题材进行创作。1924 年出生的齐邦媛与 1928 年出生的宗璞年龄相近。齐邦媛是国民党军政精英齐世英的长女，宗璞是著名哲学家冯友兰的次女，她们都深受中西文化的影响并拥有良好的家庭教育背景。父辈那一代知识分子对她们二人有着重要影响，使得她们的作品能够以幼年记忆来描绘那个时代的知识分子形象。台湾作家齐邦媛与大陆作家宗璞，二人虽由于历史的原因被海

---

① 宗璞所著"野葫芦引"系列作品共分四卷，分别是《南渡记》《东藏记》《西征记》《北归记》，均已出版。

② 参见徐放鸣《国家形象研究视域中的"形象诗学"》，《江海学刊》2013 年第 4 期。

峡阻隔，并且台湾文学"由于特殊的历史际遇，它又具有鲜明的特色，在文学形态、文学性质等方面与祖国大陆文学有着显著的区别"①，然而步入晚年的她们却未因为所处地域的不同而在国族认同方面表现出太大差异。她们都将知识分子看作中华民族的脊梁，以书写知识分子心灵史的方式构建了20世纪的中国形象。

《巨流河》以齐邦媛1947年赴台任教为分界点，书写了两代知识分子的心灵史，被看作"一场女儿与父亲跨越生命巨流的对话"②。作品从齐邦媛1924年出生开始写起，至2001年结束，在70多年的时空跨度中书写了两代知识分子的心路历程。父亲齐世英是作品塑造的重要人物，他是公派出国的留学生，回国后出任同泽中学校长，参加郭松龄反张作霖的行动，兵败后流亡。齐世英在上海加入国民党并在国民政府任职，先后负责黄埔军校东北学生的招募工作，创立国立东北中山中学，后来在台湾因反对蒋介石以电力加价的方式增加军费而被开除党籍。齐邦媛关于父亲对教育重视的书写尤其体现了齐世英的知识分子情怀，先后留学日本、德国的人生经历让齐世英意识到教育对于民族救亡图存的重要性，所以才有了后来创立国立东北中山中学、招收流亡学生、带领数千名学生撤离及在战乱中创办《时与潮》杂志的事迹。1947年大学毕业的齐邦媛前往台湾大学外文系任助教。以此为界，之前的齐邦媛跟随父亲辗转逃难，足迹遍及大半个中国，在离乱中读完了中学与大学，后来定居台湾的齐邦媛将自己的一生投入台湾的教育事业。齐世英与齐邦媛这两代人身上都保持着浓郁的知识分子人文情怀，两代知识分子都将教育看作救国良方。30多万字的《巨流河》以70多年的人生沧桑书写了两代知识分子心灵的变迁及对历史的审视与反思。

宗璞以幼年记忆中的清华大学和西南联大生活为素材，在《东藏记》中讲述了明仑大学的知识分子从北平避难到昆明办学的故事，表达了中国现代知识分子高度的爱国热情。小说以吕氏家族为叙事中心，又以吕碧初及其丈夫孟弗之一家为核心，具体人物涉及吕家上下三代：第一代是吕碧初的父亲吕清非老

---

① 方忠：《20世纪台湾文学史论·绪论》，南昌：百花洲文艺出版社，2004年，第1页。
② 王德威：《"如此悲伤，如此愉悦，如此独特"——齐邦媛与〈巨流河〉》，《当代作家评论》2012年第1期。

人及续弦夫人；吕碧初和丈夫孟弗之、大姐吕素初和丈夫严亮祖、二姐吕绛初和丈夫澹台勉组成了吕家第二代；孟家儿女峨、嵋、小娃，严家儿女颖书、慧书，澹台家儿女玹子、玮玮构成了吕家第三代。吕家三代知识分子、孟弗之的外甥卫葑和妻子凌雪妍及明仑大学的教师成为《东藏记》所刻画的全体知识分子群像。在日寇的铁蹄下，华北之大已容不下一张安静的书桌，北平的高校被迫南迁，小说从父辈与孩子两个层面描写了明仑大学的知识分子在战火中"东躲西藏"艰苦办学的经历，刻画了知识分子独立的人格，展示了那个年代知识分子在抗日爱国情怀支撑下致力于兴办教育、传承中华文化的精神。他们不愧是中华民族的脊梁，无愧于那个灾难深重的中国。

二、中国形象的历史图景

20世纪的中国形象具有复杂性与特殊性。列强的蹂躏、连年的战乱使得中国饱受苦难，但是也包孕着理想与希望，一代代爱国人士前仆后继，救亡图存，让世界看到了一个不屈不挠、奋力抗争的中国。"文艺中所呈现的中国形象已经构成了历史形象与现实形象交错交织的、复杂错综的国家形象史。"[①]20世纪中国历史的特殊性也标注了其在中国形象谱系中的重要位置，是民族心灵史中无法抹去并且值得每一个中国人回顾和反思的历史。正如上文所说，对20世纪中国形象的描绘与想象早已成为创作者笔下经久不衰的"母题"，然而反观文艺创作中以抗战为题材的文学与影视作品，不难发现，长久以来我们被伟岸的抗战英雄形象遮蔽了双眼，无法从小人物、边缘人物的鲜血与热泪中深切感受那个苦难并奋争着的中国。虽然近些年抗战题材的文学与影视作品开始对英雄形象进行反思，剧中的英雄也多了些个性化的印记，抛弃了"高大全"，表现出真实生动的人物性格，如《亮剑》中的李云龙、《历史的天空》中的姜大牙等。像《巨流河》与《东藏记》这样以知识分子心灵史书写的方式观照苦难深重的民族心灵的文艺作品却很少见，再加上女性作家的独特视角和细腻体悟，她们以亲历者的身份展示给我们一幅相似的中国形象的历史图景。

---

① 徐放鸣：《国家形象研究视域中的"形象诗学"》，《江海学刊》2013年第4期。

一是苦难的中国形象。20世纪的中国承载了太多的苦难，外族入侵下人民的流离失所，军阀割据下的连年混战，国共内战下的兵荒马乱及最后的两岸隔绝，都成为民族心灵中的刺痛。

《巨流河》与《东藏记》对于苦难的描写不是通过历史文献的数字罗列，而是通过日常生活的具体描写来表现人民在战火中的生存状态。譬如《巨流河》所描写的一次重庆大轰炸，齐邦媛家屋顶被炸弹震落一半，"邻家农夫被炸死，他的母亲坐在田坎上哭了三天三夜"，晚上下起了大雨，全家人挤在只剩一半的屋子里，"那阵子妈妈又在生病，必须躺在自己床上，全床铺了一块大油布遮雨，爸爸坐在床头，一手撑着一把大油伞遮着他和妈妈的头，就这样等着天亮"。《东藏记》对于战乱的描写不如《巨流河》那么悲惨，虽被作家张抗抗称为"柔性的战争"①，然而我们仍然能从字里行间体会到那个时代的苦难。譬如，在得知吕清非老人离世的消息后，孟家到郊外祭奠。回家的路上遇到了空袭，嵋被炸弹掀起的土埋了半个身子，有个不相识的与嵋同龄的女孩已经消失了，李涟恨恨地说："我看见日本兵在机舱里得意地用机枪扫射，那女孩——不共戴天！"小东门那儿被炸成了一片废墟，"一棵树斜歪着，树上挂着什么东西，走近时才知是一条人腿。大人忙用手遮住孩子的眼睛"。虽然《巨流河》与《东藏记》对苦难的描写大多着眼于个人与家族，但是以小见大，这里的个体苦难、家族苦难是与民族的苦难交织缠绕在一起的，齐邦媛与宗璞二人以小的视角观照大的历史，展现了记忆中苦难深重的中国形象。

二是奋争的中国形象。"苦难"与"奋争"在20世纪的中国是一对相互缠绕难以切割的语词。以往的小说常常通过家族之间、父子之间、父女之间波澜壮阔的斗争史来表现奋争的民族品格，而《巨流河》与《东藏记》则是通过书写知识分子如何反抗压迫、如何忧国忧民、如何传承希望、如何共赴国难的情怀来表现一种奋争精神。这种奋争精神体现的不仅是知识分子作为民族脊梁和社会良心的时代价值，更是中华民族面对外来侵略时的整体姿态。当日军战火逼近的时候，知识分子将全部的救国希望都寄托在了教育上，为保存民族的希

① 张抗抗：《柔性的战争》，见人民文学出版社编《宗璞文学创作评论集》，北京：人民文学出版社，2003年，第244页。

望，带领学生迁移到祖国的西南，在战乱中继续艰苦办学，这样的一种"逃离"其实是对精神家园的坚守。如《巨流河》所塑造的南开中学的校长张伯苓这一人物形象，他秉持着"中国不亡，有我！"的信念，"弃军从教"，坚守教育救国的理想，将学校从天津迁往重庆，"南开中学在抗战最艰困的八年中，教育了数万青年，每个人几乎都是张伯苓精神的延长"。同样，《东藏记》中明仑大学的知识分子坚持着教育救国的理想，在祖国的西南部，以知识分子特有的奋争方式播撒希望。《东藏记》刻画了每次防空警报拉响的时候都要跑去守护实验室的物理系教授庄卣辰，有次警报已经拉响，他本来已经接受大家的劝告，却因实验室购买了两件珍贵仪器而放心不下，继续留守。当日机逼近时，拿着光栅准备逃离实验室的庄卣辰差点被炸死，半截身子被埋在了土里，"人们跑过来时，庄先生如一尊泥像，立在废墟上，眼泪将脸上泥土冲开两条小沟。庄先生在哭！人们最初以为他是吓的，很快明白了他哭是因为高兴，为光栅的平安而高兴"。《巨流河》与《东藏记》不仅描绘了知识分子在战乱中艰苦办学的生活与工作情景，同时表现了知识分子为了民族存亡而奋争不屈的精神。作品以秉持着崇高理想与爱国情怀的知识分子为视角，展现出一个不屈的中国，一个奋争的中国。

三、中国形象构建的叙事策略

在中国形象研究视域中审视《巨流河》《东藏记》这两部作品，可以看出二者表现出某种共性中的差异。两部作品虽然都是通过书写知识分子心灵史的方式来构建 20 世纪的中国形象，绘写苦难与奋争并存的中国形象的历史图景，但在中国形象的叙事策略上则显现出差异。小说作为一种叙事文类被巴尔扎克称为一个民族的秘史，能够运用叙事这一重要功能将民族生存与发展的历史投射到文学艺术的底版之上。《巨流河》与《东藏记》对 20 世纪中国形象的构建主要是通过小说的叙事功能实现的，可以将小说的叙事策略当作切入点分析二者在中国形象构建方面的差异。

美国叙事理论家苏珊·S. 兰瑟在对西方女性小说文本阐释的基础上提出的"作者型叙述声音""个人型叙述声音"和"集体型叙述声音"这三种叙述声音

理论为分析这种叙事策略的差异提供了一个全新的视角。两部作品在中国形象构建的叙事策略上的差异主要体现在以下两个方面：

第一，个人型叙述声音与集体型叙述声音的差异。

从文本叙事的角度看，两部作品在中国形象构建的叙事策略方面表现为知识分子个人型叙述声音与集体型叙述声音的差异。《巨流河》对中国形象的构建是通过一种个人型叙述声音完成的。所谓个人型叙述声音指作者在作品中发出"个人声音"（personal voice），这种个人声音的概念"用来表示那些有意讲述自己的故事的叙述者"①。从严格意义上讲，《巨流河》是一部自传体小说，该书所叙述的真实历史事件及配备的大量图片说明了它基于史实的自传体小说性质。作品通过两条清晰的叙事线索发出知识分子的个人声音，一条是关于父亲齐世英的故事，另外一条是作者自己的人生历程。构建20世纪的中国形象，不可避免地需要书写汹涌的时代洪流、波澜起伏的社会历史，而《巨流河》"并未因书写历史而过分历史化和国族寓言化，历史作为背景出现，在处理上仍以个体经验和直接感受为本，用温和从容的文学笔触描摹出人对大时代大环境具体而微的反应"②。作者在一些历史书写问题上能够发出女性作家自己的声音，表达女性作家自己的看法与观点，以女性个体的直接感受为叙事出发点，通过个人及家族的苦难与奋争来构建中国形象的历史图景。

《东藏记》对中国形象的构建是通过一种集体型叙述声音实现的。所谓集体型叙述声音是指"在其叙述过程中某个具有一定规模的群体被赋予叙事权威；这种叙事权威通过多方位、相互赋权的叙述声音，也通过某个获得群体明显授权的个人的声音在文本中以文字的形式固定下来"③。虽然《东藏记》以吕氏家族为叙事基点，又以孟弗之一家为核心，但从作品中可以感受到一种知识分子集体型叙述的特征——一切以国家、民族的兴亡作为个体人格操守的最高标准。具有启蒙精神的现代知识分子接受了中国传统文化与西方现代文化的双重影响，虽然这一群体已与中国古代的"士"阶层的社会处境大不相同，由于远离

① ［美］苏珊·S. 兰瑟：《虚构的权威：女性作家与叙述声音》，黄必康译，北京：北京大学出版社，2002 年，第 20 页。

② 杨君宁：《薪传渡海：齐邦媛〈巨流河〉中的历史书写与文化想象》，《华文文学》2013 年第 3 期。

③ ［美］苏珊·S. 兰瑟：《虚构的权威：女性作家与叙述声音》，黄必康译，北京：北京大学出版社，2002 年，第 23 页。

政治中心而成为一种边缘化群体，但是他们继承了传统"士"阶层的精神，拥有强烈的社会责任感，在国家生死存亡的关键时刻，仍然会通过"言论"等形式参与现实政治，并且更加专注于中华文化的传承。如不愿屈服于日寇的淫威而自杀的吕清非老人，经常聚在一起讨论政局时事的师生，反对特权、反对腐败而上街游行的学生等，宗璞将这种现代知识分子集体型叙述声音上升到了家国叙事的层面。我们甚至还可以从当年南迁艰苦办学的参与者冯友兰先生所写的《西南联大纪念碑碑文》感悟到现代知识分子群体性的家国情怀，这与宗璞的文学书写构成了内在精神上的互文关系：

> 我国家以世界之古国，居东亚之天府，本应绍汉唐之遗烈，作并世之先进。将来建国完成，必于世界历史，居独特之地位。盖并世列强，虽新而不古；希腊、罗马，有古而无今。惟我国家，亘古亘今，亦新亦旧，斯所谓"周虽旧邦，其命维新"者也。①

在抗战时期艰苦卓绝的情势下，冯友兰仍然以宏大的历史视野和世界格局来阐述中华民族的"旧邦新命"，其中的文化自信和民族自豪感至今读来仍然荡气回肠，鲜明地映现出那一代知识分子的使命担当和家国情怀。这种"旧邦新命"或许就是宗璞坚持写作四卷本"野葫芦引"，致力于塑造中国现代知识分子群像的内在动因。

第二，非权威性叙事姿态与边缘化叙事姿态的差异。

从读者接受的角度看，两部作品在中国形象构建的叙事策略方面表现为非权威性叙事姿态与边缘化叙事姿态的差异。《巨流河》的叙事呈现出一种"非权威性"，这种非权威性表现在自作品面世至今所出现的褒贬不一的评论现象上。虽然大陆出的版本已是删减版，但仍有一些研究者对作品所叙述的部分史实提出异议，并将其归结于齐邦媛个人的主观"历史偏见"。我们在此无意于对《巨流河》中的历史书写做史实真伪的判断，而仅从叙事诗学的角度阐释导

---

① 冯友兰：《西南联大纪念碑碑文》，中国社会科学网，2022年1月26日。

致这一问题的原因。我们认为，这种"质疑"的产生与作品所选择的非权威性叙事姿态有很大的关系。与上文所述的现代知识分子有所差异，齐世英与齐邦媛虽为知识分子，但是长久以来都与政治有所联系，并未完全走向边缘，也许作者更加倾向于使用个人型叙述声音来清晰地表达自己的观点与感受，然而由于"个人型叙述者只能申明个人解释自己经历的权利及其有效性"，并且，"女性个人型的叙事如果在讲故事的行为、故事本身或通过讲故事建构自我形象诸方面超出了公认的女子气质行为准则，那么她就面临着遭受读者抵制的危险"[1]。所以说，在这种非权威性叙事姿态影响下，《巨流河》使用第一人称并且应用个人型叙述声音来叙事，使得这部女性自传体小说在"叙述权威"方面大打折扣，导致研究者对作者笔下的部分史实表示怀疑，进而质疑她所构建的中国形象的相关历史图景的真实性。

《东藏记》所采用的边缘化叙事姿态则有效规避了作品叙事的"非权威性"问题，这种边缘化叙事具体表现为一种中庸式的叙事逻辑。知识分子边缘群体的社会角色是作品使用边缘化叙事姿态的重要原因，如上文所述，现代知识分子与统治中心疏远而成为边缘化的群体，刘心武就把《南渡记》和《东藏记》当做边缘人书写边缘生存的文本来读"[2]。这种边缘化叙事姿态促使作品使用集体型叙述这种边缘性声音来增加叙述权威，因为"集体型叙述看来基本上是边缘群体或受压制群体的叙述现象"，并且"集体型叙述声音可能也是最权威最隐蔽最策略的虚构形式"[3]。在边缘化叙事姿态下，《东藏记》没有刻意突出宗璞女性作家的身份，"宗璞小说中的性别话语基本上处于隐匿状态，她更多地是通过家族命运的转折所达致的国家民族认同来传达她的知识分子话语"[4]，坚持了一种边缘化的性别立场。作品多处体现了这种中庸式的叙事逻辑，如对凌京尧迫于日寇的压力出任"华北文学艺术界联合会主席"这一伪职的描写，不

① ［美］苏珊·S. 兰瑟：《虚构的权威：女性作家与叙述声音》，黄必康译，北京：北京大学出版社，2002 年，第 21 页。
② 刘心武：《野葫芦的梦——对〈南渡记〉〈东藏记〉的一种解读》，见人民文学出版社编《宗璞文学创作评论集》，北京：人民文学出版社，2003 年，第 263 页。
③ ［美］苏珊·S. 兰瑟：《虚构的权威：女性作家与叙述声音》，黄必康译，北京：北京大学出版社，2002 年，第 23 页。
④ 王艳芳：《论新世纪台湾女性自传性小说叙事话语的嬗变——兼及大陆与海外相关创作个案》，《中国现代文学研究丛刊》2011 年第 12 期。

再是一种简单的政治是非判断，而是寄予了同情与理解。又如，孟弗之在毕业演讲会上面对即将面临人生抉择的学生提出去延安还是坚持三民主义的问题，他回答："无论走怎样的道路，我相信你们都会对得起自己的父母之邦。"由此看来，《东藏记》通过运用集体型叙述声音与隐匿女性作家身份的叙事技巧，以边缘性叙事姿态有效地规避了历史书写可能产生的争议。

第二节 跨文化背景下中国形象的历史呈现
——对长篇小说《远东来信》的形象诗学解读

国家形象构建问题进入文艺学领域后，形成了形象诗学研究的一个新视域，深化了对于国家形象构建的诗学研究。[①] 同时，理论的自觉促进了文艺创作实践的深化，中国本土作家积极尝试运用世界语言讲述中国故事，在对历史和现实的文学书写中努力构建多个维度的中国形象，取得了可喜的进展。近现代中国形象是当代作家文学书写重点呈现的对象，自 1840 年鸦片战争以来，国家积贫积弱，中华民族饱受欺凌，尤其是抗日战争时期民族苦难深重。在西方"他者"的言说下，这一时期的中国更多呈现出一种接受西方人道主义救援的弱国形象，西方世界未能充分重视中国抗战的历史地位，而中国人也默默承认了这样一种角色设定，忽视自己对人类和平的贡献。中国当代文学将书写苦难历程继而展现自强不息的奋争精神当作构建近现代中国形象的主要路径，而对于在艰苦的抗战中，中国人民如何为遥远的他国受难民众伸出援手，如何伸张正义维护世界和平，当代文学作品却极少展现。在某种程度上，追求现代性的宏大叙事遮蔽了战乱中普通中国人的无私大爱。恰恰是在这种背景下，2014年出版的张新科长篇小说《远东来信》，从另一侧面为我们呈现了第二次世界大战中被忽视的中国形象，具有填补空白的意义，成为关于国家形象构建的诗学研究视野中的新样本，值得予以重视和认真解读。

---

① 参见徐放鸣等《中国形象的艺术呈现研究》，南京：江苏人民出版社，2014 年，第 25 页。

《远东来信》通过描写在德国汉堡留学的中国学生谢东泓翻译八封信件并还原其历史面貌的寻访过程，深情讲述了"二战"时期中国人付出巨大牺牲保护德国犹太小男孩雷奥的故事，为我们揭开尘封已久的历史面纱，呈现了另外一种近现代中国形象，弥补了近现代中国形象构建的重要部分，完善了文艺实践中的中国形象谱系。

一、近现代中国形象的"另类"呈现

进入《远东来信》的小说世界，我们看到的是"另类"的近现代中国形象。近现代中国形象是指"1840—1949"这一历史时期的中国形象，这一时期的中国形象在国家形象谱系中地位尤其突出，"中国"一词也是在这一时期作为国体的代称产生并延续使用至今的。在外来侵略与民族自强运动双重矛盾冲突中，整个中华国家动荡不安，民族苦难深重。1931年以抗日战争的爆发为标志，整个中华民族开始走向灾难的深渊。我们之所以说《远东来信》构建的近现代中国形象是"另类"的，是因为中国当代文学和影视作品普遍使用苦难和奋争两大母题来构建近现代中国形象，并对西方国家的人道主义救援予以赞颂。而在和平时期，域外的"他者"也有忽视中华民族在世界反法西斯战争中作出贡献的声音。在一定程度上讲，修复被西方误读的中国形象，最为直接的方式就是还原历史的真相。具有海外留学背景的学者型作家张新科便是基于这样一种思考，经过十多年的探访考察，以真实发生的历史事件为创作素材，在《远东来信》中讲述中国为世界反法西斯战争胜利所作的贡献和中国人的善良大爱，构建了"另类"近现代中国形象。

首先，作品以宏大的国际视野，跨越时空沟通东方与西方，展现中国为世界反法西斯战争作出的贡献，呈现了中国负责任大国的形象。中国的抗日战争是世界反法西斯战争的重要组成部分，"然而长期以来，中国的东方主战场地位并没有得到西方学界应有的重视，国内学界受制于资料有限等原因，在研究深度和广度上都亟待提升"[①]。虽然当代文学和影视中以抗日战争为题材的作品

---

① 唐红丽：《正视中国抗战历史地位》，《中国社会科学报》2015年8月19日。

可谓汗牛充栋,代表性的有《红高粱》《历史的天空》《战争和人》《亮剑》《雪豹》等，然而这些作品基本是通过塑造民族英雄形象，彰显爱国主义与英雄主义情怀来展现中华民族的精神风貌，其关注点都是在抗日战争本身，并未涉及东方战场与国际反法西斯战线的关联。在《远东来信》中，中国留学生谢东泓在与同学谈论反映"二战"的文学与影视作品时，经常被问到一些令他苦恼万分并耿耿于怀的问题，比如非洲同学问道，"谢，你们中国人当年也反侵略、反纳粹吗？"英国同学问道，"谢，你们中国人'二战'期间是不是只顾打'内战'，根本不关心国际上的事？"这些对祖国的误读成为谢东泓整理八封信件的精神动力。同样拥有德国留学经历的作者张新科深谙西方社会在人道人性领域对国人颇多微词。可以说，他通过小说中的人物形象谢东泓之口表达了自己创作这部作品的初衷。作品以德国汉堡和中国上海、河南上蔡为故事发生发展的主要地点，书写犹太人雷奥一家在德国汉堡如何遭到纳粹的迫害，小雷奥如何跟随妈妈死里逃生来到中国上海避难，后来又如何逃难到河南上蔡历经危难得以保全性命的故事。小说以时间为经、以空间为纬，在时空转换中将"二战"亚洲战场与欧洲战场相连接，沟通了东方与西方的普通民众。小说以小雷奥的避难漂泊历程为故事线索，将反法西斯战争中的重要历史事件相勾连，使中国的抗日战争纳入世界反法西斯战争这一整体性的叙事视野之中。通过书写小雷奥逃难历程的艰难困苦、惊心动魄，反映了德国纳粹与日本侵略者同样残暴，表现了中国人民抗战的艰苦卓绝，进而展现了中华民族为世界反法西斯战争做出的牺牲，呈现了中国人民舍己救人，勇于担当的形象。

其次，打破抗战故事的传统叙事模式，讲述苦难中的中国人倾情帮助犹太人的故事，塑造了善良、勇敢、热爱和平的中国人形象。此前很多涉及"二战"时期世界各国民众团结互助、共同反抗法西斯的文学影视作品，基本都是书写外国人帮助中国人的故事，《远东来信》这种以整部书的容量讲述"二战"期间中国人帮助犹太人的小说开辟了中国当代文学此类题材作品的先河。当德国纳粹残酷迫害犹太人时，世界各国慑于希特勒的淫威纷纷向犹太人关闭了生命之门，只有中国有良知、有勇气、有担当的外交官为他们打开了拯救之门，数万犹太人得以来到上海避难。在《远东来信》的扉页，作者写了这样一句话

"献给第二次世界大战中帮助过犹太人的中国人"。小说塑造了很多善良、勇敢、热爱和平的中国人形象，例如在德国汉堡冒着生命危险将签证章偷偷带回家为犹太人颁发"生命签证"的何签证官（人物原型即何凤山）、在小雷奥一家遭遇不测逃难到上海后伸出援手的王家甫和他的夫人潘姨、在河南上蔡避难时把小雷奥当成亲生儿子对待的潘进堂和喜鹊、为了救小雷奥被日军炸死的小桩子等。

正如故事的开头谢东泓心里想的那样："我要把这些信件翻译和整理好，让信中的故事告诉美国人，告诉英国人，告诉犹太人，告诉德国人，告诉日本人……中国人也和其他民族一样，不但在乎自己，也在乎别人。"[1] 善良、勇敢、热爱和平的中国人即使自身处在苦难之中，仍然不忘帮助同样处于苦难中的犹太人。《远东来信》通过小雷奥的故事展现了一个个善良、勇敢、富有爱心的中国人形象，在勇于自我牺牲的无私大爱中彰显出人性的光辉。

在国际上，谈及近现代中国形象，我们不只是需要眼泪，更需要掌声与鲜花。《远东来信》中的"另类"近现代中国形象分别从国家与国民两个角度予以呈现，展现了处于抗日战争烽火岁月中的负责任的中国，以及充满无私大爱的中国人。应当说，国家形象的构建不只局限于上文这两种表征性形象的呈现，独具中国意蕴的精神价值应是国家形象构建的深层内涵。那么《远东来信》中的国家形象又呈现出什么样的深层内涵？

二、中国形象构建的深层内涵

关于国家形象构建的诗学研究离不开表征与内涵两个层面，同样，国家形象丰富内涵的呈现也包含有多个层面。国家形象的内涵是集民族性与世界性于一体，同时蕴含丰富现实性的复杂系统。具有丰富意蕴的中国形象承载着中华民族的文化基因，包蕴着民族的主体精神，能够与异质文化发生反应并产生"和声"，同时对当下的现实生活给予观照。国家形象以中国好故事的书写，展现着民族的心路历程；国民形象作为中国形象的丰富具象，是民族精神的生动载

---

① 张新科：《远东来信》，北京：人民文学出版社，2014年，第16页。

体。《远东来信》讲述的每一个中国故事都是民族心灵史的灿烂篇章，所塑造的每一个善良的中国人，尽管位卑人微，籍籍无名，都在诠释什么是东方哲学与中华传统价值，并与西方眼中的"他者"形象产生对话，对中国当下的"构建和谐世界"理念进行阐释。这些灵魂层面的元素体现着国家形象构建的更高要求，《远东来信》从以下两个不同的侧面丰富了国家形象的内涵。

第一，彰显了中华文化扶危济困、守望相助的善良品性。彰显民族特质是国家形象构建的重要基础，立足于中华民族精神根基才能讲好中国故事，才能提升国家形象的价值深度。有学者指出："当代文艺塑造中国形象显然不能只是表层符号或外在形象意义上的，而指向内在、丰盈、厚重、深远的中国精神、中国风貌、中国品格、中国气派。"① 当下，继承与发扬中华传统文化的优秀品格尤为重要。五千年的辉煌历史给中国人留下了很多宝贵的精神财富，这些优秀文化品格滋养着每个中国人，烙下了民族品性的精神底色，也成为《远东来信》中国家形象构建的重要精神来源。中华文化扶危济困、见义勇为的正直善良品格成为《远东来信》彰显的重要民族特质。中国人的仁爱善良品性源远流长，战国时期孟子即倡导"老吾老以及人之老，幼吾幼以及人之幼"，其中蕴含着中国人的传统美德，表达了中国人对未来理想社会的向往；《三字经》中开篇的"人之初，性本善"与民间传统理念中的"路见不平，拔刀相助"都是善良品性和见义勇为精神的一种体现。作品中多次出现的除暴安良的"中国神猴"，不仅推动情节的发展，更是中国人品格和智慧的一种隐喻。

《远东来信》讲述了围绕小雷奥发生的一次又一次"拯救"的故事，塑造了一个个善良的中国人形象。比如在犹太人遭到德国法西斯迫害之时，阿芬克劳特夫人带着小雷奥逃难到上海，作为阿芬克劳特同事的王家甫竭尽全力帮助母子二人，设法帮助失去丈夫和女儿的阿芬克劳特夫人开起面包店，并让夫人潘姨帮忙打理，在小雷奥被日本宪兵队抓走时，王家甫倾尽家财、多方活动才保住了小雷奥的性命，为了让小雷奥免受迫害，王家甫历经艰险将他送到河南上蔡；在河南上蔡的戏班班主潘进堂和夫人喜鹊竭尽全力悉心养育雷奥，把最

---

① 张玉勤：《当代文艺应积极塑造中国形象》，《文艺报》2015年5月11日。

好的东西都留给他，喜鹊为救小雷奥的性命，最后得病死去；还有别津村的剃头匠老纪，当小雷奥在日本军官面前唱戏出了大"篓子"即将面临生命危险时，他挺身而出装疯卖傻转移鬼子的注意力，保护了小雷奥，自己却被日本兵打死。不仅成年中国人有这份拯救的勇气和牺牲的精神，就连小雷奥的玩伴"桩子"最后也为了保护雷奥而甘愿顶替他让日军发现，惨死在地洞里。按照中国传统文化的理解，先后失去爸爸、姐姐、妈妈的小雷奥就是一个家庭的"香火"，为了不让他家"绝了后"，善良的中国人竭尽全力帮助小雷奥逃难，甚至牺牲生命也在所不惜。在这一次又一次的历险和拯救中，获救的是犹太人小雷奥，而升华的是中国民众舍己救人的仁爱精神。这种善良的品性融进了中国人的血脉里，深藏在民族心灵的深处，能够在关键的时刻迸发出来，成为惊天地泣鬼神的救助壮举，成为中华民族心灵史的生动写照。毫无疑问，中华民族的大爱情怀为《远东来信》中的国家形象注入了丰厚的精神价值。

第二，融通了东西方文化中的人性价值。国家形象是处于本土话语与国际视野双重张力中的动态系统，"中国艺术的世界眼光和国际视野，并非一味地崇尚西方、迎合西方、言必西方，也不是主动进入西方话语系统所预设的霸权规则，以纯西方的视野来观照和阐释中国，而是在保持民族品性的基础上与世界的深层次接轨、融通和对话"[1]。《远东来信》中的国家形象构建，不仅具有本土视角，更具有跨文化的国际视野。这种国际视野不仅仅表现在上文所述将抗日战争纳入世界反法西斯战争的全局视野中，从中彰显中国为世界和平的贡献，更为深层的是，作者努力将中国传统文化中的善良品性与国际人道主义精神相融通，展现了更为崇高的人性价值。在这部作品中，人性价值成为跨越时空、跨越文化差异沟通中国和欧洲的重要载体，所以《远东来信》才会被誉为"中国版《辛德勒的名单》"。对于《远东来信》所书写的人性价值，正如有学者所指出的："作者把对人的关注从生命的本能巧妙地转向对人的尊严与价值的思考，以其独特的创作风格和强烈的创作诉求，拓展了当代小说的空间。"[2]中国上海，成为三万犹太人在"二战"时的"诺亚方舟"，苦难深重的中国人

---

① 徐放鸣：《审美文化与形象诗学》，南京：江苏人民出版社，2008 年，第 215 页。
② 邓虹：《人性价值追忆的涉渡浮木》，《雨花》2015 年第 2 期。

依然不忘帮助身处灾难之中的犹太人，书中的一个个普通中国人为了保护远隔万里、非亲非故的小雷奥而逝去。由此，人性的高贵与崇高就体现为面临灾难，甚至是面临生死攸关时，仍然无私地、义无反顾地拯救他人。《远东来信》中的王家甫、潘姨、潘进堂、喜鹊、老纪、桩子等诸多人物的崇高又不仅仅局限于救人性命。他们对小雷奥的施救又包含浓厚的人道主义关怀，通过善意的谎言使小雷奥年幼的心灵免受伤害，同时让小雷奥学习文化知识、明白处事道理、学习河南戏曲，通过双方的共同生活与文化交流，展现了超越国界与民族的悲悯情怀。战争的残酷与自然灾害的肆虐在百姓生活的困顿中更加衬托出这种人性的崇高与美好。人道主义本来根植于西方的文化土壤，讲究"平等""博爱"，重视人的价值，强调人与人之间的互助、友善、关爱。诞生于东方传统文化中的仁爱善良品性与人道主义是两种异质文化的精神品格，二者却在《远东来信》中实现了汇通，表达了"二战"期间中国人道主义精神的在场，实现了国家形象意蕴的东西方"对话"。

当代文艺实践中的国家形象塑造总体上具有对内与对外两大功能，对内可以提升国民的国家认同，增强民族凝聚力；对外能够让他国民众深度感知中国，消除对中国形象的误读，修复被扭曲的"他者"形象。《远东来信》所塑造的国家形象就有着重要的对内对外功能，它沟通了东西方文明，为民族心灵史与世界和平发展史留下浓墨重彩的一笔，这一国家形象同样具有生动的现实性，成为连接过去与沟通未来的桥梁。小说中展现的"二战"期间中国人的人道主义情怀为当下中国"构建人类命运共同体"的主张加入了鲜活的注脚。小雷奥的故事在告诉世界，善良、勇敢、热爱和平的中国人在任何时候都会为人类的和平事业作出自己的贡献。叙事是小说的基本功能，《远东来信》作为一部致力于扭转和修复西方"他者"形象的长篇小说，从叙事策略的角度探讨其中国家形象的艺术构建具有重要意义。

三、中国形象呈现的叙事策略

《远东来信》所涉及的国家形象构建问题在中国现当代文学的发展中具有典型意义。中国形象的功能定位与中国现当代文学的分界有着高度的一致性，即中国近代以来历经百年的动荡与分裂赋予了中国现代文学重要的国家民族认同的使命；中国当代文学在国家统一民族团结的时代主题下，特别是改革开放以来，在国家形象塑造的对外功能方面又承担着重要角色。有学者指出："在中国现代文学中，尤其是通过小说（fiction）这种虚构叙事作品由一种边缘文体上升为文学正宗的踪迹，我们可以发现小说在民族国家共同体的构造中的重要功能，同时也可以充分认识到现代民族国家的想象和建构的特点。"[①] 中国当代文学中的国家形象构建继承了中国现代文学传统，将小说创作当作构建国家形象的重要实践方式，尤其是其中的长篇小说更能有效地书写社会生活史和民族心灵史。所以说，如何在小说中借助有效的叙事策略构建中国形象并实现其对内对外功能，应当是中国当代文学实践关注的重点。《远东来信》作为引起关注的当代文学作品，其中的国家形象构建同样依托独具风格的叙事方式，作者在构建"另类"近现代中国形象时表现出独特的叙事策略。

首先是时空交错的叙事逻辑。《远东来信》采用了一种时空交错、场域并置的叙事逻辑，跨越东西方、跨越半个多世纪进行故事切换，从而使作品构建的国家形象更为立体、饱满与完整。作品将"引子"作为全篇开头，以地域作为各章标题，例如：第1章"德国汉堡"、第2章"易北河·大西洋·东海"、第3章"德国汉堡"、第4章"中国上海"、第5章"德国汉堡·中国上海"、第6章"中国上海·中国杭州"、第7章"德国德累斯顿·波兰奥斯维辛"、第8章"中国上海·中国开封·中国上蔡"……单数章讲述的是20世纪90年代留学德国的中国学生谢东泓整理、追溯八封1939—1945年间从中国上海寄往德国汉堡的信件的故事；双数章书写的是犹太小男孩雷奥"二战"期间从德国到中国的避难历程，两部分组成了两条相互独立又紧密相连的故事线索。作品共16章，两条故事链条各占8章，以谢东泓为主人公的"现在"与以雷奥为主人公的"过去"这两条线索相互交错，最后汇聚到"尾声"部分——谢东泓与老年雷奥相会于河南上蔡别津村。这种叙事逻辑呈现出以近现代中国为主体并与其他国家形象序列相互交织的状态，使《远东来信》中近现代中国形象的

① 旷新年：《民族国家想象与中国现代文学》，见严平编《全球化与文学》，济南：山东教育出版社，2009年，第123页。

构建不会成为一个孤立的个体。作品中叙事时间与叙事空间的变化对国家形象的构建产生了不同的效果：时间的变换，使其中的国家形象在纵向上与当代中国形象的演变相呼应；空间的转换，使其中的国家形象在横向上与地方形象、乡土形象、民俗形象、农民形象等形象序列相互融合。散发着繁荣发展勃勃生机的现代中国、苦难与饥饿笼罩的近现代中国、繁华的上海都市形象、淳朴的上蔡乡土形象、河南梆子展现的地方民俗形象、上海方言与河南方言所包含的风情韵味……这些不同层面的地域和民俗民风形象相互交错，共同融入《远东来信》所构建的国家形象系统之中。不同类型的复杂形象谱系相互作用，使得作品构建的主体近现代中国形象更加饱满。另外，也正是这种时空交错的叙事逻辑的存在，才赋予了作品宏大的叙事视野。东西方叙事时空的剧烈转换，将世界反法西斯战争的东方战场与欧洲战场组合成整一的叙事系统，为文本的"另类"近现代中国的构建提供了重要的叙事基础。

其次是平民化的叙事视角。《远东来信》采用一种平民化的叙事视角，使得作品中的国民形象更为丰富、生动与真实。国民形象是国家形象的重要表征，当代文学作品主要是通过塑造中国人形象来呈现富有温度的国家形象。应当说，英雄叙事是中国当代文学书写抗日战争的重要叙事模式，而国家形象作为具有意识形态属性的宏大叙事主题，同样倾向于使用英雄叙事，尤其是对于近现代中国形象的构建，更是擅长塑造为了民族的命运与祖国的未来抛头颅、洒热血的革命英雄形象。与此不同的是，《远东来信》对于"另类"近现代中国形象的构建采用了平民化叙事这种"另类"的叙事视角，由一系列并非叱咤风云的小人物完成了具有历史意义的接力拯救犹太人雷奥的惊心动魄的壮举。作品中平民化的叙事视角具体表现为多个方面。一是小人物形象的塑造。作品塑造了一个个平凡的中国人形象，相对于宏大的历史他们只是微不足道的小人物，例如码头调度员王家甫、英文教员任天放、戏子潘进堂和喜鹊、剃头匠老纪、算命先生八仙及其儿子桩子，等等。就是这些看似寻常的小人物却拥有无私大爱，甘愿为保护小雷奥做出自己的牺牲。他们不是战场上的英雄，却是散发着伟大人性光辉的平民英雄。作品通过这种方式，更加衬托出中国人仁爱善良的精神品格。二是平民日常生活的描写。作品对百姓日常生活的刻画可谓不厌其详，生动描写了上海人与河南人的日常生活方式，具体涉及不同地域的饮食习惯、风俗习惯、生活形态、民间艺术等多个层面，比如上海黄包车夫的咸盐水、河南的红薯干汤与苞谷饼、河南春节的"打铁花"、上蔡乡村生活中的"喷空"、乡村戏剧演出的互动形态等，通过日常生活的细致描写增添了形象塑造叙事的丰富性和可信性。三是具有地域特征的对话运用。作品对话性的叙事形态，一方面表现在通过较多的对话展开情节、表达情感，体现人物性格，人物的语言与人物身份紧密贴合，另一方面表现在对话的生活化，作品频繁使用上海、河南等地方言，尤其是其中河南话的使用使得人物塑造更加"接地气"。平实、朴素又生动活泼的对话语言，让作品的情节更加贴近特定地域，增强了阅读的亲切感。总之，这种平民化的叙事视角，书写了平凡中国人的善良大爱，使得作品中的国民形象更加具有普遍性和感染力，展现出更为丰富生动的中国人形象，增加了国家形象的可信性与真实性。

再次是陌生化的跨文化叙事。《远东来信》的写作难度和创作特色都在于跨文化的叙事视角，需要具有国际化的语言和文化背景，在跨文化的时空转换中完成双重文化语境下的情节叙事和人物塑造。作者张新科曾经长期留学德国，具有良好的国际教育背景，同时他对家乡河南上蔡的历史人文及民俗风情十分熟悉，这构成了他从事《远东来信》创作的独特文化背景。正是因为有长期的海外学习和研究的经历，他对西方公众的中国形象认知有更多了解，也对其中的误读和扭曲感同身受，这构成了他长期探访"二战"期间中国人拯救犹太人的翔实资料，并以此来创作长篇小说的心理动因。从 1995 年开始接触这一题材到 2013 年完成全篇创作，历经 18 年时间，足迹遍及德国、波兰、法国、捷克等地，他以扎实的资料支撑和严谨的创作态度完成了这部具有填补空白意义的作品。在《远东来信》中，作者的跨文化叙事在两条叙事线索中体现出双重的"陌生化"效果：一是留学生谢东泓对八封信背后故事特别是雷奥的寻访经历，为中国读者展现了陌生化的欧洲地理历史和人文风情，谢东泓在寻访之路上遇到的种种艰辛和机缘呈现了欧洲民众对法西斯暴虐统治的反思和对中国人民的友好情谊。二是小雷奥来华避难后的辗转迁徙和命途多舛的人生经历，为域外读者展现了陌生化的中国各地民俗特质和人文风情，让西方公众从中感受到中国民众扶危济困、舍己救人的高贵品质。这两条线索的跨文化叙事有效地融通了东西方的民族精神和人文情怀，促进了东西方民众之间的理性认知和情感认同，对于构建跨文化传播的中国形象起到了重要作用。

第三节 "乡土中国"形象的艺术构建
——对叶炜长篇小说《后土》的文本分析

在"文学苏军"的江苏作家群中，叶炜算得上勤奋而富有才华的一位。经过多年积淀并获得中国作协"重点扶持作品项目"的支持，叶炜推出了"乡土中国三部曲"系列作品①，其中先期在大型文学期刊《作家》发表的长篇小说《后土》②，引起了评论界的关注并举办了专题研讨会。叶炜的创作个性是非常明显的，敦厚、质朴、不事张扬的性格与其所处的苏北鲁南的地域风格似乎契合，成就了其小说创作非常鲜明的地域特色。作为一位 20 世纪 70 年代后期出生的作家，叶炜在《后土》中用罕见的执着融入性地贴近乡村，感受节气变化，关注人世变迁，观照人与土地关系的改变，表现出一种极其亲切和具体的乡村经验。这在同代际的作家创作中是少见的。而且，叶炜以自己的话语方式成功叙写了一个鲜活、丰富的乡土世界，以对"乡土中国"形象的艺术构建来实现自己的精神回归，表现出对乡土文化价值的认同和坚守。而这些，或许正是当下的许多乡土小说家需要思考的。正如丁帆指出的那样："在中国当下的许多作家尤其是年轻作家的心目中，'乡村经验'是模糊的、悖反的，显然，这与他们的价值观念的游移是相对应的……"③因此，叶炜及其小说《后土》的意义是值得人们关注的。对这部小说的解读，我们首先从它关于"乡土中国"形象的艺术构建开始。

---

① "乡土中国三部曲"包括《富矿》《后土》《福地》，青岛：青岛出版社，2015 年。
② 参见叶炜《后土》，《作家》2013 年第 6 期。
③ 丁帆：《中国乡土小说生存的特殊背景与价值的失范》，《文艺研究》2005 年第 8 期。

一、"乡土中国"形象的还原与想象

进入《后土》的小说世界，我们会发现，叶炜带着热烈而沉郁的情感，力图还原一个真实的"乡土中国"形象。当然，在这个过程中，叶炜关于乡土世界的艺术想象使得"乡土中国"形象的还原演变成一种艺术的构建。从整体上来说，小说在对"乡土中国"形象的还原与构建中，言说了作家对乡土的热爱和执着，展现了普通乡村物质世界和精神世界的沧桑变迁，同时在反思的叙事语境中丰富和拓展了"乡土中国"的主题内涵。可以说，《后土》在一定程度上完成了叶炜对于乡土文学价值的独特理解，建构了一个魅力独具的乡土文学世界。

小说中的麻庄显然是"乡土中国"的一个缩影或象征。从叙事的表层来看，小说是按照二十四节气的时序推进的，惊蛰、夏至、大暑、立秋、白露等节气名称冠于卷首，对应叙事时空的变化。麻庄的图像在寒来暑往的变换中一一展开，一草一木都在时光的流转中带着季节的温度成为真实可感的场景元素，这在很大程度上增强了乡土叙事的现实感和历史感，为整个小说的叙事定下了基调。在对乡村图景使用温情的叙述话语中，推动小说叙事前行的内在动力是社会变革中麻庄跌宕起伏的变迁。小说以麻庄基层政权的工作为中心，以王远、曹东风、刘青松等不同时期村干部的活动为经纬，用极其细密的针线编织了麻庄的历史和现实的纷繁图景。在这个图景之中，麻庄的人性、精神、欲望和变迁之中的温暖、无奈、悲凉与希望占据了小说主题的重心。

首先，麻庄是一个美丽温暖而富有生命力的乡土世界。它在历史的长河中自然形成，是百姓的一方乐土。这是叶炜着力表现的"乡土中国"形象的重要一面，也是他眷恋乡土的心灵源泉。麻庄山水相依，土地肥沃，一直是村民们丰衣足食、繁衍生息的家园。这里的土地、天空、河流、树木、庄稼是独特而神秘的，散发着麻庄特有的历史气息，村民们只有在这样的环境里才能感受到生活的宁静和温馨。这是叶炜小说中乡土价值观念的依存所在，也是"乡土中国"形象的内涵之一。人物形象当然是麻庄世界的核心组成，人物形象塑造也是小说构建"乡土中国"形象的主要方式。叶炜采取了一种泥塑的艺术方式，聚焦人物的精神特点，鲜明地塑造了刘青松、曹东风、王远、翠香、王傻子、刘秋明、刘建设、如意、刘非平等人物形象。这些人物与麻庄的历史和未来融会在一起，成为"乡土中国"鲜活的形象符号。刘青松正直、善良、热情、宽容，能力强、威信高，历任砖厂厂长、队长、村干部；曹东风脑子灵活，善于协调，富有魄力，从一个外来户最后成为麻庄村书记；王远是曹东风的前任书记，经验丰富，他救起刘青松落水女儿苗苗时的沉稳、离开麻庄时的复杂情感都让读者记忆深刻；翠香忍辱负重，吃苦耐劳，敢爱敢恨，是麻庄典型的女性形象。不难看出，小说中这些人物形象都代表了麻庄乡土世界的一个侧面，或者说是这个乡土世界中的某种象征因素。譬如，刘青松是麻庄当下乡土世界中的形象代表，王远则是麻庄变迁中一种历史印迹的象征，曹东风和翠香是乡土世界开放性形象的代表，刘非平则代表了麻庄乡土的未来形象。正是因为这些生动、鲜活的人物形象，才让麻庄成为永远充满活力、生生不息的乡土世界。

其次，麻庄的乡土世界也充斥着苦难、丑恶和人性的沦落。麻庄不是世外桃源，也不总有田园牧歌般的恬静，它饱经沧桑，历尽苦难，也滋生着令人哀叹和心惊的乡间乱象。小说并不遮蔽人物身上存在的阴暗、丑陋乃至堕落的成分。譬如：刘青松违反计划生育政策偷生二胎，并与翠香有染生下儿子；曹东风在利益面前自私狭隘，善用心机；王远利用权势贪污公款并与多名妇女发生关系，最后黯然离开麻庄；还有孟疯子逼迫如意就范，如意的男人王忠厚砍杀孟疯子，教师高翔奸杀少女花花……真是一幅令人哀叹不已的乡村丑态图景。在阅读过程中，我们感到这种图景与上述美丽、温暖的图像相融相生，杂糅并存，由此生成了乡土世界的原始、混沌的精神景观。实际上，在叶炜的小说中，这种斑驳的精神景观已经成为乡土世界不可忽视的组成部分，成为还原和构建"乡土中国"形象的一种重要图像。

表现原生态的、斑驳陆离的乡土世界的努力，并没有妨碍叶炜以丰富想象的方式来构建"乡土中国"形象的艺术效果。很显然，在叶炜的艺术想象中，麻庄是神秘的，是有灵性的，男人们是强健有力的，女人们有着旺盛的生育能力，因而在沦落的图景面前他没有为乡村唱挽歌，在温暖的图景面前他也不是乡土世界的理想主义者。尽管这种想象存在着让读者谨慎审视的风险，但它使得小说对乡村丑陋图景的呈现有了希望，有了对美好、温暖乡土图景的探寻动力，同时表现了作家关于"乡土中国"的审美旨趣。叶炜对"乡土中国"形象的还原和想象，在很大程度上来源于他对乡土世界中人与土地关系的深刻反思。

二、人与土地关系的反思

对人与土地关系的反思是叶炜在《后土》中体现的一种创作姿态。小说对"乡土中国"形象的构建也是在这种反思的话语系统中展开的。当然，关于人与土地关系的思考并不是一个新的话题，特别是 20 世纪中期以来出现的一系列环境问题使人们更加注重对人与土地关系的审视。文学意义上人与土地关系的反思与地理学、生态学、环境科学意义上对二者关系的关注显然是不同的。文学主要通过艺术想象的手段来构建文本世界中的人地关系。叶炜在自己的艺术想象中呈现出麻庄世界独特的人与土地关系，而且把这种关系提升为乡土世界中人们最基本的生活观念。这也是叶炜小说构建"乡土中国"形象的一个重要的思想维度。具体来说，《后土》主要从以下两个层面完成了乡土世界中人与土地关系的反思和构建。

第一，人是属于土地的，而不是相反。在阅读中，我们发现叶炜的小说轻易突破了自然、文化保护之类的乡土文学叙事，是用一种文化想象的方式确立和强调人隶属于土地的观念，人在土地面前更多的是接受、适应和感恩。《后土》开篇便叙述了麻庄由来的神话。麻庄的第一位先人逃荒到此，遇到了一块土地神变成的石头，其实这块石头是奉玉帝之命在此等候麻庄先人的。先人按照石头的说法在上面建造了一座土地庙，在西北方建造了村庄，麻庄由此诞生。"土地神就这样日复一日年复一年地守护着麻庄，保佑着麻庄人每年都能五谷丰登，保佑着麻庄女人们都能生儿育女。"[1] 在这个神话叙事中，麻庄的建立不是靠先人们对土地的开垦和征服，不是在凸显人对土地改造的力量；相反，它在突出土地固有的一种馈赠和拯救的力量。我们注意到，即使在经济变革发展的时代，对麻庄土地产生损害的也只有一个砖厂："现在，全镇都在搞经济，天天把招

---

① 叶炜：《后土》，青岛：青岛出版社，2013 年，第 3 页。

商引资、发展乡镇企业挂在嘴边。各村都争着上报村财政发展的数字，争着搞各种村办工厂。为了不落后，麻庄上马了村办砖厂"。砖厂内竖着烟囱，制砖需要不断地"吃土"，这与麻庄的土地观念是相悖的，正如曹东风看着砖厂的心情一样："在他的正前方，耸立着一根直指天空的大烟囱。当初建这个烟囱的时候，村里懂风水的裴瞎子整天围着砖厂转悠，看来看去，看得后背直出冷汗。他说这烟囱一旦竖起来，对麻庄的风水是一个很大的破坏。烟囱耸立在麻庄的东边，挡住了东来的紫气不说，还破了麻庄的地脉。而且，这个烟囱和土地庙太近，对土地爷造成了巨大的压迫。总归，这不是一个好的兆头。"最后，曹东风、刘青松关掉了砖厂，就地改造成了鱼塘。后来王东周、刘非平回乡创业，项目定位发展文化旅游和绿色农场，以保护麻庄这块福地。这种人与土地关系的观念成为叶炜小说关于乡土世界的基本理念，在这个理念中构建的乡土世界因此也就涂上了一种平静、融洽与祥和的色彩。

第二，土地是有神灵的，乡土世界是人神的统一体。很显然，土地庙是《后土》中的一个重要意象，土地神的"显灵"与"庇佑"几乎是小说叙事的一条重要线索。

首先，土地庙在小说中是作为象征性的景物频繁出现的。从外观上看，土地庙非常不起眼，而且显得十分陈旧：

说是个庙，其实就是一个庙宇的模型，庙宇里面雕刻了一尊土地神像，两边贴了一副对联：上联是"土能生万物"；下联为"地可发千祥"。因为受到雨水浸染，两副对联字迹已经有些模糊。

显而易见，这个"景物"寓含了丰富的内容，它是叶炜设置的一个具有复杂意象的象征物。"小说艺术是对人性、对生命的追问与探寻，要传达某种说不清的东西更需要内蕴丰厚的意象，沉默变幻的外界景物在某种程度上正契合了作家的这种需要。"[1]从这个意义上说，对土地庙意象的营造显示了叶炜在探讨人

---

① 吴义勤：《自由与局限：中国当代新生代小说家论》，北京：人民文学出版社，2010年，第244页。

与土地关系改变过程中的复杂心态，以及对"乡土中国"形象进行反思和构建的努力。

其次，土地神始终庇佑着麻庄的生灵。叶炜在小说中不惜重墨地渲染了这一点。土地神时常会走出来，神人对话，点悟灾凶，譬如水灾前托梦给刘青松，梦中神示刘青松"砖厂不能再开了"等。不仅如此，小说还赋予了刘青松这个人物形象更加迷离的色彩。土地神托梦给刘青松，告知他是土地神在麻庄的"第十五代凡身"，并让刘青松代办"牵扯到整个麻庄命运"的一件大事——关闭挡了麻庄风水的砖厂。这样一来，麻庄就变成了一个神人共治的世界，或者说是一个神人合一的世界。人与土地的关系在这里实现了统一，这是耐人寻味的。乡土小说中关于土地神的叙述并不少见，但叶炜在《后土》中显然强化和提升了对土地神形象的思考，对土地神的描写与乡村的现实书写形成了强烈的张力，指向对乡土世界中人与土地关系变化的深刻反思。不难发现，人与土地关系的这种带有神性的和谐统一，成为叶炜关于"乡土中国"的一种富有个性的文化想象和乡土理想。

叶炜对乡土世界的建构就是在上述人与土地关系的探讨和反思中完成的。在叶炜看来，人与土地的关系是乡土世界中的基本关系，它决定着每个人的生活态度和乡土世界的命运。因此，在他的笔下这种关系就变成了乡土世界中人们的生活伦理，这种生活伦理维系着麻庄的社会关系，从而构成了这个乡土世界的全部图景。

三、"乡土中国"的叙事伦理

无论对于"乡土中国"形象的努力还原，还是对于人与土地关系变化的深刻反思，小说都要通过对人物和事件的叙述来完成。那么在这个叙述过程中，作家对于"乡土中国"的态度也往往体现为一种关于乡土世界的叙事伦理。我们注意到，叶炜所表现出来的叙事伦理，一方面来自他对乡土世界的眷恋和挚爱，对传统乡土文化的执着和认同，另一方面也来自他对乡土文学的文化反思，特别是对作家叙事态度的个性化反思。在这个基础上形成的叙事伦理，不仅成为叶炜对乡土文化的一种审美经验，而且成为其"乡土中国"艺术构建的重要因素。在《后土》中，叶炜关于"乡土中国"的叙事伦理主要表现在以下两个方面。

一是传统乡土文化的情感化叙事。在小说中，叶炜对土地庙、土地神表现出特殊的兴趣，字里行间散发着对它们极其浓郁的情感。很明显，土地庙、土地神在小说中是中国传统文化的象征。梁漱溟在《中国文化要义》一书中曾指出与之相关的祭拜活动与中国社会的关系："我们假如说中国亦有宗教的话，那就是祭祖祭天之类。……它没有名称，更没有其教徒们的教会组织。不得已，只能说为'伦理教'。因其教义，恰不外乎这伦理观念；而其教徒亦就是这些中国人民。正未知是由此信仰而由此社会，抑或由此社会而由此信仰？总之，二者正相合相称。"① 因此，对土地庙、土地神的突出书写实际上也就成为一种对传统文化或者具体说是对传统乡土文化的情感化叙事。一方面，叶炜对传统乡土文化持一种坚守的立场，认为传统乡土文化是"乡土中国"核心的内容。在小说中，传统的乡土文化承载了乡土世界的历史积淀，成为人们精神世界的重要内容，"土地庙是麻庄人的精神信仰，那不是可以随口谈论的。村里的大事小事，红事喜事，哪个不要去问问土地神？这是麻庄人的规矩，谁也不敢乱"。而这种信仰对于乡土世界来说是至关重要的，维系着这个世界生生不息，这也是传统乡土文化得以传续的重要原因，"从古到今，麻庄人都信奉土地爷，相信土地爷能保佑村庄的安宁，也能满足每一个虔诚村民的愿望。他们都说在土地爷面前许的愿特别灵，正因为此，麻庄的女人们才时不时地到土地庙上香上供，土地庙的烟火从未中断"。叙事过程中叶炜所表现的虔诚和纯净的态度，大大扩充了土地庙、土地神意象的阐释空间，从而在很大程度上拓展了小说的叙事容量。另一方面，叶炜对传统乡土文化持一种自信的态度。这种自信不仅源于传统文化丰厚的历史底蕴，同时还源于对它未来面貌的期望。一度，基督教深入中国的大小乡村，传播甚快，信徒众多，正如小说中麻庄村的会计吴计划所说："以前，麻庄人无论男女，都只信奉土地爷，现在好了，信奉土地爷的越来越少，信主的越来越多！"叶炜敏感地注意到了这个现象，并表现出深

---

① 梁漱溟：《中国文化要义》，上海：上海人民出版社，2011年，第86页。

切的反思和忧虑。刘青松一次梦见土地爷，土地爷郑重其事的一番话正代表了叶炜对这个问题的思考：

> 愣了一下，土地爷又说：我在麻庄呆了这么多年，看着麻庄雨顺风调，雪落花开，衰极而盛，盛极而衰，一代代一世世，生生不息，绵延不止。麻庄为何这么兴盛？因为麻庄人敬重土地，善待众生。可是现在麻庄的人越来越失去了对土地的敬畏感，不再信任本神，有的还皈依了外教。我这次来托梦与你，就是想让你告示麻庄人，不要亵渎土地，也不要远走他乡，他乡的世界再好，那也是别人的，与他们无关，他们可以在那里得到金钱，满足享乐，却终将得不到最后的安息。

这样看来，叶炜把传统乡土文化视为"乡土中国"中的精神栖息地，它不仅属于历史和现在，也属于未来。因而，小说的结尾安排了刘青松带着回到麻庄的大学生刘非平去敬拜土地神的场景："在歌声中，刘青松带着刘非平，悄悄去了土地庙，刘非平恭恭敬敬地给土地爷上了三炷香。刘青松看着那香滋滋地燃烧着，散发出阵阵清香，烟雾袅袅娜娜，一直飘向遥远的高空。"对叶炜来说，传统乡土文化的情感化叙事实际上是对乡土文化走向沦落和消亡观念的一次反抗。在热烈而深沉的文化情感中，叶炜试图在传统乡土文化的视域中建立关于"乡土中国"的一种新的叙事伦理，那就是传统乡土文化建立了中国乡土世界，延续了中国乡土世界的历史发展，营造了中国人的心灵乡土；没有它就没有"乡土中国"，它必定会走向未来，走向永恒。

二是乡土世界的非道德化叙事。如上所述，叶炜在《后土》中努力还原一个原生态的乡土世界，因而麻庄的世界不是一个被过滤的世界，而是一个粗糙的、鲜活的世界。为了使"乡土中国"的丰富性和可能性得到最大程度的敞开，叶炜用一种非道德化的叙事去还原和建构更为真实、感性、质朴的民间世界形态。《后土》中的非道德化叙事主要是通过对身体欲望的书写来展开的。小说呈现了麻庄许多男女的情爱关系及情欲的萌动和疯狂。在这个叙事过程中，我们发现叶炜的态度是非常暧昧的，他没有用传统的道德标准去考量这些，对人物的塑造也采用了一种非道德化的思路。刘青松是小说的主要人物，也是主导麻庄发展的代表性人物，但他与翠香的欲望关系使得该形象很容易进入读者的道德化视角。刘青松在砖厂做厂长时，就与在砖厂做工的翠香发生了关系。为了帮助家境困难的王傻子解决婚姻问题，刘青松和曹东风让王傻子来砖厂做工以便接近翠香。翠香与王傻子结婚后，刘青松并没有结束与她的关系。翠香婚后产子，刘青松知道这是自己的儿子，而王傻子对此一无所知。显然，在这里刘青松是不道德的。或许是习惯了道德化的评判方式，我们或多或少地有一种刘青松自责、内疚或者遭到谴责、报复的阅读期待，但小说中一直没有出现，这些事情就像麻庄的日子一样平静地翻过。从这个意义上说，叶炜在这里对传统道德化叙事实施了一次颠覆，让人物完全从道德的话语中解放出来，本能、自由地呈现于麻庄的民间生活图景之中。当然，这种非道德化的叙事也存在着一定的负面效应，那就是在一定程度上削弱了小说现实批判的力量。然而，值得注意的是，叶炜以一种完全退回民间的叙事立场，最大限度地修补了被道德化遮蔽的乡土世界，呈现了生动鲜活、充满生命力的乡土生活。在这里，我们看到了叶炜对既有"乡土中国"形象的审视和怀疑，他力图以自己的方式对中国的乡土世界进行重新叙事，从而在丰富性、鲜活性、人性化、民间化等方面形成对"乡土中国"形象的艺术构建。可以说，这应该是叶炜关于乡土世界非道德化叙事伦理的基本出发点。

毫无疑问，《后土》是叶炜小说创作走向成熟的重要标志。在这部小说中，叶炜表现出了自己的文学气质，用个性化的叙事方式为"乡土中国"形象的艺术构建提供了更多的可能性。在叶炜的艺术构建过程中，可以看出他一直在追求一种历史和文化的力量，寻找一种心灵和精神的自由。这实际上形成了对当下物欲世界和消费时代的某种对抗。席勒曾经说："艺术是自由的女儿，它只能从精神的必然性而不能从物质的欲求领受指示。"[1]从这个意义上说，《后土》理应成为一部值得关注的优秀小说。

---

[1]［德］席勒：《美育书简》，徐恒醇译，北京：中国文联出版公司，1984年，第37页。

第四节　当代文学想象与国家形象构建
——以乡土文学创作为视角

乡土文学作为一个重要的文学传统，无疑在中国当代文学史乃至20世纪中国文学史上具有极其重要的地位和意义。正如有学者指出的那样："现代白话小说诞生之后，如果在题材范畴内谈论的话，最成功或者成就最大的，应该是乡土文学或后来被称作'农村题材'的文学。"[①] 因此，以乡土文学创作为视角，可以整体观照当代文学在国家形象构建中的真实面相，从而有效探讨前者之于后者构建的诸多可能性。更为重要的是，20世纪80年代以来，随着中国农村经济、文化的复杂转型，乡土文学也发生了深刻的变化："在如此复杂的社会历史文化语境中，中国乡土小说创作不仅出人意料地从20世纪80年代末至90年代初的低迷中走了出来，形成一个新的高潮，而且从外形到内质，都发生了不同于以前的颇为显著的变化，生长出许多不容忽视的新质，亦即发生了新的转型。"[②] 乡土文学的这种变化和转型是在乡土中国形象的时代变迁中进行的，因而乡土文学对乡土中国的书写方式就成为当代文学构建国家形象的重要内涵，并具有了某种代表性的意义。从这个意义上说，从乡土文学入手反思和探讨当代文学与国家形象构建之间的艺术关联对于二者都有着重要的理论和实践意义。

一、艺术构建的情感起点

与其他构建方式相比，文学对国家形象的构建有着更多的特殊性。文学是个体化的艺术创造，之于国家形象的构建是一种艺术构建，情感经验往往决定着作家的艺术手法和书写方式，从而在很大程度上制约着国家形象的艺术构建。从乡土文学创作的实际情况来看，几乎所有的当代乡土作家都有着不同程度的"乡土情结"。这种情结是长期孕育和积淀的情感经验，是他们进行乡土文学创

---

① 孟繁华：《乡土文学传统的当代变迁——"农村题材"转向"新乡土文学"之后》，《文艺研究》2009年第10期。
② 丁帆主编：《中国乡土小说的世纪转型研究》，北京：人民文学出版社，2013年，第1页。

作的原点和动力，也是对国家形象进行艺术构建的情感起点。情结总是伴随着某种距离的产生而发育和生成的，对乡土情结而言，乡土作家往往是离开了乡土之后而产生的一种内心深处的情感纠葛。对此，丁帆指出："一般来说，和现代西方乡土小说所不同的是，中国的绝大多数乡土小说作家，甚至说是百分之百的成功乡土作家都是地域性乡土的逃离者，只有当他们在进入城市文化圈后，才能更深刻地感受到乡村文化的真实状态；也只有当他们重返'精神故乡'时，才能在两种文明的反差和落差中找到其描写的视点。"[①]这一点显然与非乡土作家的创作情形是不一样的。同样具有乡土情感经验的作家，其乡土情结的具体形态不尽相同，从而构成了风貌不同、纷繁多样的乡土世界。

为了进一步探讨这种情感经验对形象构建的影响，我们可以将当代作家的乡土情结大致分为以下三种形态。

一是怀恋式的乡土情结。这种情结形态具体表现为作家对乡土的一种极为浓郁的情感，对故乡挥之不去的记忆和怀想。更为重要的是，在作家的头脑中，怀恋式的乡土情结是现实和具体的，是历历在目的人与物交织在一起的乡村图景。"十七年文学"中的乡土作家如赵树理、周立波、柳青、马烽、李準等往往都具有这种情结形态，尽管这种情感经验与政治情感不同程度地交织在一起。在新时期，贾平凹应该是怀有这种情结的典型作家，其小说《秦腔》就明显体现了这一点。贾平凹在《秦腔》的《后记》中写道："当我雄心勃勃在2003年的春天动笔之前，我祭奠了棣花街上近十年二十年的亡人，也为棣花街上未亡的人把一杯酒洒在地上，从此我书房当庭摆放的那一个巨大的汉罐里，日日燃香，香烟袅袅，如一根线端端冲上屋顶。我的写作充满了矛盾和痛苦，我不知道该赞歌现实还是诅咒现实，是为棣花街的父老乡亲庆幸还是为他们悲哀。"[②]贾平凹这种沉郁的乡土悲情，显然是从对故乡的人与物的具体记忆和想象中孕育和积淀的。二是联想式的乡土情结。尽管作家对故土乡村同样具有一种沉积的情感，但这种情感的存在形态是有差异的。作家往往把这种情感在广阔的时空中弥散开来，以故土乡村为一种精神图腾展开联想，打开乡土情感的时空纵

---

① 丁帆：《乡土——寻找与逃离》，《文艺评论》1992年第3期。
② 贾平凹：《秦腔》，北京：作家出版社，2008年，第517页。

深，从而来表现积淀在心中的乡土情结。最为典型的应该是莫言。莫言一直说自己是农民，他对山东高密的乡土情结是难以割舍的。值得关注的是，莫言的乡土情结是以对高密的时空联想而存在的。他以高密作为情感原点，以发散型的思维探寻着乡土世界的历史和现在、物质和精神的复杂世界，而不同于贾平凹在《秦腔》中对棣花街细密的情感编织。莫言在《红高粱家族》一书的扉页上做了这样的情感注脚："谨以此书召唤那些游荡在我的故乡无边无际的通红的高粱地里的英魂和冤魂。"[1] 三是寓言式的乡土情结。这种情结形态对乡土情感的表达更为抽象。它不是怀恋式的情感念想，也不是联想式的情感抒发，而是从浓烈的乡土情感中抽离出一种观念，把丰厚的乡土情感简洁化甚至符号化，以一种寓言的方式表达对乡土世界的情感和思考。阎连科可以称得上是寓言式乡土情结的代表作家，其《年月日》《日光流年》《受活》《丁庄梦》等小说中奇谲的梦幻形象都使其创作打上了寓言式书写的色彩。

　　无论以上哪种情结形态，都是来源于作家对乡土世界的记忆和眷恋，来源于作家对乡土世界中人与土地的情感亲近，以及来源于由此而产生的复杂的乡土情感经验。可以说，中国当代优秀的乡土文学作品都是在这些乡土情结中产生的，比如陈忠实、路遥、王安忆、韩少功、刘震云、迟子建、李佩甫、张炜、孙惠芬、关仁山、赵本夫、刘醒龙、刘恒、乔典运、刘庆邦等作家的一些乡土小说。值得注意的是，如上所述，乡土情结是作家离开故土乡村后所生成的情感积淀，也就是说正是作家与乡土的现实距离产生了不同形态的乡土情结。那么接下来的问题是，这些在乡土情结中产生的文学书写是否能够有效地表现正在变化中的乡土世界，或者说变化最为复杂的乡土中国形象在文学创作中是否得到了真实的艺术呈现呢？有论者指出："当前乡村社会正经历着巨大而艰难的转型，其中的政治、经济、特别是伦理文化在接受着现代文化的巨大冲击，较之新文学历史的任何一个时期，当前乡村社会的变化和复杂都是最显著的。但是，我们在当前乡土文学中却鲜见对这种变化的深刻揭示。它们或者是流于作家个人情感的宣泄（包括贾平凹、陈应松等较突出的作家创作中都有显著的

（页边栏）第十一章　不同类型中国形象构建的文学文本分析

---

[1] 莫言：《红高粱家族》扉页题词，北京：解放军文艺出版社，1997 年。

表现），或者是对生活停滞的记叙（在许多西部作家的创作中可以普遍地看到这种迹象）。其中或许有地方风情，或许有文化记忆，但却没有对现实的深刻把握和真实再现，没有展现出乡村社会在时代裂变中的真实状貌、复杂心态和内在精神。"[①] 因此，当代作家以乡土情结为情感起点所建构的乡土世界与现实世界的关联性是值得反思和审视的，这对于我们探究当代文学与国家形象的关系是至关重要的，正如韦勒克和沃伦所言："倘若研究者只是想当然地把文学单纯当做生活的一面镜子、生活的一种翻版，或把文学当做一种社会文献，这类研究似乎就没有什么价值。只有当我们了解所研究的小说家的艺术手法，并且能够具体地而不是空泛地说明作品中的生活画面与其所反映的社会现实是什么关系，这样的研究才有意义。"[②]

二、形象构建的现实图像

人、土地无疑是所有乡土文学最主要的书写对象和叙事主题，伴随着几十年来中国社会改革的巨大变化，人与土地关系的改变是空前的，因而也成为乡土文学的叙事焦点。从创作情况来看，无论对"农民工进城"的观照还是对"城市异乡者"的书写，无论对乡村传统的批判还是对乡村风土的怀恋，实际上都是围绕中国乡村的这种人与土地关系的变化而展开的。对于人与土地关系的书写和想象，可以说也是乡土文学构建国家形象的主要内容和方式。因此，我们有必要从人与土地关系的视角来审视和反思当下的乡土文学创作，更有必要从这个角度来理解现实中的乡土中国，从而客观地把握这一形象构建的现实图像。

那么，我们应该怎样认识人与土地关系改变的现实图像呢？在这里不妨进行大致的梳理，以便从整体上观照当代文学创作关于人与土地的叙写。我们可以从乡土生活中人与土地关系的疏密程度的视角，把这种关系分为三种类型：一是紧密型的关系。紧密型的关系是传统的人与土地关系的延续，具体表现为人与土地是不可分离的依附关系，人依旧把耕种劳作作为赖以生存的主要方式。

---

① 贺仲明：《乡土文学的地域性：反思与深入》，《首都师范大学学报（社会科学版）》2012 年第 5 期。
② ［美］勒内·韦勒克、［美］奥斯汀·沃伦：《文学理论》，刘象愚等译，北京：文化艺术出版社，2010 年，第 107 页。

从当前中国乡村的整体情况来看，可以说大致 50 岁以上的村民是构成紧密型关系的主要人群。这部分群体是中国传统乡土文化的最后留守者，他们秉承了祖祖辈辈对土地的观念和情感，以"庄稼人"的身份保持了与土地的紧密关系，以传统农民的生存方式不自觉地抵制着乡村的时代变化。二是松散型的关系。具有这个关系特征的主体多集中在 30~50 岁之间的群体。他们与土地之间的关系不是完全依赖式的紧密关系，而是一种"半依赖"的松散关系。他们的生存状况已经受到乡村变化的巨大影响，传统的乡土观念在他们身上已经发生了较大的变化，与土地根深蒂固的关系已经逐渐松动，于是他们的脚步悄然从乡村的土地上迈开，走向城镇和城市中去获取更多的生活利益。然而，他们依然是以土地为家，也从事农忙耕作，只是把城镇和城市作为临时的"打工点"，不断地穿梭在城乡之间，相对于紧密型的关系，这种联系是一种较为松散的人地关系。三是脱离型的关系。脱离型的关系是指无论生活方式还是情感观念等方面都已经与传统的人地关系区别开来，这部分群体主要集中在 30 岁以下的青年。他们基本上已经从乡村的土地上脱离了出去，几乎没有从事农耕活动的经验，分布在大大小小的城市里从事着各种各样的谋生行当。这个群体是当下中国城镇化的主体，他们一部分漂泊在大城市里生存下来，更多的是在小城镇中定居了下来。尽管从土地制度上来说他们在农村尚有一份土地，但他们基本上与土地上的农事无关，间或踏上故土或者尚存的一些对土地的情感，或许更多地来源于一种家庭伦理关系的需要。

乡村中人与土地的关系是由以上三种关系交织在一起的复杂形态，正是这种纷繁交错的人地关系构成了当下乡土世界丰富变化的现实景观，缺失了其中任何一种关系的呈现，当下的乡土世界都是不完整的。而且，这三种关系都不是孤立存在的，由于乡村复杂伦理关系的存在，三种关系在此基础上相互影响、相互渗透，共同融进了中国乡村巨变的时代洪流。因此，对任何一种人与土地关系的孤立书写都是对乡土现实图景丰富性的遮蔽，也极易形成对当下乡土世界的一种乌托邦想象。当下的乡土文学书写实际上也注意了这一点，力图以不同的表现手法完成对"乡土中国"的艺术构建。然而不可忽视的是，如上所述，由于作家乡土情结形态的不同，作家往往不能够深刻地实施对人与土地关系的把握，或者说在全面把握人与土地关系的变化上尚显得力不从心。更值得注意的是，由于乡土情结是作家离开土地之后积淀生成的，因而他们笔下的人与土地的关系往往是记忆中的乡土图像，也就是说当下不少乡土文学中的乡土世界是过去式的，而不是进行时的，这与当下的城市文学形成了鲜明的对比。

应当说，乡土记忆是众多作家的乡土写作的重要源泉，人与土地的关系也是作家关于乡土世界极其重要的记忆空间。从现代文学史来看，鲁迅、彭家煌、许杰、蹇先艾、许钦文、台静农、沙汀、艾芜都是在离开故土的环境之后，通过对乡土的记忆来书写的。从小说题材的来源来看，早期的乡土作家仅仅凭自己的乡土记忆就能创作出优秀的乡土小说，譬如鲁迅的《故乡》、彭家煌的《怂恿》、许钦文的《病妇》、台静农的《地之子》等。有一个值得注意的问题是，在这些作家所处的 20 世纪二三十年代，中国乡村的总体变化并不是非常显著的，特别是人与土地的关系并没有出现巨大的改变，因此，作为乡土小说的叙事背景是相对稳定的。作家的创作诉求也不是聚焦乡土世界的变迁，不是展示人与土地关系的可能性变化，而是深刻地审视和剖析社会制度和传统乡土文化对人的影响。在小说《故乡》中，"我""回到相隔两千余里，别了二十余年的故乡"，算是简单交代了叙事的背景，并没有铺陈当时乡村的现实图景。鲁迅只是以自己的方式对闰土进行了艺术刻画，便深刻地表现了那个时代农民的精神世界和物质世界。如果把闰土放在一个动荡变化的乡村世界中，特别是在人与土地变化的乡土背景中，那么这个形象就缺乏必要的构建空间，缺乏必要的阐释背景。20 世纪五六十年代，中国乡村人与土地的关系发生了较大的变化，从而影响了整个农村面貌的改变，这当然对乡土小说的创作也产生了深刻的影响。如果作家再仅仅依赖一种乡土情结和记忆，就很难准确地展现乡土世界的真实变迁，于是才有柳青落户陕西乡村、周立波迁往湖南老家等一批作家融入乡村生活去创作。除却政治因素对作家的影响之外，体验乡村生活、把握乡土变化无疑是作家走进乡土世界的内在动力。尽管像《山乡巨变》《创业史》这样的小说明显带有时代的局限性，但它们对乡村变化及农民精神状态的鲜活展现无疑给人留下了深刻的印象，"作家对农民的历史境遇和心理情感的熟悉，弥补了这种观念'论证式'的构思和展开方式可能出现的弊端"①，它们的表现方式和艺术价值也一直是学术界讨论的问题。而到了 20 世纪八九十年代，中国农村的变革无疑是一场更为深刻的革命。如何丰富地展现当代乡土世界的复杂景观，深入地探析这场变革中农民的精神世界，是当下乡土文学创作不可回避的问题。但是，从阅读感受来看，乡土文学中让人感受深刻的依然是"记忆中"的乡土世界，从而也显露出许多作家在乡土历史经验方面的一种断裂。正如有学者指出："进入 21 世纪以来，与'乡土世界'相关的小说有一个明显的特点：作家的历史意识出现了裂痕，不再有着完整的内在逻辑，对于充满了生机和混乱的现实，在价值判断上呈现出茫然和困惑。"② 在这种情况下，当下变化中的乡村往往成为乡土记忆的一种续曲，而这种续曲在很大程度上是由作家的乌托邦想象构成的。

三、想象方式与形象构建

文学创作当然离不开想象，但想象也必须具有艺术的真实性，由此而产生的象征和寓意也应该建立在对现实真实性的把握之上，"小说也正是以这种方式达成了它的叙事与它由叙事所显示的象征寓意之间的平衡——作品的象征寓意，是由对于人物境遇的极具现实性的真实展现凝结而成的"③。譬如，卡夫卡想象小说主人公格里高尔变成甲虫就是一个经典的例子。文学的形象构建是对一个世界的艺术创造，它必须依靠创作主体的想象力，而且这种想象力必须建立在对构建对象的真实认知和深刻理解的基础上，只有这样，文学的艺术世界才是自然、深刻和富有逻辑的。正如美国文学批评家布鲁克斯和沃伦在《小说鉴赏》中认为的那样："小说可以从任何事物发源，只要这些事物能激发人的想象力从而去完成小说的特殊使命，即把事物有机地联系起来并从中生发出某种意义来——不，不仅仅是联系起来就够了，而且要创造一个世界，在这个世

① 洪子诚：《中国当代文学史》，北京：北京大学出版社，1999 年，第 101 页。
② 王光东：《"乡土世界"文学表达的新因素》，《文学评论》2007 年第 4 期。
③ 王耀辉：《文学文本解读》，武汉：华中师范大学出版社，1999 年，第 154 页。

界里，各种事物相互依存而其中又富有意义。"① 乡土文学对当下变迁乡土的书写当然也少不了艺术想象的表现方式，但这种想象不是凭空而来的，不能仅凭作家的才气联想而来，也不应是为一种预设的观念而进行的乡土情节虚构，而应是建立在作家对当下乡村生活变化的熟悉之上，建立在对人与土地关系改变的了解之上，建立在对乡土中国历史变迁的深入认知之上。只有这样，乡土文学才能真正对应于乡土世界的时代变革，才能鲜活地展示当下的乡土生活，深刻地表现历史变迁中的乡土世界，真实地触摸当下乡土中的精神世界。然而，许多乡土作家往往以自己乌托邦的想象方式来呈现当下的乡土世界，阐释人与土地的时代变化，从而在很大程度遮蔽了乡土中国的建构路径。其中，以下两种想象的类型值得我们重视和反思。

一是"结构性"的想象。不少作家明显感到当下的乡土世界已是今非昔比，自己的乡土记忆已经覆盖不了乡村的变化。如此一来，作家在一部作品中娴熟地使用完乡土记忆的资源后，此时文本中的乡土世界对真实的乡村来说并不是完整的，其中关于乡村"现场"的图像缺失就是一个不得不解决的问题。为了弥补这种乡土书写"结构性"的不足，作家往往通过想象来拥有这部分并不熟悉的乡土资源，从而来完成一次完整的乡土世界的艺术构建。在这个过程中，作家的心态也是非常失落和矛盾的，正如贾平凹所说："我的创作一直是写农村的，并且是写当前农村的，从《商州》系列到《浮躁》。农村的变化我比较熟悉，但这几年回去发现，变化太大了，按原来的写法已经没办法描绘。农村出现了特别萧条的景况，劳力走光了，剩下的全部是老弱病残。原来我们那个村子，民风民俗特别醇厚，现在'气'散了，我记忆中的那个故乡的形状在现实中没有了。农民离开土地，那和土地联系在一起的生活方式将无法继续。解放以来农村的那种基本形态也已经没有了，解放以来所形成的农村题材的写法也不适合了。"② 贾平凹在《秦腔》中力图叙述清风街近二十年的乡土景观，特别是表现该地正在发生的时代变迁。小说用极其细密的书写方式去编织乡村的

---

① ［美］布鲁克斯（C. Brooks）、［美］沃伦（R. P. Warren）编著：《小说鉴赏：中英对照》，主万、冯亦代、草婴等译，北京：世界图书出版公司，2006 年，第 369 页。
② 贾平凹、郜元宝：《〈秦腔〉和乡土文学的未来》，《文汇报》2005 年 4 月 22 日。

精细图像，塑造了夏天义、夏天智、夏君亭、张引生、白雪等鲜明的人物形象来表现多种文化力量的融汇和对抗。在小说描写的整个乡土世界中，最为生动鲜活的依然是传统的乡土画面，很容易看出，作家对这些生活画面十分熟悉和眷恋，寄托着对故土的情思，小说也因此成为传统乡土文化的一曲挽歌。相比之下，小说关于对清风街带来冲击的一些变革元素的书写则透出了明显的生疏和僵硬，譬如夏君亭力建农贸市场、丁霸槽开的带有色情服务的万宝酒楼的描写就多少带有主观臆想的印痕，像挤进去的楔子，用以建构变化之中的乡土世界。类似的情况同样出现在莫言的小说《蛙》中，譬如，小说对袁腮开办代孕公司的描写就显得较为单薄，完成代孕公司的指代意义或许正是作家对其想象书写的主要诉求。这种"结构性"的想象在一定程度上延长了小说叙事的长度，拓展了小说叙事的空间，在表现作品主题方面也发挥了直接的作用。但不可忽视的是，它在很大程度上破坏了小说的艺术逻辑性，弱化了小说应具有的艺术感染力，影响了作品对乡村变迁中人与土地关系的书写深度。

二是"阐释性"的想象。长期积淀的乡土情结无疑使作家对乡土有一种发自内心的情感关注和创作冲动，但由于不少作家对当下的乡土世界缺乏像以前那样的体验和把握，在创作中往往表现出一些概念化的思维。比如，乡村的人与土地的关系发生剧烈的变化，传统的农民身份产生历史的改变，传统的乡土文化受到时代的冲击，农民离开土地的漂泊和挣扎，打工者难以融入城市的尴尬和苦痛等。对许多作家来说，诸如此类的观念并不是从新鲜的乡村土地或活生生的农民身上获得的，而是从社会学的一些结论或大众媒体的观点中截取的，不少作家在表现这些主题话语的时候就出现了主题先行的问题。小说的叙事就很容易存在"阐释概念"先天不足，此时叙事中的想象部分就具有了一种"阐释性"想象的特点。这种"阐释性"的想象在当下的乡土文学创作中是较为普遍的。米兰·昆德拉曾经说过："小说惟一的存在理由是说出惟有小说才能说出的东西。"[①] 因此，"阐释性"的想象在很大程度上削弱了小说本身的艺术魅力。从这个意义上说，乡土小说应该丰富、鲜活地展现当下的乡土世界，以文学艺

---

① ［捷］米兰·昆德拉：《小说的艺术》，董强译，上海：上海译文出版社，2004 年，第 46 页。

术的方式为读者提供乡土世界变化的复杂性和可能性,而不应是以想象的故事去说明一种观念,去阐释一个道理。

由于人与土地关系的改变,乡土小说的叙事边界也随之扩大。进城的农民工作为一个特殊的群体进入作家的创作视野,作家对农民工的书写多为描述农民工在城市中的经历片段,并没有把农民工放在人与土地关系的层面去观照,而是更多地叙述农民工在城里的挣扎和艰辛,间或增加农民工的某些不合时宜的行为来营造黑色幽默的效果。对于农民工丰富的精神世界,这种书写就是一种简单化处理。农民工离开土地走进城市,其物质世界与精神世界都发生了巨大的变化,这为作家的创作提供了一个广阔的叙事空间。但由作家对当下农民生活的陌生感,致使他们在创作时要么割舍农民工之于土地的复杂关联,只是凭"农民工"一词试图让这种关系不言而明;要么就采取"阐释性"想象的方式去弥补经验的不足。在这种情况下,作家往往选择叙述农民工的"另类"故事,用以增强创作的自信。小说中的故事一般诉说农民工奔波和辛酸的求生之路,表现他们作为异乡者漂泊的精神感受,反映这部分底层群体的生存状况。这些故事实际上弱化了农民工与土地之间的精神联系,如果从农民的视角来看,这些故事只是一种"传奇",而不具有农民故事的普遍性,难以有血有肉、深入细致地表现人物的精神世界及当下人与土地关系的复杂变化,因而小说的叙事想象也难以达到艺术的真实。《泥鳅》是尤凤伟创作的一部较有影响的长篇小说。小说以农村青年国瑞的生活为叙事线索,描写了一群打工者的悲惨命运。其中,国瑞的遭遇最具传奇性。他经过一番打拼,似乎要混迹到城市的上层,被委以公司的董事长兼总经理,但这是一个陷阱,只是被人利用从银行骗贷。因骗贷负法律责任,最后国瑞被判处死刑。小说故事光怪陆离,让人印象深刻,表现出作家强烈的现实批判精神。小说显然在很大程度上阻隔了国瑞等人与乡土之间复杂的内在联系,只是简单地赋予他们以农民工的标签,并用"泥鳅"作为其身份的一种象征。因此,国瑞与城市里非农民身份的底层打工者的遭遇实际上并没有什么特别的不同。这样一来,小说关于农民工的叙写就缺乏对这个社会群体独特属性的具体观照。换句话说,这部小说的创作起点是从农民工在城市里的生活场景开始的,并没有在国瑞所走出的那块土地上去寻找人物的精神踪迹，正如尤凤伟在讲述创作这部作品的缘起时所说，"他是在晚报看到了打工妹受到凌辱、打工仔在中介公司受骗的社会新闻，促使他要为这些农民工'立言'"①。因此，这部小说的叙事便在一定程度上带有了一些"阐释性"想象的印痕。

从当代乡土文学创作的具体情况来观照，乡土情结是乡土作家积淀的情感资源，其存在形态的不同也在一定程度上促进了乡土文学风格的多样化。在这个过程中，以人与土地关系变化为核心的乡土中国变迁的复杂性实际上也冲击着作家的乡土情结，从而又不同程度地调整着作家乡土情结形态的变化。需要指出的是，怀着浓郁的乡土情结，面对着人与土地关系的现实复杂性，乡土作家用一种乌托邦的乡土想象来调节自己与创作客体的紧张关系，这也只是乡土文学所表现的一种创作特点和叙事方式。当然，也有一些作家如关仁山、孙惠芬等一直用一种深切的关注来延续自己的乡土经验，努力表现人与土地改变的乡土世界。譬如关仁山的小说《麦河》就在人与土地关系的视域中书写了乡村土地权益流转的现实问题，丰富而生动地表现了在此基础上的农民生活的动荡和精神世界的微妙变化。此外，像梁鸿的《中国在梁庄》《出梁庄记》更以一种"非虚构"的书写方式为乡土中国的形象构建提供了新的可能，并引起了广泛的关注和好评。

总而言之，乡土中国的改变从不同的层面深刻影响着当下乡土文学的创作，乡土文学还远远没有完成对时代变迁中的乡土中国形象的书写。从这个视角出发，可以说当代文学的想象在国家形象的艺术构建方面还存在着许多值得关注和反思的问题。如何突破历史的局限，为国家形象的艺术构建提供新的可能，则是中国当代文学需要面对的重要问题，也是深化国家形象理论和实践研究需要面对的一个课题。

---

① 尤凤伟在复旦大学中文系和上海大学当代文化研究中心联合举办的"《泥鳅》作品讨论会"上的发言。见《尤凤伟新作〈泥鳅〉引起关注》，《文汇报》2002 年 6 月 3 日。

影视篇

第十二章　海外获奖华语电影呈现的中国形象

电影以其独特的影像话语和视觉叙事，通过具体的影像展示出人物、故事、民族风情、文化习俗、价值观念，成为塑造国家形象的重要载体。20 世纪 80 年代以来在海外国际电影节上获奖的华语电影传播了中国文化，成为中国形象呈现的重要表征。对海外获奖华语电影的研究可以作为中国形象的影像呈现的典型个案，其中体现着影视艺术构建国家形象的艺术特征和审美规律。

如今，电影产业在我国文化产业发展中拥有着越来越重要的地位，电影具有大众娱乐属性和影像呈现的直观性，有助于中国文化和民族精神的广泛传播，成为世界了解中国的重要窗口。华语电影以一种直接的、鲜活的、可感受的影像语言，借助功夫、饮食、戏曲、山水、古建筑等中国的文化元素，并通过电影浸染、渗透及包容的软性建构功能不知不觉地构建着国家的形象。新时期以来，随着国内政治、经济、社会生活的逐步开放，文化艺术也逐渐与国际接轨，华语电影由此走向国际化，渴望在国际影坛上展示自身的魅力，获得更多的国际同行认可。

华语电影的海外获奖情况为什么能吸引那么多中国人的眼球，并且产生不同的评价呢？一个原因是华语电影能走上国际影坛是海外获奖带来的，另一个更重要的原因是华语电影在海外获奖向世界展现了中国文化的独特性和复杂性。海外获奖的华语电影呈现的中国形象与审美规律不同于国内的华表奖、金鸡奖、百花奖等电影奖项的评价尺度。海外电影节对华语电影的认可及评价是以国际化的视角来评定的。对外国观众而言，中国电影的创作水平和影响力主要是由参加国际电影节的中国电影来代表的。在文化和信息多元化的今天，我们不能否认几代电影人为使华语电影走出国门、走向国际舞台所付出的努力和取得的成就，也不反对电影创作者传达自己的艺术感悟、追求创作个性的表现。但是问题在于在国家形象塑造方面，这些走向国际舞台的华语电影呈现出怎样的形象风貌，这些影片能否真实地、充分地反映当代中国的社会情况，能否真正传达出当代中国人的精神面貌，能否对国家形象的塑造发挥更加积极的作用，对此需要做出细致的分析。本章就以海外获奖华语电影的典型个案为基点，进行文本分析、类型归纳、国家形象呈现及审美规律总结，以期促进华语电影更加自觉、更为全面地为构建中国形象扮演好自己的角色。

第一节　海外获奖华语电影概观

华语电影这一概念，最初是对中国内地（大陆）、香港、台湾三地电影的代称，并不是严格意义上的学术定义。在全球化的大背景下，海峡两岸暨香港电影的传统地域界限被打破，进入华语电影的共同平台。在这个平台上，它们相互渗透、相互影响、相互竞争，以不同的视角展现出中华文化丰富而又厚重的底蕴。华语电影顺应了自身的发展和中国文化传播的要求，后来又涵盖与华语有关的国家和地区。华语电影的产生，就其内在的契机而言，与中国电影新浪潮的兴起是密切相关的，它力图让中国内地（大陆）、香港、台湾的电影，从单一的分疏走向融合，以中华文化的整体面貌面向世界。

从 20 世纪 80 年代开始，华语电影相继在国际影坛上绽放光彩，从陈凯歌执导的《黄土地》获得洛迦诺国际电影节银豹奖到张艺谋的《红高粱》获得西柏林国际电影节金熊奖，再到 2014 年刁亦男的《白日焰火》获得柏林国际电影节最佳影片金熊奖，华语电影在各大国际电影节上获奖颇丰。有论者指出：

由于分享共同的书写文字及某种形式的文化传统，中国内地（大陆）、香港、台湾的电影生产及消费行为有其内在的向心要求。"特别是在主题的确立、资金的运作、人力资源及发行放映、网络等方面相互竞争、学习、合作，形成一种关系密切的'文化生命共同体'。"① 例如电影《霸王别姬》汇集了内地、香港的众多影星，由陈凯歌执导，以京剧牵出中国自清末、民国一直到新中国的历史；又如电影《卧虎藏龙》是由中国内地和香港众多影星出演，由李安执导，却由好莱坞和新加坡制作的一部华语电影。一直以来，华语电影为研究电影的学者提供了宝贵的例证和资料，也促使学者们以更加严谨的态度去思考华语电影与中国形象之间复杂又重要的关系，去探索银幕上一个国家、民族的文化内涵及国家形象是如何以影像语言表达出来的。

一、华语电影塑造中国形象的特殊性

在国家形象构建中，媒介的传播起到非常重要的作用。因为国家形象不管由本国自我塑造还是由别国塑造，必须经过媒介传播给受众，受众对所传达的国家形象产生主观判断，国家形象的构建过程才算结束。② 一般情况下，人们亲身获取第一手资料的机会不多，主要是通过第二手资料（通过看电视，上网，看报纸、杂志、电影等获得的资料）来了解一个国家，然后把获取的这些资料转化为自己的认知，进而产生对一个国家的主观印象。

电影作品构建中国形象有其独特性。首先，电影具有影像直观性，运用高科技手段以大量镜头、画面、语言、色彩等丰富多彩的动态影像构成，有其独特的艺术魅力。电影画面的直观性、电影语言的国际化表达，可以让受众更容易接受通过电影展现的一个国家的民族风情、历史文化或独特景观等。其次，对于构建和传播国家形象，电影更具有隐蔽性的特点。电影通过各种有趣的故事与精彩的画面来影响和吸引观众，在讲述故事和呈现精彩画面的过程中把它

---

① 廖炳惠：《文化批评与华语电影：媒体、消费大众、跨国公共领域》，见郑树森编《文化批评与华语电影》，桂林：广西师范大学出版社，2003年，第2~3页。

② 参见姜宏敏《从跨文化传播视角探究走向世界的中国电影对国家形象的塑造——以四大国际电影节部分获奖中国影片为例》，济南：山东大学硕士学位论文，2011年。

第十二章 海外获奖华语电影呈现的中国形象

所要传播的意识形态隐晦地表达出来。它不是传统式的说教和硬性的宣传，而是一种艺术化的表达手法，让观众在观影的娱乐体验中不知不觉地接受，虽然这对塑造国家形象来说比较间接，但可以起到春风化雨、润物无声的效果。

华语电影对中国形象和民族身份的构建也具有特殊性：第一，汉语语言及地域性方言体现的是中华民族的形象，它承载着民族认同和家国情怀。第二，汉语语言的使用具有很鲜明的民族文化特色和地域风情的想象，成为具有吸引力的语言符号。第三，电影语言的运用又超越了地域、国家的限制，以艺术形式表达一种比较宽泛的中国身份认同，非华人观众能通过华语电影所应用的电影语言来了解和认知一个文化中国及其民族特性。

华语电影是随着中国政治、经济、文化、社会的发展变化而不断变化和成长的。华语电影在不同的历史时期，其功能是不尽相同的，有社会教化功能、文化传播功能、审美娱乐功能等，这取决于社会、政治、艺术和商业等力量的博弈情况。但这并不能改变电影叙事艺术的本质，电影能不能发挥上述的各种功能也取决于它的艺术品质。所以，在世界各大电影节上华语电影能屡次获奖，也就意味着华语电影所使用的电影语言和表现出的电影美学追求得到了国际电影界的肯定。华语电影已经成为中国文化软实力的重要组成部分，它让中国国家形象的传播具有了多元特质和丰富的趣味性，对中国国家形象的构建具有重要的作用。

二、华语电影在国际电影节上的成就

世界各国的电影无论技术还是艺术上的成就都可以在国际电影节上向世界各国展现，各类电影节提供了在电影创作方面相互交流、相互借鉴的平台。一般来说，每个国际电影节都会设立一个由来自不同国家和地区的资深导演、电影人组成的国际性评审委员会，这个评审委员会负责在参加电影节展映的影片中选出优秀电影奖、优秀导演奖、编剧奖、演员奖、作曲奖、美工奖、剪辑奖等，当然也有一些是只展演不评奖的国际电影节。虽然现在国际电影节的数量非常之多，但是在类型、规模和影响力方面差距还是非常明显的。每年都会有 55 个质量较高的国际电影节被国际电影制片人协会批准和认可。"国际电影制片人协会"（FIAPF）是由在电影生产方面比较发达的国家组成的国际电影制片行业组织机构。它是这个行业内权威性最高的组织，1992年中国加入这个组织。根据电影节的类型，国际电影制片人协会通常将国际电影节分为四类：A.竞赛型非专门类电影节，B.竞赛型专门类电影节，C.非竞赛型电影节，D.纪录片和短片电影。这四个类别只是代表着电影节的四个不同的性质，并没有等级的区别。在这当中，国际A类电影节一共有15个，分别是：德国柏林国际电影节、法国戛纳国际电影节、瑞士洛迦诺国际电影节、捷克卡罗维发利国际电影节、俄罗斯莫斯科国际电影节、波兰华沙国际电影节、西班牙圣·塞巴斯蒂安国际电影节、意大利威尼斯国际电影节、爱沙尼亚塔林黑夜国际电影节、加拿大蒙特利尔国际电影节、阿根廷马塔布拉塔国际电影节、埃及开罗国际电影节、日本东京国际电影节、中国上海国际电影节、印度国际电影节。其中，设立比较早、规模比较大、影响力也大的欧洲三大国际电影节是威尼斯国际电影节、戛纳国际电影节、柏林国际电影节。一般认为这三个电影节的参赛影片层次相对较高。本章所研究的华语电影的海外获奖，主要是以在国际A类电影节上的获奖影片为例，即竞赛型非专门类电影节获奖影片。

我国电影人向来对国际电影节不乏向往和参与的热情。早在1935年，电影《渔光曲》参加了当年的莫斯科国际电影节，并获得一个荣誉性奖项。中国电影真正大规模走出国门，并且在世界影坛屡获大奖引起强烈关注，是从第五代导演电影的国际获奖开始的，中国电影也由此走出国门，大放异彩。不仅当时的中国电影成为大量电影人和外国学者关注的对象，而且中国的历史、文化和民族风情也深深地吸引了他们的注意力。

中国第五代导演在国际上崭露头角是由1984年陈凯歌导演的电影《黄土地》实现的。这部影片以当时中国人赖以生存的黄土地为聚焦点，对人物与土地的关系和命运进行了反思，希望借此展现"人与土地这种自氏族社会以来就存在的古老而又永恒的关系"[①]。这部影片获得了第38届洛迦诺国际电影节银豹奖，随后在伦敦国际电影节上也获得相关奖项。张艺谋（曾担任过《黄土地》

---

① 陈凯歌：《我怎样拍〈黄土地〉》，见罗艺军主编《中国电影理论文选》下册，北京：文化艺术出版社，1992年，第566页。

的摄影师）执导的第一部作品《红高粱》于 1988 年参加了第 38 届西柏林国际电影节并获得最佳影片奖金熊奖。这是第一部在世界级电影节中摘得最高奖项的中国电影。对此，饶曙光评论说："《红高粱》在西柏林国际电影节上荣获金熊大奖是中国电影在西方世界的'创世纪'。《红高粱》的获奖，加快了中国电影走向世界的历史性进程，中国电影也渐渐走出'自我封闭'而成为了世界电影中的一股洪流。"① 随后，张艺谋的《菊豆》《大红灯笼高高挂》《秋菊打官司》《活着》，何平的《炮打双灯》，陈凯歌的《孩子王》《霸王别姬》，侯孝贤的《悲情城市》《戏梦人生》，谢晋的《芙蓉镇》，吴子牛的《晚钟》，田壮壮的《蓝风筝》等影片纷纷在海外国际电影节上荣获奖项。中国第五代导演承载着华语电影崛起的梦想，以积极参加国际电影节为契机走出国门，迈向国际，开始展现中国电影人的创作姿态和艺术追求。

随后，中国第六代导演（主要以中国年轻导演王小帅、贾樟柯等为代表）凭借着他们对现实主义质感的追求和独具的个性，以体制外所操作的"地下电影"在各大电影节上让华语电影的国际影响力继续远播海外。与第五代导演相比，第六代导演的生活经历让他们对电影的认识有所改观。他们生长在中国社会快速转轨的时期，伴随着他们成长的是各种旧观念、旧体制的消融，各种新观念、新思潮的涌现。这促使他们习惯于用怀疑、审视的眼光去看待旧事物和传统观念，可以说颠覆式的、叛逆的电影创作观念是中国第六代导演及其作品的最显著特征。杨远婴曾对中国第五代和第六代导演从叙事特征的角度进行了比较，他说："他们（第六代）作品中的青春眷恋和城市空间与第五代电影历史情怀和乡土影像构成主题对照：第五代选择的是历史的边缘，第六代选择的是现实的边缘；第五代破坏了意识形态神话，第六代破坏了集体神话；第五代呈现农业中国，第六代呈现城市中国；第五代是集体启蒙叙事，第六代是个人自由叙事。"② 第六代导演的主要获奖作品有：王小帅的《十七岁的单车》《青红》，贾樟柯的《三峡好人》《芳香之旅》《无用》等。

我国的电影产业改革逐步走向深入，华语电影也以商业电影作为自己主要

---

① 饶曙光：《重塑有独特魅力的中国形象》，《人民日报海外版》2009 年 4 月 23 日。
② 杨远婴：《百年六代 影像中国——关于中国电影导演的代际谱系研寻》，《当代电影》2001 年第 6 期。

的产品形态和创作方式，随着电影市场的发展，商业电影开始成为华语电影的主要代表，一批中国制造的商业大片成为电影票房的主角。李安的《卧虎藏龙》等中国式大片在海外获奖成为契机，打开了通过国与国之间合作拍摄的方式制作中国式大片来进军国际市场的大门，并成为当时华语电影进军国际影坛的主要力量。表 12-1 是对华语电影中获得国际 A 类电影节奖项的作品做的统计，数据截至 2014 年。

表 12-1　华语电影国际 A 类电影节及奥斯卡金像奖获奖统计表（1980—2014）

年份	片名	所获奖项和届次	导演
1983	《梅花巾》	第 7 届开罗国际电影节荣誉奖	张　良
	《陌生的朋友》	第 33 届西柏林国际电影节特别奖	许　雷
	《一盘没有下完的棋》	第 7 届蒙特尔国际电影节最佳影片奖	段吉顺
1984	《黄土地》	第 38 届洛迦诺国际电影节银豹奖	陈凯歌
1985	《边城》	第 9 届蒙特尔国际电影节评委会荣誉奖	凌子风
1986	《野山》	第 33 届西柏林国际电影节国际天主教电影组织促进奖	颜学恕
	《大阅兵》	第 10 届蒙特尔国际电影节评委会特别奖	陈凯歌
1987	《老井》	第 2 届东京国际电影节故事片奖	吴天明
1988	《红高粱》	第 38 届西柏林国际电影节金熊奖	张艺谋
	《芙蓉镇》	第 26 届卡罗维发利国际电影节水晶球奖	谢　晋
	《孩子王》	第 41 届戛纳国际电影节教育贡献奖	陈凯歌
1989	《悲情城市》	第 46 届威尼斯国际电影节金狮奖	侯孝贤
	《晚钟》	第 39 届西柏林国际电影节评委会特别奖	吴子牛
1990	《本命年》	第 40 届柏林国际电影节杰出个人成就奖	谢　飞
	《菊豆》	第 43 届戛纳国际电影节首届路易斯·布努埃尔特别奖	张艺谋
	《黄河谣》	第 14 届蒙特尔国际电影节最佳导演奖	滕文骥
1991	《出嫁女》	第 17 届莫斯科国际电影节特别奖	王　进
	《过年》	第 4 届东京国际电影节评委会大奖	黄健中
	《牯岭街少年杀人事件》	第 4 届东京国际电影节评委会大奖	杨德昌
	《大红灯笼高高挂》	第 48 届威尼斯国际电影节银狮奖	张艺谋
1992	《秋菊打官司》	第 49 届威尼斯国际电影节金狮奖	张艺谋
	《暗恋桃花源》	第 5 届东京国际电影节青年樱花银奖	赖声川

年份	片名	所获奖项和届次	导演
1993	《霸王别姬》	第46届戛纳国际电影节金棕榈奖	陈凯歌
	《香魂女》	第43届柏林国际电影节金熊奖	谢 飞
	《喜宴》	第43届柏林国际电影节金熊奖	李 安
	《双旗镇刀客》	第43届柏林国际电影节青年论坛奖	何 平
	《四十不惑》	第43届柏林国际电影节青年论坛奖	李少红
	《血色清晨》	第43届柏林国际电影节青年论坛奖	李少红
	《找乐》	第43届柏林国际电影节青年论坛奖	宁 瀛
	《戏梦人生》	第46届戛纳国际电影节评委会奖	侯孝贤
	《青少年哪吒》	第6届东京国际电影节青年樱花铜奖	蔡明亮
	《北京杂种》	第44届洛迦诺国际电影节评委会特别奖	张 元
1994	《爱情万岁》	第51届威尼斯国际电影节金狮奖	蔡明亮
	《炮打双灯》	第42届圣·塞巴斯蒂安国际电影节评委会特别奖	何 平
	《天国逆子》	第7届东京电影节大奖和最佳导演奖	严 浩
	《活着》	第47届戛纳国际电影节最佳导演奖	张艺谋
1995	《民警故事》	第43届圣·塞巴斯蒂安国际电影节评委会特别奖	宁 瀛
	《黑骏马》	第19届蒙特利尔国际电影节最佳导演奖	谢 飞
	《饮食男女》	第67届奥斯卡最佳外语片提名	李 安
1996	《理智与情感》	第46届柏林国际电影节金熊奖	李 安
	《太阳有耳》	第46届柏林国际电影节最佳导演奖银熊奖	严 浩
1996	《变脸》	第9届东京国际电影节最佳导演奖	吴天明
1997	《春光乍泄》	第50届戛纳国际电影节最佳导演奖	王家卫
	《河流》	第47届柏林国际电影节评委会特别奖	蔡明亮
	《小武》	第48届柏林国际电影节 NETPEC 亚洲电影促进联盟奖 第48届柏林国际电影节青年论坛首奖	贾樟柯
1999	《过年回家》	第56届威尼斯国际电影节最佳导演奖	张 元
	《洗澡》	第47届圣·塞巴斯蒂安国际电影节最佳导演奖	张 扬
	《一个都不能少》	第56届威尼斯国际电影节金狮奖	张艺谋
	《红色恋人》	第23届开罗国际电影节金字塔银奖	叶大鹰
	《黑暗之光》	第12届东京国际电影节大奖	张作骥

年份	片名	所获奖项和届次	导演
2000	《我的父亲母亲》	第 50 届柏林国际电影节银熊奖	张艺谋
	《一声叹息》	第 23 届开罗国际电影节最佳影片奖	冯小刚
	《一一》	第 53 届戛纳国际电影节最佳导演奖	张德昌
	《鬼子来了》	第 53 届戛纳国际电影节评委会大奖	姜 文
	《卧虎藏龙》	第 73 届奥斯卡最佳外语片金像奖	李 安
2001	《十七岁的单车》	第 51 届柏林国际电影节评审团大奖银熊奖	王小帅
	《菊花茶》	第 23 届莫斯科国际电影节影评人特别奖	金 琛
2002	《和你在一起》	第 50 届圣·塞巴斯蒂安国际电影节最佳导演奖	陈凯歌
	《小城之春》	第 59 届威尼斯国际电影节圣马可最佳影片奖	田壮壮
	《生活秀》	第 6 届上海国际电影节最佳影片金爵奖	霍建起
	《人民公厕》	第 59 届威尼斯国际电影节圣马可特别关注奖	陈 果
	《暖》	第 16 届东京国际电影节最佳影片金麒麟奖	霍建起
	《英雄》	第 53 届柏林国际电影节特别创新奖	张艺谋
2004	《一个陌生女人的来信》	第 52 届圣·塞巴斯蒂安国际电影节最佳导演奖	徐静蕾
	《可可西里》	第 17 届东京国际电影节评委会特别奖	陆 川
	《看车人的七月》	第 28 届蒙特利尔国际电影节评委会特别奖	安战军
2005	《向日葵》	第 53 届圣·塞巴斯蒂安国际电影节最佳导演奖	张 扬
	《孔雀》	第 55 届柏林国际电影节评委会大奖银熊奖	顾长卫
	《断背山》	第 62 届威尼斯国际电影节金狮奖	李 安
	《青红》	第 58 届戛纳国际电影节评委会大奖	王小帅
	《日出日落》	第 29 届蒙特利尔国际电影节"最佳艺术贡献奖"	滕文骥
2006	《父子》	第 19 届东京国际电影节最佳艺术贡献奖	谭家明
	《江城夏日》	第 59 届戛纳国际电影节一种关注单元最佳影片	王 超
	《三峡好人》	第 63 届威尼斯国际电影节最佳影片金狮奖	贾樟柯
	《马背上的法庭》	第 63 届威尼斯国际电影节地平线单元最佳影片奖	刘 杰
	《芳香之旅》	第 30 届开罗国际电影节最佳影片奖	贾樟柯
	《雪花那个飘》	第 30 届蒙特利尔国际电影节评委会特别奖	杨亚洲
2007	《图雅的婚事》	第 50 届柏林国际电影节最佳影片金熊奖	王全安
	《色·戒》	第 64 届威尼斯国际电影节最佳影片金狮奖	李 安
	《无用》	第 64 届威尼斯国际电影节地平线单元纪录片奖	贾樟柯

第十二章 海外获奖华语电影呈现的中国形象

续表

年份	片名	所获奖项和届次	导演
2008	《左右》	第 58 届柏林国际电影节最佳编剧银熊奖	王全安
	《李米的猜想》	第 56 届圣·塞巴斯蒂安国际电影节最佳导演奖	曹保平
	《纺织姑娘》	第 33 届蒙特利尔国际电影节评审团特别大奖	王全安
2009	《南京！南京！》	第 57 届圣·塞巴斯蒂安国际电影节最佳影片金贝壳奖	陆 川
	《中国姑娘》	第 62 届洛迦诺国际电影节最佳影片金豹奖	郭小撸
2010	《寒假》	第 63 届洛迦诺国际电影节最佳影片奖	李红旗
	《观音山》	第 23 届东京国际电影节最佳艺术贡献奖	李 玉
2011	《转山》	第 24 届东京国际电影节最佳艺术贡献奖	杜家毅
	《人山人海》	第 68 届威尼斯国际电影节最佳导演银狮奖	蔡尚君
2014	《白日焰火》	第 64 届柏林国际电影节最佳影片金熊奖	刁亦男

从表 12-1 中可以看出，20 世纪 80 年代以来，华语电影在国际影坛上有着很多出彩表现和骄人成就。尤其是《红高粱》作为张艺谋执导的影片获得了西柏林国际电影节金熊奖，这是中国电影第一次获得国际电影节的最高奖项，更是中国电影在世界影坛的"创世纪"。《红高粱》的获奖让中国电影开始融入世界电影发展的整体格局，逐渐成为世界电影版图中不容忽视的创作力量，也加快了中国电影走向世界的历史进程。同时，这部影片开启了中国电影"先走海外电影节，再攻国内市场"的推介模式，以国际认可来提升国内关注度。此后，第五代导演们相继推出了以民族文化反思为主题的影片，并在国际电影节上频频获奖，迅速提升了中国电影在国际影坛的地位，也使中国电影伴随着改革开放进程以崭新的形象在国际上赢得关注和荣誉。很多外国观众对中国人及中国文化的认识，是通过《黄土地》《红高粱》《大红灯笼高高挂》等华语影片所创造出的民俗景观而得到的。继第五代导演之后，被称为第六代导演的一些新锐电影人将电影镜头对准都市生活中的小人物，把中国现代化进程中的城市生活纳入创作视野，多采用自由叙事的方式，突出了都市气息、个体人物气息，例如影片《小武》《北京杂种》等。此后，李安导演的武侠电影《卧虎藏龙》捧得奥斯卡四项大奖，将中国武侠文化展现得淋漓尽致，让西方观众领略了中国

古老的武侠文化奇观，由此将华语电影带入了一个新境界，并在世界范围内掀起了一股中国武侠风。《卧虎藏龙》这部影片不仅是李安个人的成功，更是华语电影的新突破。我们注意到，在海外获奖的影片中，还有诸如陆川的《南京！南京！》这样的具有主旋律特征的影片。影片生动、直接地刻画出民族英雄的人物形象，塑造了在家国灾难面前不屈不挠、奋起抗争的国人形象，不管影片中所塑造的军人形象还是儿女形象，他们在遭受欺凌、磨难时都能展现民族的血性和人的尊严，将中国人在家国灾难面前的爱国主义情怀上升到了应有的高度。影片充满情感与生活气息，贴近生活、贴近百姓，将社会中的正能量与表演艺术结合起来，有着积极的引导作用。这类主流电影很好地塑造了中国形象。在百年中国电影史中，华语电影以其独特的姿态在不断努力与摸索中进军国际影坛。

第二节　海外获奖华语电影呈现的多样化中国形象

我们将以具体的个案分析来把握海外获奖华语电影所呈现的民俗化中国形象、都市化中国形象、武侠化中国形象、民族英雄人物形象，力图在多样化的中国形象影像呈现中寻找贯穿其中的精神脉络，理解电影人对民族性的表现和反思。

一、民俗化中国形象

对民俗化中国的影像呈现，主要是第五代导演所做的探索。1984年，陈凯歌执导的《黄土地》获得第38届洛迦诺国际电影节银豹奖；随后，张艺谋的《红高粱》《菊豆》《大红灯笼高高挂》《秋菊打官司》，吴天明的《老井》，陈凯歌的《霸王别姬》等影片也在国际影坛纷纷摘得大奖。

对第五代导演而言，"文化大革命"构成了他们人生中重要的成长经历。"文化大革命"及随之而来的一系列家庭变故，不仅改变了他们的人生，也重新塑造了他们的精神世界。陈凯歌认为，那段经历使他更加认清了自己，也更加认识了这个世界。① 第五代导演特殊的"身份认同"、"反思"精神与"知青经验"让他们成为历史的反思者。对于第五代导演来说，理想是他们在现实的挫伤中臆造出来的一个"梦"。他们理想主义的风格渗入的不仅是感伤和温情，更多的是反思和内省，蒙上了阴郁沉重的感知色彩。他们用诸多的民俗化符号表达自己独特的思考，并通过具有代表性的民俗化电影语言表达出来。这样的影像语言将中国民族电影不断民俗化，也不断地嵌入西方的意识形态和观看预期当中，使华语电影在国际影坛上取得丰硕的成绩，同时拉近了国外评论者和电影观众与中国电影之间的距离。

第五代导演的电影在新时期是领风气之先的，具有一种新的叙事理念、影像观念和造型特征。这也是中国第五代电影的艺术价值所在。他们的基本视点都是中国农村乡土的自然风貌和社会、个人及家庭的身份认同与表达，以及乡土民俗传统的表现，坚持着中华民族本土的文化特色和观念，细致地运用电影语言刻画了民俗化中国形象。第五代导演获奖的电影作品中，主要有三个具有象征意义的民俗化符号，即土地（父权/家族）、戏剧与历史、民俗奇观。下文具体分析阐释这三个象征符号在主要获奖华语影片中的凸显。

1. 土地（父权/家族）

中国五千年文明延续至今，土地让自给自足的中国农民产生了深厚的情感，农耕农作在很长的历史时期是基本的生产方式。土地又与中国自古以来的"父权/家族"文化息息相关。从华语电影在国际电影节的表现来看，尤其是第五代导演的电影都浓墨重彩地突出了"土地"这个意象。我们试以陈凯歌《黄土地》和张艺谋《红高粱》为例来做个案分析。

陈凯歌执导的《黄土地》获得过多个国际奖项，包括第38届洛迦诺国际电影节银豹奖，第5届美国夏威夷国际影展"东西方中心"奖、第七届法国南特三洲影展摄影奖、第29届伦敦国际影展撒特兰杯奖、伊斯曼柯达奖等。该影片被誉为第五代导演的开山之作，在第五代导演的电影作品研究中具有重要的意义。陈凯歌曾经在《我怎样拍〈黄土地〉》一文中自述道，黄土地就是一

---

① 参见陈凯歌《少年凯歌》"自序"，北京：人民文学出版社，2001年，第2页。

部中国的历史，它虽荒凉却是整个民族的希望。①《黄土地》这部影片，表面上讲述了一个陕北女子翠巧投奔八路军的故事，实际上想要表现的是在凝固、静止的生活状态中人的挣扎与渴望。故事发生的地点是连绵起伏的黄土高原，这片高山厚土之上，寄托着导演陈凯歌和摄影师张艺谋对中国历史和民族命运的反思。所以《黄土地》不只是向我们讲述在陕北农村封建包办婚姻习俗下一个少女逃婚的故事，更是用在当时大家习以为常的婚俗揭示中华民族与这块古老的黄土地和它古老的传统、民俗之间切切难分的依存关系。这片广袤的黄土地，既生发了代代相传的中华文明，孕育了生生不息的中华民族，也在历史发展进程中羁绊了人们的自由。影片既表达了黄土地对中华文明发展延续的作用，又表达了对附着在这片土地上的以农耕文明为代表的中华文明的担忧，作者希望这片土地上的人们走出去呼吸新鲜空气，创造新的生活。

人类的信仰往往与自己生活的环境相关，如蒙古族信仰图腾，而汉族民众由于长期生活在黄土地平原上，于是，在中国悠久的农耕文化下，汉族人习惯于把"土地"作为崇拜的信仰。电影《黄土地》对土地的大量描写，给人以深刻的印象。以比喻的手法，把翠巧对顾青的爱恋喻指生活在黄土地上的民众对外部生活的向往。这种爱恋是单纯的、干净的，这种向往是坚定的、纯粹的。影片对黄土地的描写是广袤的、绵延的，也是贫瘠的、干涸的，就如同历史文化在悠久的背后，也隐藏着滞后和愚昧。而顾青，成为这片土地上的"新力量"，这片土地的"救赎者"。然而，翠巧难以撼动父权的力量，封建传统的压力最终使翠巧的爱情化为泡影。这种悲剧如同生活在黄土地上的人们崇尚祈雨仪式一般，它将人们钳制在黄土地上动弹不得，而这一切悲剧的根源在于绵延千年的封建愚昧思想。

张艺谋的《红高粱》荣获第 38 届西柏林国际电影节金熊奖。这是华语电影首次在国际上获得最高奖项。影片重点讲述九儿（戴凤莲）与余占鳌之间的爱情故事。电影所有的情节都围绕九儿这一刚烈的女子展开，包括她与余占鳌在高粱地野合，将原始欲望以露骨的方式表现出来，以此反抗父亲为其选择的

---

① 参见陈凯歌《我怎样拍〈黄土地〉》,见丁亚平主编《百年中国电影理论文选》下册,北京:文化艺术出版社,2002 年,第 139 页。

"婚姻之路"。为了一头黑骡子，父亲把九儿卖给有麻风病的李大头做老婆。影片中还通过打鬼子为罗汉报仇这一情节，意在突出九儿与余占鳌的血性。在这片高粱地中，九儿与余占鳌这两个人身上负载的元素最多，过去与未来、历史与现在、欲望与感情等，影片也表现得淋漓尽致。他们以自己的方式有力地回击了父权、土地统治下的旧秩序，成为一种新的"成人仪式"。"父权/家族"是与"土地"相关的表现意象。在影片中，"父权"其实化身成了"土地"，代表着最能钳制人的一股力量。对父权的抗争是影片所要表达的一个主要内容。在这片土地上，人们的命运受到极大的压制，而九儿和余占鳌向命运的抗争、九儿对父亲的反叛，是人们出于一种本能欲望和自由天性的表达，是对这片限制其自由的"土地"的不满与逃离。

2. 戏剧与历史

"戏剧与历史"这个象征符号也是第五代导演在表现民俗化中国形象时运用比较突出的元素。在他们电影中，戏剧与戏台作为另一个具有巨大隐喻能量的符号被多次运用。首先，就戏台来说，具有分割、重组空间的作用，戏台所分割的空间既隔离"台上"与"台下"的故事，构造更加丰富的叙事层面，又融合"台上"与"台下"的故事，使得"两个故事"并置时产生的张力让叙事本身产生一种"幻觉"——究竟是戏剧在表现生活，还是生活本身就在演戏？这有力地解构了虚构与真实在话语中的关系。

"戏"在中国是一个重要的象征符号。"戏"是一种消解历史的艺术载体，可以将滞重古旧的历史置换为某种被表达、被观看的能指群。在戏中，历史可以不是一个具体的年代或具体的时间，可以和当下构成一组模糊不可指代的混合体。如果说张艺谋的《红高粱》在"我爷爷"的视点下引入袭击日寇车队，因而能提示出一个真实确切的年代——抗战时期，那么陈凯歌导演的电影《霸王别姬》则是在做年代模糊的历史叙事，由此构成的文化命题更富有深意。

陈凯歌的《霸王别姬》荣获第48届戛纳国际电影节金棕榈奖。这是华语电影首次在戛纳国际电影节上获得最高奖项，无疑是华语电影的一次飞跃。《霸王别姬》讲述了程蝶衣、段小楼和菊仙两男一女之间的情感纠葛，贯穿中国近现代史上最重要的几个时期——清末民初北洋时期、抗日战争时期、国共内战时期、中华人民共和国成立初期及"文化大革命"时期，以"京剧"为线索展现不同时期的中国景观。这几段特殊时期的历史剪影与京剧《霸王别姬》相融合，促成了陈凯歌电影《霸王别姬》中戏剧元素与电影元素的碰撞。对此，我们可以做出两点分析。

一是电影的历史观。"电影是历史的记录者，也是历史的再现者。电影《霸王别姬》以历史叙事的方式，讲述了一段近半个世纪的故事。"① 自20世纪80年代开始，"历史"便成为华语电影尤其是中国内地艺术电影中绕不过去的命题。与情感类、娱乐类的电影不同，历史影片的叙事更加凝重、庄严，描写手段也更加细腻丰富。有论者认为："陈凯歌对中国电影的繁复情感、将对似已沉沦的、想象中的中国文化本体的苦恋固化为一种物恋的形式。其对京剧舞台以更加真实的手法描写，展现京剧舞台独特的艺术景观，展现一份在锣鼓喧天、斑斓绚丽之间的清悠寂寥；不再是无尽而绝望的死亡环舞与杀子情境，而是对这一韵味悠长的历史剧目的执著——《霸王别姬》，一个末路英雄的悲慨与传奇，一份情与义，一个勇武的男人和一个刚烈凄艳的女人。"② 陈凯歌的《霸王别姬》是将空间化的历史与时间化的历史实现了并置，中国历史便成了一种绚丽的表征，被陈凯歌融入其内容丰富的影片《霸王别姬》中。

二是戏剧与电影艺术的结合。陈凯歌选取了原著小说中部分故事和情景，通过电影镜头进行重新组合，构成一个以京剧为民族身份代表的中国历史景观。《霸王别姬》本是梅派著名剧目，陈凯歌将《霸王别姬》这一名剧置于电影中，以中国传统的京剧艺术与文化，通过电影形式再现了几段历史。在社会的剧烈转换中，通过《霸王别姬》这一剧目可以看出当时时代的变迁，以及艺术在变动的社会中所承受的不同境遇。因此在电影中，《霸王别姬》表面意义是霸王告别虞姬，同时寓意着告别旧有的时代，表达出期望在新的电影艺术中，戏剧与传统艺术被重新包装，告别传统听众、戏迷，吸引更多新的国内和国际观众。一方面《霸王别姬》是旦角借以成名的剧目，另一方面《霸王别姬》的主题也构成了旦角与花脸这两位主角之间所存在的互动关系，借此来映射社会和

① 邝世编著：《天下无极陈凯歌》，北京：中国广播电视出版社，2005年，第2页。
② 邝世编著：《天下无极陈凯歌》，北京：中国广播电视出版社，2005年，第6~7页。

时代的变迁，其中隐含着一种正在被创造中的新观众。这一创造的过程是把传统戏迷逐渐消失的现象转化成国际公众瞩目中国传统及其民族艺术文化的一个新机会。

在电影《霸王别姬》中，从程蝶衣与段小楼的个人表演史来看，京剧《霸王别姬》是他们人生中最重要的戏码，而对程蝶衣来说，虞姬这个角色又正好凸显出他对段小楼的感情和行业身份引来的内心冲突。京剧《霸王别姬》是以一个动乱的大时代为背景，霸王用他个人英雄主义悲剧而最终告别了虞姬，这段情节也折射出现代史上许多英雄人物及他们悲剧性的结局。陈凯歌以电影的方式讲述《霸王别姬》中的历史故事：在影片中，师父通过生动的蒙太奇手法向徒弟们讲述霸王别姬的故事，用更加传神的影像方式再现了那一段传奇恋情。这种讲述方式使徒弟们对这一历史事件产生了自己的认识，楚汉大战、大江边上，霸王四面楚歌，与周围的呐喊声形成鲜明对比的是楚霸王与虞姬之间生死诀别的情景。电影中师父这种蒙太奇式的历史描述对程蝶衣产生了重要影响，也对其饰演虞姬有着重要的作用。而在其早期出演中，程蝶衣对于演女儿身是绝对反感的。程蝶衣曾因为拒绝饰演女儿身而引起了众人的不悦，甚至导致段小楼对其施以"暴力"才肯出演女儿身。影片中师父对霸王别姬这段历史的讲述，使程蝶衣产生了某种特殊的情愫，再加上领悟这段历史在影片中产生的现实意义，使程蝶衣坚定了饰演虞姬这一角色的信心，从而出演了无人再能超越的虞姬形象。在影片中，程蝶衣以其女儿身的身段、动人的唱腔再现了虞姬这一角色的动人风采，得到众人的喜爱，尤其是受到张公公、袁四爷的特殊钟爱。《霸王别姬》这部影片，以相当繁复的故事情节引导东西方观众出入于剧场和历史舞台之间，将中国传统戏剧深入地融入影片，内容丰富，意蕴深远，让传统的中国戏剧及其艺术观念发挥出重要的影响力，能摘得戛纳国际电影节的最高奖项金棕榈奖，其国际影响力是显而易见的。

《大红灯笼高高挂》是张艺谋导演的又一获得国际电影节奖项的电影。该影片中三姨太梅珊也有几处京剧唱段的特写，一方面是为了营造氛围，另一方面更是三姨太心中寂寞情欲的宣泄，以及欲穿透陈家古旧深宅大院而不能的悲伤吟唱。传统的封闭的"铁屋子"连风都不透，更何况是人的歌声？梅珊死后，她生前唱的"戏"就成了令人压抑的闹鬼之说,陈家深宅大院的女人们争风斗法的讽刺性也达到了高潮。该片中京剧唱段的运用,是为了三姨太的形象塑造。三姨太梅珊穿上大红色的戏服高兴就唱,不高兴就哭,以此来表达自己的喜怒哀乐,她一身鲜红的戏服和电影中的红灯笼具有相似的写意特征;梅珊的房中挂满了京剧脸谱,说明了梅珊的身份。另外,这部影片中的背景音乐也有京剧元素,给人一种苍凉之感,符合剧中人物大起大落的人生。戏曲音乐与电影画面交相辉映让人难忘,具有鲜明的中国民族特色,也与影片形成了更加具有新意的结合。《大红灯笼高高挂》中运用的京剧艺术元素不仅与电影整个基调有机融合,也和影片中那座充满了禁锢与荒淫的阴森大宅院构成了映照,有力地凸显了作品主题。这部影片表现的是一个男权至上的封建家庭中几个女人的悲剧人生,表达出陈腐愚昧的传统仪式与风俗习惯对人在肉体与精神上的禁锢,揭示了几千年来的专制与封建礼教对人性的摧残。影片中体现出对传统文化深刻的反思与批判。尤其是影片中京剧元素的运用:三姨太本身就是戏子出身,她也是这个封建大院里唯一一个有点个性和张扬生命力的女人,但她的命运也是最悲惨的(被送到死人屋处死)。三姨太之死,充分说明了封建礼教的残忍,对三姨太悲惨命运的揭示有助于电影主题的深刻表达。

3. 民俗奇观

自 20 世纪 80 年代以来,绝大部分在海外获奖的表现民俗的中国形象的影片,都或多或少地运用了民俗奇观的象征符号元素。例如:《黄土地》中的农民祈雨、安塞腰鼓;《红高粱》里的颠轿、野合、酿酒习俗;《霸王别姬》中的京剧舞台、脸谱、戏班生活及抽大烟;《大红灯笼高高挂》里的点灯、吹灯、封灯及长明灯折射的家族规矩,听招仪式、捶脚、点菜的"恩宠"、死人屋的家庭刑罚;《菊豆》中笨重的木轮、中式的染坊、哭殡的民俗;《秋菊打官司》里的打红辣椒的场景、陕北农村景象、中国年画和西方电影明星海报杂糅的乡镇市场等。不可否认,有的元素借助夸大、虚构,迎合了国外部分观众猎奇窥视的观看预期。

第五代导演的电影作品在海外纷纷获奖,一个重要的原因是他们注重在影片中呈现中国民俗奇观,从而引起了西方观众的浓厚兴趣。《红高粱》获奖时德国媒体这样评价，该部影片反映了中国人民昔日的生活，是一部生活叙事歌谣。该影片讲述者回忆了自己的爷爷同奶奶结合的那段经历——影片把这段经历表现得极富幽默感并充满激情。"该影片使中国的观众产生了巨大的震惊，他们从未观看过如此震撼的电影画面，同时，电影对于人性感情的描写如此的粗狂使人们有些憋气，而又有些按捺不住的冲动。但是，该部影片必然会一鸣惊人。"[1] 另有德国媒体这样评价："《红高粱》描写了一个多姿多彩的故事，同时又表现了人们的善良、朴实的品质和淳朴的自然与生活环境，这一切都来自于人们很少了解到的中国。"[2] 中国电影自诞生以来，很多影片就有意无意地吸收着中国民俗文化的养分，具有鲜明的中国地域文化特色和民族特质。恰恰是这些民俗化元素的运用，使影片得到了各大国际电影节的青睐。

二、都市化中国形象

1. 第六代导演的都市化中国影像叙事

第六代导演作品走向国际舞台的代表有：张元《过年回家》获得第 56 届威尼斯国际电影节最佳导演奖；贾樟柯《三峡好人》获得第 63 届威尼斯国际电影节最佳影片金狮奖；王全安《图雅的婚事》获得第 50 届柏林国际电影节最佳影片金熊奖；陆川《南京！南京！》获得第 57 届圣·塞巴斯蒂安国际电影节最佳影片金贝壳奖；张扬《洗澡》《向日葵》分别获得第 47 届、53 届圣·塞巴斯蒂安国际电影节最佳导演奖等。

第六代导演多出生于 20 世纪六七十年代，他们成长在改革开放转型时期的中国，没有第五代导演那样的历史观和生活经历。他们从事电影艺术的聚焦点主要是现实中人们的生活。从贫穷到富裕的社会巨变，带给他们的心理、精神及生活的震撼是巨大的，而这种巨变同时带给他们对生活更深的感悟。在他们的作品中，历史不再是描述的对象，人们日常的生活成为表现的重点。第六代导演用新的观念和眼光去审视他们生活的世界，用批判的视角去重新叙述人们的生活。在 2001 年的纽约林肯艺术电影节上，以"新兴的城市一代——中

---

① 李彤：《〈红高粱〉西行》，《人民日报》1988 年 3 月 13 日。
② 李彤：《〈红高粱〉西行》，《人民日报》1988 年 3 月 13 日。

国电影正在发生改变"为主题内容，共有 10 位中国青年导演的 11 部作品参加展映，几乎都是出自中国第六代导演之手。在影片宣传中有这样的一段话：若把中国以张艺谋、陈凯歌等第五代导演的作品划归到农村范畴，那么，中国第六代导演则把城市生活纳入摄影机的镜头，他们也被人们称为"城市里的一代"。杨远婴在《百年六代 影像中国——关于中国电影导演的代际谱系研寻》一文中对中国第六代导演的艺术特征进行了归纳，认为第六代电影作品比较突出青春眷恋和城市生活，而第五代电影作品则突出了乡村气息和历史情怀，二者有明显的区别：其一，第五代导演作品突出了历史的气息，而第六代导演作品突出了现代的气息；其二，第五代导演作品让意识形态的神话受到冲击，第六代导演作品让集体神话受到了冲击；其三，第五代导演作品突出了农村生活，第六代导演作品突出了城市风貌；其四，第五代导演作品采用了集体启蒙的叙事方式，第六代导演作品采用了个人自由叙事方式。[①] 这是通过对比做出的关于第五代和第六代导演的代际差异的准确概括。

在第六代导演中，贾樟柯具有较强的代表性，他的多部电影作品在国际电影节上赢得了奖项。在第六代导演看来，电影代表了个人的思想，要尽量与过去的电影作品有些不一样，保持一定的独立性和差异性，如果与身边的电影类似，这样的电影就不能代表真正的自己。贾樟柯认为，有的导演为了达到收视效果，将电影按照传奇的思维进行拍摄，这种做法是不对的，主要是脱离或逃避了现实生活。[②] 第六代导演敢于打破过去的习惯性思维，真正从实际生活中去挖掘和发现创作的灵感，关注现实中人的生存状态，思考生命的意义和价值所在。另外，他们在国际获奖的路途中得到了启示，发现了很多新的机会。从西方观众对电影作品的观影需求来看，传统民俗中国题材的影片已经不能满足其审美需要，或者说无法满足海外国际电影节的预期标准。所以新一代的导演作品必须有新的题材类型和新的创作模式，要在全球化的背景下，创造一种新的中国影像。因此他们不再拘泥于对旧中国那种滞重、陈腐、保守的乡土民俗

---

① 参见杨远婴《百年六代 影像中国——关于中国电影导演的代际谱系研寻》，《当代电影》2001 年第 6 期。
② 参见陈旭光《不断重临的起点——论"五代后新生代导演"的现实境况、精神历程与"电影策"》，见孟建等主编《冲突·和谐：全球化与亚洲影视》，上海：复旦大学出版社，2002 年，第 331 页。

做叙事和描画，而是以讲述城市中不被关注的边缘人物的本真生活为视点，表达城市人群在情感上的纠葛混乱、生活上的琐碎细节、理想上的迷茫错位，以及话语上的粗俗不文明状况，客观讲述当代青年的城市生活经历，对城市里的底层人群生活状态进行描摹，在电影镜头前展示出城市中小人物的真实景象。

总体而言，"'第六代'导演们所呈现的电影世界，有演变中的城市，有青春残酷物语，有边缘文化和边缘人，有碎片式的现实体验，有广告式的绚丽光影，有 MTV 式的情绪表达，有灵感火花的瞬间流溢"[①]。他们的电影主要是对当下生活的把握和个人审美经验的体现，并主要依靠海外资金的支持，力图表达第六代电影人的美学理念。"第六代的'我的摄像机不撒谎'宣言表达了第六代拒绝对生活的粉饰和美化，力图展现生活的真实面貌。这种真实面貌是一种不进入主流叙事方式、充满个人色彩的价值判断。"[②]第六代导演的电影在选择电影题材时，经常把城市里的边缘人物作为重点对象，例如《小武》里的妓女《北京杂种》里的摇滚青年；在制作影片的效果和风格上，让色彩、声音和背景更加真实，广泛采用了纪实主义的长镜头；在叙事策略上，常常将自己的经历融入剧中的人物身上，他们的作品不同于第五代导演作品中体现的民俗化中国形象，更多体现的是颠覆式的都市化中国的形象。

2. 都市化中国形象的具体呈现

城市尤其是发展比较滞后的中小城市，"富有浓浓的忧伤气息，那里的人物身上多了几分哀愁"[③]。一座城市并不仅仅代表一个区域、一个地方，而是象征了一种特殊的状态，一种更加独特的生活样式。在第五代导演独领风骚的时期，另一批优秀的青年导演也在努力成长，以他们的观察视角和独特的叙事手法，将镜头对准现实生活、对准当下、对准生活在城市人身边的弱势群体，以表达真切的人道主义关怀。第六代导演对"都市化中国"的形象呈现主要体现在如下四个方面。

一是边缘艺术群体的价值表达。1993 年，影片《北京杂种》获得了当年

[①] 杨远婴：《电影作者与文化再现：中国电影导演谱系研寻》，北京：中国电影出版社，2005 年，第 298 页。

[②] 张昆：《国家形象传播》，上海：复旦大学出版社，2005 年，第 108 页。

[③] 李娅菲：《镜头定格的"真实幻像"：跨文化语境下的"中国形象"构造》，北京：人民出版社，2011 年，第 52 页。

洛迦诺国际电影节评委会特别奖。这部影片以中国著名的摇滚音乐人崔健为塑造原型，用镜头记录了同时代摇滚音乐人的生活状态，引发人们关注这个将纯粹的艺术探索当成生活全部的边缘艺术群体。这些人本应该在文工团里工作和生活，但是他们为了追求自由的创作和个性化的生活，放弃了有保障的体制内生活，脱离了大部分人的视线，选择到城市郊区独自生活，从事艺术创作。这部影片反映出这些脱离体制的音乐人的精神追求及生活状态。社会的转型变化给这群人带来了诸多的迷茫和困惑，在迷茫中他们努力实现精神突围，其共同特点是努力地建立独属于自己的价值观、人生观。这个群体中许多人都是长发飘飘、奇装异服，眼神中带有怀疑一切的孤傲。他们有着对艺术的热爱和追求，其作品在体现独立思考和创造力的同时，也充满了惊世骇俗的叛逆色彩。这部影片以粗粝的影像质感、新鲜的人物形象、表现城市边缘"非主流"人士而得以进军国际电影节。该片以真实的镜头反映了边缘艺术群体的生活状态。片中人物的生活状态和精神面貌其实反映的是时代的变化，具有现实主义特征，尤其是影片所具有不加修饰的现实质感给人带来别样的视觉冲击。值得注意的是，青春时期的第六代导演王小帅等与这些边缘群体有着相仿的年纪、相近的价值观，生活状态也很相像，所以他们对所表现的人物有着极大的认同感。"导演和他所记录的人群一样有着青春的焦虑与迷茫，与他们有着一样的生存困境和对理想的坚持，在以平等的视角记录他人生活的同时，其实也是在书写着自己的青春梦想和理想主义价值观。"[①]

二是主流视线外的人物生活关注。自 20 世纪 90 年代以来，中国经济飞速发展，社会形态也发生了改变，产生了大量的流动人口，稳定但缺乏活力的原有社会形态被打破，但是人口流动的过程中，很多社会问题也不断显现。进城谋生的农民工、菜贩子、发廊妹与都市的青年们，虽然生活在同一个时空甚至每天擦身而过，却形同陌路。他们知识匮乏，生活穷苦，胆小怕事，没有话语权，不懂得用法律保护自己的权益，遇到不公正待遇时只能忍气吞声，在城市中成为底层的"沉默忍者"。第六代新青年导演不约而同地将目光聚焦到城市

---

① 丁亚平、吴江主编：《跨文化语境的中国电影：当代电影艺术回顾与展望》，北京：中国电影出版社，2009 年，第 175 页。

的各个角落，其电影创作并不是以明显的"国家寓言"方式呈现，而更多的是一种私人化的表达。他们用平等的视角观察、记录城市里比那些前卫的艺术家群体更为边缘的弱势群体，反映他们的生存状况和精神需求，把被人们长期忽视或无视的弱势群体的生活通过镜头的摄录放大到银幕上，让人们通过银幕了解到这个群体的生活境遇，从而引发情感触动和社会关注。这体现了第六代导演对城市边缘下小人物的人道主义关怀及艺术触角的敏感。

1997 年，贾樟柯的成名作《小武》获得第 48 届柏林国际电影节亚洲电影促进联盟奖、青年论坛首奖双奖。该片的主人公是一个小偷，名叫小武，影片讲述了在飞速变化的时代里小武丧失了美好的感情幻想，特别是在亲情、友情和爱情上的幻想。2001 年，王小帅的《十七岁的单车》获得第 51 届柏林国际电影节评委团大奖银熊奖，这部影片将镜头对准了刚进城打工的青年快递员。2006 年，《三峡好人》获得第 63 届威尼斯国际电影节最佳影片金狮奖，影片表现的是社会的巨变给人们的生活带来的巨大冲击。2007 年，《图雅的婚事》获得第 50 届柏林国际电影节最佳影片金熊奖，影片的主人公是内蒙古的一个妇女，她为了家庭的生存，带着丈夫改嫁，表现出中国少数民族人民坚强的意志和坚韧的生存态度。这些影片反映的都是城市边缘、底层人物的生活境遇。其实影片反映出的这些人物生活，长期以来都是真实存在的边缘人物生活的图景，正是第六代导演们将这些底层边缘人的生活用镜头展现在大众的面前。他们对现实生活中被忽视的弱势群体投去深切的人文观照。正如贾樟柯曾经说过的那样：他愿意和摄像机站在一起，做一个目击者，用眼睛观看着眼前的一切人、事、物。"他们在作品中，采用现实主义视角来反映当前中国社会的一些现状，让当今的底层受到人们的关注，从他们代言的情况看，反映出大部分人处于沉默状态，在一定程度上揭露了荒诞的现实生活，对普通百姓的生活进行了如实记载和描述，从中反映出他们所处的生存环境是比较恶劣的。"[1] 可以很清晰地看出，第六代导演们热衷的主题和第五代导演之间相差甚远，他们用自己表情达意的方式探索属于自己的电影语言。在他们的影片中普遍有这样一个特点：

---

① 郝建：《"第六代"电影研究：命名式中的死亡与夹缝中的话语生命》，《山花》2005 年第 3 期。

用非职业演员、不化妆、不打灯、使用大量的方言，没有严谨的画面构图也没有华丽的色彩，力求最大限度地还原生活的原貌。这些影片看上去也许观赏性不强、节奏沉闷、色彩灰暗，却体现出中国电影中少见的追求个性和直面现实的影像表达。

三是个人自由叙事的青春眷恋。相对于第五代导演创作的具有史诗意味的影片，第六代导演从不同角度、不同侧面反映了中国社会巨变过程中人们在精神和思想上的蜕变。第六代导演的很多作品有着一个共同的特点，就是导演以自身的成长经历作为影片的背景和线索，把个人的经历作为出发点，然后描述当前的真实情况。其中的代表性作品有：2001 年由王小帅拍摄的电影《十七岁的单车》获得第 51 届柏林电影节评委团大奖银熊奖，2005 年张扬的《向日葵》获得第 53 届圣·塞巴斯蒂安国际电影节最佳导演奖，2005 年顾长卫的《孔雀》获得第 55 届柏林国际电影节评委会大奖银熊奖，2005 年王小帅的《青红》获得第 58 届戛纳国际电影节评委会大奖。新时期以来，第六代导演和他们的青春之间无形中被时间拉开了距离，经过沉淀，他们开始用冷静的目光去审视、用冷静的手法去表达他们的个人青春故事、青春眷恋。《向日葵》这部影片以"文化大革命"结束到 90 年代初为时代背景，以家庭为单位，通过对父子两代人之间扭曲僵硬的关系表达，反思了中国家庭传统的教育问题和父子关系，真实地刻画了新时代青年精神上艰难成长的历程；王小帅的《青红》取材于他童年时期的"三线"生活经历；顾长卫的《孔雀》将背景放在了"文化大革命"末期的小县城，但是和第五代导演此类背景的影片不同，影片突出表现的是人物在困境中无望而艰难的精神突围，而不是人物的自身历史命运。

纵观以上所述第六代导演有关青春记忆的影片，我们发现，相比于第五代导演镜头下以人物命运折射历史变迁的宏大叙事手法，第六代导演们则把目光转向到自身经历及人物内心世界，转向周遭的平庸琐屑生活，积极地探寻影像表达与现实生活之间的结合点，在如实地反映现实生活的同时，又着重挖掘和表现了同时代青年的精神历程。第六代导演的电影题材广泛、个性鲜明，把镜头对准了以往没有触及过的角落，生动地记录了当代中国社会发展的各个阶层。他们的影视作品相比于之前的华语电影更加贴近生活、贴近心灵，具有新现实主义意味。

四是碎片化都市中的悲剧、现实与希望。2014 年，刁亦男自编自导的影片《白日焰火》获得柏林国际电影节最佳影片金熊奖和最佳男演员银熊奖，这部影片兼顾了文艺片的思想性和商业片的可看性，国内票房约 1.03 亿。相比于商业片的高票房，这个票房并不高，但是作为文艺片，这个成绩已经打破了纪录，成为中国文艺电影"叫好又叫座"的一个成功案例，也打破了国际电影节获奖等于票房毒药的怪圈。刁亦男虽不是中国第六代电影导演的代表，但是《白日焰火》以带有悬疑和惊悚色彩的碎尸案件为叙事线索，生动讲述了男女主角之间的爱情救赎。这与第六代导演将镜头对准现实社会生活、聚焦当下、关注生活在城市中的弱势群体的创作倾向有一定的相似性。五年前，吴志贞的丈夫梁志军被认定死于一桩离奇碎尸案，当时负责案件的警察张自力破案后击毙了拒捕的凶手。不幸的是，五年后在这个城市又发生了连环碎尸案，并且死者都曾与吴志贞相恋。心结未了的张自力主动接近吴志贞，最终爱上了这个冷艳的女人。两个遭遇重大生活挫折的人从相惜到相爱，随着剧情的发展，张自力发现了五年前的真相——吴志贞在洗衣店工作，因将一位顾客的皮氅洗坏而遭遇性勒索，被逼无奈之下吴志贞将其杀死，她的丈夫为了保护她，将被杀死的顾客碎尸、抛尸……因为一件皮氅，他们的平凡命运在偶然间被改写，从此踏上了不归路，也成为悲剧的开端。

《白日焰火》在影片中刻意隐去了明确的城市地域标志，只让人看到这座城市终日被积雪覆盖，灰暗、单调、死气沉沉。影片中的阴暗小巷、舞厅、电影院等场所是这个城市中碎片化空间的典型代表。这些空间既没有明显的空间定位，又被表现得孤立于这个城市的各个角落，使得影片中的空间感具有拼接的意味。碎片式的空间特征契合了主人公精神世界的荒芜感与混乱，并在这种碎片化的城市空间中呈现出人物内心的迷失与深深的焦虑。张自力与吴志贞独处时所在的摩天轮，是《白日焰火》中最具代表性的模糊封闭空间，作为一种狭小封闭的空间，摩天轮折射出人们心中拒绝交流与封闭自我的特性。历经多次暧昧情感碰撞的两个人在这种极度不安全和封闭的环境中抱团取暖，他们面临困顿、迷惑，但也都在极力寻找属于自己的精神归宿。该片运用了黑色电影类型的表达方式,充斥了诸多的悲剧色彩。在这样一个封闭式、碎片化城市当中,影片展示了现实生活中人存在的虚无感、生活的无意义感。影片与中国以往传统文学和电影作品所惯用的大团圆结局不同,它选择把这种情绪压下来,这样的结局符合黑色电影的悲剧定义。但是,影片在黑色悬疑类型的外壳下,进行中国化的改造。女主人公吴志贞在经历颓废和扭曲之后,最终选择光明,选择展现人性向往光明与美好的一面。吴志贞被警察带走的那一刻,张自力在屋顶为她点燃"白日焰火",这也象征着迎接新生的礼物。焰火点燃后刹那间,天空中镁光飞舞着,高楼台上张自力旋转着、歌唱着、庆祝着……如果那写有"白日焰火"的霓虹牌意味着秘密、黑暗与罪恶,那么这场白日焰火便代表了美好与重生。《白日焰火》对都市生活切入的独特方式、对人性深处敢于探究的勇气,以及对男女主角复杂而隐晦的情感关怀,带给人们情感的冲击与思考,体现了新一代导演艺术追求的新高度。

三、武侠化中国形象

1. 中国的武侠文化

中国的武侠文化源远流长,其源头是中国历史上的侠文化,最早出现在春秋时期,在战国时期进入兴旺阶段,后来到秦汉时期走向了衰败,但是武侠风流的影响并没有减弱。就侠文化来说,它是中国传统民族文化中很特殊又很重要的组成部分,中国的"侠"文化与中世纪欧洲的骑士精神或者日本的武士精神不尽相同,它是一种精神传统,一种象征,也是一种集体的无意识的民族文化。关于中国武侠的源流是属于中华传统文化中的儒家、道家、墨家,抑或是与这些传统文化都有一定的关系,学术界一直以来有着不同的看法。实际上,中国的武侠文化是中国传统文化的产物,并不仅仅属于某一思想派别,而需要结合整个中国传统文化体系来观察。

儒家思想对中国武侠文化有着深刻的影响。儒家思想一直倡导积极入世的价值观,为了济世救民可以不问荣辱安危、不计成败得失,弘扬一种百折不挠、坚韧果敢的入世观。"士不可以不弘毅,任重而道远","富贵不能淫,贫贱不能移,威武不能屈",都是儒家思想中强调的大丈夫气节。儒家思想中蕴含的这种人格感召力正是中国古代侠义风气形成的重要思想来源，儒家思想对侠者具备入世为民、仁义并举、赤胆忠心的伦理观念产生了影响。墨家思想对中国武侠文化也有着重要的影响。墨家作为小生产劳动者的代表，崇尚"力""强"，强调要以自身的力量去改造社会，这影响了武侠文化中以侠士的面目立身于社会。再者，墨子崇尚一种无差等的爱，其"兼爱"思想包含着消除暴力、平等待人、讲求正义等具体表象，推崇"强者不劫弱，贵者不傲贱，多诈者不欺愚"的观念。身处乱世之中，墨家的子弟却能够相继于无差等的社会理想，这与"侠"所追求的"匡扶正义"有很多内在的联系。道家思想与武侠的联系也是密切的。道家思想追求顺应自然与尊重个性的原则，这与游侠的率性而为有着性情相通之处。

中国的"武侠"文化具有独特的精神内涵。从宣扬的精神来看，武侠文化代表的是一种精神状态，主要体现在民族气节和行侠仗义的正义感上。中国的武侠文化实际上体现的是中国民众的英雄崇拜心理，它对社会文化生态平衡的影响是积极的。

2. "武侠化中国"形象的影像呈现

我们主要以李安导演的《卧虎藏龙》为个案来分析其中构建的"武侠化中国"的形象。李安是出生在中国台湾的美籍华裔导演，2001年他带着华语电影《卧虎藏龙》进军奥斯卡，获得十项提名并最终捧得四项大奖。这也是华语电影第一次摘得奥斯卡金像奖，让西方观众更加熟悉了充满中国古老文化奇观与韵味的武侠电影。该片将华语电影带入了一个新的境界，并且在世界范围内又一次掀起了中国武侠风。李安《卧虎藏龙》的国际效应是他个人的成功，更是华语电影的突破。这部影片对中国的武侠精神内涵进行了深入挖掘，表现出很浓厚的东方文化韵味，把武侠电影所要表现的恩怨情仇提升到了更高的精神层面和文化意蕴，构建出一种中华武侠文化的审美境界。影片中，李安通过李慕白和俞秀莲、玉娇龙和罗小虎这两代江湖儿女对情感、道义认知的不同用青冥剑串联起来，描述了一个诗意的、具有人文关怀的江湖。李安善于把握民族文化的精髓，并在其中加入西方文化中的优质内容，同时，他还了解国外观众的需求，在搭脉疏通上有自己的独到之处。他在领取奥斯卡奖项时说道："就当前高科技条件下的电影工业来说,要想让华语电影在全世界范围内有影响力,必须要挖掘影片积淀的民族文化。"①《卧虎藏龙》沿用了武侠影片的既有经验,又体现了我国传统文化的鲜明特色,生动地构建出"武侠化中国"的独特形象,给西方观众留下了十分深刻的印象。

从影片的美学风格上看,《卧虎藏龙》在东方美学与西方美学、动作与情感方面也做了很好的平衡与结合。这部影片中人物之间细腻的情感关系、唯美的画面呈现、富于诗意的场景氛围,体现了具有东方美学特质的影像叙事。李安把充满了中国风情和绚烂情怀的影片通过几个人物的设置表达出来,彰显出古言古风的中国武侠精神意境。李慕白的一句"退出江湖",让他一言既出,必定践行而无畏生死;俞秀莲把自己隐忍含蓄的爱恋诉诸行动来保护对方,势必为李大哥求得一个善果,这也是她的行必果;个性泼辣的玉娇龙在历经了生死顿悟之后,在爱情和诺言之间,选择了给爱人永恒的爱情,随后便纵身跳下万丈深渊。电影大体保留的小说原著设置的人物关系仿佛是一个典型的家庭格局,几个人物形象各具不同的身份、性格和价值观。李安自己也曾说过,《卧虎藏龙》在故事情节的描述方面,采用传统方式,"渗透着对传统社会古典文化的缅怀,充分运用写实手法,既没有大肆渲染,也没有背信弃义;对女主角的人物性格塑造得极为深刻,加之结局以悲伤、无奈收尾,在一定意义上开创了武侠影片的新篇章"②。李安在《卧虎藏龙》中设计的这份武侠情怀,将武侠电影所表现出的古代江湖世界中简单的恩怨情仇提升为一种精神层面的文化神韵与中国式的人文关怀,从而为"武侠化中国"的形象塑造增添了人文意蕴和美学风貌。

值得注意的是,影片《卧虎藏龙》改编自清末民初北京武侠作家王度庐的小说。改编后的电影《卧虎藏龙》充分运用了"道"的形而上思想,这也直接关系到电影本身对于中西文化融合的特征延伸。有学者指出:"影片所呈现出的价值观念、人物设置模式、情感冲突等特征甚至人物的对话也都是相当'西方化'的",以玉娇龙与罗小虎在茫茫戈壁滩相遇继而坠入爱河为例,"显示出

① 倪骏:《旁落的江湖:中国武侠电影的历史与审美》,北京:中国友谊出版公司,2008 年,第 188 页。
② 应振洋:《〈卧虎藏龙〉:电影背后的故事》,《中华读书报》2000 年 9 月 20 日。

在感情方面以男性征服女性为主，像极了美国的西部片。而李慕白的最后爱的'宣言'，也是十足的西方浪漫主义味道"①。这里从一个侧面揭示了《卧虎藏龙》能够获得西方主流电影奖项的内在原因，就是善于在西方的文化观念框架内讲述中国故事，寻求东西方文化的结合点。不论是"道"的形而上体现，还是与西方文化相融合，李安都强调着东方哲学意味的对白和山水日月的诗意境界，有意识地将中国传统文化的精髓诉诸电影之中，借助海外的国际电影节来展示中国武侠文化，彰显了中国传统文化的东方特质，将"武侠化"中国形象展示得淋漓尽致。

四、民族英雄人物形象

主旋律电影作为中华文化与中国形象对外传播的一种方式，在国家文化软实力的构建中有着重要的地位和作用。问题在于，中国的主旋律电影如何更生动地讲述本民族真实英雄人物的故事，如何在电影行业占据主导地位，必须改变陈旧、古板的故事叙述形式，探索适应新时代的英雄人物塑造的审美原则和艺术规律，用真实感情与生活气息来贴近群众、贴近生活，而不是说教式的、灌输式的苍白对话，忽视观众的情感。要以通俗易懂的生活化形式，将人物形象塑造真实化，接地气。2017年至2018年获得国内高票房和好口碑的两部主旋律影片《战狼Ⅱ》和《红海行动》在民族英雄形象的塑造上进行了新探索，并且呈现出由"孤胆英雄"向"英雄群像"塑造的转变。在国际影坛上，则有陆川导演的《南京！南京！》实现了主旋律影片在国际电影节获奖的突破。

《南京！南京！》获得了第57届圣·塞巴斯蒂安国际电影节最佳影片金贝壳奖。这部由陆川执导的影片以纪录片的形式向观众讲述了八十多年前日军入侵南京的历史，1937年日本侵略者在南京进行大肆烧杀掠夺，整座城市沦为死城。正如影片英文名"*City of Life and Death*"要表达的含义，各类群体在生死边缘徘徊、挣扎、抗争。影片塑造了国民党军官陆剑雄、教会老师姜淑云、妓女小江、拉贝的秘书唐先生和他的妻子等角色，在132分钟时间里展现了每

---

① 丁亚平、吴江主编：《跨文化语境的中国电影：当代电影艺术回顾与展望》，北京：中国电影出版社，2009年，第130页。

个人物的个性。影片用极具历史感的黑白影像进行叙事，表现独特的历史视角，讲述了一段属于中国人自己的家国灾难和抗争故事。在那段抗争中，有在求生本能下的艰难生存，也有为了坚持信念而选择的壮烈牺牲。守城军官陆剑雄在南京被攻陷时，没有与大部队共同撤离，而是选择留下坚持战斗，即使面对敌人的屠刀也毫不退缩。与他同样坚持留守的还有部分不论年龄的战友，包括如小豆子一般的娃娃兵，他们选择与南京生死共存。陆剑雄与留守战士表现出英勇无畏的军人气概和爱国情怀，即使城破仍坚持战斗。在日军残忍的屠杀中，军人是难以幸免的，但是他们留在南京城坚持与日军抗争到生命结束的最后一刻，完成了中国军人的使命。该片对广大女性在南京沦陷之后的遭遇和所作所为进行了浓墨重彩的描述。其中姜淑云是一位教会女教师，她拥有救世济人的宗教情怀，面对惨无人道的南京大屠杀，她挺身而出，展现出奋力保护弱者的可敬形象。在那样残暴悲惨的境地里，虽然她的力量并不是多么强大，但是她无疑代表了中国女性的勇敢和尊严，最后她央求日本军官在她被拉去轮奸之前枪杀她，日本军官这样做了。姜淑云的死是带有宗教意义的，她就像圣洁的天使，选择了拯救他人却牺牲自己。影片中小江作为青楼妓女之前在秦淮河畔讨生活，当进入难民营需要剪掉其头发时，她是不愿意的，因为她想等战争结束了，需要借此重回老本行继续讨生活。她活得卑微而真实，反映出当时处于社会底层的女性的生活状态。当日军强征慰安妇时，为了保护更多的女性同胞不被蹂躏，她勇敢地站出来，选择牺牲自己而拯救他人。

《南京！南京！》的成功之处在于从人性角度来展现南京大屠杀惨剧中小人物的内心情感和痛苦抉择，以小见大，通过一系列小人物形象来展现抗争、拯救与牺牲的主题。在极具张力的情节叙述中人物形象的塑造更为生动、细腻。将残忍的日寇与手无寸铁的平民加以对比，将各色人物内心的纠结情感充分展现，也将中国人民生死抗争的大无畏精神刻画得淋漓尽致。影片充分表达了对勇敢坚强、顽强抗争的爱国精神的高度赞扬，面对死亡仍然坚守、决不放弃的中国军人，即使自身力量微乎其微，但是展现了"民族英雄"的精神永存；普通南京市民在街头进行巷战；难民营里百姓艰难生存；尤其是中国女性面对死亡勇敢牺牲自己、挽救同胞的感人情景，塑造了在家国灾难面前不屈不挠的国人形象。影片不仅将战争的破坏性展示出来，更将中国人的坚韧不屈和自我牺牲精神充分表达。当国家面临侵略、当同胞遭受蹂躏，只要是中国人，无论身份高低，无论军人、教师、妓女，都会勇敢站出，甚至选择牺牲自己保护他人，影片塑造的民族英雄人物并非无所不能、战无不胜的伟大人物，而是寻常生活里的普通士兵、民众甚或柔弱女性，然而就是这些质朴真实的人物在生死抉择中展现了自强不息的民族精神。

这种通过在巨大的灾难面前小人物所凸显的复杂人性来塑造大众"英雄人物"的形象，能够直抵人心、拷问人性，具有很强的感染力，这应该是该片能够实现国际获奖的重要原因，这也正是我国主旋律电影一直以来所缺少的东西。主旋律电影如果只追求复杂精巧的故事情节、完美传奇的人物形象和华丽铺张的场景，难以真正深入人心，给人带来情感触动和理性思考。由此所展现的民族精神、英雄气概会大打折扣，不能有效传播民族文化与时代价值。真实的民族英雄人物形象塑造应该是像《南京！南京！》这部影片中所做的那样，让真实质朴的人物形象通过个性塑造、情节描述展现出来。《南京！南京！》在海外国际电影节上获奖，为主旋律电影如何走向国际市场、如何打动国外观众提供了值得借鉴的生动案例，是对主旋律电影如何塑造和传播中国形象的宝贵探索。

第三节 海外获奖华语电影塑造中国形象的审美分析

中国电影百年来的发展历程证明，电影作为舶来品之所以能够在中国这块土地上不断繁荣发展，成为受众最为广泛的艺术形式，并且能够在著名国际电影节中频频获奖，这与其积极弘扬中国美学传统、吸收中华文化养分与表现中华民族精神的价值追求是分不开的。在走向国际影坛的进程中，海外获奖的华语电影通过不同的影片类型呈现出丰富多样的中国形象。我们探讨获奖电影的国家形象塑造，不仅要分析获奖作品的典型个案，还应当从中把握内在的审美规律。

一、民族精神的价值追求

人们的思维方式、行为习惯、生活态度、处事原则往往会受到特定民族的生活环境和地域文化的影响，从而构成一个民族所特有的民族性格。绵延五千年的中华文明造就了本民族自强不息、坚韧顽强、隐忍内向的民族性格，一部优秀的电影，应当成为本民族文化和民族精神的形象载体，成为民族心灵史的影像表达。纵观海外获奖的华语电影，不论陈凯歌的《黄土地》《霸王别姬》，还是张艺谋的《红高粱》《大红灯笼高高挂》《菊豆》，都融入了鲜明的民族文化元素与民俗特色，而《老井》《南京！南京！》等影片通过对主人公生活经历、性格的展现，凸显了人物的独特风貌和内在的精神价值，从而在不同程度上表现了中华民族的精神价值与追求。

陈凯歌执导的影片《黄土地》塑造了一个中国老一代农民的典型人物形象——翠巧爹。这是一个老实巴交、吃苦耐劳、厚道又固守成规的老农民，他常常静坐在窑洞，神情木然甚至呆滞，但正是他的这种静默神态会给人带来一种说不出的压力和威严。在影片中虽然他的言语并不多，但是他每说出一句话都显示出了作为家长的权威性，让人没有反抗余地。在那个时代，他的父权威严是陈旧的、严苛的，却透露着温暖，而这种独特、温暖的愚昧也正是几千年来中国的农民所共有的。吴天明导演的影片《老井》讲述的是20世纪80年代初农村青年孙旺泉带着村人在太行山深处打井的故事，但打井这一事件总体来看只是一种象征。在这个地方，祖祖辈辈虽然死伤无数，但是打井从未停止过。尤其是主人公孙旺泉的性格很具有代表性，尽管条件十分艰苦，希望也非常渺茫，但是他依然坚持不懈地带领村人打井。这也体现了中华民族吃苦耐劳、坚韧不拔的精神特质，塑造了坚韧、顽强的中华民族形象。

电影《图雅的婚事》则刻画了一个有着鲜明民族性格的人物——图雅。影片讲述图雅这位个性倔强的蒙古族妇女的故事，她带着打井致残的丈夫和一双儿女，在生活的艰难重负下几经寻夫再嫁。女主人公图雅眼睛黑亮，面容黝黑，是一个善良质朴、吃苦耐劳、豪气，甚至有些彪悍的蒙古族女人。在寻夫改嫁的过程中，图雅受到了很多打击。影片中最让人难忘的是图雅拎着给森格熬的奶茶，一个人独自走在荒凉冬日草原上的背影，路途虽然不长，但是能让你感受到她艰辛的漫长心路，泪水在图雅的脸上无声地滑落。正是这种无言的状态将人物内心的艰辛苦楚推向了高潮。影片以从容、关切、温暖的姿态讲述着图雅这样背负着生活重担的女人，在内蒙古大草原苍凉广袤的环境下，在两个男人之间痛苦挣扎的命运。影片通过对这位坚强的女主人公的描写，传达出一种坚韧顽强、不被命运折服的民族精神。在特定的时代与环境之下，图雅只是千千万万个蒙古族妇女乃至中国妇女的代表，影片对女性的尊重与挖掘，充分体现出对女人力量的重视。女人是伟大的，她们平凡而质朴，却用她们的坚强韧性默默承受着生活重负，支撑着家庭，她们是民族衍生的一方厚土。影片用影像语言把中国女性的伟大与坚韧呈现出来，从中凸显民族性格的精神特质。

二、影像色调的刻意选择

色彩运用是电影艺术中不可或缺的表现方式。色彩是美的构图、场景、镜头的重要构成要素，不论在形式主义、纪实主义还是表现主义风格的影片中，色彩的选择都起到了至关重要的作用，是不可替代的电影艺术语言。影片的色彩运用既能传递感情，又能表现思想，既能烘托氛围，又能体现风格。一部影片对主色彩、主色调的选择，一方面能够渲染特定的环境氛围、为影片奠定基调，另一方面又能满足受众的视觉感应和审美需要，有助于影片的主题表达。在色彩色调的运用上，电影创作者必须对影片的整体色彩有总体设计，目的不仅是为了视觉上的观赏性，甚至也不单是为了渲染人物情绪，更多的是传达更深刻的意蕴及创作者的主体意识。

从获奖影片来看，每个导演所侧重的个性风格是各有不同的。陈凯歌的电影《黄土地》选取黄色、红色为主色调，镜头下的黄土地、黄河以其热烈、明亮的黄色，给人一种强烈的视觉震撼。这种色彩本身也作为一个主体突出出来，形成了影片中另一个沉默无语的"主角"，片中黄色调蕴含的象征意义非常丰富。张艺谋的电影题材大多是以农民生存、农村生活为主，展现的是乡土中国的人们物质、精神上的落后与匮乏，但同时又深刻揭示了中国人坚韧不拔的生命活力和隐忍内敛的生存精神。他的电影善于运用大胆而夸张的色彩，多以大色块的单调形式出现，其中运用最普遍的就是中华民族传统特色的红色。影片《红高粱》中九儿的红嫁衣、鲜红的高粱酒、酒坊火红的烧酒火，罗汉被剥头皮的血红，还有整部影片中被红色照射出来的热烈、明丽的暖色调，烘托了关于蓬勃生机与野性生命的赞美和讴歌。这里的红色是生机、活力、跃动、血的代表，也是热烈、舒展、自由的生命象征符号。影片结尾，大片血红的红高粱"染"红了整个画面，血红的高粱、血红的天空、血红的太阳，这时的红色已然不再单纯，它被电影注入了一种特别的活力与灵性，象征着人们的生命意识，最后随着"娘、娘，上西南"的喊声和高昂的唢呐声似乎浸透了令人炫目的血色。正是这种铺张扬厉的色调选择，才让死亡与哀伤走向悲慨和壮丽。

  《大红灯笼高高挂》也是用强烈的色彩进行空间构造的。红色的灯笼、白色的雪及黑色的庭院，突出了封建制度下令人窒息的生活环境及生活其中的女人们。随着管家宣布"点灯"，一个个灯笼便挂起来点亮，被宣布"点灯"的院落从暗色调逐渐转亮、变红，整个院子呈现出一片喜庆、欢快的红色世界；当被"封灯"时，院子又会变得灰暗、死寂。梅珊和颂莲都身着一身白色衣服，外面是灰蒙蒙的天、白皑皑的雪。在这样一片景象氛围中，三太太梅珊被拖至死人屋残酷处死，色彩立即变得灰白。这部影片的色调与众不同，是无声的电影语言，通过对色彩娴熟出奇的应用将影片中的悲剧铺陈开来，起到了强化作品主题的作用。又如影片《一个都不能少》描写的是一群脸色蜡黄的农村孩子。这样一些类型的场景和人物角色好像是张艺谋情有独钟的，他在作品的影像色彩运用上体现出个人的鲜明风格，其色彩运用具有很强的表现力和对观众的视觉冲击力，很好地展现了他的艺术才华，也为他赢得了一个又一个国际电影节大奖。导演王家卫的电影也是一种个性化的影片类型，在影片《花样年华》中，沉闷阴郁的氛围、深色的背景、强劲的音乐配乐等，这样的色彩基调在裹挟了生命活力的同时又夹杂着压抑，有助于导演借助影片传达关于人性、情爱等命题的思考，造就了王家卫独特的电影风格。在获奖的影片中，导演们自觉地用画面、镜头、背景音乐、配乐、角色塑造等手段为影片营造一种独特的氛围，以此形成了自己个性化的影片风格特征。上述这些电影"独特的色彩不只有使得画面更加鲜活的作用，它还一定程度上提升了电影画面的表意功能，为影片主题服务成为表现主题方式的构成部分"①。

三、个性化构图的呈现

电影空间构图，主要是指电影中各个物体组成部分的布局和构成方式。一部影片的构图，不仅仅是画面完整性、美观性、表意性的体现，更是影片主题的衬托。海外获奖的华语影片在构图方面突出表现了画面构图的美感表达、构图语汇的隐喻与象征效果，充分展现了华语影片在构图呈现上的个性化选择。

电影画面是构成电影最基本的艺术语言。电影作为一门视听综合艺术，要想具有吸引力，注重画面构图的美感是必然要求。"一部影片的好看程度，很大一部分取决于其构图以及画面设计，如果这两个方面做得好的话就能大幅提升画面的可读性以及可看性，与此同时还能爆发出巨大的视觉冲击力，进而使观众产生强烈的观影感受。"②电影画面唯美、比例协调、色彩布景得当都是画面构图表达出的美感。海外获奖的华语影片都十分注重画面构图的美感表达。比如影片《我的父亲母亲》，章子怡饰演的女儿站在家门口的画面中，并不是处于画面的正中间，但是依然让人感到很和谐、匀称，这就符合画面构图的黄金分割原理。黄金分割的运用，也是让画面构图呈现美感的因素之一。

除了电影构图语言中必不可少的黄金分割原理，华语电影在构图方面也有着自己独特的选择，诸多的画面构图语汇具有特定的象征意义。《红高粱》中，多次出现一望无边的红高粱地；影片结尾处，在血红的落日余晖中，余占鳌和他的儿子豆官站在被鲜血染红的高粱地里，是一种对顽强生命力的歌颂与象征。《黄土地》一片在开头就通过环境来渲染出一种十分独特的氛围：首先出现的画面是"日落时刻的千沟万壑，庄严地沉默着"，然后浮现出一片黄土地，产生了一种象征意味，也给观众带来一种新颖的感受，并且产生了"大音希声，大象无形"的非同寻常的艺术美学效果。黄土地在电影整个画面的构图中占据了很大一部分，在如此磅礴的黄土地面前，人和天空全部显得格外的渺小。陈

---

① 徐丹：《论张艺谋电影的中国传统美学表征》，哈尔滨：哈尔滨工业大学硕士学位论文，2006 年。
② 王文豪：《张艺谋电影的构图艺术试析》，《电影文学》2013 年第 10 期。

凯歌对黄土高原之美有自己的独特感受：

> 陕北静，山山岭岭，沟沟梁梁，悄无声息，而其景观又是如此博大。
> 陕北多土山，极像美丽的酮体，起伏变化很有韵律感。这里土层深厚，但并不肥沃，大概是缺雨的缘故。可看得久了，会感到一种深沉的温热，贫瘠而又内热，这大概就是它的性格。[①]

　　导演力图以整体性的构图和具有视觉冲击力的画面感来凸显黄土地的雄浑与厚重，然后进一步发掘人与土地之间错综复杂的联系。人们与黄土地之间的难分难舍的依存关系通过这种特殊的构图表现得淋漓尽致：也就是黄土地在人们心中是母亲一般的存在。人们的观影体验被黄土地独特的秉性和博大所深深折服，从中感受到这黄土地所代表的乡土中国及其蕴含的民族性格。

　　电影《大红灯笼高高挂》以封建社会中广泛存在的地主深宅大院为表现场景。导演通过拍摄特定宅院空间中接连不断发生的悲剧事件表达了其对旧社会封建婚姻制度和女性遭遇的批判性主题。影片的拍摄方式及影片的画面构图，很大一部分使用了封闭的、对称的、规则的构图形式，全景俯视视角拍摄的古老大宅院、正房与厢房的主次排列，整整齐齐，严严实实，就像是一个封闭式的柜子。凡是要展示这个封建宅院的全景时，多是采用了高角度、俯拍的构图方式。除此之外，整个宅子里悬挂的灯笼是非常整齐规则的，灯笼悬挂的个数也是严格规定的，十分讲究等级规则与对称性。自古以来，在建筑物上严格要求的对称结构也正是中国传统文化精神的体现，这部影片对规整的画面构图选择充分地体现了中国传统美学的韵味，以展现出方正规整、尊卑有序、封闭隐秘。"就中国的建筑群而言，大多气势雄浑、坐落有序、结构方正、单个建筑物的形貌体状并不出彩，但是建筑群整体的制约配合以及结构布局十分精妙。"[②] 陈家大院的陈年老屋、厚重的灰墙，以及仿佛迷宫一般的院落，在影片中均有大面积的体现，但是影片中的人物经常被放置在电影画面的一角或者是中间，通

① 转引自黄健中《〈黄土地〉的艺术个性》，《文艺研究》1985 年第 5 期。
② 徐丹：《论张艺谋电影的中国传统美学表征》，哈尔滨：哈尔滨工业大学硕士学位论文，2006 年。

过这样的构图可以更加突出陈宅中几房姨太太的渺小与柔弱，即使她们发起反抗也很难打破这封闭阴森的宅院。这种规则、封闭的宅院构图，给人们一种阴森压抑、透不过气的感觉。这样个性化的构图方式也体现了更深层的意蕴：张艺谋是借用压抑的古宅之象表现出影片主题的压抑之意，这样的一个地主宅院其实就是中国封建社会的一个缩影。

四、民族传统美学的渗透

在海外获奖的华语电影中，无论"民俗化中国"还是"都市化中国"的呈现，或多或少都有着中国传统美学的渗透，尤其武侠影片中，更是充分体现了中国的传统美学精髓。华语武侠电影是具有鲜明的民族文化特征的，在内容方面，武侠电影将中国民众的"英雄崇拜"情结及自古以来的"侠义"精神进行十分巧妙的整合。在电影的形式方面，武侠电影传承了中华民族传统的美学理念，具有民族风格。武侠电影作为中国独特的一种电影类别，不仅在其中国式的影片内容中体现了民族特性，同时融合了中国武术、文学、伦理等文化形态，把民族文化最深层的东西——民族精神凸显出来，从而具有了独特的美学品格和审美价值。我们可以从两个方面来做分析。

第一，写意性民族传统美学的渗透。写意性，是中国传统美学的核心精神，这种精神在中国的书法、绘画、戏曲及诗歌等各种传统艺术中都可以领悟到。不追求形似而追求神似、重表现形式而非再现形式、重抒情风格的体现而轻叙事表达，追求的是虚实结合、甚至化实为虚的内在精神理念，在其艺术表现的境界上是含蓄的、纯粹的，趋向于言有尽而意无穷。写意性在华语武侠电影中的渗透体现在导演将"写意性"这一中国传统美学精髓很自然地融合在电影中，使电影的影像语言、艺术表现方式等表现出写意性的特点，通过电影的影像表达，将写意性的美学精神影像化。武侠电影为了使画面表现更加舒缓、滞重，常常运用移步换景的镜头语言，并采取多视角的散点透视，以极具抒情的风格将人物写意化。影片往往使用一些空镜头的隐喻，呈现出其表现性和抒情性的艺术风格、感性和感觉印象化的审美方式。写意性在中国武侠电影中的表达主要体现在影片并非以写实性刻画某一固定的对象为主要目的，而是要求对生活中某一对象的特征及其本质进行高度凝练的概括，然后以夸张或者是含蓄的形式表达出来，因此中国武侠电影中描写的现实往往是被寓言化的，也就是写意化的。

李安导演的《卧虎藏龙》是走向国际舞台的华语武侠电影中的经典。这部影片充满了浪漫的中国武侠色彩。其中包含了大量优美的画面，有秀美的江南风光、气韵不凡的皇宫内院、大漠孤烟的沙漠、绿意苍郁的竹林、恍如仙境的武当山峰。影片在武打的设计上也十分精彩，李慕白与玉娇龙"飞檐走壁"式的打斗，加以中国传统的锣鼓配乐，让打斗的场面处于紧张又不失节制的状态。《卧虎藏龙》改编自北京旧派武侠小说家王度庐的作品，但是李安导演更改玉娇龙的故事，剧中台词荡漾着诗情画意及中国哲学意味，表达着关于江湖、人心、礼教的故事和感悟。《卧虎藏龙》影片中的视觉画面具有中国文化传统的写意性，体现了中国传统的审美特质。同时，影片中的画面氛围、对话和背景音乐的设计，都渗透着中国道家、儒家的哲学境界。李安充分运用多种电影手段，把武侠电影拍得精彩纷呈又耐人寻味。影片既有观赏性强的打斗场面，如水面上的疾走、竹林中的打斗、屋顶上的追逐等，又饱含着耐人寻味的诗意表达和深刻的哲理内涵，在感官体验之外又诉诸理性回味。不论描绘了寓言化的现实，呈现出不同意蕴的人物个性，还是影片中对禅意和空灵的精神氛围进行描绘，又或是在人物的塑造过程中将人物符号写意化，凡此种种，都体现出中国传统美学的写意性特征。

第二，审美意境的影像化呈现。意境深深扎根于中国各类古典艺术中，是中国古典美学的核心范畴。作为各类艺术的审美追求，意境同样深深地影响着中国电影人，中国电影人积极运用电影意境彰显出富有中国民族特色的审美品质。中国电影对意境的营造，主要通过借鉴中国传统诗画的抒情写意技法，营造意境的目的在于抒情，而抒情通常又是与电影人的表意目的相结合，在电影中表现出的即是以情景交融的、诗意化的镜头画面来渲染影片主旨。在中国传统绘画中，"空白"至关重要，而"空白"也是电影空间中不可缺少的一部分，与意境有着密切的关系。在电影中有着这样几种具有"空白"意味的意境。一是画面中的"留白"，比较贴近中国山水画的特点。如影片《黄土地》中的远景镜头，在整个远景画面中，地平线非常低，人物很小，天空所占的比例很大，在画面中人就像一颗颗微小颗粒融入苍茫的天地之间，暗示出在大自然面前人的渺小和对土地的依存。这里画面中的空白体现着某种巨大的不可征服的自然之力，在如此巨大不可抗力面前，人们仍然在苦苦奋争，求雨也罢，腰鼓阵也罢，都是在以不同的形式寓意着人们对大自然的乞求和抗争。二是电影内容中的空白。张艺谋的《我的父亲母亲》就体现了对审美意境的追求。在现代人的情感归属日益失落之下，影片的结构和内容深得中国美学的内在神韵，以诗意化的叙事呼唤人间亲情的回归。影片讲述了一个感人至深、荡气回肠的故事，但是影片并没有在情节叙事上做过多的铺陈，而是将父亲母亲从相识相恋到共同生活的过程进行了简化，正如张艺谋所说："如果说爱情的道路从眉目传情开始到生命结束，是从第一步到第一百步，我们这部电影刚走了'一'，他俩这层窗户纸还没有捅破，好像是单相思，而且刚刚在眉目传情阶段就停止了，然后跳过来是黑白部分，没有其余的九十八步，我们留下了最大限度的空白。"[1] 其实影片的艺术效果恰如导演的初衷，无画处皆成妙境，影片给观众更多的回味。

对于意境的营造，中国独有的武侠电影也有着其独特的美学特征。一是利用具有中国文化特色、丰富多彩的江湖意象表现出独特的民族韵味；二是锤炼出诗意化的电影台词，有时候还会通过对古典诗词的化用，映射出刀光剑影中的诗意山水、儿女情长中的空灵境界；三是"功夫"给武侠电影带来的特有的意境，导演们通常将功夫的展示与电影故事浑然天成地融合在一起，使中国古老的传统功夫通过电影艺术的影像传达，构成对文化中国形象的生动塑造。例如李安的《卧虎藏龙》，将中国传统的武侠文化融入曲折动人的故事当中，将唯美的电影画面与飘逸的武打对决结合起来。影片中镜头与镜头之间的剪辑、衔接，优美飘逸的武打场景设计，精心构造出的传统中国民族风格韵味，不仅表现出华语武侠电影的独特气韵，也体现了李安的大师气度。影片整个基调是隐忍的，平缓的节奏中包裹着欲喷薄而出的激情，这正如中国武侠太极精神中的内涵"该收敛处绝不恣肆张扬"。影片《卧虎藏龙》表现出的并非一般武术

---

[1] 转引自姚晓濛《电影美学》，北京：人民出版社，1991年，第122页。

打斗影片里的善恶争斗或者黑帮争霸，而更多的是对人生境遇和情感归属的体验，饱含了浓厚的中国侠义精神和民族生存哲理，让人看了之后回味无穷。片中特别出彩的武打片段非玉娇龙与李慕白竹林缠斗的情景莫属，李安别具匠心地将两人的打斗场景设计在细弱的竹林枝头，在满眼都是绿色的竹林枝头，两位古代侠客衣袂飘飘、张弛有度、刚柔相济的对决场面创造出诗意境界。另外，张艺谋的《十面埋伏》虽然并没有在国际上获奖，但是该片中的"竹林之战"也是让人记忆很深的诗意化场景之一。李安在《卧虎藏龙》中还把几个重要的打斗戏安排在了皎洁的月夜之下，配上时有时无的中国传统鼓点及乐调、灰暗清幽的色调及忽隐忽现的暗影展现出的中国传统庭院轮廓，还有月光下飘动的窗纱等，上述所有细节均透露出神秘的东方意蕴。总之，武侠电影表现出的内在神韵，与中国传统的古典美学有着深刻的关联。利用影像语言进行诗意化叙事，再加上电影银幕呈现的独特的视觉影像意境美感，都体现出华语武侠电影与众不同的美学风格。

第十三章　中国香港、台湾电影中的国家形象塑造

　　国家形象传播是一个宏大命题，自文化软实力被广泛讨论以来，已成为我国电影研究领域内的一个热门话题。然而电影中的国家形象构建绝非一个新问题，相反，电影在国家形象构建与传播方面的功能早已被人们充分认识，在不同时期形成了不同的发展路线。例如苏联电影和我国的一些电影在特定历史时期走宣传路线，电影中的政治因素被强化，对内发挥过重要的宣传功能。而在对外文化交流中，这种做法难以取得预期的传播效果，未能获得国家形象构建的良性循环，这种宣传式影片早已退出历史舞台。本章所讨论的台湾、香港电影的国族想象主要指社会生活史和民族心灵史式的影像表达，借此考察不同导演的不同影片在不同时期以不同视角所形成的中国想象。应当说，港台导演是一个相对复杂的创作群体，他们在表现地域文化特征、民族性格、人物风貌方面呈现出深刻的差异性，具有鲜明突出的个人风格。他们的家国情怀和对中国形象的构建，摒弃了宏大叙事的主题，是在特定的地域文化和平凡的人物塑造中表达的国族想象和文化归属感，具有特定的时代特征。我们尝试在历史形象与现实形象交织的港台电影中探讨 20 世纪 90 年代以来港台电影中的国家形象塑造问题。

第一节　20世纪90年代以来港台电影中的国族想象

进入20世纪90年代，华语电影的年代归属不再整齐划一，此时发生的一些重大事件如亚洲金融危机、香港回归、两岸"汪辜会谈"等对华语电影影响至深，华语电影发展呈现多元化的格局。此时的大陆电影正在国际奖项的刺激下摸索着向前发展，国际声望渐起。与此同时，华语电影理论的研究也积累了一定的成果。1994年，大陆开始引进好莱坞电影，每年十部大片刺激着电影市场的培育，大陆观众对港台片的新鲜感渐渐淡去。港台电影的内地（大陆）市场与东亚市场处于萎缩状态，台湾新电影的黄金时期刚刚过去，香港电影新浪潮已然落潮。合拍片越来越多，港台导演和明星开始向大陆与好莱坞发展。这些原因使得90年代的华语电影带有鲜明的过渡期特征，这段时间也是华语电影发展比较艰难的时期。就在这样的环境下，导演风格已趋成熟的侯孝贤和许鞍华却将目光投向地域历史与现实。侯孝贤在90年代完成了他的"悲情三部曲"后两部《戏梦人生》（1993）和《好男好女》（1995）的拍摄。许鞍华从半自传影片《客途秋恨》（1990）开始，以写实的手法反映香港小人物的生活。直面香港七八十年代生活的《千言万语》（1999），在对香港历史与个人际遇充满温情的审视下，努力寻找自身文化的现实突围。90年代还是王家卫代表性作品的高产时期。与此同时，陈可辛在电影界崭露头角。在90年代成长起来的导演还有李安，他凭借"父亲三部曲"形成东西方文化碰撞、传统与现代文化较量的个人特色。他与善于塑造母亲形象的许鞍华遥相呼应，为我们生动地描绘了人物的民族性格，借助人物的故事对人伦关系问题展开新的思考。

进入21世纪，海峡两岸及香港电影资源的新聚合过程仍处于不断变化中，港台电影的概念正在弱化，合拍片的概念逐渐突出。在这种情形下，港台电影的银幕形象塑造在变化之中在国族想象方面显示出新的征候：台湾电影进入21世纪以来立足本地文化，以《海角七号》（2008）为代表，为我们描绘了台湾年轻一代电影人的国族想象。香港电影则在"后融合时期"努力寻找在地文化对影片的支撑，有转型突破的港式类型片，也有致力于探索现代都市背景下香港人情感归属的《志明与春娇》（2010）系列。

一、历史环境的情感审视与地域文化的现实突围

在这一时期，代表台湾电影的侯孝贤与代表香港电影的许鞍华，无论从题材选择还是主题表现方面，都显示出港台电影非常难得的对历史的审视与反思。在表现形式上，二者则沿着不同的方向探索着这种饱含个人情感的历史审视，将这种历史审视与普通人的命运紧紧结合，在写实的镜头下捕捉平凡的生活场景以增强纪实美学的力量，为朴素的生活影像注入时代的丰富内涵，以突出的人性来重写历史进程。"悲情"是侯孝贤"悲情三部曲"的基调，也是侯孝贤式的历史审视的主题。而"温情"则贯穿着许鞍华香港故事的始末，从《客途秋恨》一直到《桃姐》（2011），"温情"既是人物审视的视角，也是影片追求的境界。侯孝贤与许鞍华在 90 年代的影片大多以家庭、个人与大时代变迁相结合的方式讲故事，侯孝贤的男性世界与许鞍华的女性题材又互为呼应。同样是民族心灵史式的影像，却避开了宏大叙事与指代意味浓厚的影像符号，选取普通人的生活，从细微处见深刻。

自《悲情城市》开始，侯孝贤的长镜头就对准了台湾历史。该片以"二二八事件"为背景，以台湾林氏地方大家族的衰落为主线，努力将历史的沧桑与人世的悲悯控制在压抑的氛围中，讲述政治风云中小人物在夹缝里求生存的艰难和悲哀。影片中大量的长镜头、全景镜头使观众与画面中的人物保持较远的距离，摄影机保持静止状态，长镜头下的人物活动显得真实而又遥远，使观众产生一种无力之感。《戏梦人生》与《好男好女》仍旧保持原先的影像风格，以观察与记录的视角将主动权交给了观众，这种策略为历史叙事增加了个人情感、地方特征及当代内容，是当地文化的现实突围。侯孝贤表现历史，但不是采用一种政治化的叙述模式，而是保持着写实主义的影像特征。他的"悲情三部曲"将历史、记忆、习俗和地方戏曲的特色符号融合在一起，构成片中人物活动的文化大环境，为我们了解台湾历史及侯孝贤式的国族想象提供了一种途径。影片中让人印象深刻的空间构形标示着复杂交错的历史时空，在门窗、墙壁、楼梯和家具分割的空间组织中，"牟复礼研究了传统中国文明中的城市，他注意到，

中国建筑风格在时间上有连续性"①。建筑群落构成的画面框定人物活动,将角色置于其间,似是对这种历史的框架毫无觉察,却无时无刻不在挣扎着想要摆脱困境。"影片的框定过程就是把符号、意象和话语确定为彼此有关联,而且同观众也发生联系的点。"②建筑环境、自然环境和人文环境共同构筑起现实与历史的关系,使得这种以长镜头为主的纪实影像具有更高的艺术品质。侯孝贤为台湾的历史所设定的语境是以闽南话、地方戏曲为表征的地方民族传统,故事没有受到意识形态的明显影响,抗日和革命的活动被纳入民族命运的视野,也尽量避免刻意塑造话语主体,这种坚持使得他的电影具有一种非常难得的象征意义。

虽然许鞍华的这类影片也被认为是观察型的纪实影片,然而区别于侯孝贤的是许鞍华深深地扎根生活。她镜头下的人物完全按照生活的逻辑将观众引入一种生动的自我诉说、自我追述的状态,《客途秋恨》与《千言万语》中那些看似琐碎的生活细节大大强化了人物的存在感和真实性。人物的精神状态直接表现为他们的行为,许鞍华擅长运用一个个独立的小侧面来讲述同一个故事,在琐碎生活之外保证故事的完整性,并无知觉空间的重大转变,也无表现性突出的风格化镜头,从一个场面到另一个场面的过渡极为平缓、自然。许鞍华大多时候被贴上女性导演的标签,长期关注女性题材使得她在表现历史视角下的女性时也多了份温情。这些立足平凡人的故事,将香港的记忆与个人的命运交织在一起,历史与现实就这样在普通人的身上悄然完成了对接。更为可贵的是,许鞍华的电影还为我们提供了港台电影中关于国族想象的女性视角,这也是一种迥异于意识形态表达的国族观念。许鞍华镜头下的女性保持了中华民族传统女性的诸多特征,她们以博大的胸怀和温暖的母爱承受历史变迁下的苦痛和无奈,即使面对现代城市的巨大生存压力,也能够显示出坚忍的一面。平凡的生活影像也因此而显示出穿透力,用日复一日的生活对照现代人生活的孤独、反抗和无助。

① [美]张英进:《中国现代文学与电影中的城市:空间、时间与性别构形》,秦立彦译,南京:江苏人民出版社,2007年,第122页。
② [英]帕特里克·富尔赖:《电影理论新发展》,李二仕译,北京:中国电影出版社,2004年,第186页。

在侯孝贤的悲情记忆与许鞍华的温情抒怀之外，对于中华儿女共同的历史记忆，在合拍片的视域下有着更为浪漫的表现。其中尤以《云水谣》（2006）的表现最为突出。《云水谣》的人物设置具有理想化的倾向，影片的叙事整体充满浪漫气息，优美精致的自然景观淡化了历史、革命和意识形态化的影像符号对观众的影响，浪漫而又悲情的爱情故事将海峡两岸的聚散离合演绎成一场跨世纪的绵绵相思。这仍旧是对历史环境的情感审视，是在地文化的一次成功突围。

二、人物群像的地域特征与生存状态的多元关注

地域文化几乎是天生附着在影片之上的。这不仅指的是导演、演员及其他电影制作者所创造的作品必然带有自身文化的烙印，会以鲜明的主题、深刻的思想或是生动的形象反映出影片的地域性特征，随着电影将某种文化传递给观众，还指的是影片本身带给观众的那些零星的影像片段，可以是影片之中出现的城市、乡村的全貌或一瞥，可以是人物生活的虚指的或具体的年代特征明显的景观，还可以是人物的行为方式、时代话题，更甚者，以方言、地方特产、地方戏曲的形式出现。这些不同层面的影像符号，在人物的行动下穿插在一起，汇聚成同一个故事，生动地呈现在观众面前，形成人们对地域文化的感性认识。电影的这一特性，使得我们可以通过影片认识某一地方的文化，形成对某一地域的特殊的印象。

人们有时候会因某一城市的印象而追随其后，北京、上海、香港、纽约这样的城市总会出现在电影中，对应着人们对不同城市文化的想象。陈可辛导演的《甜蜜蜜》（1996），以内地移民潮和香港回流潮为背景讲述爱情故事，刚好赶在香港九七回归前夕上映。人物的辗转纠葛以香港的时代命运为依托，是以香港在地文化为主的人物群像塑造，并借助他们的悲欢离合对港人的过去、现在与未来的生存状态进行多元关注：出离、回归是他们个体的经验，也是他们共同的经历，更是香港命运的写照。无论奔赴未来的大陆青年还是本港人士都被卷入历史的河流，成为其中不可分割的一部分。李翘和黎小军随着潮流来到香港，为融入香港做了种种努力，他们的成长和经历见证了香港文化对外来者

的包容与接纳。香港回归前，他们又随着潮流来到了大洋彼岸的美国。他们不断寻找着两种文化的差异之处，高耸的楼群、现代化的商场、麦当劳、自由女神像这些图像快速地切换，反映出人物初次接触域外物质文明时的震撼和对西方文化的羡慕。地域文化的差异不仅是视觉层面的，更是心理层面的。他们穿梭在美国人、东方人和海外谋生的华侨华人之间，带领观众一起观望他人的命运，在他们身上寻找人物自己的梦想并与现实相印证。在梦想中的国度未寻找到美好的生活，他们又随着潮流回到香港，最终成了香港人。他们的经历与其说是跟随时代大潮寻寻觅觅，不如说是对国家和民族的想象、寻觅与印证。吸引李翘、黎小军们的，是当时内地所没有的市场经济与自由的生活状态，然而当环境发生大变化，人们的财富观、成功观悄然发生变化，大批港人到内地工作的时候，香港、纽约对于他们来说只是另一个地方而已，不再是自由与财富的象征。围着地球转了半个圈，目睹了东西方经济和文化差距的变化，历经了不同城市的生存体验，他们又回到了原地，回到他们的梦开始的地方。影片虽然以香港为主要的背景城市，然而思考的是全世界华人共同关注的问题，即便生活在别处，家国梦仍旧是隔不断的共同乡愁，一旦别处的风景不再独好，家国梦的召唤似乎变得格外清晰。

90年代后期，地域性特征对于港台电影来说，一方面是其影片最大的特征，另一方面似乎又在制约着电影的发展。海峡两岸暨香港合拍片的增多无论是从数量上还是从艺术上都在逐渐淡化港台电影的地域色彩，然而有趣的是，有时候这种互融非但未能抹去影片的地域性特征，反而在无意中会强化这种特征。许鞍华以香港天水围社区为背景的《天水围的日与夜》（2008）与《天水围的夜与雾》（2009）将人们的目光再次引入香港人的现实生活。这些电影是港人的生活、港人的记忆，化为以女性为主的人物群像，传递出许鞍华对底层、边缘人们生活的关注，表达出一以贯之的温情和宽容。

处于低谷时期的台湾电影在90年代除侯孝贤的作品之外，还有杨德昌的电影，导演以现代儒者的身份打量现代的台北，例如他的《牯岭街少年杀人事件》（1991）、《一一》（2000）。台北对杨德昌而言，是观念的，也是感官的。《牯岭街少年杀人事件》将60年代的台北设定为夜景下的混乱城市的逼仄空间，以影像喻示彼时人物所处的真实历史时空和他们的生存状态。王家卫的香港亦是如此，影片中现代香港人的生存状态在非连续、非稳定、非传统的空间内展开。香港是一座梦想的城市，也是一座现实的城市，即便是包裹在怀旧的幻影中，它的过去与现在也能够在人物矛盾的状态下完美地融为一体。王家卫式的空间在香港这座城市的渗透是如此彻底，以至于空间成为王家卫电影叙事的主导模式。进一步说，杨德昌和王家卫所体验的都市是异化的，复杂的构形只是这种矛盾体验的一部分。

三、民族性格的影像书写与人伦关系的重新界定

男性构筑的影像文本所呈现的秩序与女性作品所建构的情感世界是港台电影对民族性格的生动的影像书写。将传统价值、文化差异、现代冲突这样的主题融为一体，展现出现代社会人的民族性格的作品，尤以李安导演的"父亲三部曲"为最。《推手》（1991）、《喜宴》（1993）和《饮食男女》（1994），基本奠定了李安导演的民族文化身份。

李安的这三部影片都以父亲为主要角色。《推手》里的太极大师朱教授与洋儿媳妇的关系，《喜宴》中对同性恋儿子两个伴侣的态度，以及《饮食男女》里朱师傅与女儿的同学之间的恋情，都是通过一个父亲的视角来重新界定人伦关系。父母对子女的天生权威表现在对子女日常生活的一系列理直气壮的干涉中。他们总是沟通困难，在爱和关心的名义下隐瞒自己的真实状态。这种东方式人伦关系及围绕这种关系所做出的种种争执和妥协构成了两代人共同生活的图景。这三位父亲的形象设计都有中国传统，以太极拳、中国书法、京剧、中国饮食作为强化其身份的文化符号。父亲们以顽固的生活习惯，用行动向观众展现了一组性格鲜明、强势而又和善的老男人形象。习惯是为了强调过去的身份，这样的具有中国传统特征的家长形象是观众熟悉的。只是在影片中，父亲与子女也有很多对话，但常常是不成功的交流，父亲与子女各自按照自己的思维逻辑叙说，没有倾听也就没有顺畅的沟通和交流。这种失语状态是常态。李安的"父亲三部曲"选择让老年人来面对文化冲突是耐人寻味的，或许在李安眼中，代表东方形象的应该就是一位迟暮的老人吧。老朱们带着一生的记忆游

走在人生的最后一段旅途上，他的文化认同和归属将自己的国家部分地移植到另一块陆地上。儿子（女儿）代表着现代化中国，往往在文化冲突中顺利过关。父子（女）之间的紧张关系对应着传统中国与现代中国间的疏离与隔阂，而父子间关系的缓和与妥协对应着传统中国与现代中国在转型中的一体化发展。

相对于李安所塑造的父亲形象，许鞍华塑造了不同类型的母亲形象，例如《客途秋恨》中沉默的母亲、《女人四十》（1995）中唠叨的婆母、《天水围的日与夜》中坚强乐观的母亲。她们承受着生活的重压，照顾着家人的生活，勤劳、隐忍、奉献，将日复一日的生活过得有滋有味。她们偶尔会被误解，会蒙受不必要的委屈，会独自抚养子女，赡养老人，却始终能够用温情去感染身边的人。《天水围的日与夜》中张家全母亲一生的缩影通过外婆记忆的闪回出现，几张老照片简单交代了张家全母亲劳苦的经历，没有旁白，没有特别的镜头，也没有刻意渲染这样的一生有着怎样的艰辛和苦楚，回忆中的外婆哽咽了片刻，便恢复常态。影片叙事的情感高潮段落往往都是这样日常化地处理，日日夜夜的生活、起起落落的生活，在缓慢的影像流中静静流淌，萦绕着淡淡的温情。

母亲的形象是许鞍华着力塑造的人物群体，《天水围的日与夜》借助平实的镜头，让琐碎的日常生活在母亲们的身上缓缓展开，她们是香港普通女性的生活缩影。许鞍华电影中的家庭大多是不完整的。这种松散的结构既说明了母亲的身份在现代社会所要承受的巨大压力，又表明了女性对命运的宽容和接纳。许鞍华的《桃姐》将母亲传统与现代的身份直接放在两个不同的角色身上，传统的母亲角色由桃姐担任，现代母亲的角色则由生母担任。这两位母亲对儿子都有无私的爱，只是选择的方式不同。长期的分离，使得母子之间的感情逐渐变淡，亲情产生隔膜。而另一面，桃姐的身份也在悄然发生变化，这一变化的标志性事件是桃姐的衰老。衰老是一种难以抗拒的自然力量，即将失去的亲情使得这种照顾关系急剧升温，演化成一种心理上的母子关系。《桃姐》对母子关系的思考体现了现代社会人伦关系的重新界定。

许鞍华的写实风格为我们带来的母亲形象与李安所呈现的父亲形象，是当代华语电影对民族性格和中国人形象最有力的表达。民族性格并未通过宏大主题得以体现，相反，在他们的电影中具体化为鲜活的人物，朱师傅的坚持、桃姐的老习惯，在日常行为之下，以细微的视角唤起观众的共鸣。其中没有预设的复杂命题，没有独特的结构形态，只是用父亲与母亲的形象来表达当下人们对带有民族性格的情感做出的复杂的反思。

四、文化互融的视觉消费与人文视域的不断拓展

华语电影的发展在 21 世纪进入后融合时期。电影作为大众媒体的特性越来越突出，电影如何演变及如何适时地为人们广泛所接受，这是在后融合时期电影人所要思考的现实问题。影像文本的构成受到观赏习惯与电影技术的影响越来越大。"全球化视野下的民族电影、华语电影的融合与话语交换愈来愈加强，中国电影市场的内容和形式的变革，很显然已经融入所处的全球化时代和社会空间的表现形式所呈现出的交织关系中，它的意义体现与特定时空范围内的复杂多样性以及公共领域的艺术、思想话语产生着重要的关联。"[1] 随着《内地与香港关于建立更紧密经贸关系的安排》正式实施，香港与内地合拍影片更是成为主流。由于对内地市场不熟悉，这些曾经叫好又叫座的类型片也面临着一次意义重大的转型。华语电影发展的大背景完全不同于以往，不仅指的是电影政策上的变动，更指的是在新媒体时代影像传播对电影的冲击。

21 世纪的台湾电影以《海角七号》重回观众视野，以一批票房表现好、艺术成就高的影片精彩亮相，改写了当代台湾电影史。有学者指出："《海角七号》缔造的票房奇迹可说是本土意识战胜全球化趋势的最佳例证，以平凡小人物的草根性作为电影主轴，现代的时空背景穿插过去历史，描绘一段跨时空超越国界、阶级、种族的凄美爱情故事，搭配流行音乐、周边商品的商业化包装模式，终究写下台湾电影史的一页奇迹。"[2] 一方面，全球化对华语电影的影响是巨大的。另一方面，全球化的刺激也可以燃起人们阐释当下生活的热情，历史在年轻一代电影人的镜头下以不同于以往的姿态出现。《海角七号》突出了台湾电影的在地性，与青春片相结合，所呈现出的国族想象是在消费的年代对家国观念的新思考。之后的《赛德克·巴莱》（2012）更加强化了这一点，将台湾电

---

① 丁亚平：《新语境下"大电影"的建构与发展》，《文艺研究》2012 年第 11 期。
② 胡延凯：《从台湾电影辅导策略观察台湾电影现况》，《当代电影》2012 年第 8 期。

影的在地文化置于新语境之中。

2000 年，李安导演的《卧虎藏龙》成为香港类型片良好转型的开端，将功夫片的视觉化消费带入新时代，并成功将其推向国际。功夫片在海外市场的影响发展壮大，"中国功夫"的概念经由好莱坞在全球得以传播，与中国功夫概念一同输出的还有中国文化中对成败、强弱、攻守的辩证认识，中国哲学中的中庸之道再次得到传播。以往功夫片传递出的强身卫国、抵御外侮、快意恩仇的主题到了成龙崛起的时期，在他的努力下逐渐将功夫与个人成长联系在一起。功夫高手不再被塑造成民族符号性人物，大侠客的身份一时从银幕消失。从票房和口碑来看，新版《精武门》《霍元甲》不敌《叶问》及《叶问 2》的原因即在于此。叶问的形象塑造插上了本时期观众的审美标签。叶问的扮演者甄子丹在接受采访时曾概括叶问这个角色"是一个很能打的宅男"，这一形象定位和表达拉近了叶问与观众的距离。《叶问》中的女性角色也得到了重视，叶问妻子的角色柔化了英雄人物刚性的一面，为叶问的故事增添了浓郁的生活气息，从而增强了人物的现实存在感。不过，这也将人物与大主题抽离出来，叶问的身份不再是民族英雄，不再是侠客、浪子，而是"一代宗师"，将叶问与咏春拳的理解、表现、传承连在一起。影片设置的时代背景具有一定的指代作用，这对于该类型影片的突破是相当关键的，它既保证了人物与现实生活之间的紧密联系性，又适当拉开距离供角色表现，增加了角色的思想内涵。在复杂的转型和细腻的影像表现下，人物身上附着的精神气韵还是很恰当地传递了社会正能量，将中华民族对正义与公平的价值认识置于崇高的位置，成为人物的主要价值观念，以平衡影片压抑紧张的气氛，为我们带来了不一样的英雄形象，在人物的武学宗师身份背后，多了对人性的探讨。

总体说来，今日的港台电影正在市场的引领下朝着类型化、多样化和商业化的道路发展，无论对内还是对外开拓华语电影市场，构建华语电影整体形象，国族想象都是电影发展和探索不得不面对的问题，也是不同导演展现其个人风格的重要命题。

第二节　台湾新青春电影的文化身份与地域想象

对不同文化背景的观众来说，电影是有效地了解异域文化和地方文化的一种途径。早在 20 世纪 70 年代，好莱坞电影就已经倾向于青少年市场，这种倾向先是美国国内电影产业化发展的一种趋势。好莱坞精心谋划的那些洋溢着青春气息的影片将美国青少年的生活方式、生活经验和他们所生活的现实环境、文化氛围无声地在世界各地散播开来，不仅在欧美国家所向披靡，更是让非英美文化背景的年轻观众了解和接纳美式文化。后来这类影片被指认为具有文化侵略的意味，受到欧亚及其他国家和地区的抵制。然而毫无疑问的是，电影的青少年市场日趋成熟，青少年观众对于文化传播和文化认同的重要性正逐渐受到重视。

自 20 世纪 90 年代以来，青春电影良好的观众基础为一些非英语国家的电影产业的发展提供了契机。日本是最初生产这类影片的国家。《四月物语》《情书》《关于莉莉周的一切》《燕尾蝶》《热血高校》等优秀影片先后将日本青春电影推向亚洲巅峰。日本的青春电影借助年轻人的视角表现民族文化，以多样化的方式呈现民族美学，为其他文化背景国家和地区的观众尤其是年轻一代的观众了解日本提供了很好的平台，也因此成为日本进行民族文化输出的重要途径。进入 21 世纪以来，亚洲电影的崛起大多以青春电影打头阵，如韩国、泰国、越南等。这类崛起的青春电影具有突出的商业性，延续的是类型片生产的模式。

在港台电影史上，青春电影则是独特的类型，如果按照题材来划分的话属于青春片，这类影片并不是以票房成绩作为衡量影片的标准，它基本消解掉了商业因素对青春电影的影响。在侯孝贤的带领下，青春电影成为描绘其个人经历、历史变迁的重要形式。《风柜来的人》《牯岭街少年杀人案》《青少年哪吒》等影片在成长的主题下，关注台湾历史的变迁，也关涉到现实的思考、身份的焦虑和一些另类体验，使得青春电影所独有的先锋色彩与导演的个人风格能够相得益彰。

一、身份的定位：台湾青春电影的传统与反思

台湾知名导演几乎都拍过青春片，青春的话题、青春的记忆和青春的影像几乎成为 20 世纪 80 年代以来的台湾电影的一种传统。只是这种对于青春题材的情有独钟与青春电影的文化传播功能迥然不同。这类影片与其说是对外的文化传播，不如说是对内的青春话题的诉说。台湾青春电影在 20 世纪带有浓郁的导演个人风格特征，常常于无形之中将成长的主题穿插在台湾的特殊历史时空的影像之中，影片的文化身份与地域想象交织在一起；似乎那些由特殊的青春岁月所营造出的特殊历史时空，能够让观众从中领略到台湾地区特有的地域与历史、文化与心灵的特质。这几乎成为台湾电影发展的传统。即便是新成长起来的导演如李康生也是凭借出演侯孝贤、蔡明亮的作品而迈入影坛，演而优则导，他们仍旧拍摄青春电影，但整体而言扭转了以往青春电影的发展方向。自《海角七号》之后，台湾的青春电影在题材选择、主题阐释、表演风格和影像美学上彰显出与以往台湾青春电影迥然不同的取向。这一批青春影片以高票房、高获奖率出现在公众视野中，尤为难得的是在当前的新媒体语境下，它们仍能取得良好的观众口碑。由此，这批影片被称作台湾新青春电影，引起中外学者的关注和讨论。借助这些青春的影像，我们对 21 世纪的台湾有了更为直接而感性的认识。青春电影凝聚着台湾年轻一代电影人的清新活力，他们在当前的媒介语境和文化语境下，讲述成长故事，将文化传统、历史变迁和当下状态很好地融入人物成长的轨迹，向我们呈现年青一代台湾电影人对本地文化的认识与反思。

在以往的电影研究中，青春电影多被归入青年亚文化研究，例如《朱尔和吉姆》，或是被看作高概念电影的一个产物，例如《美国派》系列，是在类型片基础上演变而来的，融合不同类型的商业电影元素，显示出青春电影概念的开放性。所谓青春电影指表现年轻人思维方式、生活方式、生活环境和生活经验的影片。青春电影往往带有一定的自传色彩，或是以人物传记的方式讲述故事，能够悄无声息地将一个民族，一个国家的文化传递开来。正如美国学者华莱士·马丁所说："一个人的故事比一个民族、一个国家或一个阶级的故事少

一点臆断性，因为后三者都是假定实体。"① 因此，青春影片的文化传播具有很强的穿透性。台湾的青春电影有着自身独特的传统。21 世纪以来，台湾青春电影的文化学和美学的转向是有目共睹的，然则无论引入大明星或其他商业元素还是触碰敏感话题，台湾新青春电影所表现出来的灵动和锐气还是非常醒目的。电影相对稳定的文化品格有时会制约青春电影的发展，处于动荡状态的文化语境往往能刺激青春电影的发展。政治和经济处于剧烈变革中的台湾同样面临着文化发展的定位问题，需要关注电影如何体现这种困惑和思索，在电影中又将以何种形象体现。

二、形象的突破：人物群像与模式化发展

进入 21 世纪以来，台湾青春电影以轻松、时尚的姿态集中塑造青春主流审美形象。顺应当下青少年的审美潮流，台湾新青春电影以"小清新"格调的影像叙事塑造出让观众耳目一新的、带有台湾地域文化标识的银幕人物。这些影片承袭了之前台湾青春电影的现实主义传统，不追求先锋体验，不追求宏大叙事，以新颖的题材、流畅的故事情节、良好的票房意识、较高的艺术水准及独特的青春视角审视自身，创造了一批有着强烈时代感的银幕形象。以"小清新"的审美标签在小众范围内传播，以典型的独立流行方式在新媒介的语境下迅速发展壮大，继而成为一种名为小众实则主流的审美风格。"小清新"人物群像的流行，使得青春电影成为当下台湾文化的形象代言人，也使得台湾的青春电影在艺术性和商业性方面显示出独特的审美品质。

台湾"小清新"电影的故事背景大多设定在校园，自然唯美的影像风格和清新简单的叙事节奏，营造一种轻松、惆怅的带有梦幻色彩的青春记忆，继《蓝色大门》之后，这类表现校园成长和两性暧昧的主题往往有突出表现，《不能说的秘密》《一页台北》《男朋友·女朋友》分别在同一题材上都有新突破，更有巅峰之作《那些年，我们一起追的女孩》风靡一时。"小清新"逐渐成为一种典型的文化现象，也促使台湾的"80 后"一代在银幕上集体亮相。除了一

---

① ［美］华莱士·马丁：《当代叙事学》，伍晓明译，北京：北京大学出版社，2005 年，第 66 页。

批导演迅速成长起来之外，"小清新"电影的明星也迅速被推至一线。台湾年轻一代借助"小清新"的形象，悄悄地完成他们银幕形象和身份的定位，丰富了青春片的文化内涵，拓展了影片类型的发展空间，基本表明了这代人的现实观念、人生态度及审美追求。

台湾新青春电影的共性特点是，有着简单明晰的故事发展主线，情节叙事自然流畅，让观众跟随主人公的身影，进入他们的世界。这些处于青春叛逆期的主人公在自己的身边形成一个小圈子，他们会是《海角七号》里的好友们，会是《那些年，我们一起追的女孩》中的同班同学……人物个性中那些过于粗糙的部分被略去，镜头尽量停留在温和柔软的部分，在加快叙事节奏的同时缓解冲突，将"小清新"的风格贯彻到底。在这个小小的世界中，他们留下探索世界的最初痕迹，也为观众带来性格鲜明的人物群像。表现这类生活的影像叙事是随意而跳跃的，不时出现的一些幽默的元素和抒情的画面增强了影片的娱乐效果。以年轻人的共性来引起观众的认同感，在认同感成功建立之后，向观众传输台湾年轻人的青春文化。

"小清新"风格的形成当然也与这批导演启用的演员有关，不管带有清新校园气息的新演员的推出，还是具有票房号召力的偶像明星的加入，这些演员自身的气质与影片的"小清新"追求十分贴合。他们的加盟使得影片的表演增强了观赏性，扩大了台湾新青春电影的影响力。"小清新"电影的观众迅速增长，透过台湾的新青春电影，我们可以看到台湾电影对自身文化重塑的热忱，对寻找台湾电影、台湾文化身份的执着，对自身地域发展定位的诸多思考和尝试。

三、自我的凝望：怀旧基调下的地域风情与青春记忆

这种文化现象与"80后"一代密切相关。他们镜头下的青少年同样需要面对成长过程中的种种身份焦虑，如自我认识、代沟问题、性别问题乃至历史、文化与现实观念的剧烈冲突。他们只是在影像表达上选择了与以往台湾青春电影截然不同的路径，以更为宽和的态度对待大陆、台湾及西方文化的大融合。他们以更为自信的姿态审视和表现台湾文化，以台湾青少年视线下台湾同胞的当下状态来表达台湾的文化、身份与地域想象。回忆是这类电影较为常见的叙

事视角，或是为了再现旧时光，或是为了怀念某段感情、某段经历，以纪念青春，目前的青春电影更是借着怀旧争取更多的观众。强调个人的视角、个体的记忆和片断式的对现实的回望，这种回望与自我的凝望是合为一体的。对台湾地域风情的情有独钟的影像叙述也是一种态度，一种品评，以委婉的方式表现台湾文化的现代化形象。

乡村与城市是台湾新青春电影非常重要的影像符号。侯孝贤的电影中，城乡之间的文化差异是青少年成长必须要直面的问题。片中人物对待乡村与城市的态度的差异决定了他们的未来之路，也是推动剧情发展的动力。乡村的优美风景在缓慢的摇镜头下将台湾的地域风情表露无遗，只是这种宁静的美与躁动的青春显得格格不入；而都市生活在杨德昌这样的导演的镜头下则是表面繁华、内里黑暗，那些冰冷而混乱的都市角落里，不羁的青春迫切需要闯荡出自己的天空，却在冲撞中遗失了纯真的美好。

在侯孝贤这代导演的镜头下，台湾的乡村和城市在电影中代表着传统与现代不同的形象。而在台湾新青春影片中，我们看到，这种文化差异早已被文化大融合背景取代，最具代表性的例子就是《海角七号》。从这部影片之中，我们可以看出全球化对地域文化的巨大冲击是生活在恒春小镇的普通人最深刻的体验。与之相比，城乡文化的差别完全被模糊掉，城乡差异不再影射主人公究竟是选择传统还是现代的生活方式。对于这些"80后"甚至"90后"的年轻人，乡村或城市、岛内或岛外、东方或西方不再是严重对立的不同文化，而是快速融合的多元文化，是能够并存或融合的，是他们能够适应甚至是习惯的生活状态。他们所要面对的问题是在多元杂糅的文化背景下，该如何寻找自我存在的价值。

在对台湾本地文化的关注和展现上，台湾新青春电影是耐人寻味的。影片往往有意无意地将讲述的故事与台湾的风光、风俗和风情紧密结合起来，使之融为一体。除了台北，影片出现了更多的台湾城市，如高雄、新竹，或是彰化、恒春这样的小地方，表现当地居民的日常生活，以及台湾同胞如何应对文化大融合的问题。除此之外，电影营销方式的改变刺激了台湾地方旅游："台湾各县市以更积极的态度正视电影摄制，并希望透过电影拍摄工作，强化城市营销，亦可使电影内容更加贴近在地与乡民文化，而此概念已蔚然成为风气，对电影产业本身有一定外缘帮助。"① 这类影像不同于侯孝贤镜头下的少年，对台北、高雄这样的大城市充满向往和困惑，相反，都市和乡村对他们而言，并未产生太多的文化象征隐喻，这种选择极符合"小清新"的格调，同时表现出"小清新"们已经完全融入现代社会。

这种心态表现在电影中是主人公从乡村到城市，或是由城市到乡村，心态平静，镜头语言也相应舒缓许多，主人公没有过多的心理波动，城乡文化差异甚至都不是电影关心的问题。新青春影片中的乡村具有地域风情的抒情意味，重视生活中的小细节、小情调，在细致的讲述中，不忘与观众分享属于"80后"一代的集体记忆。这份记忆因台北夜晚湿漉漉的街道，因高雄校园的景致，因台湾小镇恒春的乡土气息而带上深深的地域烙印。《海角七号》对台湾地区文化的回应是革命性的，对于恒春小镇的现代化是调侃的，然而观众很难不去思考台湾文化在迈向现代化的进程中，为何在小人物的身上也洋溢着蓬勃的生命力，饱满的热情和遮挡不住的文化自信。就像电影中所使用的语言一样，有普通话（国语），有客家话、闽南话、日语和英文单词，年轻一代用以沟通的语言是多元化的。城市或乡村对他们而言都是地域性的。对应的文化符码悄然发生转变。在回望地域文化、传统文化的时候，他们的心情是矛盾的、酸涩的，却也饱含着深情和期待，于是在《海角七号》里茂伯这个代表传统文化的角色并未被处理成悲悯或愤怒的形象，而是以滑稽幽默的形象介入现代年轻人的文化活动。这显然是弱化或是美化了传统与现代的冲突，不过也正是这种美化，使影片能够以温情、风趣的情感基调推动故事发展，也顺畅地将两代人的视线汇合在一处，在这种带有浓厚主观色彩的叙事中完成人物群体的自我定位。

四、轻松的对抗：以调侃的态度表达人情伦理

电影以它所呈现的社会现实来支撑人物和故事。换句话说，一部影片对社会现实的把握往往是奠定影片价值的关键。青春电影所关注的现实视野是相对

---

① 黄匀祺：《2000 年后台湾电影产业的转向——去在地化与再次在地化》，《当代电影》2012 年第 10 期。

狭窄的，且通常情况下将社会现实囿于个人经历，即便是现代社会的人际互动也很难超越片中人物的直观经验的时间和空间范围。"社会需要叙事，需要叙事建立起起码的对社会事实的共识。"[1]电影影像所呈现的事实具有强烈的直观性和感染性，比较容易在不同观众间建立和形成共识。台湾青春电影与社会现实的联系较为薄弱，常常将重大历史事件或主要历史阶段的社会现实作为故事发生的背景，却并不鼓励观众去探寻这些事实与影片主题的关系。回忆的视角并不罕见，然而这种回忆的视角并不是为了重现昔日时光，影像中的台湾并非写实意义上的社会现实，而是站在今日台湾年轻一代的角度重温历史。影片在涉及过去年代的时候，无论像《男朋友·女朋友》中以"野百合运动"这样的重大历史事件为背景，还是像《艋舺》那样直接以60年代的台北特殊的政治经济区域历史为背景，都是借助回忆的视角拉远与社会现实的距离，或是将社会现实投射到父辈形象，将影片中的主要人物集中于青春的话题、成长的经历和情感的表达。因此，青春电影中年轻一代与父辈之间的关系往往喻示着两代人与现实世界、与传统价值观念的关系。

青春电影传统的人物关系不外乎发生在亲人之间、朋友之间、爱人之间的关系。难以沟通和渴望被理解是年轻人在成长过程中最为常见的心理状态，从心理学上来讲，反抗父辈是青年自我意识觉醒的标志。在以往台湾电影中，年轻一代与其父辈之间的关系总是处于一种紧张的状态或者是彻底的隔阂，更有甚者会以极端暴力的方式出现；而台湾新青春电影则往往采用一种调侃的态度对待并以较为夸张的方式体现两代人之间的代沟。"小清新"风格下的人情伦理以弱化父辈对年轻一辈的影响力的方式传达出更加宽容、更加和谐的家庭伦理观念。父辈们的戏份在时长比例上大大降低，彻底沦为背景人物，父辈们对于故事的发展所产生的影响力也降至最低。《蓝色大门》中的父辈们只有最简单的出场，甚至没有清晰的对白；《艋舺》中的父辈GATA也被处理成一个相对抽象的、符号化的人物；《海角七号》中父辈的形象颇多，但基本是作为年轻一代主要人物的陪衬而存在的。父辈们出现在镜头前大多是远景或全景，甚

---

[1] ［美］詹姆斯·克利福德、［美］乔治·E.马库斯编：《写文化——民族志的诗学与政治学》，高丙中、吴晓黎、李霞等译，北京：商务印书馆，2006年，"总序"第3页。

至是不完全现身在画面中，或是以景深镜头的方式作为背景出现。这极大地消解了父辈对年轻一辈的压力。为父辈们安排的对白也相应少了很多，极少有争论或争吵，从人物行动上和性格设计上都体现出更为宽容的姿态。应当说，台湾新青春电影中的家庭戏份还是比较多的，影片不再正面表现青少年与他们父辈的对峙，两代人大多数情况下处于观察和窥视的状态，渴望理解和被理解的心理以平实的视角或是幽默的手法呈现，淡化了道德说教的意味。父辈们的生活在影片叙事中被弱化，即便出场，也很少扮演道德教导者和品德楷模的角色。如《海角七号》中的老一辈居民对展现自己的那份渴望的调侃；《那些年》中柯景腾与其父母之间的对话和对手戏尺度颇大，喜剧感十足；《艋舺》中 GATA 首领出场的戏份，在喜剧的氛围下弱化两代人之间的冲突，以寻求一种体谅与和解。影片力图重塑"80 后"一代视线中的父辈的银幕形象，希冀在调和状态下为两代人相处寻找更为合理的方式。

台湾新青春电影是台湾新电影引起国际关注的重要影片类型，几乎每年都有优秀的作品问世。然而毫无意外的是，跟风模仿现象也较为普遍，将"小清新"风格模式化。这也启发我们对于台湾新青春电影展开进一步思考：一是纷杂背后的单一，审美品位和市场取向过于雷同。虽则台湾新青春电影发展从《海角七号》到《那些年，我们一起追的女孩》塑造了不同文化、身份背景下的年轻一代的形象，然而这类形象却很难摆脱校园，青涩的爱、懵懂的性和躁动的青春，固然能让观众感动，却经不起一次次地炒冷饭。从影片成功的模式也可看出其原创性方面存在的危机，这些轰动一时的影片很容易就能找到风格类似的日本影片，其台湾地区文化标记有待继续强化。二是小清新背后深度的缺失。这需要我们从三点对其加深认识：要彰显民族特质，发扬民族主义和倡导多元文化共生；要创造更为宽松和谐的国族银幕形象的现代性生存空间；新青春电影的产业化发展的链条仍旧亟待完善，若要将其发扬光大，尚需有国际视野。

第十四章　中国内地（大陆）电影作品中的国家形象塑造问题

　　我们在上一章讨论了台湾、香港及海外华裔导演的华语电影基于独特的视角和复杂的文化背景所塑造的多元中国形象，本章将视线转回内地（大陆），进一步观察中国内地（大陆）电影人立足自身视角在改革开放的不同阶段对中国形象所做的影像呈现，以此形成与中国台湾、香港地区和海外电影人的家国想象有所不同的映照。事实上，内地（大陆）的本土电影人，无论体制内的创作者还是体制外的独立电影人，都是运用影像方式主动构建中国形象的主体力量。他们的创作对于中国文化走出去，面向世界展现厚重的中国、开放的中国、发展的中国，都具有自我形象构建的积极作用。我们选取了新时期以来不同历史阶段的代表性影片分别做个案研究，以探索塑造国家形象的多维途径。

第一节　电影《红高粱》：中国红与国家形象的构建

　　经过几千年的文化传承与积淀，红色在中国已超越一般的色彩象征而成为一种有意味的形式存在于民族心理中。考古发现表明，早在 1.8 万年前的山顶洞人时代，在人类尸骨旁边就有红粉印迹，这说明了红色的使用在这块土地上历史悠久。纵观中国的色彩审美不难发现，红色已经成为一种"集体无意识"，在民族心理打上了深深的烙印。作为"中国红"的影像代表，电影《红高粱》中的"红"更是作为一种具有象征意义的"色彩语言"而富有更深层次的意蕴。我们将从电影《红高粱》中的红色形态入手，进而分析红色的象征意义与折射的民族心理，阐释民族心理与国家形象之间的关联。

一、影片《红高粱》中红色的主要形态

导演张艺谋是善于运用色彩来叙事和抒情的艺术家，特定色彩中的民族性格与民族心理被他生动地演绎成电影的视觉影像。《红高粱》展示了中国人对红色的情有独钟，反映了高密东北乡独特的民俗风情、节庆仪式和生活场景，展现出独具中国北方特色的社会生活风貌。电影多处展现了红色的典型形态，可以概括为三种形态。

首先，红色的物质存在。影片中红色存在的最直观形态就是具体物象，譬如"我奶奶"九儿穿着红色的嫁衣，李大头死后，她兴高采烈地坐在新炕上剪出红色的窗花；田野里一望无际长势茂密的红高粱；祭酒神时一个个孔武有力的汉子手捧红红的高粱酒……这些都是可以从电影中直接获取的物态信息，体现出红色的审美意象对于人物心理呈现和剧情推进的隐喻作用。它们在电影中起到了承上启下的作用。当然红色也出现在悲惨恐怖的情节中：日本人占领高密东北乡后在高粱地里活剥了"罗汉爷爷"；东北乡百姓奋起反抗偷袭日本人的运粮车，牺牲惨重；被火烧死、炸死的日本兵流出了鲜血；影片最后在豆官眼里出现了红色的日食等。这些意象中都包含了一种特殊的红色，用红色的视觉效果渲染了影片的悲剧氛围，展现出红色的多重视觉传达功能。

其次，红色的行为状态。影片中红色行为的实施者是各种各样的中国人。由于受到的教育程度与经济能力不同，人们的审美倾向也不同，但是他们对红色的态度有着惊人的一致性。在中国传统文化中红色大多代表着喜庆、热烈与吉祥，人们在盛大的节日往往穿上红色的衣服，表达出喜庆、祥和的感情。电影中与结婚有关的场景几乎都是红色的，新娘穿上红色的嫁衣，坐进红色的轿

子，盖上红色的盖头，铺盖红色的被子。其中，"颠轿"是很有典型性的、给人们留下深刻印象的一场戏。红色的轿子在音乐中舞动，一群人热热闹闹地折腾新娘，在带有乡野调情意味的颠轿过程中，伴随着"妹妹你大胆地往前走"的沙哑歌喉，一群孔武有力的单身汉子表达出对身穿红色嫁衣的年轻女人的渴望。有特定喜庆含义的红色所构建的行为状态让"颠轿"成为体现民族风情的典型视觉影像。

再次，红色的精神形态。相对于前两种形态，红色的精神形态不是直接感知的，而是一种无形但又确实存在的精神形态。在物质存在与行为状态中，红色较多地出现在欢快与喜庆的场面中，往往表达着一种愉悦的精神状态。在电影《红高粱》中，红色具有独特的精神形态。例如片中有"盖头不能掀，盖头一掀必生事端"的叮嘱，而红色启蒙了"我奶奶"，并使她有了抗争俗礼的精神。她在燥热烦闷的夏天上轿后就怒气冲冲地把红色的盖头掀掉了，不顾传统的规训，偷看外面年轻的轿夫，并且义无反顾地冲破传统的牢笼勇敢地选择自己的爱情。在日本人践踏着象征生命的红高粱、残害中国同胞时，高密东北乡的人民奋起反抗，当代表着人民的"罗汉爷爷""三炮"被残害后，群众的极度愤怒被激起，他们用最原始最简单的火攻方式袭击日军运输队，取得了胜利。在影片中火是红色的，这里的红色意味着摆脱束缚走向新希望的抗争。

二、红色的象征意义与折射的民族心理

电影《红高粱》中，"红色代表着血、跃动、生机与活力，成为自由、舒展、热烈的生命的象征符号"[1]。影片充满了对野性的崇拜与对生命的思考，其中长势茂密的红高粱是酿酒的原料，是"野合"的洞房和打仗时的藏身地，是生命的象征，它们自由自在地生长，彰显着一种生机勃勃的原始生命力。两次祭酒都是情节推动的重要事件，一是为纪念酒神，二是为"罗汉"报仇。小说《红高粱家族》的作者莫言在观看电影《红高粱》后感叹道："那两次祭酒的场面，简直就是剥出民族灵魂中最宝贵的两个侧面给人看。劳动的神圣和壮美，

---

① 李朝全：《文艺创作与国家形象》，北京：华艺出版社，2007年，第276页。

昂扬激烈的复仇精神。"① 与之相似的是，"中国的《红高粱》《老井》《可可西里》等一批影片在国际上获奖，也不是因为仅仅向世界展现了中国式的愚昧落后，而是中华民族面对生存灾难所表现出的强烈的生存抗争与生命追求"②。红色的象征意义在民族心理中的表现，具体分为生命的追求与生存的反抗两个方面。

一是生命的追求。《红高粱》是一部抗日题材的电影，但其中也穿插着民俗民风等方面生动的视觉呈现。在第一次祭酒神时一群人在红色的高粱酒坊中唱着激扬的歌曲，通过展现祭礼场面的庄严和震撼来体现劳动者生命力的蓬勃与张扬，体现出了中国百姓对生命的崇敬和追求。因此，"《红高粱》中鲜红的高粱，茂盛的烧酒窑火，以及整个影片被红色照射着的明丽、热烈的暖色调，都很好地烘托了对于野性生命和蓬勃生机的讴歌赞美"③。电影中红色的高粱带有一种传奇色彩，它们年复一年地生长着，没人种也没人收。它们有着强大的生命力，因此高粱地就成为生命的象征。同样，死亡在高粱地里慢慢展开，死亡往往为人们所忌讳，但是在电影中并没有对其恐惧的渲染。在红色的日食场面下，"父亲"高声呼喊着："娘、娘，上西南。宽宽的大路，长长的宝船。娘、娘，上西南，骝骝的骏马，足足的盘缠……你甜处安身，你苦处花钱。"中国传统文化中无论佛教的"转世轮回"还是道家的"羽化成仙"，都是中国人在对生命意义进行诠释，片尾铺天盖地的红色解构了观众对死亡的沉痛和悲哀。将死亡视为一次重生，体现出了中国人强烈的生存意识。

二是生存的反抗。影片中第二次祭酒神是围绕为"罗汉爷爷"报仇展开的，体现了中国人民族性格中的反抗性。中国自古就有刚健有为的精神追求，诚如《易经》中所讲"天行健，君子以自强不息"。红色是电影《红高粱》的主色调，在影片中起到至关重要的作用。新娘"九儿"见到年轻的轿夫燃起了爱情的希望，她积极争取自己的爱情并努力摆脱礼教传统的束缚。"九儿"平等地对待每一个工人，并让他们直呼自己的小名。在面对不幸的婚姻时她敢于反抗，最终获得了属于自己的幸福。剪红纸贴窗花象征着她新生活的开始，她代表着红

---

① 莫言:《影片〈红高粱〉观后杂感》,《当代电影》1988 年第 2 期。
② 徐放鸣:《审美文化与形象诗学》,南京: 江苏人民出版社,2008 年,第 215 页。
③ 李朝全:《文艺创作与国家形象》,北京: 华艺出版社,2007 年,第 276 页。

第十四章 中国内地（大陆）电影作品中的国家形象塑造问题

387

色的赤诚、热情、抗争的属性。"我爷爷""我奶奶"为高密东北乡的反侵略斗争作出了突出的贡献，"我爷爷"带领着烧酒坊的伙计，用红色的烈火打击敌人，最终取得了惨烈的胜利。他们不怕牺牲，努力摆脱压迫，展现出了自强不息的精神。这里的红色象征着爱情、生命、希望与抗争。

三、民族心理与国家形象的关联

丁帆认为，"国家形象的内涵可以分为自然、制度和思想三个层面"[①]。所谓思想层面，有学者认为，"包括民族的文化心理和社会意识两个层面的内容，它是国家形象在国内民众的文化心态及观念形态上的对象化"[②]。因此，民族心理是构成国家形象的一个重要方面。之所以说"色彩参与了一个民族，也是一个国家的文化表现"[③]，是因为红色的象征意义与民族心理有着非常紧密的联系，研究民族心理对构建国家形象也具有重要的意义。电影《红高粱》的色彩运用既能给观众以美的视觉感受，又能在不知不觉中展露出红色代表的民族心理，进而呈现特有的中国形象。

首先，生命意识与国家形象的持续性。国家形象是具有持续性的，即形象内涵相对稳定，在传统与现代的转换中能够延续民族精神的血脉。在我们的民族心理中生命是非常可贵的，要敬畏生命，也要用自强不息的精神来彰显生命的意义。电影《红高粱》从整体到细节都展现着对美好生命的向往和对生命自由的追求，展现着富有生命活力和民族精神的国家形象。影片中的生命活力带有原始野性的放荡不羁，反叛着封建礼教的约束和规训，迸发出对自由的渴望和追求幸福的勇气，这些构成了对礼教传统和父权威仪的反叛，也暗合了西方传统中的个性解放思潮，因此这种自由的生命意识表达就成为影片得到西方观众认可的重要原因。

其次，生存抗争与国家形象的现实性。"当代文艺实践构建国家形象的'现

---

① 温德朝：《徐放鸣教授主持的2012年国家社科基金重点项目"中国当代文艺实践中的国家形象构建研究"隆重开题》，《江苏师范大学学报（哲学社会科学版）》2013年第1期。
② 刘伟冬、居其宏、沈义贞、方仪：《艺术作品中的国家形象》，《南京艺术学院学报（美术与设计版）》2007年第3期。
③ [美]鲁道夫·阿恩海姆：《艺术与视知觉》，滕守尧、朱疆源译，北京：中国社会科学出版社，1984年，第460页。

实性'大致有生存现实、文化现实和媒介现实三种。"[1] 现实性即基于中国实情表达中国人自己的感情。电影《红高粱》展现出了高密东北乡浓厚的地方色彩，展示出中国人在面对侵略和压迫时强烈的生存反抗与奋争精神，体现出国家形象的现实性。影片中"我奶奶"反对传统的买卖婚姻，高密东北乡的人民反抗日本侵略者的压迫，这些都表现出强烈的生存现实性。影片中的中国人"刚健有为、自强不息"的民族精神，又具有文化现实性。《红高粱》这一反映生存抗争的抗日电影展现出中华民族曾经的苦难与奋争，具有还原历史的媒介现实性。

第二节　电影《白鹿原》: 乡土中国与文化中国的影像构建

根据同名长篇小说改编的电影《白鹿原》公映以来，观众的评价褒贬不一。有人认为影片弱化了原作的史诗性叙事，而凸显了男女主角的欲望化叙事。从影片对中国形象的构建来看，可以说是既有得也有失: 成功之处在于对乡土中国形象的塑造，不足之处在于对文化中国形象塑造的缺失。电影作为一种现代综合艺术形式，拥有比文学更加广泛的受众，因而在文艺构建国家形象的实践中，其地位越来越突出。中国电影在对文学经典进行改编与再创作时，在尊重文学原著表现主题的同时，可以适当放大融入中国的优秀文化元素，考虑视听艺术的直观特性来适当处理涉及的情色描写，进而更好地将中国深厚而博大的文化精神展现给世界。

一、乡土中国形象的成功塑造

社会学家费孝通在他的著作《乡土中国》中指出:"从基层上看去，中国社会是乡土性的。"[2] 陈忠实的长篇小说《白鹿原》所描写的正是中国底层社会百姓的生活情境。小说以关中地区独特的乡土中国风貌为背景，通过对白鹿

---

① 张玉勤:《当代文艺实践构建国家形象的历史性、现实性与理想性》,《江海学刊》2013 年第 4 期。

② 费孝通:《乡土中国》, 北京: 生活·读书·新知三联书店, 1985 年, 第 1 页。

原上白、鹿两家人物命运变迁的描述，向人们展现了特定的乡土中国形象。而电影《白鹿原》则对小说中所展现的乡土中国形象进行了成功的再塑造，以独特的电影语言将小说的非直观性描述转换为具有直观性和视觉冲击力的影像呈现，给观众留下了深刻的印象。

首先，电影《白鹿原》通过秦腔这一具有地域特征的戏曲形式来构建乡土中国形象。秦腔是我国古老的戏曲种类，主要流行于关中地区。它的唱腔和乐器伴奏流露出关中人民质朴激昂的生活热情，体现出关中百姓豪爽的性格、慷慨的精神、淳朴的民风及勤劳能干的品质。秦腔表演在电影《白鹿原》中先后四次出现，具有凸显民族风情和地域特征的作用。第一次出现是在郭举人家，麦客们将秦腔表演作为饭后娱乐，唱的是《将令一声震山川》："将令一声震山川，人披衣甲马上鞍，大小儿郎齐呐喊，催动人马到阵前。……"激昂高亢的唱腔，敲打乐器时的敏捷动作，无不体现着关中辽阔苍凉的地域风情和百姓对生活、对乡土文化的热爱。在影片结尾，最后一次出现的秦腔与中国传统的皮影戏表演相结合，构成了别致的视觉隐喻。导演设计这一幕的目的有二：一是暗示白孝文和田小娥就像艺人手中的皮影，自己的人生由别人来演绎，正是所谓"戏如人生，人生如戏"；二是向观众展示关中的民俗风情和戏曲文化，向世界展示中国文化的丰富多彩。总之，电影中的几次秦腔表演成功地塑造了关中地区的乡土中国形象，表现了中国人民豪爽乐观的民族精神。

其次，电影《白鹿原》通过祠堂文化的描写构建乡土中国形象。在中国传统的乡村社会里，人们主要的生活形态是以宗族制为基础的家族群居，每个家族都有自己共同的祖先。为了供奉本族的祖先并增强族人的家族等级观念，人们建起祠堂，举办宗族祭祀活动。在小说《白鹿原》中，祠堂是白鹿村传统家族等级秩序的集中体现，人物的命运变化与祠堂紧密相关。电影《白鹿原》对此进行了成功的空间化诠释。影片的开场，白嘉轩带领族人在祠堂里一起背诵《乡约》："德业相劝、见善必行、问过必改、能治其身、能治其家、能伺父母、能教子弟……"后来，白孝文因为辱没族规先后两次在祠堂里被父亲执行家法，第一次是和黑娃、鹿兆鹏偷看了牲畜交配的场景，第二次是因为和田小娥偷情。另外，白孝文、鹿兆鹏是在祠堂里成的亲，而黑娃与田小娥的爱情因为不能被传统的宗族礼法文化接受，所以没能进得了祠堂。具有反叛精神的黑娃和田小娥最后砸了祠堂，毁了《乡约》。可以说祠堂是传统乡土中国社会的一个典型的形象载体，它代表的正是农村根深蒂固的传统宗族文化。白嘉轩是这一文化的守护者，而黑娃、田小娥、鹿兆鹏等一批青年则是其有力的反抗者。电影《白鹿原》对祠堂空间和宗族活动的展示是对乡土中国形象的成功塑造。

最后，在电影《白鹿原》中，参与乡土中国形象构建的还有其他富有特色的关中地域元素，例如关中的黄土地、独具韵味的关中方言、大片金黄的麦田、静静矗立的牌楼、祠堂外的戏台等。这些地域元素在影片中不止一次地出现，连同上文所述秦腔和祠堂这两种典型意象一起，构成了对陕西乡土风情的视觉呈现。导演通过向观众展现这些形象而塑造出富有地域特色的乡土中国形象，进而向世人展现古老而文明的中国形象。这也正是该影片能够在 2012 年柏林国际电影节上获得最佳摄影银熊奖的重要原因。

二、文化中国形象塑造的缺失

笔者以为，就国家形象的呈现形态和类型说，国家形象可以分为"政治形象、经济形象、军事形象、审美形象、艺术形象、文化形象等"[1]。在小说《白鹿原》中，作者陈忠实对国家形象中的文化形象进行了成功的塑造，这里的文化包括以"白鹿"为代表的图腾文化和以朱先生为代表的儒家文化。然而，"白鹿"与朱先生的形象在电影中并没有得到塑造。有论者敏锐地指出，电影《白鹿原》"'不见白鹿，只见小娥'，以田小娥的个人情欲史替代了民族史，将一部如此厚重庞杂的小说拍成一个女人——田小娥的'性解放史'，将'雄浑的史诗'拍成了'庸俗的男女关系'"[2]。这可以说是电影《白鹿原》史诗性缺失的要害之处，由此涉及对国家文化形象塑造缺失的讨论。

小说《白鹿原》的开端，作者便引出了"白鹿"这一审美意象，小说的构思与人物刻画也围绕着这一形象展开。小说从发表到获得茅盾文学奖，评论界对"白鹿"意象的研究呈现开放争鸣的状态，相关论者对"白鹿"意象的所指

---

① 徐放鸣：《国家形象研究视域中的"形象诗学"》，《江海学刊》2013 年第 4 期。
② 李杨：《〈白鹿原〉故事——从小说到电影》，《文学评论》2013 年第 2 期。

持不同的观点。我们认为，"白鹿"应该作为中国传统的一种图腾文化形象来看待。在小说中，"白鹿"意象第一次出现是在第二章："很古很古的时候（传说似乎都不注重年代的准确性），在原上出现过一只白色的鹿，白毛白腿白蹄，那鹿角更是莹亮剔透白……"一方面，对于白鹿原上的百姓来说，"白鹿"就是他们心中的神灵，护佑着原上的芸芸众生。它具有超强的能力，能够驱除原上的一切疾病灾害，是百姓生存繁衍的大地的守护神，他们由心底对白鹿产生了强烈的崇拜意识。另一方面，在白鹿原上生活的主要是"白""鹿"两姓家族，"白鹿"作为他们的祖先崇拜图腾已有上千年的历史，他们将白鹿作为自己祖先神明的象征。正是祖先的守护，才使得一代又一代的白鹿原人能够长久地生活在这一方土地上。"中国文艺应该以'文化的方式'塑造国家形象，并实现与世界的融通和对话。"① 图腾文化是中华民族文化的重要组成部分，通过它能够了解到这个民族的历史传统和文化性格。遗憾的是"白鹿"作为中国图腾文化形象的一个代表，在改编之后的电影中被弃用了，或许是因为影片的时长和容量的限制，又或许是因为"白鹿"意象近乎荒诞缥缈。但这样的处理不仅削弱了原著的文化内涵，同时也使电影以"文化的方式"塑造国家形象存在着缺失。

有学者指出："中国的国家形象应该是综合体，其中最直观的形象就是中国人的形象。"② 然而，电影《白鹿原》也并没有对原著中儒家文化的代表朱先生进行形象塑造。这是影片在文化中国形象塑造上的又一缺失之处。朱先生作为关中儒学的代表人物，儒家文化精髓在他身上得到了集中的体现。如果说白嘉轩是传统儒家精神的实践者，那么朱先生既是儒家文化精神的实践者也是引领者。在整个白鹿原上，人们将朱先生作为圣人看待，小说作者陈忠实所要塑造的正是这样一位学识渊博、心系天下的儒者形象。一方面，小说作者将朱先生塑造成为儒家文化精神的引领者、儒家智慧的化身。朱先生上知天文、下知地理，对于农业耕作也很精通，还有预知未来的特异功能。他成功预言到共产党能够获得天下。"天作孽犹可违，人作孽不可活"，"折腾到何日为止"，这是朱先生墓室里砖头上刻的字，印证了朱先生对"文化大革命"的预测。另一

---

① 张玉勤：《当代文艺实践构建国家形象的历史性、现实性与理想性》，《江海学刊》2013 年第 4 期。

② 汉初：《"文艺作品中的国家形象"学术研讨会纪要》，《美术观察》2008 年第 2 期。

方面，作者将朱先生塑造成为儒家精神的实践者。朱先生兴办学堂、查禁烟苗、说服方巡抚退兵、起草《乡约》、编写县志、赈济灾民、号召抗日，这是其对儒家文化精神的成功实践。儒家文化是中国文化的重要支柱，在两千多年的传承历程中，它深深植根于中国人的观念之中，不仅影响了一代又一代的华人，还作为东方智慧对世界文明产生了重要的影响。儒家文化的传承在构建中国国家形象上具有重要的意义，而电影《白鹿原》在改编时将儒家文化精神的代表朱先生删去，这不仅引发了观众的批评之声，也在塑造和传播中国国家形象上出现了显而易见的缺失。

三、电影改编中的国家形象构建特性

电影《白鹿原》对中国国家形象的塑造既有得也有失，从中可以总结出本土艺术家在国家形象的影像呈现方面所应当把握的构建特性。影片的成功之处在于将乡土中国形象传播到世界，创造出富有意蕴的审美意象，展现了中国人民在这块土地上的生活状态和民族风情。影片的不足之处在于对文化中国形象塑造的缺失。由此我们应当思考，中国电影如何利用好自己独特的影像构建优势来进行名著改编，如何将文学与电影的审美特性有机融合来塑造和传播中国形象。

在当代文艺实践中，电影作为一种综合艺术形式，能够更好地塑造和传播国家形象。首先，在现代社会人们已无暇花费更多的时间精力来阅读文学文本，而会选择观看改编自文学经典的影视作品，以此来作为工作之余的放松方式和审美活动。其次，电影是一种将视觉与听觉欣赏合为一体的艺术形式，它能够更加直观地将作品所要表达的内容与情感传达给观众，观众通过观影活动及自身的生活经验和艺术想象，可以对电影中所塑造的国家形象产生更加深刻的认知和感悟。再次，电影是一种具有超强传播力量的艺术形式，它可以把网络、光盘等电子媒介作为传播载体，这样相对于印刷文本而言，能够更加方便、快捷地将国家形象传播到世界各地。因此，电影艺术实践应该利用好自身的优势来对我国的文学经典作品进行改编，以影像构建方式讲好中国故事，将本民族的文化价值观念传达给世界。我国的电影产业起步晚，但是发展势头强劲，市场容量巨大，国际获奖作品众多，已经在电影界的国际交流中逐渐产生了很大的影响。但是与之不相匹配的是，在电影改编与再创作时还不能够很好地利用文学经典的独特优势来对我们的国家形象进行"自我塑造"，还缺乏国家形象塑造的自觉意识。在国家形象构建视域下，文学经典为电影的创作提供了很好的文本基础，然而如何将文学经典转化成影视经典，其中二度创作的内在审美规律需要进一步探索，这也是影视改编的难点所在。观众对于文学经典经常先入为主，产生很高的观影期待，而电影作品往往难以满足这种期待，从而构成评价上的落差。

分析影片《白鹿原》的改编得失启发我们进一步思考，在国家形象构建的自觉意识下，电影人进行文学经典的改编应该注意把握几个关系问题：一是电影主题与文学主题的关系。电影与文学作为不同的艺术形式，有着不同的呈现方式和创作规律，当然不必完全照搬文学主题，而应当进一步提炼和深化，但是显然不能背离原作的基本立意，并因此失去史诗性品格。二是视觉呈现与非视觉呈现的关系。这涉及对于文学文本中的情色描写如何做适当的视觉化呈现，原作中的性描写是非直观性的[①]，不宜直接做影像化展现，尤其不能放大为主人公的情欲史。实际上电影应当发挥其视听艺术优势来强化对原作的空间叙事和场景表现，通过电影语言的直观性和丰富性来增强作品的艺术表现力。三是电影容量与文本容量的关系。相对于长篇小说的叙事容量，电影的时长和结构有明显的限制，需要对原作进行必要的剪裁提炼。但是也应当看到，电影的叙事因为直观而更加简洁高效，信息量大，在形象的构建能力上有其自身优势。因此在原作与改编的互文关系中，电影完全有条件凸显自身的影像构建特性，对原作的国家形象塑造进行提升和深化。我们注意到，2017年播出的长篇电视剧《白鹿原》就在上述三种关系的处理上有明显改进，以精良的制作和具有历史感的视觉构建赢得了好评。进一步说，从小说《白鹿原》到电影《白鹿原》，再到电视剧《白鹿原》，从文学文本到影像文本，三者之间构成了复杂的互文关系，其中所呈现的乡土中国形象和文化中国形象值得深入研究，从中可以获得国家形象构建的应有启示。

---

① 关于小说《白鹿原》中的性描写问题，在当年该书被推荐参评茅盾文学奖时就有较大争议。经过必要修改后获得茅盾文学奖。

第三节　电影《立春》：对比关系中的北京形象

在中国形象谱系中，富有地域和人文特性的城市形象是国家形象的重要组成部分。由摄影师而转为导演的顾长卫在影片《立春》中通过系列细微的文化元素塑造了一个丰满、立体的北京形象：通往北京的列车、宏伟的天安门、说着标准普通话而具有优越感的北京人等。它们与以王彩玲为代表的地方性文化形成了鲜明的对比关系。这些对比将北京形象的核心内涵揭示出来：作为一座拥有八百多年悠久历史的都城，北京所承载的是中国历史中的深厚、凝重的政治权力关系，以及这种关系对中国普通民众的现实生活和文化心理所造成的重要影响。《立春》前后的某些影视作品也从多方面塑造北京，力求给"北京形象"赋予更多内涵，"北京形象"的内涵逐渐丰厚、多样，在某种程度上反映出当代影视作品对当下中国形象的理解和诠释。

提及北京我们首先应注意，这座具有八百多年建都历史的城市，本就是元朝这个横跨亚欧大陆的蒙古帝国的都城，后来明成祖朱棣为了更好地实现政治梦想又建造了新城，政治功能由此成为北京主要而核心的功能。在《立春》中，北京这个带给王彩玲等人无限希望和无数失望的城市，确实如王彩玲对酒保所说的那样："你以为北京是那么好去的？"王彩玲的无奈与绝望，就这样在转身登车后留给了站在车门下的酒保。"北京"，这个以政治权力关系为核心的城市，对于王彩玲们来说，永远是个可望而不可即的真实存在。毕竟，无论是他们的家族还是他们自身，都很难在政治和权力问题上凸显自己的主体性。在影片中，导演以各种方式呈现了北京，以及与北京有关的人和物，它们共同构成了影片中的"北京形象"。

一、天安门

我们把目光转向王彩玲上京打听买户口一事之后的那个傍晚：她在失望之余来到北京的象征建筑天安门前，伏在广场栏杆上凝视着近在眼前的天安门城楼。这位来自小城鹤阳在别人眼中常去北京的音乐老师，估计每来一次北京都要在这里重复一下这个动作。从当时王彩玲的衣着看，她这次去北京是在寒冷的冬天，带着异样眼光从她面前走过的两名战士身上长长的棉军大衣也说明了这一点。夕阳西下，这位来自北方的寻梦女青年独自在寒风中望着不远处华灯初上中的北京，这近在咫尺的距离无论如何都是王彩玲无法跨越的。在此情景下，美丽的天安门城楼与神话传说中的海市蜃楼获得了等同（见图 14-1）。虽然此时王彩玲还做着落户北京的梦，但估计她已隐约感受到希望将要破灭了，这从后来她对契诃夫《三姊妹》的描述中可以看出：她觉得自己其实就是中国的无数的"三姊妹"中的一个。

图 14-1　王彩玲眼中的天安门

王彩玲面前的北京城，让我们想到《史记·封禅书》所记载的方士向秦始皇叙述见到仙山的场景：

> 盖尝有至者，诸仙人及不死之药皆在焉。其物禽兽尽白，而黄金银为宫阙。未至，望之如云；及到，三神山反居水下。临之，风辄引去，终莫能至云。①

北京城虽不是三仙山，但对于王彩玲来说，她此时眼中的北京城又何异于后者？王彩玲最终也像无数寻找仙山的人一样："望之如云，及到，三仙山反居水下"而"终莫能至"。王彩玲在给黄四宝做人体模特时回首问他："你看过契诃夫的《三姊妹》么？那姊妹三个住在远离莫斯科的一个小地方，老想去莫

---

① 司马迁撰，裴骃集解，司马贞索隐，张守节正义：《史记》卷二十八，北京：中华书局，1963 年，第 1370 页。

斯科就是去不了。"这里的"老想去就是去不了"似乎是一个宿命：你不能实现理想，你也找不到具体的对象和原因，也没有任何人或机构为你失败的人生负责。这与卡夫卡《城堡》中的土地测量员不能进入城堡一样，虽迫近荒诞，但真切的现实让这种荒诞具有真实可感的特点。

在《立春》中，与天安门同样象征北京的，还有火车和火车站。在决定与黄四宝一起到北京郊区租房子寻找梦想的过程中，两个人因王彩玲一句"你还会一直爱我吗"的问话而发生改变；在一番争论后两人分道扬镳：王彩玲孤身一人再次来到北京，黄四宝随后也逃往深圳。当王彩玲在失望中走出火车站出口时，画面呈现给我们的是"出站口"三个在夜晚中越发显得鲜红的大字（见图 14-2），这与此时王彩玲落寞的心情正成反照。不仅如此，导演生怕这三个鲜红大字被观者忽略，在王彩玲离开"出站口"没几步，影片又以同样鲜红的"北京站"三个字作为王彩玲逐渐远去的背景。或许生活中的情景本就如此，因为这两个场景只是任何一个普通人乘坐火车到北京出站后的普通场景，但在这里它成为一个象征。此时的王彩玲爱情理想破灭，心情极度低落；同时，从她没有丝毫回头看看"北京站"的行动可以发现，那种初到北京的喜悦感早已荡然无存，因为她已来过多次，失去了第一次到北京时会产生的新鲜感。毕竟，北京对她来说是一个"异乡"，她命里注定不属于北京。于是在王彩玲身后逐渐远去的"北京站"三个字，似乎在暗示着她进入北京的理想也在随之远去。对于此时的王彩玲来说，出站口不仅没有说明她再一次来到北京，反而说明她正逐渐远离自己的艺术梦想和人生希望。果然，在到北京的第二日，王彩玲到某

图 14-2　走出北京站出站口的王彩玲

剧团和中央音乐学院的求职均以失败告终，而且此前她才刚刚失恋。对于一个青年女性来说，还有什么样的打击能超过理想破灭、感情受挫这两件人生大事同时发生的境遇呢？

在影片中，火车在某种程度上是理想列车的化身：它只出现在剧中人物去北京的场景中，以下这些场景令我们印象深刻：王彩玲在北京与"西装男"谈户口的事情，是在一个火车道涵洞下完成的，而且我们还能记得王彩玲一个人在人满为患的车厢中陶醉于自我营造的艺术境界中的情景，这时的她还充满着幻想；黄四宝到中央美术学院考试是坐火车去的，同样也坐火车回来，并醉倒在火车站，长长的列车成为他醉酒的背景；在王彩玲与黄四宝获得心灵呼应后，两人也是乘坐火车前往北京的，虽然此事并没有一个完美的结局；高贝贝的苦肉计成功后，王彩玲她们三人也是坐火车到北京的，在同样人满为患的车厢里，王彩玲向高贝贝讲述了每年春天来临给自己造成的影响，等等。这些场景是影片情节不断发展的关键环节，同时也让火车获得了象征意义。

在遭受一系列失败、欺骗后，王彩玲进北京的理想彻底破灭，以前总在火车上出现的王彩玲至此也结束了与火车之间的关系，取而代之的是自行车和三轮车。当王彩玲骑着自行车来到黄四宝办的婚姻介绍所，后来又蹲在满载绵羊的机动三轮车厢里看着远去的乡间公路时，王彩玲彻底放弃了她的人生理想和艺术追求。此时，辽阔的天空，绵延无尽的公路所构成的巨大空间，让这辆三轮车显得十分渺小；在画面中央，是一条虽努力向前但似乎总走不完的路；王彩玲蹲在车厢里，她往后看的眼神正与观众相对，已没有神采，她所能做的或许只有看着脚下的路越来越远。或许这时的王彩玲心中在说："别了，北京！"在影片的最后，王彩玲带着养女王小凡又一次来到北京。对于此时的王彩玲来说，火车意象已没有出现之必要。在母女俩一起说完长长的儿歌后，她们不约而同地将眼光转向不远处的天安门。以前那个寒冷傍晚中金碧辉煌但又模糊迷离的天安门不见了，巡逻的人也不见了。这时的天安门清楚地呈现在眼前：两边的白色标语和中间的主席像，甚至城楼上的门与窗……这时，对北京已没有奢求的羊肉贩卖者王彩玲才真正看清了天安门（见图14-3）。为此，导演让这个镜头呈现了50秒。

图 14-3　王彩玲母女在天安门

实际上，北京的门从未向王彩玲开放。在王彩玲观望天安门时，天安门外金黄的灯光隐约迷离，一如"黄金银为宫阙"的神仙世界，根本看不见这个名为"天安门"的建筑门在何方。"门"作为一个重要细节，在影片中通过王彩玲的求职过程得以细微呈现。到剧团求职时，办公室的门是关着的，王彩玲的敲门声引起了工作人员的注意，在工作人员"请进"的允许中，门被王彩玲小心翼翼地推开一点——仅有的"一点"。在整个求职过程中，这扇门始终以这种微开的状态呈现着，即使是在王彩玲转身出门对着空空的楼梯含泪歌唱时，在她身后的仍是尚未完全开启的门。无独有偶，在中央音乐学院求职做勤杂工时，王彩玲来到了一扇打开的房门前，这似乎让王彩玲看到了一丝希望，而就在她一只脚跨进门槛的同时，两位女性工作人员正从里面出来，王彩玲只得退出门来——她又一次被拒之门外。更有意味的是，在她们与王彩玲谈话间，锁门也是在此过程中完成的。

二、北京人

在影片中还能看到几个纯正的北京人的身影，在他们身上我们也能体会到北京到底是怎样一座城市。首先出现在剧中的是帮王彩玲办户口的中年男子。他上身超长的西装显示出 20 世纪 80 年代北京平民阶层对改革开放的快速接受程度。毕竟，此前的北京除五四运动和民国时期出现过洋服外，后来再无它们的踪影。虽然该男子的西装并不合身，以至于让我们怀疑其正当来历，但与王彩玲进京时所穿的衣服相比，这身西装就具有区分大都市与小城市、中央与地方的功能（见图 14-4）。他脚上的布鞋与他上身的西装恰成比照：如此矛盾的服饰却如此和谐地被一个人穿在身上。在隆隆的火车过去后，西装男挠挠没有头发的头，开口就显得极不耐烦："哎呀，你怎么又来了？"通过这句话，我们可以知道王彩玲为此事经常进京，以至于西装男也快失去了耐心，同时也印证了小张老师向周瑜说的"她经常去"的话。这也在某种程度上说明西装男本身并没有能力帮王彩玲买到户口，以至于在简短的会面中，他屡次强调买户口的难度。而且，他还以王彩玲不信任他为由装出生气的样子，要王彩玲将钱拿回去。当王彩玲说没这个意思并提上一包土特产给他后，他改变了态度，语气缓和下来并再一次向王彩玲强调了"三万块钱可不一定够"，在得到王彩玲的肯定回答后，他的一声"行嘞"显示了他的愉快心情；在临走时，他还不无关心地叮嘱王彩玲："你以后别老往北京跑了，怪辛苦的。等事办成了我会告诉你。"其实，事能办成的可能性并不大，因为从王彩玲进京的次数可以看到，这件事已进行了很长时间，只不过这时的王彩玲还沉浸在幻想中。

图 14-4　王彩玲找"西装男"办北京户籍

　　西装男第二次出现，是王彩玲决定放弃进北京而把钱要回来帮助高贝贝进京参加比赛的时候。当得知王彩玲的真实用意时，他开口就说："你什么意思啊，我都快给你把户口办成了。"在看到王彩玲无声的坚决后，他说："我可告诉你，钱我可是扔出一半儿了，要退呀最多退你一半儿。"在他近乎无赖的陈述中，两次出现的儿化音显示出北京方言的独特。就这样，虽然事情尚未有着落，王彩玲就已失去了三万块钱中的一半。这笔钱王彩玲要多长时间才能攒够，我们不得而知，我们知道的是王彩玲给别人上一节课是十块钱。这次出现的西装男换了一件米黄色夹克衫，夹着一个黑色皮包，以表明他是一个认真办事的人。在此过程中，一个身材窈窕、戴着时尚小帽、穿着修身牛仔裤，挎着白色手提包的女子的身影一直存在（见图14-5）。作为北京女子的代表，她也与穿着一身没有线条区分的黑衣服的王彩玲形成了对比。

图 14-5　王彩玲找"西装男"要求退钱

在与黄四宝分别后，王彩玲又来到她曾经去过的某剧团，一位穿着一身红色正装的剧团女管理者接待了她。这位"红装女"是北京人在影片中的又一代表。王彩玲在标准清晰的普通话"请进"的允许下侧身走了进去。她标准、清晰、动听、悦耳的普通话，让王彩玲不由觉得自己矮人三分：她胆怯地将门推开一条缝隙，仅能露出半张脸。她怯怯地说："你好，我是来考咱们剧院的。"这是顾长卫以声音和语言塑造人物形象的手法之一，并在他的影片中一以贯之。[①] 在王彩玲表达了她的意图后，红装女面带微笑、十分客气但又非常直接地拒绝了王彩玲的求职。红装女彬彬有礼、落落大方，美丽、礼貌、整洁、直白，她不需要考虑求职者王彩玲的感受，因为她与她之间没有交集。在王彩玲表示希望她能听自己唱一首歌时，她说："我可以毫不客气地告诉你，我们绝对不可能进人，你想都不用想。"但王彩玲不理会，仍迅速沉入自己的歌声中。红装女拿着文件走出了办公室："其实，你去年就已经来过。"留下了发怔的王彩玲

---

① 参见顾长卫、阎连科《瞬间，足以将生命照亮》，《收获》2008年第3期。

立在原地，只不过她在片刻呆滞后又以原来抒情歌唱时的姿势走出门外，坚持把自己的歌唱完。在整个过程中，来自鹤阳衣着土气的王彩玲和北京文艺机关的女管理者形成鲜明对比：土气不讲究的衣裳／整洁的红色职业装，鹤阳的方言／标准的普通话，以及由此衍生的鹤阳／北京、地方／中央、非北京人／北京人、求职者／管理者、弱者／强者，等等。

随后王彩玲又来到中央音乐学院后勤处，希望找个临时工的工作，两名工作人员在得知王彩玲没有北京户口之后拒绝了她。不知是否因为她们二位是在后勤处工作，普通话没有红装女标准，但比后者多些人情味，毕竟她们还询问过王彩玲是否有北京户口，这与"你想都不要想"的断然拒绝有明显区别。

在这三个场景中，如果说西装男代表了北京平民的形象（包括国家剧院门口的票贩子和那位时尚女郎），红装女及两位后勤工作者则代表了北京机关工作人员的形象，可以看到，这两类人，一类狡猾、机敏、爱占便宜，一类稳重、直白、缺乏人情味，构成了剧中北京人的两面。与王彩玲们相比，他们不需要理想，因为他们本身就生活在理想之地。他们的言谈举止既反映出北京的部分文化特征，也反映出他们作为北京人的优越感。王彩玲们的言谈举止是非北京文化的反映，同时也说明他们与北京之间的距离有多远。这种身份的区隔、王彩玲与北京的关系，除"格格不入"外，我们想不到更好的词来表述。

三、电视屏幕

在影片中，"北京因素"与"非北京因素"之间鲜明的细节对比随处可见。在王彩玲回家过年的那天晚上，一家人在一起吃完了妈妈包的饺子后，像中国千百万个家庭一样，他们收看了春节联欢晚会。在过去的三十多年间，这个行为几乎成为中国人过年的一项新的民俗活动，因为拜年时除"新年好"之类的常规问候外，几乎所有人都会问一句"看春晚了没有"。虽然这个节目并不具有民俗活动的仪式性、传承性和神圣性等特点，但由于它是中央电视台主办，因而也具有普遍影响力：在年三十晚上，几乎所有的地方台都要转播这个节目。节目质量固然是重要因素之一，所有人都清楚，这场节目不仅是全国人民在一起过年的象征，而且节目组还要通过这场晚会来回顾国家一年中发生的重大事件，并力求以文艺的形式对之进行表现。处在偏远乡村的人们几乎是通过春节晚会的形式来了解一年之内国家所发生的大事。

让我们再回到王彩玲家的那个晚上。在吃完饺子后，一家人躺在炕上，在观众还沉浸在王彩玲一家相聚的情景中时，荧幕中突然出现一个伴随着普通话声音的电视屏幕，这给毫无准备的观众一个不小的惊吓。通过观察，我们知道电视屏幕里正在上演当年的春节联欢晚会（见图14-6）。电视机坐落在王彩玲家小房子的窗台下，窗外正飘着新年的雪花，里面打扮光鲜的男女主持人正在饱含激情地陈词："今天我们在一起，度过了一个愉快而美好的夜晚。"之后，赵忠祥深情地说："难忘今宵！"从其强调的程度看，前句话只是为这四个字的出现作铺垫而已。果然，穿着传统服饰的倪萍接着说："难忘今宵，我们又迎来了神州大地的春天。"又一女主持人说："歌声不断，情意常在。今宵难忘，难忘今宵。"确实是美好而愉快的夜晚！只不过，随后出现的画面——王彩玲趴在桌子上恹恹欲睡，她的父母也已睡去，寂静的小屋里唯有电视机中的欢快歌声和热闹场面——让我们觉得电视中正在上演的五彩缤纷的节目与王彩玲一家没有多少关系。小屋中的冷清寂寞与电视里的繁华热闹两相对照，我们能体会到的只是王彩玲一年又一年不能实现梦想的悲哀与无奈。对身处农村的大多数人来说，这样的夜晚除吃年夜饭和不断地放鞭炮外，与日常生活中的其他夜晚没有多大区别，因而也并不像春晚主持人所强调的那样"今宵难忘，难忘今宵"——北京的繁华与欢乐，何时才能走进王彩玲们的人生现实？

图14-6　王彩玲家中的荧屏春晚直播

与此处电视屏幕中所显现的北京形象不同，在影片中，还有一处出现了电视屏幕，即王彩玲曾去过的那个酒吧。当影片展现王彩玲这个夜晚的生活时，首先进入画面的是电视屏幕中一个穿着暴露的浓艳美女躺下又起来的身姿，与之相伴的是一个粗野的男人的声音，而且这个声音所唱的是以甜歌出名的李玲玉在当时颇为流行的"夏天夏天悄悄过去留下小秘密"的歌曲。这种反差形成了一种颇具震惊意味的观影效果，就像王彩玲家的那个寂静的大年夜里突然出现赵忠祥的声音一样。这个画面与前文所分析的画面全然不同：晚会画面所营造的是其乐融融、精神昂扬的情景，而此处画面浓艳、粗俗、昏暗、暧昧、空虚。当然，这个景象不是影片中的北京所具有的。导演让它出现在一个不知名的城市里，其普遍性象征隐喻不言自明：它超越了影片对北京形象的塑造，因为它无处不在。

四、比较视野

我们还可将《立春》中的"北京"与2012年热播的电视剧《北京爱情故事》做一比较。后者以一对来自云南农村的青年情侣的悲惨结局而告终。在这部电视剧中，北京作为政治之城的色彩消退很多，其中写字楼内满眼可见的各种公司及刚毕业在这些公司供职的挣扎奋斗的青年学生成为主体。石小孟，这个从云南农村考入北京某所大学的农家子弟，最终在金钱的压力下放弃了自己的爱人。金钱对美好人性的腐蚀又一次在影视中的北京上演。虽然这样的事情在任何一座城市都可能发生，但人们好像觉得只有让这样的事情在北京发生才能表征更普遍的意义，就像贝淡宁（Daniel A. Bell）所说："无论如何，在北京发生的事具有更大的意义。"①

无论两部影视作品对北京的金钱属性如何进行写实主义的塑造，并让人觉得这样的事情正在不断上演，但总给人牵强造作之感。究其原因，就在于作为政治之城的北京与作为金钱之城的北京虽有重合之处，但后者并不能真正建构北京之城的丰富内涵。刻意扭转北京形象内涵不是一两部影视作品可以实现的，

---

① ［加］贝淡宁、［以］艾维纳·德夏里特：《城市的精神：全球化时代，城市何以安顿我们》，吴万伟译，重庆：重庆出版社，2012年，第162页。

虽然这样的内涵在现实中真实存在。《立春》以朴实的形象、精微的细节接续了历史文化传统中的北京形象，给人的感觉反而更为真实。

总之，在《立春》中，北京城不是作为现代都市的身份而出现的。虽然此时的北京高楼大厦已有不少，已具有更多的时尚因素，但这些都不足以代表北京，因此导演也未将北京城的高楼大厦等繁华景象展现给观众，而只以火车站、天安门和中央音乐学院的老建筑等来表征北京，似乎强调的是它悠久的历史政治文化，这样的北京形象恰恰从一个侧面映现了转型发展中的现实中国形象。

第四节 《战狼Ⅱ》与《红海行动》：新英雄叙事与中国形象构建

英雄形象的塑造是影视作品特别是主旋律影视作品在历史与现实的语境中构建中国形象的主要方式。在本书的"文学篇"中分析了茅盾文学奖获奖作品所存在的"英雄情结"。应当看到，随着后现代文化的流行与消费社会的到来，艺术作品中的英雄叙事面临许多挑战，"非英雄化"倾向曾经相当流行。[①]恰恰在这种背景下，国产电影的新英雄叙事出现了引人注目的新收获:《战狼Ⅱ》（2017）以 56.6 亿元创造了国产电影票房新纪录，《红海行动》（2018）也在春节黄金档荣登票房首位，一度成为当下影视审美文化的"现象级"新案例，开拓了现代战争影片的巨大市场，同时引发国产主流影片中的英雄再生潮流，探索了以英雄形象塑造来构建新时代中国形象的可能路径。

一、"返英雄化"趋势的出现

电影是一种特殊媒介，作为最具有大众性的艺术样式，通过"超真实"画面、动作奇观、图像增殖等手段，向受众呈现出真实可感的人物形象，特别是能够以其特有的视觉文化、图像传播等形式，创造形态各异的英雄形象。我们提出"返英雄化"的概念，是因为新中国的文艺实践在英雄书写问题上曾经存在几

[①] 早在 2006 年，我们就在《文艺报》刊文指出了"值得警惕的非英雄化倾向问题"，列举了其中的种种表现，见徐放鸣、杨森《英雄、形象塑造及其他》，文艺报 2006 年 9 月 7 日。

个阶段的反复：从最初的"完美型"英雄形象塑造凸显其"高大全"的神性特征，到后来的"缺陷型"英雄形象塑造还原了生活的真实和人性的本真，再到后来回避英雄叙事，甚至假借"祛魅"之风来消解英雄，出现具有历史虚无主义特征的"非英雄化"倾向。在 2014 年 10 月习近平主持召开文艺工作座谈会并发表重要讲话之后，文艺实践中的英雄书写出现了新的气象，我们把这种新气象称为"返英雄化"趋势。在电影领域的返英雄化探索试图改变媒介过度娱乐化英雄的现象，努力重塑如英国学者卡莱尔所追求的有"真诚"信仰的英雄，最诚挚、最公正、最高贵的人物形象。对此，有论者指出："虽然英雄的时代已经一去不复返了，但人们留恋英雄的集体无意识依然强大，从而导致英雄以不同形式不断再生。""后现代可以改变文学经典的形象特征和价值承载，但永远无法终止人们的英雄期待。"[1] 但人们"并不是随心所欲地创造，并不是在他们自己选定的条件下创造，而是在直接碰到的、既定的、从过去承继下来的条件下创造。一切已死的先辈们的传统，像梦魇一样纠缠着活人的头脑"[2]。人类对英雄的崇拜是一种超越民族性的深层集体无意识的表现，英雄是不同民族的人们心中永远的留恋，其作为一种既定的、深藏于人类内心的文化积淀，影响了每一代的艺术创作。正如卡莱尔所说："只要有人存在，'英雄崇拜'就会永远存在。"[3]

需要强调的是，"返英雄化"趋势的出现，并不意味着要重新回到"完美型"或"缺陷型"英雄塑造的固有模式上去，而是要面对后现代文化的语境和消费社会的媒介传播现实，积极探索英雄叙事的真实性与大众认知的对接点，探索英雄空间中的英雄类型多样性与大众的英雄观念变迁之间的对接点，探索英雄形象的新构建与大众消费娱乐活动中的审美需求的对接点。这三个对接点就体现了当代文艺实践努力践行以人民为中心的文艺观，立足于服务大众、引领消费、提升审美、塑造民族精神而确立的新英雄观，由此而构建的英雄形象才是新时代中国形象的生动体现。

---

① 王建疆：《后现代语境中的英雄空间与英雄再生》，《文学评论》2014 年第 3 期。
② 朱立元：《接受美学》，上海：上海人民出版社，1989 年，第 172 页。
③ ［英］卡莱尔：《英雄与英雄崇拜——卡莱尔讲演集》，张峰、吕霞译，上海：上海三联书店，1998 年，第 21 页。

面对一个时期以来流行的反英雄、戏仿恶搞、消费英雄等乱象，有论者在反思中认为："英雄作为一种精神是任何人类社会都需要的，没有这种精神，不仅社会发展的动力无从谈起，民族凝聚力也会受到瓦解，而且社会的安定的保障也会受到挑战。"[①] 就是在这种背景下，"返英雄化"趋势开始出现在文艺作品尤其是电影创作中，表明当下创作者欲通过塑造"卡莱尔式"英雄人物形象，重回真正英雄的轨道，打破娱乐化英雄泛滥的困境，提升大众心中的英雄观念，以及唤醒真正渴望英雄的深层无意识。要通过英雄形象的成功塑造向观众传递更多的正能量，增强民族自尊和大国自信，构建出富有感染力的中国形象。

《战狼Ⅱ》和《红海行动》就顺应了上述"返英雄化"趋势，以高票房和好口碑展现了全球化时代走向世界的中国军人具有怎样的英雄特质。影片将英雄身份设定为军人形象，本身就已经限定了英雄内在的崇高性质；又将故事放置在国外的战乱环境下进行救援行动，主人公被赋予的角色设定显然不可能出现娱乐化倾向。从人物身份设定到影片的特殊背景，影片力图表达国产主流电影要改变当今戏仿英雄现象的强烈意愿，以及重塑个性丰满的英雄形象的强烈愿望。影片的广泛传播对观众产生了极大的影响，重新唤起对战斗英雄的崇拜，提振民族自信心，凝聚起实现中国梦的磅礴力量。

二、从个人英雄到群体英雄的转变

《战狼Ⅱ》和《红海行动》是两部题材基本相同的作品，又时隔不久先后上映，但是这并不影响二者双双赢得高票房和好口碑。前者凸显了男主人公"冷锋"的个人形象，展现了独狼式的孤胆英雄形象；后者则着力塑造了"群体式"英雄形象，一组群像中每一个人物都是鲜活生动的。譬如影片中同样都是讲述勇斗海盗的事件，展现出来的人物形象却不相同。冷锋巧遇海盗，斗智斗勇，单枪匹马赢得了胜利，成功解救人质并无伤亡，在观众心中树立了一个战无不胜的孤胆英雄形象。《红海行动》则向观众展示了一群训练有素的中国军人

---

① 王建疆：《后现代语境中的英雄空间与英雄再生》，《文学评论》2014 年第 3 期。

形象。以杨锐为首的蛟龙特种兵部队构成的英雄群体，通过各方协作配合，英勇无畏，智取海盗，展现出中国军人的军事素养、坚定信念和无畏勇气。

两部影片在同样的题材和背景之下展开故事，却给观众带来了不一样的观影体验。《战狼Ⅱ》打破观众原先的审美期待，"单枪匹马""孤胆英雄""家国情怀"这几个关键意象的展现，与以往国产战争影片中的军人形象塑造有些出入。冷锋是一个自由随性的退伍军人，自然少了革命军人该有的纪律性，多了一些草莽英雄的率性。但他退伍前的身份又是军人，因而在二者交叉矛盾的身份之下，则显得与众不同，能够快速吸引观众的目光。影片中所呈现的"能打"的硬汉形象不同于军人的既定形象，并且不是用影片中几个代表国家的意象符号就能够概括的。在观影过程中，随着电影叙事的开展，受众的审美期待视野经历了原先的定向期待到创新期待的心理过程，对脑海里原有的军人形象进行了更新重构，形成极具个人色彩的"战狼"英雄。从拯救陈博士到撤侨行动，男主人公发挥了无限作用，几乎是仅凭个人力量拯救全局，而国家的存在在影片中处于一种暧昧状态。对观众来说，《战狼Ⅱ》带来的是一种激情昂扬的热血精神，一种无所畏惧的民族自信情怀。可是深究内里，分析影片对国家的描述定位，其中的国家更多是作为一种符号的存在，没有多少实际意义，反而带来一些疑惑。例如影片开头的"强拆"导致冷锋被处分并强制退伍、救援行动中没有足够支援力量、草率地派遣个人执行任务而使其陷入险境，以及影片最后出现的姗姗来迟的导弹打击——这一切构成了救援行动中个人作用与国家后盾的反差，似乎显得不合常理，以至于最后的"护照"宣示也给人一种生硬拼贴的感觉。这毋宁说只是为男主人公形象的升华做铺垫衬托，将个人英勇简单地上升到国家层面。从观众角度来说，印象深刻的是男主人公的军事素养和足智多谋，所谓民族情怀亦是从男主角的英勇行为中生发出来的。正如透过冷锋最后高举国旗过境的银幕画面，观众内心产生振奋自豪的国家认同和民族情怀，实则是基于男主人公的个人形象而引起了激昂斗志与大国自信。此外，《战狼Ⅱ》中"冷锋"是一个"好莱坞式"的硬汉形象，身边必然不缺乏美女加持。因此，"瑞秋"的出现就实现了这个套路的圆满，最后"有情人终成眷属"的美满结局同样符合了中国观众的观影审美期待，丰满了冷锋的个人英雄形象。从英雄形象的塑造而言,可以说《战狼Ⅱ》是成功的,它成功地展现了冷锋这个鲜明的"战狼英雄",丰富了国产主流电影中的英雄人物形象谱系。但影片亦有值得质疑之处,由于设定背景的局限,在一定程度上只能通过国家形象的模糊来凸显个人形象的高大,其中的情节设计和主旨的表达因此而缺乏充分的逻辑性。另外,这种孤胆英雄的结构模式仿佛是好莱坞大片的翻版,似乎在借鉴国外电影制作经验中尚未完全形成中国式战争大片的自我风格。

《红海行动》的创意来自真实的武装撤侨行动,着力塑造了一组英雄群像。影片中多次出现小组携手前进的画面,从朗朗晴日到碧霞漫天,从头至尾都展现出蛟龙战队的整体英雄形象。以杨锐为首的蛟龙特种部队,在影片几场救援战斗中展现了良好的军事素养及牺牲奉献的军人信仰,带给观众的观影体验显然与《战狼Ⅱ》有明显的不同。在紧张的情节发展中,影片给予观众的感受是蛟龙战队中的人一个都不能少,每个军人都有过人之处,都承担着自己的责任与义务,这是一个"群体式"英雄团体。对群体军人形象的深度刻画是影片《红海行动》的一大突破。如果说冷锋是一个"孤胆英雄",是草莽率性的军人,那么蛟龙战队作为一个整体军人形象,是一个极具纪律性、团结性的群体,他们更好地展现了中国军人的正面形象。在极具个性的个人之上是群体,个人利益之上是国家,生命之上是信念,他们为此而勇于牺牲自我。正如片中海清饰演的"夏楠"所说的,"总有一些东西比生命更重要"。《红海行动》的人物形象塑造显然在《战狼Ⅱ》的冷锋与以往影片的军人形象基础上实现了深化发展。但群体式英雄的刻画方式也是该影片为人诟病的一个问题。由于人物众多,影片难以很好地展现每个人物的形象特征,仅仅是几句话、几个隐喻方式就带过,无法给观众留下深刻的印象,记住的仅仅是一组中国军人形象,而少了点个人的性格特征,以至于影片的意识形态色彩稍显浓厚。

从个人英雄冷锋到群体英雄蛟龙战队,这种形象塑造的变化实则是英雄形象构建从个人化到国家化的一种方式转换。《战狼Ⅱ》结尾处宣示的口号"犯我中华者,虽远必诛!"感动了许多观众,被视为一种民族自信的表达,展现了大国声威。但是深究其内容,发现国家概念在其中并没有起到更多实质性作用,相反是一种"独狼式"个人风采的张扬。同时,观众在观影审美之际容易陷入一种偏激民族主义的陷阱，形成一种盲目的民族自信、一种错误的主体审美体验，可能在整体社会造成一种好斗争强的情绪化心理模式。这部电影为当代主流电影的英雄人物刻画增添了浓墨重彩的一笔，塑造了一个性格火暴、有勇有谋的民间英雄，这个形象却并不能够称为军人英雄的典型。与此相反的《红海行动》，主要目的在于塑造一群中国军人，一个纪律性强、勇敢坚韧、不怕牺牲的英雄群体，"勇者无惧，强者无敌"。影片是站在国家立场上宣扬负责任的大国形象、展现中国国威、具有主流意识形态属性的国产电影。影片的人物形象刻画与中心故事线索叙述相匹配，主旨情感表达较为恰当，展现了中国军人的优良品质，少了一些个性化的风采，多了一份对信仰的追求渴望。同时，整部影片环绕着一种沉重的悲剧气氛，任务的艰难、战斗的惨烈、队员的相继牺牲让人心情沉重，缺少了《战狼Ⅱ》中大无畏的英雄主义和乐观精神，反而将影片整体情感放在一个悲伤沉重的调子上，向观众传达出一种"反战"思想，宣扬国际人道主义。

三、走下神坛的英雄形象

近年来，伴随着好莱坞电影的全球传播，一种电影固化模式影响了电影人的创作及观众的观影审美体验。"在图像增殖过程中，它以艺术的方式和审美的方式松懈了人们的思想警觉，又以有效的情感表达浸染着人们的英雄观，改变着第三世界的英雄期待，进而影响第三世界的国家意识形态与人们的世界观。"[1] 从我们分析的典型个案来看，小人物撼动大世界，《战狼Ⅱ》成功借鉴了这种模式，塑造了冷锋这个硬汉形象。但是，导演将冷锋放到一个国际大环境之下，交给他一个几乎不可能完成的国家任务，虽然他经过殊死搏斗获得成功，但是，问题在于故事背景选错了。导演给男主人公一个过于宏大的任务，最后却将故事结局处理成冷锋与老爹的个人情感隔阂，显得虎头蛇尾，头重脚轻。同时，男主人公屡次遭遇危险之后都能化险为夷，经历九死一生的传奇般拼搏，给观众塑造的是一种带有灵光的"战神"形象。在这样的故事发展模式

---

[1] 王建疆：《后现代语境中的英雄空间与英雄再生》，《文学评论》2014年第3期。

下，冷锋这个英雄形象具有了一种无所不能的神性色彩，其现实性容易受到质疑，缺少贴近生活的真实性。

反观《红海行动》，虽然对单个人物形象的刻画不够细致清晰，但是没有将其神化，反而更具有贴近实际生活的真实平凡感。例如，"吃糖"这个隐喻处理贯穿了整部影片，也贯穿了特战队员石头的整个生命过程。一个铮铮铁汉，浑身都是军事装备，却携带着与之格格不入的糖果。这一方面显示出石头这个人物真实的战场心理，同样表明石头对家国的思念寄托，让观众意识到他不仅是一个特战军人，也是一个我们身边的普通大男孩。导演从人物对话的场面处理中，展现出稳重可靠的军人背后隐藏的真实性格。在成功营救华侨后的短暂休息中，徐宏与队长对于战争中平民的悲惨遭遇展开探讨，队长说："他们国家已经乱成这样，我们能做的，顶多就是把任务完成，别的什么也做不了。"看似冷漠，实则表达出对战争的无奈和悲伤情绪，意识到个人力量无法拯救全人类，一个人的力量实在是太渺小。这就不像《战狼Ⅱ》中冷锋的意气风发、独挑大梁，以一人之力去拯救芸芸众生。这里并不是队长冷漠，而是导演秉持现实主义精神，希望观众认识到国外执行任务的复杂艰难，个人的力量总是有限的，以及宣扬"反战"思想，而不是一味激起民族主义和盲目的民族自信感。同时，面对爆炸后尸横遍野的战争场面，即使是训练有素的特战队员也会感到后怕，对战争的残酷性会有恐惧感，也会像普通人一样感到惊恐无助，这是具有写实性的战场再现。影片中同样出现了生离死别，就算是群体合作也无法躲避战争的残酷。影片中的英雄不再具有神性的光芒，他们已经走下神坛。该片中的英雄面对困境与磨难，同样会有牺牲、会有胆怯，只是他们在面对生死考验时比常人多了一份坚定与勇敢，这正是中国军人超越生死意识的坚定信仰展现。"正是因为意识到了生命限度的必然性，人类才可能进而去思考如何在这有限的生命之年去追求和创造无限的问题，也就是在必然之中寻找自由的问题。"[①] 正是经历了惨痛的生离死别，人类才可能认识到生命的有限性及信念等的无限崇高性。在这样一种死亡意识及死亡超越精神的神话原型潜在影响下，

---

① 叶舒宪：《英雄与太阳——中国上古史诗的原型重构》，上海：上海社会科学院出版社，1991年，第188页。

《红海行动》中的英雄面临生离死别时，意识到了生命之上还有更重要的东西值得去捍卫，它是国家，亦是信仰。两部影片中的英雄各有风采，前者是铁血男儿略带神性光芒，后者是个个都有铮铮铁骨的英雄群体，具有平凡的真实感和崇高信念的人间英雄。对比之下，可以发现两种不同的英雄塑造模式。

四、英雄的非性别化

在好莱坞英雄大片中，一个动向是女性形象从陪衬英雄到转为主角。从007系列的"邦女郎"到复仇者联盟中的"黑寡妇"，女性英雄形象开始鲜明化，呈现出"英雄非性别化"趋势。中国电影也有类似的发展迹象。正如上文所论述的，《战狼Ⅱ》作为一种典型的好莱坞模式电影，其中必然少不了美女加持，因此，瑞秋的出现正好弥补了冷锋性格上的空缺。硬汉式英雄多了一丝柔情，使人物角色增添了几分色彩。但是，该片中瑞秋的作用仅仅是为男主人公的人物塑造加以陪衬，以及作为故事发展线索中必不可少的一个环节，而并未成为一个真正的女性战火英雄。这就仍未打破影片中女性地位的暧昧性和非独立性，女性形象还是作为男性英雄形象的一种装饰，目的在于润色丰满男主人公形象。

在《红海行动》中，佟莉、夏楠的出现在一定程度上打破了这种固化模式，表明在国产主流影片中女性英雄开始获得独立的位置。佟莉作为蛟龙战队的一员，是群体英雄形象的一部分，有着特殊的存在价值。导演通过大概三个镜头来刻画其人物形象，显示其良好的军事素养、同伴意识及坚韧品格。其能力与男性队员没有差异，创作人员并没有对其掺杂一种女性关怀意识。虽然佟莉的个性还不是很鲜明，但是仍旧给观众留下深刻印象，打破了原先电影对女性形象的传统定位，重塑了中国英雄电影中的女性形象。如果说佟莉是作为群体英雄描绘中的一个个体，与其他男性角色没有差别化，那么夏楠的出现则更好地印证了导演对刻画女性英雄形象的决心。在影片的前半部分中，夏楠的存在是不合时宜的，事事都要参与，还总是出状况拖后腿，观众对这样一个女性形象会感到不以为然。但随着影片的情节发展，会慢慢发现其自身所具有的独立、果敢的品格和人道主义精神，具有作为平凡人难能可贵的胆识和智慧。在她和报社编辑的争论过程中，镜头扫过墙上所挂的海报，是战地记者罗伯特·卡特的一句话："如果你的照片不够好，那表示你还离得不够近。"她说："总有一些东西比生命更重要。"这些画面的拼接，表明了她拥有追问真实的勇气、对职业有很强的忠实度及信仰。虽然她的行为冲动鲁莽，间接导致了伙伴的牺牲，但是她作为一名记者敢于接近事实真相；作为一名女性她临危不惧，能够与素质过硬的特战队员并肩作战；作为一名法籍华人，更具有一种国际人道主义精神。相比较而言，夏楠这个女性英雄形象的塑造显得更为立体饱满。当然，导演对两个女性角色的刻画还是稍显生硬，并没有对其人物性格做出深度刻画，人物还缺乏生动感。但是与《战狼Ⅱ》比较，《红海行动》中女性角色承担的分量，而且地位已经大不相同。《红海行动》这部影片某种程度上显示了国产主流影片中女性意识的觉醒：过去的女性民族英雄，往往性格单一，具有强烈的民族意识而缺乏个人色彩，而《红海行动》中佟莉、夏楠的出现，丰富了国产主流影片中女性英雄的性格，提升了其内在精神高度，是更具有现代意识的新时代女性及新时代英雄。这些形象的出现也增加了中国形象特别是中国人形象的丰富性。

第十五章　城市宣传片中国家形象的审美构建

　　城市形象是国家形象的地域性表征。在快速推进中国城市化进程中，各个城市之间的发展竞争也越来越激烈，打造有特色的城市形象成为增强城市竞争力的重要方式，从中显示出一座城市的历史积淀、自然风貌、人文精神和经济活力。城市形象塑造也显示出它特有的竞争优势和价值增长潜力，成为推进城市现代化进程的客观需要。由于各个城市越来越注重自身的形象宣传，于是城市宣传片应运而生，成为以综合影像方式展现城市总体风貌的艺术形式。城市宣传片以视觉与声音为载体，展现着一座城市独特的内在品格与外在风貌。2004年央视二套举办的"中国魅力城市"评选活动，更是首次大规模地将城市宣传片推入大众视野。在信息化到来的当代社会，当城市作为相对独立的个体在世界舞台上参与竞争时，城市宣传片跨文化传播的特质愈发明显。宣传片不单单是一个城市的作品，更是对国家形象的呈现。广州、上海、成都、南京、苏州等地凭借城市宣传片曾亮相美国有线电视新闻网、英国广播公司等西方主流媒体，成为首批在国际平台播放城市宣传片的城市。这些城市宣传片的海外传播要明显早于2011年在纽约时报广场播出的中国国家形象宣传片。与国家形象宣传片相比，城市宣传片在种类上更具特色，在数量上更多，于是国家形象可以通过更鲜活与熟悉的具体城市形象进行塑造与传播，这为解决中国的形象焦虑问题提供了独特的空间与角度。

第一节　城市宣传片与国家形象构建的关系

　　城市宣传片中有两大类型与国家形象的构建联系紧密。一类是为了参与国际性盛事而拍摄的宣传片。如北京奥运会时期的宣传片《新北京，新奥运》《北京 2008》，上海世博会时期的《茉莉花开》《城市，让生活更美好》，广州亚运会时期的《花开花城》，这类宣传片直接以城市形象代表国家形象进行海外宣传与推介，展示国力，参与国际性的竞争。另一类是城市由于自身发展的需要，如招商引资、提振旅游业、建立国际大都市（又称世界城市）等，以扩大国际影响力为目的而创意拍摄的宣传片。这些城市宣传片推动着国家形象在文化层面的传播，在国家形象的塑造上产生了积极作用。那么，立足城市本身又放眼世界的优秀城市宣传片作品，是怎样具体构建国家形象的？我们可以从内容、形式与传播三个方面进行探讨。

　　从内容上来说，城市形象是国家形象的缩影。我们发现，当城市与国际接轨越来越密切时，某些城市形象已经代表着一个国家的形象。"当人们说起某一国家，首先是从该国大城市的方方面面中去捕捉印象，在这种时候，一个城市便可能成为一个国家的缩影和象征。"[1] 如同外国友人在解读中国时往往是通过一个个极具代表意义的中国文化符号来认识中国的。固然，不是所有的城市宣传片都呈现着国家形象，但随着时代发展和全球化进程推进，城市宣传片会越来越多地融入国家元素，城市宣传片中富有代表性的和有推广价值的国家元素也慢慢具有类型化和集中化的趋势。具体来说，城市宣传片中的国家元素大致可以分为两大类。一类是具有象征性的符号。它们与一个城市的历史内涵和文化传统具有直接的关联，如北京的故宫、西安的兵马俑、苏州的刺绣等。它们既可以是具体的可触摸的实物，也可以是传统的手工艺技艺，抑或是宝贵的

---

① 陈超南、刘天华、姚全兴：《都市审美与上海形象》，上海：上海社会科学院出版社，2008 年，第 3 页。

非物质文化遗产，但它们背后有着共同的特点——不仅凝结着城市的文化精髓，更是能代表中国国粹的文化符号。另外一类是具有国家意志话语性质的符号，又可分为政治意识形态和社会主流价值观两种类型。政治意识形态型的符号如城市宣传片中出现的红旗、纪念性雕塑、党的指导性标语等；社会主流价值观型的符号具有鲜明的时代性，宏观上有在宣传片中展现改革开放、和谐社会建设等的，微观上也有融入诚信精神、雷锋精神、奥运精神、世博精神等的。这些共同构成城市宣传片的国家元素，加强了城市与国家的联系。这些元素"纵"与"横"的结合对于国家形象的构建具有特殊意义，前者显得深邃，后者使人感到宏阔。另外，随着世界城市的观念日益受到瞩目，城市形象与国家形象的关系变得更为紧密。苏格兰城市规划师 P. 格迪斯在 1915 年首先运用了"世界城市"这个概念来称呼伦敦，认为集聚性是作为现代大城市的一个重要特性，"当现代城市将这种集聚性推向世界，并在世界范围内产生影响，那么这些城市便具有了某种世界性"①。具有世界性的大都市对它所在国家的国家形象来说更有积极的构建和传播作用。不难看出，城市形象与国家形象之间存在一种双向互动的关系。国家形象的呈现影响着他国对本国的城市印象，而城市作为国家的重要组成部分，更是直接关系到国家形象的塑造，二者是相辅相成的。因此，城市形象的打造可以为国家形象的呈现奠定十分重要的基础。

从形式上来说，视觉文化带来更直观的审美体验。国家形象传播的方式有很多种，传播载体更是数不胜数。其中国家形象通过带有各种媒介符号表征的文化产品来塑造已经成为一种必然现象，例如报刊书籍、影视作品、电视节目、音乐作品等。只是如今以文学文本构建的方式逐渐被视觉影像、图画代替："今天图像在不断地改变我们的生活方式，同时也在塑造我们的观念和价值，因此从这个意义上说，如今图像比人类历史上的任何时期更具有权威性和影响力。只要对电视或广告图像对当代人生活的影响稍作考察便不难发现，图像今天比过去有着更加强大的影响力。"②用海德格尔著名的表述来说，这就是所谓的"世界作为图像的时代"的到来，"从本质上看来，世界图像并非意指一幅关于世

---

① 转引自陈超南、刘天华、姚全兴《都市审美与上海形象》，上海：上海社会科学院出版社，2008 年，第 5 页。
② 周宪：《视觉文化：从传统到现代》，《文学评论》2003 年第 6 期。

界的图像,而是指世界被把握为图像了"①。视觉文化的崛起、读图时代的来临,催生了一种视觉化的审美现实,为形象宣传片的进一步发展提供了契机。由于文学的非直观性和民族语言因素的限制,文学作品中所构建的国家形象往往具有一定的滞后性与局限性,且在跨文化的传播中因文化差异与译介的难度处于弱势地位。与之相比,城市宣传片依托影像技术手段所体现出来的时代特点更为鲜明,图像与声音的传播范围更为广阔,表现手法更为灵活,形象也显得更直观和更具渲染力,这便在接受层面上具有更大的优势。并且,城市宣传片在塑造国家形象方面相较于其他的宣传方式,政治色彩要相对淡化,视觉符号的丰富性所产生的视听效果大大减少了官方性言语的僵硬之感,而代之以生动、亲和、体验性的方式进行交流与互动。这种隐藏在视觉文本下潜移默化的传播方式也使我们认识到,"'图像化'不可避免地会成为未来审美文化的护身符与推动器,并确立一种新的美学原则:图像的消费与生产在使精神的美学平面化的同时,也肯定了一种新的美学话语,即非超越的、消费性的日常生活活动的美学合法性"②。

从传播上来说,城市宣传片是全球化语境下跨文化传播的需要。从城市宣传片的角度进行国家形象的构建,不仅是一种社会现象,更是一种文化现象。随着经济全球化的推进,我们的城市宣传片就处于东西方文化交融与碰撞的语境下。如今的城市已不仅代表城市本身,正如有人指出的,如果没有巴黎、伦敦、纽约、罗马这些城市,法国、英国、美国、意大利四国的文化恐怕很难想象。"世界上的许多城市,都归属于自己得以形成和发展的社会历史和民族传统,从而成为一个国家的文化、经济、社会的集中表现。"③这样的世界城市在全球化视野下是具有显著意义的:将特有的城市文化通过城市宣传片在国际平台传播出去,融入全球化的大舞台,可以超越地域的限制,使本土资源与世界资源进行多元对话与汇通。在这种异质文化的跨文化交流中,各个民族势必会按照自己的文化传统和思维模式来理解和借鉴异质文化,其间必然融入自己的需要来进行文化选择、文化改造和文化接受，从而吸收、转换成新的精髓进行文化创新。这对于完善国家形象的呈现具有积极意义。中国早期的城市宣传片，大多习惯性地采用充满恢宏气势的手法——通过单纯景观式呈现记录着城市风景秀丽的自然山水、气派威武的高楼大厦、繁华热闹的商业街、璀璨梦幻的夜景等。这一时期的城市宣传片还停留在浅层次的视觉表达上，文化和审美的感染力不够。反观西方的城市宣传片，在代表性建筑和历史景观之外，更多的是民众表情与生活故事贯穿其中，这与西方灵活、开放、友善、幽默的文化氛围有密切关系。后来通过跨文化的借鉴，中国也创作出了如《成都，一座来了就不想离开的城市》《枕水江南·乌镇》《精彩深圳，欢乐之都》等一系列具有影响力的新作品。2012 年的山东济南城市形象片更是邀请国外著名导演来拍摄，这有助于在国际社会上构建出欣欣向荣、海纳百川的，有着深厚底蕴和东方色彩的中国形象。

第二节　城市宣传片呈现国家形象的审美规律分析

不难发现，城市宣传片与国家形象的构建具有十分密切的关系。其实从城市宣传片的角度来实现国家形象的审美构建是有规律可循的。城市宣传片呈现国家形象的审美规律是一种内在规律，主要表现在如下四个方面——城市文化与国家意志的多样性融合、自我形象与他者形象的差异性互照、艺术创作与大众文化的审美性追求、真实呈现与优化呈现的双重性表达。这四个方面的规律是基于目前所能搜集到的视觉文本，在整理、提炼与概括的基础上形成的认识。我们结合一些具体的、典型的案例进行分析阐释，力图总结出城市宣传片为更好呈现国家形象所要遵循的审美规律与未来构建趋向。

一、城市文化与国家意志的多样性融合

有学者指出："在中国经济高速发展的过程中，还存在着另外一种重要的话语形态，这就是政治话语。事实上，无论经济话语如何'甚嚣尘上'，政治

话语从来都没有放弃过对中国当代经济生活的控制与影响。"① 其实，不仅在经济领域，在文化领域也是如此。我们在呼吁文学艺术要保持自己的审美性和无功利性时，也不要忽视政治因素的影响。1999 年央视制作并播出的威海市城市宣传片成为我国第一部真正意义上的城市宣传片，此后城市宣传片作为视觉名片开始受到各大城市的追捧。中国城市形象宣传片的数量急剧增多，许多城市都愿意投入高成本来制作城市宣传片，聘请了国内外知名导演来参与拍摄。只是，城市宣传片在变迁的过程中，总是印刻着国家意志的印迹。

1999 年到 2003 年是城市宣传片诞生与发展的起步阶段。随后的几年间，城市宣传片进入了常态化发展——以彰显国家话语背景下的城市发展为中心。自 2008 年以后，城市宣传片的国际表达意识日益凸显。这意味着对海外推介的需求在强化，需要在视觉图像中渗入更多的具有中国特色的主流政治文化和主流价值观，以增强核心竞争力。通常认为，城市宣传片应立足于地方性，展示一座城市的文化与个性，"城市形象片不是一个可以随意拼凑、随机组合的形象系统，它更多地集中了人们对于城市的价值想象、生活习俗、历史基因和文化追求"②。然而，单纯地表达城市文化已经满足不了当下城市宣传片的域外推介需求，只有将城市文化融入社会发展和国家的话语体系中，才能顺应时代的潮流。例如，在构建和谐社会成为建设中国特色社会主义的重要价值目标的大背景下，陆续有城市将自身的城市文化融入"和谐"这个主题中去制作自己的宣传片，如《和谐广州 文明城市》《爱让厦门更和谐》《美丽茂名 和谐乐章》《和谐发展看常熟》等，甚至连一些县级市也紧跟时代的步伐。仅从片名上就能搜索到一大批城市宣传片，而隐含于具体内容展示上的更是不胜枚举。它们基本上都围绕着和谐主题进行城市形象的构建。

城市宣传片犹如一张动态的视觉名片，展示着一座城市的传统文化与发展变迁，它也是一定时期中国家发展状况的反映。"作为一个影像制品，城市形象片依附于一定的经济形态和政治形态，致力于维护各自的社会制度、价值观

① 周宪、刘康主编:《中国当代传媒文化研究》，北京：北京大学出版社，2011 年，第 391 页。
② 李鸿明、何风梅:《品牌视域下城市形象广告宣传片的文化要素探寻》，《飞天》2012 年第 24 期。

和国家利益"①。城市宣传片必须依托这个大背景去创作,围绕着时代的主流观念来展现地方性特色,又以独特的地方性展现国家形象的丰富性。

2011年深圳举办世界大学生夏季运动会期间,配合播出的城市宣传片《从这里开始,不一样的精彩》就是一部典型的将城市文化与国家意志融合在话语符号中的宣传片。该片一方面在展现城市文化,分别从人物(表演街舞的工人、运动的青年、艺术家等)、经济(高楼大厦、知名企业、夜色生活等)、景观(湿地公园、音乐厅、图书馆、大运会场馆、孺子牛雕塑等)三个方面呈现出一个"活力""时尚""拼搏""创新""繁华""多元"的深圳形象,另一方面在体现国家意志,主要包括政治意识形态和社会主流价值文化两大类(见图15-1)。在政治意识形态的展现中就有多个镜头是邓小平的形象和写着"坚持党的基本路线一百年不动摇"的大幅展板。画面中出现的刻有"时间就是金钱 效率就是生命"口号的雕塑和传递"和谐社会"价值观的场景,则是对特区理念和社会主流价值观的呼应。这些画面并不能简单地理解为一个领导人的形象或政治宣传口号,它们是一种隐喻,象征深圳的发展伴随着中国改革开放的历史进程,呈现了深圳开拓创新的城市精神与勤劳拼搏的生活状态。

图15-1　深圳城市宣传片《从这里开始,不一样的精彩》呈现的个性化视觉元素

通过以上的分析不难发现,该片建立了"深圳—改革开放—国家"三者间的关系,其中改革开放在深圳城市发展与国家发展间起到了桥梁的作用。《从

---

① 梁华群:《城市形象片的话语研究》,合肥:安徽大学硕士学位论文,2012年。

这里开始，不一样的精彩》就是基于这样的创意模式进行表现的。另外，这种看似起承转合的结构，实质上一直围绕着国家意志这条隐性的主线。该片既实现了城市特色文化的表达，又做到了国家意志的传达，其中包含了许多中国人的集体文化认同，很好地彰显了深圳这个充满活力的经济特区的中国特色。如今，优秀的城市宣传片在记录城市变迁、展现城市文化个性的同时，逐步承担起国家意志的话语表达，只有将二者的丰富性有效地结合，才能真正有利于城市宣传片的创意水平提升与国家形象的构建。

二、自我形象与他者形象的差异性互照

西方文化的历史传统实现了"物我两分"之后就形成了自我与对象的两分法，"他者"和"自我"作为一对相对的概念而存在，"他者"常被用来指自我以外的一切人与事物。黑格尔早在他的"主奴关系模式"中，就提出过"如果没有他者的承认，人类的意识是不可能认识到自身的"[①]的观点。在现象学和存在主义哲学中，他者成为自我形象构建的重要对照要素。每个国家的自我形象的确立，都以不同的他者形象作为参照物。然而，中国作为西方的"他者"，其自我形象与西方对中国理解的他者形象之间存在很大的差异。

在纵向的时间范畴里，这种差异性是在历史的长河中形成的。起初，中国作为文明古国，充满着传奇性的魅力，中国在西方眼中是一个地大物博、繁荣昌盛的"东方巨龙"形象，然而随着西方国家工业革命的先后完成，中国的国门被迫打开，此时的中国在西方的"他者"视域下，变成了一个专制、停滞的衰落古国形象。随后在现代社会大众传媒的发展中，西方通过影视传媒、文学作品所展现出来的中国形象也大都带有偏见。在横向的空间维度上，由于跨地域、跨民族、跨文化的因素，中国作为一个异于西方的他者形象，西方世界并不能完全理解这种基于中华传统文化的自我表达。例如在中国 1993 年第一次申奥的宣传片中有一组老年人提着鸟笼遛鸟的画面，在我们看来这是在展现老年人安享晚年、闲适美满的生活状态，表现了中国社会和谐稳定的自我形象。

---

① ［英］丹尼·卡瓦拉罗：《文化理论关键词》，张卫东、张生、赵顺宏译，南京：江苏人民出版社，2006 年，第 10 页。

然而到了某些西方人那里，认为把鸟儿关在笼子里是对自然与动物的不尊重，这就产生了相反的传播效果。可是，这种自我形象与他者形象间的差异性也在某种程度上具有积极作用，它引发了人们对城市宣传片的反思，在对外传播之中如何用国际通行的话语习惯表达中国的故事，成为一个亟待解决的问题，这也就是如今强调的"学会用世界语言讲好中国故事"。正如有的学者呼吁的那样："中国艺术家必须注意树立全球化观念，把国家形象的塑造置于全球化视野之中，作品的内容和形式既要有地方性、民族性，又要具有全球性，要用外国受众熟悉和乐于接受的艺术语言塑造中国形象。"[①] 但是这并不意味着要一味迎合，而是要立足于中国文化的根基，为国家形象的有效传播创造良好的接受条件。毕竟一个国家的形象塑造，始终是需要依靠自我塑造和他者塑造双向互动来进行的。

《中国名片》属于"国家传播力工程"倾力打造的一个系列宣传片，选取100个城市从不同角度、不同侧面来展现中国的国家形象，同时向海内外深度展示中国代表性的中心城市。其中《上海》和《杭州》两部宣传片先后在纽约时报广场大屏幕上放映。之前在西方主流媒体投放的中国国家形象宣传片《人物篇》《角度篇》和《中国制造》，收获的评价褒贬不一。这些宣传片大量采用了"中国红"这种视觉元素，红色在中国的文化中象征着吉祥、喜庆，而这种具有中国特色的"中国红"在西方文化里却显得刺眼，被认为是带有政治色彩的投射。又如《人物篇》选用了59位精英人物代表中国进行形象推广，但对西方人来说，其中绝大多数面孔都很陌生，并未取得理想的传播效果。这便是中国作为西方的"他者"所引发的错位宣传尴尬。

《上海》这部宣传片采用了"图片电影"的创新手法，通过老照片和新环境的对比，见证历史的变迁。通过早、中、晚三个时段讲述上海的一天，旨在表现上海老百姓真实的工作和生活。主人公都是普通老百姓，背景也是实在的生活环境，这种平民式的创作手法在一定程度上淡化了政治色彩。统观全片我们发现，具有"共同经验"的素材在《上海》中主要为笑脸、家庭、儿童、运

---

① 吴小雁：《文化中国形象的塑造之旅》，《中国改革报》2008 年 1 月 19 日。

动四类（见表 15-1 ）。

表 15-1 《中国名片》系列宣传片之《上海》素材分析

素材	时段	画面
笑脸	早	游玩的儿童、身穿旗袍的老奶奶
	中	毕业的学子、公司的员工、工地的工人、作画的艺术家
	晚	享受夜生活的青年群体
家庭	早	耄耋之年的夫妻
	中	大婚的新人
	晚	跨国婚姻的三口之家、聆听交响乐的老年夫妻
儿童	早	玩滑板的少年、踢足球的男孩、弄堂里的孩子、吹泡泡的小女孩
	中	看铜像的学生
运动	早	晨练的市民、踩着溜冰鞋的大爷、山地车比赛的运动员
	中	极限跳伞的青年

以上的素材容易被西方受众接受并引起共鸣，在进行"他者形象"解码过程中，可以尽量减少"自我形象"产生的偏差，有利于塑造一个广泛认可的上海形象和中国形象。比如，短片中分别出现了玩滑板、玩轮滑、骑山地车、极限跳伞等画面，这些场景我们常常在外国电影中看到，被视为典型的西方文化元素。把这些符号纳进中国城市宣传片的文本中，无疑是想更好地融入西方的接受语境中。另外，《上海》六次采用老照片和新环境对比的方法也值得关注（见图 15-2 ）。通过对文本的梳理，我们发现"自我形象"与"他者形象"这样一种直观的对比，有利于消除西方对中国的某些偏见。

黑白老照片淡出生活，仿佛寓意着中国的贫穷、落后也在褪去，取而代之的是蓬勃发展。因为对于大多数的外国人来说，他们印象中的中国还停留在老照片的景象中——长衫男子、中山装、游商走贩、黄包车等（见表 15-2 ）。而同系列的宣传片《杭州》也同样采用了这种老照片与新场景对比的手法，将杭州的古典、韵味与现代、活力表现出来。

三、艺术创作与大众文化的审美性追求

在全球化语境下国际关系不能只依靠军事、经济、科技来产生影响，还有

图 15-2 《中国名片》系列宣传片之《上海》场景

表 15-2 《中国名片》系列宣传片之《上海》老照片与新环境对比分析

	老照片——他者形象	新环境——自我形象	对比阐释
第一组对比	20 世纪 50 年代的黑白结婚照	黑白结婚照旁边伴有印有欧美模特的广告	多元的形象
第二组对比	身着中山装的骑车男子好奇地回头看外国路人	大街上来往的外国人	开放的形象
第三组对比	天桥上小贩聚集	天桥旁气派的高楼大厦	崛起的形象
第四组对比	墙上贴着民国时期的美女画报	外国知名女星的巨幅海报随处可见	时尚的形象
第五组对比	银行门前百姓排队的场景	银行前道路畅通，时尚女子从门前走过	自信的形象
第六组对比	黄包车	小汽车随处可见	进步的形象

另外一种被称为"软实力"的东西在发挥广泛而持久的影响，如文化遗存、价值观念、艺术作品等。在国际关系交往中，与硬实力相匹敌的软实力的影响力越来越大，正成为一种不容忽视的存在。城市形象宣传片在本质上就是一种软

实力的呈现，其创作源头起源于电影，是一种特殊的艺术形式，能够产生一种硬实力难以获得的吸引力和影响力。城市形象宣传片不应局限于宏大叙事的政治话语，它作为审美形态的一种，应具有深层次的审美内涵与文化意蕴。

有学者认为："中国美学范畴史，是一个'气、道、象'所构成的动态三维人文结构，由人类学意义上的'气'、哲学意义上的'道'与艺术学意义上的'象'所构成。"[①]中国城市宣传片的审美取向更侧重于写意，偏向于中国美学传统中经验性的描述与体悟，而不是哲理性的阐发，处于一种自在自为的状态。这种美学风格与中国传统儒、释、道的思想有一脉相承的关系，因此中国的城市宣传片常常在无形中表露出注重意象、意境、气韵的艺术性创作取向。例如成都的宣传片《典型中国，熊猫故乡》、浙江乌镇的《枕水江南·乌镇》、徐州的《一饮尽千钟》等都是这类艺术手法的代表，从而构建出一个意蕴深厚或婉转悠扬、或雄浑壮阔的中国形象。值得重视的是，随着消费时代下大众审美观念的变迁，城市宣传片对国家形象的审美构建显现出了一种新维度。现在中国很多城市的宣传片中融入当下十分流行的时尚文化元素，如青年热爱的跑酷、街舞、山地车和具有后现代气息的先锋艺术、行为艺术等，这些都丰富了城市文化的内涵。

大众文化如一把双刃剑，一方面产生了碎片化、世俗化、平面化、娱乐化等方面的问题，使"审美体验让位于感官享乐，间接性让位于直接性，立体的综合丰富性让位于平面的一览无余，意义的多极化让位于感官刺激的单极化，精英性让位于大众性，崇高性让位于世俗性，语言让位于图像"[②]，但另一方面也为国家形象的塑造提供了更为广阔、开放和多元的空间，以受众更易接受的方式内隐、平和地进行形象输出。因此，在坚守艺术品格的同时融入大众文化的元素，已经成为城市宣传片构建国家审美形象的普遍做法。

如2013年苏州市吴中区旅游局拍摄的旅游宣传片《又见吴中》，就是一个将中国古典美学与大众流行文化很好结合的典型案例。短片从苏州姑娘演员韩雪回家乡参加好友婚礼展开，通过韩雪回到故乡回忆起童年的点点滴滴，在江

---

① 王振复、陈立群、张艳艳：《中国美学范畴史》第1卷，太原：山西教育出版社，2009年，第1页。

② 张邦卫：《媒介诗学：传媒视野下的文学与文学理论》，北京：社会科学文献出版社，2006年，第84页。

南烟雨中感受故乡的新变化，故事随即将充满诗情画意的水乡小镇、沁人心脾的太湖美景呈现出来。在艺术创作上，短片依托吴中秀美灵动的自然风景，营造出润泽清新的意境，全片走的"小清新"路线也迎合了当时大众的审美趣味（见图15-3）。这样一种雅俗共赏的城市宣传片，使受众审美体验更具有层次性和丰富性。

图 15-3 《又见吴中》宣传片场景

在艺术化的审美构建上，我们可以从"言、象、意"三个方面来进行具体分析。首先《又见吴中》的视听语言基调是优美、生动的。韩雪以第一人称视角诉说着对家乡吴中的感受，清词丽句与营造的氛围相呼应，引领着我们去感受吴中的朴拙、清新、闲适和雅致。时而穿插其中的吴地盘歌婉转悠扬，仿若绵绵绝唱，让人意犹未尽。其次在画面选用上，短片通过镜头的切换典雅铺排具体形象，将古桥、深巷、乌篷船、粉墙黛瓦、古竹翠色、蓝印花布等依次呈现，它们承担起抒情写意、烘托气氛的功能。最后，《又见吴中》营造出含蓄蕴藉的意境，其中场景仿若诠释着吴地风情的审美特质，如在雨打芭蕉的时节，煮一壶碧螺春，捧一卷书，享受太湖烟雨生活。

在"小清新"审美文化呈现上，可以从人物设置、画面色彩、素材选取三个方面进行文本分析。"小清新"作为一种流行文化，最早源自20世纪80年代中期英国的一个独立流行乐派，主题多为留恋青春、亲近自然。如今，"小清新"大多与追求文艺气息的生活方式、唯美风格的人生态度、细腻真诚的情感相关，逐步成为独特的亚文化现象，受到众多年轻人的追捧。苏州市吴中区旅游局邀请影视演员韩雪作为旅游形象代言人参与拍摄《又见吴中》，主要看中韩雪身上清新、自然、脱俗的气质与宣传片的定位十分贴合。在短片中韩雪长发披肩，身着白色长裙游历于吴中的秀丽美景中，显示出追求清新自然的审美情趣。短片在画面的颜色选取上也以青、绿、墨、白为基调，渲染出静谧、唯美的情景，画面清丽的颜色使人心旷神怡，对吴中充满向往。在素材选取上，影片开篇就有"小清新"族最爱的自然美景——错落的房屋、密布的绿树、通幽的曲径，随后又多次选取了符合"小清新"审美趣味的元素——草地、树叶、单车、白布裙、净蓝的天空，仿佛远离喧嚣，精神能够自由呼吸。

具有审美性的艺术本身就有着形象引领、情感认同、潜移默化的功能，可以发挥重要的影响作用。若再将大众文化进行多元融合，会吸引更多年轻人的关注，也让国家形象的影响范围面更广，自然对形象的推广起到推波助澜的作用。这样将中国古典美学与青春审美文化相融合，具有"混搭"的风格气息，打破了艺术上的墨守成规，促进着艺术的创新，是符合时代对审美的多元追求的。

四、真实呈现与优化呈现的双重性表达

国家形象具有客观性与稳定性，同时具有主观性与动态性的特点，这意味着国家形象的呈现是可变的、立体的、多层次的。中国城市宣传片现阶段在国家形象的审美构建上，主要立足内外两大层面：一是现实中国，二是镜像中国。其中，现实中国对应着国家形象的真实呈现。由于西方主流媒体常常站在西方中心主义的立场来观察和表现中国现实，在一定程度上不完整、不客观、不真实地呈现着中国形象，进而形成了"他者化"的中国形象。如今，已经自觉地致力于文化软实力建设的中国需要通过自塑手段表现真实的形象，需要通过丰富的城市宣传片展现改革开放以来中国城市发生的巨大变化，需要将迸发勃勃生机与繁荣、祥和、快乐的中国形象展示给广大受众，从而去回应诸如"中国威胁论""中国崩溃论"等言论，维护正面的国家形象。

然而面对复杂的国际环境，真实的国家形象呈现已经不能满足现实的需

要，如何依靠形象宣传片将中国形象优化呈现成为问题的关键，而"镜像中国"对应的就是形象的优化呈现。我们在观看中外优秀的城市宣传片时发现，它们都是被精心剪裁过的，并配有引导性的字幕，有效避免了受众脱离导演意图的情况，片中优美的声音与跃动的图像，为受众提供了一个良好的解读氛围。这种优化的呈现使图像、声音、字幕有机融合，让观看宣传片的受众仿佛处于一个特定的"场"中。在这个"场"中，"人们普遍相信影像是一种内在的具有客观性的表征媒介。我们依靠媒介影像来了解整个世界，它似乎客观地带领我们穿越千山万水，体验异域风情，在这种被动性的观看中，人们习惯于单向度地接受视觉信息，而并不会怀疑其客观表象，并将客观表现与主观解释融为一体"①。

需要强调的是，优化呈现应该是基于真实的优化，不是纯粹虚幻的想象，这才有助于国家正面印象的形成。事实上，国家形象恰恰来源于人们对国家的具体感觉与印象，它既可以是微观具体的，如一座城市、一条街道、一个路人的言行，也可以是宏观抽象的，如民族精神、情感结构或审美品格。城市宣传片不仅担负着国家形象真实呈现的责任，更需要以有效的方式在短时间内被受众所接受和认可，从而为国家形象的塑造创造有利机会。

中国首都北京是典型的世界城市，它是中国文化的重要象征，在很大程度上代表着中国形象。为申办 2008 年奥运会而拍摄的宣传片《新北京，新奥运》由"戏、绿、都、水、动、愿、乐、健、艺、韵"10 个主题单元组成（见图15-4），通过对 10 个主题单元的解读，我们看到了中国古老的一面、文明的一面、生态的一面、发展的一面和崛起的一面。统观全片，整部宣传片看似是在表现北京这座城市，实际上是在通过北京表现中国。其文案人员甲丁就曾表示，这是一部城市的作品，也是一部国家的作品。

其实，要在短暂的时间内构造出一个能让西方观众看到的具有"真实感"的中国，本身就是相当有挑战性的事。然而影像具有不言而喻的建构能力，它的多阐释性使不同的受众在观看同一部影片时会产生不同的观赏感受。"受众

---

① 赵志伟：《申亚宣传片：城市形象的视觉表征》，《现代视听》2010 年第 9 期。

图 15-4 《新北京，新奥运》中 "都" 表现单元场景

容易把通过自己双眼直接看到的影像当作客观真实来理解，而忽略了隐藏在镜头后的拍摄者的主观解释和客观现实的本来面貌。"[1] 在 "都" 的表现单元中我们看到的是一番忙中有序的场景，车辆川流不息，道路四通八达。而有资料显示，在 1993 年拍摄的北京申奥片中，对北京这座都市的展示有这样一组画面：天安门前拥挤的人群，拱门下拥挤的人群通过，街道上拥挤的自行车。[2] 事实上，北京的交通一直很拥堵，而且有越来越严重的趋势。然而，如果导演在《新北京，新奥运》中真实地将这种现实呈现出来，那必然带来别样的意义。"都" 的画面中，立交桥、体育场、高楼大厦、便利的交通、繁忙的人群，这些具有现代化都市特征的呈现，让该宣传片的主要目标受众能够很快产生一种感性判断：中国北京是一个充满现代气息的国际性大都市。至于北京另外的一面，如路边的小贩、阻塞的道路、破旧的老楼则不在表达范围内。此外，在 "绿""艺" 等单元对资源环境和精英文化的解读也具有这种 "取舍" 的特点。

"诸如 '中国是谁' 这类有关身份的、本体论式的问题在最大程度上被消解了——这种策略对于一部国际宣传片而言是适宜的，因为 '宣传' 首先必须在最大程度上维护自身的和谐，而非歧义和辩论。"[3] 这种最大程度的对和谐的维护，在我们理解中就是将形象优化，将自身形象好的一面凸显，将存在问题的一面隐去。与其说这是回避了对 "真正的中国" 的解读，不如说这种优化呈

---

① 赵志伟：《申亚宣传片：城市形象的视觉表征》，《现代视听》2010 年第 9 期。

② 郭旭魁：《中国奥运意义的建构：对北京奥运宣传片的符号学分析》，兰州：兰州大学硕士学位论文，2008 年。

③ 孟建、阎瑾：《申奥片：作为 "视觉游说" 的美学读本》，见孟建、[德] Stefan Friedrich 主编《图像时代：视觉文化传播的理论诠释》，上海：复旦大学出版社，2005 年，第 238 页。

现也带有某些理想性，即作为本国的民众想看到的、期待的就是这样一个富饶、文明、稳定、繁荣的中国形象。

第三节　跨文化比较中的启示

城市宣传片在传播城市风貌和文化特性的同时，积极地参与了国家形象的审美构建。但我们在看到中国的城市宣传片进步的同时，与其他一些发达国家相比，也能感受到自身还存在着一定的差距。相对来说，中国的城市宣传片种类日渐多样，也不乏一些优秀的作品，但总体上还是中规中矩，更多地停留在结构化、模式化地展现一座城市的地理环境、人文风貌、经济发展的阶段，经验还不丰富，创意还不成熟。这使得某些城市宣传片质量低下，收效甚微，以致削弱了跨文化间的传播效果，影响着国家形象的优化呈现。西方的城市宣传片则有一些共同的特点：在形式上创意新颖，拍摄手法娴熟且有强大的数字技术支持；在内容上习惯运用平常人的视角，通过小事物、小故事来传递真情实感，从中透着真切、友善、欢快、开放的基调。在地理上与我们更近的其他亚洲国家的宣传片，也有很多值得我们借鉴的地方。如 2013 年新加坡旅游局携手金钟奖影后拍摄了全新的宣传片《从心发现爱》就是一个很好的例子。这是一部特殊的形象宣传片，它以女主角大热的电视剧为原型，借用其中的故事，用女主人公的视角，以"爱"为主题诠释了在新加坡发生的动人故事，并从中展现出了不同角度下新加坡的内在美。《从心发现爱》可以说是原电视剧的后续，以一种微电影的艺术形式借助了原电视剧的火热，在很大程度上提高了目标群体的关注度。以上这些模式具有十分重要的启发意义——国家形象要注重柔性传播。形象始终是要面向大众，因此形象被接受的方式显得尤为重要。以"润物细无声"的柔性传播方式，可以增强自身形象的亲和力，对改善他国对中国形象的误解具有重要意义。像近年来推出的纪录片《故宫》《舌尖上的中国》等其实就是国家形象柔性传播的成功尝试。

除此之外，国家形象构建的主体间性要求在跨文化传播中充分考虑到受众的文化背景与心理因素，但单一地以西方世界的标准重构中国形象显然失之偏颇。全球化的进程并不意味着对各民族自身文化的消解或趋向同质化，相反，不同民族文化特色的多样性与丰富性才是值得珍惜的宝贵财富。在这个过程中我们需要做的是，找到一种能将东西方文化结合起来的形象和符号，将城市宣传片中的"符号"进行恰当的国际解码，从而形成主体与受众之间的良性互动关系。

与此同时，随着中国城市宣传片的蓬勃发展，城市宣传片对文化产业和文化事业也起到积极的推动作用。利用市场机制配置资源，通过城市宣传片的制作来进一步确定城市形象定位，打造城市品牌，扩大招商引资从而反哺文化产业；而文化事业的两个组成部分，"一个是服务于党政或政权宣传的政治宣传型文化事业，一个是服务于社会公共的公益性文化事业"[1]，也逐步在城市宣传片构建国家形象的实践活动中探索出自身发展规律。这些都为丰富和完善中国形象的整体风貌作出了应有的贡献。当新的审美形态与现实需要发展成熟时，过去城市宣传片的创作与评价标准也需要与时俱进，上升到一个新层次。城市宣传片不能仅仅在传统意义上展现城市文化、城市品牌、城市发展与规划，更应以国际化视野融入国家形象的塑造，这样由城市形象到国家形象的升级与递进，对城市本身的建设与发展也有重要意义。总之，城市宣传片的发展与国家形象的构建应该是一个相互作用的实践过程，需要逐步推进，而不能一蹴而就，因为国家形象的塑造始终是一个任重而道远的艺术实践问题。

---

① 陆扬主编:《文化研究概论》,上海:复旦大学出版社,2008 年,第 275 页。

第十六章　21世纪纪录片中的乡土中国形象呈现

自电影艺术诞生以来，纪录片凭借其客观真实性的优势在大众媒体中占有一席之地。纪录片的创作与传播也受到了众多国家的重视，甚至设立相关频道予以播出，如英国 BBC、日本 NHK、韩国 KBS 等电视台。2011 年，新改版的央视纪录频道开播，收到较好的反响。纪录频道分为中文与英文两个频道，受众面更加广泛。当年，中国国家形象宣传片以简短的纪录片的形式制作并在纽约时报广场亮相，一经播出便受到了社会各界的广泛关注。当下，纪录片正以其基于纪实拍摄的真实性和基于艺术加工的观赏性逐渐成为国家形象传播必不可少的媒介方式。

乡土中国，作为观察中国历史与现实的一面透视镜，在不同历史时代和文化背景下，呈现出不同的社会特征和文化内蕴。20 世纪以来，乡土中国蕴含的自然风光、社会风貌和人文风情始终是中国纪录片创作的重要领域。随着中国纪录片的自身发展和丰富，"乡土中国"题材纪录片的创作形成了清晰的脉络并具备了自身的审美价值。研究其中的创作脉络和审美规律，可以为纪录片如何更好地呈现国家形象、塑造更为鲜活生动的中国形象提供借鉴。本章以 21 世纪以来的乡土中国题材纪录片为研究对象，对《记住乡愁》《乡村里的中国》《舌尖上的中国》《归途列车》《村小的孩子》《乡愁》《俺爹俺娘》《了不起的村落》等具有代表性的作品进行重点分析，以期深入探讨国家形象研究视域下纪录片的审美规律问题。

第一节　乡土中国题材纪录片是中国国家形象传播的重要载体

从 20 世纪 30 年代最初对地理风光的零星描绘开始，中国纪录片先后经历了 40 年代对部分区域风土民情的新闻资料式记录，50 年代中期开始历时 10 年的对少数民族社会面貌、生活方式和文化的系统挖掘，80 年代兴起的平民化纪实热潮和进入 21 世纪的"怀念乡愁"等几个发展阶段。纪录片以其纪实性品质和人文性品格成为描绘一个世纪以来中国基层社会乡土风貌、承载传统伦理道德和价值观念、记录中国基层社会在传统与现代转换过程中的坚守和改变的重要媒介形态。对乡土中国的记录与描绘是中国纪录片走出的一条自觉追求民族化的道路。所谓的民族化，就是纪录片在题材选择、价值取向和审美风格等方面所蕴含的民族性格和气质，所体现的富有民族特色的艺术创造意识。

乡土题材纪录片对乡土中国形象的塑造，不仅源于纪录片诞生之初国家形象塑造的政治诉求，也得益于中国文艺创作领域对"乡土"的书写传统。乡土中国作为一个完整的表意系统，具有丰富多样的文化符号形态。纪录片在对乡土中国的呈现过程中，将这些文化符号进行影像转换，使乡土中国这一社会形态演变成具有丰富审美魅力的艺术形象。纪录片在每个发展阶段都表现为不同形象特征和审美指向的风景画、风俗画、风情画。乡土中国蕴含着丰厚的传统文化符号和精神，是当下加强国家文化软实力建设、促进东西方文化交流、增强民族文化自信的重要根基，也是纪录片跨文化传播的重要题材内容。长久以来，文艺创作对"乡土中国"形象的塑造已经拥有了丰富的成果，乡土题材纪录片作为乡土社会现实和传统乡土文化的形象化载体，在塑造乡土中国形象方面更具有真实性和感召力。

首先，乡土题材纪录片依靠纪实本性彰显出乡土社会现实，透视民族精神品格。纪实的特性使纪录片具备特殊的视觉表现力和感染力。纪录片作为一种影像文本，创造性地成为现实还原、命运刻画和观点传播的有力载体。在国际交流过程中，真实的中国形象，不仅在于可见的外部形象展现，也是外部形象透视下本国民族性格和人文精神的呈现。纪录片有着影像文本固有的叙事空间和尺幅，又具备其他影像作品所不具备的现实张力，借助对乡土社会生活原生态的有效选择和真实呈现，在描画真实乡土面貌的同时，亦能够充分展现出个体命运背后的民族性格。

其次，乡土题材纪录片的审美特性承载了优秀传统文化自觉意识。在狂欢化的全球消费时代，人们对物欲的追求侵蚀了相对固化的本民族价值观，全球范围内的文化传播更加重了中国传统文化的生存困境。而中国纪录片在早期发展中就有着"文以载道"的现实主义特质，如今我国纪录片创作依旧具有文化观察、反思的自觉性和行动力。乡土题材纪录片在反思现实乡土社会的同时，深度挖掘优秀的乡土文化传统因子，生动呈现活态的地方文化特色，重构乡土空间里的集体记忆，从而加深受众的文化归属感和认同感，对乡土中国形象形成新的认识。

最后，纪录片的市场化发展和传媒的大众化倾向使得乡土中国形象塑造更具人文色彩。在传媒影视不断市场化的当下，纪录片创作更加注重"讲述老百姓自己的故事"，自媒体的飞速发展在一定程度上使得纪录片走下技术高坛，走上大众化路线。乡土题材纪录片聚焦中国乡土社会，用平民视角观察百姓日常生活的点滴，在琐碎的日常中勾勒出乡土中国的诸多侧面。尽管许多相关题材折射出中国在发展过程中存在的诸多问题，但正是由于这些问题的存在，才使得乡土中国形象更加真实生动。随着中国国际地位的不断提升，中国当下的发展情况备受他国关注。纪录片作为纪实的艺术形式，承担着对外呈现真实的中国形象的责任，在纪录片国际化发行和市场化运作规律影响下，带有鲜明中国地域特色和人文色彩的乡土题材纪录作品将更好地为乡土中国塑形，同时促进中国形象在世界范围内的有效传播。

国家形象的塑造与传播离不开新型媒介，影视媒介的影响力是最为直接与广泛的。纪录片作为纪实客观的媒介载体，是传播国家形象的有力途径。然而，纪录片在创作和传播过程中存在的诸多问题，需要我们对纪录片呈现中国国家形象的审美方式和艺术规律进行深入的分析和研究。例如如何处理好纪录片的历史性与现实性的关系、传统性与现代性的关系，如何处理好"自我"与"他者"两个主体间的关系，有效协调异质文化间的矛盾，利用更为合理的话语进行沟通，把握好纪录片的民族性与世界性之间的关系等，都是纪录片创作者需要考虑的重要问题。

"纪录片以'真实'为标签，记录真实，体悟真实，其发展相较于其他媒介尚晚，但光、影、图、文、音的动态结合方式加上电视、网络的固有播放平台，吸引了一大批受众，其在中国国家形象的建构与传播上发挥的作用值得重视。"[1] 在内容上，纪录片多取材于客观生活，容量庞大且丰富多彩，在娱乐中增加人们的信息存储量；在形式上，既不同于注重时效性的新闻报道，又不同于故事影片等虚构性的创作，纪录片以特有的表现手法引人入胜；在传播上，纪录片既可即时加工又可延时加工，时间跨度上可长可短，并可凭借现有的网络、电视等媒介进行传播，受众群体可由国内延伸至国外，在网络播放中能够得到观者的即时评价，从而实现良性互动，信息得以反馈。由此可见，纪录片在呈现中国形象上具有很大的优势，直观真实且趣味横生，可信度与接受度比较高，故而其中所蕴含的国家形象也就更加贴合中国的实际，在传播者与接受者之间可以形成良好的互动。

第二节　乡土中国形象构建的类型分析

乡土中国形象原生于乡土文学，随着影视艺术的不断发展，乡土中国形象的构建实现了从文学到影像的转变。21世纪以来，纪录片这一特殊的影视艺术在构建乡土中国形象时，承袭了自文学到影像的整体书写传统，有着写实和诗意的双重倾向。通观21世纪以来的乡土题材纪录片可以发现，对乡土中国形象的具体呈现，不同的创作主体形成了不同的呈现风格，共同构成对乡土中

---

[1] 徐放鸣、陈洁:《〈当卢浮宫遇见紫禁城〉: 跨文化视野下的文化中国形象呈现》,《艺术百家》2017年第5期。

国的整体多样化塑造。

一、从文学到影像的构建之变

乡土中国形象的文学书写传统在中国由来已久，而现代意义上的乡土文学直到"五四"时期才出现并成为独立的书写体系。乡土文学在 20 世纪中国文学发展史上占有重要地位，对于发展初期的电影和电视剧等影视艺术有着深远影响，乡土中国形象的构建也得以实现从文学到影像的延伸。无论直接改编乡土文学作品，还是从乡土文学中提取原生性的故事情节，这种从文学到影像的乡土中国形象构建传统持续至今，整体上形成了与乡土文学一脉相承的影像化呈现风格。作为影视艺术的重要分支，以纪实为旨归的纪录片在呈现乡土中国形象时同样承袭了写实和诗意并重的传统风格。

1. 乡土中国从文学到影像的书写流变

回顾中国影视文化的发展历程可以看到，乡土中国的影像呈现从初创时期开始便是在乡土文学的影响下形成的，这种由文学向影像的转变，得益于电影艺术的跨媒介实践传统。乡土影视生成在特殊的历史时期，社会现实最早对文学创作产生影响，随后迅速介入影视创作。随着影视文化的不断发展，媒介时代的影视文化不再紧随文学脚步，但依旧擅长从文学中寻找素材，影像化的文学作品也获得了更加鲜活的生命力。

首先，我国影视艺术在生成之初就形成了从文学艺术中汲取资源的实践传统。我国第一部电影《定军山》就是根据京剧《定军山》拍摄完成的，戏剧与电影的交融使得电影在发展初期充满戏剧性色彩。"中国最早一代的电影人从 20 世纪 20 年代便开始大量移植文学作品"[①]，鸳鸯蝴蝶派小说、旧派武侠小说、经典文学名著都曾引发中国文学电影化的创作高潮。电影创作从文学中汲取了大量的原生性故事资源，文学的电影化也完成了对文学的二次创作，并且在很大程度上拓宽了文学的传播领域。这种文学改编现象在中国电视剧发展初期同样普遍，且经典文学作品的跨时代改编，至今仍然是优秀电视剧的重要来源。

---

① 王晓玉主编：《中国电影史纲》，上海：上海古籍出版社，2003 年，第 129 页。

其次，乡土文学在 20 世纪特殊的社会背景下成为文学电影化的主要内容。20 世纪 30 年代，在救亡图存的时代背景下，左翼文学创作对电影产生重要影响。茅盾的乡土题材作品《春蚕》最早拍摄成电影，实现了对乡村苦难生活的影像呈现，与同时期改编自文学作品的《日出》（曹禺）、《丽人行》（田汉）等作品一起，实现了电影创作诉求由商业盈利到社会启蒙的转变。与此同时，孙瑜导演开创了影视中诗化乡村的传统，将"理想化的乡村世界作为中国民族文化的栖息之地加以刻画"①，自此，影视作品对乡土的描绘也有了浪漫化倾向。乡土中国题材的影视创作所具有的写实传统和诗意传统，与文学书写的乡土写实传统及乡土浪漫传统相应和，这不仅体现了特定的社会历史条件下文艺创作有着共通性，也充分说明了乡土文学书写对乡土影视表达的影响。

2. 纪录片对乡土中国形象书写的风格承袭

以"乡土中国"为题材的纪录片作为中国纪录片的重要组成部分，根植于中国广袤的乡土社会，记录特定时期的乡土风貌，挖掘独具特色的民族文化，展现中国基层社会的人文景观。伴随着影视产业的不断发展，中国纪录片形成了自身独立的发展道路，从最初对乡土风貌和民俗活动的碎片化影像实录发展为当下的市场化及多元化的呈现，其间经历了多个发展时期。尽管纪录片无法直接从文学中取材，但作为重要的影像构建方式，其对乡土中国的呈现同样承袭了乡土文学的书写传统，形成了现实化呈现和诗意化呈现的不同风格。

20 世纪初，中国纪录片发展初期，当时正处于国内革命战争时期，对乡土中国的记录和呈现只局限于民俗活动和自然风光的猎奇式捕捉及碎片化实录。由于所处时期的特殊性，纪录片主要用于对重大历史事件的记录和对革命思想的宣传教化，其形态更加接近于新闻资料片。战争和革命是该时期纪录片的中心主题，国家话语形态是该时期纪录片的主要特性。新中国成立以后，国家意识形态色彩强化，多数纪录片成为"形象化的政论"，主要用于宣传展现新中国的各项成就、记录讴歌党和国家的重大事件与重要领袖，这类模式化的影像显示了政治话语的强势表达。而《凯里苗家》《到农村去》《春到桐乡》等

---

① 尹晓丽：《儒家文化传统与中国电影民族品性的构成》，北京：北京师范大学出版社，2011 年，第 149 页。

一部分软性题材纪录片，政治色彩相对减弱，用于表现农民的生产劳动过程和获得丰收的喜悦，同时展现秀丽的山河风光和丰富的物产资源，充满理想主义色彩。80年代初期，我国纪录片发展进入全新的阶段，逐渐告别"形象化政论"和"新闻专题片"的老旧模式，开始回归纪录片原本的纪实风貌。80年代中期，知识分子对人文精神的思考开始回归，其中有人试图通过文化寻根唤醒人们的精神理想，中国纪录片在这种文化寻根的诉求之下，将镜头转向了身后广袤的乡土大地。纪实传统影响并延续至今。《望长城》《话说长江》《话说运河》《黄河》等纪录片相继展映，创作者们采用游记式的记录方式，全景式展现了中国人文景观胜地的优美风光，景观背后的传统乡土风情也得以呈现。

伴随着全球化程度不断加深，外来文化进驻国民生活，传统文化逐渐式微，城市文化加速膨胀。在21世纪的乡土中国形象呈现和书写中，创作者们面对转型期中国社会的种种流弊，开始回望乡土，并对宁静美好的乡土生活充满向往。一批独立纪录片制作人在"乡土情结"的驱动下回归乡土，用平视的姿态关注乡土社会的百姓生活，展现如诗如画的乡土风光，记录醇厚亲切的风土人情，"用浪漫的情感和诗意的想象构建理想的乡土中国形象"[1]，创作了《最后的山神》《远去的村庄》《神鹿啊神鹿》《山洞里的村庄》等佳作。在现代化的城市生活中，许多人疲于追求物质生活的丰富，回望"乡土"寻找心灵栖息地，催生了后来诸如《记住乡愁》《舌尖上的中国》等一系列或以"乡愁"为主题、或带有浓厚"乡愁"色彩的纪录片作品。这些作品承袭了乡土浪漫传统的书写风格，用鲜活生动的普通个体和温暖感人的生活故事，呈现了未遭浸染的原生态"乡土中国"形象。

21世纪以来，乡土变迁日益加深，城乡差距逐渐拉大，农民工、留守儿童等底层人物成为乡土题材纪录片的关注对象，社会变迁带来的各种问题在纪录片镜头中展露无遗。审美诗意化的构建风格受到批评，批评者认为这样的书写遮蔽了当下的乡土现实，用乌托邦式的审美想象完成了对权力话语的慰藉，他们更倾向于对乡土现实的批判性呈现。《归途列车》《村小的孩子》《乡

---

[1] 张成军：《乡土中国视角下的中国纪录片创作》，南京：南京师范大学硕士学位论文，2015年。

村里的中国》等众多聚焦农村底层人物命运的纪录片，以个体命运透视现实乡土境况，展现了现实乡土中国的真实面貌，而镜头聚焦下的诸多社会问题，折射出创作者们对当下乡土社会发展的忧思。乡土写实传统对纪录片创作的影响正契合了纪录片创作的原生使命，通过揭示现实，引起了人们对社会和人性的思考。

尽管批评者的观点不无道理，但我们在正视现实的同时，不能忽视乡土传统对现代文明的正面导向作用，"在传统文化的现实存量中，除了作为优秀文化传统被有意识地主动自觉地保留、继承下来的传统文化外，还有一大部分是被不同程度地更新、补正、转换了面目形态的传统文化。它以现实文化或现代初级阶段文化的形式深藏着传统文化的思想内容。其中包括积极向上的精华部分，如摆脱了人身依附、宗法色彩而在工作关系、道德义务上被正确理解和运用的服从意识、忠孝观念，被更新发展为社会主义人道主义和道德规范的'仁义'学说，被在一定范围内、一定条件下、一定程度上合理贯彻与运用的'重义轻利'原则等"[1]。审美诗意化的乡土构建所凸显的传统乡土善良美好的人格力量，对现代文明的诸多流弊仍然有着重要的矫正意义。

二、纪录片中乡土中国形象构建的不同类型

从创作主体来看，中国乡土题材纪录片分别由官方主流媒体、内地独立制作人、港台媒体及域外媒体创作完成，不同的创作主体有着不同的创作理念和观察视角，形成了不同的创作风格。无论从内容、题材的选择来看，还是从创作手法的运用来说，不同创作主体对乡土中国形象的构建显示出各自不同的特征。

1. 官方主流媒体：国家的宏大叙事与民族的多样呈现

从纪录片的创作主体来看，官方主流媒体不仅包括以央视为首的国家级媒体，也包括以各省、自治区、直辖市电视台为代表的地方媒体。央视作为国家主流媒体，在乡土中国的呈现中始终立足于传统文化的传播和民族认同感的

---

[1] 黄陵东：《中国现代化进程中的三大文化难题》，《福建论坛（文史哲版）》1996年第4期。

构建，肩负着影视创作的引导重任，而地方主流媒体在其引领下更加着力展现地方特色文化。通观 21 世纪以来主流媒体纪录片中的乡土中国形象可以发现，尽管在西方人本主义思潮及新纪录理念的影响下，主流媒体逐渐改变以往"专题片"中国家、民族的宏大叙事模式，试图转向人文关怀的微观叙事，但这样的微观叙事仍然是建立在传统文化继承或民族精神传播的宏大前提和背景之下的。与此同时，出于对外宣传的政治和文化需求，主流媒体更倾向于呈现正面且积极向上的乡土中国形象。

主流媒体对乡土的纪实呈现多年以来成果丰富。其中央视对乡土中国的呈现相较于地方电视台而言，叙事更加宏观且立意更为深远。地方电视台创作的乡土纪录作品多立足于本地区文化的聚焦呈现，整体上显示出丰富多彩的地域特征。从内容和题材选择上来看，央视对乡土社会的人文传统有着深度挖掘，并以更加宏观的视角观照中国乡土的整体面貌。《舌尖上的中国》系列和《记住乡愁》系列是其中最为典型且最具影响力的作品。《舌尖上的中国》展示了人们日常生活中与美食相关的多重侧面，呈现出食物给中国人生活带来的仪式、伦理等方面的文化传统、家族观念及生活态度。通过中华美食的叙事主线将不同地域的美食和背后的人文故事进行了有序的串联，构成了全篇宏大的叙事规模。《记住乡愁》从 2015 年第一季开播至今已有 7 年。每年一季，至今七季。这档大型季播栏目每季相对独立，以村落、古镇、历史文化街区、古城等主题陆续探访中国广袤土地南北各处的记忆载体，挖掘精神传统的时代风采，唤起千里游子不灭的记忆乡愁。尽管取材不同，但这两部作品都是在乡土的叙事背景下，以传承中华优秀传统文化、构建中华民族共同记忆为旨归，呈现出了诗意美好的乡土中国形象。

相比之下，各级地方电视台推出的纪录片作品显示出更加鲜明的民族特色和地域特点。21 世纪以来，在有关政策的鼓励下，多个地方电视台成立了纪实频道，通过纪录片的形式关注本土文化、呈现独具特色的乡土中国形象。内蒙古卫视在纪录片的创作和展映方面较为突出，十多年来制作了众多优秀且充分展现本土特色的作品。《冰雪嘉年华》《敖包：对话苍天》《兴安岭上》《异彩纷呈乌拉特》等纪录片中，独特的地理空间和文化空间使得乡土中国形象更加生动鲜活。地方电视台制作的乡土题材纪录片"视角不同，内容不同，表现方式也各异，但是它们都艺术地、真实地聚焦于一个主题，传达一种思想，表达一种态度，共同为中国观众奉献了精彩内容"[①]。对乡土中国形象的地域化呈现，共同组成了丰富多样的乡土中国整体画卷。

2. 独立纪录片：底层的凝视反思与现实的独立记录

西方的独立纪录片是指区别于大公司大规模制作的独立影视生产模式，而中国的独立纪录片不只是简单意义上的影视生产模式指代，更是一种独立于行业体制之外存在的制作模式，是一种由中国国情和高门槛影视生态催生的"独立影像"现象。"所谓'独立影像'是指没有进入这种体制内的审批程序或者没有在体制内的主流媒介渠道播映的影像作品。"[②]

"底层"和"边缘"的题材意象选择是独立纪录片之所以"独立"的主要特征。独立制作人对乡土中国的呈现区别于主流影视的"宏大叙事"，更倾向于微观展现小人物的真实生活，更加贴近真实，更关注底层和边缘人物。21世纪以来的中国独立纪录片中，乡土人物通常作为"底层"和"弱势群体"来呈现，对应着社会急速转型所造成的精英上层与平民下层分离的历史现实。有学者指出，任何国家和社会都存在底层，但在当下中国语境中，"底层"具有一定的特殊性，作为社会转型中分化出的"底层"，是社会不平等的有力表征。在现代传媒中，"底层"在多数情况下作为"他者化的底层"而存在，这里的"他者"，是相对于"底层"本身而言的。"他们并没有话语能力，发不出自己的声音"[③]，今天"面对的只是一个被知识者叙述出来的'底层'，真实的底层仍然处于一种匿名的状态"[④]。独立纪录片创作者为他们提供了自我书写的空间，在熟悉的镜头前，底层人物的一言一行都成为其自我表达的途径。

独立纪录片对底层的关注执着深入，中国独立纪录片导演"通过长期在底层行走，以身体为媒介，身体与摄影机合一，让摄影机以体温的形式去表达主

① 胡智锋、周建新：《2011年度中国纪录片盘点》，《电视研究》2012年第3期。
② 詹庆生、尹鸿：《中国独立影像发展备忘（1999—2006）》，《文艺争鸣》2007年第5期。
③ 顾峥：《为底层的视觉代言与社会进步》，《艺苑》2006年第5期。
④ 刘继明：《我们怎样叙述底层？》，《天涯》2005年第5期。

体的感受，是感同身受，也是身体力行"①，对"底层"的记录与呈现成为独立纪录片创作者使命感的有力体现。例如独立导演陈为军拍摄的纪录片《好死不如赖活着》（2003），记录了一个艾滋病家庭的故事。卖血引来的艾滋病传染几乎毁灭了这个家庭和整个村庄，社会问题下人性的透视使得该片充满震撼力。又如独立导演冯艳拍摄的纪录片《秉爱》（2007），记录了三峡工程的建造对普通农妇张秉爱的生活产生的冲击和影响。作为三峡工程建设过程中的"钉子户"，她对土地的依恋和执着，以及她与其他村民形成的巨大反差引人深思。从纪录片的创作形式上来看，独立制作人几乎放弃了解说词、配乐等一切对客观真实造成干扰的因素，选择用同期声、长镜头等朴素的表现形式。因此，独立纪录片所反映的社会现实往往显得冷峻而灰暗，同时人性的美好一面也由此得到凸显。

独立纪录片对乡土中国的呈现意义重大。尽管不能排除部分独立制作人在呈现乡土中国形象时将现实的丑恶面放大以取悦域外电影节的因素，甚至通过迎合"他者"猎奇心理以牟取自身利益，但不能否认中国独立制作人对现实乡土中国的关注和呈现在一定程度上补全了主流媒体对底层社会的呈现缺失，补充了官方媒体的宏大叙事，使得乡土中国形象更加真实。

3. 港台及域外纪录片：社会的冷静旁观与他者的差异解读

中国飞速发展的现代化进程在国际上广受关注，发展背后存在的诸多问题同样备受瞩目，港台及域外纪录片对乡土中国的呈现有着冷静旁观的共通之处。他们在关注中国乡土的社会现实时，往往具有跨文化的批判视角。相较于内地（大陆）主流媒体和独立制作纪录片，港台对乡土中国形象的呈现视角较为特殊，但港台纪录片对乡土社会的观照与域外纪录片对乡土中国的"他者"呈现仍然有着本质上的差异。域外不同国家制作的涉及乡土题材的纪录片作品亦存在明显的不同，这不仅与政治立场相关，也体现了不同的文化背景对社会现实的不同认知。

凤凰卫视是具有范本价值的香港媒体。《冷暖人生》《凤凰大视野》等是

① 吕新雨：《"底层"的政治、伦理与美学——2011 南京独立纪录片论坛上的发言与补充》，《电影艺术》2012 年第 5 期。

凤凰卫视最具代表性的纪录片专栏，以高质量、高收视率的纪录片作品获得了业内外的广泛认可。近年来，凤凰卫视对乡土中国的呈现往往更加集中于社会发展的问题面。诸如《最后的代课老师》《别了，我的打工子弟学校》等作品，集中呈现了农民工子女教育问题，《"十元店"性工作者调查》《京城拾荒人》《苦力大军》等作品，集中呈现了城市边缘人的挣扎，《凉山艾滋病调查》更是深入四川大凉山腹地，记录了被艾滋病和毒品毁灭的山乡居民生活。相较于体制内的主流媒体，凤凰卫视对众多社会问题的揭露显得更为冷峻，相较于独立纪录片的制作者，凤凰卫视又在一定程度上消解了他们的主观视角，整体上相对更加客观。尽管相对内地媒体而言，凤凰卫视在乡土中国形象的呈现中可以获得近似"他者"的视角，但这样的"他者"观照带有"自我"解读的复杂意味，与域外媒体的"他者"身份有着本质的区别。

　　域外媒体对乡土中国的呈现包含于中国形象的整体构建之中，它们对中国经济、文化、社会等各领域都有着密切关注，乡村、农民形象作为中国形象的特殊指代，凸显出中国在现代化进程中存在的各种社会问题和矛盾冲突。日本放送协会（NHK）在2008年曾推出《中国改革开放30年系列》纪录片，解读了改革开放对中国的影响，其中《北京新一代打工人》就对四名农民的城市打工经历进行了记录，显示出改革开放对普通农民生活的影响。由加拿大、美国和欧洲等地新闻工作者联合制作的纪录片《中国崛起》聚焦中国改革开放以来逐渐悬殊的贫富差距问题。NHK推出的另一部纪录片《激流中国》利用三集的篇幅集中呈现中国当代农民形象，反映了中国农村教育和医疗问题。通过日本媒体和西方媒体对乡土中国形象呈现的对比可以发现，由于文化语境和政治立场的差异，不同的"他者"对中国形象的解读有着不同的倾向。就农民形象而言，《中国崛起》体现出西方"他者"对农民生存现实的批判，他们以俯视角度观看中国农民的生活，刻意展示农民对经济发展的排斥和与政府的冲突。而《激流中国》和《中国改革开放30年系列》虽然也包含一些不客观的负面呈现，但基本以平视角度呈现对农民群体的观察。在日本媒体的"他者"视角中，尽管中国农民所处的生活环境存在许多问题，但他们仍然是勤劳坚强、积极乐观的，他们对政府充满信心、对未来充满希望。日本民族深受儒家文化影响，有着与中华民族相似的文化背景，这使得日本媒体对中国农民的观照多了一些理解和同情，而西方长期推崇个人主义，一旦农民的个人权益受到侵害，便成了他们集中抨击的对象。

众多涉及中国乡土和中国农民的域外纪录片，也包含了部分海外华侨华人制作发行的作品。范立欣导演的纪录电影《归途列车》和杨紫烨导演的纪录电影《颍州的孩子》在其中最具代表性。这两部作品在国际上广为传播且斩获了众多国际大奖，在世界范围内具有广泛的影响力。两位导演都有着在中国成长和生活的经历，兼具"自我"与"他者"的双重视角，对中国的现实问题有着较高的敏锐度。《归途列车》记录了一个普通的农民工家庭近三年的生活变化，透视了全球化背景下中国的现代化对普通农民家庭的影响，借助"火车"这一特殊的叙事空间和"春运"这一特殊的叙事时间，展现了时代大潮下小人物的命运。《颍州的孩子》则通过对艾滋病患儿高俊的生活追踪，体现了在艾滋病的映照下人性的丑陋和孩子的纯净坚强，引发了国内对艾滋病患儿生存问题的关注。特殊的文化身份使得他们通过镜头关注乡土中国现状时充满了对边缘群体的人文关怀，他们试图借助作品的国际影响力引起世界上更多人的关心，从而使这一群体获得更多的帮助。

第三节　乡土中国形象的内涵分析

乡土中国是一个复杂的表意系统，在 21 世纪社会转型的背景之下，乡土作为传统中国的指代，在与现代城市文明的对抗磨合中发生着巨大的变化，呈现出多重面貌。21 世纪乡土题材纪录片对转型期乡土中国形象的呈现包含着多重视角：既有对传统乡土文化的歌颂和缅怀，又有对转型期乡土中国剧烈变迁现实的透视和揭露；既有宏观上的对整个乡土社会的观照，又有微观上的对小村落和个体人物的聚焦。总体来看，21 世纪乡土题材纪录片多以平民化的叙事模式关注乡土草根民众的生存现状，关注传统乡土文化在当下的存续状况，关注乡村家园在城市文化冲击下的命运走向。由此呈现出的乡土中国草根形象、乡土中国文化形象和乡土中国家园形象，构成了乡土中国形象的多元风貌。

一、21世纪乡土中国的草根形象

我们以"草根"作为乡土人物群像的指代，意在寻找21世纪乡土题材纪录片中所呈现的乡土人物自身所具有的精神特质，即使在社会分化中这一群体被迫走向社会底层，但他们如同小草一般，弱势的表象之下拥有坚韧的品质，承受生活的重压却依旧生生不息。乡土题材纪录片中包含众多对底层"草根"农民形象的呈现和表达，共同构成了21世纪乡土中国草根人物群像。"草根乡土中国形象"中的主体是底层乡土民众的形象，纪录片镜头呈现出众多复杂的个体形象，他们中的绝大多数在社会转型过程中艰苦求生，但他们始终坚持辛勤劳动，对美好生活充满追求，以坚韧不拔的品质和自强不息的精神面对生活的重压。21世纪乡土题材纪录片在展现转型期社会矛盾冲突的同时，完成了对乡土中国"草根"形象的呈现和书写，体现出底层乡村个体的命运抗争。

1. 在乡者：坚守、反思与展望

"在乡者"是指那些依旧在乡村生活、与故土相伴的人群。他们选择留在故土，或出于对乡土的依恋，或缘于对现实的无奈。在大众传媒对乡土现实的观照中不难发现，"留守"成为当下现实语境中对"在乡者"最惯用的指代。21世纪乡土题材纪录片对"在乡者"的聚焦和呈现十分丰富，镜头对人物日常生活的记录和内心世界的发掘，反映了当下草根乡土人物的生存境遇和生活心态，也体现出乡土草根人物对土地的坚守、对现实的困惑及对未来的憧憬。我们从四类人群来观察"在乡者"的不同境遇。

（1）传统慈爱的在乡老人。在乡老人是"在乡者"的主体，他们作为传统的乡土农民，有着对传统的无限眷恋和对土地的深切依赖，在长期以土地为依存的农耕生活中，他们固守着"天人合一"的生存意识和与自然抗争的精神。

对子孙慈爱是在乡老人的另一显著特征。这不仅体现为日常生活的顾念和护佑，更包含在老人朴素的生命信仰之中。为了子女能够实现梦想，过上好的生活，多数中国父母愿意倾尽全力，在乡老人更是如此，他们没有更多的能力，只能依靠勤劳的双手为子女奉献一生。韩蕾导演的纪录片《俺爹俺娘》以摄影家焦波的叙事视角，讲述了焦波 20 年来对父母的影像记录，呈现了朴素慈爱的爹娘形象。焦波的父亲为了实现他学习摄影的梦想，年过五十仍坚持出门打工，靠做木匠活儿支持焦波学习摄影。焦波回忆称，父亲做木匠时只舍得吃白菜帮子，用白馒头换别人的黑馒头，只为省下更多的钱寄给自己。当下乡村青壮年外出务工，在乡老人要在承担农活的同时照拂孙辈，纪录片《乡愁》中的柯钦奶奶是其中的典型。子女和丈夫都在外务工，她独自承担家中繁重的农活，但依旧悉心陪伴和养育小孙子柯钦。纪录片《乡村里的中国》中，张自军下葬时，主持葬礼的老人高喊"孝子填仓，万石余粮"，人死即为神，老人希望死者在另一个世界保佑后代富足；做女红的老人给孩子缝制帽子时念叨"头上缝个豆子，小孩不生痘子"，积极的心理暗示包含着对孩子健康成长的期盼……在乡老人对子孙的慈爱护佑在其朴素的生命意识中得以充分显现。

（2）成长缺失的在乡儿童。21 世纪纪录片对在乡儿童的呈现多集中于对其生活境况和教育境况的关注。当下，在乡儿童已然成为一个备受关注的弱势群体。他们在成长的关键时期被留在家乡，和爷爷奶奶一起生活，父母关爱的长期缺失、乡村教育的落后使得这些孩子成为社会转型时期最大的牺牲者。21 世纪以来众多纪录片作品都对在乡儿童的生活境况和教育境况进行了集中关注，真实呈现了在物质贫乏的乡村中孩子们困苦的生存条件和教育条件。在乡儿童在这样特殊的成长环境中，尽管仍有孩童特有的单纯可爱，但也承受着超越年龄的生活压力和心理孤独，有着其他同龄人所不具备的坚强隐忍。

独立制片人蒋能杰拍摄的纪录片《村小的孩子》，对湖南新宁县一渡水镇光安村进行了长达 6 年的记录，选取了 5 名具有典型意义的在乡儿童进行了集中拍摄，其中包括和奶奶相依为命的蒋云杰，由爷爷奶奶带大的蒋鑫和蒋恒兄弟，父亲入狱、母亲早逝的范魏媛和哈宝姐弟。创作者选取的光安村地处偏远，经济条件落后，村中只有年迈的老人和年幼的儿童，生活贫苦。村里小学房屋年久失修，孩子们被安排到乡镇小学上课，却难以负担在镇里的生活开销，只能每天步行前往。乡村老师难以维持生计最终选择离开，老村长希望申请重建光安村光明小学，却历尽艰辛。父爱母爱的缺失对孩子们的性格塑造和心理成长产生了巨大的负面影响，影片中小男孩听到自己的奶奶谈及他的妈妈时，神情中流露出极大的厌恶和仇视，嘴里骂骂咧咧，表现出对"妈妈"这个角色极大的反感。多数在乡儿童对父母的感情变得复杂，面对镜头，小女孩蒋云杰不愿对电话里的母亲说"我爱你"，但依旧渴望母亲长期陪伴。物质生活的贫困使得乡村儿童需要承担起一部分体力劳动，砍柴、喂猪、生火、做饭对于蒋云杰、范魏媛等在乡儿童来说早就习以为常，帮助年迈的爷爷奶奶分担农务，他们从不觉得苦累。乡村教育资源的匮乏导致孩子们对世界和未来缺乏更加广阔的认知，父母只希望他们能够考上大学，脱离贫苦的农村生活，但这种强加的期盼难以改变整体环境的影响，当被问及未来愿望时，孩子们都表示只想和父母一样去大城市打工。

《村小的孩子》对在乡儿童的影像呈现，在关注孩子们所经历的现实困境时，也对他们天真顽皮的天性进行了生动刻画。孩子们下课以后叽叽喳喳围在镜头前嬉戏玩闹，在他们欢笑的脸上看不出苦难的痕迹，而这样的笑脸与做农活时的沉默和思念父母时的哭泣也形成了巨大的对比反差，引人深思。纪录片揭露现实的根本意义在于引起人们的关注从而对现实做出改变。《村小的孩子》播出后，光安村光明小学的重建引发了上级领导的关注，并最终得以实施；一批志愿者自发来到光明小学任教，在村中开展筑梦计划，积极拓宽孩子们的视野；村里的泥泞小路也得到了整修……在乡儿童作为中国现代化进程的牺牲者，理应得到国家和社会的广泛关注。

（3）多才多思的在乡知识分子。这里所说的在乡知识分子特指在教育匮乏的年代接受过文化教育，但最终无力走出乡村的一批人。他们有着良好的教育背景，具备文人特有的才艺，同时保持着农民的身份角色。他们对乡土社会存在的各种问题有着更加敏锐和清晰的认知，对于自身的精神追求也有着明确的要求，但苦于物质条件的匮乏，精神生活往往得不到充分满足，继而产生了对土地和生活的反思。在纪录片《乡村里的中国》里，杜深忠是一位典型的在乡知识分子，他对现代城市文化挤压下乡村社会所面临的各种问题有着切身的体会和思考。村支书张自恩评价他"是个才人，就是果树管得少些"，在村民眼中的他总是有些异想天开。杜深忠有着不同于普通农民的对精神生活的渴求，这使得他和妻子之间存在难以调和的隔阂。妻子是个朴素泼辣的农村妇女，时常抱怨他只知写字读书，不懂得劳作挣钱。而他有着文人的浪漫情怀，热爱文学创作，喜欢拉二胡、弹琵琶，写得一手好字，坚信"人活着要吃饭，精神也需要吃饭"……现实与理想的巨大落差使得他深刻反思自己的人生，反思自己对土地的情感。他在镜头前感叹自己对土地没有一点感情，"土地不养人"，家中靠种果树维持生计却始终获益微薄，可他对土地终究是有感情的。看到村民为了个人利益将村里的古树卖到城市去搞绿化，他满腔怨愤，怒斥这是"剜大腿上的肉贴脸上"；獾吃了他家玉米，妻子要把獾灭掉，他说不行，"獾是国家三类保护动物"，要保护。对于土地、村庄、环境和生态，杜深忠有着强烈的保护意识，他这种"爱之深，责之切"的复杂情绪，实则是对现代化转型下农民生存命运的无奈和喟叹。他深知农民出卖体力在外务工的辛酸，因此教育子女希望他们未来能够凭借学识摆脱贫困，告诫子女自己失败的人生经验于他们而言更加具有警示意义……尽管他的生活有着诸多的不如意，可是他对生命仍有着文人般的豁达和醒悟，"人有旦夕祸福，日子总要过下去"。杜深忠作为在乡文人的典型，显示出当下乡土社会由于物质文明匮乏而导致的精神文化缺失，由此带来了农民在思想意识上与土地之间的矛盾冲突和逃离意识。纪录片对这一类问题的呈现充分说明了当下农村建设的着力点不仅在于经济建设，更在于精神文化的充分补给，草根乡土民众不仅需要更加富足的物质生活，也需要更加充盈的精神满足。

（4）艰辛周旋的在乡基层干部。乡村基层干部是"在乡者"中身份较为特殊的群体，他们作为中国乡村治理最为基础的力量，不仅要负责乡村的日常管理、协调乡邻关系，还要为乡村争取更多的发展机会，带领乡民致富。乡土社会固有的人情关系在一定情况下能够帮助他们比较顺利地开展工作，但更多时候会增加他们的工作难度。与此同时，社会转型背景下复杂的乡村现实状况也让他们面临着极大的挑战。纪录片《乡村里的中国》中的村支书张自恩就是在乡基层干部的典型代表。他拿着微薄的工资，却操着全村的心。为了村子的发展，他要和驻村干部配合工作，要为乡村旅游的招商项目奔走，要帮助村民争取更多的苹果销路。为了能够协调各方，他在复杂人情圈里辛苦周旋，可总有村民不信任他，有人举报他贪污，有人因为修路或砍树和他闹得不可开交。尽管如此，为人憨厚的他仍会给找他麻烦的张家兄弟送年礼，还是会来往协调张光学和张光爱之间不断激化的矛盾……年节时他无奈感叹"干一年支部书记就挣了一肚子酒"，道出了乡村基层干部的无奈和失落。纪录片《乡愁》中的村主任岳勇仁为了帮助村民对抗严重的旱情，组织村民集资打井。当村里的旱情引起媒体注意时，他一方面希望本村特殊的旱情能够引起更多的社会关注，从而更加顺利地得到政府的打井补助，一方面又承受着来自上层领导的压力，要尽力维护村镇整体的形象。最后，面对上层领导的多次施压，他不得不通过自己的社会关系联系记者放弃报道，集合村民的力量将打井工作艰难推进。纪录片对在乡基层干部的呈现足以成为中国广大农村基层干部的缩影，他们作为中国政治生态中最为底层的存在，承受着多方压力却肩负着巨大责任。尽管村民多数是淳朴善良的，但小农思想的根深蒂固使得乡村管理工作复杂艰难，基层干部只能在多方之间艰难周旋，维持乡村的稳定，争取乡村的发展。

2. 离乡者：逐梦、困顿与流浪

草根乡土人物形象在 21 世纪乡土题材纪录片中多以"离乡者"的身份出现。"离乡者"不是指在日常生活中农民出于生活需求的目的离开家乡到外地的即时性行为，而是迫于生计和生存需求到城市谋取生活物质成本的社会性移民迁徙。"城市生活的图景更多来自于想象而不是体验，文化和社会的距离是想象最好的催化剂，而奇妙的现代城市想象是人口大量迁移背后的驱动力之一。"①20 世纪 80 年代末，中国城镇化进程加快，劳动力需求加大，城乡收入差距吸引农民离开乡村故园去往城市，成为城市中的"追梦人"。然而，面对城乡之间的巨大差异和矛盾冲突，他们难以摆脱固有的农民身份，也无法真正融入城市环境，只能像"候鸟"一样在城乡之间奔波流转，艰难的身份认同和文化迷眩使得他们成为中国现代化进程中的"流浪者"。

（1）"沉默群体"的身份认同。在 21 世纪乡土题材纪录片中，"离乡者"的呈现总是伴有强烈的身份焦虑，他们在城市和乡村的来回迁徙中承受着物质现实与精神世界的双重压力，而这种压力主要来源于特殊的社会阶层划分赋予

---

① 马杰伟：《酒吧工厂：南中国城市文化研究》，南京：江苏人民出版社，2006 年，第 18 页。

他们的"农民工"①身份。在《归途列车》《乡愁》《舌尖上的中国》《了不起的村落》等纪录片中，"离乡者"不再是单纯以土地作为唯一依存的农耕者，或是以游牧作为唯一生计的牧歌者，而是多数已经成为城市空间里追逐梦想的异乡人。"这个群体自发地从乡村迁移到城市，并顽强地驻足于城市，他们以行动来改变自身作为'农业人口'的生存环境和条件，并对既有的身份限制发起挑战。但是，在城市，面对政府和制度，对于自身的权益状况，他们所采取的却基本上是不表达、不申诉的态度"，成为特殊的"沉默的群体"②。

离乡者作为这样的沉默群体，对自我的身份认同是复杂而多面的。农民的身份认同是老一辈农民工对自己的定位，在他们看来，"农民"才是他们的本分。在纪录片《乡愁》中，老一辈农民工尹少康就坚定地认为"农民就是以地为主，打工为辅"，种地是他的本职，而进城打工只是为了挣更多钱让小孙子过上更好的生活。在农闲时候，他跟随村里的年轻人一同进城务工，但农忙时还是会赶回家中和妻子一同分担农务。他们将农民的身份作为一种与生俱来的本分，在这种身份认同下，尽管他们看到了城乡之间的巨大差异，但只会将这种差异以遵守本分为理由加以平衡。但新一代的农民工并不愿坦然接受农民的身份认同，甚至试图逃离这样的身份界定。在纪录片《归途列车》中，农民工张昌华对自己的农民身份感到痛苦和无力，因此他将全部的希望寄托在子女身上，希望他们能够努力学习，通过考上好的大学来摆脱农民身份。这是当下绝大多数离乡农民工的共同夙愿。对于自身的农民身份，他们想拒绝承认，但又无力挣脱，只能将希望寄托在下一代身上。在中国现代社会的场域中，农民的身份界定有着制度化色彩，是国家权力介入下的固化的身份安排，城乡户籍体制的确立从国家制度层面对城市和农村进行了区分，城里人和农民的身份差异由此产生。老一辈离乡者对自身农民身份的确认基于其长期的农耕生活背景，而新一代离乡者对农民身份的拒绝则基于日益明确的现代性社会公平意识。

---

① "农民工"是中国社会转型时期出现的特殊概念，是指户籍身份还是农民、有承包土地，但主要从事非农产业、以工资为主要收入来源的人员。狭义的农民工，一般指跨地区外出进城务工人员。广义的农民工，既包括跨地区外出进城务工人员，也包括在县城内的二、三产业中就业的农村劳动力。参见李丽、任鹏胜《农民工的"救赎"》，《中国乡镇企业》2007 年第 6 期。

② 陈映芳：《"农民工"：制度安排与身份认同》，《社会学研究》2005 年第 3 期。

在城市空间里,"农民工"的身份被凸显和放大,对于"农民工"身份的认同,新一代的离乡者与父辈们同样有着不同的认知。在老一辈离乡者看来,"农民工"的身份是短暂的,而自己作为"农民"的角色是永久的。《乡愁》里的绝大多数劳动力都选择进城务工,而他们的主要目的就是挣钱给孩子上学,给儿子盖房娶亲。然而接受过现代教育、拥有现代性思维的年轻离乡者,他们尽管难以摆脱农民身份,却对进城有着更多的期待。《归途列车》中的新生代农民工张琴渴望脱离农村的禁锢,在城市里获得自由。《乡愁》里的年轻务工者面对镜头,倾诉了想在城市安家的愿望。然而这种融入城市的期望并不容易实现,过高的期待往往使他们陷入更加复杂的身份认同危机,正如《归途列车》中的张琴,违背父母的意愿放弃学业,逃离乡村到达城市,短暂的自由很快被繁重的工作任务压缩,她试图通过改变发型和穿着来融入城市,但有限的知识让她难以去除"农民工"的身份烙印,只能作为"异乡者"在城市底层努力挣扎。在社会转型的特殊背景下,离乡者作为城市的外乡人,有着强烈的融入城市的愿望,他们的存在无形之中占据了原本属于城里人的空间和资源。因此,在这些城市"他者"的疏离和对立中,离乡者难以在城市当中真正立足,由此带来的身份认同危机迫使他们在城乡之间游离,尤其作为新一代的离乡者,难以真正融入城市,又难以安心回归乡村,"农民工"的角色使得他们难以找到真正的归途。

(2)"城市候鸟"的逐梦流浪。在 21 世纪乡土题材纪录片中,离乡者多数以"城市候鸟"的身份出现,他们在城乡之间来回迁徙。进城之路是一条艰难的逐梦之路,难以在城市长久安身立命,只能成为城乡之间的漂泊者。"这样的漂泊,其实是获得现代性的精神蝉蜕,有了正在羽化的杂色翅膀,却没有完全脱掉将死的沉重旧壳;有了与历史同行的奋飞欲望,却陷入各色文化认同的困惑与迷茫。"① 草根离乡者在这种漂泊之中往往是坚毅隐忍的,他们多数选择付出更多的辛劳以实现内心的追求。面对城市文化和乡村文化的冲突,他们在主动适应和被动接受的文化迷眩中挣扎,主动适应之下的个人现代性和被动接

① 李兴阳:《新世纪乡土小说的叙事取向与"流动农民"形象》,《学海》2013 年第 5 期。

受下的自我迷失在离乡者群体中形成了不同的景象。

21世纪乡土题材纪录片热衷于呈现离乡者的大范围迁徙活动。春运是离乡者返乡最密集的时段，"车厢""公路"成为这种迁徙最集中的叙事空间。纪录片《乡愁》和《归途列车》均是以春运为背景创作完成。《乡愁》第一季《月是故乡明》以春运开篇，讲述了河南省民权县乡民周卫东夫妇的返乡故事。而《归途列车》则历时三年，以微观视角记录了春运这一特殊背景下一个务工家庭春节返乡的故事，串联起这个家庭在时代背景下的内部变化，展现出中国飞速发展背后乡土草根人物的命运悲歌，透视出全球化浪潮中离乡者的生存境遇。片中大量镜头画面取自火车站广场和火车车厢，返乡高峰期庞大的农民工群体在画面中拥挤、等待，形成了强烈的视觉冲击，车厢内镜头往往会聚焦至个体农民工，记录他们漂泊路上的喜悦和忧愁。影片主人公张昌华和妻子以亲身经历验证了中国压缩式现代性城市生活，女儿张琴作为新生代农民工，在挣脱了乡村环境和父权压迫之后，逐渐在城市文化中迷失自我。张昌华和妻子的生活与绝大多数农民工一样，只能被动地接受城乡经济和文化差异带给自身的冲击和压力。张昌华夫妇是服装工厂里的普通剪线工，全球性经济危机的到来使得他们随时面临被城市抛弃的风险。怀揣着对城市生活的无限渴望，张昌华将在城市扎根的愿望寄托在子女身上，然而面对女儿张琴放弃学业的叛离，张昌华夫妇是无奈和无力的。最终，妻子陈素琴选择回到家乡照顾儿子，弥合小家庭在长期城乡流浪中产生的巨大空隙。《乡愁》中的主人公周卫东则是城市现代性的主动适应者。尽管并没有完全脱离农民的身份，但他在谙熟城市规则的基础上整合自身所拥有的乡土资源，努力适应城市文化。农民的身份认同使得周卫东保留了乡土固有的人情社会关系思维，而农民工的身份认同使得他懂得利用城市的社会分工原则处事。通过整合本乡和外乡的零散劳动力，成为城市建筑工程的外包单位，周卫东在无形中完成了乡土人情社会向城市的迁移。这样的同乡合作，成为周卫东主动适应城市文化的原助力，也保留了他作为农民的淳朴性情。和周卫东一样的适应者，在不断积累的城市经验中，正在慢慢形成与城市文化相适应的价值观念和生活态度，由此逐渐获得个人"现代性"，真正向城市靠近。

无论主动适应还是被动接受，离乡者在城乡之间的逐梦都是异常艰难的，离乡农民工作为中国现代化大背景下的特有人群，用辛勤的劳动铸就了中国城市经济快速发展的辉煌，但同时付出了身体和精神长久流浪的代价。且不论这样的流浪有着复杂特殊的社会背景和社会成因，但从"离乡者"的个体拼搏和集体追寻的行为来看，这种流浪中的坚强和隐忍更加显示出离乡者作为"草根"的强大精神力量。

3. 还乡者：逃离、牵挂与回归

在 21 世纪乡土题材纪录片中，还乡者构成了一个特殊的人群。他们似乎背离了现代化背景下由农村到城市的人群流动走向，成了时代的逆行者，然而通过对他们个体的聚焦关注又不难发现，他们的"逆行"有着中国固有的文化背景和复杂的社会成因。在还乡者群体中，包含了对现代化城市的叛离和对故土的长久牵挂，有被城市抛弃的无奈还乡，也有抛弃城市的自由还乡。

（1）逐梦无果的被迫还乡。从农村走向城市对于很多农民而言是个无从选择的选择结果，城乡之间的巨大经济差距对在乡农民而言具有强大的诱惑力，然而城乡之间巨大的经济和文化壁垒同样使得留在城市成为一件异常艰难的事。离乡者在城乡之间的长期流浪是他们作为追梦人的修行，也有着现实生活重压的无奈，但回归父亲和母亲的家庭角色而言，这样的离乡又付出了更大的代价。

《归途列车》中的母亲陈素琴面对女儿张琴的叛逆出走，为了避免女儿的悲剧在儿子张洋身上重演，她被迫选择还乡。陈素琴作为还乡者是无奈的，尽管当初离乡是因为生活所迫，同样身不由己，但此时的还乡更加具有悲剧性。她的还乡意味着家中只剩下丈夫一人独自承担家庭经济来源的重压，而女儿的叛离已然不可挽回。离乡者难以在城市顺利扎根，最后无奈回乡，除了城市"他者"对他们的疏离和挤压，从他们自身的角度来看，难以迅速获得个体现代性是更加现实的原因。对于草根离乡者而言，个人现代性的获得是一个艰难而漫长的过程。"城市改造着人性，……城市生活所特有的劳动分工和细密的职业划分，同时带来了全新的思想方法和全新的习俗姿态"，这些新变化在不过"几代人的时间内就使人们产生了巨大改变"①。离乡者主要依靠具体职业来获得对城市的认知和理解，然而他们多数难以达到高层次、核心化、能够给他们带来全方位现代性改造的职业门槛，只能在低层次、边缘化的社会底层行业生存。陈素琴作为广东一家服装代工厂的车间工人，单一机械化的日常工作难以帮助她获得更加直观的城市生活体验，加之作为农民长期形成的"前心理结构"②与城市底层生活的剧烈冲突，使得她必然长久地在城市边缘游离。此时，作为母亲的角色，在孩子成长的关键时期，被迫还乡似乎成为必然。

（2）叛离城市的自由还乡。还乡者对城市的叛离和对乡土的回归，往往带有逆行者的主观色彩。作为整体潮流的反向个体，自由的还乡者怀揣着对城市文化冷酷和缺憾的叛离，以及对故乡真善美、自然和传统的追寻。这样的还乡者，不同于前者，他们往往是在获得了正统的"城市身份"后，出于对城市的精神厌倦而选择自由还乡。纪录片《了不起的村落》第6集中的东壁村民宿老板娘陈蜀曼就是这样的还乡者典型。陈蜀曼在东壁村成长，东壁村作为临海村落，有着得天独厚的自然环境，居住着淳朴热情的乡村居民。在学成后的十多年的北漂生活里，陈蜀曼作为设计师，获得了城市人的身份。然而，面对拥挤的城市环境、冰冷的人际关系、严重的空气污染，她对城市生活感到疲乏和厌倦，对东壁村广阔的大海和淳朴的乡民有着无限的怀念。在这样的对立情绪中，陈蜀曼毅然放弃了北京设计师的工作，选择回到家乡创业。在城市文明面前，乡土不只是落后的、衰败的，在城市文化负面表征的映衬下，乡土同样是自然的、美好的。对城市的叛离和对乡土的依恋在一定程度上象征了人们在现代性的强势入侵面前对传统的缅怀和回归。与多数人的精神还乡不同的是，陈蜀曼这样的还乡者实现了身体和精神的自由归隐。纪录片《舌尖上的中国》第二季第二集《脚步》中，79岁的华侨程世坤同样是还乡者，但不同于陈蜀曼对城市的叛离，他更多的是出于对家乡的牵挂。"行走一生的脚步，起点和终点，归根到底都

① ［美］帕克等：《城市社会学：芝加哥学派城市研究文集》，宋俊岭、吴建华、王登斌译，北京：华夏出版社，1987年，第265页。
② 离乡者在城市中接触的是一种与他们以前完全不同的价值观念和行为规范，不可避免地会感到迷茫，这表现为个人在社会行为过程中适应的困难，丧失方向和安全感，无所适从等。参见李兴阳《新世纪乡土小说的叙事取向与"流动农民"形象》，《学海》2013年第5期。

是家所在的地方，这是中国人秉持千年的信仰，朴素但有力量。"①程世坤在美国农场闯荡半生，游子的角色让他对故乡有着深切的眷恋，福建特有的"古早味"是他难以忘怀的味觉记忆，在落叶归根的精神信仰下，还乡成为对本心的最大慰藉，尤其在如今倡导"乡村振兴"的新形势下，回归乡土有了更多的发展机会。

还乡者身上体现着叛离城市的豁达和勇气，以及对乡土传统的深刻眷恋。"城市文明是象征着资本主义工业文明与后工业文明永不停止的运转机器，它又隐寓着历史前进的步伐不可阻挡，它以巨大的磁力吸引着来自乡野的农民。"②尽管相较于乡土的封建，城市能够带给个体更多的自由，但放弃农耕时代的传统美德往往是换取自由的最大代价。在这样的代价面前，当城市文明对于个体而言不再具有强大诱惑时，回归便成为一种必然的情感取向。还乡者是回归乡土的践行者，尽管这样的回归违背了城市化的整体发展方向，但就中国的国情而言，回归乡土，在乡村实现新的人生追求不失为一种明智的选择。

二、21 世纪乡土中国的文化形象

乡土社会作为传统文化的生发地，长期以来深受儒家文化的浸染，构成了中国传统文化继承的主体脉络。然而在现代化发展过程中，传统乡土文化受到城市文化的强烈冲击，面临着失落的风险。从西方国家的现代化经验来看，乡土文化的衰落伴随着乡村的解体，是城市化的必然结果，但就中国特殊的文化背景而言，乡土文化作为传统文化依然有着顽强的生命力。纪录片对乡土文化的记录和解读主要集中于宗族文化、民俗文化和地域文化，这充分说明了传统的宗族文化、悠久的民俗文化和丰富的地域文化在整体乡土文化的传承和发展过程中发挥着重要作用，由此展开的乡土中国文化形象的勾勒也显示出现代化进程中人们日益觉醒的文化自觉意识。

1. 宗族文化：乡土精神的回望与守护

宗族文化在历史上是中国乡土社会维持稳定和发展的重要依托，是中国

①《舌尖上的中国》第二季第二集《脚步》解说词。
② 丁帆：《文明冲突下的寻找与逃逸——论农民工生存境遇描写的两难选择》，《江海学刊》2005 年第 6 期。

455

传统文化的重要组成部分。20 世纪后期，宗族文化焕发出新的生命力，呈现出复兴趋势。21 世纪乡土题材纪录片中对宗族文化的呈现，更多立足于表现作为乡土中国文化根基的宗族文化在其传承过程中存续的精神品质及其对当下社会和个人的影响。宗族文化在纪录片中的视觉呈现已然褪去了宗法传统的守旧色彩，而是成为崇文重教、孝悌传家、和合有道等传统乡土精神和社会规范的正面显现。纪录片《记住乡愁》正是在这一背景下，对当下宗族文化在古村落中的存续和影响进行了较为集中的呈现和纪录，由此挖掘乡土中国优秀传统文化的现实意义。在该纪录片中，创作者依托众多古村落的历史与现实，讲述了记载于族谱中、呈现于建筑中及体现于村民教化涵养中的宗族传统规范。从传播学的角度来看，宗族文化传播是"介于人际传播与族内传播之间的群体传播"[1]，在符号化的宗族文化传播与延续中，血缘关系扮演着最为基础的角色，依靠血缘关系形成的宗族集体有着相对固定的价值规范和行为准则，族内的个体的成长教育和为人处世以此为规范。

首先，宗族文化深受儒家思想的影响，成为宗族精神的根基。宗族集体大都很看重孝敬父母、注重礼仪、以和为贵、崇教育贤、以诚为本、勤俭持家等基本价值规范。这些规范确保了一个宗族的兴旺，沿袭至今逐渐成为现代社会发展繁荣的基本价值理念。以"孝敬父母"为例，《记住乡愁》前两季中，多次对"孝"给予表现。《屏山村·孝道传家》《前同村·以孝为本家兴业》《南社村·孝道有方》《斯宅村·百行孝为首》《年画村·世代尽孝》《城北社区·孝德永彰》等不同村落的不同故事，讲述了中国自古以来以"孝"为先的价值传统。在安徽屏山村，"孝"是评判做人最基本的道德标准，舒氏家族世代遵循"老对少以教，少对老以孝"的传统。村民舒志新作为家中独子，因为母亲年迈，放弃城市工作回到家乡照顾母亲；在北京成长生活的舒兆元为完成母亲舒秀文回到家乡的遗愿，始终心系故乡。在屏山村村民看来，"孝"不仅在于侍奉在侧的陪伴，更在于自我奋斗以求"立身立业"。在"孝"的规训下，舒氏后人勤勉读书，历史上贤才众多。在我国的传统文化中，孝道依据氏族长幼

---

[1] 郝雨、朱博研：《中国乡土宗族文化的回望与守护——纪录片〈记住乡愁〉的一种文化意义》，《现代传播（中国传媒大学学报）》2015 年第 10 期。

有序的关系形成。在以孝为先的价值传统影响下，人们也会注重对自我言行和发展的约束，某种程度上，重"孝"会影响到对其他优秀价值传统的遵循。以《记住乡愁》为代表的乡土题材纪录片，对孝道的记录表现在日常生活的细枝末节。例如家中长幼同桌吃饭，长者才能先动碗筷；子女为父母过寿，需亲自准备糕点等。人们依照"孝"的具体要求实现了老有所养的责任，同时以身作则实现了对后代的教育和影响，使得宗族文化的规范得以承袭和延续。与"孝"同为氏族规范的"勤""忠""诚""善"等在中国古代统称为"礼"，乡土社会通过由长及幼的经验式传授在日常生活的点滴中完成了对宗族文化"礼"的世代传承教化。

其次，宗族文化依靠特有的文化符号实现价值传承。文化符号指"一个民族、国家或地区长时间沉淀下来的文化资源的凝结式标示，是一个民族、国家或地区物质文化和精神文化的精华，反映了某个特定社会或社会群体特有的精神、物质、智力与情感等方面的一系列特质"[1]。宗族文化在乡土社会的长期积淀中形成了符号化的传承特色。有人认为："建筑、文学、演说等人工而成的是真正的符号体系，其目的不是为了改变态度，而是代表事物的基本秩序。中国乡村的宗族习俗和规范，正是通过提炼出系统文化符号来代表其代代相传的宗族精神与观念，并通过这些符号使其继续传承的。"[2] 宗族文化的符号化传承有着物化的特征，建筑格局是其中最有代表性的文化符号。以《记住乡愁》中的培田村为例，九厅十八井的建筑风格体现了培田村自古以来以家族为中心的差序格局，中国的宗族传统讲究亲疏远近，家族内部的兴旺是首要的，而天井对雨水的汇聚正象征着财富的汇聚。祠堂和族谱是宗族文化得以传承的另一文化符号，祭奠和供奉祖先、修订和保留族谱对于中国的传统家族而言是至关重要的。祠堂和族谱所指向的祖先崇拜作为宗族图腾崇拜的变种[3]，在一定程度上而言是家族保留族群意识、判断亲疏远近的重要方式，祭祖和修订族谱对于

① 蒙象飞：《中国国家形象建构中文化符号的运用与传播》，上海：上海外国语大学博士学位论文，2014年，第52页。

② 郝雨、朱博研：《中国乡土宗族文化的回望与守护——纪录片〈记住乡愁〉的一种文化意义》，《现代传播（中国传媒大学学报）》2015年第10期。

③ 参见郝雨、朱博研《中国乡土宗族文化的回望与守护——纪录片〈记住乡愁〉的一种文化意义》，《现代传播（中国传媒大学学报）》2015年第10期。

整个家族的凝聚和维系有着重要意义。除此以外，人们约定俗成用于寄托集体记忆、表达宗族观念的事物，在特定的宗族系统里扮演着"公共符号"①的角色，培田村的古树就承载了这样一个公共符号的身份，族内的老人在树下给孩子们讲述古树与家族的历史渊源，告诫他们要像古树一样正直坦荡，同时希望他们能够在家族传承中不忘前人遗训，为后人留下庇护。

"中国乡民基于血缘关系而结成的亲缘集体，通过漫长的历史演进，逐渐形成并总结出一套集体成员共同遵守的教育、生活、劳作等民间文化规范。它传承于传统农村宗族集团成员之间，有许多通过族谱族规等文字记录下来，并不断深入到每一个中国人的精神世界，成为中国知识分子的文化生成之根源，同时也是中华文化不可分割的一部分。"②纪录片作为现实生活的镜像呈现，在观照和记录乡土社会现实的同时，亦着力于乡土社会现实背后传统价值的探寻和挖掘，其意义不仅在于寻找现实乡土社会诸多传统的文化成因，更在于保存和唤醒当下失落的文化价值传统。在现实社会中，宗族文化中封建专制的遗毒理当被摒弃，但对其中优秀的乡土精神品质，应予以尊重和守护，在我国现代文明的发展过程中，回望乡土宗族文化对于当下社会价值体系的重塑有着重要意义。

2. 民俗文化：乡土传统的继承与弘扬

21 世纪的乡土题材纪录片中涉及民俗文化的影像众多，不仅含有对中国乡土传统民俗的追溯和考证，更有对现代社会中仍未消失的民俗文化的发掘和记录。"民俗，即民间风俗，指一个国家或民族中广大民众所创造、享用和传承的生活文化。"③中国乡土社会是民俗文化的发源之地，然而伴随着城市化进程的加快，乡土文化空间遭到挤压，民俗文化也受到冲击。在现代化发展过程中，民俗文化伴随着乡土社会的衰落而日渐消失。面对传统文化的流逝，人们对民俗文化的保护意识不断加强，部分民俗事项以非物质文化遗产的形式得以

① 蒋立松主编：《文化人类学概论》，重庆：西南师范大学出版社，2008 年，第 26 页。
② 郝雨、朱博研：《中国乡土宗族文化的回望与守护——纪录片〈记住乡愁〉的一种文化意义》，《现代传播（中国传媒大学学报）》2015 年第 10 期。
③ 钟敬文主编：《民俗学概论》，上海：上海文艺出版社，1998 年，第 2 页。

保存，但在一定程度上丧失了原有的淳朴意味，成为迎合商业逻辑的消费性展示，具有功利性和选择性。民俗源于生活，21世纪乡土题材纪录片对民俗文化的呈现往往以各地的自然人文为依托，通过日常化的视角呈现出民俗文化本真的状态，这使得民俗文化在日常生活的浸润下更具感染力，也在很大程度上丰富了乡土中国形象的地域性和人文意味，使得乡土中国形象饱满生动。

仪式民俗是纪录片对乡土民俗文化最直观的呈现。仪式作为民俗文化长久传承的有效形式，在时间和空间上表现为特殊的行为规定和活动形式。在纪录片《乡村里的中国》中，创作者对小乡村的记录和讲述是以二十四节气更迭为次序展开的。镜头记录了一个平凡小村庄一年的生活，对传统婚丧嫁娶等仪式进行影像呈现，也对当下乡村文化中的春节联欢会等全新民俗样式进行记录。二十四节气是农耕社会人与自然和谐共处的长久经验，成为农事活动的重要依据，乡土社会的许多仪式民俗也以节气为时序开展的。例如在《乡村里的中国》中，有着围绕"春"展开的祈愿仪式。影片以"立春"开头，杜深忠作为村里少有的文化人，为村民的羊圈写了一个大大的"春"字，祝福"龙年春到发羊财"，由此表达对春天的祈愿。妇女们围坐在一起做"女红"，依靠简单的缝补手艺造物来祈愿吉祥。夜晚村民围着篝火举行"咬春"仪式，以春天的新作物萝卜作为"春"的象征，谁咬着了谁就有一年的好时运。……关于"春"这一节气的朴素民俗代表着村民对全新一年美好生活的期盼，作为村民们面对生活坎坷的精神支撑，这些民俗带有引导生活积极向上的正向性。

节庆民俗是纪录片最爱表现的一种乡土民俗。春节作为中国最为隆重的节日，有着丰富的表现形式和庆祝方法。团圆作为春节的主题，是每一部涉及春节的乡土题材纪录片都要呈现的特征。在农村劳动力大规模流向城市的当下，离乡者返乡团圆成为创作者们关注的重点。在《归途列车》中，在广州工厂打工的张昌华夫妇会克服一切困难回到四川老家过年，和孩子们团圆；在《乡愁》里亦是如此，周卫东夫妇与河南民权县的其他年轻人一样，跋山涉水回到家乡过年。他们作为中国离乡农民工的缩影，体现出广大的乡土草根在春节的特殊时间节点上对团圆的渴盼，这是中国人深入骨髓的内化基因。贴春联、放鞭炮、拜年这些年俗符号在纪录片中有着丰富的呈现。在《乡愁》中，家家户户会贴上喜庆的红色春联，书写对新的一年的美好祈盼；正月初一互相拜年，表达新年的美好祝福；正月初二祭祖上坟，祈求先人的福泽庇佑；正月十五共度元宵，喜猜灯谜，阖家团聚；正月十六日出发前在门前点上火盆，驱除厄运，俗称"烤霉气"，祈求新的一年顺遂兴旺；等等。从纪录片呈现的年俗来看，尽管各地的年俗有着细微的差别，但都表达了乡民们对于生活的美好祝愿，充分显示了乡民们对民俗文化的精神依托。除春节等传统节日以外，还有各民族、各地区甚至各村落专属的节庆民俗。在《记住乡愁》中，阜新市蒙古族自治县的查干哈达村"睦邻节"是当地仅次于春节的重要节日，为了纪念历史上查干哈达村乡民们齐心协力、共同战胜天花疾病，村民们每年都会在这一天分享圣粥，以此牢记邻里互助的情谊，形成了查干哈达村特有的节庆民俗。

饮食民俗也是 21 世纪乡土题材纪录片关注的热点。《舌尖上的中国》对饮食民俗的关注在纪录片领域称得上开风气之先，尽管该纪录片有着跨越城乡的广泛视角，但不难发现其对乡土的偏好。在该片中，创作者以美食为切入点对我国饮食民俗进行了跨地域的寻访和纪录，并借助饮食民俗文化挖掘了本民族更深层次的精神文明传统。《舌尖上的中国》对日常食俗的关注细致入微，在第一季第二集《主食的故事》中，山西丁村的乡民们运用生活的智慧制作出"一样面食百样吃"的花馍，并由此形成了面食多样化的制作传统。南方盛产稻米，由此形成的米制品成为南方地区的主食。节庆饮食民俗在《舌尖上的中国》中也得到了充分呈现，元宵吃汤圆、端午吃粽子、中秋吃月饼、"冬至馄饨夏至面"等，饮食在传统节庆的背景下具备了仪式感，在吉林查干湖的除夕夜晚，鱼把头石宝柱一家的全鱼宴体现出新春佳节的团圆美好。在《舌尖上的中国》中我们不难发现，日常饮食的习俗往往带有鲜明的地域特色，例如《主食的故事》中，主食的不同选择即是各地长期以来形成的固定习俗，"一样面食百样吃"的山西花馍、可当作婚嫁赠礼的南方稻米、象征着团圆的北京饺子等。在中国广袤的大地上，一方水土养育一方人。在第二季第二集《脚步》中，广东潮州的春卷、贵州贵阳的丝娃娃、北京的烤鸭卷饼、福建的食饼筒、新加坡的润饼……饼卷跟随人们流动迁徙的脚步在不同的地域形成了不同的形态。《舌尖上的中国》以多彩的民间饮食作为切入点，透视美食背后的平凡故事，通过对中国人饮食习惯的探访和记录，建立美食与日常生活的仪式、伦理之间的相关性，由此探寻传统饮食习俗背后的文化意蕴，展现中国传统乡土社会特有的文化符号，构建出民俗意味浓厚的乡土中国形象。

3. 地域文化：多彩乡土的巡礼与展现

地域文化是"同一地域生活的人们在漫长的历史中、在不断的物质和精神的生产实践中逐渐形成的具有地域特色的独特的文化传统和文化体系"[①]。纪录片对乡土文化的呈现带有鲜明的地域性特征，无论针对某一地域的单独呈现，还是跨地域的整体呈现，都能体现出乡土社会文化整体的多样性和乡土特色的丰富性。

纪录片对地域文化的呈现首先体现在地理空间上的自然景观呈现。中国辽阔的土地上，不同的自然地貌孕育出不同的地域文化和乡土风情。纪录片对自然景观的视觉化呈现是直观形象的，辽阔草原、崇山峻岭、翠峡幽谷、广袤平原……不同地域的景观差异充分体现出多彩迷人的自然之美。部分独立纪录片以围观的视角展现了某个独立乡村的自然风貌。例如纪录片《乡村里的中国》，在对鲁中山区小乡村的日常故事进行记录和呈现的过程中，穿插了众多有关沂蒙山的远景镜头，由此表达正是秀丽壮观的沂蒙山才孕育出沂蒙儿女淳朴豁达的乡村民风。部分系列纪录片以宏观视角对乡土中国进行了跨地域呈现，纪录片《舌尖上的中国》正是如此。以第二季第二集《脚步》为例，该集通过蒙太奇的艺术手法对多个自然地域空间进行串联，讲述了不同地域的人们为了生活从未停歇脚步。青藏高原深山中勇敢的取蜜少年，陕甘大地上追赶花期的憨厚蜂农，秦岭北麓善待麦客的热情老人，湖北大山中寻觅花菇的孤独老汉，浙江台州勤劳善良的渔民夫妇，贵州雷山务工归来的苗族母亲……从青藏高原到成都平原，从陕甘黄土高原到秦巴山地，从齐鲁大地到江浙沿海，从云贵高原到闽粤沿海，各地独特的自然风光形成反差，创作者正是通过这样的反差来表现乡土大地上人们共有的勤劳品质，由此让一部纪录片更有深度。

纪录片中各地建筑风格的差异同样体现出地域文化的多样性。不同的地理

① 刘国平、杨春风:《当代经济社会发展视界中的东北地域文化》,《社会科学战线》2003 年第 5 期。

环境、气候条件和文化信仰对不同地区建筑风格的形成有着直接而深远的影响，由此形成风格迥异的村落建筑风貌。纪录片《记住乡愁》选取了上百个古村落进行探访，村落建筑风貌都有着显著的地域特征，例如在福建省龙岩培田村，九厅十八井的建筑风格即在北方庭院的基础上融合了厅与庭相结合的客家建筑风格。培田的祖先从北方迁居至此，保留北方建筑风貌的同时根据当地的湿润气候和山水景观对建筑进行了改造，以挑梁式梁桁结构作为房屋的支撑，既保证房屋的稳定性，又实现外观结构的精巧别致。在空间的整体布局上，受宗族"先后有序、主次有别"的长幼尊卑思想影响，显示出清晰的秩序感。又如云南丽江纳西族吾木村，"天人合一"的思想使得纳西族乡民在建造村落时严格护守自然空间的分寸土地，实现了自然景观与村落建筑的亲近与和谐。浙江温州苍坡村将中国文房四宝融于村落的整体布局，在山水掩映间，既实现了五行风水的平衡之美，又实现了村庄整体的安泰祥和。贵州苗族古村落岜沙村素有"活化石"之称，乡民将树木奉为神灵和祖先，人的命运与树木的生长息息相关，树木被看作人的生命来源。依山而建的杆栏式吊脚楼随地起伏，掩映在浓郁的树林之中，以此获得森林对村寨的庇佑。

采录保留地方方言是地域文化在纪录片中的另一重要表征。各地的方言都有各自鲜明的特色，吴侬软语温柔婉转，北方官话抑扬顿挫，闽南方言古早淳厚，东北方言感染力强……《乡愁》全片采用了同期声的拍摄手段，影片中乡民们日常交谈所说的方言保留了很多古音，村民们即使说起普通话，也有着浓厚的乡音色彩。纪录片《乡村里的中国》同样用同期声保留了山东淄博杓峪村乡音的魅力，呈现出独特的山东地域文化。在文学创作中，方言的运用是人物性格刻画的重要手段，在纪录片中成为有声语言时，便形成了更加生动的人物表现力。在纪录片《乡村里的中国》中，杜深忠的妻子张兆珍在特色方言的衬托下，呈现更加丰满的形象。当杜深忠提出买琵琶的心愿时，妻子张兆珍说他是"头顶火炭不知热"，不考虑家里的经济困难；张兆珍埋怨起杜深忠不爱干活，说他是"人懒树也懒""鱼找鱼虾找虾，乌噜牛找那蛤蜊咯"，尽显张兆珍作为乡村农妇的豪爽泼辣，方言在她的演绎下呈现出别样的俗文化色彩。

多数涉及乡土文化的纪录片对文化乡土形象的构建不仅仅局限于文化本

体的介绍和展示，其更重要的意义在于通过个体记忆的呈现完成集体记忆的构建，从而唤醒受众的集体认同意识，亦是中国现代化进程中的传统文化自觉的体现。费孝通曾指出，文化自觉的"意义在于生活在一定文化中的人对其文化有'自知之明'，明白它的来历、形成的过程，所具有的特色和它的发展的趋向。力倡自知之明是为了加强文化转型的自主能力，取得决定适应新环境、新时代文化选择的自主地位"[①]。尽管乡土文化难以回归往昔的繁盛，但依旧在乡土大地上缓慢流淌，并在一定程度上对城市文化产生影响。

三、21世纪乡土中国的家园形象

乡土对多数中国人而言，不仅是地理空间意义上的家园，更是精神世界的重要依托。21世纪乡土题材纪录片对家园形象的呈现，在展示空间意义上乡村社会现实面貌的同时，热衷于对精神故乡的怀想和建构，这就形成了纪录片中诗意田园和失落乡村的不同形象面貌。与此同时，主流媒体对"新农村建设"的有意识宣传，促使乡村以复兴的姿态出现在纪实影像之中，成为农村经济发展和文化复兴的生动范本。

1. 诗意的田园

对于乡土中国的诗意化呈现在21世纪乡土题材纪录片创作中有着众多的响应者，这一现象不仅源于国家乡村振兴战略下对乡土美好的宣传需要，更源于现代化飞速发展的社会背景下，人们面对机械喧嚣的城市生活内心产生的压抑和惶惑。面对记忆中的乡土遭受城市化发展的挤压走向衰落，纪录片创作者们通过追念朴素的乡土传统和原生态的乡土自然，为传统乡土文明存影。乡土自然和田园传统的视觉化呈现是21世纪纪录片构建诗意田园的主要方式，通过呈现原生态的自然风景及返璞归真的乡土农耕渔牧传统，在与快节奏的城市文化比对中描绘出现代人渴望回归诗意的田园，来纾解都市人群内心深处的乡愁情怀。

乡土中国的诗意化呈现，首先体现为纪录片镜头对原生态乡土自然的偏爱。纪录片所呈现出来的自然风光往往是未经雕琢的原生态景象，或跟随着主人公的脚步对自然风光进行多个视角的描绘，或在广阔的全景式展现中勾勒出风光全貌，最终实现对人与自然和谐共处画面的生动呈现。在纪录片《舌尖上的中国》中，镜头常常跟随着主人公寻觅食材、制作美食的脚步描绘自然。以第一季第一集《自然的馈赠》为例：镜头跟随单珍卓玛寻找松茸的脚步，展现了云南香格里拉山区的秀丽风光，蓝天白云相互映衬，原始森林充满了神秘和惊喜；镜头跟随老包的脚步，对浙江繁茂的竹林进行了探访，青翠的竹林暗藏着新生的力量；镜头跟随鱼把头石宝柱一行人，领略了吉林查干湖的广阔和慷慨。人与自然的和谐共处使得自然能够始终保持这样的美丽与慷慨，单珍卓玛挖取松茸后会仔细掩埋菌坑使其免遭破坏，老包获取冬笋时也是轻刨轻取不伤根。在第一季第二集《主食的故事》中，创作者对主人公所居住的陕北高原进行了全景式的呈现，蜿蜒的梯田在群山之间盘绕，形成了独具风格的美景；在第一季第三集《转化的灵感》中，镜头记录了绵延开阔的内蒙古乌珠穆沁草原旷野"风吹草低见牛羊"的宁静。

纪录片《了不起的村落》选取的村落大多鲜为人知，村落的整体面貌与原生态自然有着更加紧密的联系，因而该纪录片更加偏重呈现村落的远景全貌以体现村落与自然的和谐美好。大兴安岭连绵起伏的金黄森林中，敖鲁古雅的族民搭建起简易的住房，吟唱起呼唤鹿群的古老歌谣；碧蓝深邃的大海上，与海共生的兰屿岛居民在岛上晾晒起新捕的海鱼；黄山云海山脊上的木梨硔村，驻守的老人在山脊之上安度晚年；银装素裹的大山深处，禾木村成吉思汗部落后裔图瓦人在与世隔绝的村落里骑射、跳舞，安心过冬……远景镜头下村庄的全貌得以整体呈现，个体形象被弱化，整体村落形象得以突出，在空间上与周围的自然环境形成了和谐共生的美好画面。这些镜头所表现的原始朴素的乡土自然风光在人的参与下充满温情，传统的乡民对大自然的敬畏之心与生俱来，正是这种天人合一的相处之道使得乡民能够实现与自然的长久共存，也成为现代人追求和向往的生活模式。

城乡差异的对比式呈现也是纪录片构建乡土中国诗意田园形象的重要手段。"城市的调节功能是调节人与自然的关系，正因为如此，才使得那种伤感情调有了广泛流行的可能，'自然'被赋予了善良、高尚、纯洁的特性，同样，'自然的人'也就有了这样的特性。城市……与这些想象中的纯洁、高尚、善良格格不入，于是就会被视为恶念横行的地方，显然，就是自然的敌人。"[1]地域空间上的城乡对立使得城市成为现代文化的标本，而乡土成为传统文化的指代。当创作者偏向对乡土的诗意化叙写时，城市与乡村的对比便不再是先进与落后的对比，而是压抑与开阔的对比，是工业化机械与原始化自然的对比。纪录片《归途列车》即在影片中强化了城乡之间的反差呈现。在归途列车的镜头空间里，城市与乡村在颜色、空间和节奏的呈现上都存在着巨大差异。从画面的色调来看，城市多是灰色与黑色的，有着灰色的工厂房屋、拥挤的滞留人群和昏暗的职工宿舍，而乡村是绿色与黄色的，有着青葱的田野、氤氲的晚霞和清澈的溪流。从空间的整体氛围来看，城市是压抑的，城市的上空低沉压抑，服装厂的制衣车间狭小拥挤，而乡村是开阔的，田野之上是碧蓝的天空，远处的天际毫无遮挡。从节奏上来看，城市是机械而急躁的，工人们日复一日埋头赶工、车站的滞留人群躁动不安，而乡村是舒缓轻快的，夕阳下村落上空安静地升起炊烟、晨曦中宁静得只闻鸟鸣……创作者用大量的空镜头呈现出乡村与自然的亲近感，与城市灰暗的钢筋混凝土形成强烈反差，由此构建出乡村宁静祥和的诗意田园形象。

城乡的差异不仅体现在地理空间上，更体现在具体的人和人们的日常生活之中。在传统乡土社会，人们安享着日出而作日落而息的生活，遵循着春种、秋收、冬藏的季节规律，而现代都市人尽管能够享受工业化带来的便利，但难以体会到机械背后的温度。因此，对传统农耕渔牧的关注成为纪录片构建诗意化乡村形象时对田园温度的理想呈现。这种温度来源于人们付出的辛劳，更来源于辛劳背后对美好生活的追求和对家人的爱护。以《舌尖上的中国·自然的馈赠》为例：在湖北的莲藕水田里，职业挖藕人用双手挖出脆嫩的莲藕，支撑起整个家庭的生活；在云南诺邓乡，老黄和儿子树江用取自千年盐井的卤水熬制诺邓盐腌制家中的生计来源诺邓火腿；在广西的京族三岛，人们踩着传统的捕鱼高跷在浅海区捕获鱼虾……乡民们为了实现对美好生活的追求，借助自然

① ［加］简·雅各布斯:《美国大城市的死与生》，金衡山译，南京：译林出版社，2005 年，第 498 页。

的力量，依靠自身的智慧，付出辛勤的劳动，在这样的正向循环中收获自然的馈赠。随着人们对于现代化、工业化不断深入的了解和体验，人们需要通过回望诗意的田园来实现心灵的滋养和精神的救赎。《舌尖上的中国》《记住乡愁》等作品将乡土作为田园进行的诗意化呈现，既包含了对纯净自然和传统乡土人文的歌颂，也是在现代文明的冲击下对传统乡土社会的无尽挽歌。

2. 失落的乡村

纪录片作为纪实影像文本，对乡土社会存在的诸多问题有着透视能力和记录责任。失落的乡村是纪录片所表现的"转型"过程中的乡村形象，这里的转型是指"中国农村在工业化、城市化和全球化的历史大趋势中，在资本的不断侵蚀下，被迫从传统农牧文明向现代工商文明、从传统社会向现代社会的转变"[1]。21 世纪以来，伴随着城市化的飞速发展，乡村面临着失落的命运趋向。这与作家赵本夫所说的"村庄终结"相契合，在纪录片中有着更加直观的体现。工业化发展下自然环境的破坏、劳动力流失下村庄的虚空、现代文化冲击下传统人文风貌的消逝，传统乡村的失落已然成为难以回避的现实。

纪录片对失落乡村形象的呈现和构建，主要体现在对村落的消失现状的具体言说。在当下中国，村落的消失具体而言有着三种不同的指代：一是指地理学意义上的消失，这已然成为中国乡土社会正在发生并将持续发生的事实；二是指乡村因为虚空走向衰落，面临终结的命运，这也是大多数中国乡村所面临的严峻现实，同时是 21 世纪乡土题材纪录片记录的重点；三是指文化意义上的消失和终结，这是乡土社会面临的另一客观现实，同时也是很多人对未来农村的一种历史预期。

在地理学意义上，中国村落的消失速度是令人吃惊的。"在 1990 年到 2010 年的 20 年时间里，我国的行政村数量，由于城镇化和村庄兼并等原因，从 100 多万个，锐减到 64 万多个，每年减少 1.8 万个村落，每天减少约 50 个。它们悄悄地逝去，没有挽歌、没有诔文、没有祭礼，甚至没有告别和送别，有的只是在它们的废墟之上新建文明的奠基、落成仪式和伴随的欢呼。"[2] 这一现

---

① 李兴阳：《新世纪乡土小说中的"村庄形象"初论》，《甘肃社会科学》2014 年第 4 期。

② 李培林：《从"农民的终结"到"村落的终结"》，《财经》2012 年第 5 期。

象的发生以城乡规划改变为主因。在独立纪录片《秉爱》中，主人公张秉爱所居住的位于三峡水库区的村落因为三峡工程的推进面临消失的命运，尽管秉爱作为钉子户面对即将失去的家乡做出了最后的抗争，但三峡水库地区的村落最终难逃消逝的命运。城市建设不断扩张，致使周边的乡村被划归为城市空间。从中国城市发展的整体走向来看，这一现象似乎有着必然的合理性，但对于村落自身而言，在现代文明的挤压之下，"终结"成为一种被动的悲剧性结局。

虚空是村庄走向失落最直观的表现。"中国数以十万计的内陆村庄正在蜕变成'空心的村庄'，被现代化所遗弃的性质使之忍受着孤寂和无言。……对很多人来说，'乡村'这个词语已经死亡。"[①] 劳动力的流失是村庄虚空的主要表现。这一现象在 21 世纪的乡土题材纪录片中已然成为一个被普遍呈现、反复言说的问题。纪录片《乡愁》里吴老家村，在短暂的春节过后，就只剩下了年迈的老人和幼小的孩子，年轻人都匆忙地离开家乡，开始打工生活。纪录片《归途列车》中，张昌华一家所在的四川偏远村庄也早已没有了年轻人的踪迹，就连和张琴一样的学龄少年，都选择离开家乡，到大城市去读书。在《记住乡愁》《舌尖上的中国》等众多纪录片中，都有着对农村劳动力外流最直观的呈现。此外，资源的流失同样是村庄虚空的重要表现。城市化发展所产生的资源缺口有些是通过乡村来弥补的。在纪录片《乡村里的中国》中，杓峪村里的古树被村民办了"农转非"，给卖到城市里搞绿化，光秃秃的土坡成了对这一行为最大的讽刺。

乡土传统的消逝是乡村走向失落的文化根源。在当下中国乡土社会，年轻的一代多数已经不再从事农业生产。父辈期待自己的子女能够通过读书改变命运，但也有乡土传统的守护者，面对子女不愿留在家乡、想要出门闯荡的决心，只能暗自感伤。在这样的背景下，传承真空就此产生。在纪录片《了不起的村落》里，最后的驯鹿族已经所剩寥寥，面对驯鹿村青年雨果想要离乡闯荡的愿望，母亲感到难过，但又不愿阻拦孩子前进的步伐，驯鹿村的驯鹿技艺在这样的离去中难以承袭。在《舌尖上的中国·心传》中，黄土高坡上的张家山，老

---

① 柳冬妩：《城中村：拼命抱住最后一些土》，《读书》2005 年第 2 期。

师傅张世新有着出众的挂面制作手艺，在传统观念里，拥有手艺才能安身立命，但这种手艺拴不住飞向大城市的年轻的心，这使得张老汉心中充满了遗憾。有学者指出："中国这些年确实发生了很大的变化，但是发展中有问题，问题中有发展，这才是一个真实的中国。"①纪录片对社会转型期乡土社会存在的诸多问题聚焦揭露，无疑使得乡土中国的形象构建更加真实完整。

3. 复兴的故园

乡土题材纪录片在反映现代化进程中农村存在的各种社会问题的同时，对新农村建设成果进行了充分展示，以影像化的现实构建了拥有全新生命力的复兴中的故园形象。"乡村振兴"的建设目标对乡村的正面影响在纪录片中也得到了彰显。纪录片《美丽乡村》即展现了传统乡村在现代文明影响下的历史变革，传统与现代的有机融合使得乡村获得了全新的生命力。高原铁路的顺利通车使得"天之涯"青藏高原变得不再遥不可及，铁路运输带来的商机让游牧人罗琼得以在放牧的同时开办起运输合作社，为高原特产拓宽销路。黄土高原魏塔村的"艺术之家"客栈里，村民蒋明放热情招待入住的客人，简单的高原客栈成为文化交流和文艺熏染的独特空间。旅游业迅速发展使得土生土长的三亚人李诚汉放弃了原始的渔民生活，成为一名潜水教练。在岭南的传统水乡，鱼类养殖在现代化生产模式的影响下改变了原有的传统面貌，乡民们办起了合资养殖场，实现了产业化经营，同时促进了水乡的转型升级。从纪录片《美丽乡村》来看，乡村在现代化的发展过程中并不是全然走向末路。借助现代化的力量，乡村能够实现有效转变并获得新生的动力。

现代文化与传统文化的互融共生是 21 世纪纪录片对乡土复兴的关注焦点。在纪录片《记住乡愁》的《乌镇——枕水人家立志进取》分集中，依靠进取求变的时代精神，乌镇得以在传统与现代的交融中获得新生。乌镇对旅游业的持续开发不仅体现在游客的吸引和招揽中，更体现在对于本土文化的传承和创新中。竹编工艺的传承人钱鑫明是家中竹编手艺的第四代传承人，为了能让这门手艺后继有人，他一直都在寻觅和坚守；乌镇民宿房东穆穆有着年轻人不服输

---

① 张振华：《关于纪录片创作生产的六点建议》，《中国广播电视学刊》2009 年第 4 期。

的倔强，面对一次次失败，他敢于尝试、勇于创新，最终顺利实现了民宿文化的推广。在现代文明和传统文化的碰撞和磨合中，乌镇作为传统古镇拥有了独具魅力的风采，现代文明与传统文化在这一空间里实现了融合共生：传统老街迎来了当代艺术的露天展演，与老店里的传统手工艺者交相呼应，现代剧场里上演着话剧，质朴的古戏台上吟唱着花鼓戏……纪录片通过新与旧的对比，突出表现了乌镇在时代和历史交汇点上，化解传统与现代的冲突，获得全新的生命力。在纪录片《了不起的村落》中，杭州富阳场东梓关借助"杭派民居"工程实现了华丽转身，在东梓关乡村建设的不断推进中，回迁安置需求扩大，为了保证古村落的原生态风貌不被破坏，政府统一规划了乡村住宅的建设，设计师将吴冠中的诗意画运用于乡村民居的整体设计中，实现了建筑文化新与旧、传统与现代的交融，让空心村东梓关获得了新生。纪录片对乡土新貌的拓展式呈现，是为了"让受众关注新农村建设的主要议题：新农村建设要保护好自然环境、村落格局、民居和乡村要素以及非物质文化；加强农业科技含量与改变落后的生产方式，提高农民收入与改善生活环境；新农村建设要与城镇化协调发展，让乡愁与现代化相容共生"[1]。这种在国家话语主导下对乡村形象的正面构建，对于 21 世纪乡土中国形象的整体构建和传播具有重要意义。

第四节　乡土中国形象的审美分析

乡土题材纪录片与乡土中国形象的构建关系密切，乡土中国形象作为国家形象的有机组成部分，对于国家形象的整体塑造和有效传播而言意义重大。21世纪乡土题材纪录片对乡土中国形象的审美构建，集中表现在以下三个方面——真实呈现与艺术呈现的双重性表达、乡土文化与国家意志的多样性融合、自我形象与他者形象的差异性互照。

---

[1] 欧阳宏生、胡畔：《乡土历史与现实的传播使命——论当下乡土纪录片的认知传播作用与缺失》，《现代传播（中国传媒大学学报）》2016 年第 1 期。

一、真实呈现与艺术呈现的双重性表达

纪录片作为当下媒介化社会中的重要传播形式，因为"真实性"和"艺术性"的有机融合成为独特存在的媒介，它既包含对现实的观照，也蕴含艺术化的创造。21世纪乡土题材纪录片则对新世纪以来乡土中国的现实进行了艺术化的呈现，不仅扮演了"国家相册"的重要角色，更承担起审视现实、塑造形象、对外传播的责任。其中，《舌尖上的中国》系列纪录片在对乡土中国形象的具体呈现中，尤其体现出真实与艺术的双重性表达特色。

1. 纪录片的真实性与艺术性

历来的创作成果为纪录片理论研究提供了充分的阐释空间，当下纪录片多元的创作成果更是对纪录片理论的进一步深化提出要求。在相关的理论中，真实性和艺术性所对应的纪录片本质问题及艺术表达问题是两个基本问题，但真实性与艺术性之间存在矛盾性诉求，因而在早期纪录片的文本创作和理论建构过程中，存在不同的倾向性。对真实性和艺术性的辨析，实则就是关于影像素材非虚构化及在此基础上对艺术表现手段的运用边界问题的探讨。

真实性在多数情况下被看成纪录片的唯一判定标准，但对真实性本身的判断至今没有终结。纪录片的真实性特指对客观真实的影像表达，即始终以真实的人物、故事、场景等为拍摄素材，区别于故事片对人物和故事情节的虚构。不过以格里尔逊为代表的纪录片创作者认为，"使用活生生的材料同样可以有机会制作出富有创造性的艺术作品"[①]。在他们看来，纪录片拍摄自然存在的场景和人物，区别于故事片在人工布景前去拍摄表演行为。在形象表现方面，自然的场景和演员相比人为布景更加丰满，因而对社会的展示也更加真实，与此同时，原生态的故事素材相比表演行为更具有美感。格里尔逊主张"根据某种独特的视角或观念对现实世界某些面貌做摄影纪录，并且通过这种方式再现历史世界"[②]。法国"真实电影"和美国"直接电影"流派认为，这种真实是建立

---

① ［英］约翰·格里尔逊：《纪录片的首要原则》，单万里、李恒基译，见李恒基、杨远婴主编《外国电影理论文选（修订本）》（上），北京：生活·读书·新知三联书店，2006年，第260页。

② ［美］比尔·尼可尔斯：《纪录片导论》，陈犀禾、刘宇清、郑洁译，北京：中国电影出版社，2007年，第53页。

在创作者的主观选择之上的，拍摄内容的选择和展示不可避免地掺杂了创作者的主观意愿，并不是客观真实。"真实电影"流派倾向于在镜头背后通过访谈的方式挖掘受访者内心的"真实"，而美国"直接电影"运动者追求的是不加干预的"真实"，可是"为了尽力在制作过程中寻求历史的真实实质，牺牲了传统的、完善的艺术表达手法"[①]。90年代新纪录电影的响应者倡导"采取一切虚构手段与策略以达到真实"[②]，试图构建"真实"。由此可见，不管哪种流派哪种主张，对真实性的追求是纪录片发展的恒定动力。在现实语境中，计算机等科技手段介入影像创作，实现了场景的立体影像还原，进一步拓宽了影像的表现空间，"科技重构虚拟空间的神秘感逐渐消解于人们习以为常的生活体验，继而将'虚拟真实'融会为纪录片真实的一部分"[③]。数字技术的发展完成了对人类无法现实捕捉的场景的再塑，将客观真实通过"虚拟真实"的形态进行呈现。但从本质而言，纪录片依旧保持着"真实性"。

艺术性是纪录片创作主体对客观现实的艺术表达，即格里尔逊所说的对现实的创造性处理。尽管纪录片以真实为底线，但并不是对客观现实的简单复制，往往"根据某种独特的视角或观念实现对现实世界某些面貌的摄影纪录，并且通过这种方式再现历史世界"[④]。依靠"某种视角或观念"，纪录片可以获得广阔的创作空间。同样的现实题材，不同的切入角度可以生成不同的主题，加之拍摄技巧的运用以及后期的剪辑制作，纪录片的艺术性由此生成。在纪录片众多的艺术技巧中，镜头语言的运用是纪录片作为影像文本最为可塑的环节，也是其艺术性最为集中的体现。不同的镜头语言具有不同的表意功能，在人文题材纪录片中，镜头语言不仅能通过全景、中景等对相关的背景信息进行基础铺垫，还能通过特写镜头、长镜头等精确捕捉细节、暗示情感变化、突出人物性格，从而塑造人物形象。后期的剪辑、组接及蒙太奇的使用是对镜头语言的进一步

---

① ［美］比尔·尼克尔斯：《纪录片的人声》，任远、张玉萍译，见单万里主编《纪录电影文献》，北京：中国广播电视出版社，2001年，第540页。

② ［美］林达·威廉姆斯：《没有记忆的镜子》，单万里译，见单万里主编《纪录电影文献》，北京：中国广播电视出版社，2001年，第592页。

③ 张芳瑜：《后人类语境下纪录片"真实"之维的重构》，《电影文学》2017年第5期。

④ ［美］比尔·尼克尔斯：《纪录片的人声》，任远、张玉萍译，见单万里主编《纪录电影文献》，北京：中国广播电视出版社，2001年，第53页。

补充和深化，画面的有序切换能够带来强烈的视觉冲击。声音是纪录片艺术表达的另一重要组成。同期声的使用在纪录片创作中最为常见，与镜头语言相契合，在增强画面叙事性的同时，能够带给观众亲临其境的体验。而配乐的使用，也能够恰如其分地渲染整体气氛、烘托人物形象、深化记录主题，使得剪辑后零碎的画面充满整体感。此外，解说词在纪录片创作当中多有运用，尽管被认为"显得权威味十足"[①]，但适当的解说词运用，不仅能对背景信息进行解释说明，而且能增加纪录片艺术色彩。诗意化的解说风格对纪录片整体艺术风格的塑造大有助益。科技的发展所带来的技术革新，使得纪录片的艺术性得到了提升，高清的摄影画面不仅让影像更加接近真实，更增加了纪录片的审美品质。

格里尔逊曾反对流于形式创新的纪录片创作，认为"无论把日常生活琐事搞成多么优美的交响乐都是不够的，只有超越对人们的所作所为或日常事件进程的肤浅描写而真正进入创作阶段，影片才能达到更高的艺术境界"[②]，这是对艺术性价值的另一种解读。这里的"更高的艺术境界"是指，纪录片不能只是局限于生活表层的艺术再现，更要关注对社会和人的启示作用，对现实素材的艺术呈现，要以挖掘素材背后的意义和价值为最终目的。

2. 基于真实的艺术表达

《舌尖上的中国》整部作品的真实性体现在纪实手法的全面运用。真实的人物、真实的日常生活场景和真实的平民故事，成为该部纪录片的纪实根基。作为一部介绍中华美食的纪录片，《舌尖上的中国》力图强调美食与人之间的情感，"每个人舌尖上都有一个家，家中都有一种深深的牵挂"，对个体人物的关注尤其是影片的重点。《舌尖上的中国》中的人物多为勤劳、平凡的普通人，镜头更加偏向对乡土草根人物的关注。例如在《自然的馈赠》中对牧民单珍卓玛、笋农老包和阿亮、挖藕人圣武和茂荣、鱼把头石宝柱等进行聚焦和随访。创作者通过走进普通人的生活，记录呈现真实的生活化场景，极大程度地激发了观看者对自然和

---

① ［美］比尔·尼克尔斯：《纪录片的人声》，任远、张玉萍译，见单万里主编《纪录电影文献》，北京：中国广播电视出版社，2001年，第537页。

② ［英］约翰·格里尔逊：《纪录片的首要原则》，单万里、李恒基译，见李恒基、杨远婴主编《外国电影理论文选（修订本）》（上），北京：生活·读书·新知三联书店，2006年，第265页。

生活的热爱。又如在《转化的灵感》中，姚文贵挑着豆腐担，穿梭在建水老城中，古老的城区，和煦的阳光，喧闹的市井，给人回家的感觉；在《自然的馈赠》中，云南人老黄带着儿子树江，搭火灶熬盐来腌制诺邓火腿，低矮的农舍，寻常的庭院，父子俩之间合作默契，老父亲悉心教导着儿子腌制火腿的奥秘……影片中随处可见的生活化场景，让受众在观影时联想起自己的家乡，产生深切的共鸣。创作者正是通过对现实场景的准确把握，讲述了平凡质朴的草根故事。

《舌尖上的中国》通过精致的音画表现将日常生活诗意化，营造出整部纪录片浓重的艺术色彩。"作为一个复杂的符号系统，纪录片表情达意的元素是画面、语言、声音这几种符号，如何将这些元素综合起来，立体化、多角度地展现一个包含着物理事实和心理世界的情境，很大程度上要借助修辞手法。"①诗意的画面、丰富的镜头、写意的音乐和充满哲思的解说，共同构成了《舌尖上的中国》的艺术性表达。

从整体的影片画面来看，《舌尖上的中国》用精巧的构图、鲜艳的色彩和成熟的光影效果构筑了画面的艺术美感。构图作为纪录影片最为基础的表达方式，有着较为鲜明的创作者主体色彩。尽管纪录片在拍摄过程当中很难做到纪实性与画面构图美感的统一，但《舌尖上的中国》所采用的构图法则仍极大程度地展现出了乡土自然的纯粹美感。创作者善于运用自然景观的线条美感来营造画面的视觉冲击力。例如在《时间的味道》中，画面所呈现的芦苇在夕阳的映衬下随风摇曳，对角线构图方式扩大了画面的空间感，使得受众跟随主人公金顺姬的心绪回到遥远的家乡；在《我们的田野》中，俯瞰视角将下尧村的梯田全貌尽收眼底，弯弯曲曲的稻田线条对画面进行了天然的切割，形成了错落有致的排布，稻田上辛勤劳作的身影更增添了画面整体的宁静之美。《舌尖上的中国》更多表现对人的关注，因而在风景构图中往往会出现主人公的劳作身影，人物的参与和烘托让画面的故事性得到增强，在一定程度上突出了纪录片整体的人文关怀特性。

《舌尖上的中国》的镜头语言非常丰富。在对食材的呈现上，微距镜头的

① 熊忠辉、熊永新：《修辞手法与纪录片的深度》，《电视研究》2001 年第 6 期。

使用极大丰富了食材在色泽和形态上的美感。热气腾腾的黄馍馍、脆嫩白皙的冬笋、晶莹剔透的蜂蜜……食材在微距镜头下呈现出最为朴素和本真的状态，食物独有的美感变得更加丰满。《舌尖上的中国》还利用大量的变速镜头，突出表现乡土所蕴含的自然生机。在《自然的馈赠》里，变速镜头对竹笋破土而出进行了动态展现，对雨后原始森林里各种野生菌的生长也进行了动态记录，在变速镜头之下，这些植物充满了生命的张力，由此增加了纪录片整体的活力。在《舌尖上的中国》中，空镜头的运用为影片营造意境、抒发情感提供了有效途径。空镜头多为景物镜头，在对静态景物的刻画中达到创作者借景抒情的目的。例如在《时间的味道》中，寂静的夜空下，老黄依旧在忙碌，镜头对空枝明月的静态呈现，与深夜劳作的农民老黄形成了对比，突出表现了创作者对老黄辛勤劳作的肯定。纪录片在拍摄过程中多为跟拍，《舌尖上的中国》采用了以固定镜头为主、跟拍镜头少量辅助的方式，努力避免晃动对画面的影响，以求良好的观赏性。在广西高跷捕鱼的场景中，水底拍摄的独特视角增强了捕鱼画面的趣味性；在浙江老包的冬笋林向盛夏柳州竹林的过渡中，航拍镜头直观生动地表现了空间的转换。无论前期拍摄还是后期修剪，创作者都力图用镜头语言营造诗意温馨的整体氛围。除此之外，《舌尖上的中国》还大量使用了蒙太奇的表现手法，通过隐喻的手法将普通人的故事与美食相结合，传达创作者的艺术思想，给人以独特的审美感受。

与镜头语言相配合的声音是影响叙事的重要辅助手段。"声音的音色、节奏、力度等要素之间的相互协作，可以为纪录片的创作带来新鲜的元素，形成独特的声画蒙太奇，使作品思想内容的表达与感染力的表现被很好地展现。"[①] 在声音处理上，前期收集的现场声效和后期制作中同期声的运用，能够体现作品整体的纪实性。解说词在《舌尖上的中国》整部作品中扮演着重要角色。"高明的解说词，是与画面保持一定的距离，为人们提供与主题相关的背景材料，或是借题发挥，传弦外之音，呈声画分离彼此呼应效果。分离、呼应，区别于同步、直书，不是无关，而是强调内在联系。其效果是形离神不离，形散而神

---

① 姜燕：《论纪录片声音元素的艺术表现力》，《现代传播（中国传媒大学学报）》2010 年第 7 期。

聚。"①《舌尖上的中国》的解说词有着散文诗的艺术风格，充满了哲理性的人文思考，其主要作用不仅在于对画面中的内容进行介绍，更在于将纪录片中分散的美食和故事串联成为一个有机整体，以达到主题意义的升华。例如《转化的灵感》解说词："在蛋白质的提供上，大豆食品是唯一能够抗衡肉类的植物性食材。对于素食者来说，这相当完美。中国古人称赞豆腐有和德。吃豆腐的人能安于清贫，而做豆腐的人也懂得'顺其自然'。"创作者并不是简单地停留在食物自然属性的讲解上，而是由大豆的属性自然过渡到人的品性，从食物到人生，正是中国人生活哲学和生命哲学的体现。又如《时间的味道》结尾部分解说词："这是盐的味道，山的味道，风的味道，阳光的味道，也是时间的味道，人情的味道。这些味道，已经在漫长的时光中和故土、乡亲、念旧、勤俭、坚忍等等情感和信念混合在一起，才下舌尖，又上心间，让我们几乎分不清哪一个是滋味，哪一种是情怀。"总结性的解说词通过诗化的语言，使得纪录片的整体基调得以升华，解说词与画面的分离，构筑了美食故事的弦外之音，由此体现出对中国人而言，"味道"不仅仅停留在美食之上，更有着哲学意义上的对生活和生命的影响。作为渲染情感的直接元素之一，音乐在《舌尖上的中国》里起到了举足轻重的作用，《时间的记忆》《冬藏》《味与清》《原野之风》等不同节奏、不同风格的原创背景音乐，为了不同的画面和场景做铺垫，有效地弥补了镜头语言和文字语言对影片抒情达意的欠缺，画面与音乐的暗合使得整部纪录片体现出流畅之美。在背景音乐和解说词的映衬下，画面便具有了更加深远的内涵，由此提升了整部纪录片在美学意义上的深度和广度。《舌尖上的中国》作为近年来优秀纪录片的典型，实现了纪录片作为特殊媒介载体的真实性与艺术性的有机统一，以纪实为基础，通过画面、镜头和声音的艺术化处理，从而构成了纪录片整体的审美风格，在声音和画面之外，拥有了更加丰富的内涵。

二、乡土文化与国家意志的多样性融合

中国纪录片创作长期以来受到国家意志的影响。尽管当下在市场化的创

---

① 张智华等编著:《影视文化概论》，北京：国防工业出版社，2012年，第365页。

作机制下，国家意志对纪录片的影响日趋减弱，但多元话语共存的纪录片创作生态中，政治话语仍然发挥着重要作用。乡土题材纪录片在国家意志的有效介入下，将乡土文化融入纪录片创作，通过乡土文化与国家意志的多样融合，达到了优秀传统乡土文化的宣传和教化作用。系列纪录片《记住乡愁》蕴含着乡土文化与国家意志有效融合，用传统乡土文化支撑起了核心价值体系的多样化表达。

1. 政治话语的表达

"话语"源自语言学，荷兰学者梵·迪克（又译冯·戴伊克）将话语理论应用于媒体研究，并最终形成"媒体话语分析"相关理论。梵·迪克指出："权势不仅在话语中和通过话语体现出来，而且也是话语后面的社会力量。在这一点上，话语与权势紧密相连；两者的关系是阶级、群体、机构权势的直接体现，也是阶级、群体、机构成员地位的直接体现。"[1] 在此基础上，福柯进一步将话语分为三个层次，即政治权力话语、知识精英权力话语和大众权力话语。他认为"话语意味着一个社会团体依据某些成规将其意义传播于社会之中，以此确立其社会地位，并为其他团体所认识的过程"[2]。

纪录片产生之初，存在着现实主义论争及由此引起的纪录片美学与政治张力问题。"纪录片与社会现实的关系特性设定了美学与政治这样一对持久推动纪录片理论化的维度。"[3] 纵观 20 世纪的纪录片历史可以发现，美学与政治的张力始终围绕着纪录片的观念变化，并塑造着纪录片的创作实践。如何处理美学与政治的关系，在很大程度上被看作理解纪录片类型划分的关键因素。尼克尔斯（又译尼可尔斯）在系统检视纪录片历史的基础上，提出六种纪录片表达模式：诗意（poetic）模式、阐释（expository）模式、参与（participatory）模式、观察（observational）模式、自反性（reflective）模式和述行（performative）模式。[4] 其中诗意模式的纪录片是以美学的方式对现实进行整合，而述行模式则

---

① ［荷］冯·戴伊克：《话语心理社会》，施旭、冯冰编译，北京：中华书局，1993 年，第 170~171 页。

② 转引自王治河《福柯》，长沙：湖南教育出版社，1999 年，第 159 页。

③ 云国强：《新纪录精神与中国文化现代性》，南京：南京大学出版社，2017 年，第 3 页。

④ 参见［美］比尔·尼可尔斯《纪录片导论》，陈犀禾、刘宇清、郑洁译，北京：中国电影出版社，2007 年，第 114 页。

是通过具体的人物和事件以政治的方式记录现实。英国纪录片奠基人格里尔逊曾明确纪录片的宣传价值，认为纪录片"能够告诉观众有关重大社会问题的根源，给普通公众传播有效的知识，有能力塑造健康的公众舆论，有助于促进社会进步"[①]。尽管后期在英国自由电影运动[②]中轻视纪录片美学价值的观念受到了质疑和抨击，但这种政治话语参与创作的传统对纪录片整体发展影响深远。

在中国文化领域，主流媒体一直以来都发挥着重要的主导作用。近年来微博、微信等自媒体平台借助互联网而发展，影响力日益扩大，逐渐改变着国内的文化传播格局，但政治话语从未放弃过对国民文化生活的控制和影响。随着文化产业的市场化发展，纪录片这种兼具审美性和现实性的表现形式，成为政治话语隐形表达的行之有效的表现途径。

2. 纪录片中的国家意志与乡土文化

中国纪录片兴起之初，主要用于革命思想的宣传和民众教化，完全服务于国家意志。经历了半个多世纪的发展，我国纪录片创作的主题和内容日益丰富。20世纪八九十年代，我国纪录片创作经历关键转型期，纪实的回归和人文的兴起使得纪录片创作走向多元，形成了政治话语、精英话语、大众话语相融共生的创作场域，国家意志不再扮演单一的主导角色，但仍然发挥着重要作用。进入21世纪，中国纪录片创作承袭了20世纪末的人文风格，更多地关注普通人当下的生活，试图在纪录作品中更多地融入中国传统价值观念和主流政治文化，进而提高在国内文化传播和国际文化交流中的核心竞争力。

政治话语主导下的纪录片作为国家意志的体现，更多立足于意识形态构建和传播，但并不是一味地展现正面形象，面对社会问题同样应该直面揭示，具备批判意识。纪录片记录社会变迁的历史使命与生俱来，通过对当下社会的聚焦和透视，深刻思考城市化进程和全球范围内的消费文化带给人们的负面影响，审视当下社会的价值失范问题，力求从传统价值体系中获得解答。纪录片回归

---

① 云国强：《新纪录精神与中国文化现代性》，南京：南京大学出版社，2017年，第6页。

② 1956—1959年，以安德森、理查森、瑞兹为代表的英国年轻电影工作者，拒绝电影工业的惯例，拍摄了一批具有相同风格倾向的作品，关注普通人的日常生活，再现真实鲜活的工人阶级生活。该制作群体及作品在电影史上被称为自由电影运动。

对乡土文化的关注，不仅为了揭示现实问题、展现城乡发展的巨大差异，更是为了挖掘发展背后逐渐被现代人遗忘而在乡土社会得以保留的人文精神和价值观念，改善以乡土文化为代表的本土传统文化式微的状况，同时展现出中国在现代化进程中直面问题、砥砺前行的奋发姿态。在全球化的大背景下，纪录片同时承担文化交流使命，在市场化的竞争引导下，我国纪录片创作逐渐树立精品意识。这种精品意识"不仅仅是指'思想性与艺术性的统一'"，而且要求"既是涵盖着'本土化'的，又因其体现了民族审美，体现着开放式的人文关怀，所以，它也是能与世界对话、参与全球竞争的文化产品。在内涵中，它不仅深蕴着中国情结，同时也潜藏着全球目光"①。传统乡土文化历时千年根植于中华文明，具有深厚的历史底蕴和鲜明的本土特色，于本国国民而言，深藏中国情结的乡土文化，能够引发内心深处对故土的向往和依恋，更能够集聚为推动我国现代文明持续发展的内在精神动力。乡土文化中包含着丰富且具有中国特色的文化符号，在与他国的文化交流中，能够积极塑造富有传统乡土特色的中国国家形象。21 世纪以来的乡土题材纪录片已经鲜有国家意志的生硬表达，脱离了单纯宣传说教的政治意味，依靠平民化的叙事视角展开对乡土社会的观察和叙写，但国家意志仍然有迹可循。例如《记住乡愁》系列、《美丽乡村》系列等，在乡土现实的呈现中，既包含了对乡土文化的深度挖掘，也包含了政治话语对主流价值观和乡村振兴战略的宣扬。

3. 以和谐村落共筑集体记忆

2013 年年底，习近平在中央城镇化工作会议上提出"让城市融入大自然，让居民望得见山、看得见水、记得住乡愁"，由此，"乡愁"一词开始频繁出现在日常生活领域，同时成为众多乡土题材纪录片的主题。由中央电视台中文国际频道推出的大型纪录片《记住乡愁》系列"以弘扬中华优秀传统文化为宗旨，选取百余个传统村落进行拍摄，是一部以看得见的古村落为载体，以生活化的故事为依托，以乡愁为情感基础，以传统优秀文化为核心的大型纪录片"②。该纪录片整体定位聚焦在"关注古老村落的状态，讲述中国乡土故事，重温世代

---

① 金丹元：《重识后现代——兼论后现代语境中的中国电视文化》，《上海社会科学院学术季刊》2002 年第 1 期。
②《记住乡愁》内容简介，央视网，访问时间 2018 年 4 月 18 日。

相传祖训，寻找传统文化基因上，重在展现传统村落优美和谐的自然环境、布局合理的人文景观、丰富多彩的民风民俗、独具特色的乡土之物、深沉丰厚的文化积淀，梳理传统村落的历史发展脉络。通过传承千百年的村规民约、家风祖训，挖掘、找寻民族文化的精髓，阐述中华优秀传统文化讲仁爱、重民本、守诚信、崇正义、尚和合、求大同的时代价值观"[1]。创作团队在该纪录片中"努力彰显一些日渐失落的传统价值，用强大的影响力和权威的叙事话语努力重构民族的记忆"[2]。

"信、礼、智、忠、孝、温、良、恭、谦、让、俭、廉、仁、义、勤、诚、勇、睦、和、善"等作为海内外华人共同的传统文化基因，在纪录片中以乡村的自然风貌、人文景观、民风民俗为背景，通过普通人、普通事进行呈现，这种特殊的记忆唤醒方式正是国家话语对集体记忆的努力构建。镜头以历史的视角展开对传统古镇古城老街的现代人的观察，寻找他们生命中的传统乡土文化烙印，在传统与现代的交融和碰撞中融合了对国家核心价值观的解读和宣扬。而从另一个角度来看，政治话语在一定程度上实现了对传统乡土文化的外延衍生，与当代社会核心价值体系形成了双向交融。以"诚信"主题为例，《记住乡愁》第一季通过不同人物、不同时代、不同民族对"诚信"的坚守，对该主题进行了多视角阐释。第 11 集中，四合村村民承袭"以真诚之心，行信义之事"的祖训，并以此为经营准则，使得四合村成了著名的传统商贸货物集散地。第 60 集中，汤满村从古至今延续着"诚信"经商的传统，在茶马古道上，藏族、彝族先民以"布"为信，一诺千金，"乃仓"和马帮见"布"守信，兑现承诺，"诚信"是茶马古道上最重要的生存之道。时至今日，汤满村依旧坚守信义，以诚待人。不同民族、不同时代、不同个体，都守护着相同的价值观念和处世之道，这是"集体价值"最鲜明的表现。《记住乡愁》对"诚信"等核心价值观念的聚焦，不仅是为了展现在古村落长久的历史发展历程中，它们作为传统价值观念对村落的长盛不衰起到的至关重要的作用，更是为了突出它们作为当代主流价值观念所具有的重要文化意义和社会意义。

① 《记住乡愁》内容简介，央视网，访问时间 2018 年 4 月 18 日。
② 张成军：《乡土中国视角下的中国纪录片创作》，南京：南京师范大学硕士学位论文，2015 年。

　　《记住乡愁》前两季以古村落作为"乡愁"的具象依托，实际暗合了中国长期以来的文化观念和社会观念。古村落在现代社会中不仅是历史文化的承载对象，更是我国继承传统文化、保护生态环境的具体空间。《记住乡愁》不只是对传统乡土文化的深度挖掘，对乡土生态环境保护也有着具体化的呈现。国家话语主导下对和谐生态观的细化呈现，表现在乡土民众的日常生活和信仰之中。在第一季第50集《河湾村——世代尚和》中，河湾人千百年来细心呵护着他们生活的一方水土，以捕鱼为生的河湾人秉承"天人合一"的生活理念，充分尊重自然的内在规律，只捕捞两斤以上的大鱼。与此同时，他们善于利用当地植物制作杀虫剂以避免化学产品对自然生物的过度侵害，家家户户建化粪池以保护水源免遭生活污染，纪录片充分展现了河湾人与自然和谐共处的生存智慧和文化自觉。在第一季第32集《岜沙村——敬天畏地》中，苗族乡民将树木奉为神明，认为树木的生长与人的生命有着强大的内在关联，因此他们从不轻易砍树。他们将寨子安扎在密林之间，成为和树林相伴相生的古老村落。在《记住乡愁》前两季中，尊重自然、保护自然几乎是所有古村落的共同特征，古村落的世代居民通过与大自然的和谐相处实现了长久以来的休养生息。

　　从《记住乡愁》对古村落的选择来看，关注点并不是只集中于汉族村落，而是从不同民族、不同群体中挖掘共同的价值观念，这同时体现了对"和"的追求，以和为贵，谋求多民族的共同发展。在第一季第7集中，蒙古族的聚居村落查干哈达村相信远亲不如近邻，邻里之间的和睦相处使得这个村落65年来未曾出现过刑事案件；在第一季第9集中，街津口村的赫哲族聚居村落依靠捕鱼为生，在千年的发展中形成了独具民族特色的工艺文化；在第一季第16集中，金沙江畔的迤沙拉村，彝族村民依靠感恩之心形成了特有的民族生存智慧和文化风情；在第一季第57集中，宰荡村作为侗族古村落，将侗族大歌视为生活的重要组成部分，美妙悠扬的侗族大歌时刻飘扬在村落上空，逐渐成为宰荡村的最美名片；在第一季第59集中，德胜村作为汉藏文化的交汇之地，通过以德报怨的人生哲学来化解矛盾冲突，实现了民族的和睦与交融。中国是一个统一的多民族国家，各民族之间始终秉持着"和而不同"的相处之道，多民族和谐有序的发展成就了中华民族丰富多彩的历史文化。《记住乡愁》前两季对古村落的选取充分体现了对多民族文化的重视和传承，在对各民族文化的多样呈现中，也实现了对乡土中国形象的丰富呈现。

《记住乡愁》前两季利用"古村落"这一特定的物理空间，选取时间轴上某一具体时段，讲述具体的人和事。尽管这些特定空间的主体在时间进程中不断变换，抑或行走他乡，但村落所承载的集体记忆始终存在，主流话语在多元文化交流中，借助特殊空间唤醒集体记忆，重构传统文化价值体系，贴合当代核心价值观念，继而强化传统文化在多元文化中的存在价值。值得一提的是，该片在每一个村落的呈现中，都会出现一个讲述者，他们具有专家学者和当地文化名人的身份，对这个村落的文化底蕴和历史传统有深入的研究，因此他们的讲述具有权威色彩。纪录片以现场感较强的采访形式取代了正襟危坐的访谈式讲述，配合普通个体生活细节的展示，在弱化权威感的同时，也减少了政治话语的存在感，隐性存在的说教意味变得更加易于接受。

三、自塑与他塑的差异性互照

随着国际化交流的不断加深，乡土题材纪录片中所呈现的自我形象与他者形象的差异性越发明晰，乡土中国形象的自塑与他塑问题得到重视。如何在纪录片创作过程中处理好自我与他者的关系，展现出真实的乡土中国形象，纪录片《舌尖上的中国》系列及《归途列车》进行了有效尝试，成为有代表性的样本。

1. 纪录片中乡土中国形象的自塑与他塑

从全球视野来看，中国正以强大的国际影响力迅速崛起。随着政治经济影响的扩大，中国迫切需要通过文艺实践构建全新的、真实的国家形象，构建以中国传统文化为内核、具有民族特质的国家形象。纪录片作为文化传播的重要媒介，既"具有历史记录的意味"，又能够像文学作品一样"具备大量复杂的比喻"，作为非虚构的视听媒介形态，是兼具真实性与艺术性的独特自我形象载体。乡土中国形象对中国形象的整体塑造而言，既独具本土特色，又带有现实意义，既能显示出传统文化滋养下的乡土底蕴，又能展现出我国对现代化进程中城乡发展的反思。

当前纪录片对乡土中国的构建同时包含着"自塑"和"他塑"的双重内涵，

呈现出较为复杂的话语体系，这与新媒体传播环境中国家形象构建的整体现状密切相关。"当前的中国形象正面临着双重挑战。一方面，中国的崛起使得中国对自己的认识与世界对中国的认识发生了新的分歧；另一方面，国内社会力量的兴起与媒介技术的发展使得两个舆论场悄然形成。"①有学者认为，单从形象"自塑"的角度而言，存在官方和民间这两个对立交错的话语空间，"新媒体的发展为非官方话语空间提供了更大的议题空间，双重话语空间的互动模式也成为理论创新的关注点"②，因此，在现实语境下，中国纪录片构建了官方和民间双重性的乡土中国形象。

官方纪录片往往立足于构建集体记忆，强化国家意识，重塑社会价值体系，叙事视野相对宏观。从整体而言，民间纪录片具有话语独立性，努力构建与官方纪录片不同的乡土中国形象，更多地关注底层人群和边缘话题。在"他者"眼中，中国文艺构建的国家形象宣传色彩过于浓厚，文艺色彩相对浅薄，口号式的言说方式使得艺术价值尤显不足，这一印象尽管与中国官方固有的说教性言说习惯有关，但也体现出"自我"与"他者"不同的视角在文化价值观上的相异性。在这一点上，民间话语体现出较强的与"他者"话语之间的共谋性，在域外的许多电影节和各类展映活动中，多有中国民间纪录片崭露头角，更多地在"他者"面前展现了中国形象。不可否认，这当中存在着一部分迎合"他者"目光的形象言说，但这也为乡土中国形象的构建和传播提供了更大的拓展空间。

在纪录片创作领域，"他者"对乡土中国形象已经有关注，但是多以展示现代化发展不完全的形象出现，展现出中国在城市化进程中的无力感。当"他者"视角转向对中国民俗文化的关注时，会将中国乡土社会作为叙述背景，此时的乡土中国又扮演了传统中国的角色。域外媒体渴望了解中国，但由于意识形态、文化传统等诸多差异的存在，纪录片创作者用"他者"的视角关注乡土中国时，其关注点往往更多地集中于经济、政治等易于言说的话题，难以发掘乡土社会所蕴含的深层文化内涵，这正是乡土中国形象自我构建可以开拓的宽

---

① 董军：《"国家形象建构与跨文化传播战略研究"开题会综述》，《现代传播（中国传媒大学学报）》2012 年第 1 期。
② 何舟、陈先红：《双重话语空间：公共危机传播中的中国官方与非官方话语互动模式研究》，《国际新闻界》2010 年第 8 期。

广空间。

2. 在国际视野下讲好中国故事

21 世纪以来，纪录片在市场化的运营模式下实现了更加有效的互通和交流，对中国国家形象构建实现了多元化发展。乡土中国形象作为传统中国和现代中国的矛盾综合体，成为中国形象对外传播和对内呈现的重要言说对象。乡土中国形象的"自塑"和"他塑"存在着较大的差异，且对乡土中国形象的接受和解读也存在着"自我"与"他者"的差别。这种差异性在某种程度上可以促进纪录片创作者对乡土中国形象构建的反思，努力探索在国际交流中如何实现更加真实生动、具体有效的表达，以呈现出不仅符合"他者"审美习惯，更能体现我国社会文化具体内涵的正向国家形象。有学者指出："中国艺术的世界眼光和国际视野，并非一味地崇尚西方、迎合西方、言必西方，也不是主动进入西方话语系统所预设的霸权规则，以纯西方的视野来观照和阐释中国，而是在保持民族品性的基础上与世界的深层次接轨、融通和对话。"[1] 纪录片《舌尖上的中国》系列及《归途列车》在处理"自我"与"他者"的关系上进行了有效尝试，成为有代表性的样本。《舌尖上的中国》由央视出品，是具有代表性的乡土中国形象自塑文本。《归途列车》则是由加拿大华裔导演范立欣执导的一部纪录电影，作为一部由海外华人主创拍摄、域外投资支持、按照国际标准独立制作的纪录片，该片经历了从国内发起走向国际制作，继而又由海外展映回归国内公映的国际创作发行历程，在国际上收获众多荣誉，有着"自塑"与"他塑"的双重视角。

从纪录片文本选题来看，《舌尖上的中国》以中国饮食文化为切入点，由此展开了对传统乡土文化和现代城市文化的言说。饮食作为人类生存的基础，有着普适意义，有效消除了"自我"与"他者"之间的文化差异壁垒。与此同时，中国传统饮食文化拥有着自身独特的魅力，《舌尖上的中国》以多彩生动的音画形式将中餐之美进行了视觉放大，更加满足了"他者"的观看需求，由中华美食的视觉认知进一步完成了对乡土中国的接受和想象。与《舌尖上的中国》

---

① 徐放鸣：《审美文化与形象诗学》，南京：江苏人民出版社，2008 年，第 215 页。

不同，《归途列车》更加关注乡土转型中普通农民的生存境况，历时三年跟踪记录了农民工张昌华一家的命运故事，利用春运特殊的时间节点和列车独特的叙事空间，以小见大，投射出农民工群体在现代化进程中所经历的矛盾孤独和命运冲突。对中国乡土的关注，与导演范立欣的个人经历相关。他在国内当记者时，由于工作需要，经常去偏远的农村取材，农村的现实景象激发了他作为纪录片创作者的责任意识，使得他萌生了关注农民、关注农民工的想法。他将张昌华夫妇看作中国农村打工者的缩影，能够代表全球化工业生产中扮演着重要角色却又是微不足道的孤独群体。与此同时，域外投资方对中国崛起背后故事的关注也是该片选题的重要成因。《归途列车》作为"中国题材—国际制作"的典范，实现了国际视野之下对中国故事的讲述和对中国形象的构建。2009年，美国《时代》周刊将"China Worker"评选为年度人物，认为正是数千万背井离乡且多数抛下家庭去高速发展的沿海城市打工的中国工人，在全球金融危机中做出牺牲，拉动了全球经济复苏。这足以见得"他者"对这个特殊群体的关注，《归途列车》的展映恰逢其时，不仅满足了自我审视的需求，同时为"他者"提供了一个较为真实客观的视角。

具体到纪录片文本创作分析，《舌尖上的中国》和《归途列车》都充分运用了国际化的叙事模式和风格。《归途列车》所关注的农民工个体故事，在叙事结构上突出了故事性。范立欣团队深知一个好故事就是"在考虑市场策略时的基本出发点"。在拍摄和后期制作的全过程中，紧扣故事性是对整部纪录片最根本的把握。作品整体围绕张昌华夫妇和子女张琴、张洋的命运展开，父亲张昌华与女儿张琴之间的矛盾构成了整部作品的主线矛盾。长期的留守使得张琴与父母之间缺乏有效的交流和稳固的感情基础，加之张琴违背父母意愿退学务工，父女之间的矛盾不断加深，直至张琴对父亲言语上的不恭敬而产生父女肢体冲突，故事达到了高潮。除此以外，该片的画面呈现有着鲜明的电影特色，火车站滞留人群的广阔镜头、列车从雪山之间穿行而过的连贯镜头、夕阳夜幕下田园美景的长镜头，明与暗、动与静、平面与纵深产生鲜明对比，充满了电影形式美感。正是凭借跌宕起伏的现实故事情节和视觉呈现的艺术美感，《归途列车》一举获得纪录片最高荣誉——伊文思奖，并在短短两年时间内在全球各大电影节获奖六十余项，在国内公映和互联网发行后，也获得了公众的广泛认可。相比之下，《舌尖上的中国》系列在叙事方面则更多地采取碎片化的处理方式，几个短故事平行剪辑，尝试将不同事物的不同特点与阶段相互整合，实现了时间和空间交错的大跨越。在拍摄和剪辑中，镜头运用灵活，加上碎片化的剪辑，音效与镜头节奏明确，各种镜头剪辑与场景变换也体现了严密的逻辑关系。第二季第三集《心传》没有直白地用解说词讲述陕西挂面老人的手艺多么精湛，而是记录了老人一家制作挂面的过程。妻子腿脚不好揉出的面却是劲道十足的，一昼夜的发酵是绵长的，而在老人绕面时，音乐节奏陡然加快，用镜头变换来表现火候不等人，纪录片用声画展现了老人高超的制面技艺。最后，儿孙们将拉好的挂面挂在太阳下，预示着手艺的传承与信念的坚守。《舌尖上的中国》将中国不同地域、不同民族的美食与人以"时节""家常""脚步"等主题汇集在一起，既保证了每集的特色又不忘提醒观众纪录片整体的主旨。每一集都各有侧重，既可独立成篇，也可互为补充，又不是简单累加。灵活的镜头语言和叙事策略赋予了这一系列纪录片极强的欣赏性，悬念起伏与高潮不断，透露出故事之外的深远意味。这满足了现今观众的好奇心，适应了现今观众的收视习惯，体现了创作者在碎片化语境下对受众心理的敏锐捕捉。

　　《舌尖上的中国》系列和《归途列车》的成功，对乡土中国形象的自塑和他塑问题提供了典型的例证。乡土中国有着众多可以挖掘的文化和现实题材，本土化的题材通过国际化的视听语言和叙事技巧来呈现，是我们在形象自塑过程中需要思考和研究并加以借鉴的。从形象塑造和传播的视角来看，无须迎合"他者"眼光，但应该懂得使用通行言说方式进行自我展示，避免由于文化身份和意识形态差异产生的尴尬局面，这对本土其他题材纪录作品的创作也有着深刻的借鉴意义。

域外篇

第十七章　赛珍珠笔下的中国形象构建

　　作为一个书写中国题材的诺贝尔文学奖获得者，赛珍珠凭借自己卓然的成就和始终致力于促进中美文化交流融合的努力而受到海内外学者的关注。赛珍珠成长于中国和美国两个不同的国度，不断徘徊在东西方两种不同文明之间。两种文明的熏陶、双重文化身份的独特性，使得赛珍珠笔下的中国形象呈现出特殊性。中国人形象是中国形象的具体表现。赛珍珠以其特有的文化身份成为中国现代化进程中特殊的见证人。赛珍珠笔下的母亲、父亲和知识分子形象分别代表了赛珍珠对中国传统、现实和未来形象的塑造和想象。通过塑造比较真实的中国人形象，赛珍珠不仅打破了西方世界长期以来对中国人模式化的习惯性想象，同时对中国如何从传统走向现代的道路做出自己的思考。

　　赛珍珠的特殊文化身份使得她成为域外视角构建中国形象的一个典型个案。与美国本土作家笔下的中国形象比较，赛珍珠笔下呈现出真实的中国形象；与中国本土作家比较，赛珍珠笔下呈现出诗意的中国形象；与美国华人作家比较，共有的双重文化身份促使他们共同追求文化的共性和普适性。在比较的视角下可以凸显赛珍珠笔下中国形象呈现的特殊性。

　　赛珍珠在中国度过了自己的童年和青少年时期，她前后在中国生活了三十余年，她一直声称中国是她的"第二祖国"。回到美国后，她感受到西方国家普遍对中国形成的偏见，深感有必要向西方人展现自己心目中真实的中国形象。特殊的生活经历让她能以"他者"的视角观看中国，她也确实比较客观地书写了中国形象，在当时打破了西方人对中国的刻板印象。此外，中国人不仅关注赛珍珠卓然的文学成就，更热切关注她以自身中西双重文化的独特身份对近代中国从传统向现代的转变、发展过程的见证。在多元文化不断交流融合的今天，我们研究这位作家的作品，一方面想从中窥探"他者"视角下中国形象的塑造问题，另一方面也希望从更多的角度去观照自我，从另一种视角下形成自我反思的意识，达到对自我比较全面的认识，从而能更好地塑造自我形象。

第一节　赛珍珠其人及其中国题材的文学书写

赛珍珠（Pearl S. Buck，1892—1973），一位以写作中国题材而闻名世界的美国作家。1938年，她荣膺诺贝尔文学奖，成为美国历史上第一位荣获该奖项的女性作家，一时为世界所瞩目。

1892年6月26日，赛珍珠出生于美国弗吉尼亚州的一个传教士家庭，那时还没有人意识到这个小生命会以自己丰富的人生阅历书写出感动世界人民的作品。赛珍珠的父亲是一位虔诚的基督教徒，身为基督教长老会的一员，他结婚后就立即赶赴中国进行传教事业，并且为此耗费了自己全部的精力和生命，他为自己取的中文名叫赛兆祥（Absalom Sydenstricker，1852—1931）。赛珍珠的母亲名为凯丽（Caroline Stulting，1857—1921）。赛珍珠的父母1880年结婚后就来到中国，开始漫漫传教之路。赛兆祥在中国传教51年，凯丽在中国生活41年。他们在赛珍珠之前一共育有4个孩子，但只有留在美国的长子埃德加存活了下来，其他三个孩子都不幸夭折。赛珍珠是他们的第五个孩子，应医生的要求，他们回国生育这个孩子，但赛珍珠3个月大后，急于继续自己传教事业的父亲催促母亲又一次踏上了前往中国的路途，赛珍珠也被父母带到了中国，开始了在中国将近40年的生活。

赛珍珠的童年完全是在中国度过的，且同时接受中西双重文化的教育，上午跟随母亲学习英语和拉丁语,下午则由老师孔先生教导其学习中国传统文化,赛珍珠的中西文化双重背景由此奠定。赛珍珠在中国生活的这些年正是中西文化碰撞最为激烈的时候,义和团运动、辛亥革命、军阀混战、北伐战争等历史事件,无不让赛珍珠更加清晰地了解中西两种文化的异质和冲突,了解两种文明碰撞下中国发生的巨大变化。因为父亲传教的缘故,赛珍珠一家并没有像其他外国人一样住在租界里,而是和中国人住在一起,在嫁给第一任丈夫布克后,赛珍珠更是和丈夫在安徽宿州生活了 5 年,因此,她既与中国知识分子有着广泛的接触,又有长期的农村生活经历。

赛珍珠一生创作了 100 余部文学作品。其作品的体裁有小说、传记、儿童文学、剧本、新闻报道、散文与诗歌等,创作主题涵盖女性、亚洲、移民与人生际遇等。在创作实践中,赛珍珠一直尝试对异质文化的书写,且致力于使人们相信人类文化存在的广泛共性。她的作品中有 70 余部小说,其中最负盛名的是《大地》三部曲。赛珍珠一生致力于中西文化的传播和交流,除去《大地》三部曲之外,她还有很多作品都与中国有关,整理罗列如下。

小说:《龙子》(1942)、《中国天空》(1942)、《炎黄子孙》(1942)、《中国的航程》(1945)、《群芳亭》(1946)、《远与近:日本、中国和美国小说集》(1947)、《同胞》(1949)、《帝国妇女》(1956)、《北京来信》(1957)、《梁太太的三个女儿》(1969)等。

散文集:《中国的小说》(1939)、《中国的人民》(1968)、《我所见到的中国》(1970)、《中国的过去与现状》(1972)、《公社书记》(1972)。

剧本:《光明飞到中国》(1939)、《孙逸仙》(1944)、《中国和美国》(1944)。

儿童读本:《中国儿童邻居》(1942)、《余南——中国的飞行儿童》(1945)、《改变了中国的人——孙逸仙的故事》(1953)、《小狐狸在中国》(1966)、《中国讲故事的人》(1971)。

编辑:《中国的黑与白:现代中国艺术木刻选刊》(1945)。

除上文提到的作品外,赛珍珠还有许多以中国生活为题材的作品,如《青年革命家》《爱国者》《诺言》《牡丹》等。

这些中国题材的作品不仅体现了赛珍珠对中国的了解,更体现了中西双重文化身份赋予她的成功书写中国的独特视角，这使得赛珍珠能够塑造出特殊的中国形象，并且深刻地影响西方人的中国观。美国历史学家詹姆斯·汤姆森对赛珍珠给予极大的认可和高度的评价，认为她是"自 13 世纪马可·波罗以来描写中国的最有影响的西方作家"①。可以说，赛珍珠的中国书写，不仅为中国人提供了宝贵的经验和财富，也为世界追求文化交流共融的人们留下了宝贵的财富。

中国形象是一个抽象的整体存在，其中最直观、最具体的形象就是中国人形象，一个个具有真情实感的中国人形象构成了鲜活的中国形象。中国人形象既包括中国本土人，也包括在域外生活的中国人，如美国华文文学对中国和中国人形象的塑造，还包括外国人笔下的中国人，如赛珍珠笔下的中国人形象。他们都是外国民众了解中国的认识对象，是中国形象的重要载体。中国人形象是中国形象的重要组成部分和具体表现，是中国形象中最为鲜活、最为生动和个性化的构成部分，通过对生动活泼的中国人形象的把握，我们可以感知到更为具体、丰盈的中国形象。在很大程度上可以说，中国人形象本身就代表了中国形象，研究、塑造中国人形象对认识中国形象具有重要意义。赛珍珠在作品中塑造了一系列的中国人形象，在当时西方对中国人形象存在妖魔化的背景下，"一个来自西方的女性在传统农民劳动的脊背上发现了中国精神，在那些沉默麻木的面孔上读懂了他们的快乐和悲哀"。赛珍珠将自己在中国的所见所闻诉诸作品，改变了西方世界对中国的习惯性想象，向世界展示了她眼中真实的中国形象。"或许以前所有的书全加在一起都比不上这部小说更使外部世界意识到中国的存在。"② 赛珍珠在重塑中国形象方面产生了巨大的影响力，这无疑启示我们具有双重文化身份者在文化传播中的作用，具体到作家，他们通过生动的文学形象的塑造使中国形象更具感染力。且不论赛珍珠作品艺术上的建树，她的跨文化思考能力和作品的思想价值足以构成一个自足的文本世界，她的中国书写至今还有较强的生命力。

---

① ［美］詹姆斯·汤姆森：《赛珍珠为什么得不到尊重？》，《费城箴言报》1972 年 7 月 24 日。
② 转引自邓中良《对"大地"的深深眷恋——试析赛珍珠〈大地〉的主题》，《河南师范大学学报（哲学社会科学版）》1993 年第 6 期。

20 世纪初，承接西方世界对中国的丑化想象，美国文学及电影中对中国的妖魔化书写也十分流行。伴随着近代西方的殖民扩张，在西方现代文明的冲击下，中国这个古老的帝国显得如此不堪一击，恍若沉浸在自己梦魇中的老人一样沉重而笨拙。西方世界普遍以一种高高在上的俯视姿态审视中国，而中国也在西方的俯视之下被随意丑化。道德败坏，性格阴险狡诈，长相怪异，成为西方世界对中国人的典型想象。例如文学和电影作品中的傅满洲，这个美国家喻户晓的中国移民形象就曾经是美国公众想象中的中国人形象的典型代表。他阴险狡诈、丑陋怪异，甚至可以通过所谓的东方神秘力量来危害西方人，可以说是集各种丑恶想象于一体了。在西方对中国人和中国形象的种种负面想象和描述中，赛珍珠作为生活在中国近 40 年的美国人，用自己的笔触为西方世界重新塑造了真实的中国人和中国形象，从而打破了西方世界对中国的妖魔化想象。赛珍珠不仅提供了西方世界塑造中国形象的一个新模式，也为中国带来了关注域外中国形象的新视角。

　　虽然赛珍珠是美国第一位获得诺贝尔文学奖的女性作家，但是她在美国主流文学界并没有获得与其奖项相适合的地位，相反，还在美国主流文学界遭受了莫大的冷遇。在美国文学史著作中几乎没有赛珍珠的身影，甚至很多美国作家表示不愿与赛珍珠为伍。著名美国作家福克纳就曾当众表示，如果赛珍珠都能获得诺贝尔文学奖，那他自己宁愿不要这个奖项，虽然 11 年后他还是接受了诺贝尔文学奖。赛珍珠的一位传记作者彼得·康曾坦言："文学界大多数人已把赛珍珠从正文贬到脚注的地位，并为此而自鸣得意。应立即加以说明的是，对此评判，我以往也是一直赞同的。"[①] 即便如此，赛珍珠的文化价值却是无论如何都无法忽视的，即使在美国也依然如此，绝大多数西方人肯定了赛珍珠及其作品是他们了解中国的一个窗口。

---

① [美] 彼得·康:《赛珍珠传》，刘海平、张玉兰、方柏林、江皓云译，桂林：漓江出版社，1998 年，第 3 页。

第二节　中国人形象与中国形象的呈现

人物形象是把握小说思想内容的关键所在，赛珍珠有关中国题材的小说同样塑造了各式各样的中国人物形象。在安徽宿州，赛珍珠度过了将近 5 年的农村生活，这一经历使赛珍珠有机会接触到她笔下的这些中国农民，目睹他们苦苦挣扎于天灾人祸之中：他们"承担着生活的重压，钱挣得最少，活干得最多，他们活得最真实，最接近大地，最接近生和死，最接近欢笑和泪水"[1]。赛珍珠被这些千百年来在中国这片土地上默默劳作的真实的中国农民感动。面对天灾人祸，他们依然坚守在自己的土地上，不断挥洒汗水，将自己的一生奉献给这片土地，与自然相融合，与土地形成一个循环的生命圈。"艺术既表现人们的感情，也表现人们的思想，但是并非抽象地表现，而是用生动的形象来表现。这就是艺术的主要特征。"[2] 赛珍珠认为这些占中国人口大多数的农民才是中国人的代表："我不喜欢那些把中国人写得奇异而荒诞的著作，而我的最大愿望就是要使这个民族在我的书中如同他们自己原来一样真实正确地出现。"[3] 赛珍珠立志展现真实的中国人，将他们介绍给西方人，希望西方人能真正了解和理解中国人，而不是对中国人简单地进行妖魔化的想象。这也是赛珍珠希望世界各国人民相互沟通、理解的愿望。因此，通过对这些中国人形象的具体分析，我们可以把握作者的情感和思想，从而在具体形象中见出赛珍珠眼中的中国形象。

一、母亲形象与中国形象呈现的传统性

赛珍珠是"一位为女性书写又书写女性的充满母性的"[4] 女性作家，她以特有的笔触塑造了诸多中国母亲形象。《大地》中的阿兰、《群芳亭》中的吴太

① ［美］赛珍珠：《我的中国世界——美国著名女作家赛珍珠自传》，尚营林、张志强、李文中等译，长沙：湖南文艺出版社，1991 年，第 156 页。
② ［俄］普列汉诺夫：《论艺术（没有地址的信）》，曹葆华译，北京：人民文学出版社，1964 年，第 4 页。
③ 章伯雨：《勃克夫人（Mrs. Pearls Buck）访问记》，见郭英剑编《赛珍珠评论集》，章伯雨译，桂林：漓江出版社，1999 年，第 603 页。
④ Helen Snow. "Pearl S. Buck 1892—1973." *The New Republic*, March 24th, 1973, p.28.

太，直至《母亲》中的母亲，赛珍珠直接以母亲作为这部小说的名字，且在整部小说中母亲没有其他称呼，赛珍珠意在突出笔下人物作为母亲的形象。在诺贝尔文学奖的授奖词中，佩尔·哈尔斯特龙曾评价《母亲》这部小说是赛珍珠最好的一部小说，尤其小说中的母亲形象堪称完美。而赛珍珠眼中的中国母亲形象之所以是"最完美"的，是因为她们身上所具有的象征意义。在赛珍珠笔下，母亲是大地的象征、苦难的象征，她们面对苦难时的不屈不挠是全人类母亲的象征，也是中国形象的呈现。赛珍珠在自己还懵懂未知时便别无选择地随着传教士父母来到中国，与 19 世纪末到 20 世纪 30 年代的中国共同经历诸多风雨，并以其特有的跨文化视角，目睹了传统伦理浸染下的中国母亲所遭受的诸多苦难。同时，她们面对苦难时的坚强毅力也使赛珍珠看到了中国母亲身上的母性光辉。她们身上还呈现了对扎根土地的传统中国的坚守。

1. 阿兰的象征性

《大地》是赛珍珠最负盛名的一部小说，1932 年，赛珍珠因此书获美国普利策文学奖。1938 年,她因 "给我们提供了使她扬名世界的农民史诗《大地》"[1]而获得诺贝尔文学奖。《大地》这部小说讲述了中国农民王龙面对天灾人祸时的不屈不挠，从朝不保夕到慢慢富足直至成为地主的故事。《大地》中，王龙始终不忘赖以生存的土地。土地滋养万物，也是王龙生存的根本，成为地主后，王龙一家搬进了以前地主的旧宅——黄家大院，但当生命临近枯萎时，王龙仍坚持要回归那片土地。当听到儿子要将土地卖掉时，他很是痛心，百般劝阻，在他的心中，如果把土地卖掉，那就是断掉一切生的希望。王龙秉承着中国人的传统观念，始终认为人类的一切均依靠土地的给予："当人们开始卖地时……那就是一个家庭的末日……"[2] 人类来自土地，依靠土地生存，最终也将归于土地，在王龙心中，土地是人的命根。在主人公王龙发家致富的过程中，赛珍珠塑造了另一个举足轻重的人物——阿兰。阿兰不仅是王龙土地积累过程中的关键助益者，而且她本身就是土地的象征。赛珍珠在文中有意无意地将阿兰与土地联系在一起：

---

① 刘龙主编:《赛珍珠研究》，昆明：云南人民出版社，1992 年，第 58 页。
②［美］赛珍珠:《大地》，王逢振、韩邦凯、沈培锴等译，桂林：漓江出版社，1988 年，第 321 页。

> 她像个土人，浑身成了和土地一模一样的褐色。①

> 她现在整天干活，孩子就躺在铺在地上的一条又旧又破被子上睡觉。孩子哭的时候，女人就停下来，侧躺在地上解开怀给他喂奶。烈日暴晒着他们二人；晚秋的太阳不减夏日的炎热，直到冬天寒冷到来才把热气驱散。女人和孩子晒成了土壤那样的褐色，他们坐在那里就像是两个泥塑的人。②

小说不断描写阿兰变成了"土人"，阿兰似乎是天生生长于大地并与大地融为一体的人。阿兰不仅滋养着孩子，也滋润着土地，阿兰那像泉水一样的奶水灌溉着生命。在这里，赛珍珠将阿兰与土地联系在一起，赋予阿兰土地一样的品格，默默滋养着中华大地上的人。"永不枯竭的乳汁象征了女性的丰饶和土地的丰饶，阿兰可以看作土地的化身。"③王龙的发家致富一直有阿兰的扶持，阿兰嫁进来后，王龙有了前所未有的收成。阿兰生下儿子后到黄家炫耀，意外得知黄家要卖地的消息，于是王龙从黄家手里买下了第一块地。饥荒时，王龙一家到南方的一个城市避难，是阿兰的生活经验帮助了一家人渡过难关，甚至王龙发家致富的本钱也是阿兰的功劳。阿兰正如一块肥沃的土地，滋养着王龙一家。这也正如中国这块肥沃的土地，始终滋养着土地上的人民。

阿兰又是一个经历种种苦难的形象。对她打击比较大的苦难主要有两个。一是出身。阿兰从小就跟随父母到南方逃荒，10岁时便被卖到黄家当丫头，由于相貌丑陋还经常被欺负嘲笑，受尽各种苦楚和侮辱。二是中国传统的伦理纲常。嫁给王龙后，虽然她不再受人侮辱，并尽心尽力帮助王龙，但王龙发家后嫌弃她相貌丑陋，并把她最珍爱的珍珠夺走来讨好小妾荷花。这两颗珍珠于阿兰来说有着特殊的意义，在她做丫鬟时，她要不起，并且内心也觉得自己相貌丑陋，不值得拥有。王龙发家后，虽然她买得起了，但那两颗珍珠是她和王龙经历种种磨难之后特殊机缘所得，而正是她得到的珍珠帮助成就了后来的王龙，这两颗珍珠既是对以往的纪念，也是证明自己地位的象征。珍珠被王龙夺

---

① ［美］赛珍珠：《大地》，王逢振、韩邦凯、沈培锠等译，桂林：漓江出版社，1988年，第28页。
② ［美］赛珍珠：《大地》，王逢振、韩邦凯、沈培锠等译，桂林：漓江出版社，1988年，第38页。
③ 朱磊：《赛珍珠及其作品研究》，济南：山东大学出版社，2012年，第34页。

走带给她的打击可想而知。

但作者并不止于描写中国女性在男权制社会下经历的种种苦难，赛珍珠还看到了她们身上巨大的力量和耀眼光芒。阿兰在很多时候比王龙更为机智和坚韧：饥荒时，王龙只能唉声叹气，舍不得杀自家的耕牛，阿兰却果断地为全家人的性命拿起了宰牛刀；村民们来哄抢王龙家粮食，发现只有几把豆子后转而想抢家具时，是阿兰站出来劝阻了他们，使家里免遭洗劫；阿兰在家庭危难时毅然坚强地站出来，将这些村民说动并放过他们，而王龙叔父领人来买地时，王龙只是愤怒地大声哭喊，并差点妥协，是阿兰又一次站了出来。她以自己的魄力和主张强调坚决不卖地，但是可以卖家具，她的镇静自如使她在外人企图抢夺他们的土地时成了家里的主心骨。"她的声音里有某种镇静，听起来比王龙的愤怒更有力量。"[1] 这必然是作者有意描写的场景，赛珍珠无疑将阿兰面对困难时的坚韧和镇静放大，让大家看到阿兰身上的隐忍和抗争。而这种精神正展现了千百年来中国人和中华民族面对苦难时的精神，作者对母亲形象的塑造无形中呈现了当时处于危难中的中国形象，展现了中国的生存现实。

2. 阿兰的情绪状态

正如土地一样，阿兰基本上总是处于沉默状态，以此默默应对这个世界的悲欢喜乐，因此由阿兰的沉默出发，进一步分析笑、哭、怒等在阿兰脸上不易出现的情绪状态，就更能抓住阿兰的心理状态，明晰人物形象。

（1）阿兰的沉默。王龙第一次见到阿兰时，便有这样的感受："这是一副惯于沉默的面容，好像想说什么但又说不出什么。"[2] 跟着王龙回家的途中，她也未说过话，"她宽大的脸上没有表情"[3]。进入王家后，阿兰也只是默默干活，没有言语，甚至怀孕时，也很平静。在阿兰那里，似乎一切都是本该如此的，没有喜乐悲欢，甚至王龙娶妓女荷花做妾时，她也只是默默忍受，她就像一块敦实的大地，一切风霜雨雪在她身上留下痕迹，而她只是默默接受，留给我们一个容纳万物的身影。这不禁让我们联想到中国这块广袤的大地千百年来默默

① ［美］赛珍珠：《大地》，王逢振、韩邦凯、沈培锴等译，桂林：漓江出版社，1988年，第78页。
② ［美］赛珍珠：《大地》，王逢振、韩邦凯、沈培锴等译，桂林：漓江出版社，1988年，第18页。
③ ［美］赛珍珠：《大地》，王逢振、韩邦凯、沈培锴等译，桂林：漓江出版社，1988年，第19页。

承受一切风霜雨雪。赛珍珠对中国农民是赞赏的，她看到了农民的生命力，看到了他们对土地的坚守，默默承受一切："在南徐州居住的时间越长，我就越了解那些住在城外村庄里的穷苦农民。而不是那些富人。穷人们承受着生活的重压，钱挣得最少，活干得最多。他们活得最真实，最接近土地，最接近生和死，最接近欢笑和泪水。"①赛珍珠以其和中国农民直接接触的亲身经历发出了如是感慨，她自己感受到了中国农民身上的真实，同时力求把这样的真实传达给世界各国的人们，让他们同样能感受到生活在中国这片土地上的农民的力量。

（2）阿兰的笑。相对于常年的沉默，阿兰面部的偶尔几个表情显得弥足珍贵，全书也不过寥寥几处。第一处是她带着儿子走访黄家时，看到黄家已经开始衰落，而自己的儿子则刚出生，正是希望无限时，阿兰为自己的儿子比黄家那些曾经整日欺负自己的人更体面而笑。第二处是王龙下定决心要买黄家的地时，"她的脸上又一次泛起了淡淡的笑容，但这笑容从不使她那无神的小小的黑眼睛放射出光彩"②。此时阿兰为自己即将成为黄家土地的新主人而笑。第三处是王龙发现阿兰怀中的珠宝，问起阿兰如何得知珠宝藏处时，"她唇上带着眼里从不表示的微笑答道：'你以为我没有在富人家里住过？富人老是害怕。……每个有点财宝的人都把财宝塞在某个已经找好的秘密地方。所以我知道一块砖松动了意味着什么。'"③第四处是阿兰生下双生子后，王龙想起阿兰把两颗珍珠揣在怀里，便说道："'这就是为什么你要在怀里揣着两颗珍珠！'他对自己想起说这句话又笑了起来。阿兰看到他这样高兴，也慢慢露出了痛楚的微笑。"④第五处是阿兰听到王龙愿意卖地为自己治病时的微笑。第六处是王龙答应并为儿子操办婚事时，这次阿兰显得极为高兴，并高兴了三天，但仍然是"她确实感到高兴，尽管她再没有说话，只是躺下去闭上眼睛，微微地笑了

---

① ［美］赛珍珠：《我的中国世界——美国著名女作家赛珍珠自传》，尚营林、张志强、李文中等译，长沙：湖南文艺出版社，1991年，第156页。
② ［美］赛珍珠：《大地》，王逢振、韩邦凯、沈培锴等译，桂林：漓江出版社，1988年，第48页。
③ ［美］赛珍珠：《大地》，王逢振、韩邦凯、沈培锴等译，桂林：漓江出版社，1988年，第130页。
④ ［美］赛珍珠：《大地》，王逢振、韩邦凯、沈培锴等译，桂林：漓江出版社，1988年，第141页。

笑"①。由是观之，我们发现阿兰的笑往往与黄家牵扯上关系，因为觉得自己的儿子赢了黄家的子孙而笑，因为即将买黄家的地而笑，因为知道富人家藏珠宝的秘密而笑，这个秘密也是在黄家时得知的。但赛珍珠似乎刻意告诉我们，这些并不是真正的笑，因为她的笑意从未到达她的眼里，阿兰的笑是苦楚的。这位大地母亲在经历过无数伤痛后，总会在稍微幸福一些时露出自己鲜有的笑容。她的苦楚始于一个旧的地主家庭，笑容来自一个普通的农民家庭，但也终于这个由普通家庭发展而来的另一个地主家庭。

（3）阿兰的怒。赛珍珠笔下的阿兰在绝大多数情况下都是沉默的，脸上毫无表情。怒的表情在阿兰的脸上出现过两次，且两次都与黄家有关系。第一次是阿兰分娩时，王龙询问阿兰在黄家是否有关系不错的人来帮助阿兰生产："这是他第一次提到她离开的那户人家。她跟他翻了脸——他从没见过她这样，她的小眼睛睁大了，脸上激起了沉郁的怒气。'那家没一个人能来！'她冲着他喊道。"② 这段叙述足以说明，阿兰对黄家是存有怨恨之心的，那段经历对阿兰来说是非常痛苦的。第二次是以前和阿兰一起在黄家做丫鬟的杜鹃来到王龙家照顾王龙娶的小妾荷花，阿兰故意不烧水给杜鹃，王龙来质问她："'早晨你不能往锅里多添一瓢水吗？'但她脸上带着一种前所未有的盛怒答道：'在这个家里，我至少不是丫头的丫头。'"③ 此时阿兰的内心是无比愤怒的，她觉得这是要自己再过回曾经整日被杜鹃嘲笑欺负的日子，她只能愤怒地表达自己不是"丫头的丫头"。这里要注意的是阿兰生气的原因是杜鹃，面对荷花，阿兰一直是默默忍受的态度。而杜鹃是那个曾经在黄家经常对她欺负嘲笑的人，在杜鹃初来家中时，阿兰便找过王龙，甚至还为此哭过，这是在荷花来家中时她不曾有的表现。如果说荷花作为王龙的小妾被接进家中，阿兰无话可说，那杜鹃作为丫鬟被接进王家，阿兰也应无话可说，她却为此去找王龙理论，并诉说杜鹃在黄家时对自己的苛刻。阿兰的这两次怒都与黄家有着密不可分的关系。

（4）阿兰的哭。相较于怒，哭这种难以自持的表情出现在阿兰脸上，更能

---

① ［美］赛珍珠：《大地》，王逢振、韩邦凯、沈培锡等译，桂林：漓江出版社，1988 年，第 235 页。

② ［美］赛珍珠：《大地》，王逢振、韩邦凯、沈培锡等译，桂林：漓江出版社，1988 年，第 30 页。

③ ［美］赛珍珠：《大地》，王逢振、韩邦凯、沈培锡等译，桂林：漓江出版社，1988 年，第 181 页。

给我们一个了解阿兰的窗口。阿兰第一次哭是王龙夺走她的珍珠时，第二次是知道王龙心里有别的女人并对她多方挑剔和指责时，第三次是质问王龙为何让杜鹃进王家时。珍珠对阿兰来说有着不一样的意义，按照阿兰的性格，应该会把所得的珍珠全部给王龙去换成土地，但她要求留下两颗。在阿兰心中，只有黄家那样的人家才能有珍珠，如今她也有了，这是她摆脱黄家噩梦的一个象征，但现在王龙又一次夺走了这一切。第二次哭时，阿兰指责王龙："我给你生了儿子——我给你生了儿子——"① 阿兰以为她为王龙做这么多事情，并且为王家生下儿子，在王家的地位自然是稳固的，没想到王龙竟然像黄家人那样指责她的不是，这让阿兰感觉又回到了当初那种卑微的境地。而杜鹃的到来更是将在黄家的不堪回忆带到阿兰面前，一直默默忍受的阿兰在诉说自己在黄家遭受杜鹃的冷遇时，热泪涌上眼窝。

综上所述，阿兰几乎所有鲜明的表情出现都与黄家有密切的关系，这一点还可以从阿兰临死前的呓语得到佐证：

"我只能把肉送到门口——我很清楚，我长得难看，不能在大老爷面前露脸。"她还说，"不要打我——我再也不吃盘子里的东西了……"而且她又一遍一遍地说"爹啊——娘啊——爹啊——娘啊。"还说"我知道我长得丑，不会有人喜欢……"

当他把杜鹃叫来时，阿兰颤巍巍地用胳膊支撑起她的身子，十分清楚地说："哼，你可在大老爷的家里呆过，人们觉得你长得漂亮。可是我已经做了一个男人的妻子，我给他生了儿子——而你依然还是个丫头。"

然后，她好像迷迷糊糊地睡着了，尽管他们还希望听她讲下去。过了一会儿，她又一次强打着精神说起话来，但是她说话的时候似乎不知道他们就在眼前，实际上也不知道自己在什么地方；她把头转来转去，紧闭眼睛说：

---

① ［美］赛珍珠：《大地》，王逢振、韩邦凯、沈培锴等译，桂林：漓江出版社，1988 年，第 173 页。

"哼，如果说我丑，我还生了儿子。虽然我从前不过是个丫头，但我家里有儿子。"然后她又突然说："那个人怎么能像我这样，给他做饭并伺候他呢？漂亮不会给男人生养出儿子。"①

　　王龙听着阿兰临死前的呓语才"第一次看透了"阿兰的心思，读者又何尝不是如此？在这个一生沉默寡言的母亲心里，在黄家经历的种种苦楚始终烙印在她的心里，成为她一生的心结，临死前她依然耿耿于怀。被父母卖到黄家，由于相貌丑陋，在黄家人人可欺，以致在后来的人生中，阿兰的喜怒哭泣都与黄家牵连不断。

　　阿兰被作者赋予土地般的性格，黄家在书中是一个开始衰落的地主家庭，家中人人已经丢弃祖辈的土地，可以说是一个抛弃传统的形象。阿兰见证了黄家的兴衰。阿兰内心对黄家的羡慕是不言而喻的，那两颗珍珠便是阿兰心中的一种奢望，将自己的儿子带去黄家炫耀也反映了阿兰对黄家祖辈依靠土地、扎根土地的羡慕。但她对黄家又是厌恶的，黄家人身上的恶习让她明白黄家是如何衰败的。当自己的丈夫王龙身上出现黄家人的习气时，她是不乐意的。当黄家的丫鬟杜鹃进入自家时，她更是怒不可遏。阿兰很明白黄家是如何衰败的，但现在这些东西开始进入自己的家中，她如何会不愤怒？黄家是一个远离了土地的存在，在书中，赛珍珠有意将土地作为衡量一个家庭兴衰的标准。阿兰作为土地的一个象征，更是传统中国的一个象征。在面对黄家时，阿兰既充分暴露了自身的自卑、脆弱，也展现了自尊、骄傲，她的自卑针对的是黄家祖辈依靠土地获得的地位，而自傲的是，如今他们已经丢弃祖辈的东西，而阿兰自己却在坚守着。阿兰用自己的行动证明了这些丢弃传统的人的失败，这反映赛珍珠对中国文化的一种崇敬，正如赛珍珠所说："中国以自己的方式向现代化迈进，走得的确很慢，一步一回头。"②我们不能忽视的是，在中国遭受现代文明的冲击时，中国传统文明确实如根一样牵连着每一个中国人。

①［美］赛珍珠：《大地》，王逢振、韩邦凯、沈培锡等译，桂林：漓江出版社，1988年，第232~239页。
②［美］赛珍珠：《中国人》"赛珍珠序"，见林语堂《中国人（全译本）》，郝志东、沈益洪译，上海：学林出版社，1994年，第4页。

3. 母亲形象作为中国形象的呈现

阿兰这位沉默质朴的大地母亲，就像中国这个古老厚重的国家一样，在种种磨难中表现了自己的坚韧和顽强，并坚守着传统中国，坚守着土地。她的一生都在与黄家——这个抛弃土地、抛弃传统中国的形象"争斗"。值得一提的是，阿兰去世后，王父——这个中国家族制的象征人物也很快就去世了，这更能说明阿兰作为传统中国的一个象征者、守护者的形象，她的去世带走的是她守护的传统文化。虽然在现代文明的激烈冲击下，阿兰似乎已经无能为力，但正如赛珍珠所评论的："他们广大的同胞仍然沉浸在对旧文化的坚定信仰。"[①] 传统文化浸染着每一个中国人，在现代文明强烈地冲击着这个古老国度时，中国的绝大多数人还在缓慢地挣扎。赛珍珠一直痛心于中国知识分子对自身传统文化的遗弃："他们的教育主要是在国外接受的，在此期间，他们忘记了自己民族的现实。"[②] 赛珍珠认为中国近现代的很多知识分子在追求现代性的过程中已经丧失了自己的文化身份，丢失了本民族的根本，转而成为被西化的中国人，面对自身文化时，总是带着一种"他者"的视角。"虽然他们的本意是成为现代人，也就是说成为西方人，但实际上当时根本没有真正的现代中国人，他们只是西方化的中国人。"[③] 赛珍珠更是指出年轻的中国人与中国传统的隔离导致他们无法真正拯救中国："但可悲而又可怕的是，那些数典忘祖的年轻中国人受西方文学或神学院或中国新学的教育，却丢掉了中国哲学。他们既不属于东方也不属于西方，会令人可怜，因为他们献身于革新自己的国家时，没有认识到他们由于已丢失了自己的根，根本不可能拯救自己的同胞。"[④] 在西方现代文明的强烈冲击下，中国知识分子看到了中国的落后，在不断摸索中积极向西方文明学习。但在学习的过程中，很多知识分子迷失在现代化潮流中，甚而丢失了本

① ［美］赛珍珠：《中国人》"赛珍珠序"，见林语堂《中国人（全译本）》，郝志东、沈益洪译，上海：学林出版社，1994年，第4页。
② ［美］赛珍珠：《中国人》"赛珍珠序"，见林语堂《中国人（全译本）》，郝志东、沈益洪译，上海：学林出版社，1994年，第4页。
③ ［美］赛珍珠：《我的中国世界——美国著名女作家赛珍珠自传》，尚营林、张志强、李文中等译，长沙：湖南文艺出版社，1991年，第194页。
④ ［美］赛珍珠：《我的中国世界——美国著名女作家赛珍珠自传》，尚营林、张志强、李文中等译，长沙：湖南文艺出版社，1991年，第272页。

民族的根本。赛珍珠对中国传统文化一直很有信心："尽管孔夫子是个哲学家，不是牧师，但实际上正是他为中国社会、他的子孙创立了一整套与宗教与道德作用相同的伦理纲常。恐怕还要经过相当长的时间，中国人才会重新认识孔夫子这个最伟大的人物对中华民族的贡献有多大。"[①] 在那个西方国家普遍将中国形象加以歪曲的时代，赛珍珠用自己的书写将她眼中的真实中国呈现在世人眼前，并且以其跨文化的视角看到了中国传统文化的光芒。针对一些中国知识分子丢弃传统中国文化的现象，赛珍珠塑造了多种坚守在土地上的农民形象。尤其是赛珍珠在描写大地母亲时，为我们塑造了阿兰这个大地上的坚守者，她的顽强和坚韧是我们不能忽视的，这是赛珍珠希望中国人认清的现实。同时，透过大地母亲的书写，一个扎根土地、坚韧厚重的中国形象也跃然纸上。

二、父亲形象与中国形象呈现的现实性

赛珍珠笔下的父亲形象有很多，几乎每部小说中都有，但目前真正对这类形象做具体分析的文章还寥寥无几。1996 年姚君伟在《王龙的父亲：一个不可忽视的形象——赛珍珠〈大地〉人物论之三》中对《大地》中"王父"这个形象做细致的分析，探讨了王父的"权威父亲的形象""勤俭节约的农民形象""拥有子嗣意识的大家长形象""拥有强烈土地意识的中国农民形象"。其后论者大都沿用姚君伟的说法，认为"王父"是一个"权威父亲的形象"，是家长制的代表。"王父"这个人物形象在《大地》中的笔墨并不多，似乎是一个可有可无的角色，但正如姚君伟所说："赛珍珠在塑造这一人物的时候，没有采取浓墨重彩的方式，只是以轻浅的笔触，作穿插性刻画，但是，如果要全面地考察赛珍珠笔下的人物，王龙的父亲则是一个绕不过去的存在，一个不可小视或者忽视的形象。"[②] 小说开端即描写了王父为王龙娶亲的事情，这是传统家长制权威的主要内容之一。之所以这么说，是因为西方自由平等思想进入中国后，绝大多数青年把反

[①] ［美］赛珍珠：《我的中国世界——美国著名女作家赛珍珠自传》，尚营林、张志强、李文中等译，长沙：湖南文艺出版社，1991 年，第 196 页。

[②] 姚君伟：《王龙的父亲：一个不可忽视的形象——赛珍珠〈大地〉人物论之三》，《镇江师专学报（社会科学版）》1996 年第 4 期。

对包办婚姻作为反抗封建权威的重要内容。王父为王龙包办婚姻显然是"权威父亲"的一个重要证明。但王父的形象又不仅仅是"权威父亲的形象""勤俭节约的农民形象""拥有子嗣意识的大家长形象""拥有强烈土地意识的中国农民形象"，赛珍珠在这个着笔不多的老人身上倾注的感情不止于此。

1. 王父的"孩童"状态

《大地》中，王父为王龙娶亲成功后就处于退隐状态，要么是打盹，要么是像孩子一样等着王龙和阿兰的照顾。整部小说写到王父不过二十几处，其中写到他像个孩子一样的状态就有五处。第一处是王龙娶亲当天给王父喝茶时，王父虽然对儿子如此浪费一直抱怨，但当儿子说水凉了时，老人便赶紧大口喝起热茶。"他像个小孩子抓住了吃的东西，变得跟动物一样高兴。"[1] 王龙娶亲意味着王父正式成为一个可以享清福的老人了，在赛珍珠的眼中，他就仿佛变成了一个需要人照顾的孩子。第二处是王父得知阿兰怀孕时："'对——对——吃饭'，老人急切地说，像个孩子似的跟着她走进厨房。就像他想到孙子忘了吃饭一样，现在，想到新做的饭摆在面前，他又把孙子忘了。"[2] 第三处是王龙一家逃荒，他们一家乞讨时：

> 然而老人什么都没有乞讨到。他一整天都非常老实地坐在路边，但没有乞讨。他坐在那里睡觉，醒过来就看看路过的人和车，看累了就又睡去。他是长辈，谁也不能训斥他。当他看到自己的双手空空时，他只是说：

> "我耕地，播种，收割，我是这样来装满饭碗的。除此之外，我生了儿子，儿子又生了孙子。"[3]

这是一个纯粹的中国农民形象，他们世代依靠土地，生于土地、养于土地，最终也会归于土地，而老人则在忙碌一生后享受儿孙的照料。第四处是王龙想念

① [美] 赛珍珠：《大地》，王逢振、韩邦凯、沈培锴等译，桂林：漓江出版社，1988 年，第 5 页。
② [美] 赛珍珠：《大地》，王逢振、韩邦凯、沈培锴等译，桂林：漓江出版社，1988 年，第 29 页。
③ [美] 赛珍珠：《大地》，王逢振、韩邦凯、沈培锴等译，桂林：漓江出版社，1988 年，第 94 页。

自己的土地呜呜哭泣时，"老人惊愕地看着儿子，脸上的皱纹扭来扭去，稀疏的胡子有些抖动，就像一个孩子看见母亲哭泣时的表情一样"①。此时，儿子是老人的支柱，老人已经长久处于不理世事的状态，现在儿子如此脆弱让老人无所适从。第五处是发现王龙娶荷花时，老人对此很是不满：

> 就这样，老人从年老那种沉沉昏睡中醒来了，他对荷花姑娘有一种幼稚的憎恨，他会走到她那院子门口，对着空中突然喊起来：
>
> "妓女！"
>
> 或者，他将通向后院的门帘拉向一边，狠狠地朝砖地上吐着唾沫。他还会捡起小石子，甩起软弱无力的胳膊，将石子扔进小水池里，将鱼吓跑。他用像孩子一般的恶作剧来表达他的不满。②

老人看到自己儿子不再与土地亲密而是学了地主的一些做派时，做出许多孩童般的恶作剧的举动，他会捡起石子扔进水中将鱼吓跑，虽然他的身体已经不像孩子般灵活，但他的内心住着一个孩童。这些孩童般的设定是赛珍珠情感的一种投射，也是赛珍珠的观察视角所呈现的老人的情绪状态。但就小说本身来说，这样的状态就像老人整天打盹是一样的设定，这时的老人是无害且纯真、温和的。在这样的设定下，有几次老人"突然醒来"的描写。第一处是他们要乞讨时，"这时一直睡着的老人醒了，他们给了他一个碗，四个人一起去沿街乞讨"③。第二处是王龙娶了荷花后，"就这样，老人从老年人那种沉沉昏睡中醒来了"④。这两次清醒都是在王龙因为各种原因离开土地时，王父清醒后在王家的主心骨作用便不言而喻，这是王父作为长辈的一种引领和权威作用。

① ［美］赛珍珠：《大地》，王逢振、韩邦凯、沈培锦等译，桂林：漓江出版社，1988年，第117页。
② ［美］赛珍珠：《大地》，王逢振、韩邦凯、沈培锦等译，桂林：漓江出版社，1988年，第185页。
③ ［美］赛珍珠：《大地》，王逢振、韩邦凯、沈培锦等译，桂林：漓江出版社，1988年，第91页。
④ ［美］赛珍珠：《大地》，王逢振、韩邦凯、沈培锦等译，桂林：漓江出版社，1988年，第185页。

2. 王龙：家长制权威的弥补性书写

王龙是《大地》的主人公，也是赛珍珠着力表现的中国农民形象，他从一个贫穷的农民慢慢变成富甲一方的地主的过程，展示了中国农民依靠土地、眷恋土地的过程，而这正是赛珍珠认为占中国人口绝大多数的、能代表中国人的典型中国农民形象，这是王龙主要的身份特征。但同时，王龙是三个孩子的父亲。作为父亲的王龙，有权威的一面。同样从为儿子娶亲说起，王父作为一个穷困的农民，他能为王龙挑选的是一个"没人要"的丫鬟，且别无选择。当时的王龙甚至还表示过反对，期望自己的妻子至少不要过于丑陋，虽然被王父教育了一顿，但双方毕竟还是有交流和商量的。但到了王龙为儿子考虑婚事时，一切早已没有商量的余地，尤其在大儿子的娶亲问题上。这时的王龙有了更多的选择，在娶亲对象的选择上有了更多的话语权，这一过程相当程度上弥补了对王父权威父亲的书写。对大儿子娶亲这件事，王龙几乎立刻就下定决心要去做，此时已没有其他顾虑，他知道自己会有很多选择。他唯一需要考察的就是对方是否和自己门当户对，于是他为大儿子定了一位米行家的女儿。在王龙身上，地主的这层身份使得中国家长制的权威发挥得更加淋漓尽致。王龙这个大家庭的完全掌权者，比之王父的权威性有了更明显的用武之地。王龙的权威父亲角色成为王父家长制权威的弥补性书写，王父的家长制权威角色通过王龙的权威得到进一步印证。

赛珍珠从小便受到中国传统儒家文化的教育，对中国家长制度耳濡目染，非常熟悉，且在言语当中颇为欣赏。但在整部小说中，王父的形象通过细节之处，才能显示其家长制权威角色。这正如托尔斯泰所说："艺术是这样的一项人类的活动：一个人用某些外在的符号有意识地把自己体验过的感情传达给别人，而别人为这些感情所感染，也体验到这些感情。"[1] 这是赛珍珠体验到的中国家长制下的权威者。他们因为多年的生活经验而在生活中成了智者、权威，但赛珍珠笔下的这个大家长是一个经常如孩童一般纯真的人，这两种矛盾形象并存于赛珍珠笔下的王父身上。

---

[1] ［俄］列夫·托尔斯泰：《什么是艺术》，见《列夫·托尔斯泰文集》第 14 卷，陈燊、丰陈宝等译，北京：人民文学出版社，1992 年，第 174 页。

19 世纪时，拿破仑曾说中国是一头沉睡的狮子，赛珍珠也一直强调中国是不可能被打败的。正如这个经常处于沉睡中的老人王父一样，此时的中国是沉睡的，这是赛珍珠的他者视角下的中国。而王父的这种孩童形象，则又是赛珍珠在中国将近 40 年生活浸染下对中国的感情映照，也是对妖魔化中国言论的一种驳斥。中国人在赛珍珠的笔下就是如此淳朴、无害，赛珍珠想要展示的是现实的中国人、现实的中国人的生活和现实的中国。虽然中国当时处于沉睡中，但几千年的文化积淀并不能被沉睡抹杀，一旦醒来，它仍然是一个智者。

三、知识分子形象与中国形象的未来性

赛珍珠的小说就像社会生活的写照，映射了 20 世纪前半期风云变幻的中国社会总体风貌，同时呈现了几乎所有阶级的各类中国人形象。她的作品问世之初，国内外首先注意到的就是其对中国农民形象的书写，正如赛珍珠本人多次申明的那样，中国农民作为占中国人口的绝大多数是能代表中国的，赛珍珠也的确为我们奉献了一个个令人印象深刻的农民形象，他们讲述传统中国的故事。但是在那个风云际会的时代，还有一群人是不可忽视的，那就是中国现代知识分子。赛珍珠在中国生活近四十年，几乎目睹了中国现代知识分子的产生和发展史，从改良社会，到新文化运动和轰轰烈烈的五四运动，中国现代知识分子在时代的洪流中留下了浓墨重彩的一笔。赛珍珠本人作为知识分子阶层的一员，又带着独特的双重文化身份，不得不关注这个西方文化影响下成长起来的中国现代知识分子形象。

1. 知识分子的群像展示

赛珍珠在多部作品中都塑造了知识分子形象。《东风·西风》中桂兰的丈夫就是赛珍珠塑造这一形象的首次尝试。小说以一个中国旧式淑女——桂兰的口吻和视角叙述了自己的婚姻生活，讲述自己如何在丈夫——一个完全西化的中国知识分子的引导下逐渐抛弃中国传统陋习的过程。《同胞》中的梁博士是一个在美国教授中国传统文化的中国知识分子，他的儿子詹姆斯利用自己所学的知识扎根中国乡村，是一个生长在美国的中国知识分子。他们无论选择什么，都毫无疑问有着双重文化背景。在中西文化的碰撞下，赛珍珠书写着这些知识

分子的形象。《大地》三部曲的最后一部《分家》描写了多种类型的中国现代知识分子形象，通过这些知识分子群像，赛珍珠表达了自己对这一群体的思考。

《分家》是《大地》三部曲的最后一部，讲述了农民王龙孙子辈的故事。王龙一生眷恋土地，他的儿子们开始慢慢脱离土地：大儿子成为懒惰的地主；二儿子成为倒卖粮食的商人；三儿子则希望将土地卖掉，好进行自己的军阀事业。到了孙子辈，他们已经完全脱离土地，移居到繁华的海边城市，这个与西方文化连接最为紧密的地方。赛珍珠在这部小说中描写了在那个风云变幻的时代中，他们如何成长为不同类型的中国现代知识分子，并且细致地书写了主人公王源的自我成长过程。

作为军阀的儿子，王源却不喜欢暴力和压迫，更痛恨杀戮，但也不能加入革命党来反抗自己的父亲，于是他逃到了这座海滨城市。中国现代知识分子群像在这里得以呈现。这里生活着各种各样的文化人，赛珍珠将他们融进王源的家族中。堂兄王盛是一个追求完全西化的诗人，却只会写一些空洞的诗。另一个堂兄王孟带着年轻人的热血和毁灭一切的冲动，希望用暴力摧毁一切不符合自己愿望的东西，对待百姓也是憎恨多于同情。他再也不会像曾经那样看到这些普通民众时为他们的苦难生活而觉得抑郁难平："如果我看到一个外国人碰一碰这儿的乞丐，我会象以前一样愤愤不平，……但我的见识要比以前广了。我知道眼下妨碍我们的主要就是这些我们为之服务的穷人。他们人数太多。谁能教化他们？他们是没有希望的人。所以我认为，要让饥荒、洪水和战争卷走他们。让我们只保留下他们的孩子，然后在革命的过程中塑造他们。"[1] 他只是在看到他们被外人欺负时，才会生出同样的愤怒，而在平时他会觉得这些人是现代文明的阻碍者，希望用天灾甚至战争将这些旧式的、传统的人全部打发走，这是一个狂热的革命者。在他的眼中，这些生活在底层的人是毫无希望的人，是阻碍中国现代化进程的人，是不值得被保留的人。这该是一个怎样的冷血者？也许，在他的理论中，一个国家、一种文明的前进方式，只是抛弃掉那些在他们眼中不适合新环境的群体？

---

[1]［美］赛珍珠：《大地》，王逢振、韩邦凯、沈培锴等译，桂林：漓江出版社，1988年，第1012页。

王源便生活在这群人周围，他感到迷茫："尽管源很喜欢这位堂兄，但因为他居然如此平静地说出'让他们去死吧'这样的话，源不禁感到他有点冷酷。"① 对于孟的邀请，他也不能答应，那正是他逃离到这里的原因，远离暴力。在一次次的选择中，王源终于听从内心的选择："然而有件事使他避免同自己的人民完全隔离，那就是他对土地、原野和树木的始终不渝的爱。"② 只有在田地里的时候，王源才能祛除内心的飘零感，才不会觉得自己是无根的浮萍，才会感受到无比充实。由于这份热爱，他到美国留学时选择了学习农业科技。在那里，王源看到了西方世界的进步，他的民族意识也觉醒了，异国他乡的生活环境很快让王源体会到不同文化的异质感，也让王源明白自己是中国人，和美国人不一样的中国人。"他在外国人之间行走谈话，不再将自己看作是王源，而将自己看成是他的人民，看成是一个在异国的土地上代表了整个民族的人。"③ 王源的感情是复杂的，在遭遇西方文明后，他的自我遭到了西方符号的否定，在这种否定中，王源做出的是反抗，他因此生出了强烈的民族自尊心，且不断美化着自己的国家。但回国后的眼前景象又将其拉回现实，贫穷、战乱等都折磨着他，他总是不停地询问自己："为什么我以前从来没有看到过这些？为什么直到现在我才看到了这一切？"④ 这是王源对自己的叩问，在中西双重文化背景下，这些早已存在的现象在他看过另一个世界后才得以显现。西方文明的符码在王源身上留下印记也是中国现代知识分子要共同面对的问题。他们为西方文明所吸引，回国后，西方现代文明的生活经历让他开始关注到自己从不曾关注的东西。祖国在这种强烈的对比中显得如此不尽如人意，在这种情感拉扯之中，他们苦苦寻求自己的价值和位置。王源也是如此，最终他在梅林的帮助下找到了平衡："不要永远，应该有时穿这种，有时穿那种，要看场合，一个人不能永远是一个模样。"⑤ 这是一个中西交融的知识分子形象。

① ［美］赛珍珠:《大地》，王逢振、韩邦凯、沈培锠等译，桂林:漓江出版社，1988 年，第 790 页。
② ［美］赛珍珠:《大地》，王逢振、韩邦凯、沈培锠等译，桂林:漓江出版社，1988 年，第 799 页。
③ ［美］赛珍珠:《大地》，王逢振、韩邦凯、沈培锠等译，桂林:漓江出版社，1988 年，第 881 页。
④ ［美］赛珍珠:《大地》，王逢振、韩邦凯、沈培锠等译，桂林:漓江出版社，1988 年，第 972 页。
⑤ ［美］赛珍珠:《大地》，王逢振、韩邦凯、沈培锠等译，桂林:漓江出版社，1988 年，第 1071 页。

2. 知识分子与人民大众的对话

鲁迅笔下的觉醒者为我们塑造了在黑夜中苦苦挣扎的智者形象，"每个时代杰出的知识分子往往站在大众和权威的对立面，勇敢地承担起'文化守夜人'的使命，试图唤醒那些愚昧而不自知的大众，就像鲁迅所描绘的'铁屋子'中孤独的'觉醒者'"①。这些守夜人在赛珍珠看来似乎有着不一样的状态，赛珍珠以其特有的东西方双重文化视角看到了这些"觉醒者"的另一面——"西方化的中国人"，"但可悲而又可怕的是，那些数典忘祖的年轻中国人受西方文学或神学院或中国新学的教育，却丢掉了中国的哲学"②。一些知识分子在不断西化的过程中丢失了生养自己的文化，赛珍珠对年轻的中国知识分子抛弃中国传统、远离中国大众的倾向颇有微词。

在《大地》中，赛珍珠也描写了知识分子与大众的正面接触。王龙在南方城市逃荒时，碰到青年革命者在演讲，王龙完全不能理解对方的意思。他不知道穷人能不能从富人那里获得钱财，他只知道生存只能依靠土地，于是他问道："先生，压迫我们的富人有没有什么办法叫老天爷下雨，好让我们在田地上耕作？"③农民真心的询问得到的只是青年轻蔑的回答："唉，你多么愚昧呀！竟然还留着长辫子！天不下雨，谁也不能叫天下雨。但这与我们有什么关系？如果富人把他们所有的东西分给我们，下雨不下雨对任何人都没有关系，因为我们都会得到金钱和吃的东西。"④赛珍珠写的也许并非事实，但中国知识分子与人民大众之间的断层关系早已有之，双方难以真正互相理解。农民关心的是土地如何才能丰收，知识分子则以高高在上的姿态俯视农民，认为他们不关心国家存亡，不懂得要革新国家。可以想见，这必然是一场得不到结果的对话。年轻知识分子们俯视芸芸众生，蔑视民众的愚昧，也愤怒于民众的无知，他们离自己的人民太远："在我们年轻的知识分子和激进的知识分子中间，那种脑力劳动者对体力劳动者的蔑视远远超过了他们的父辈们。我多想让他们知道农民

---

① 阳杨、黄悦：《赛珍珠笔下的中国海归知识分子形象》，《百色学院学报》2014 年第 2 期。

② ［美］赛珍珠：《我的中国世界——美国著名女作家赛珍珠自传》，尚营林、张志强、李文中等译，长沙：湖南文艺出版社，1991 年，第 272 页。

③ ［美］赛珍珠：《大地》，王逢振、韩邦凯、沈培锠等译，桂林：漓江出版社，1988 年，第 112 页。

④ ［美］赛珍珠：《大地》，王逢振、韩邦凯、沈培锠等译，桂林：漓江出版社，1988 年，第 112 页。

是值得尊敬的啊！我想告诉他们，虽然那些农民目不识丁，但他们绝非无知，他们对生活的了解，他们的智慧和懂得的哲理至少比这些年轻人多得多，也毫无疑问地超出了许多老学究。"①赛珍珠对人民充满同情，她对他们身上蕴含的力量、对他们代代传承下来的智慧和经验、对他们始终扎根土地的精神都保持一种欣赏的态度，这是她认为现代中国知识分子丢失的东西。

在《分家》中，王家子孙本来已经完全脱离土地了，但祖辈对土地的眷恋在王源身上得到重新发芽的机会。王源在来到海滨城市后，感受到身边人的状态，正如赛珍珠所体察到的一样，"上海生活最令人厌恶之处之一，是存在于颓废的中国知识分子之中的混乱状态。这个城市有很多漂泊无根的年轻人，他们大多在国外留过学，除了整日沉迷于文学和艺术，什么艰苦的事情都不愿干。……其实，她们见到的不过是一群对自己的祖国知之甚少的被放逐者"②。在这些"放逐者"中，王源在土地上找到了自己，和他的祖父王龙一样，他脚踏实地地站在了土地上。这是赛珍珠为我们描绘的中国现代知识分子应当有的作为，太多失去根的中国现代知识分子需要这种脚踏实地的务实精神。

3. 知识分子与未来中国形象的呈现

赛珍珠因其特殊的文化身份而既具有他者的视角，也因其在中国的生活经历和对中国怀有的深厚感情而具有了对中国形象的特殊想象。这也是赛珍珠作品不同于其他写作中国题材的外国作家的本质原因。"中国形象，既可以是外国人以其'他者'视野创造的，也可以来自中国人对自己的想象。"③赛珍珠并不仅仅写作中国的传统、中国的文化，她还思考中国的未来出路。在她的作品中我们能看到她对中国未来发展的摸索，这一点在《分家》中更是得到了淋漓尽致的展现。

与同时期的中国学者一样，赛珍珠在当时风云变幻的中国大环境中也思考着"救国"之路，认为知识分子是领头羊。但与大多数中国现代知识分子的观

① ［美］赛珍珠：《我的中国世界——美国著名女作家赛珍珠自传》，尚营林、张志强、李文中等译，长沙：湖南文艺出版社，1991年，第206页。

② ［美］赛珍珠：《我的中国世界——美国著名女作家赛珍珠自传》，尚营林、张志强、李文中等译，长沙：湖南文艺出版社，1991年，第253~254页。

③ 王一川：《中国形象诗学——1985至1995年文学新潮阐释》，上海：上海三联书店，1998年，第2页。

点不同的是，她认为，中国知识分子沉迷于西方文化而完全西化（如《分家》中的王盛）或者参加暴力革命（如《分家》中的王孟）都不能给未来中国带来希望。她看重的是王源那样学成于西方又与中国传统农耕文化结合的现代知识分子，她认为如此才能拯救中国。赛珍珠在 1933 年作过一次题为《新爱国主义》的演讲，她说道："中国所谓的爱国志士一味地掩饰平民的贫苦愚昧，其实是误国，不是爱国。惟切切实实地致力于平民生活的改善才是真爱国。"[①] 这是赛珍珠强调的中国知识分子与平民应有的关系，不管是《分家》中的王源，还是《同胞》中的詹姆斯，无论去西方学习的中国人，或是生长在西方的中国人，最终他们都致力于平民教育，结合中国自身文化探索拯救中国之路。赛珍珠期盼的是中国的知识分子能够体察到世界的变化，并将其恰到好处地运用到本国中，而不是随波逐流，一味模仿他人，最终却失去自身的特质。"我所谓的新爱国主义者——不分男女——是那种摩登的，受过教育的，活泼的，有智识的，懂得人生的，晓得国外的世界情形的，在国外观察有什么适合本国而可以实行的好处，回来的时候，只带着这好处回来。他不会卑屈地跟着谁。他彻底了解他的国家，她的人民，她的脾气，她的天才。他要保持中国人的中国，但是也使她向近代运动各方面进展，同时又不使她失去其特征。"[②] 赛珍珠以其双重视角的文化身份看到了中国现代知识分子在学习西方时的偏颇之处，她对中国形象的未来设计给我们一些警醒，让我们明白自己的文化之根不可丢失。

法国形象学研究者巴柔在《从文化形象到集体想象物》一文中探讨异国形象研究时认为，形象是一种想象物，是注视者创造出来的一个形象，更多地反映了注视者的文化。"事实上，对形象的研究应该较为注重探讨形象在多大程度上符合在注视者文化，而非被注视者文化中先存的模式、文化图解，而非一味探究形象的'真实'程度及其与现实的关系。"[③] 赛珍珠对中国未来形象的呈现和当时中国的绝大多数现代知识分子不同的原因就在于此，她的文化背景

---

① ［美］赛珍珠：《新爱国主义》，《论语》1993 年第 27 期。

② ［美］赛珍珠：《新爱国主义》，《论语》1993 年第 27 期。

③ ［法］达尼埃尔－亨利·巴柔：《从文化形象到集体想象物》，孟华译，见孟华主编《比较文学形象学》，北京：北京大学出版社，2001 年，第 122 页。

与中国现代知识分子不同；赛珍珠对未来中国的思考之所以与其他外国作家不同，原因也在于此，他们的文化背景也不同。赛珍珠身上带有的双重文化身份背景，使得她在做出对中国未来出路的选择时，有了更全面的思考。西方现代社会迅猛发展，渐渐爆发严重的危机，对于这一点，当时的中国知识分子看不到，赛珍珠却能看到。因此，对中国完全西化的知识分子，赛珍珠总是予以抨击，而在中国将近40年的生活经历使得赛珍珠能了解到中国的传统、中国的现实，对中国特殊的感情使得她不得不思考中国未来的形象。

第三节　"双重陌生化效果"的语言与中国形象的构建

　　这里使用的"陌生化"并不是俄国形式主义所强调的作为文学的语言特性的"陌生化"，赵炎秋曾在《形象诗学》一书中对"陌生化"给予分析，认为"陌生化至多可以作为文学语言的一种表现形式，而不能作为文学语言的特性"①。俄国形式主义对语言陌生化的要求主要是指文学语言要对常规或标准语言进行改变，从而使人们能够感受到语言本身的艺术性。这里的常规语言或标准语言却很难界定，因此，陌生化语言本身就是难以界定的，又何以能成为文学的本质特征？此处我们使用此概念时仅依托俄国形式主义对语言陌生化的效果来使用，而并不认为陌生化是文学语言的本质特征。语言是文本的载体，形象的构建与语言的运用有着紧密的联系。由于赛珍珠本人的双重文化身份，其小说在语言运用上存在人物语言和人物身份之间的错位关系，这种错位关系给予中国读者以双重文化的视角，使中国读者产生陌生化的感觉。

　　赛珍珠作为一位美国作家，其小说也是用英语创作，是以西方读者为目标读者的。赛珍珠的小说创作多关注中国风情，这与西方对中国风俗的关注和想象一脉相承，易于在西方对中国形象的"集体想象"中获得认同感。在此基础上，赛珍珠所具有的中西双重文化身份则给予了她创作上的另一种可能——"异

---

① 赵炎秋：《形象诗学》，北京：中国社会科学出版社，2004年，第157页。

质"语言的书写。曾有人建议赛珍珠将《大地》中的一些中国习语翻译成英语习惯来写作，但赛珍珠拒绝了，她认为，运用中国通用说法更能使西方人感悟到中国人的形象、体悟到中国人的感情，这就是语言的魅力。通过这种陌生化语言的效果，赛珍珠达到了以客观角度书写中国人形象、打破传统西方对中国的刻板印象、构建真实中国形象的目的。

一、"陌生化"语言构成的双重文化视角

赛珍珠描写的人和事是中国读者所熟悉的东西，如北方农村艰苦的生活场景，面朝黄土背朝天的中国农民，靠天吃饭的农耕文明……这一切似乎都是地道的中国故事，但蕴含在其中的西方语言思维下人物语言与人物身份的错位关系，则让中国读者清晰地感受到异质文化书写下的中国形象，同时让中国读者有机会对自己熟悉的题材做一次"他者"的审视。这使中国读者跳出熟悉的环境，用陌生的眼光来观看作者书写的中国人形象、想象的中国形象，从而获得了新的陌生化视角，达到透过"他者"观看自我，对自我形象重新构建的目的。

1. 赛珍珠小说人物语言与人物身份的错位

赛珍珠以书写中国题材小说为世人所共知，在她的众多书写中国题材的小说中，又以书写中国农民形象者最为出彩，因而她得到了"中国通"的称呼。赛珍珠对中国的了解确实不同于其他以中国为写作题材的外国作家，她有过与中国各阶层人物接触的机会，与中国底层百姓更是有广泛而亲密的交流。赛珍珠小时候一直与中国小朋友做朋友，和中国小朋友一起玩耍："我没有去过租界内那种舒适的范围狭小的生活，而是和中国人混在一起，在讲英语之前先学会了汉语，所交的第一批朋友也都是中国孩子。"[①]孩童时的伙伴认同让赛珍珠一度觉得自己就是中国人，自己和中国人完全没有不一样的地方，甚至觉得自己可以吃中国小街上的小吃食（白人总是认为吃了这些食物会生病而拒绝食用）。在安徽宿州生活的5年时间更是让赛珍珠近距离了解了中国农民的生活和观念。此外，赛珍珠还接受过中国传统儒家教育："而一到下午，我却又在

① ［美］赛珍珠：《我的中国世界——美国著名女作家赛珍珠自传》，尚营林、张志强、李文中等译，长沙：湖南文艺出版社，1991年，第18页。

孔先生的截然不同的教学方法指导下学习。"[1] 在孔先生的教导下，赛珍珠接触并学习中国传统文化，对孔子极其推崇，对中国小说更是充满兴趣。赛珍珠从小不仅与中国人打交道，甚至还认真研习过中国文化，可以说，她对中国及中国文化是非常熟悉的。但阅读赛珍珠小说时，我们却明显发现赛珍珠小说中人物的语言在很多时候与自己的身份根本不符，即与小说笔下的中国人身份不相符合。"形象上的每一点都应化成灵魂的眼睛。"[2] 语言作为形象构成的重要组成部分，更是人物形象塑造的重点，是构成人物形象的基础。赛珍珠曾谈到传统中国小说中的语言和对话对人物的精彩塑造使自己受益良多。在诺贝尔文学奖的获奖演讲中，赛珍珠就以《中国小说》为题讲述了中国小说的发展及其特点，以及她本人从其中汲取的写作养分。那么，为什么她的作品中会明显出现人物语言与人物身份的错位？这些在中国读者看来不符合人物身份的语言意味着什么？对其人物塑造产生了何种效果？对此需要做具体例证分析。我们还是以赛珍珠的《大地》一书来做文本细读，其中存在三种现象值得关注。

一是人物语言使用的比喻不恰当。王龙的叔叔第一次向逐渐富裕的王龙借钱时，王龙推脱不过，让叔叔跟自己到家里拿钱，并说道："I do not carry silver on like a prince."[3] 漓江出版社的中文版《大地》（简称"漓江版"）将其译为："我不会象一个王子那样把银钱带在身上的。"[4] 这样的直译必然会给中国读者带来一种跳脱之感。原文使用"prince"（王子）一词，因为王子是西方世界对完美男人的称呼，换作今天在中国应该就是所谓"高富帅"。赛珍珠将这样明显的西方式称谓词用于一个中国农民，使语言的隔膜感油然而生。可以想见，赛珍珠将这种行为融入西方语境中，意图让西方读者明白中国穷苦百姓由于金钱来之不易而形成的藏钱的习惯。但将典型的西方式称呼加到中国农民的头上，这种语言的陌生化是具有强烈的不协调感的。

王龙认为自己的儿子会去找女人是因为他精力旺盛，现在需要娶妻，在

① ［美］赛珍珠:《我的中国世界——美国著名女作家赛珍珠自传》，尚营林、张志强、李文中等译，长沙:湖南文艺出版社，1991 年，第 51 页。
② ［德］黑格尔:《美学》第一卷，朱光潜译，北京:商务印书馆，1979 年，第 198 页。
③ Pearl S. Buck. *The Good Earth*. New York: The John Day Company, 1931, p.38.
④ ［美］赛珍珠:《大地》，王逢振、韩邦凯、沈培镨等译，桂林:漓江出版社，1988 年，第 57 页。

询问自己的妾室荷花亲家是什么样的人时，荷花这样形容："but he always said courteously as a prince might or some might from a learned and noble house."① 即 "他不是像个王子，就是像一个书香门第出身的人那样彬彬有礼地说话。"② 这个比喻和上一处一样，显然绝不会从一个中国农民或者风尘女子口中说出，甚至不会从一般的中国人口中冒出，读这些语句总会给中国读者带来明显的陌生感。又如，王龙返回家乡时与邻居老秦的对话："Offal from the streets like dogs when we begged in the town and dead dogs we ate."③ 在那个年代，中国人将自己比喻成狗的可能性是不大的。老秦虽然生活很是艰辛，社会地位不高，但也不会随意将自己比作狗，这在任何一个中国人身上都是难以接受的。毕竟在中国文化中有关狗的词一般都是不太友好的。由这两处比较明显的西方式比喻，我们能感觉到赛珍珠对中国文化的一种内在隔膜。并且不需要多加注意，我们就能立刻感受到存在于其中的两种文化的冲突因子，在西方读者读来习以为常的地方，我们却感觉甚是怪异。

二是人物语言过于文绉绉。这里说的文绉绉是指从人物嘴里冒出的语言超出了该人物的文化水平。王龙的叔叔是个纯粹的农民，确实没有什么文化，但从他的口中说出了这样的话：

"Now that," he cried, "for speaking so to your father's generation! Have you no religion, no morals, that you are lacking in filial conduct? Have you not heard it said that in the Sacred Edicts it is commanded that a man is never to correct an elder?"④

这句话给读者的感觉就像作者自己突然跳了出来，解释王龙为何在叔叔如此无礼的情况下仍然答应叔叔的要求似的，且在教训晚辈时说对方没有信仰这类的话，明显与中国文化格格不入。我们更不会听到一个中国农民会说出 "孔

① Pearl S. Buck. *The Good Earth*. New York：The John Day Company，1931，p.134.
② ［美］赛珍珠：《大地》，王逢振、韩邦凯、沈培锴等译，桂林：漓江出版社，1988 年，第 57 页。
③ Pearl S. Buck. *The Good Earth*. New York：The John Day Company，1931，p.85.
④ Pearl S. Buck. *The Good Earth*. New York：The John Day Company，1931，p.37.

圣人"之类的词语。漓江版将其中的"religion"翻译成"良心"，则是从中国文化具体语境考虑将其回译过来。这里，仿佛王龙的叔叔已经化身为一个颇有学识的中国学者，且他教育的对象——王龙，也化身为一个苦读圣贤书的知识分子，只有在这样的情境中，我们才能想见赛珍珠描绘的长辈教训晚辈的场景和语言使用。在另一处，王龙对荷花说："Let it be only as you wish and forever."①漓江版直接将这句话直译为："我愿你永远称心如意。"②中国人的内敛含蓄使得人物语言不会如此赤裸、直接，其句式也不地道。如果不知道前因后果，不知道小说背景，读者甚至会以为这是出自英国的哪本骑士小说。

三是人物说多余的话。《大地》一开始就讲述了王龙结婚的一天。王龙进城到地主黄家娶阿兰时，黄家老夫人有一段向王龙介绍阿兰的话语，其中的用语是出乎中国人意料的。在讲述阿兰还是个黄花大闺女时，她一个大户人家的老夫人，竟然会说出这是因为阿兰不够漂亮，没能使自己的孙儿动心，也不能让自己的儿子看上，甚至家里的男佣也有别的更漂亮的丫头。这些在中国语境下一般不会被挑在明面上的话，却从一位有地位的长者嘴里说出，这与她大家长的身份严重不符。这不知是作者有意为之，还是出于其他意图，但在中国读者读来，总归还是有太多的违和感。

还有一处也比较典型，王叔在说到王龙和王父时，经常有一些称谓上的解释。比如："And how well you have fared! And your father, my elder brother, he is well?"③漓江版的《大地》使用破折号来处理此处的"我的哥哥"，以其做解释。"My nephew, the son of my brother, is founding a great house and his sons will be the sons of a rich man and they need not work all their lives long."④这里的"我哥哥的儿子"同样用破折号来做解释。这种同位语的解释在汉语口语习惯中很少见到，但在英语中确是司空见惯的。这种解释显然是针对英语读者而言的，中国读者从中能感受到语言思维的陌生感。

① Pearl S. Buck. *The Good Earth*. New York: The John Day Company, 1931, p.125.

② ［美］赛珍珠:《大地》，王逢振、韩邦凯、沈培锴等译，桂林: 漓江出版社，1988 年，第 183 页。

③ Pearl S. Buck. *The Good Earth*. New York: The John Day Company, 1931, p.50.

④ Pearl S. Buck. *The Good Earth*. New York: The John Day Company, 1931, p.130.

2. 错位造成的"陌生化"效果

类似的人物语言充斥赛珍珠的小说，无论是不恰当的比喻，还是语言的西方化，抑或是作者借小说人物之口对人物行为做解释，等等，小说人物语言与自身的身份背景之间的对应关系是错位的。这种语言与人物的错位现象，给中国读者带来了强烈的陌生化感觉，这种陌生感不仅在英文原作中，即使在中译本中依然非常强烈。这可能就是鲁迅在书信中称"中国的事情，总是中国人做来，才可以见真相，即如布克夫人，上海曾大欢迎，她亦自谓视中国如祖国，然而看她的作品，毕竟是一位生长中国的美国女教士的立场而已"[①]的原因吧。异质文化之间的隔膜和冲突必然会导致人们面对他国的语言时有怪异之感，这种感觉可以说是一种陌生化的感觉。

赛珍珠小说的英文原作给中国读者带来陌生感是很正常的。虽然它描写的是我们熟知的人物、熟知的事情、熟知的环境，却用另一种语言描写出来，这首先就带有一种形式上的陌生感。其次，"语言是一种表达观念的符号系统"[②]。不同的语言代表的是不同的文化观念，且不同语言的词语也不可能真正达到恰到好处的对应。中译本将赛珍珠用英语写作的中国题材小说翻译过来，如漓江出版社出版的几本赛珍珠的小说的翻译品质也是相对较高的，但读来仍让人感觉到陌生，这也许就是翻译学上的所谓"隔层"。原作的内容是中国的内容，原作的语言形态却是英语，二者本身就是错位的，现在即使将语言形态转换回来，在翻译时也必然会受制于原作，其内在的逻辑仍然还是英语语言形态。这种现象在翻译学上叫"回译"，即将以另一种语言描写的本国题材的文本再用本国的语言翻译回来。张禹九在《赛珍珠与中国译者的关系》一文的开头很形象地用裁缝做衣服的比喻描述了赛珍珠小说原作和中文译本之间的关系："赛珍珠也是'洋裁缝'。她写的《大地》（还有其他以中国为背景为题材的小说）所用的'剪裁手法和式样'是美国式的，……但是她用的'料子'却不是美国'货'而是中国'货'（比如土布或棉布之类），……'料子'与'剪裁手法和

---

① 鲁迅：《鲁迅全集》第 12 卷，北京：人民文学出版社，2005 年，第 496 页。

② ［瑞士］费尔迪南·德·索绪尔：《普通语言学教程》，高明凯译，岑麒祥、叶蜚声校注，北京：商务印书馆，1980 年，第 37 页。

式样'不很配套或根本不配套,制成的'成品'(作品)很难说是标准'西服',因为'料子'不对头,也很难说是标准'马褂',因为她的'剪裁手法和式样'是美国式的,因而跟中译者还存在'曲线'关系——中译者用中文将赛珍珠心目中所想用英文所述的中国人·事·物'还原'为中国人心目中所想用英文所述的中国人·事·物。"[①] 这个比喻恰到好处,并且非常形象地道明了赛珍珠小说中人物语言给中国读者带来陌生化感觉的缘由。赛珍珠笔下以中国为题材的小说就是这样的状态,这是一件用西洋做法定制而成的"马褂"。用西方的思维方式书写中国的题材,即使是非常熟悉中国的赛珍珠,也无法真正做到兼容二者以达到完美的和谐统一,毕竟,赛珍珠做的还是一件至今还没有完成的事情——中西文化的交流与融合。

3. "陌生化"效果语言与中国形象的构建

赛珍珠小说译成中文后面对中国读者,必然要经过中国读者的重新解读,而蕴含在其中的西方语言思维则会给中国读者带来陌生的感觉。"翻译是一种双重语境化的行为。"[②] 通过具体事例,我们看到赛珍珠的《大地》当中,有许多人物语言与人物身份的错位现象,这种错位现象直接导致了读者阅读中的隔层现象,造成了陌生化效果。这种陌生化效果使得中国读者获得了和作者赛珍珠一样的双重语境,透过赛珍珠的语言去看待西方人眼中的中国人形象,以及西方人眼中的中国形象。这些语言的使用让我们觉察到东西方文化的差异,也是一次对西方他者眼中的中国进行的再次描述,从而达到一次新的自我建构。

比如东西方文化中对"狗"的不同看法,赛珍珠会很自然地用狗来形容一个人,但是中国人则不会轻易用狗来形容自己。赛珍珠对中国底层百姓生活的细致描述、对中国风俗的集中描写等都反映了西方读者的阅读需求。中国人含蓄内敛的表达被赛珍珠打破,老夫人在人前就暴露自己家族里面的黑暗一面,王龙一家逃荒到南方大城市时,街上的施粥行为被当众说出只是有钱人想死后上天堂才来做点善事儿。这些事情就算是真相,在中国语境中也绝不可能有如

① 张禹九:《赛珍珠与中译者的关系》,《河南师范大学学报(哲学社会科学版)》1994 年第 6 期。
② S. Bassenett & A. Lefevereeds. *Translation, History and Culture*. London:Pinter Publishers,1990,p.11.

此露骨的表达，却被赛珍珠全部展现在人物的对话当中。这时，我们不禁会感叹：这就是"他者"眼中的中国啊！

对于这些描写，我们应该学会正视。赛珍珠为我们提供了新的视角，通过这个来自"他者"的眼光，我们观看到了新的"自我"，因此达到了更全面也更准确地认识自我的效果，并在此基础上达到对自我形象的重新构建。这种异质文化背景下产生的陌生化感觉，使中国读者面对自己熟悉的事物能发现被隐藏和忽视的问题，引起别样的关注和思考。

二、"延续"的语言套话与中国形象的"集体想象"

赛珍珠的小说是以英语写作而成，尽管赛珍珠强调自己总是会"在描写中国人的时候，纯用中文来织成，那在我的脑海中形成的故事，我不得不再把它们逐句译成英文"①。但不可否认，其小说所面对的读者是西方读者，其写作的思维也是西方语言思维。赛珍珠小说中经常有向读者解释的语言，这种解释绝不是针对中国读者的，而是有向西方读者普及中国文化的意图，且运用的语言也是西方式的，这足以证明她写作时的思维状态是西方化的。

描写中国风俗、习俗等时，赛珍珠的语言总是非常详尽，即使有相应的英文词语也避而不用，比如在描写贴对联时，赛珍珠是这样叙述的：

And then upon the doors of his house he pasted long strips of red paper brushed with mottoes of good luck, and over his doorway he pasted a fringe of red paper cunningly cut into a flower pattern and very finely cut.②

然后他在家门口贴上了红纸对联，上面写了些吉利的字眼；在门道里，他贴上了巧妙地用红纸剪得非常细腻的花卉图案的旛胜。③

对对联所使用的红纸、对联的具体样式、对联的花色，以及对联上面的吉

---

① ［美］赛珍珠：《忠告尚未诞生的小说家》，见姚君伟编《赛珍珠论中国小说》，南京：南京大学出版社，2012年，第94页。

② Pearl S. Buck. *The Good Earth.* New York: The John Day Company, 1931, p.27.

③ ［美］赛珍珠：《大地》，王逢振、韩邦凯、沈培锴等译，桂林：漓江出版社，1988年，第42页。

利字眼，赛珍珠都做了非常详尽的描述，却没有直接使用“antithetical couplet”这样早已普遍使用的词汇。赛珍珠在小说当中对中国的相关习俗的描写总是如此详尽。一方面，她显示了自己对中国的了解；另一方面，这样的描写也沿袭了西方对中国风情的关注。在描写时，赛珍珠的关注焦点也在西方经常关注的中国男人纳妾、女人裹小脚等习俗上。

王龙一开始逃荒到南方城市的时候，寻了一份拉人力车的职业，由于不懂行情，第一单赚取的费用极少，被另一个人力车夫嘲笑：“真是个乡下的蠢人，还留着辫子！”[①] 这里赛珍珠的原作用的是：“Now there is a country lout for you, pigtail and all！”[②] “pigtail”和“chink”等词汇是西方 18 世纪末对华逐渐妖魔化的侮辱性词汇，在这里，赛珍珠沿用了这些词汇。在《大地》开篇时，赛珍珠描写了王龙为娶亲做了一系列的准备，其中多次讲到王龙的这根辫子，但一直使用的是“braid”这个词，到了此处就使用了“pigtail”。这个词语对中国人来说显然是难以接受的，也不可能从一个中国人力车夫的嘴里冒出来。赛珍珠在这里运用这个词，说明其并没有真正跳出传统西方对中国的“集体想象”的大框架约束。

赛珍珠在《大地》当中确实集中描述了中国的婚丧习俗，对中国男人留辫子和纳妾、女人裹小脚等内容也有较为详细的描写。胡风对此的评价或许可以说明一些问题：“在欧美底读者看来，这样的故事是富于异域情调的，装在这个故事里的形形色色的生活更是富于异域情调的。他们在这里看到了一个新的境界，感到了一种对于‘新奇’的兴味，是当然的事情。”[③] 赛珍珠使用的这些语言迎合了西方对中国的猎奇心理，也无疑使西方对中国的刻板印象得到一个新的印证。西方学者认为，西方人对中国态度由喜到恶的过程是“由对中国衣式发型的态度开始的”[④]。他们认为中国人的酷刑、弑婴、裹脚等是由于中国人人性麻木、野蛮而造成的。承接这样的想象，中国形象在西方世界确实有一段

① [美] 赛珍珠：《大地》，王逢振、韩邦凯、沈培锠等译，桂林：漓江出版社，1988 年，第 93 页。

② Pearl S. Buck. *The Good Earth*. New York：The John Day Company，1931，p.62.

③ 胡风：《〈大地〉里的中国》，见郭英剑编《赛珍珠评论集》，桂林：漓江出版社，1999 年，第 92 页。

④ [法] 米丽耶·德特利：《19 世纪西方文学中的中国形象》，罗湉译，见孟华主编《比较文学形象学》，北京：北京大学出版社，2001 年，第 248 页。

被妖魔化的时期，尤其是影响颇盛的明恩溥的《中国人的素质》更是将中国构造成一个毫无活力的"史前"人类形象。从此中国就和"愚昧""落后"等词语联系起来，而这种联系的典型特征就是这些物化的特征。中国形象在西方的不断变迁在提醒着我们一个事实，那就是："在西方文化中，中国真正意义不是地理上一个确定的现实的国家，而是文化想象中某一个具有特定政治伦理的异托邦，一个比西方更好或更坏的'他者'空间。"①赛珍珠则在有意或无意地承袭着这些套话传统，她仍没有能够完全脱离西方视角下对中国的"集体想象"，这一点是小说呈现的一个客观事实。

三、"异质"的语言与真实的中国形象构建

与西方作家一味套用和构建作为西方"集体想象物"的中国形象不同，赛珍珠毕竟有过在中国生活数十年的经历，这使得赛珍珠可以也能够向西方读者展现不一样的、真实的中国形象，从而起到了打破西方传统的对中国形象的刻板印象的作用。

赛珍珠在翻译中国文学名著《水浒传》时，运用了一种很特殊的翻译方法——直译法。这种方法是按照汉语思维和汉语语法习惯来翻译，赛珍珠多次强调这种真实性："我觉得中文的语言风格与该书的题材极为相称，因此我唯一要做的，就是尽己所能使译本逼似原著，因为我希望不懂中文的读者至少能产生一种幻觉，即他们感到自己是在读原本。"②赛珍珠希望西方读者能够通过阅读她翻译的书去了解中国的文化，希望西方读者能够通过对中国人使用的语言的理解来真正理解中国人，了解中国人的内在思维，从而向西方读者展现生活在这片土地上的中国人真实的一面，并且她在自己的作品中一直坚持着这样的做法。比如把"不足挂齿"翻译为 "need not hang upon the teeth in words"；早饭在英语中明明有对应的词，赛珍珠却将其翻译为 "early meal"。这种翻译方法虽然也遭到一些诟病，但总体上还是成功的，受到了西方读者的欢迎。赛珍珠在其他小说当中，同样对中国习惯用语加以使用，希望西方读者透过对陌生

---

① 于海斌：《20 世纪美国文学中的中国形象》，呼和浩特：内蒙古师范大学硕士学位论文，2008 年。
② Pearl S. Buck trans. *All Men Are Brothers*（*Shui Hu Chuan*）. New York：The John Day Company，1933，p.5.

语言的理解来真正理解中国和中国人。

例如在说怀孕时，赛珍珠会按照中国习惯用语"有喜了"，写作成"have happiness"；中国人习惯称呼妻子为"孩子他妈"，赛珍珠就直接用"my son's mother"来表示妻子。出版《东风·西风》时，赛珍珠的出版商沃尔建议赛珍珠针对这个问题改进，但赛珍珠坚持己见。比如，沃尔希望赛珍珠能把描写葬礼时使用的"Oh, My mother"这样的叹语去掉，赛珍珠则反驳，认为这是真实的情况，中国人在葬礼上哭诉死人时确实会反复出现"啊，我的亲娘哟！"这样的叹语，并且强调这是必要的用法。[①] 这些中国习惯用语的使用必然会给西方读者带来陌生化的感觉，赛珍珠期望这些中国习惯用语的使用，能让西方读者比较直观地了解中国语言的特色及包含在语言当中的中国思维方式等。

文学文本是由文学语言构成的，俄国形式主义强调的是将习惯成自然的事物陌生化，从而使人们能够感受到语言本身的存在。在讨论诗的语言时，俄国形式主义传统的继承者穆卡洛夫斯基就强调："对标准的规范的歪曲正是诗的灵魂。"[②] 赛珍珠正是通过这些异于常规的语言来达到真实再现中国的目的。从这些具体的人物语言中，西方读者能够读到一个个鲜活的中国人形象，陌生化的效果推动着西方读者以新的眼光看待中国人，看待中国形象。赛珍珠以其双重文化的视角在这种"延续"与"异质"并存的状态下，书写了一个具有中国底色的"他者"眼中的中国形象。《纽约时报》就发现了赛珍珠描写中国时呈现的特殊性，称赛珍珠的小说描写了"不带任何神秘色彩和异国情调的中国，可喜可贺。书中找不出我们通常称之为'东方式'特征"[③]。赛珍珠通过这些有血有肉的语言，力图打破西方对中国的刻板印象，虽然仍然有许多值得商榷之处，但这种努力真正做到让西方感受到中国人并不是麻木冷血之人，也是拥有自己的文化、面对苦难顽强拼搏的个体。

---

① 参见吴海蔓《东方是不是东方——赛珍珠在中国》，北京：中国和平出版社，1997 年，第 129 页。

② ［捷克］穆卡洛夫斯基：《标准语言与诗的语言》，邓鹏译，见伍蠡甫、胡经之主编《西方文艺理论名著选编》下卷，北京：北京大学出版社，1987 年，第 426 页。

③ ［美］彼得·康：《赛珍珠传》，刘海平、张玉兰、方柏林、江皓云译，桂林：漓江出版社，1998 年，第 143 页。

第四节　赛珍珠笔下中国形象呈现的特殊性

一、双重文化身份的域外作家

后殖民理论家霍米·巴巴曾在一次采访中道出自己身份问题的困惑："我一直对自己的边缘而又处于疆界的身份感触良多。不过，我比较关心的是从这种身份得出的文化意义，并不只是个人立时的意义。"① 随着后殖民主义的发展，"身份"一词被引进文化领域，与文化相结合成为一个热点问题。泰勒在《自我之源》一书中谈到"身份"一词，认为身份是一种认同，而认同绝不仅仅是知道他的名字、知道他来自哪里这么简单："如何回答这个问题，意味着一种对我们来说是最为重要的东西的理解。知道我是谁就是了解我立于何处。我的认同是由承诺（Commitment）和自我确认（identification）所规定的，这些承诺和自我确认提供了一种框架和视界，在这种框架和视界之中我能够在各种情景中尝试决定什么是善的，或有价值的，或应当做的，或者我支持或反对的。换言之，它是这样一种视界，在其中，我能够采取一种立场。"② 由此可见，"身份"或者说"认同"，更是我们理解世界，以及对其做出反应的立场和根本。

文化身份（Cultural Identity）指"一种在我们对世界的主体性经验与构成这种微妙的主体性的文化历史设定之间相互作用的理解方式"③，在中国也译作"文化认同"。简单地说，就是一个个体或群体在特定的文化之中被认同，并且，这个个体或群体也认同该特定文化。每个人都会有意无意地在自己所处的环境中寻求一种体现自身归属感的文化身份："身份确认对任何人来说都是一个内在的、无意识的行为要求。个人努力设法确认身份以获得心理安全感，也努力设法维持、保护和巩固身份以维护和加强这种安全感。"④ 个人不仅需要自我确认，也需要被确认。

---

① 廖炳惠：《回顾现代后现代与后殖民论文集》，台北：麦田出版有限公司，1994 年，第 27~28 页。
② 转引自汪晖《个人观念的起源与中国的现代认同》，见《汪晖自选集》，桂林：广西师范大学出版社，1997 年，第 37 页。
③ 转引自王建香、王洁群《焦虑、寻觅与重建：赛珍珠的文化身份》，《江苏大学学报（社会科学版）》2005 年第 2 期。
④ 转引自莱恩·T. 塞格尔斯《"文化身份"的重要性——文学研究中的新视角》，龚刚译，见乐黛云、张辉主编《文化传递与文学形象》，北京：北京大学出版社，1999 年，第 327~347 页。

一个人的文化身份是其言说的立场所在，对个人具有重要的意义，也是个人确认自我存在的一种方式。作为一个拥有多元文化背景的作家，赛珍珠的文化身份始终是无法回避且必须正视的一个问题。赛珍珠一生的文学创作与自己的文化身份有着密切的关系。赛珍珠出生在美国，是个地地道道的美国人。父亲是来华传教士，母亲在中国的家中总是创设美国的生活环境，经常为自己的孩子描述美国。赛珍珠对美国的初始想象就来自自己的母亲，母亲为赛珍珠勾勒了一个梦幻般的美国形象，赛珍珠便是在这样一个包围在中国大环境下的美国家庭长大的。同时，赛珍珠还接受中国儒家教育，对中国小说更是欣赏备至，还因此翻译了《水浒传》。赛珍珠一直视中国为自己的第二祖国，并致力于扭转中国在西方被歪曲的形象，力图将真实的中国介绍给西方读者。在安徽宿州与中国农民的接触使她感受到中国人面对苦难时的坚强与毅力，赛珍珠确实让我们感受到她对中国文化和中国人民的热爱。但与此同时，有人认为，赛珍珠为中国和第三世界代言的时候用的是英语，对中国文化的描写也是在西方文化框架内，甚至觉得赛珍珠对中国在做一种新的扭曲。尤其许多中国学者认为赛珍珠对中国风俗的格外关注，对纳妾、溺婴等的描写更是迎合了西方对中国的"集体想象"和一贯的套话。套话是比较文学形象学中描述异族形象的一个特定术语，简而言之是对异国形象的先入看法和固定模式。不可否认，赛珍珠在自己的小说中的确详细描绘了中国的风俗，这在一定程度上与她立志打破西方世界对中国的妖魔化想象的想法相背离。

　　作为成长于中国的美国作家，赛珍珠的言说立场只能是一个言说中国的外国人和生长在中国的美国人。面对自己生长、熟悉的中国，赛珍珠表现了对中国人民的关心与同情，希望世界各族文化能相互交流，但谁又能确定赛珍珠不是像自己描述母亲那样，同样也是一个"异邦客"呢？面对西方世界，作为其中的一分子，赛珍珠不得不进入西方的文化、思想圈，作为一个颇有影响力的公众人物，甚至是 20 世纪三四十年代主要的中国诠释者，赛珍珠为西方世界创造了一种新的中国形象。

　　1. 游走在两个世界的"边缘人"

　　赛珍珠作为一个游走在两个世界的"边缘人"，文化身份问题对她来说显得更为重要。基于身份问题进行分析，我们才能了解赛珍珠笔下中国形象的特殊性和这个形象塑造的意义，以及她笔下的中国形象到底有何不同。

"我长在中国，我身处中国却非其一员，身为美国人却依然不是它的一员。"[①] 这看似不起眼的一句话，几乎可以说是赛珍珠一生的写照。赛珍珠对中国非常熟悉，也非常热爱，尤其幼年时期甚至认定自己是中国的一分子。"在中国人的脑海深处，那些西方人是潜在的敌人，是'外国佬'，我的伙伴们都这样叫，我也这样认为，……我接受了这种区分，觉得西方民族不是我们一条线上的，他们也是我的敌人。"[②] 这是一个和中国孩子一起长大的美国孩子内心的真实吐露。"和几乎所有的美国同龄人不同的是，赛珍珠在成长中认识中国，把它当做真实的世界看待，而美国成为充满幻景和想象的梦境。"[③] 义和团运动打破了赛珍珠幼时的自我身份认同，她被迫开始正视自己的身份问题："因为在奇怪的一九〇〇年，我从母亲的眼里看到了一个美国人对中国人的恐惧。从那以后，我也有这种恐惧，恐惧中还夹杂着爱恋和友谊。"[④] 赛珍珠在第一次被迫离开自己熟悉的生活环境，去往对外国人来说非常安全的租界时，因从小产生的对中国人的认同感和亲近感，让她做出了摸中国人辫子的举动。一个白人小孩在那时做出这种举动显然会让中国人觉得受到了侮辱，没有人关心这个小孩是否如此地热爱中国。这是赛珍珠第一次真正意识到自己的美国人身份。北伐战争期间，南京的外国人遭到袭击，赛珍珠在平时交好的中国人帮助下才得以死里逃生。回忆起这一段经历时，赛珍珠无限感慨道："我有生以来第一次真正认识到自己是谁，我是一个白人妇女，不管我对中国——我的第二祖国的人民有多么深的同情，也没有什么能改变我的血统。"[⑤] 这些经

① [美]赛珍珠：《我的中国世界——美国著名女作家赛珍珠自传》，尚营林、张志强、李文中等译，长沙：湖南文艺出版社，1991年，第51页。

② [美]赛珍珠：《我的中国世界——美国著名女作家赛珍珠自传》，尚营林、张志强、李文中等译，长沙：湖南文艺出版社，1991年，第5页。

③ [美]彼得·康：《赛珍珠传》，刘海平、张玉兰、方柏林、江皓云译，桂林：漓江出版社，1998年，第29页。

④ [美]赛珍珠：《我的中国世界——美国著名女作家赛珍珠自传》，尚营林、张志强、李文中等译，长沙：湖南文艺出版社，1991年，第39页。

⑤ [美]赛珍珠：《我的中国世界——美国著名女作家赛珍珠自传》，尚营林、张志强、李文中等译，长沙：湖南文艺出版社，1991年，第235页。

历让赛珍珠明白，自己即使从小在中国长大，感情上亲近中国，但白人的血统始终意味着她只是一个长期在中国生活的外国人。这些经历让赛珍珠开始正视两个世界的不同、两种文明的冲突，童年的无忧无虑终于被染上了一层落寞的色彩。

即使心中已经明白自己是美国人的身份，赛珍珠却不得不面对"身为美国人却依然不是它的一员"的窘境。尚在褪褓中的赛珍珠即随着父母漂洋过海来到了中国，在中国度过了近 40 年，美国一直处在母亲的故事里，遥远而又梦幻。初回美国时，"她老是觉得美国人令人费解。甚至人们认为赛珍珠的举止不像是一个居民而像一个人类学家"①。不像母亲那样，赛珍珠对这个自己所属的国家依然是陌生的，她以陌生的眼光观察着美国世界。赛珍珠想努力融入这个世界，但凭借书写中国题材而闻名世界的背景、长期的中国生活经历，使赛珍珠在她的美国同胞眼里注定是一个"异类"。时至今日，赛珍珠这个美国历史上首位诺贝尔文学奖女性得主依然不被美国主流文学所接受，在有关 20 世纪美国文学的介绍中，关于赛珍珠只有寥寥几笔，甚至根本没有她的一席之地。她在中国无法确认的身份，在美国依然无处安放。她的生活甚至她的成就几乎都与中国有关。

作为长期生活在中国的"异邦客"，赛珍珠之所以能深入母亲内心，描绘出母亲那种被祖国放逐、在另一个国度又无法安放自己灵魂的迷茫感，可能并不仅源自作为作家的敏锐体察。赛珍珠本人在中国生活几十年，与异质文化产生冲突、融合，又何尝没有与母亲相似的感觉呢？而回归美国的赛珍珠要面对的又何尝不是一个陌生的国度呢？可以说，赛珍珠一直游离在两个世界之间，甚至，这两个世界是对立的，因此她只能说："我在一个双重世界长大——一个是父母的美国人长老会世界、一个小而干净的白人世界；另一个是忠实可爱的中国人世界——两者间隔着一堵墙。在中国人世界里，我说话、做事、吃饭都和中国人一样，思想感情也和他们息息相通；身处美国人世界时，我就关上

---

① ［美］彼得·康：《赛珍珠传》，刘海平、张玉兰、方柏林、江皓云译，桂林：漓江出版社，1998 年，第 184 页。

了通向另一个世界的门。"① 面对现实的文化冲突，年轻的赛珍珠只能在中西两个世界间游走，俨然成了一个孤独的流浪者。但当她一再在两种文化中遭到冷遇时，她感觉到自己终于要追求些什么了。

2. 传教士的女儿

19世纪到20世纪，传教活动成为美国与亚洲交往的一个重要途径，美国人通过传教士这座桥梁形成对非欧美国家尤其是亚洲国家的认识。中国人在这些傲慢的传教士眼中成为愚昧野蛮的"异教徒"。基督教的境外传播是伴随着坚船利炮而来的，与殖民扩张一起进行，本身即带有文化侵略的意味，是一种企图从精神上占有更多信徒的活动。西方文明的优越感、基督教信仰的排他性、对"异教徒"的轻蔑态度等都决定了他们在中国这个包容万象的国度里的传教事业将面临种种困境。"海外传教虽然最初是一项由种族中心主义和文化帝国主义强烈推动的事业，而且通常与美国的军事、外交和经济帝国主义紧密联系，但对许多传教士，特别是他们的子女，还有那些受过高等教育、本人没有传教士背景却倚重传教士的报告和观点来评估基督教与美国的教徒来说，海外传教运动产生了巨大的、违反初衷的作用。"② 这个"违反初衷的作用"的一部分就是由赛珍珠这类出生于传教士家庭的子女们带来的。

作为美国基督教南长老会传教士的女儿，赛珍珠本人也曾在教会中担任教职，美国传教活动对其文化价值观产生的影响不言而喻。透过父辈和自身的传教经历，赛珍珠不断深化自己对持续近一个世纪的传教活动的反思，在自身与中国的不断碰撞中，赛珍珠逐渐对海外传教失去信心，甚至转而反对海外传教。她曾在公开场合作过《海外传教真的必要吗？》③的演讲。宗教观点的转变同时伴随着赛珍珠文化价值观的不断确认，与包容的宗教观念一致，赛珍珠更加坚定了中西融合的文化价值观念。

---

① ［美］赛珍珠：《我的中国世界——美国著名女作家赛珍珠自传》，尚营林、张志强、李文中等译，长沙：湖南文艺出版社，1991年，第9页。

② ［美］戴维·A. 霍林格：《海外传教活动对20世纪美国的影响》，郭擘川译，王希校，《复旦学报（社会科学版）》2013年第3期。

③ 1932年11月2日，长老会海外传教会举办了一次午宴，赛珍珠受邀参加并在宴会后发表了演说，详见报道《受布克夫人鼓舞的更好的传教士》（《纽约时报》1932年11月3日）。

赛珍珠父母在传教事业上皆遵循传统福音派新教会的观点，即以优势文化自居，以"拯救"心态面对中国大众，希望中国人民能放弃其他信仰，转而只信仰上帝这一个神。赛珍珠早年的观点也是如此，她在给家人及友人的一些信件中表现了对中国大众的轻视和厌恶，对她的传教工作更是觉得无趣且有压力。但这种观点只存在于其传教工作开展的早期，不久，赛珍珠就对美国的对外传教事业产生了怀疑。传教士群体本身的工作能力和工作态度使得赛珍珠对传教事业丧失信心。赛珍珠认为绝大多数传教士是为了谋生而来到海外传教的，且他们大多对自己所要传教的对象一无所知，这导致他们的传教效果甚微，《大地》一书对此有所表现。中国民众看到基督受难图只是觉得这一定是个坏人，才会被绑起来。王龙在接到传单时，同样不明白这是什么意思，最后因为纸张不错被阿兰用于纳鞋底。赛珍珠透过中国人的眼光来观看传教活动的效果，更加清晰地表现了传教士和他们的传教对象之间深深的隔膜。对传教活动的反思推动赛珍珠更加深入地思考异质文化的交流与沟通问题。不同文化的隔膜、西方对东方的轻视、海外传教单向输出的苍白无力，使得赛珍珠对此深恶痛绝。她此后一直致力于促进中西文化的沟通与融合。"从长远来看，在外国传教的经历让美国人产生了对其他民族相对宽容的态度，推动了在国内外消除虐待非欧洲族裔行为的努力。"[1] 赛珍珠正是他们中的一员。

3. 文化身份重建

　　个体的文化认同和身处的文化环境发生冲突时，会导致个体对自身的文化身份产生不确定性，以致内心产生文化身份焦虑。马斯洛认为，归属感的缺失会导致人们"强烈地感到孤独，感到在遭受抛弃，遭受拒绝，举目无亲，浪迹人间的痛苦"[2]。赛珍珠游走在两个世界，在中国，她是客居者，在美国，她是书写中国并长期生活在中国的"中国通"。赛珍珠最终意识到自己游走在两个世界，具有两种文化视角，但现实的情况是这两个世界之间"隔着一堵墙"，而赛珍珠一生想做的就是能让这堵墙打开一道门。

---

① ［美］戴维・A. 霍林格：《海外传教活动对20世纪美国的影响》，郭擎川译，王希校，《复旦学报（社会科学版）》2013年第3期。

② ［美］A. H. 马斯洛：《动机与人格》，许金声、程朝翔译，北京：华夏出版社，1987年，第50页。

赛珍珠的文化身份问题是 20 世纪 80 年代以来，中国恢复对赛珍珠的研究热情后的一个重点研究问题。绝大多数学者承认赛珍珠的双重文化属性："她对这两种文化既有'置身其中'的主观感受，又有'置身其外'的客观观察。"[①]但有的学者认为赛珍珠的两种文化属性有主次地位，中国文化是表层的，西方文化则是根本。"赛珍珠的文化思想是复杂的，双重文化互有融合与渗透，颇具调和性，但东方文化，或直言中国文化在其文化思想中是表层、是外化，而西方文化则是其实质，是内在。"[②]郭英剑的观点指出了赛珍珠文化身份的本质问题。面对不同的异质的文化，个体必然会产生一定的倾向性，赛珍珠的书写就让我们看到了她对西方文化的内在倾向性。虽然赛珍珠没有像大多数西方人一样对中国加以排斥和否定，但她对中国传统文化的不断肯定，足以说明她与当时处于变革时期的中国的格格不入。

即便如此，赛珍珠对寻求中西文化之间的沟通、交流是矢志不渝的。她专门写了一篇《美国人与中国人》的文章，寻求二者的共同点，认为"中国人的气质是酷似美国人的"。这就使两国更"易于互相认识，互相了解，互相信任了"[③]。赛珍珠努力在这两个完全异质的文化中寻求共通点。赛珍珠将《水浒传》的书名翻译为《四海之内皆兄弟》，即表现了她渴望自己横跨的中西世界能做到相互交流。在多部小说中，赛珍珠表达了同样的渴望。在倡导中西交流的同时，赛珍珠塑造了很多中西融合的形象——近现代知识分子，他们带着在西方学到的先进科学文化知识回到中国，从而改善中国的现状，促进中国的发展。从比较早的《东风·西风》，到《分家》中的王源，再到《同胞》中的詹姆斯，他们都是赛珍珠笔下中西合璧的理想人物。在《东风·西风》这部寓意明显的小说结局中，赛珍珠描写了一个象征着中西文化融合的婴儿。

---

① 尚营林：《一座沟通中西文化的人桥——纪念赛珍珠诞辰一百周年》，《河南师范大学学报（哲学社会科学版）》1992 年第 4 期。

② 郭英剑：《对赛珍珠研究的几点思考》，《河南师范大学学报（哲学社会科学版）》1992 年第 4 期。

③ ［美］赛珍珠：《美国人与中国人》，《西风》1937 年第 12 期。

对他们的孩子，我有两种猜测。他会独创自己的天地，他既不是纯粹的东方人，也不是纯粹的西方人，没人会理解他，他会被两个世界抛弃。但我想，如果他吸取了父母的精华，他一定会理解两个世界，会更强壮，更聪明。①

这个孩子就像赛珍珠自己的写照一样，虽然被两个世界抛弃，但是吸取了两个世界的精华，必然会变得更好。《分家》中，赛珍珠塑造了王源这个具有中西文化身份的知识分子形象。王源既没有像祖辈一样固守中国传统文化，在自己的土地上祈祷风调雨顺，也不像自己的哥哥们，完全抛弃中国的传统文化，抛弃中国人对土地的依赖。赛珍珠把王源塑造成自己心目中中西合璧的理想人物。甚至写到王源在美留学时，赛珍珠畅想过，让孔子和玛丽的爷爷进行交流。赛珍珠认为，他们都是智者，他们现在的隔阂只是因为没有进行过沟通。

赛珍珠如此明显地指出东西双方之间有一堵墙，只是因为没有很好地沟通交流，而赛珍珠正是这座双方沟通的桥梁。她希望透过两种文化的交流来寻求自己确定的文化身份。不管这种想法天真也好，简单也罢，对于自己的游离状态，赛珍珠一直在寻找定居之所。"我很清楚地知道父亲对佛教的基本看法，……两千年前，所有宗教都有手足之情，宗教领袖和信徒常在一起交流思想。我父亲认为，耶稣既懂得孔子的学说，又知道佛经，因为孔夫子和耶稣的圣训几乎同出一辙。"② 耶稣是西方的精神领袖，孔子则是中国的文化先哲，赛珍珠将此二人联系在一起，认为他们是能够相互理解的，因为他们的思想也是相似的。双方的精神领袖都能相互理解，何况是现在的东西方民众呢？通过自己的努力，赛珍珠推进了中西文化的交流与融合，从而确认了自己双重文化的身份。借助于此，她积极从事有关中西交流的事业，甚至一度促成排华法案的废除，也被美国前总统尼克松赞誉为"一座沟通东西方文明的人桥"。

---

① ［美］赛珍珠:《东风·西风》，林三等译，桂林:漓江出版社，1998 年，第 522 页。
② ［美］赛珍珠:《我的中国世界——美国著名女作家赛珍珠自传》，尚营林、张志强、李文中等译，长沙:湖南文艺出版社，1991 年，第 69 页。

二、异质文化中赛珍珠笔下中国形象的特殊呈现

赛珍珠的中西文化身份决定了她笔下的中国形象是独特的，她所具有的双重文化身份也使她塑造的中国形象有别于其他。在东西方世界游走，赛珍珠面对西方世界对中国形象的"集体想象"，决心用自己的笔触描绘出她眼中客观、真实的中国来，从而打破了西方世界对中国的妖魔化想象："布克夫人确有一种展现中国人的才能，她没有把他们描写成稀奇古怪、不合理性、异国情调的黄皮肤的魔鬼玩偶。"① 与同时期的中国作家相比，赛珍珠的"他者"视角使其笔下的中国形象在中国本土世界显得有点格格不入，在中国作家普遍为国家积贫积弱而深感焦虑和迷茫之时，赛珍珠却静下心来，于内忧外患的中国大地谱写一首仿若来自远古的诗歌。她始终致力于寻求人类精神共通性的努力显然在当下获得了应有的回应，与赛珍珠同样具有双重文化身份的华人作家也开始在文化的冲突中寻求普遍性。通过比较，我们能更加明晰地把握赛珍珠笔下中国形象构建的特殊性。

1. 客观的中国形象：与萨克斯·罗默的傅满洲系列小说比较

"套话"是比较文学形象学中阐述的一个重要的概念，"套话被视作形象的一种基本形态，甚至是漫画了的形态"②，是一种大量而特殊的存在形式，它"传播了一个基本的、第一的和最后的、原始的'形象'"③。套话虽然一般经由作家个人之手创造出来，但"作家对异族的理解不是直接的，而是通过作家本人及所属社会和群体的想象描绘出来的，是整个社会想象力参与创造的结晶"④。因此套话是注视者关于被注视者的社会集体想象物。伴随着西方的殖民扩张，中国形象在西方的注视下被不断妖魔化。傅满洲（Fu Manchu）就是西方家喻户晓的一个怪异、冷漠、不可捉摸的中国人形象，是英国著名通俗小说家萨克斯·罗默笔下的一个人物。这个人物被塑造成一个十恶不赦的恶魔形象，阴险、

① ［美］马尔科姆·考利等：《外国名家论赛珍珠》，郭英剑译，《河南师范大学学报（哲学社会科学版）》1993 年第 6 期。
② ［法］达尼埃尔－亨利·巴柔：《从文化形象到集体想象物》，孟华译，见孟华主编《比较文学形象学》，北京：北京大学出版社，2001 年，第 125 页。
③ ［法］达尼埃尔－亨利·巴柔：《形象》，孟华译，见孟华主编《比较文学形象学》，北京：北京大学出版社，2001 年，第 159 页。
④ 姜智芹：《欲望化他者：西方文学中的中国形象》，《国外文学》2004 年第 1 期。

狡诈，最终成为一个西方人尽皆知的关于中国的套话。

　　萨克斯·罗默生于英国伯明翰，后移居美国，是 20 世纪初欧美最受欢迎的小说家之一，他创作的小说中，最为著名的就是傅满洲系列小说。该系列小说由 13 部长篇、1 部中篇和 3 部短篇组成,分别是长篇小说《神秘的傅满洲博士》（1913）、《傅满洲博士的归来》（1916）、《傅满洲的手》（1917）、《傅满洲的女儿》（1931）、《傅满洲的面具》（1933）、《傅满洲的新娘》（1933）、《傅满洲的踪迹》（1934）、《傅满洲总统》（1936）、《傅满洲的鼓》（1939）、《傅满洲的岛屿》（1941）、《傅满洲的影子》（1949）、《傅满洲重现江湖》（1957）、《傅满洲皇帝》（1959）， 中篇小说《傅满洲的暴怒》（1952），短篇小说:《傅满洲的眼睛》（1957）、《傅满洲的词语》（1957）、《傅满洲的头脑》（1959）。由于小说本身的风靡和影视改编的推动，傅满洲成为一个在西方妇孺皆知、家喻户晓的人物形象，也极大地影响着西方世界对中国的具体想象。20 世纪以来，西方对中国形象的想象都难以逃离傅满洲形象的影子，傅满洲几乎可以说是西方世界对中国人形象妖魔化的极致。"在好莱坞惊险和警匪片中，中国人面孔频频亮相，他们无法无天、不守国际惯例、到处走私军火、从事化学武器研制、进行核扩散，比起克格勃间谍来，有过之而无不及。"[1] 而好莱坞的影像传播也使妖魔化的中国形象进一步得到强化。

　　在傅满洲形象之前，西方对中国的想象主要来自一些游记等纪实性作品，其中充斥着对中国人丑陋、狡诈、野蛮等形象的描写，借此，西方人的优越感和道德自信越来越凸显。而到影响比较大的明恩溥的《中国人的特性》一书中，我们依然还能看到对中国人肯定的一面。该书在声称中国人"麻木不仁""缺少信用""缺乏同情心"等的同时，客观描述了中国人"仁爱""富有耐心与毅力"[2] 等品质。但 20 世纪"黄祸论"的盛行使得中国形象越来越被定位为丑陋、狡猾、邪恶、侵略成性等，傅满洲形象恰恰顺应着这样的话语背景而被塑造出来。

　　萨克斯·罗默笔下的傅满洲是皇族的后裔，希望打破西方的统治地位，重新建立自己的帝国。他被描写成一个非常可怖的形象，外貌干瘦、高挑，并给

① 李希光、［美］刘康等:《妖魔化中国的背后》，北京: 中国社会科学出版社，1996 年，第 230 页。
② ［美］明恩溥:《中国人的特性》，匡雁鹏译，北京: 光明日报出版社，1998 年，第 1 页。

人阴险的感觉，他的面相是西方最邪恶的存在——撒旦式的，尤其是他的眼睛被赋予猫一样会在夜晚发光的特点并且可以夺人心魄，这无疑更增添了傅满洲的神秘和阴险的色彩。罗默将一副阴险的长相安置于傅满洲身上，再赋予其能作恶的外在条件——智慧和财富，这个极端的邪恶形象就逐渐成为一个"可怕的生灵"。他的"手指的每一次挑动都具有威胁，眉毛的每一次挑动都预示着凶兆，每一刹那的斜眼都隐含着恐怖"①。傅满洲携带着东方的神秘力量，运用西方科技手段，领导着东方的秘密组织贩毒、杀人、斗殴、赌博，无恶不作。傅满洲身带东方神秘色彩而来，做着在黑暗中威胁西方安全的事情，行踪飘忽不定。他还能通过神秘的力量控制别人的思想，拥有许多神秘的杀人手段，诸如："The Flower of Silence"，"The Zayat Kiss"，等等。傅满洲身上的一切都如罗默对他的外貌描写一般诡异而邪恶，他被塑造成一个撒旦。

　　傅满洲的这些虚构行径也被放大到每个中国人身上："在傅满洲的民族，直到现在，人们还是会把成百上千的不想要的女婴随手扔到枯井里。傅满洲正是这个冷漠、残忍的民族刺激下的犯罪天才。"②傅满洲代表了西方对中国妖魔化的具体想象，成为"黄祸论"的具体代表形象："'傅满洲博士'是西方的中国移民代表的'黄祸'……在西方的中国形象中，'黄祸'可以体现在关于一个历史事件的想象上，也可以体现在一个虚构的文学人物想象上……'黄祸'恐慌很多时候都是西方文化自虐的想象……因为西方文化时时刻刻需要构筑这个'他者'，确认自身存在的切实性与安全性。"③傅满洲就是"黄祸论"的一个具体想象物，也成为西方对中国妖魔化想象的原型人物。

　　赛珍珠以其在中国近四十年的生活经历为基础，以自己的所见所闻为素材，塑造了有别于西方"集体想象物"的中国形象，一定程度上打破了西方世界对中国的"集体想象"。"在美国的中国形象塑造史上，赛珍珠和她的《大地》是不能忽略的。赛珍珠之前，美国文学作品中已经塑造了大量的中国形象，但多是把中国人作为揶揄、嘲讽、丑化的对象，塑造的是怪异、冷漠、不可捉摸

① ［美］哈罗德·伊萨克斯：《美国的中国形象》，于殿利、陆日宇译，北京：时事出版社，1999年，第157页。
② Sax Rohmer. *The Return of Dr. Fu-Manchu*. New York: Roert M. McBride and Company, 1916, p.174.
③ 周宁著／编注：《龙的形象》上，北京：学苑出版社，2004年，第69、78页。

的中国形象。赛珍珠则与此相反，她代表了一种真正想去了解中国和中国人的愿望。"①叶公超赞誉《大地》是一部"反映中国农民生活的史诗"，他认为"一个外国小说家没有沉溺于自己的幻想中，而是深入地描写我们昏暗的现实社会的底层，这是唯一的一次"②。美国学者在这方面也给予认可："《大地》几乎单枪匹马地以对中国形象或多或少地更加实际的写照，以及对中国人自身新的、更亲密的、更有感染力的写照，取代了大多数美国人自己想象出来的中国和中国人形象。"③从这些评论中，我们不难发现，赛珍珠笔下的中国形象突破了传统西方人想象中的中国和中国人形象。詹姆斯·雷在《关于第二种思想》一书中写到自己学生时代对中国的想象只是"存在于地平线之外某个广袤、荒无人烟的地方"。而对中国的改观是因为"她（赛珍珠）的系列作品帮助我们改变了原先的想法，使我们的心智朝着健全、同情和理解的方向发展"④。赛珍珠本人也看到了西方世界对中国的妖魔化想象，于是她表明，希望中国这个民族能在自己的书中以她本来的真实面目出现，而不是西方世界的想象中荒诞离奇的样子。

赛珍珠作品《大地》中的王龙是个热爱土地、辛勤耕作的农民，面对自然灾难他不屈不挠，即使逃荒到南方城市，靠和别人一样乞讨也能过生活，但是人的尊严促使他去干一天只能挣一个铜板的人力车夫。他的身上有中国人的坚毅品质。他也并不是一个完美的人。富裕之后，他就开始嫖娼、纳妾，但他始终具有中国农民身上的淳朴、善良的品质。这一切描写的都是有血有肉的中国人，与罗默笔下的傅满洲身负异禀又充满邪恶的形象相去甚远。赛珍珠笔下的这个形象具有人类的共通性，王龙成为人类普遍的个体之一，而不再是带有东方神秘力量的邪恶撒旦。"赛珍珠小说中的人物使我们发现了中国人的坚强、

---

① 姜智芹：《西镜东像》"自序"，见姜智芹《西镜东像——姜智芹教授讲中西文学形象学》，北京：中央编译出版社，2014年，第4页。

② 叶公超：《反映中国农民生活的史诗——评赛珍珠的〈大地〉》，见郭英剑编《赛珍珠评论集》，桂林：漓江出版社，1999年，第6页。

③ ［美］哈罗德·伊罗生：《美国的中国形象》，于殿利、陆日宇译，北京：中华书局，2006年，第154页。

④ 转引自高鸿《跨文化的中国叙事——以赛珍珠、林语堂、汤婷婷为中心的讨论》，福州：福建师范大学博士学位论文，2004年。

质朴、勇敢等品质，他们坚定地与命运和逆境的打击相抗争。"[①]此外，海外华人也对赛珍珠给予了肯定的评价，认为："在这以前，坊间的通俗'中国小说'多以讽刺及侮辱中国人为主题，再加上探秘搜奇的性质……但《大地》改变了'中国小说'的形象。"[②]哈罗德·伊罗生在《美国的中国形象》一书中的数据显示，赛珍珠的《大地》的发行量超过 200 万册，约有 2 300 万美国人及美国之外 4 200 万世界各地的人观看过《大地》改编的影片。可以想见，赛珍珠做到了以自己笔下的中国形象和中国人形象改变大多数西方人想象中的中国形象和中国人形象。

费正清曾指出，美国对中国的观念或政策"最大的错误或者是一厢情愿、主观主义、感情用事，或者干脆是一无所知"[③]。而赛珍珠作为中国形象的塑造者，由于其双重文化的身份，她学会尊重"他者"，并且寻求与他者的沟通和交流，从而力求塑造一个客观真实的中国形象。

2. 诗意的中国形象：与中国二三十年代乡土小说比较

赛珍珠与中国 20 世纪二三十年代的乡土作家拥有共同的生活大环境和时代背景，共同亲眼见证了中国的风雨飘零，也同样关注着乡土中国的命运。二者虽然都书写中国底层农民遭遇的天灾人祸，但赛珍珠的美国人身份注定了她笔下的中国形象与中国本土作家有极大的不同。"他者"视角的介入，奠定了赛珍珠中国书写的特殊性。通过与同时期的中国作家笔下的乡土世界进行比较，我们将更深切地感受到赛珍珠双重文化身份导致其笔下中国形象呈现的特殊性。

（1）中国乡土小说对农村的批判。中国现代文学三十年中最为重要的文学现象就是乡土写作的产生及发展。乡土文学从鲁迅开始并成为中国现代文学的一个重要传统，赛珍珠和中国本土作家都经历了这场乡土文学的盛况。二三十年代，尤其是 30 年代，中国乡土作家对农村和土地问题极为关注，纷纷书写各地农民在这片广袤土地上的生与死。那个年代的中国遭遇内忧外患，农村更

①［美］哈罗德·伊罗生：《美国的中国形象》，于殿利、陆日宇译，北京：中华书局，2006 年，第 35 页。
②［美］黄文湘：《赛珍珠的文学世界》，《河南师范大学学报（哲学社会科学版）》1995 年第 2 期。
③［美］费正清：《美国与中国（第四版）》，张理京译，北京：世界知识出版社，1999 年，第 126 页。

是遭受到了前所未有的冲击。几千年安土重迁的农耕文化承受着前所未有的冲击，新旧两代农民做出不同选择，这些在中国乡土作家笔下被一一呈现。生活于乡间的农民承受着深重的压迫、剥削与欺辱，农民的乡土成了充满苦难和死亡的"生死场"。中国乡土作家带着时代赋予的使命，承接鲁迅开创的对中国国民性的探讨，面对中国农民所处的困境，大多展现了半殖民地半封建社会中中国农民身处压迫与剥削下的悲苦生活。鲁迅在《故乡》中以一个游子的视角书写了阔别故乡 20 年后这个熟悉而又陌生的环境，闰土的一声"老爷"，将小说主人公彻底抛离了这个自己记忆中所熟悉的家园，拉回到现实中来。中国传统文化中的森严等级制度成为横亘在闰土和迅哥儿这两个亲密无间的童年伙伴之间的一堵厚厚的墙。

与赛珍珠不同，同样是描写北方农民的生与死，萧红笔下的《生死场》却没有什么温情，整部小说被阴郁的氛围笼罩着："浓烟遮住太阳，院中一霎幽暗，在空中烟和云似的。篱墙上的衣裳在滴水滴，蒸着污浊的气。全个村庄在火中窒息。午间的太阳权威着一切了！""早晨和晚间都是一样：田间憔悴起来。"这片土地在这些死气沉沉的景物下显得更加衰败和寂静。生活在乡土中的人也不像赛珍珠笔下的人物那么文明、礼貌，说起话来客客气气的，而是充满了无数的咒骂，仿佛心中的一切悲苦需要通过这种方式来发泄一样："混蛋，狗娘养的，叫你抱白菜，谁叫你摘倭瓜啦？""你发傻了吗？啊……你失掉了魂啦？我撕掉你的辫子……"[①]赛珍珠笔下的人物语言总还有些文人编写农民语言的痕迹，萧红笔下的语言却是农民张口就来的话，恶劣的生活环境使得他们对待一切总是愤懑的。他们生活在严酷的环境中，土地上的辛劳根本无法维持生计，"五月节"时，米价的跌落导致成业家连面粉都买不起，孩子不能挨过这恶劣的环境，也只能被随便捆起来，扔到乱坟岗，任野狗撕咬。他们在这片土地上卑微地活着，和死掉的树一样不知为什么地活着。面对饥荒时，他们只能看着孩子饿死在寺庙门外，或是将心爱的马儿贱卖掉，以维持暂时的生计。在萧红的笔下，女性的生活似乎更加悲苦。金枝是个春心萌动的乡村女孩儿，与成业

---

① 萧红：《生死场》，北京：人民文学出版社，1987 年，第 3、25、21、24 页。

私下交往，成为家庭的"耻辱"，与成业结婚后的生活却与想象的那般不同。成业在暴怒之下甚至把刚满月的女儿摔死。严酷的生活已经使得乡民变得麻木，甚至包括人类最深厚的舐犊之情也丧失殆尽。正如萧红在小说中表达的一样，"农家无论是菜棵，或是一株茅草也要超过人的价值"[①]。同时期的彭家煌的《活鬼》、王鲁彦的《黄金》、台静农的《拜堂》等，都从不同方面揭露了中国乡土宗法社会中的丑俗陋风，表现了身处其中的人物的种种苦痛，这里就如鲁迅所言的是个"吃人"的世界。

（2）中国乡土小说对人性美的怀想。在乡土作家对自己的乡土大加挞伐之时，中国传统的乡愁文化又左右着作家们的感情。乡土作家们远离故乡，在城市中漂泊的孤独无依之感、与城市格格不入的疏离感，使故乡成为他们感情的寄托之地、灵魂的安放之所。这类乡土题材作品大多是对记忆中乡土的一种怀想式书写，正如鲁迅《故乡》的描写一样，记忆中美好的乡土早已经不在，所以作家笔下美好乡土的描写大多是自己的童年记忆，显示出一股清新自然之风，他们笔下的乡土世界美得如画中世界一样。将此类文学书写推向极致的是沈从文。他的《边城》为我们营造了一个如童话般美好的湘西世外桃源，湘西独特的自然环境和朴实的民风孕育了淳朴、善良、和谐的人性美和人情美。这里的山水是恬静的，这里的人是善良淳朴的。沈从文为我们，也为他记忆中的乡土谱写了一曲天籁，但这首天籁的结局是一个"谁也没有错"的悲剧，整个故事在唯美中透露着浓浓的凄凉感。故事的女主人公翠翠是个纯情少女，故事男主人公天保和傩送是上进的好青年，他们三人之间的感情纠葛就像雾里看花，谁也不知道谁的心思。最终天保逃离丧生，傩送将天保的死归结于翠翠爷爷的含糊其词逼得天保离家出走，翠翠却懵懵懂懂，什么也不知道，失去了自己的幸福。沈从文所建构的这个诗意的湘西不过是一场雾里看花般的迷梦，终究还是梦醒，在不经意间的现实描绘中被轻易解构。文中隐隐地被现代文明侵入的湘西世界已然不是作者记忆中的那个湘西，杂货铺中的洋灯、美孚油是现代文明的缩影，边城人心的变换则是作者笔下现代文明入侵的证据。当爷爷听到乡亲

---

① 萧红：《生死场》，北京：人民文学出版社，1987年，第24页。

议论说"他又不是傻小二,不要碾坊,要渡船吗?"①时,心中不免忐忑,再到旁敲侧击催送之后,算是真正失去了信心,这些都成为整个故事悲剧的现实背景。显然,记忆中的乡土已经不复存在,作者所怀想的正是传统乡土中人性的美,这类乡土作家关注的也正是对传统人性美的追忆,他们描写的只是那一缕淡淡的乡愁,其中绝没有对传统宗族制度及其文明的留恋,这是他们与赛珍珠的相异之处。

(3)赛珍珠笔下诗意中国形象的呈现。赛珍珠和中国二三十年代的乡土作家有着共同的生活大背景,又同样关注中国的农民。赛珍珠确实关注到生活在这片土地上的农民的生存状态:"农村里的生活,才是中国底真实而原来的生活。这种生活,欣幸地尚未沾染驳杂的摩登习气而能保持她纯洁健全的天真。"②她认为农民是中国的绝大多数,最能代表中国人,但双重文化的视角使得赛珍珠笔下的中国形象呈现出诗意化的特殊倾向,赛珍珠也"成为一个对现代中国的形成和发展有特殊视角的见证人"③。

赛珍珠的中国题材小说有着浓浓的恋土情结,在她的小说中,人物与土地之间有着内在的联系。通过人与土地之间的不同关系,赛珍珠表现了人物在土地上的命运兴衰。在很大程度上,赛珍珠抓住了中国农民的一部分本质生存状态:"许多写小说的人之所以失败而勃克夫人的《大地》之所以获得世界的——连中国在内的——赞美,就是为了前者单描画了中国人的外形,而勃克夫人已抓到了中国人的一部分灵魂。"④土地是农民生存的根本,是历来解决中国问题的焦点,赛珍珠看到中国人与土地之间的紧密联系,且在此基础上将其绝对化,土地之于农民不再只是生存的基础,甚至成为一种信仰。《大地》一书中,土地的重要性被凸显出来。饥荒年间,阿兰和王龙唯一不能卖的就是土地,逃荒到城市时,王龙心中想着的还是自己的土地,并始终坚定地要回到自己的土地上去。获得意外之财使得王龙有了资本,珠宝在他眼里根本不算什么,

---

① 沈从文:《边城》,南京:江苏人民出版社,2015年,第166页。

② [美]赛珍珠:《吾国与吾民》"赛珍珠序",见林语堂《吾国与吾民》,北京:中国戏剧出版社,1990年,第4页。

③ [美]彼得·康:《赛珍珠传》"前言 拂去历史的尘埃",刘海平、张玉兰、方柏林、江皓云译,桂林:漓江出版社,1998年,第11页。

④ 赵家璧:《勃克夫人与黄龙》,见郭英剑主编《赛珍珠评论集》,桂林:漓江出版社,1999年出版,第74页。

他要将这些钱换成土地。王龙成为地主后与荷花整日花天酒地，是土地唤醒了这位大地之子："这时，一个声音在他的心里呼唤着——一个比爱情更深沉的声音在他心中为土地发出了呼唤。他觉得这声音比他生活中的一切其他声音都响亮。"①大地的深切呼唤让这位迷失在爱情中的"大地之子"幡然醒悟，重新归于大地。对大地的信仰式书写一直延续在赛珍珠的《大地》三部曲中，尤其在第三部《分家》中，年轻一辈的中国知识分子隐含着中国未来的隐喻，而被赛珍珠寄予希望的主人公王源在经过父亲王虎对土地的背叛后，又重新恋上了大地。王源被迫踏上留美求学之路时，心中默念的是"在我归来之日，那块地还会在那儿——那块地会永远在那儿——"②这里的土地显然不仅指的是王源拥有的那一片小小的试验田，也暗喻中国的土地信仰。

与中国乡土作家笔下对乡土的批判态度相比，赛珍珠笔下的中国乡土显然更多了一层诗意化的倾向。她的笔下只有与大地紧密相连的中国人的朴实和真挚。"把种种封建积压下的土地看成了福地，对于土地和劳动的赞美就流满着宗教似的气息……几十年来中华民族为了求解放的挣扎，在这里不但看不到正确的理解，甚至连现象都是没有的。"③确实，赛珍珠笔下的中国乡土仿若从远古走来，仍然沉浸在古老的农耕文化中，如一幅田园牧歌式的画卷，在古老的封闭圈中轮回转动。这里的人几乎不受现代文明侵袭，过着一种自足完满的生活，这里的一切在运转着，但似乎又定格着，剥离了一切复杂的关系，只剩下这层简单的人与土地的关系。在这一画卷中，个体完全与自然融为一体，随着时间的流逝而成为永恒。"个体完全纳入自然的轮回之中，尘世上的人们被赋予一种超越现世的永恒性。"④

与中国现代知识分子笔下的乡土中国形象相比，赛珍珠并不身处乡土宗族制等中国传统文明之中，也不受其限制，不能切身体会到其中的苦楚，也不能切身体会中国现代知识分子接受西方现代文明之后再反观中国的落后挨打局面

---

① ［美］赛珍珠：《大地》，王逢振、韩邦凯、沈培锴等译，桂林：漓江出版社，1988年，第187页。
② ［美］赛珍珠：《大地》，王逢振、韩邦凯、沈培锴等译，桂林：漓江出版社，1988年，第855页。
③ 胡风：《〈大地〉里的中国》，见郭英剑编《赛珍珠评论集》，桂林：漓江出版社，1999年，第99页。
④ 朱骅：《美国东方主义的"中国话语"——赛珍珠中美跨国书写研究》，上海：复旦大学出版社，2012年，第114页。

时的痛彻心扉。《大地》三部曲中虽然也有外来势力的侵入，但似乎这一切只发生在中国沿海的大城市，王龙等绝大多数身处农村的农民可以在自己的世界里安然度日。"她似乎不愿中国走出几千年的农业文明，走出封闭愚昧的传统生活方式。"① 也许在我们看来愚昧落后的生活方式，却是赛珍珠所珍视之处。美国读者在接受《大地》时，也做出相似的反应，他们认为《大地》的不可思议的受欢迎程度来源于西方对"原始环境中人类的着迷"②。赛珍珠关注到人与土地的关系，并将土地升华为人类永恒的追求。与中国知识分子对乡土人情的怀想也不相同，赛珍珠对中国传统宗法制关系的认同和其笔下唯美不变的中国乡土在中国作家笔下是看不到的。赛珍珠虽然认为自己熟悉中国的土地和农民，但究其根本，她还是一个大地上的游客，始终外在于这片大地。赛珍珠描写出来的中国大地和她一贯的追求相一致，旨在推动中西文化的沟通和交流。因此，西方人大呼在《大地》中看到了和他们一样的人，这种人与土地之间的亲密关系在西方现代文明的冲击下早已成为西方人记忆中的世界，这一切却正在中国发生。因此，赛珍珠笔下呈现出与中国乡土作家不同的诗意中国形象就不足为奇。

在西方现代文明发展大萧条的现状之下，赛珍珠笔下令西方读者耳目一新且备受鼓舞的中国人形象和中国形象受到了空前的欢迎。赛珍珠的《大地》充满了浪漫情调，这种情调掩盖了中国乡土社会中严酷的事实，将中国农民对大地的眷恋、与自然的关系上升到世界的一般性上来，让不同价值观的人都可以从中获得广泛的共鸣，最终也可以成为西方现代文明冲击下的一种精神寄托。在西方现代主义发展背景下，它成为西方人心灵深处追寻的隐喻。在 21 世纪的中国，我们可能会有类似的感受，"乡土"在当下中国人眼中也同样成为一种乌托邦式的精神寄托。这正如 20 世纪上半叶的西方，"中国形象成为西方现代主义美学超越现代性异化的田园牧歌，作为前现代想象中的'他者'，在时间上代表美好的过去，在空间上代表美好的东方，寄托着现代主义思潮中对怀

① 赵梅:《赛珍珠笔下的中国农民》,《美国研究》1993 年第 1 期。
② Helen Snow. "An Island in Time." *The New Republic*, 1973, p.28.

乡恋旧的与精神和谐的向往"①。中国形象通过赛珍珠具体的笔触使西方读者获得共鸣的同时，也成了他们向往的精神乌托邦、失落的精神家园。

三、共性关注下中西融合的追求

美国华文文学在美国诞生，却用汉语书写。这与赛珍珠的写作经历在某种意义上不谋而合，赛珍珠早期的小说在中国诞生，用英语写作，二者都兼具了双重"他者"的特点。美国华文文学置身于美国，却使用异质语言；使用汉语书写，却置身于异国。这种"自我"置身于"他者"而具有的双重文化身份使得美国华人作家群成为观看中国的一个特殊群体。赛珍珠的情况也是如此，置身于中国，却使用英语写作；使用英语写作，却书写中国题材。共同的中美生活经历、双重文化视野，给予了他们共同的追求。通过与美国华人作家进行比较，我们可以理解赛珍珠促进中西文化融合的不断努力是其作为一个文化边缘人对文化共融的强烈诉求。

1. 共同的精神家园

赛珍珠是地地道道的美国人，无论从血统还是从自我认同方面来说，这都是毋庸置疑的。但特殊的生活经历使得她依然像游子一般漂泊在双重文化环境之中。与美国华人作家不同的是，赛珍珠没有要融入中国文化的现实需要和迫切的心理需要，相反，赛珍珠需要的是西方文化对她的认同。初回美国时，她还需要一直强调自己是美国人的事实，显然，赛珍珠认同的"原乡"世界是西方文化。但我们在她的中国书写中看到了她寄托于其中的家园情怀，当然，这与华人作家笔下书写的中国"原乡"本质上并不相同，华人作家是在异质文化的隔膜感中，回归到"原乡"——中国的书写，而赛珍珠则是在中国书写中发现了自己理想中的"原乡"世界。

近年来，严歌苓作为这一代海外华人作家中知名度较高的一位，她特殊的文化身份促进了国内对海外华文文学及其作品中的中国形象等问题的研究。其代表作《芳华》被认为是一部带有自传性质的小说，依托作者13年的军旅生

---

① 周宁：《中国形象：西方现代性的文化他者》，《粤海风》2003年第3期。

活而写就。这部小说不再描写留学生的异域生活，而是以一个异域人的眼光去回望自己的祖国。我们可以深切感受到，作者对这段过往的青春记忆是从观望者的角度去叙述、去反思的。身处异域文化之中，对本土文化的描写往往陷入感性的传达，"原乡"注定要被披上一层想象的华衣，才能满足个体对故乡的眷念之情。于是，本是充满着悲苦的故事，却展现了一段难以忘怀的青春时光，只因懵懂无知就造成了一个无辜青年一生的命运悲剧。但这一切悲痛仿若笼罩在一层迷蒙的大雾之中，最后只成为一段令人难以忘怀的青春岁月。作者对这段时光的描述不像中国本土作家那样，难掩心中的隐痛，而是将它转变成了一段淡淡的青春记忆。冯小刚将小说改编成电影后，更是将这一层面扩大化，那掩埋在时光里的伤痛，似乎因为远离而随风逝去。

与之类似，赛珍珠也对现实中国乡土做了理想化的处理。面对风雨飘摇的中国，赛珍珠笔下的中国乡土要沉静得多。赛珍珠本人接受过中国传统文化的熏陶，并且对中国传统文化表现出赞赏之情，在《我的中国世界》一书中，赛珍珠具体描述了中国老人拥有的"特权"，宗族制下的每一个人都要知道自己的位置，他们随着年龄的增长而拥有更大的权利，实质却是按照辈分来算的。赛珍珠通过自己的视角观察到中国宗族制下每个人各安其位、适得其所的状态，她对这种有序的生活秩序赞赏有加。这些描写倾注了赛珍珠本人的童年回忆，作为一个在中国生活了近 40 年的外国人，她所熟悉的是中国传统文明下的和谐社会景象，但同时，赛珍珠又只能是外在于这些制度的一个观察者和记录者，她毕竟未受中国传统文明的限制。现代文明冲击下的中国现实乡土景象也早已不是赛珍珠所珍爱的童年时代的乡土。面对这样的巨变，赛珍珠即使和中国乡土作家一样接受西方现代文明，也无法像中国乡土作家一样为中国的衰败而感到切肤之痛。中国乡土作家所致力的是使中国走向和西方一样的现代文明，他们仍然身处水深火热的乡土中国。反观赛珍珠，她已经踏入西方现代文明社会，是在享受过西方现代文明的心境下对自己曾经的逝去的家园进行回望，这就自然多了一层浓浓的浪漫色彩，这种回望正如当下中国人对传统乡土景观的回望。现代文明发展浪潮中，人的漂泊无依感被放大，乡土作为传统时光的承载体因而成为现代人精神的寄托之所，成为赛珍珠本人失落的精神家园。

2. 美国华文文学的新转向

美国华文文学是指以生活在美国的华裔和华人为创作主体，以华文为书写载体创作出来的文学作品。20世纪五六十年代，大量来自香港和台湾的中国留学生赴美国留学，使美国华文文学呈现出多彩灿烂的状态，20世纪80年代，内地（大陆）留学生的加入更是为美国华文文学增添了缤纷色彩。这些作者漂洋过海旅居他乡，陌生国度的飘零感、异质文化的隔膜疏离、生活和精神的挫折，使他们的心灵产生巨大的煎熬与挣扎。他们回望自己的故乡时，总是万般忧思在心头。长期的异域生活中，美国华人作家感受到强烈的文化差异和冲突，面对巨大的文化隔膜，他们大多在记忆中追寻本源文化，来获得自我认同感。因此，他们纷纷在自己的作品中寻找属于自己的原乡。"原乡"的概念最早出现在钟理和的小说《原乡人》里，在这部小说中，"原乡"是指大陆，后来"原乡"一词被广泛用于对本源文化的称谓。对海外华人作家来说，他们的原乡指的就是中国和中国文化。美国华人作家在异域生活，本源的中国文化相较于发达的西方现代文明是处于弱势地位的，他们心理上的隔膜感可想而知。他们迫切地希望融入西方文化世界，但两种文化之间的藩篱又怎是轻易可以打破的？20世纪20年代到50年代从中国台湾出去的华人作家主要是留学生群体，他们的文章充斥着被放逐异域的异质感，如无根的浮萍。他们想要积极融入"他乡"，但美国人对亚洲人，尤其是中国人并不那么友好，横亘在他们面前的不仅仅是简单的排外，还有明显的文化身份差异、始终游离的精神状态，他们最终只能获得一个落寞的"边缘人"的地位。正如白先勇在《芝加哥之死》中描述的状态，一个在芝加哥留学6年的中国人，走在芝加哥的街头，却永远像是一个初来乍到之人，文化冲突下产生的无根感和孤独感尽在这句描述之中。他们无法真正融入这个新的文化环境，也不能在新的文化环境中找到自己的栖身之所。

20世纪70年代，中美关系缓和，此后中美文化交流日渐频繁。大陆出去的新一批华人依然面临着相似的文化冲突问题，但与台湾的留学生群体有所不同的是，他们"开始回归到文学的本宗上来了，它告别了早期报道的新闻色彩、个人自传的纪实特点和域外猎奇的故事性、传奇性，而将注意力转移到文学本来的范畴之内：它观察人的生存状态，探讨人生存的应有位置，倾诉对这个问题的困惑和思考,表达人要与这个世界交流的强烈愿望"①。他们不再像一群失去家园的孩子一样迷茫与无助，或是坚守对家园的凝望，不断吟诵身处异国他乡时内心的苦闷与彷徨；或是被西方人的文学口味感染，而描述来自东方的神秘故事，他们的心境也随着中国的强大而坚实了起来。总之，这一批华人作家在构建自身文化身份时有了更多的自信。

90 年代美国华人作家已经不再像以往华人作家那样不断对中国人挣扎于异质文化下的处境予以充分表现，对他们难以融合于任何一种文化的痛苦心境予以描述。在新的境遇下，他们更加关注的是超越文化的藩篱，寻求人类的共通性。一方面，多元文化的交流与融合减弱了异质文化的强烈冲突。另一方面，随着母国综合实力的不断上升，纵使依然处于弱势一方，但与五六十年代出去的华人相比，90 年代在美华人的自信显然有所提升。因此，在时代和自身需求的催促下，90 年代的华人已经完全有"条件"思考中西文化的共融问题，而不是仍然为无法完全融入西方文化而深感苦闷。他们和赛珍珠不属于一个时代，生活经历自然也不相同，但双重文化熏陶、中美两国的生活经历，让来自两个时代、两个国度的作家拥有了共同的感受，追求共通的人性和人类的普遍性。

3. 走向对共通人性的关注

这一代美国华人作家关注人性本身，他们作品中的诉求也反映了当下海外华人更甚或世界各族人民的共同诉求。饶芃子认为，这批美国华人作家在其"作品中的人物身上，实际上已经重建了一种新的'文化认同'（身份）——在文化渗透日趋深入、全球经济一体化的今天，这些人物已经具有世界性的'人'的身份，在某种程度上说，正是这种新的'文化身份'观的建立"②，使他们的小说创作在美国文学中独树一帜。

中国在西方文化中是一个不断变换的复杂形象，"每一个时代，在西方都可以找到一个塑造中国（人）形象的代表，13—14 世纪是意大利人，16—17

---

① 薛海翔：《饱暖之后的思考——看〈海外知性女作家小说丛书〉》,《文学报》2004 年 9 月 9 日。
② 饶芃子、杨匡汉主编：《海外华文文学教程》，广州：暨南大学出版社，2009 年，第 132 页。

世纪是葡萄牙人和西班牙人，18 世纪是法国人，19 世纪是英国人，20 世纪是美国人"①。这段话虽然通俗，却浅显明白地向我们说明了中国新形象被西方"他者"不断构建的过程，而这个过程中的中国有负面形象，也有正面形象。在赛珍珠写作之前，中国的负面形象在西方世界中已经存在几个世纪了，赛珍珠正是在这样的背景下以其双重文化身份创作了一系列中国题材小说，并大受欢迎："我第一次对亚洲的接触便通过赛珍珠……赛珍珠为我展现了中国人人性的一面……"②J. 唐纳德·亚当斯评论道："《大地》使美国读者在完全异文化中意识到普遍的人类纽带。"③

赛珍珠具有的双重文化身份，使她具有敏锐的视角去发现异质文化当中的共性。她是一个游走在双重文化中的、意图寻求两种文化相互交流与沟通的"边缘人"。使她声名大噪的《大地》带有明显的普适性，瑞典学院常务秘书佩尔·哈尔斯特龙在授奖词中表明："今年的奖金授给赛珍珠是由于她的著名作品为人类的同情铺路，这种同情跨越了远远分开的种族边界。"④在作品里中国读者能看到自己熟悉而又陌生的同族，西方读者也能够看到人类与土地和自然的亲密关系，除开人与自然的关系，其他关系已经被淡化。20 世纪 30 年代《大地》的主要翻译者张万里这样评价赛珍珠的《大地》："我很佩服她（赛珍珠）观察力的敏锐，写出了他们（农民）心房深处的隐痛和思想的转变来。这种富于普遍性（universality）的伟大作品，哪得不为人所赞许……"⑤这种人与自然相互交融的亲密状态适用于中国，也适用于西方，包括美国。《大地》的这种普适性为赛珍珠言说西方对中国的田园牧歌式想象找到了基础。

当下，多元文化的交流为赛珍珠的理想创设了更有利的环境，而同样拥有中西文化双重身份的华人作家也在文化的碰撞中与赛珍珠达到了某种契合，他们因为相似而拥有共同的追求。他们是文化的边缘人，却在文化边缘中找到了人类的普遍共通性。

---

① 周宁：《中国的"东方性"》，《粤海风》2004 年第 2 期。

② ［美］哈德罗·伊罗生：《美国的中国形象》，于殿利、陆日宇译，北京：中华书局，2006 年，第 154~155 页。

③ J. Donald Adams. *An Anthology of Contemplative Prose.* New York：E. P. Dutton & Company，Inc.，1946.

④ ［美］赛珍珠：《大地》，王逢振、韩邦凯、沈培锱等译，桂林：漓江出版社，1988 年，第 1080 页。

⑤ 张万里：《大地》"序"，见［美］赛珍珠《大地》，张万里、张铁笙译，北平：志远书店，1939 年，第 2 页。

第十八章　李安华语电影对文化中国形象的影像呈现

　　作为一位有着大陆背景，生长于台湾，有着在美国多年求学和生活经验的华裔导演，李安被认为是一名"后疆界"与"后国家"的艺术家，他有着复杂的文化身份和重要的艺术影响力。他的作品往往被当成一种文化杂糅的产物，具有中国传统文化与西方后殖民文化的双重特征，同时被认为具有跨越东西方文化间藩篱的全球化风格。鉴于李安文化身份的特殊性，我们把他的华语电影作品列入"域外篇"来观察其中中国形象的呈现。在李安的代表性作品中，推崇孝道与平衡中庸的《推手》、逾越性别与文化疆界的《喜宴》、具有后殖民文化色彩的《饮食男女》、向传统中国武侠文化致敬的《卧虎藏龙》和将爱国与爱情放在哲学高度上审视的《色·戒》这五部华语影片，均以处理现代性、文化认同与全球化为主题。由此，这五部影片也成为研究中国文化在西方世界中的"他者"形象的典型个案，我们可以从中发现中国文化如何在自我表达中受到西方文化的引导并最终找到自己的本源。进一步说，由于李安自身文化身份的特殊性和他的跨文化影像叙事的立场，其华语电影所构建的文化中国形象也具有跨文化和后现代语境中的典型性和复杂性，需要进行细致的分析阐释。

第一节　欺骗者的禁忌与逾越

欺骗者的形象在李安的电影作品中是突出的形象类型，为其电影叙事增添了具有复杂性的质感，也充实了其人物形象谱系的立体塑造。具体分析可以发现，有些欺骗最初是出于善意与正面的意图。比如《喜宴》里在父母逼婚下上演的"假结婚"，既能为非法移民葳葳解决绿卡问题，又能掩盖自己的同性恋身份，伟同的谎言堪称"完美"；而有些欺骗则是别有用心，比如《色·戒》中王佳芝为行刺所做的欺骗，也在她意外爱上行刺对象后变得不可告人。这两种目的的欺骗在遭遇真相大白时都以被骗者震惊、欺骗者措手不及收场。而幸免于被识破和拆穿的欺骗者也并不见得好过——影片《断背山》中的杰克和恩尼斯隐藏其发自内心的同性恋情感，为维持各自的家庭而遵循社会道德；而当他们因为事情败露不可避免地伤害到妻子和孩子时，道德的约束使他们更加难以启齿，从此压抑一生——仍面临悲剧。我们可以想象，当欺骗者编造一个谎言时，首先是将自己置身于虚构的戏剧中，在观众面前扮演某一设定好的角色，完成每一幕戏剧。这一主张的探讨可以透过解读电影并搭配乔治·巴塔耶的禁忌与逾越理论来进行。在巴塔耶看来，"对越轨的追求会因社会禁忌的出现而增加；当禁忌协助建立一个井然有序的社会时，也开启了逾越的可能"[1]。他认为这造成"存有的连续性的失落——存有的联系性是一种原始的力量，可以封闭规训理性世界与超越法则之外的'理性他者'之间的鸿沟"[2]。处于这种境地，唯有透过表演，欺骗者才能找到真实的自我。试图分裂成为两个人的欺骗者，因角色的双重性而产生强烈的心理张力，甚至使他们失去对现实的掌握。取而代之的是，他们必须颠覆游走于双重身份的状态，舍弃原始真我与理性他者中的一个角色，专心投入另一个角色。

《喜宴》的例子是，"三人婚姻"的提议从一开始就破绽百出。伟同在父母心目中的"乖乖仔"形象依旧，可身为同性恋者的他早在二十年前便已开始制造交女朋友的烟幕弹，给了父母太多关于结婚生子、传宗接代的期望。葳葳一

---

① ［法］乔治·巴塔耶：《色情史》，刘晖译，北京：商务印书馆，2003年，第137页。
② ［法］乔治·巴塔耶：《色情史》，刘晖译，北京：商务印书馆，2003年，第138页。

直对伟同情有独钟——当她看到伟同和另一个女孩一起吃饭时,甚至醋意大发。随着电影进展到新婚之夜,她的迷恋也随之加深。在准备婚礼时她抱有一丝期望,想象这段婚姻能够假戏真做。葳葳必须与她的假新郎故作恩爱,但另一方面她也与伟同的父母培养出了真实的情感。由此凸显出假结婚虽然是善意的,但在实际上设计欺骗注定要伤害到很多人并且要付出代价。当发现假爱人葳葳怀孕的时候,三个心怀鬼胎的人当着父母的面激烈争吵,这场表演面临穿帮。终于,伟同选择向母亲摊牌,所有人都将精力放在了瞒住父亲上面。至此,伟同"乖乖仔"形象破灭,葳葳投入感情的演戏让高母失望流泪,传统而具有强烈尊严感的父母只得选择接受现实——尽管他们并不知道对方也是知情者。

在《色·戒》中,王佳芝是作为清纯女学生和负有使命的色诱者角色出现的,她天真地以为自己的演技可以适应这种双重身份的切换。然而,随着这场戏的逐渐深入,她将自己逐渐交付,牺牲的情感与自我也越来越多。这一点显示在王佳芝逐渐适应麦太太的身份与品位:在与易先生和易太太一天的周旋之后,她选择用酒精和香烟来排解压力、放松心情,不再享有清纯女大学生的无忧无虑。而纯真学生王佳芝的死亡则充分表现在她的同伴们杀人之后纷纷瘫软在地,只有她淡定从容地从尸体上跨过,向黑夜深处跑去。香港的刺杀行动失败后,重归学生身份的王佳芝面容惨白,"生命与情感都已耗尽,仿佛是个活死人"①。

《推手》中的欺骗显然更具有凄凉感。两个不同的华人家庭为了缓解年迈的父亲/母亲与洋儿媳/洋女婿之间因语言不通造成的文化疏离,企图为他们撮合一段黄昏恋,让父亲/母亲早日搬离自己的家,于是上演了一场自以为能瞒天过海的相亲闹剧。陈太太早已识破谎言,在郊游中刻意与朱爸爸保持距离,用行动拒绝女儿的"好意"安排。儿女为了摆脱父母竟企图为他们扣上为老不尊的帽子,这一经历让两个老人深感羞辱,于是倔强的朱爸爸愤然出走。子女的谎言深深地伤害了老人的心。可是,到了《饮食男女》中,同样是由郎雄扮演的朱爸爸,却也成了欺骗者,真的"为老不尊"了一把。他与离异的少妇锦

① 张靓蓓编著:《十年一觉电影梦:李安传》,北京:人民文学出版社,2007年,第172页。

荣之间的"忘年恋"成为他渴望逃离现有家庭的根源，可这是一个隐瞒已久的秘密——锦荣曾与朱爸爸的大女儿是同窗。每周精心烹饪的丰盛晚餐，三个女儿早已食之无味，可简单准备的便当却让锦荣的女儿珊珊成为同学们艳羡的对象，这个称他为"朱爷爷"的小学生对此甘之如饴。欺骗让朱爸爸感到踏实而又压抑。当秘密在餐桌上公布时，所有人都是震惊、慌乱、责备的态度。与其他几个例子的悲剧结尾不同的是，朱爸爸最终获得了女儿们的理解和祝福，也重新找回了味觉。

《卧虎藏龙》中的欺骗来自玉娇龙的天真和叛逆。表面上纯真无邪的大家闺秀实则已习武十年且内心刚烈，从贝勒爷家盗剑只是出于对青冥剑的好奇，只是"想玩玩"。她的草率差点毁了玉家的名誉——幸好俞秀莲是一个极尽平和的人，虽然知道盗剑者是玉娇龙，但当她与深夜蒙面前来还剑的玉娇龙交手的时候，并未揭下玉娇龙的面纱，玉家的颜面得以保全。而玉娇龙纵身跳崖的行为也具有某种迷惑性——借那个扑朔迷离的古老传说来逃离罗小虎——她不是为自己赎罪，而是追求自我的解脱，实现了中国式的情感升华。

第二节　语言杂糅与语言藩篱

李安的华语电影中，备受争议的《色·戒》、名不见经传的《推手》、广受国际赞赏的《喜宴》与东西方褒贬不一的《饮食男女》均借助英语这个既能沟通又能造成沟通障碍的工具来探讨文化认同问题。将英语作为第二语言并彰显其对全球化的影响，是李安华语电影的主要特征。当华语的使用者进入英语国家的文化生活中时，沟通不良造成的障碍通常会让华人感到寂寞无助，丧失存在感，甚至丧失人格尊严。李安力图将华人使用第二语言时遭受的挫折与困难用电影语言予以表达，用电影提供"面对'他者'时一个有用的视角"[①]。人物在无法交流的情况下，往往感到疏离、孤独和失落，在这种语境下，语言形成

---

① 张靓蓓编著：《十年一觉电影梦：李安传》，北京：人民文学出版社，2007 年，第 172 页。

一道让人却步的文化藩篱。与此同时，李安又将人物设置为试图与西化的家庭成员和睦共处，并试着"与时俱进"，适应新的文化环境，尽管其中有诸多阻碍。李安在影片中探讨这一文化认同的主题，借由语言不通和文化差异，来从侧面剖析中国独特却遭受误解的文化形象。

《色·戒》本就是一个女特务在上流社会潜伏的冒险故事。混迹于民国时期上海上流社会的王佳芝必须适应精致优雅的富家太太的生活内容，其中一项必不可少的交流技能便是流利地使用英语。语言的使用代表身份地位，这涉及传统与现代的连接、中国与西方的互动，具有深刻的意味。影片中一共出现了4种语言——汉语普通话、方言上海话和广东话，日语，英语，印度语——充分显示了民国时期的上海在都市化的过程中受其半殖民地状态影响，有多种不同的文化和语言共存。影片中高级珠宝行的店主与店员是印度人，使用他们的母语印度语互相交谈，但由于上海和香港的通用高级语言是英语，所以当接待王佳芝时，他们使用的便全是英语，口音明显却转换自然。当王佳芝从店主手中接过易先生为她定制的六克拉钻石戒指时，店主突然打断对话，微笑着用英语说道："小姐，恭喜你！"他的这一举动既像是在祝贺王佳芝订婚，又像是在履行西方婚礼上牧师的职责一样，不能说这对王佳芝的主意突变没有某种触动作用。王佳芝经常在多种语言和方言间进行转换，且平滑而无瑕疵，与印度人形成鲜明的对比。这也充分印证了影片中为她设置的年幼时生活富裕、后来才家道中落的较优越的教育背景。频繁地使用英文是王佳芝迅速熟悉西方世界的风格与品味的方式，也彰显了20世纪上半叶，随着战争的爆发，西方元素已悄无声息地融入中国都市文化，使得普通民众在接触上流社会时遭遇无力感与疏离感。

影片《推手》设置的故事语境是，一位不会说英语的中国太极高手朱师傅退休后来到美国，跟西方儿媳同住一个屋檐下。两种文化、两种语言因为沟通不良而难以交流，巨大的文化差异使朱师傅与正在构思和创作小说的儿媳在生活习惯、教育观念、思想信仰上产生误解与分歧，关系甚为紧张。这个家庭始终处于双语模式下，在餐桌上唯一精通两种语言的儿子需要不停地在华语和英语之间来回切换，成为其他人对话的翻译。影片一开始的镜头就是一双推向空气的手，随着动作的迂回伸展，观众才逐渐看清这是一位华人长者在打太极拳。同一镜头对角线处，是坐在电脑前苦心构思的金发女郎。二人虽共处一室，却没有丝毫交流。开头长达15分钟的无对话应用，是影片突显语言障碍的最直观手法。父亲在沙发前悠然地盘腿打坐，儿媳则打开冰箱发泄式地挖一口奶油放入嘴中安抚自己焦躁的情绪，这就更明显地表现了文化差异在这个家庭造成的微妙影响。

《喜宴》是一部更加轻松诙谐的具有全球化色彩的影片，片中的语言藩篱比《推手》承载了更多的秘密。影片中最精彩的一个场景，便是在大家眼中只会说汉语的伟同父亲，向儿子的同性爱人赛门清楚地用英语说出"生日快乐"，并和他展开了一段不短的流利交谈。伟同的父亲给了赛门一个在中国要给儿媳的红包，赛门惊讶之余发现，高父原来早已知道他们是同性恋的事实，高父用英语回答："我看，我听，我了解。伟同是我的儿子，所以你也是我的儿子。"至此，高父用中国人特有的含蓄的暗示方法，默认了赛门的"儿媳"身份。这说明父亲逾越的不仅是汉语与英语转换的障碍，更是将之前的顾虑彻底打消，"粉碎了文化禁忌"①。

不仅是英语，李安对于在电影中使用方言更是乐此不疲。《饮食男女》里有汉语普通话、湖南话、闽南话、台湾腔及英语，与其他追求后期配音完美效果的导演不同，他更愿意写实地表达出语言的真实情况，是对标准汉语的"一种反抗"②。影片中父亲朱师傅与年龄相当的梁伯母之间使用两种不好沟通的汉语方言：一个说着京味儿十足的普通话，一个操着一口极有腔调的湖南话。"开动"说成"开邓"，"这是"说成"割四"，"孩子"说成"细伢子"，等等，在梁伯母的戏份里，观众需要求助于字幕才能听得懂她的语言表达，可想而知，和梁伯母有大量交谈的朱师傅实际上也是没那么容易听懂她讲话的。这也从侧面暗示了朱师傅不会与梁伯母凑成一对，为后来朱师傅宣布要与梁伯母的女儿、自己女儿的同学锦荣结婚埋下了伏笔。语言藩篱在《饮食男女》中成为两性交流的障碍和阻拦，并且未因一方的改变而得以消除，这也是全球化进程中跨文

---

① ［美］柯玮妮：《看懂李安：第一本从西方观点剖析李安的专书》，黄煜文译，济南：山东人民出版社，2012年，第94页。
② ［美］柯玮妮：《看懂李安：第一本从西方观点剖析李安的专书》，黄煜文译，济南：山东人民出版社，2012年，第95页。

化交流的文化认同必须面对的现实。

第三节　去西方化的儒道传统

　　李安自幼在浓厚的中国传统文化氛围中成长，由于父亲是高中校长，他长期受到的教育与熏陶自然具有中华传统文化的底蕴。李安的电影经常显示出这种文化背景对他的影响。李安曾说自己是个"内在道家，外在儒家"^①的人，事实上，"儒道互补"也是中国众多文人学者的共同个性：道家的出世思想让他在长达六年的"煮夫"生活中安然自若，潜心创作剧本、研习理论，而当时机成熟电影拍摄有望的时候，儒家积极的入世思想又让他拥有"达不离道"的勇者魄力。他的华语电影作品表达了中国人独有的对客体思想的尊重及谦和温雅的"中庸之道"，则更是他儒道共容观念的绝佳体现。

　　《推手》将焦点放在中国传统孝道上，儿子晓生在父亲与美国妻子之间所做的周旋润滑，则意外体现了中国传统文化中"和"的中庸平衡精神。影片中有一段父亲和晓生的对话很有意味。父亲看儿媳只吃自己的蔬菜沙拉，对餐桌上的肉类无动于衷，便问儿子："这美国女人光吃青菜怎么回事？"儿子在中西两套餐具间换来换去，手忙脚乱地回答："她怕胖。""我怎么不胖？"父亲慢条斯理地发话了："这地球上的东西，五谷杂粮，果木蔬菜，属于隐性；另一种东西，牛羊猪鸡是显性的。两种东西配合起来吃，才能补先天之不足。"短短几句话，流露出中国传统餐桌文化及饮食文化中的阴阳观念。隐性与显性是阴阳关系的衍生，在道家思想中，阴阳为天地间两大基本要素，对立又相互作用，阴阳为生命系统中最为基本的两种力量，阴阳平衡的原理是万物生存和发展的规律。如果平衡被打破，则将导致内在机理的紊乱。李安借由父亲之口，将普通的荤素搭配原理上升到中国古代阴阳观念的平衡层次，让西方观众得以参悟中国传统哲学的奥秘。

---

① 于滨：《李安——好莱坞语境下的华语文化实践》，大连：辽宁师范大学硕士学位论文，2007年。

这种平衡和谐的隐喻在《推手》中随处可见。一方面，太极拳的"推手"概念象征着丈夫与妻子之间的微妙关系。丈夫晓生对美国妻子说："推手就是两人对练太极拳，是一种保持自身平衡，并且让对手失去平衡的方式。"妻子玛莎回道："就像婚姻一样。"丈夫继续解释："如果你想让我失去平衡，我只需闪过你的力道，再将这股力道回送给你。"正如晓生所说，"推手"的对练看似简单，但要保持韵律与平衡，就需要在丧失平衡时懂得柔顺妥协，走曲线换来平衡的重建。这与中国传统哲学中的阴阳合一是一脉相承的。另一方面，"推手"是中国闻名于世的功夫，看似缓慢轻柔，一推手却可以把身强力壮的人推出数米，一个人竟可以抵抗几十名流氓和警察而屹立不动。发乎于微的力道讲究以静制动，以柔克刚，体现了中国传统功夫的神秘色彩。当然，在20世纪90年代的西方文化语境下，观众是难以充分理解导演赋予"推手"的高深哲理的，这种"他者"文化形象在之后才得到良好的调适与构建。

《喜宴》中的儒道思想则用中西文化的激烈碰撞来体现。伟同为了迎接父母的到来，发疯似的和赛门一起把家里同性恋的象征物品全部换成正统的装饰。墙上挂的是象征中国传统文化的书法卷轴，桌上摆的是大学毕业的学位照。在西方文化熏陶下的赛门也将象征现代化潮流的耳钉取下，以保守规矩的面目接待伟同的父母。伟同与他的假异性爱人葳葳在法院举行了西方普遍的公证结婚仪式，这在传统的中国父母眼中无疑是委屈了儿媳。后来的婚礼宴会上，西装革履的年轻一代与父母的中山装和丝绒旗袍形成鲜明对比，新娘穿着西式婚纱，而身上的珍珠项链、金手镯和红珊瑚胸针成为除东方脸以外的中国符号。见面礼、莲子汤、办喜酒还有证婚人，种种中国婚宴文化的精髓都让西方观众瞠目于中式婚礼的烦琐。宴会中的宾客中西混杂，看到中国人在婚宴上的疯狂起哄，一位西方宾客不解地说道："我以为中国人都是柔顺沉默的数学天才。"而李安对此的回答是："你正见识到五千年性压抑的结果。"闹洞房这一中国传统风俗在影片中是一个重要的转折点，众多在西方人眼中不寻常的中国元素与西方社会中典型的礼仪、服饰在这部电影中融汇杂糅，体现了后现代意义上的平衡中庸。这也说明中国文化正在试图接纳全球化的洗礼，并做出相应的文化调适。

《饮食男女》中的矛盾冲突是在视听语言的推动和故事的铺陈中得以平衡

化解的。厨房中的各式刀具、酱汁瓶罐、药材干货、烹饪器皿无不码放整齐，父亲做菜就像进行艺术创作，有条不紊行礼如仪，只为让三个女儿每周和他一起吃一顿丰盛的晚餐。三个女儿一个是信仰基督教的高中老师，一个是国际航空公司的经理，另一个是在洋餐厅兼职的大学生。父亲所珍视的这门传统艺术却被受西方文化浸染的年轻一代当成索然无味的例行公事。富有戏剧性的是，这位顶级国厨已经失去了味觉，丧失了品尝美味的能力，这或许是因为他无法在传统与现代化的夹击下寻得愉悦感和认同感。而实际上，最像亡母并在事业上最出色的二女儿家倩也传承了父亲的厨艺。烹饪是她欲望的本源，父亲却在早年便将她赶出厨房，不想让厨房禁锢住她的成长和前途。家倩虽然事业成功，却失去了与本源的联系。她本是第一个试图逃离家庭走出传统束缚的女儿，但情节的发展使得家倩成为父亲再婚搬离旧居后留下的唯一女儿，在珍爱的老厨房中做父亲传授给她的中式菜肴。她寻回自身本源的代价则是放弃了国外的高薪职位和航空公司的工作。父亲与家倩身份的互换不仅体现了中国家庭典型的含蓄妥协，更形成了文化颠覆，其结果就像影片最后的中国式收放结局——父亲在吃了家倩做的菜之后，味觉重新恢复了——一样，体现了父女间终于达成了沟通，中西文化得以相互理解。就像太极"推手"需要懂得妥协，父子（女）间的沟通与交流也同样需要多方暂时打破平衡，妥协让步，才能得以周转力气，集中发力并重获平衡。

对于李安所呈现的儒家和道家的文化传统，有论者从李安自身的中国文化底蕴和修为上做出了分析："作为在中国文化里浸淫极深的导演，李安亦儒亦道的冲淡修为，温柔敦厚的个人气质，都在塑造着他中国式的温婉影像：刻意冲淡那些压抑的沉重，避免使用暴躁而高对比度的突兀处理，充满了东方式温情，坚持着'哀而不伤'的美学原则。"[①] 李安在影片中处理家庭里两代人的观念和文化冲突时，就体现着这种并不激烈的、富有节制的、中和中庸的伦理特点，由此可以向世人传递中国人的文化特质和中国形象阴柔平和的一面。

① 邵杨：《文化观念里的中国和美学表征里的中国——论李安外语片中"中国形象"的隐性存在》，见吴秀明主编《文化转型与百年文学"中国形象"塑造》，杭州：浙江工商大学出版社，2011年，第547页。

第四节　神秘的武侠世界

对于首次体验中国"武侠"文化的西方观众来说，看到《卧虎藏龙》中的武林人士身手敏捷地飞檐走壁，从一株纤细的竹子上轻松一跃便到了另一株竹子上，而竹子只是有韵律地摇晃却并未折断，这些都足以使他们瞠目结舌。而对于熟悉武侠片的华人观众来说，影片的这些武打特技就显得理所当然了，他们早已熟读描写这些神奇能力的文学作品，并在脑中无数次想象这些轻功绝技。《卧虎藏龙》的武术指导袁和平在拍摄竹林打斗这场戏的时候曾问李安：你到底是要打还是要意境？李安回答：我们能不能打出一种意境来？袁和平当时感叹：文人说大话。可是，如果没有温柔诗意的热情参与和反复琢磨，恐怕《卧虎藏龙》的武打场景与香港某些武侠片的武打场景就没有多大区别了。李安将这些武侠想象搬上银幕的冒险，是武侠电影史上一次空前的视觉创举。

"武侠"中另一个经典的意象是"客栈"，这是一个经常集结武林豪杰并发生打斗事件的、相对封闭的特定空间。女扮男装的玉娇龙便是在此用青冥剑狠狠地教训了一群武林中人。在打斗中她单手握剑，游刃有余，一众对手恨得咬牙切齿，而她愈发洋洋得意，还一边舞剑一边吟诵了一首诗。武术与吟诗的混搭，造就了更具有写意性的诗化场景。这种一边倒的局势如同典型武打片与中国传统戏曲的夸张修辞。玉娇龙将点穴和挥剑结合，个个对手都被痛打一顿。一个被她教训了的人惊恐地问她："你到底是何人？"她英姿焕发地回答："我呀？我乃是潇洒人间一剑仙，青冥宝剑胜龙泉。任凭李俞江南鹤，都要低头求我怜。沙漠飞来一条龙，身来无影去无踪。今朝踏破峨眉顶，明日拔去武当峰！"女扮男装的玉娇龙在客栈中所向披靡，一个英气又不失柔美的女侠形象得到了极致呈现。

李安用了轻描淡写的方式来解释"武侠"的规矩。在影片开始的时候，玉娇龙表达的对"武侠"生活的渴望与俞秀莲口中残酷的事实形成鲜明的对比。此时玉娇龙还未展露出秘密身份，一副官家小姐的打扮，带着天真和稚嫩。俞秀莲向她解释："走江湖，靠的是人熟，讲信讲义。应下来的就要做到，不讲信义可就玩不长了。"可见"武侠"的精神讲究道义与信誉。而玉娇龙与师娘间的关系最终却由于丧失信任、道义失衡而变得极端恶劣。玉娇龙从偷走青冥剑开始，就破坏了江湖规矩，让包括她自己在内的每个人都陷入了危险。首先是忽视规矩，抱着"只是想玩玩"的态度偷了剑，却造成一名官差被杀。师娘碧眼狐狸希望玉娇龙能和自己一起带着剑远离规矩，奔向她想象中不受社会拘束的江湖，渴望江湖的玉娇龙却拒绝了她，造成了颠覆江湖道义的事实——弟子应该对师父唯命是从。玉娇龙背叛师娘，再次违反江湖规矩，碧眼狐狸恼羞成怒试图毒杀她。然而碧眼狐狸最后又因玉娇龙是自己唯一的亲人而稍有迟疑，这种复杂的心理表现在她死前的独白中："十年苦心，就因为你一肚子的坏水，隐藏心诀，让我苦练不成，而你确实剑艺精进。什么是毒？一个八岁的孩子就有这种心机，这就是毒！……我唯一的亲……唯一的仇……"影片将中国"武侠"的道义与信誉放在了至高地位，体现了中国武侠文化中的伦理精神。

《卧虎藏龙》中对武侠格斗场面的呈现十分出彩，也具有叙事功能。人物冲突中的武术格斗可以使隐藏的内在情感得以外露，这些场景要比文戏更富有冲突的张力，从而更加有助于讲述故事的戏剧性。因此，武打镜头的暴力、痛快、克制，在李安的影像表达中等同于文戏的言语争吵。当玉娇龙与俞秀莲因冲突而打斗时，这场打斗的根源可以从俞秀莲愤怒并充满占有欲的话语中看出："不准摸，那是李慕白的剑！"这句激动的话语从一向克制而自重的俞秀莲口中说出，等同于宣示主权。于是，接下来为夺剑进行的打斗变得理所当然并精彩激烈，带有欲望的觉醒。李安的《卧虎藏龙》跨越了东西方文化的藩篱，塑造了一个文化中国，改变了西方主流观众对中国人民族性的刻板印象，同时提升了中国武术的国际地位，将中国传统武侠意象和武侠精神推向了一个崭新的高度。他为武侠片设立了一个更高的标准，也成功地让武侠世界受到全球观众的欢迎，向世界呈现了刚柔并济的中国文化形象。

李安在《推手》《喜宴》《饮食男女》《卧虎藏龙》和《色·戒》中，对中国传统文化与现代性、文化认同与全球化的碰撞进行了生动的描述，在由冲突到相容、由疏离到互换的过程中，展现了中国面对全球化冲击时社会与民众所做出的文化调适，并最终在中西杂糅的文化语境下寻回本源的新型中国文化形象。"这种'中国形象'在视觉维度的审美呈现，并不同于张艺谋等人曾经痴迷过的那种奇观化的文化符号与民俗符号堆砌，而是在神韵、风情、气度这些难以言传和不可量化的范畴里，以一种虚化而又内化的'骨性'，深入到镜头语言的内部。"①

李安坚持不懈地探索文化杂糅与文化认同，并主动向世界呈现了一个武侠中国，也预示了未来他对争议性话题敏锐的处理手法。在分析李安电影作品的中国文化形象的多元性时，由欺骗者的逾越与禁忌、跨越语言的文化藩篱、平衡的儒道文化、神秘的武侠世界来入手，能够从中把握李安电影所体现的鲜明的创作个性。

---

① 邵杨：《文化观念里的中国和美学表征里的中国——论李安外语片中"中国形象"的隐性存在》，见吴秀明主编《文化转型与百年文学"中国形象"塑造》，杭州：浙江工商大学出版社，2011 年，第 546 页。

第十九章　域外中国形象影像构建的新样本分析

本章选取的新样本是近十年来域外新闻媒体和影视制作机构言说中国的代表性专题片，这与中国自我言说的国家形象宣传片构成了不同视角的典型样本，并且显示出与此前西方制作机构拍摄的中国专题片（如 20 世纪 70 年代由意大利导演安东尼奥尼完成的纪录片《中国》）很大的不同，其中也呈现出国家形象构建在自我言说与他者言说之间的互文性映照，是我们把握中国形象构建的审美规律时值得重视的一个方面。

第一节　一部引起热议的域外中国形象片

伴随着中国的经济、科技、军事、文化的迅猛发展和"一带一路"倡议的实施，中国的国家形象问题已经成为全球关注的热点问题。不仅我们自身十分在意中国形象在国际媒体和公众面前有怎样的呈现，而且域外各方也从不同的立场和观察角度对中国形象做出种种"他者"构建，从而形成了复杂多样的中国形象传播状态。一方面，我国积极实施中国文化"走出去"战略，面向世界生动讲述中国故事，主动利用西方主流媒体阵地正面传播中国形象，中国的国家形象宣传片《人物篇》《角度篇》登陆美国纽约时报广场，大型舞剧《丝海梦寻》在联合国总部大厅精彩上演，连续八年组织"文化中国，四海同春"海外慰侨艺术巡演活动，《云南映象》《木兰诗篇》等成功实现海外商业巡演，积累了在新的时代环境和媒体条件下主动塑造与传播中国形象的经验。另一方面，域外媒体和智库对中国的观察和讲述也在发生显著的变化，形成了一些值得关注的中国问题分析和中国形象呈现。我们从事中国形象的构建研究，应当重视域外媒体和学术界、艺术界对中国形象的"他者"构建。韩国媒体于 2015 年推出的系列专题纪录片《超级中国》就是值得关注的域外中国形象构建的新样本。

2015 年 1 月，由韩国三大电视台之一的 KBS 电视台推出的特别纪录片《超级中国》在韩国播出，创造了 10% 收视率的纪录，引发了韩国媒体和公众的热议。同样，该纪录片在中国也成为关注的焦点，央视新闻频道对《超级中国》在韩国引发的热议现象进行了详细的报道，认为该纪录片的播出在韩国引发了"中国热"；在百度贴吧的"超级中国吧"中，关于《超级中国》的相关讨论超过 4 万；在知乎、天涯、猫扑、豆瓣等新兴的网络问答社区也都有相关的讨论；百度搜索指数显示"超级中国"搜索量在 2015 年 2 月底达到了峰值。

为什么一部域外纪录片能够引起如此关注和热议？这部纪录片是如何呈现中国形象的呢？简要地说，该纪录片共 7 集，分别从人口、经济、军事、土地资源、文化、中国共产党的领导等方面介绍当今中国的发展状况。摄制组除在中国拍摄外，还到了美国、希腊、意大利、俄罗斯、阿根廷、秘鲁、肯尼亚、赞比亚、刚果、越南、斯里兰卡等 20 多个国家和地区，从政府官员、研究学者、企业家和普通民众的不同视角，试图全方位展现中国的现代化进程，进而观察中国的大国崛起给世界（特别是韩国）带来的影响和改变。该片从历史与现实的对比映照中积极评价中国的多方面发展和中国共产党的治国理政能力，具有域外视角正面呈现中国形象的积极作用。当然，由于中韩之间也存在文化差异和不同的意识形态立场，作为域外视角的中国形象呈现，该片的一些内容也带有另外一种"他者化"的痕迹，容易使人产生误读。对此，中国公众也有着自己的判断。有人认为该片把中国夸得有些过了，也有人认为片中一些渲染中国威胁的言论不可接受。

进一步说，《超级中国》之所以引起热议，还是因为此前的域外中国形象存在严重的被误读、被他者化和被妖魔化的现象。近代以来，一些西方国家在政治、经济、科技、文化等多方面对中国极力打压，造成了作为文明古国的中国在世界历史与文化舞台上的极度边缘化。后殖民主义研究的先驱萨义德曾经在《东方主义》一书中揭示了在西方文化的强势干预下，东方形象趋于虚弱化与"规范化"，这在中国形象的他者构建中尤为明显。中国形象成为映照西方自身文明强大的落后东方样本，带有浓重的"他者化"痕迹。在近代一百多年的时间里，中国不断遭遇到严重的文化身份认同的危机，延续到今天，这种歪曲性、否定性评价在鼓吹"中国威胁论""中国崩溃论""黄祸论"的西方依然存在。即使是在中国已经站到世界经济第二的高位，已经在全球治理中发挥着不可替代的重要作用的背景下，关于中国的形象构建依然是毁誉参半，在很多时候还是负面评价居多。恰恰在这种态势下，与西方媒体的不实报道和狭隘偏见相比，出自韩国的纪录片《超级中国》以新的观察视角对崛起中的中国给予介绍和评说，用翔实的数据和不同利益群体的感受来呈现一个多彩、强盛的中国，突破了以往域外舆论场对中国的习惯性贬斥，是对中国形象的一种新的他者构建，应当算是一部制作精良、评价相对中肯的作品，可以作为域外中国形象构建的新动向和新样本予以关注和研究。通过该片作为例证对"他者"眼中的中国形象与我们自我感知的中国形象进行对照分析，将更有利于异质文化间在国家形象构建上的"互补、互证、互识"。

应当指出，在全球化的当今时代，国家形象的有效构建并不能单纯依靠本国媒体和公众的自我认知与主动构建，还需要域外媒体和公众的参与和回馈。在对国家形象的自我言说与他者言说之间、自我形象与他者形象之间，会形成主体间性。有学者指出："国家形象的构建中实际上有两种形象出现，一种是自我努力塑造同时又期待他者认可的内在的'自我'，一种是纯粹来自外部认知的'他者'形象，这两个'形象'总是处在互相矛盾又互相映照中。"[1] 对国

---

① 周建萍：《中国当代文艺实践与"国家形象"建构中的"自我"与"他者"》，《江苏师范大学学报（哲学社会科学版）》2013 年第 5 期。

家形象的自我认知与他者认知存在差异是正常的，毕竟各自的观察立场和角度不同，在认知之外的情感归属也并不相同。但是作为对国家形象的深度感知和传播评价，我们需要寻求自我认知与他者认知的互补、互证、互识，也需要努力促进本土的内视角与域外的外视角之间的交流融合，使"自我形象"与"他者形象"在互鉴互照中丰富和完善，形成中国形象构建的整体风貌。

第二节　新的观察基点和新的评价视角

纪录片《超级中国》作为域外中国形象呈现的新样本，究竟新在何处？我们认为，该片体现出了新的观察基点、新的评价视角，在历史与现实、中国与世界、整体与局部的紧密结合中，生动呈现了体量巨大的中国、繁荣发展的中国、日益强盛的中国，以及面临难题和挑战的中国、可能构成威胁的中国，形成了域外视角对当今中国发展的生动叙事。我们至少可以从如下四个方面进行具体分析。

第一，该片真实反映了改革开放四十年给中国带来的巨大变化，用丰富生动的影像叙述了当代中国崛起的历史进程。该片侧重通过描述中国城乡的繁荣景象，通过介绍中国的经济、政治、文化、社会、军事、外交方面的成就，通过反映中国民众的精神面貌来全面展示崛起的中国和自信的中国人，这从一种域外的视角映现出中国正在经历的由"富"到"强"的发展进程。例如用江苏省苏南乡镇企业发展的典型代表永联村（永钢集团）的创业历程和致富经验来作为中国发达地区农村发展的缩影，让人们从村书记吴栋材的共同致富观念和村民们讲述的生活状况中感受到了改革开放给农民带来的获得感。又如采访浙江省著名民营企业王斌集团，观察企业家王斌的创业历程，介绍这位拥有私人飞机的企业家是如何从小加工作坊发展成为万人企业集团，在相框加工行业做到世界第一的。再如对海尔集团这个国企改制的典型案例，观察其走向世界的坚定步伐。从当年张瑞敏怒砸劣质冰箱，到在全球拥有 10 个研发中心、24 个生产基地的世界级大企业，通过一个国企的蝶变来映现中国改革开放所释放的发展活力。此外，该片对中关村 IT 企业的成长、小米手机的市场覆盖面、浙江义乌小商品市场的产品质量提升、广交会（中国进出口商品交易会）上中国产品的品质竞争力提升等都有介绍，还特别关注了中国高校每年有 100 万名理工类大学生毕业后求职和创业，成为中国发展的人才支撑力量。这些点面结合的叙述是域外媒体人对中国改革开放以来发展的观察，充分肯定了改革开放对中国发展的决定性作用。

第二，该片着力聚焦中国的繁荣强盛和发展需求对全球的多方面影响，客观介绍中国的"一带一路"倡议产生的积极作用，从多个方面印证了中国"走出去"的步伐。我们注意到，《超级中国》开篇就介绍中国的大豆需求给阿根廷农业种植结构带来的变化，由此来顺次介绍中国发展的旺盛需求给南美、北美、非洲、欧洲诸多国家和地区带来的影响。该片肯定了中国在帮助希腊缓解债务危机、协助应对美国次贷危机等方面的积极作用，也正面介绍了中国对非洲的长期援助是"只帮助而不附加条件的"。值得特别注意的是，该片对习近平于 2013 年首次提出的"一带一路"倡议构想也有积极的呼应，介绍了郑和下西洋所形成的海上丝绸之路对传播中国科技和文化所产生的深远影响，认为此举宣传了中国形象，展示了当时中国的强盛。另外该片也叙述了中欧货运班列的开行对实现"道路相通"的作用和意义。这种历史叙事和现实观照是非"一带一路"沿线国家媒体对这一倡议的积极推介，在域外媒体中具有示范意义。不仅如此，该片还进一步讲述了中国在多个方面推进"走出去"所取得的进展。

一是中国企业"走出去"的范例。该片第二集《金钱的力量》叙述了浙江万向集团被吸引去美国办厂的故事。讲述美国克利福德市的市长为了吸引万向集团投资办厂，曾经四次访问杭州，终于打动了鲁冠球董事长，达成了合作协议。该市长又推进企业落地后享受土地供应和税收优惠，使企业进入良性运行，聘用了美国的高管，改善了"瑞秋"一家及许多人的生活。这一引资办厂的行为仿佛是中国改革开放之初大力引进外资的翻版，是富有意味的生动叙事。此外该片还讲述中国企业在意大利收购了超过 200 家企业，在欧洲收购著名国际品牌，拿下希腊雅典旧机场开发项目，收购美国加州纳帕谷的红葡萄酒酒庄，在韩国济州岛投资开发高档住宅，在秘鲁、刚果、赞比亚等地开发矿山。这些企业并购和投资行为当然也引起了利益相关方的担忧和警觉。

二是中国文化"走出去"的步伐。韩国是文化创意产业发展早、水平高、产品输出能力强的国家，其媒体也因此对中国文化软实力的成长十分关注。《超级中国》的第五集《文化软实力》就专门讲述中国在建设文化强国的过程中取得的进展，介绍了北京夏季奥运会开幕盛况，中国的世界级非物质文化遗产保护项目传承情况，中国艺术家郎朗（钢琴）、张晓刚（美术）、曾梵志（美术）等人在海外的影响力，首次获得普利兹克奖的中国建筑师王澍的作品。当然，海内外中国电影艺术家如李安、张艺谋、陈凯歌、娄烨、刁亦男的国际电影节获大奖作品也在其观察视野之中。作为文化产业发展的表征，中国电影业的迅速崛起是该片重点观察的内容，介绍了浙江横店影视制作基地的规模之大，各地影城和银幕数量的迅速增加，以及万达集团对美国院线的并购、中国电影在印度的影响力等。也是这一集，用原声再现了习近平阐述中国梦、中国道路、中国精神的场景，正面评价中国梦对中国民众的激励作用，认为中国梦已经成为中国未来发展的精神引领。作为中国文化走出去的媒体代表，中央电视台的海外拓展行动被该片认为是在建设世界级媒体帝国，更加充分地向世界发出中国的声音，认为最终中国将会用文化引领世界。

三是对中国人"走出去"的评价。以中国人在海外的精神面貌来呈现当今中国的国家形象，是该片的一个独特视角。我们看到了中国工程师在国外项目工地的敬业工作，看到了中国企业家参与国际竞争时的乐观自信，看到了中国电影艺术家在柏林电影节的闪耀星光，看到了钢琴家郎朗在维也纳的演出盛况，看到了中国教师在海外从事文化传播的不懈努力，当然也看到了中国游客海外旅游的人头攒动、快乐购物。中国人面对世界的友善自信、开放包容具有亲和力和感染力。该片认为，通过中国文化与中国思维方式的结合，能够更好地理解中国，正如解说词所说："中国的软实力正向世界张开怀抱。"

第三，该片深度解析中国发展的力量构成，充分肯定中国共产党的领导力。从《超级中国》全片结构看，前六集分别从人口、经济、军事外交、自然资源、文化、中国共产党的领导六个方面来讲述中国繁荣发展的资源支撑、战略引领和制度保障，第七集则总结全片，引出愿景：选择与中国合作，构建共同发展的模式。就中国发展的力量构成而言，该片用 13 亿人的力量、钱的力量、军事的力量、大陆资源的力量、文化的力量、中国共产党的领导力这六种力量来分析中国快速发展的内在支撑因素，这若干方面的硬实力和软实力也是中国繁荣强盛的外在表征。其中特别引人关注的就是专门用第六集来讲述中国共产党的领导力，强调了中国共产党的领导和中国选择的政治道路是实现繁荣发展的根本制度保证。我们感兴趣的是，外媒如何讲述中国共产党的领导力，其观察角度有何独特性。

首先是基层的观察角度。我们看到了基层党组织领导村民实现共同富裕的先进典型——永联村，村书记吴栋材作为共同致富的带头人所表现出的党员情怀，村民生活富裕安居乐业的满足感，村容村貌的文明繁华；看到了基层党建在新社会组织律师事务所、在高校师生中得到的强化；看到了北京景山公园的广场舞，以及群众合唱革命歌曲、充分认同党的领导和改革开放的场景；看到了天安门广场的升国旗仪式上民众洋溢的激情。

其次是高层的观察角度。该片介绍了中共高层的领导体制，观察了颇具神秘感的中南海、党的总书记案头的"红机"电话。特别提到习近平经历 40 年的艰苦磨炼和实践锻炼，积累了丰富的从政经历和领导经验，获得人民的尊敬和拥护。该片也讲述了中国的反腐风暴力度之大，下决心惩治贪腐行为取得的突出进展，认为这是共产党敢于自我革命、正风肃纪的果断行动。

再次是国外智库专家的观察角度。在该片采访的外国专家观察中，中国共产党的执政能力和办事效率被肯定，同时认为中国共产党面临的问题仍然很多，相信中国共产党能够胜任领导责任。应当说，该片比较全面地阐述了中国共产党的领导对于中国实现改革和发展目标的决定性作用，是从域外视角评价共产党领导中国实现现代化的新高度。

最后，该片运用多元观察和评价视角，体现对中国的多角度分析和基于不同立场的评价，构成了同中有异、互为补充的中国形象呈现。作为全面介绍中国崛起的纪录片，《超级中国》注意采访具有不同观察视角和自身立场的各方人士，力图从他们的不同分析评价中来还原和呈现当今中国给世界留下的复杂多面的形象，而不是单纯地赞颂或者一味地否定。在接受采访的人士中，有像胡鞍钢、张维为这样的著名主流智库学者，也有西方经济学、政治学界的著名学者；有中国的企业家、基层干部、普通群众，也有外国官员、企业高管、与中国的海外投资并购行为有关的利益相关人；还有韩国媒体本身关于中国崛起对韩国究竟是机遇还是威胁抑或危机的观察分析。如此多元的观察立场必然形成对中国的复杂判断。例如该片既看到了中国的大规模房地产开发带来的城乡繁荣，也注意到了过度开发存在的"鬼城"现象，既肯定了中国海外投资矿山开发行为给当地发展带来的益处，也抱怨对当地环境可能存在的破坏，甚至还有对中国控制矿山、操纵矿石价格的担忧。对于中国资本在韩国济州岛的建设行为，也存在担忧中国企业大量吞噬济州岛土地的议论等。以上这些不同角度的观察构成了基于不同评价主体对中国形象的复杂构建，呈现出同中有异、互为补充的中国形象。这种来自域外媒体的形象构建可以与我们的自我认知实现互证和互识，同时有利于在未来发展中引为借鉴，致力于国家形象修复和形象提升。

第三节 《超级中国》推出的背景分析

接下来的问题是，韩国媒体为什么要拍摄这样一部《超级中国》？我们注意到，《超级中国》的拍摄制作方在接受中国媒体采访时表示，拍摄这部纪录片的目的是回应韩国公众的关切，是就关于"中国发展对韩国而言，是一个新的危机还是机遇"这一问题的解答。这是韩国媒体立足本国国民关切的拍摄初衷。经过进一步分析，我们认为韩国媒体拍摄《超级中国》的深层次缘由应当还包括以下三个方面。

首先是中国经济、科技、军事、文化实力和国际影响力的快速提升。中国作为一个陆地大国，在农业文明时期积累了大量的物质财富，古代中国的GDP（国内生产总值）曾占世界GDP总量的1/4以上。随着西方工业革命的兴起，古代中国的农业文明逐渐失去优势，这让曾经辉煌的中华文明在世界不同文明的对话交流中一度丧失了话语权，并受到异质文化的轻视和一再排斥。但是，近些年来，特别是 2008 年北京奥运会以来，中国的国家形象呈现出了新的改善态势。北京奥运会使中国在当代第一次受到了全球的瞩目，中国的文化形象、文明形象、艺术形象、体育形象[①]都得到了全方位的展示；2010 年，中国的 GDP 总量超过日本，成为世界第二大经济体，并且成功举办了上海世博会；2012 年中国作家莫言获得了诺贝尔文学奖；2014 年《白日焰火》获得了华语电影的第五个德国柏林国际电影节金熊奖；2015 年迄今，中国作家刘慈欣、曹文轩相继获得世界重要文学奖项，中国的大科学装置、超级计算机、量子卫星、"天眼" FAST、高铁复兴号、港珠澳大桥、载人航天工程等一再刷新前沿科技纪录。当西方还沉浸在近代中国落后愚昧的他者想象中时，中国已然成为一个不可忽视的崛起的大国。树立文化自信，中华传统文化也在中国这片古老的土地上焕发出新的生机，谱写出当代中国文化艺术新篇章。当前，中国经济、科技、军事、文化身份的提升使在国际竞争中处于边缘地位的中国重新返场，在国际场合的议题设置、规则制定、话语主导等方面扮演了重要角色。中国作为负责任的大国形象日益凸显，由此获得了越来越多的关注。

其次是对中国形象的重新认识。国家形象研究肇始于国际关系学与传播学，后来逐渐进入文学艺术领域，成为形象诗学研究的一个前沿领域。如何运用世界语言讲好中国故事，主动塑造应有的中国国家形象，已经成为当今中国在多个领域（包括文学艺术）努力探索和实践的热点问题。虽然我们一直致力于塑造富强民主文明和谐美丽的国家形象，并且勇于坦诚地对待并改善自身存在的问题，但是"中国威胁论""中国崩溃论"的言论一直伴随着中国形象的塑造和传播，儒家文化与基督教文化的冲突也在中西文化交流中被误读和放大。作为一个"被注视者"，中国的国家形象在域外"注视者"的构建和传播下愈显扑朔迷离，中国形象就像是西方镜像中的一个他者想象物，是一个被反映的、被"东方化"的对象。但是，随着中国经济科技军事文化的崛起和大国外交能力的提升，中国正在改变世界治理的既有格局。中国领导人在 G20 领导人峰会、

① 参见王岳川《发现东方（修订版）》，北京：北京大学出版社，2011 年，第 250~251 页。

上海合作组织领导人峰会、金砖国家领导人会晤机制、中非合作论坛峰会等国际舞台上发挥了引人注目的作用，尤其是"一带一路"合作共赢倡议的提出和实施，形成了中国主导的国际合作格局。韩国作为中国的邻国，曾与中国同属东亚的汉字文化圈，受到中华传统文化的巨大影响，中韩之间的经济文化关系也十分紧密。相比之下，韩国人比属于基督教文化圈的西方人更能了解中国人的思维方式和价值追求，因此也更能理解中国的立场和文化认同。具体到该片的创作团队，《超级中国》制片人朴晋范曾就读于清华大学新闻与传播学院，也曾长期担任驻华记者，在中国学习与工作的经历让他比一般韩国人更熟悉中国。面对中国和平崛起的理念和事实与中国对外形象被"扭曲化"的矛盾，作为该纪录片的制片人，他以敏锐的目光抓住了中国形象的新变化，力图用自己的观察角度呈现给世人一个值得重视和尊重的中国，向世界介绍中国的发展变化及其根源。

最后是西方中心主义的逐渐没落和退场。以基督教文明为代表的西方文化总是习惯于将异质文化视为弱势的次等文化，从而体会其自我文化的强势和优越感。几个世纪以来，基督教文明与伊斯兰教文明的冲突引发了多次战争，更有以"9·11"为代表的一系列恐怖袭击部分验证了美国学者塞缪尔·亨廷顿所言的"文明的冲突"和西方的衰落[1]，西方中心主义的固有观念也受到了很多学者的质疑。早在 20 世纪初，德国学者斯宾格勒就在《西方的没落》一书中大胆地预言西方文化已步入日薄西山的衰落阶段。自 2008 年爆发经济和金融危机后，西方社会更遭受到了前所未有的巨大危机，西方中心主义正在逐渐走向没落。正如斯宾格勒对西方政治的指责，"其他任何文明的权力意志都没有像我们的西方文明中表现得如此无情"，"民主政治因为金钱而导致了自我毁灭。现实生活中，人民已经明白，取代一种权力意志的只能是另一种权力意志"[2]。这实际上是对以"西方中心主义"为代表的西方文化的一种深刻批判。在当今倡导多元共生的全球化理念推动下，以往那种"西方/东方"二元对立的文化立场已逐渐被人摒弃，不同文明之间相互尊重，平等对话交流成为时代主流，

---

① 参见［美］塞缪尔·亨廷顿《文明的冲突与世界秩序的重建（修订版）》，周琪等译，北京：新华出版社，2010 年。
②［德］斯宾格勒：《西方的没落》，韩炯编译，北京：北京出版社，2008 年，第 152 页。

而以文化多元、和谐共生等为代表的东方思维成为匡正西方中心主义话语霸权的良方。韩国媒体正是秉持这种文化立场，才能走出以往西方中心主义和意识形态壁垒的局限，客观面对崛起的中国所产生的多方面影响，做出基于自身的价值判断。由此而形成的纪录片《超级中国》就作为来自东方的"他者视域"所构建的中国形象，成为域外中国形象构建的值得重视和研究的新样本。

第四节　值得警惕的"异样表达"

在全媒体的信息化时代，对国家形象的构建必然是多种视角、多种立场并存的，由此而呈现出的国家形象也各有差异甚至迥然不同。我们应当正视对中国形象的"自我认知"与"他者认知"必然存在的差异性，在"自我"与"他者"、"本土"与"异域"的互动关系中来辩证地理解这种形象构建。从今天的建构主义视野看，观察中国的"内视角"与"外视角"，以及由此形成的中国"自我形象"与"他者形象"不应当是相互对立和隔绝的，而应当在双向或者多边的主体间性中实现互照、互识甚至互补。[①] 因此，我们不能要求域外观察视角下的韩国纪录片《超级中国》完全符合中国公众的心理期待，而应把它作为域外中国形象构建的新样本来进行具体分析，区分其中的"洞见"与"不见"，将这一典型个案作为我们的国家形象研究和形象构建实践的必要借鉴。

《超级中国》是在跨文化交流中，韩国媒体以"他者"的视角对中国形象进行的构建和阐释，是韩国媒体按照自身观察立场和文化认知去了解与评价中国现状的一种探索。正如曹顺庆所言，"作为制作或描述之结果的形象，往往与他者的客观情况有差距。也就是说，形象的生成过程具有极大的主观性"，"他者之形象不再被视为他者文化的必然产物，而是被视为注视者这一

---

① 参见徐放鸣等《中国形象的艺术呈现研究》，南京：江苏人民出版社，2014 年，第 36 页。

方的'社会集体想象物'"①。对韩国的制作者而言，如何把握变化中的当今中国，"他只能按照自己的思维模式去认识这个世界。他原有的'视阈'决定了他的'不见'和'洞见'，决定了他对另一种文化如何选择，如何切割，然后又决定了他如何解释"②。于是，即使是并非秉持西方文化中心论、较少文化偏见的韩国媒体人，也还是会有这样那样的文化误读。不过，我们更加重视的是，《超级中国》的域外视角毕竟不同于以往西方媒体充满文化优越感和意识形态偏见的中国言说，为世界提供了来自东方的对中国的观察和评价。正如美国学者指出的："树立明确的国家形象也有助于外国人更好地了解中国，这个正在崛起并且必然在国际社会引起摩擦的国家。如果不树立起国家形象的一整套框架，中国在未来的国际舞台上仍然会遭受种种误解。"③韩国媒体人对中国形象的塑造让我们看到了基于东方的"他者视域"所做出的善意言说和异样表达。

在东亚汉字文化圈和地缘政治格局中，中韩国家关系具有十分明显的重要性和敏感性。近年来，中韩两国的政治、经济、文化交流持续深入，两国的互利合作使中韩关系持续升温，至 2015 年达到了高点。因此，2015 年《超级中国》的推出在某种程度上是当时两国关系状况的写照，其中也有着基于韩国国家利益的关切。在其视域下，中国作为近邻不仅是一个正在崛起的经济大国、一个文化竞争力正在增强的国家，也是一个正在成为威胁的军事大国。该片从"他者"的角度展示出中国的自信与富强——整个世界都因中国的发展而改变着：中国的人口对粮食的需求增加，这导致阿根廷黄豆种植面积的激增；中国东部农村发生了巨大变化，长三角地区农村快速推进城市化进程；中国企业家拥有私人飞机、豪车、别墅、优越的生活，发达城市夜生活灯红酒绿；中国文化创意产业兴起，中国风与中国符号在海外传播并产生影响力；包括中国旅游者对奢侈品与高档产品的购买力都证实了中国经济的

---

① 曹顺庆主编：《比较文学学》，成都：四川大学出版社，2005 年，第 207 页。
② 乐黛云：《比较文学与比较文化十讲》，上海：复旦大学出版社，2004 年，第 32 页。
③ ［美］乔舒亚·库珀·雷默：《淡色中国》，胡颖廉等译，见［美］乔舒亚·库珀·雷默等《中国形象：外国学者眼里的中国》，沈晓雷等译，北京：社会科学文献出版社，2008 年，第 15 页。

腾飞。这无疑是作为注视主体的韩国媒体对中国形象的善意言说，在一定程度上，是将中国的发展看作他国的机遇，呼应了最近十年来国际上关于"中国机遇论"的探讨。

但是由于国家之间经济、政治、文化等方面的利益冲突与意识形态差异，国际关系的呈现往往是复杂多样的。正如"美国国务卿可能把美中关系描绘成'记忆中最融洽的'关系，而同时华盛顿却在推行对亚洲部署导弹防御力量的计划"[①]，《超级中国》所塑造的域外中国形象也不可避免地存在明显的"异样表达"，其中体现出国家利益的不同立场和意识形态的差异。这主要表现在三个方面：一是仍然坚持"国强必霸"的思维逻辑，认为中国在国力强盛之后对霸权的欲望会日益增强，会不断向周边国家和世界各地扩张势力范围，存在对中国的和平发展、合作共赢理念及与世界分享中国发展机会的误读，对并不存在的中国"威胁"产生担忧。二是过度渲染中国军力的提升和武器装备水平，渲染中国军费的连年增长，渲染中国西沙、南沙的岛屿争端，包括对中国南海永兴岛填海造岛的"揭秘"，对中国南海军事基地的"偷拍"等行为，都透露出韩国媒体对中国军力发展的警惕与戒备，一定程度上呼应了国际上的"中国威胁论"。三是仍然存在意识形态壁垒，对中国的内政有所评论，涉及"港独"与存在于西藏、新疆的分裂活动等。

归纳起来，上述对中国形象的善意言说和异样表达都是基于域外视角的观察和他国立场所致。韩国媒体作为域外中国形象的塑造者对中国军事开支、军事基地、发达地区财富积累等现象的"洞见"，以及对中国的和平共处原则、合作共赢理念及区域经济发展不均衡等问题的"不见"，也为中国带来了新的负面影响。由此可能加深外界对中国的误解和疑虑，使中国一些原本符合国际社会利益并值得赞赏的举措因偏见和担忧而被认为动机不纯。因此应当重视纪录片《超级中国》对中国国家形象塑造和传播的复杂影响。

从域外纪录片言说中国的历史来说，我们还可以提到 1972 年意大利著名导演安东尼奥尼应邀来华拍摄的大型纪录片《中国》，其观察视点并非全面介

---

① ［美］乔舒亚·库珀·雷默：《北京共识》，见［美］乔舒亚·库珀·雷默等《中国形象：外国学者眼里的中国》，沈晓雷等译，北京：社会科学文献出版社，2008 年，第 49 页。

绍中国的经济、科技、军事、文化，而是观察和记录中国人，特别是普通民众，向国外公众介绍中国人的生活状态。因此片中天安门广场、天坛、长城、帝陵、工厂车间、学校、农村公社、寺庙、公园晨练的老人、北京国棉三厂的幼儿园、老式公共汽车、自行车大军、木偶剧演出等场景被记录和呈现。这本来是中国领导人主动邀请西方媒体人介绍中国的有眼光的举措，有利于消除西方媒体和公众对处于封闭状态的中国的误解和偏见，向世界呈现新中国的真实形象。但是由于当时处于特殊历史时期，本来侧重于客观记录中国人生活的域外纪录片受到不公正的批判，被视为诋毁中国形象的反华影片遭到声讨，中国从而错失了主动借助域外媒体宣传中国形象的良好机会，其中的教训至今依然值得反思。

另一方面值得注意的是，伴随着中国改革开放的历史进程，域外学者和媒体对中国的观察和形象塑造也有了显著的变化，在传统的意识形态立场之外开始正视中国的快速发展对世界格局的影响，也在思考进入新的发展阶段的中国的国家形象构建问题。例如美国学者乔舒亚·库珀·雷默撰有《淡色中国》《北京共识》等文，对中国的国家形象问题有独特的分析。他指出，"国家形象问题是中国当前最棘手的战略难题"，"从历史演进的视角来分析，这个一向内省的国家曾一度经受不住内外形象的反差之大"。他认为不能撇开别国如何看待中国及中国如何看待自己这些问题，国家形象在某种意义上将决定中国改革发展的前途和命运。[1] 更为重要的是，他还进一步建议："中国有必要设计一套全新的理念，以向世人恰如其分地展示自己的国家形象。所谓的全新理念并不是要抛弃民族的传统文化，而是要想办法借助文化艺术、商业产品等，让世人看到一个令人耳目一新的中国，从而进一步完善和巩固中国的传统声誉。"[2] 这说明，域外学者看到了变化的中国、崛起的中国，也在关注倡导"构建新型国际关系""构建人类命运共同体"的中国声音。

---

① 参见［美］乔舒亚·库珀·雷默《淡色中国》，见［美］乔舒亚·库珀·雷默等《中国形象：外国学者眼里的中国》，沈晓雷等译，北京：社会科学文献出版社，2008年，第7页。

② ［美］乔舒亚·库珀·雷默：《淡色中国》，见［美］乔舒亚·库珀·雷默等《中国形象：外国学者眼里的中国》，沈晓雷等译，北京：社会科学文献出版社，2008年，第13页。

从当年的意大利纪录片《中国》对封闭状态中国的形象呈现，到如今韩国纪录片《超级中国》对开放的、崛起的、强盛的中国的形象呈现，来自西方与来自东方的他者视角构成了具有历史感和时代性的形象对比，也从域外的视角见证了中国由封闭保守走向开放繁荣的发展进程。这种有意味的影像记录在中国的国家形象传播史上必将留下深刻的印记，也会为我们研究文艺领域构建国家形象的审美规律带来启示。

第二十章　跨文化视野下的文化中国形象呈现

　　从形象诗学的视角研究跨文化背景下中国形象的构建和传播，应当成为当下艺术学研究的一个具有实践性的问题域。我们认为，国家形象是在国际交流和竞争中由一个国家硬实力与软实力的有效组合而产生的综合影响力。国家形象不仅体现在经济、科技、外交、军事等领域，其文学呈现、艺术呈现也越来越受到重视。[1] 进一步说，国家形象是处于本土话语与国际视野双重张力中的动态系统，需要在跨文化的互动和融通中形成可以深度理解的形象认知。艺术批评和艺术史的跨文化交流可以为促进不同文化背景的国家公众间相互理解发挥独特的作用。当然，"中国艺术的世界眼光和国际视野，并非一味地崇尚西方、迎合西方、言必西方，也不是主动进入西方话语系统所预设的霸权规则，以纯西方的视野来观照和阐释中国，而是在保持民族品性的基础上与世界的深层次接轨、融通和对话"[2]。21 世纪以来，多媒介的传播在国家形象的构建和呈现上发挥着巨大的作用，网络、电视、广播、报刊、电子图书等新旧媒体作为图像时代特有的传播载体，在科技的带动下，以全新的面貌来承载构建国家形象的重任。同一题材的内容，可以是一部小说、一部电影，也可以是一场演出、一

---

① 参见徐放鸣等《中国形象的艺术呈现研究》，南京：江苏人民出版社，2014 年，第 25 页。
② 徐放鸣：《审美文化与形象诗学》，南京：江苏人民出版社，2008 年，第 215 页。

次展览。不同文本赋予内容以不同的解读方式，而不同的媒介同样赋予受众对一部作品进行多元化理解的方式。纪录片以"真实"为标签，记录真实，体悟真实，以光、影、图、文、音动态结合的方式，吸引了一大批受众，在中国国家形象的构建与传播上发挥的作用值得重视。本章尝试以一部中外合作拍摄的人文纪录片为例证，来分析跨文化视野下的文化中国形象构建。

　　由中国和法国合作拍摄的 12 集人文纪录片《当卢浮宫遇见紫禁城》就是在艺术史领域通过中西文化艺术传统的交流会通来呈现历史悠久的文化中国形象的新尝试，构成了从形象诗学的视角研究跨文化比较中文化中国形象的新样本。该片由富有诗意和历史感的《遇见》《逐荡两河》《永恒天沙》《典雅千古》《铁血长风》《神圣无上》《完美人生》《激越内心》《东西对望》《再造往昔》《生于浪漫》《人间关切》12 个篇章组成，通过对卢浮宫和紫禁城两座博物馆馆藏文物的生动叙事，在宏大的历史时空中梳理中西艺术史的脉络，进而展现中华文明和中东、北非及欧洲不同文明之间的碰撞与交融。该片从跨文化的视角，以艺术史研究的方法，在展现文化欧洲的同时让我们对文化中国有了一个全新的认识。片中展现的中国文化在和欧洲文化对比的过程中突出了传统与现代、民族与世界相融合的特点，同时在呈现文化中国形象上运用了具象与抽象、生活与艺术相结合的构建方式，在纵向与横向双重构建的维度上向我们呈现了历史悠久、底蕴深厚又富有活力的文化中国形象。对该纪录片在构建文化中国形象过程中所体现的审美规律的研究，将为纪录片的创作提供积极有效的指导和借鉴，同时可以丰富中国国家形象的内涵与构建方式。

第一节　构建文化中国形象的独特视角

　　纪录片《当卢浮宫遇见紫禁城》选择了跨文化的叙事视角，对中国古代文化艺术与西亚北非及欧洲古代文化艺术进行对比展现，通过艺术史的生动讲述呈现了厚重丰满的文化中国形象，从中体现了中华美学精神的独特风貌。无论欧洲还是中国，其历史传统中的文化精神都是当代社会发展的重要思想支撑，而且这种文化思想不仅是民族的，也是世界的，在全球范围内所开展的多种形式的对话、比较和会通为其立足民族、走向世界提供了现实可能性，也为促进多元共生的全球化发挥了作用。

首先，纪录片《当卢浮宫遇见紫禁城》在中西文化艺术的对比过程中构建了传统与现代相结合的文化中国形象。现实中存在的误区是，不少作家、艺术家"一味地迎合'他者'的价值标准和审美趣味去追求所谓的'文化对话'或者'文化全球化'，而完全脱离中国的语境和民族的根基"①。与此不同，立足中国美学和艺术传统，阐发中华文化的独特精神，在此基础上与欧洲文化艺术传统实现深度对话，这是纪录片《当卢浮宫遇见紫禁城》的创作团队构建文化中国形象的基本立场，也应当成为中国当代文艺在跨文化语境中构建国家形象的重要原则，以此来彰显中国文化走向世界的自身姿态。紫禁城因建立的皇宫比对着天帝的紫微宫殿而得名，古代君王自视为天之骄子，权力至高无上。在古埃及，金字塔是法老王权的象征，而在中国的商周时期，权力的代表则是青铜大鼎；为追求灵魂不朽，古埃及有木乃伊，而中国汉代则有金缕玉衣；再就绘画艺术而论，也有着写实的形体与抽象的线条的不同旨趣。这些历史现象表明，在不同的文化系统里，同一主旨的表述往往依托不同的文化符号，继而文化符号所承载的文化传统又有所区别，各具特色。第七集《完美人生》对达·芬奇笔下的树与中国元代画家倪瓒笔下的树做了生动对比。文艺复兴时期，西方绘画讲究比例与对称、光影与构图，而中国绘画则讲求浓淡深浅、写意寄托，多用留白。倪瓒的《秋亭嘉树图》并不描绘真实的渺渺湖泊，而是以留白的形式给人以无限的遐想。这样内敛的表达方式同样在中国的其他艺术形式中可见，例如汉代的陶俑，它们并不像西方的雕塑那般奔放浪漫，往往以含蓄的面目表情来展现多彩的风貌。中国文人崇尚以回归的姿态欣赏与模仿古人的艺术传统，当今的我们则应以进取的姿态融传统于现代。元代赵孟頫绘有《鹊华秋色图》，由师法古人到自出机杼，从传统资源中生出新的艺术风格。他每日临摹《兰亭序》，每一次的回归传统都能得到不一样的解读体验。该纪录片就是这样通过

---

① 张玉勤：《当代文艺应积极塑造中国形象》，《文艺报》2015 年 5 月 11 日。

一系列艺术史的个案来构成历史演变的脉络，探求中西传统艺术的对比、理解与沟通，以此来凸显中国古代文化艺术所具有的独特性。同时，该片在对比的过程中融入了现代元素，体现中国古代文化艺术作为民族瑰宝对当代中国社会发展所产生的积极影响，以此构建传统与现代相交融的文化中国形象。这就启示我们，中国当代文艺实践构建中国形象，应当在注重历史传统的同时兼顾当代中国的现实情境，"那种缺少现实基础和实践情怀的形象建构，一定是不真实的、带有'乌托邦'性质的审美幻象"①。我们所期待的文化中国形象就是在这般传统与现代的交融中逐渐丰满起来的，虽然其间尚有如何形成有效的对接等问题存在，但文化中国形象的整体性就是在这样的交融中逐步清晰与完善的。

其次，纪录片《当卢浮宫遇见紫禁城》构建的文化中国形象兼具民族与世界的双重特性。一个民族的文化艺术发展基于自身传统与外来影响的双重支撑，本土的与外来的有效交流融合有助于扬长补短以形成新的艺术风貌。有学者指出，中国当代文艺实践构建中国形象应当"是在保持民族品性的基础上与世界的深层次接轨、融通和对话"②。在跨文化的视域中，这种对话和融通更能够体现艺术的民族性与世界性。该片第五集《铁血长风》讲述了卢浮宫于 2009 年 5 月举办的一场特展，该展陈列了中国乾隆皇帝向法国国王路易十五定制的铜版画样稿。而 2008 年 4 月，在故宫举办的拿破仑一世展也将凯旋门的模型搭进了故宫午门的展厅，这又是一次美丽的遇见。不同文化场域里的人对"他者"文化会有不同的解读方式，而片中这种再解读则造成了对原有事物的多重建构。凯旋门作为胜利的象征，摆在今天的故宫午门，虽不及当时迎接欧洲勇士归来那般令人热血澎湃，但是其中的神圣、庄严依然是存在的。对午门有着本土认知的中国人以东方的视角来审视凯旋门这样的建筑，无论从美学的、历史的还是文化的角度，都会有别于西方的解读，但其中仍会存在相通之处，会产生认知和感悟上的深刻遇合。第九集《东西对望》引用贺拉斯《颂歌》中的话"拉开祖传的弓，把箭射到中国去"来形容那个时代的中西文化交流。艺术的发展

---

① 张玉勤：《当代文艺实践构建国家形象的历史性、现实性与理想性》，《江海学刊》2013 年第 4 期。

② 徐放鸣、张玉勤：《我们的文艺如何面对中国的"形象焦虑"》，《文艺报》2007 年 3 月 6 日。

是一个主动汲取的过程，法国画家布歇的作品《早餐》中便出现了中国的瓷器和弥勒佛，而他的中国系列油画《中国市集》《中国皇帝上朝》《中国捕鱼风光》等虽然描绘的是中国式的风光与生活场景，却带有域外观察者误读和想象的明显痕迹：长相奇特的人物、怪异的服饰及不切实际的背景，这些虽然在一定程度上体现出西方人对遥远的古老中国的好奇与怀想，呈现的却是一个不真实的、幻想中的中国形象。该纪录片通过对代表性艺术品的分析，借助影像手段将当今真实的中国湖泊场景等自然风光及历史文人画像展现出来，恰当地评点了历史上西方艺术家对中国的误读。更加耐人寻味的是，第十一集《生于浪漫》从一个独特的角度来对比法国浪漫派画家德拉克洛瓦与中国明代画家徐渭，认为其中体现了两个民族对浪漫主义的不同的文化表达，从中找到了二者内在精神的相通性。面对西方他者对中国文化艺术形成的诸多误读，该纪录片力图表明，紫禁城与卢浮宫正是中国文化艺术与西方文化艺术之间的代表性形象载体，二者的差别固然很大，既有文化艺术表现形式的不同，也有内在艺术传统观念的明显差异，但是双方在艺术精神和美学传统上具有互补性与相通性，都以其各自的民族性而具有世界性意义，可以在跨文化的比较和会通中起到影响本民族与世界艺术发展的作用。我们应当充分认识到，中国传统文化艺术中的诸多元素都兼具民族性与世界性双重属性，在世界范围内具有跨文化交流的共通性。它们不仅是中华民族的瑰宝，同样是世界艺术宝库中的宝贵财富。因此，中国当代文艺实践在立足民族传统、凸显审美特质来构建文化中国形象的同时，应当积极参与世界文化大场域的交流、比较与沟通，向世界呈现兼具民族性与世界性的文化中国形象。

第二节　两相结合的文化中国形象

文化中国形象的构建应当以多种中国文化符号的阐释作为基础。文化符号"是指一个民族、国家或地区长时间沉淀下来的文化资源的凝结式标示，是一个民族、国家或地区物质文化和精神文化的精华，反映了某个特定社会或社会群体特有的精神、物质、智力与情感等方面的一系列特质"①。纪录片《当卢浮宫遇见紫禁城》在构建文化中国形象的时候，既运用了具象的、物质形态的中国文化符号，又阐释了抽象的、精神形态的中国文化符号。具象与抽象的文化符号背后所蕴含的是生活与艺术两相结合的文化中国形象。

1. 具象与抽象两相结合的文化中国形象

索绪尔认为："语言的问题主要是符号学的问题，我们的全部论证都从这一重要的事实获得意义。"②他认为"符号"由概念和音响形象结合而来，"我们建议保留'符号'这个词表示整体，用所指和能指分别代替概念和音响形象"③。符号作为一个表意系统，在古代文明中常有出现，并且形成了有趣的对比。例如在第三集《永恒天沙》中，古埃及人以波浪线在上、圆圈在下的简单图形来表示"永恒"，这是与他们的信仰和传统密不可分的，波浪线代表着尼罗河，而圆圈则代表着太阳。在古代中国，同样以符号来记载文明。

第一类符号是以甲骨文、青铜器铭文、绘画、雕塑等为典型代表的具象文化符号。第二集《逐荡两河》对比了上古时期中国的甲骨文同早期西亚文明中的楔形文字，前者不同于后者采用黏土、芦苇秆书写，更不同于后者主要用于记账、签订文书的实用目的，甲骨文多以符号化的形式表现祭祀的目的。现代艺术家徐冰作为片中的讲述者致力于探讨不同文化与其代表性文字之间的内在关系，着力创作图标地书，通过简练的图标，将意旨传达出来。在他笔下抽象的文字符号并未陷入一种费解与模糊的境地，更多的是一种形象的传达与理解，它被赋予了新的含义继而得到新的解读。中国历史上的西周时期曾铸造师旂鼎，其上铸有反映中国古代法律史的铭文。进一步说，其实紫禁城作为能够体现中国古代建筑文化特色的皇家建筑群，本身就是一种具象的文化符号。我们虽无法回到古代，但从这些具象符号中，可以领悟其中所体现的文化艺术精神。

第二类符号是以儒家、道家及佛学思想为代表的抽象的文化符号。无论儒

---

① 蒙象飞:《中国国家形象建构中文化符号的运用与传播》，上海：上海外国语大学博士学位论文，2014 年。

②［瑞士］费尔迪南·德·索绪尔:《普通语言学教程》，高名凯译，岑麒祥、叶蜚声校注，北京:商务印书馆，1980 年，第 39 页。

③［瑞士］费尔迪南·德·索绪尔:《普通语言学教程》，高名凯译，岑麒祥、叶蜚声校注，北京:商务印书馆，1980 年，第 102 页。

家的"礼乐"规制、"仁义"精神，还是道家尊崇自然、无为而治的生存法则，都是古代中国留存下来的具有精神启迪价值的抽象文化符号。第三集《永恒天沙》通过汉画像石与古埃及墓葬石刻，对比了中国文明与古埃及文明的思想蕴涵，分析了其间不同的政治性和社会性，也指出了汉代人的生死观与古埃及人的相似性。抽象是隐性化的、简洁化的，具象是生动化的、具体化的，纪录片《当卢浮宫遇见紫禁城》为我们构建的正是这种具象与抽象相结合的文化中国形象，在抽象的符号中融入丰富的意蕴，它是想象的，又是具体可感的；它是抽象的，又是有血有肉的。

2. 生活与艺术两相结合的文化中国形象

艺术是生活的艺术，它源于生活，而又最终归于生活，成为人们精神生活不可缺少的内容。中国当代文艺实践构建的中国形象不仅是艺术层面的，同样应当是社会层面的。因为"中国形象体系是在传统与当代、个体与整体、物质与精神、民族与地方的张力中，以社会生活史和'民族心灵史'的方式呈现出的多元化样态"①。中国文化视域里的艺术常常带有对生活的精神体悟，它不同于西方纯粹逼真的写实性追求，不讲求精确计算式的绘画手法，而是寻求境界之有无、格调之高下和意蕴之深浅，追求言有尽而意无穷的艺术表达。第六集《神圣无上》为我们展示了中国博大精深的佛教文化。作为乾隆皇帝参佛悟道的场所，紫禁城春华门内的雨花阁里悬挂着精美的藏传佛教绘画作品唐卡，工艺独特，制作精美，堪称艺术佳品，但它又是供佛教徒观修、礼佛、积善祈愿的实用物品。该集强调了唐卡艺术所具有的宗教性与人间性相融合的特点，将佛教文化融入艺术作品，进而把人生参悟纳入作品中来，让艺术回归自然，回归人性本身。这一点充分体现了中国文化艺术与社会生活的密切关系。同样，敦煌的经变画也并非单纯用来解释某部佛经的思想内容，它还描绘了民间生活场景，例如春种秋收、婚丧嫁娶，表达世俗的情感与愿望。中国的木造建筑虽不及西方的石造建筑那般宏阔高大，但它常坐落于青山绿水之间，与自然融于一体，温润亲切，内敛含蓄，体现出中国传统思想中天人合一的观念。所以，艺术并

---

① 徐放鸣：《文学的使命与中国梦》，《文艺报》2014 年 2 月 10 日。

不是虚无缥缈的精神理念的表达，而是实实在在的、鲜活生动的生活反映。在此基础上构建的文化中国形象并非假想式的，它是艺术与生活的结合，是美与真的表达。

在该片的生动讲述中，中国的艺术是生活化的，但又具有留白式的思想深度，其中体现着有别于西方逻辑思维的感悟性思维。不同时期对同一作品的一再解读会增添作品内涵的丰富性，经过多重感悟和阐释，然后再创造而产生新的韵味，一如法籍华人艺术家严培明在卢浮宫举办的主题为"蒙娜丽莎的葬礼"的画展就具有这样的意义。创作与欣赏互相观照，艺术与生活也是如此。纪录片《当卢浮宫遇见紫禁城》所展现的文化中国形象既是艺术的，也是社会生活的，在立足于艺术形式表达的同时，融入了不同历史时期社会生活的丰富内涵。

第三节　文化中国形象构建的审美规律

纪录片在国家形象的塑造上有其独特的审美规律性。作为纪录片呈现中国形象的新样本，《当卢浮宫遇见紫禁城》借法国的卢浮宫与中国的故宫馆藏文物的比较，通过特邀中外学者和艺术家的精彩解读，在内容上赋予了该片饱满的现场感与美学深度，在形式上给予观者强烈的视觉冲击和审美享受。该纪录片在文化中国形象的呈现与塑造上有其审美特殊性，是对艺术作品塑造国家形象的审美规律所做的积极探索。

第一，文化中国形象的生动性表现：语言与图像相结合的戏剧表现手法。童庆炳在讨论文学文本时指出："综合古今中外对文本层次的探讨，我们从总体上可以将文本分为三个大的层次：文学言语层面、文学形象层面和文学意蕴层面。"[1] 纪录片作为视觉影像形态的艺术形式，也具有类似的语言特质。语言作为我们接触文本的直接要素，在文学作品的分析中占据重要地位。而纪录片的解说词则担当了这样一个重要职责。解说词既可以客观陈述，也可以带有解

---

[1] 童庆炳主编：《文学理论教程》，北京：高等教育出版社，2008 年，第 201 页。

说者的主观情感，既可娓娓道来，又能昂扬激越，语言的叙事与抒情优势得到充分发挥。它配合图像的转换，省去了接受者的构图想象，这同舞台戏剧的表现是相通的。表演者通过舞台展现，将故事情节铺陈开来，配以台词或者有时没有台词，仅以场景的转换或者表演者夸张的动作展现。纪录片以图像的切换将物态的文化中国形象直接呈现给受众，同时，通过解说词的描述，语言符码在观赏者大脑中转化，形成精神层面的文化中国形象，从而达到视觉观赏与精神领悟的承接递进，是经过接受者解码进而再创造的文化中国形象，其内在意蕴更加丰富。纪录片《当卢浮宫遇见紫禁城》中多次出现同一意象，如凯旋门、午门等，但每一次的出现都含有不同的意味。这些意象经由不同的语言描述和阐释便具有了不同的审美意味，而意象的出现又不单单是经过纯粹的文字传达出来的，它有实实在在的直观图像呈现。观众在接收图像时，连同对解说词的理解，构建出想象性的场景和情境。这样，文化中国的形象既有了物质的客观性，又有了意识的想象性，是两者的有机融合。

第二，文化中国形象的客观性表现：历史与现实相结合的超越真实的显现。纪录片记录真实、表现真实，但它不是绝对的真实，而是超越真实的影像呈现。通过艺术形式来对历史真实进行表达，凸显的是历史真实背后所隐含的精神价值所在，这些精神价值的影响与作用是超越历史真实本身的。记录者通过对素材的加工剪辑而形成全新的艺术形态，它可以像记叙文体那样按照时间脉络叙述，也可以按照杂文体的结构脉络来展现。正因其表现形式的多样化，尊重真实被摆到了突出的位置，这是纪录片创作的基本操守，更是一部优秀纪录片最基本的立足点。文化中国形象依其特质而言是兼具历史性与现实性的，而纪录片恰好在这一点上发挥了其本身作为影像媒介的优势。通过镜头它可以叙述已经发生的事件，同样可以记录当前的事件，以及预见未来可能发生的事件。亚里士多德在比较历史学家同诗人的区别时曾经说："前者记述已经发生的事，后者描述可能发生的事。"[1]纪录片很好地将历史与现实有机融合，呈现的历史是具有现实意义的历史，展现的现实是立足历史传统的现实。《当卢浮宫遇见

---

[1] ［古希腊］亚里士多德：《诗学》，陈中梅译注，北京：商务印书馆，2009年，第81页。

紫禁城》以艺术史的叙述维度将中西古代文明延伸开来，文化中国形象就是在跨文化的历史叙述和个案比较中展开的，它直接显现在中国众多灿烂的艺术珍宝中，又承载着古代与当今艺术大师的思想精髓。文化符号是历史的，而阐释其美学特质和意蕴的思想却是当下的，这恰好反映了该片编导所坚持的"中国的眼光，现代的立场"。由此可知，文化中国形象的真正价值便是其在当代社会发展中给予本土和域外公众的多方面感悟与认知。

第三，文化中国形象的双重主体性表现：自我与他者相结合的主体间性。有学者指出："国家形象的构建中实际上有两种形象出现，一种是自我努力塑造同时又期待他者认可的内在的'自我'，一种是纯粹来自外部认知的'他者'形象，这两个'形象'总是处在互相矛盾又互相映照中。"[1] 作为中法合作拍摄的纪录片，《当卢浮宫遇见紫禁城》侧重于跨文化的视角，通过对来自不同文明的艺术品的解读来阐释中国文化。其中，有来自中国本土学者的解读，也有来自西方学者的解读，还有来自兼受中西文化影响的华裔艺术家的解读。在这样的多重解读中，文化中国的形象既有"自我"的表达，又有"他者"的理解与阐释，双重主体形成了主体间性，彼此产生碰撞和对话，展现了不同语境下对中国文化和艺术传统进行阐释的共通性与差异性。由此，一组存在差异的"自我"形象与"他者"形象就构成了文化中国形象的多元丰富性。"主体间性体现为一种交互主体性，即主体间的相互关系，涉及到自我与他者、个体与群体等的关系，它追求的是主体与主体的共在。"[2] 该纪录片通过直观的影像将中西艺术的文化背景和审美特性的异同直接呈现出来，不同文化场域内的学者对中国的艺术形象进行解读与评价，形成了多元化的观察视角，多次的解构与建构促使文化中国形象形成了多重特质，主体与主体之间的多重解读得到再书写，进而促使这一形象由单一主体性向主体间性的转化。进一步说，纪录片观众作为接受者，也有自己的感悟和解读，他们观影后形成自身的主体想象，将自我理解的文化中国形象与纪录片所传达出来的文化形象进行再构建，也会形成一

---

[1] 周建萍：《中国当代文艺实践与"国家形象"建构中的"自我"与"他者"》，《江苏师范大学学报（哲学社会科学版）》2013 年第 5 期。

[2] 周建萍：《国家形象建构中的主体性与主体间性问题研究》，《江苏师范大学学报（哲学社会科学版）》2015 年第 4 期。

个不同于创作者的形象表达。在这样的传播、接收、反馈的过程中，文化中国形象便更加具体与饱满了。

最后应当谈到的是该纪录片创作者的在场姿态。《当卢浮宫遇上紫禁城》的总撰稿朱青生本身就是一位具有海外留学背景和国际视野的著名艺术史学者，他对中国艺术和西方艺术都有深刻理解。该片的立意就是在世界文明整体发展进程中来观察和叙述中华文明，在对不同文明浸润下产生的各种艺术形态的比较中寻找中华文明和艺术的独特性及其世界性意义，为世界文明的交流互鉴建造一条文化对话的道路。为此，朱青生力图从世界艺术史的整体格局和跨文化的视角来叙述中西艺术如何形成各自的传统，如何东西对望、互相欣赏，如何在交流中实现中西艺术的融合。12集的内容以典型的断代叙述和对比构成了中外艺术交流史的总体脉络。朱青生不仅作为总撰稿来把握全片的历史叙述，还在第五集和第十二集直接现身走进画面，亲自担任讲述人来引领观众欣赏和理解艺术，深刻阐释中西艺术如此不同，又同样伟大而深厚。这是一位艺术史学者和他的团队对文化中国形象的成功呈现，也启示我们，应当在世界文明与艺术的整体格局和跨文化的对话视野中来把握悠久深厚的、体现自身特性的文化中国形象。

第二十一章　美国当代艺术中的中国元素与中国形象

在"域外篇"中,我们先后研究了赛珍珠、李安等具有复杂文化身份的作家、艺术家对中国形象的理解和呈现,又在纪录片创作领域分析了韩国媒体拍摄的《超级中国》和中法合作的《当卢浮宫遇上紫禁城》这样的典型样本,从中可以发现,基于不同文化身份和自身立场所构建的中国形象存在明显差异,并且由此构成了互为补充、存在内在张力的中国形象。本章将进一步对华人作家的英文写作和美国影视艺术中的中国元素运用所构建的中国形象做具体分析。

第一节　大中国与小中国:空间的意味与隐秘的乡愁

新移民作家哈金是一位以英文写作而在美国文坛拥有广泛影响的华人。距离 1997 年他的长篇小说《等待》获得美国国家图书大奖和福克纳笔会奖已经过去二十多年了,国内学界对哈金的接受也由早期简单的作品介绍和脸谱化的"自我东方化"的指责,上升到对哈金作品的全方位解读,尤其是能超出狭隘的民族主义视角,并从文学审美、人性批判等角度进行深入的文学文本分析,这无疑是一种进步。可是这种详细的文本解读仍然以对其长篇小说的分析为主,相比之下，哈金的短篇小说受到的关注要小得多，但这并不意味着他的短篇小说逊色于其长篇小说。

作为新移民作家的哈金，1956 年出生于辽宁，1985 年赴美留学，之后便留在了美国。相比于前几代移民作家，哈金的作品中有更多的关于中国本土的记忆，尤其是关于他成长的年代和地域的记忆，所以他笔下的中国形象具有一定的地域独特性。在他的短篇小说中，各种主题的故事虽然出场人物各异，却始终在一个明确的地理空间内活动，这些人物生活在同一个地方，彼此之间认识或不认识，读者的想象始终被限定在这一独特的地理空间之内，被特定的时代背景和风土人情所感染，故而空间建构便成为哈金的短篇小说中不容忽视的一个问题。他的作品中目前已经出版的短篇小说集共有四部，分别是《好兵》《小镇奇人异事》《新郎》和《落地》，除《好兵》之外，其余三本均已在大陆翻译出版（详见表 21-1）。

表 21-1 哈金短篇小说集及中译本一览表

英文书名	出版年份	台湾版书名	出版年份	大陆版书名	出版年份
Ocean of Words	1996	《好兵》	2003		
Under the Red Flag	1997	《光天化日：乡村的故事》	2001	《小镇奇人异事》	2012
The Bridegroom	2000	《新郎》	2001	《新郎》	2015
A Good Fall	2009	《落地》	2010	《落地》	2012

按照表 21-1 所罗列的哈金的短篇小说集及其出版时间来看，《小镇奇人异事》和《新郎》的创作时间要远远早于《落地》，而且前两部小说集以中国大陆作为故事发生地，《落地》则将背景设置在美国，将描述的对象转向在美国生活的华人移民。在《落地》的序言中哈金说："为什么一位中国城里的新移民就不可以与那个'大中国'拥有同等的艺术机遇呢？"[1] 言下之意是，纽约中国城这个"小中国"、这个中国社会在美国的缩影，与"大中国"在文学创作上拥有同等机会，从中都能见出卑微生命中的复杂汹涌的人生。将哈金笔下的"大中国"和"小中国"做一番比较，就能发现哈金在一贯平实有力的叙事

---

① 哈金：《落地》，南京：江苏文艺出版社，2012 年，第 2 页。

中隐藏了情绪的转化，中国形象在他的故事中已经悄然发生了改变。

一、空间之一：歇马亭与木基

小说集《小镇奇人异事》是哈金根据自己童年在辽宁省金县（今辽宁省大连市金州区）亮甲店镇的生活经历所创作的。"歇马亭"这个地名是虚构出来的，里面的故事却是真实的，如哈金自己所说："作为一个作家，我所做的不过是重新编整结合人物和细节，将其安排进歇马亭和它附近的村子里。"①如果说《小镇奇人异事》描绘的是"文化大革命"时期的乡村风俗，那么《新郎》则聚焦于在城市生活的人群，或者更聚焦一些，是"文化大革命"末期到改革开放初期的东北地区某城市的人群，这个木基市当然也是哈金虚构出来的。凭借着地理空间的集中性，哈金将一些主题截然不同的故事安排进同一部小说集中，并且依然显得井然有序，如同是在全方位地为读者展现当地的风土人情和家长里短，再加上他简洁、写实的语言风格，使得这些故事具有一种令人信服的力量。

短篇小说《活着就好》中的男主人公古汉在离开木基市后遇到地震失去记忆，并在另一个城市重组家庭："你只要精神正常、不缺胳膊少腿，你就理应有一个配偶和一两个孩子，甚至还会有新的老父老母。"②这种地震后的"应急措施"真实又荒诞，因为只有重组家庭，才能优先分到住宅、优先获得工作。《最阔的人》中的李万是歇马亭镇公社医院的医生，因为失手打碎了毛主席石膏像被打成反革命分子，早就对富裕又吝啬的李万心怀不满的人们冲到他家没收了所有值钱的东西和存折。不管是歇马亭这样的小镇还是木基这样的城市，没有什么东西是属于个人的，空间之中最小的单位不是作为个体的人，而是家庭或所属工作单位，也许正是在这种意义上，哈金抓住了特殊时期生活的所谓"本质"——个人没有立足之地。

这种以家庭或工作单位为基础构造的空间立足于对个体的否定，必然会带来对个体的压迫，尤其是对于尚处于单身状态的个体，试图将这些个体同质化。《小镇奇人异事》和《新郎》虽然创作于不同时期，描写的也是不同时期，但

① 哈金：《小镇奇人异事》，王瑞芸译，南京：江苏文艺出版社，2013 年，第 2 页。
② 哈金：《新郎》，金亮译，北京：北京联合出版公司，2015 年，第 41 页。

是里面有些故事的内核是相同的，这些故事都涉及对性的窥探欲，通常跟"捉奸"联系在一起，而在这类故事中又总是有一个不情愿地卷入其中的单身青年形象。短篇小说《男子汉》讲述了一个男人请民兵队的人强奸自己的妻子淑玲来惩罚她的不忠的故事，刚订婚且连未婚妻的手都没碰过的年轻小伙子郝男尽管一开始拒绝了，但最终还是跟别人一起参与其中并且被一声狗叫吓得阳痿了。《破》讲了刚入职木基市铁路局团委的男青年满津参与了一次捉奸，而捉奸的目标之一则是他暗恋的姑娘王婷婷，之后满津又在一场误会中诬陷王婷婷勾引自己，最终导致女孩自杀。这两个故事都从年轻男性的视角来写，一方面他们跟其他的男性一样的粗鲁，视女性为附属品和性欲发泄对象，另一方面他们又保留了一份羞涩、一份美好幻想。所以郝男才会想亲吻那个被轮奸的淑玲，因为她的眼中有深不见底的美丽和忧伤，所以满津才会从档案袋中偷出婷婷的绣着蝴蝶的内裤，并且将其压在枕头之下。郝男和满津都是被无法抗拒的力量裹挟着做出了违背自己心意的事情，这股无法抗拒的力量正是来自所处的独特时空环境，故事结局中郝男的阳痿、满津的沉沦或许可以视为他们的自我惩罚。

这类故事可以被归结为"男孩的成长故事"，作为单身个体的男青年人生第一次见识到权力的威力，以及隐藏在权力背后的欲望，从此他们脱离男孩状态，成为"男子汉"。在短篇小说《葬礼风云》的结尾，刚从部队复员回来的丁盛面对父亲将奶奶从土葬改为火葬的一系列安排，从不满转为敬佩，因为父亲从中谋取的权势提升也有助于自己的将来，他意识到自己有太多东西要向父亲学习，举杯祝贺父亲的提拔。那一刻丁盛从一个男孩变成了一个男人，他本该感到愤怒，但是作为写作者的哈金是残忍的，哈金剥夺了丁盛感到愤怒的能力，从而宣告了个体在权力空间中的无能为力。

另一方面，这些故事中的女性几乎都是沉默的，不管是被暴力威胁而被迫通奸的王婷婷，还是被丈夫喊来的人轮奸的淑玲，女性是男性话语暴力甚至身体暴力的对象，比起尚有选择余地的男性青年，她们更加无能为力，因为她们连辩白的机会都没有。故事里还有一类单身女青年，择偶是她们人生最大的赌局。《选丈夫》中年轻漂亮的陈红对她的追求者们一个都不喜欢，只计较他们的级别，因为在她眼里权力比金钱财物更贵重，最终不仅她拈纸条随机选择的未婚夫没能获得晋升，婚礼还被另一个怀恨在心的追求者破坏了。《旧情》中的倪梅当年因为母亲的嫌贫爱富而放弃的恋人如今成了部队装甲师的政委，在得知旧日恋人要来看望自己的消息后，倪梅想方设法让丈夫得到了提拔，自己也开始减肥健身，还铺好了家门口的地砖，但最终旧情人并没有出现，而只让警卫员送来了一份厚重的礼物。陈红与倪梅在谋个好丈夫这盘局上都赌输了，但其实从一开始她们就输了，一旦将自己作为待价而沽的商品，一旦将自己捆绑在权力婚姻之上，她们就失去了全部的反抗力，从而在男性主宰的权力空间之中失去话语权。

在《小镇奇人异事》和《新郎》中，哈金笔下的中国来自他在中国生活将近30年的经验，所以这个中国是特定时代的中国，停留在中国东北，停留在20世纪下半叶。通过对歌马亭镇和木基市这样的单一且封闭空间的描绘，以及对空间之中个体被权力与欲望所挟持的刻画，哈金讲述的是历史事件中的个人故事，是许多作为个体的人在权力的泥沼中挣扎并且毫无出路的中国故事，从而留给读者一个闭塞、压抑的中国形象——这个中国是压抑每个人存在的即时在场的统治者，是一个严酷又无情的父亲。尽管在这种特定的时代和环境中勾勒出的中国形象有其局限性，但也具有某些溢出的普遍性与共通性，正是这种对生命的琐碎与卑微的刻画，揭示了个体的生存状态，见出了人性的复杂丘壑，从而使这些故事能超出政治背景，跨越地域，跨越时代，引发读者的认同与深思。

二、空间之二：法拉盛

小说集《落地》的故事背景设置在法拉盛，法拉盛是纽约皇后区东北部的华人聚居区，是那个"大中国"之外的"小中国"的一种指称。但是法拉盛在文化上与纽约隔绝，没有一家英文书店，日常不用英语，"不管去哪儿，你见到的都是餐馆、发廊、零卖店、旅行社、律师办公室——只有生意"[1]。法拉盛的华人移民们虽然背井离乡来到了美国，却是在这样一个与美国本土环境格格

---

① 哈金：《落地》，南京：江苏文艺出版社，2012年，第40页。

不入的封闭空间里活动，用着中文，吃着中餐，固守着中国的习俗与思维方式。法拉盛成了一个地处美国纽约这样的繁华都市，却又承袭着中国本土文化传统的独特场域，也成为人们通过华人移民来理解和呈现中国形象的聚焦点。

在《临时的爱情》这篇小说中，哈金借男主人公潘斌之口说："真够了——每个中国人都背着那么重的过去，这行李太沉了，我不愿分担。我要寻求跟过去没有关系的生活。"[1] 这句话道出了法拉盛华人移民的生存状态：每个人都不可避免地背负着沉重的过去，注定摆脱不了过去的羁绊。《美人》以一种颇为讽刺的手法复述了一遍这句话，吉娜在到美国后经过多次整容手术，让自己从球鼻豆眼变成直鼻梁双眼皮的美人，但是生出的孩子很难看，以至于让帅气的丈夫怀疑吉娜是否对自己忠贞。尽管吉娜竭力摆脱过去的相貌、名字和身份，但最后还是在丈夫的逼问与打探下和盘托出，未能摆脱的过去在她的下一代身上如影随形。另一篇《互联网之灾》写即时便捷的电子邮件方便了在法拉盛的姐姐和在四川的妹妹之间的沟通，却让姐姐无可避免地陷入了妹妹对自己的资金援助请求中。但与其说是请求，不如说是威胁，因为妹妹准确捏住了姐姐的命门：家里只有她们两个孩子，姐姐需要妹妹留在老家照顾双亲。互联网在拉近中国和美国的距离时，也打碎了姐姐以为自己能摆脱过去、按照自己意愿重新生活的美梦，戳破了那层含情脉脉的亲情伦理的面纱，暴露了其背后的金钱与利益算计。

同样的算计还出现在《两面夹攻》中，为了能早日摆脱妻子和母亲之间的不和状态，楚田主动辞职，却告诉母亲自己是被公司解雇的，并且濒临破产，害怕儿子在美国过不下去的母亲只好提前回国，而且她更害怕自己从儿子身上什么好处也得不到，害怕回国后在邻居朋友面前没有可夸耀的资本。其实母亲和妻子之间的冲突是体现为婆媳矛盾的文化冲突，而这种展现文化冲突主题的小说在哈金的上一部小说集《新郎》中已经有所反映，其最后两篇《纽约来的女人》和《牛仔炸鸡进城来》讲的就是 20 世纪 80 年代的中国社会对美国和美国所代表的物质富裕既憧憬又排斥的矛盾心理。《孩童如敌》则以取名字这一

---

① 哈金：《落地》，南京：江苏文艺出版社，2012 年，第 227 页。

主题更直接地展示了这种文化冲突。年老的夫妻卖掉他们在国内的房子搬到美国，本希望能过上三代同堂的幸福日子，但孙子和孙女不喜欢他们的中国名字，要求改成英文名，并且抛弃了姓氏。另一方面，除了几样中国菜，孩子们还瞧不起中国的任何东西，痛恨学习读写中国汉字，最终老两口不得不搬离儿子古冰家，在外面租公寓生活。《两面夹攻》中的楚田和《孩童如敌》中的古冰都是怯懦的丈夫形象，他们在美国有体面的工作和体面的家庭，却不可避免地陷入父母和妻子之间的矛盾，上一辈代表了他们在中国的过去，妻子和孩子是他们在美国闯荡出来的现在，哪一方都得罪不起，哪一方都抛弃不得。

在法拉盛闯荡的，更多的是孤身一人的移民，有些甚至是非法移民。他们来到美国只是为了谋一份生计，为了赚钱回去过上更好的生活。《樱花树后的房子》讲的是一个青年在法拉盛的血汗工厂做熨衣工，在一家非法经营的妓院里租了半间房，同时还要往家里寄钱供弟弟读书。他爱上同屋的一个叫阿虹的女孩，但阿虹是偷渡来的，被迫卷入皮肉生意偿还债务，最终两个人落入情网并一起逃离了法拉盛，这也意味着他们不能再与在中国的父母有任何往来。小说《落地》塑造了一个同样被压榨的和尚甘勤，寺院住持拒绝支付给甘勤两年多的工资，并且扣留他的护照试图强行将他送回中国，走投无路的甘勤只能跳楼轻生，当初为了能出国已经欠下许多债务，如果他两手空空回去也是死路一条。但他在寺院多年练就的一身功夫本能地保护了他，使他从五楼跳下来也只是摔断一条腿，这件事惊动了当地的报纸，他得到了许多帮助，并且还有了一个美国籍的女友。

法拉盛作为连接故乡和异乡、过去和现在的中转空间，便成为各种冲突发生的场域。这些冲突中有的是由中美两国文化差异造成，在《小镇奇人异事》和《新郎》中常见的那种伪装成舆论压力和伦理压力的空间压迫力在美国这样一个地方突然失效了，个人转而需要面对的是美国社会所提倡的个人主义，冲突自然不可避免。而被空间释放出来的个人要为自己寻求新的立足点，反而会产生身份认同的危机，于是导致另一种冲突——每个人的过往与现在之间的冲突。这些移民漂洋过海来到美国，都希望能抛开过去，开启崭新的生活，但是过去并不是那么容易就可以割舍的，势必要在两者之间寻求平衡点，寻求落地生根的方式。

《落地》中的和尚以纵身一跃的方式冲破了有权有势的寺院住持布下的天罗地网，《樱花树后的房子》中的年轻恋人以头也不回地逃离的方式挣脱法拉盛的血汗工厂和组织非法移民偷渡的黑帮的压榨。他们都以决绝的信念再次冲破法拉盛这个空间的束缚，为自己谋求一条新的生存之道。可这种决裂的方式并不适用于每个人，以一种更为温和的方式寻求个人与空间的和解、过去与现在的和解、两种文化间冲突的和解，恐怕才是多数人的生存之道。

三、空间之转换：从"大中国"到"小中国"

在这几部作品的序言当中，哈金都反复强调故事的真实性：《小镇奇人异事》和《新郎》来自他的亲身经验，《落地》中很多故事基于当地报纸上的新闻事件，他还刻意为这些故事寻找合适的空间地点，将这些发生在不同时空的故事编排进一个集中统一的空间之中。哈金承认这种手法受到了乔伊斯的《都柏林人》等作品的影响，即"所有的故事都发生在一个地点，有些人物在不同的故事里重复出现，每个单篇都起着支撑别的故事的作用，整个书构成一部地方式的道德志"[1]。而读者则可以从这种对故事空间的有意安排中寻觅到哈金笔下的中国形象变迁的路径。这里的中国形象并不是确指作家有意识地去塑造的特定的家国形象，而是在作品中无意识地表达出来的一种故国想象。哈金特殊的文化身份使得他竭力想撇清个人与国家之间的关系，但归根结底，他写的还是中国故事，虽然以英文写就，他的字里行间所流露出的仍是对"中国"这个既是写作背景也是书写对象的微妙感情。

在《小镇奇人异事》和《新郎》中，哈金以短篇小说合集的形式达成一种人物群像式的描写，在一个确定的空间中刻画当时社会的众生相，全方位地展示了彼时中国的社会环境。但是人人都活在权力与情欲的挣扎之中，这样的故事单看起来令人兴趣盎然，放在一起却不免显得有些乏味。所以这两本短篇小说集中塑造出的中国形象依然是局限且片面的，这种局限性表现在空间的封闭

---

[1] 哈金：《小镇奇人异事》，王瑞芸译，南京：江苏文艺出版社，2013年，第3页。

性、主题的单一化和人物的类型化上，它暗示的是一个愚昧、封闭、落后的中国形象。从时代的角度来说，哈金所描绘的那个时代的中国不失真实。

不过哈金笔下的"大中国"定格在20世纪80年代，正如他自己在中国的生活也止于那个节点，随着记忆逐渐稀释，面目也逐渐模糊。从《小镇奇人异事》《新郎》到《落地》，是从对"大中国"的描写转向对"小中国"的刻画，这种转变也许是因为哈金可供书写的回忆材料已经耗尽，需要新的养分滋润他的笔端，但一旦离开了那个"大中国"的背景，关于权力对人性的束缚与异化的书写都消失了，挣脱权欲束缚后的故事获得了更多的可能性。

在《落地》中，那个"大中国"依然无处不在，在信件里、在新闻里、在回忆过去的只言片语里，是每个人急切地想摆脱却又摆脱不掉的存在。在法拉盛生活的中国人的生存困境不是来自外部空间的压迫，而是来自内部，来自自我认同的焦虑。他们一方面背负着无法割舍的过去，另一方面又期待拥有一个全新的当下。如何对待被抛在身后的故国，如何在美国为自己找到新的生存之地，是每个华人移民必须面对的问题。而哈金也是这千千万万移民中的一员，他也需要面对同样的问题，不论在小说创作中，还是在实际生活中。

歇马亭镇、木基市和法拉盛这三个不同的空间属于不同的年代，也对应着哈金人生中不同的阶段，歇马亭和木基是他的过去，法拉盛是他的现在。通过文学创作，哈金直视了那份过去，正如哈金自己在诗中所写的那样："我想我的过去是自己的一部分。/正如阳光底下我的影子无时不在/过去无法抛却，它的重负/必须扛在肩上，否则我将变成另外一个人。"[1] 即只有保留这份无法抛弃的过去，与过去和解，与新生活和解，才有可能落地生根。在《落地》这本最新的短篇小说集里，哈金终于走出了过去的阴影，通过对"小中国"的描述达成了某种和解。

在哈金亲自翻译的《落地》的序言中，他坦言："我过去一直强调思乡是一种没有意义的情感，因为人应当面对已经造就的世界，必须往前走。……然而，思乡的确是一种难以压抑的感情，就像爱情。"[2] 正是在对移民生活的书写

---

[1] Ha Jin. "The Past." *Facing Shadows*. Brooklyn, New York: Hanging Loose Press, 1996, p.63.

[2] 哈金:《落地》，南京: 江苏文艺出版社，2012年，第3页。

中，这种隐秘的乡愁得到了疏解，哈金对他笔下的人物赋予了更多的温情，在背井离乡之后终于获得了一种"落地"的可能，就像樱花树后的房子孕育出的美好爱情，就像和尚在纵身一跃后融入了新的生活。

从《小镇奇人异事》《新郎》到《落地》，从歇马亭镇、木基市到法拉盛，可以明显地看到哈金笔下的故事主题从权力对人性的压抑转向个人如何在文化冲突中寻求立足之地。在这一过程中，中国退为一个远景，成为一个不愿提及的过去、一个挥之不去的过去、一个回不去的过去，却又因为成为一种过去时态而获得了另一种面容——不再是压抑每个人存在的即时在场的统治者，而是一个飘荡的幽灵，或者说，从一个严酷父亲的形象变成一个面目模糊的母亲的形象。不过这种转变背后依然潜藏着某种共性，某种暗暗涌动的生命力，这种强劲的生命力使得在歇马亭和木基生活的人们能够在荒诞的真实里迎着苦难继续生活，使得法拉盛的千千万万华人移民背负着过去、忍耐着当下的艰难生活。哈金的写作源于这种对生存经验的描写，也因这种白描而获得真实的力量，从而能够抓住中国故土生活的本质，进而能在对个人事件的描写中见出整个社会的苦难记忆，也从而能在这种书写中使他那隐秘的乡愁得以疏解。

四、哈金的中国形象书写的特殊性

哈金作品中的中国形象呈现无疑具有明显的特殊性，这不仅表现在他"用异国他乡的语言来表达自己故乡的悲喜交集"[1]，更体现为他所具有的复杂的人生经历和身份转换带来的故国想象与情思。并且，他作为"流散作家"，用非母语写作的中国书写获得了美国主流的权威文学奖项，从而产生了更为广泛的文学影响。这就使得哈金可以作为海外华裔作家以创作来构建中国形象的一个代表性个案，并且是明显有别于谭恩美、汤婷婷等人的写作个案，成为新一代移民文学作家中的翘楚。

基于这种特殊性，哈金的中国形象书写可以概括出三个特征：其一是中国形象在哈金作品中呈现出的流动性，包括在时间和空间转换中所呈现的"大中

---

① ［美］哈金：《等待》，金亮译，长沙：湖南文艺出版社，2002年，第2页。

国"与"小中国"的多元面貌，以及向英语读者讲述的"中国故事"；其二是作家的非母语写作与族裔性的博弈所体现出的对中国形象问题的持续关切，他以力求融入美国主流文学的创作姿态来表达其家国之思；其三是国家作为集体意志和民族归属与作家个体的人生经验和写作旨趣之间的冲突。

不同于汤婷婷、谭恩美这些在美国出生成长的华裔作家，哈金是带着关于"红色中国"的鲜活记忆开始他的文学创作的，他笔下的中国故事不是关于历史和过往的，而是关于当下的。哈金前期的小说多以他在中国的生活经历和所见所闻为题材，直接讲述发生在中国本土的故事，例如《等待》《池塘》和《疯狂》这三部长篇小说；随着他在美国定居的时间越来越长，越来越了解美国华人移民的生活，他创作的范围也逐渐从中国本土的那些人、那些事，转向移民到美国、生活在美国的中国人身上，例如《自由生活》《背叛指南》和《折腾到底》等。这些移民尽管身处异国他乡，却始终与故国、与过去有着千丝万缕的联系，故事牵扯出的始终还是"中国故事"。但不管是写他熟悉的中国北方小城和乡村，还是写他自己也曾经历的在异国他乡寻找落脚处的移民生活百态，哈金笔下的人物形象几乎都是在底层挣扎的小人物形象，有着难以言喻的辛酸和无奈，是游离于时代主潮之外的"边缘人物"。当我们回到文学文本本身，避开对哈金小说单纯政治化、脸谱式的解读，就能看到这些或诙谐或辛酸的"中国故事"在充分的文学性中有着更为丰富的维度和肌理。毕竟文学文本的意义正在于以细致入微的描写和微言大义的语词让作为宏大叙事的国家形象变得具体生动，而抛弃具体的文本和具体创作状态去探讨会让中国形象变得空洞。

不可回避的是，哈金作为流散作家在身份认同问题上的摇摆和挣扎，使得他的写作中呈现出的中国形象更加复杂。面对英语世界的读者，他的创作确实存在着"自我东方化"的倾向，存在着迎合西方读者的创作选择。这使得哈金笔下的"中国形象"呈现为一个多维复合的形象，或者说是一层层形象叠加起来的模糊轮廓。可以笼统地说哈金笔下的"中国"是对国家概念的一个泛指，"中国形象"是他小说中那些具体人物生活于其中的背景及寄托家国情怀的大环境，但实际上，我们又很难确切地说明他笔下的中国到底是什么样子的，尽管他的取景框始终面对着中国这片土地或者与这片土地相关的人。他写的不仅仅是宏观的国家，还有微观的个人，这些"中国人"的形象会聚在一起，又会凝成一个勤劳能干、任劳任怨又有些麻木不自知的形象。哈金创作的自我东方化还表现为"猎奇"的题材选择，他的前期创作取材于他在中国的生活经历和所见所闻，这一时期的作品往往带有一种"奇观"的性质，正如短篇小说集的中文译名《小镇奇人异事》所凸显的"奇"与"异"。《等待》《池塘》《疯狂》等前期小说都聚焦于极具故事性的题材，通过对这些带有"中国特色"的故事讲述，入木三分地刻画那种特定时代背景中的中国社会面貌。题材是猎奇的，甚至可以说是迎合西方读者预期的，但是其中所展现出的人性则是普遍的，是放之四海而皆准且古今可见的普遍人性。

进一步说，流散作家在写作时受限于所处环境和所针对的读者群体，其笔下的中国形象显然不同于本土作家的创作，所展现出的"中国形象"往往是耐人寻味的，是一种不自觉地在"他者"视域下建构的中国形象。一旦目标读者被设定为西方国家的读者，创作者的"自我东方化"倾向几乎无法避免，即使是一些在国内写作但想进入国际图书市场或者获得国外文学奖项认可的作家，也难以摆脱这种潜在的倾向。在当今倡导"中国文化走出去"的背景下，重视哈金这样一个用英文书写中国故事的作家也具有另一种意义，从中可以启示我们更好地理解如何在西方语境中有效地进行中国文化的传播、实现东西方价值观念的深度交流。

第二节 《功夫熊猫》：中国元素与中国形象的构建

2008 年，一部继《花木兰》之后以中国元素为题材的美国动画片《功夫熊猫》在中国院线上映，首日票房就突破千万。该影片获得了 2008 年美国动画安妮奖 17 项提名，并最终摘得安妮奖的最佳动画电影、最佳动画电影角色设计、最佳动画电影配乐、最佳电影造型设计等十项大奖，影片中大量中国元素的运用，被认为是这部影片成功的最重要因素之一。《功夫熊猫》体现了全球化的大背景下中西文化的巧妙结合，影片从主人公、场景、建筑、衣着，到色彩、食物、物品等诸多方面都运用了大量的中国元素。这些中国元素的运用在一定程度上是中国形象的呈现，蕴含了"中国不再只是烘托西方主流叙事的背景，而是切实地存在着"①的深刻意蕴。然而，中国功夫与中国熊猫结合，中国人印象中笨拙憨实的大熊猫在影片中却呈现得灵活、勇敢等，这些又让观众觉得不完全是中国的形象，显而易见是被美国化了的中国文化，即美国视域下对中国的想象。这启发我们从《功夫熊猫》这部电影入手，剖析好莱坞影视作品中的中国元素运用与中国形象的构建，并思考如何在影视作品中运用好中国的优秀传统文化来构建中国形象。

一、《功夫熊猫》中的中国元素运用

《功夫熊猫》广受东西方观众的好评，不仅仅是因为美国高科技动画制作团队的创作能力及幽默的影片情节创意，还有一个重要的因素就是影片中加入了大量极具吸引力的中国元素。好莱坞对中国元素的运用有一个变化的过程：开始只是利用中国的元素作点缀，例如《碟中谍3》在中国取景、《黑客帝国》中运用了中国的武术、《敢死队》里出现中国明星的面孔等；后来很多影片以中国元素为核心素材，以推动影片中心情节的发展，例如《花木兰》完全以中国文化和中国故事为主线，并且还穿插了中国的音乐和场景。《功夫熊猫》对中国元素的运用可谓面面俱到，每一个细节都涉及了中国符号，这对中国文化的传播有着积极的作用。影片中的中国元素的呈现无形中也是对中国形象的一种传播。《功夫熊猫》的导演马克·奥斯本在接受采访时也说到自己三十年来一直研究中国文化，对中国优秀的传统文化怀有深深的敬意，可见，中国元素在好莱坞的影视制作中一直以来都有它独特的魅力。我们对该片中的中国元素运用有如下四点分析。

第一，《功夫熊猫》的片名就是两个中国符号的相加：中国功夫和中国国宝大熊猫。功夫可以说是在西方影响最深最广的中国文化符号，历来是中国人的骄傲，是中国传统文化的象征，也是中国人力量与美的完美结合。大熊猫是

① 彭程：《从〈功夫熊猫2〉看美国电影中"中国形象"演变的现实意义》，《电影评介》2012年第3期。

世界上最珍稀的动物之一，也被誉为中国国宝。单单从名字来看，影片就充满了浓郁的中国色彩。《功夫熊猫》中的主人公熊猫阿宝通过坚持不懈的功夫训练，最终打败了残豹；影片中的老虎、丹顶鹤、猴子、毒蛇、螳螂五位"勇士"都以中国功夫中的"形象拳"动物为原型，即虎拳、鹤拳、猴拳、蛇拳和螳螂拳，这也是中国武术中最著名的几套拳法；龟大师行动缓慢，有千年修炼之身，他以静制动、以柔克刚，借鉴了中国功夫中的太极精神。

第二，《功夫熊猫》中建筑环境的设计及物品都源于中国。影片开篇就运用大量的中国元素吸引观众的眼球，片中处处都是典型的中国式古代建筑，雕梁画栋的宫殿，坐落山间的寺庙，崇山峻岭，云雾缭绕，连绵不绝，犹如一幅中国传统的山水画，蕴含着一股神秘、迷人的气息。影片中主人公穿的是中国的汉服，吃的是面条，用的是筷子，影片中多次展现鞭炮、舞龙、皮影、书法、针灸、手推车、卷轴、瓷器、太极八卦图等中国民族特色的风物，还有一个十分具有中国特色的意象"龙图腾"，这些都是中国传统文化符号的典型代表，可以把观众带入中国文化的情境之中。

第三，《功夫熊猫》给人们留下深刻印象的还有其中的配乐，几乎全部运用了中国的民乐。带有浓郁中国风的配乐展示出了人物心理和剧情的发展，以及中国的神秘感。民乐历来是中国传统音乐文化的重要组成部分，有着悠久的历史传统，更体现着中华民族的艺术传统和情感表达。在影片中，观众可以很清晰地听出配乐中有二胡、古筝、唢呐、笛子等中国民族乐器的演奏，可谓古典韵味十足。影片的配乐还获得了 2008 年美国动画安妮奖最佳动画电影配乐奖，可见这一中国元素在影片中的运用也是极为成功的。

第四，《功夫熊猫》对中国传统的儒、道思想的运用也可谓淋漓尽致，这也是影片对中国思想文化的一种呈现。道家思想对中华民族精神的塑造有着至关重要的作用，影片对中国道家思想的运用最典型的是对"龙卷秘籍"的设计和阿宝爸爸的祖传做面秘诀。作为影片剧情的核心，"龙卷秘籍"竟然是一无所有，而阿宝爸爸的祖传做面秘诀也是"什么作料都不放"，这正是中国道家思想的完美体现。"道"是道家思想的最高范畴，"道"即"道无形而实存""道自然而无为"。影片中浣熊师傅的五个徒弟对他十分尊重，毕恭毕敬，儒家思想中极为重要的"礼"的精神在他们身上得到了完美的诠释。

二、他者视域下的中国想象

电影《功夫熊猫》表面上看来充满了中国元素，似乎是对中国传统文化的传播，实质上却充斥美国文化色彩，它展示出的只是中国元素，而并非中国精神。"一部充斥着中国元素的好莱坞电影，却让人无法真正感受到'中国精神'的体现。最根本的原因在于，中国元素的展示只是作为一种载体或道具，里面承载的不是中国精神，而是美国精神。"[1] 随着全球化的进一步深化和中国国际影响力的提升，美国艺术界对中国文化的挖掘和运用愈发频繁。影片《功夫熊猫》对中国元素的运用是在美国影视生产的特有语境下的任意拼接、组合，已经不再是单纯的中国文化符号的展示，这是一部以中国元素为材料、以美国精神为内核的，具有美国文化特点的影视作品。换句话说，这部影片披着中国元素的外衣，宣扬了美国的价值观。这里存在着美国视域下对中国形象的想象，以及利用他国的文化元素来实现自身文化观念和价值观输出的意图。

1. 想象性的中国外衣

形象是一种文化的象征性表现，"文艺本身具有虚构和理想的性质，国家形象体现或满足了不同文化背景中人们的不同文化想象"[2]。无论研究东方文化的西方人，还是研究西方文化的东方人，他们或多或少都会带有自身多年的现实生活大环境和历史文化背景的浸染和影响。在创作过程中，他们便会不由自主地带着这些影响因素来进行艺术想象，所以制作出来的艺术作品也就自然而然地加入了"他者"想象的因素。西方的某些影视作品，"虽然讲述的是中国故事，却不是中国故事本身，而是改造后的中国故事，是用西方的眼光和逻辑来讲述的中国故事"[3]。《功夫熊猫》就是在新时期西方人对中国形象加以想象的一次新的构建，是美国艺术家在西方文化的大背景中，对中国文化的理解与对中国符号的想象。

---

① 刘敬、余权：《从中国元素到中国精神：〈功夫熊猫〉解读》，《电影文学》2009 年第 2 期。
② 姜智芹：《欲望化他者：西方文学中的中国形象》，《国外文学》2004 年第 1 期。
③ 张玉勤：《当代文艺实践构建国家形象的历史性、现实性与理想性》，《江海学刊》2013 年第 4 期。

　　例如，影片主人公阿宝是一只熊猫，眼睛却是蓝色的；作为一只熊猫，吃的不是竹子，而是面条；阿宝是一只熊猫，他的爸爸却是一只鸭子；等等。这些都是美国人自己的大胆想象，颠覆了传统的关于"熊猫"的认知。"西方关于中国形象的想象不管是积极的、正面的、肯定的，还是消极的、反面的、否定的，都不是中国形象的真实情形，而是掺杂了很多想象成分。"①《功夫熊猫》虽然没有丑化中国形象，但是其中的中国形象被有意无意地弱化了，最终达到利用想象的中国文化符号来传达美国人自己的主流价值观的目的。在全球化的时代，文化之间的碰撞与交融已经是常态，对这些被扩大化、想象化、甚至异化了的中国元素，我们要有自己的判断力，懂得何为真正的中国文化和中国精神，不能只是因为运用了中国元素就一味地接受被"想象化"了的本国文化。

　　2. 西方式的价值输出

　　在全球化的大背景下，西方国家在文化传播方面很重要的一点就是借助各类传媒，利用电影、电视、广播、报纸、网络等大众传播媒介，将自己的文化价值观念渗透到他国民众的日常生活中去。美国大部分的主流电影不仅是我们理解上的纯粹娱乐，而且是一种国家精神和价值观念的影像载体。不难看出，《功夫熊猫》就是美国大量利用中国元素进行中国想象的典范之作，是一部带有强烈的中国传统文化色彩，却传达西方价值观念的影片，是一部用美国的理想价值观念填充在中国的故事框架中的影片。它巧妙地借助了中国的元素和文化，传递出了美国文化和价值观，事实上，它就是一只披着中国外衣的美国熊猫，中国元素只是故事叙述的工具。有人甚至认为"《功夫熊猫》是一部宣扬美国文化及思想价值观的巨型广告片"②，是中国元素的美国表达。

　　影片体现出典型的"小人物的美国梦"，传达出好莱坞电影一贯的"超人梦"，"一切皆有可能"，即"个人主义"和"英雄主义"等价值观念。中国的大熊猫本应该是笨拙的、慵懒的、沉默的，然而影片所演绎的熊猫阿宝是一个调皮的、幽默的小人物，这并不是中国人所欣赏的内敛、温文尔雅和稳重的性格，而是彰显了美国人幽默与张扬的个性。阿宝的父亲是继承了家族面店事业的老

① 杨秀媚：《中西文化交流中的误读反思》，《邢台学院学报》2006 年第 3 期。
② 付翃：《一部宣扬美国思想价值观的巨型广告片——功夫熊猫的认知同构解读》，《电影文学》2009 年第 7 期。

板，在他看来，阿宝也应当和自己一样将家族事业继续发扬光大，但是阿宝并没有在这种子承父业的中国式观念下发展，而是按照自己的意愿选择了另一种生活方式，即为自己渴望成为的拯救世人的英雄人物而奋斗。这是美国人所倡导的理念：每个人都应该由自己来掌握人生，都要有实现自己梦想的权力和勇气。主人公熊猫阿宝出身平凡，却拥有远大的梦想和抱负。他意志坚定，永不放弃，经过不懈的努力，最终取得了胜利。小人物通过不懈的奋斗与努力终将成功，这正是"美国梦"的精髓，是西方人所推崇的价值观念。

《功夫熊猫》对中国人所熟悉的东西进行了重新演绎与构造，改造后的熊猫形象，不仅满足了美国观众和中国观众的需求，也在无形中将美国的文化渗透到了中国的文化当中。纵观好莱坞的影片，大多都是将美国的一些主流价值观念用这种充满了英雄主义和个人主义色彩的传奇故事进行巧妙的传达。在全球化的大背景下，世界各国之间的文化交流日渐频繁，中国应该更好地认识自己的国际地位与传统文化，利用自己民族的、优秀的文化符号更好地传播本国的主流价值观。

三、符号表征与内在意蕴

他者视域下的中国想象并不是真正的中国形象，而中国形象也不仅仅是本国构建和传播出去的"自我形象"。在文艺作品中，中国形象的构建存在着"他者形象"和"自我形象"的主体间性，二者的结合才是真正的中国形象。《功夫熊猫》可以说是一件在中国元素的精美包装下的美国艺术品，虽然拥有大量的中国元素的外衣，但还是掩盖不住美国人追求个性、崇尚自由和个人英雄主义的价值观念，这应当引起国人对中华民族文化的未来发展和中国形象构建的思考。上下五千年的中国文化博大精深，中国几千年来的优秀传统文化需要我们去传承，并以其最本真的形态和方式展示在世人的面前。在运用文学艺术作品传播中国文化和中国形象的实践中，作为文化创意产业龙头的电影艺术可以发挥十分重要的作用，无疑也是传播主流意识形态的重要媒介。因此，通过电影产业传播中国形象应当成为中国电影责无旁贷的使命。

中国要在全球化和多元化的世界里更好地实现自身发展，就要积极地参与到世界文化的交流对话中去。正如有论者所言，"民族文化是世界共享的，怎么表现文化却是民族的"①。文艺工作者要不断深化对中华优秀传统文化的理性认知和情感体验，以优秀的民族传统文化与世界各国和各民族文化深度交流，寻求互补融合之道，从而实现弘扬民族精神、构建国家形象的目标。在这种构建的实践中，充分运用中国文化符号来体现民族精神和中华文明特质，是值得探索的重点领域。中华文化在其他国家人的心目中往往是神秘的、独特的，也是精彩的，但是如何在这些文化符号的表象背后深入地揭示中华文明的丰富意蕴和内在价值，让域外公众能够在形式的热闹和色彩的绚烂之外领略到其中的思想观念、民族精神和审美境界，仍然是需要我们努力探索的紧迫问题。

通过文艺作品的重新塑造来呈现真正的国家形象，需要自我与他者之间的交流互鉴，也就是要"以'自我形象'的成功构建和有效传播，来影响他国的读者和观众，同时，从'他者形象'中发现国家形象构建的得失，在他者的镜像中反观自身，引起警醒，激发我们努力建构当今中国形象的使命意识"②。中国的文艺创作，要在理清中国文化及中国价值观念的同时，用发展、开放的眼光去看待与其他民族文化的关系，真正实现不同文明的交流互鉴。一方面，我们要坚持本国文化的自主性，认真挖掘中国传统的习俗、文化、历史和价值观念，这些都是一个国家自信、自尊、自立的体现。另一方面，也要考虑中国传统文化价值与社会转型发展的现代性相接轨，整合全球化背景下的多种文化资源，塑造出传统文化与现代文明相融合的具有时代特征的国家形象。文化是没有国界的，越是具有民族独特性，就越是具有国际代表性。在实践中能够走出国门、走向世界的优秀作品，都是在本土性与世界性、传统文明与现代文明之间成功找到对接点的优秀作品。

总之，构建国家形象的当代文艺实践，需要具有全球视野和开放立场，以本土文明的独特品质参与不同文明的交流互鉴，在碰撞和融通中形成完善的中国表达。所以，我们不仅要注重国家形象的自我构建和自我呈现，还要"正视

---

① 陈敏：《"中国材料，美国制造"现象的背后——以〈功夫熊猫〉为例》，《影视评介》2009 年第 6 期。
② 徐放鸣：《国家形象研究视域中的"形象诗学"》，《江海学刊》2013 年第 4 期。

和重新审视西方人眼中的中国形象等诸多问题，如西方人通过文艺作品究竟展现了怎样的中国形象"①，既努力匡正被误读的、歪曲的甚至妖魔化的方面，也积极地吸取国际文艺实践中塑造国家形象的成功经验，更好地利用优秀的传统文化去呈现中国的国家形象。

---

① 张玉勤:《当代文艺实践构建国家形象的历史性、现实性与理想性》,《江海学刊》2013 年第 4 期。

结语

经过了从"理论篇"到"文学篇""影视篇"和"域外篇"共 21 章的巡礼，对于当代文艺实践中的国家形象构建问题，我们在学理层面和创作层面探究了其内在审美规律，提出了以艺术方式呈现中国形象的基本观念和实践方略。这是本课题最初申请立项的初衷，也是近十年来文艺领域致力于自觉的国家形象塑造的阶段性总结——从 2011 年中国国家形象宣传片推出迄今的十年，恰是中国当代文艺进入自觉塑造中国形象新阶段的十年，涌现出一批成功呈现中国国家形象的"现象级"文艺作品，这为我们的课题研究提供了鲜活生动的创作案例，帮助我们在追踪研究中持续深化、总结提升，形成了对艺术作品如何生动构建国家形象的规律性认识。

更为重要的是，2021 年 5 月 31 日，中共中央政治局专门以加强我国国际传播能力建设为主题进行了集中学习，习近平总书记在主持学习的讲话中突出强调，讲好中国故事，传播好中国声音，展示真实、立体、全面的中国，是加强我国国际传播能力建设的重要任务，要求着力提高国际传播影响力、中华文化感召力、中国形象亲和力、中国话语说服力、国际舆论引导力，努力塑造可信、可爱、可敬的中国形象。①这一讲话明晰了塑造中国形象的两个侧面——"真实、立体、全面的中国"和"可信、可爱、可敬的中国形象"，前者是客观性强的中国形象，后者是可接受度和认同感高的中国形象。这是中国最高领导人首次完整表述的国家形象塑造愿景，是对中国形象自我塑造的最新要求，标志着中国的国家形象构建进入了更加自觉主动的新阶段。为了达成这一愿景，更加需要自觉把握国家形象构建的内在规律，进一步深化对国家形象构建的学理认知，对艺术形态的国际传播及对内凝聚功能也要提出更高的要求。这意味着我们的课题研究还不能终结，还要持续地深化和拓展，以适应新的形势要求。

新形势下进一步深化当代中国文艺实践中的国家形象构建研究，还可以从如下三个方面着手，这是我们未来在新的形势要求下继续推进课题研究的努力方向和主要思路。

第一个方面是着眼于课题的可延展性，在纵向与横向的结合中拓展文艺实践中国家形象构建研究。"纵向"维度是中国文学艺术中的国家形象构建史研究，意在以史的线索来切入国家形象研究，通过对古代、近代、现代及当代中国文艺发展的不同阶段、不同门类所呈现的国家形象进行系统的梳理，包括对台、港、澳及海外华文文学艺术中呈现中国形象的追踪，总结其中的成败得失，力图论从史出，提炼升华，形成当今文艺实践构建国家形象的有益借鉴。"横向"维度是进一步拓展研究阐释文艺构建国家形象的门类覆盖面，不再局限于受众广泛且传播能力强的文学和影视领域，进而扩展到戏剧、美术、音乐、舞蹈、综艺表演、建筑园林等更多的艺术门类。不仅要重视传统的、积淀丰厚的艺术样式，还要关注伴随着技术进步而出现的新媒体艺术样式，还可以将文旅融合背景下出现的若干形态的文创演出形式（例如多地推出的大型山水实景演出）纳入研究视野。由此入手，可以将文艺中的中国形象呈现问题置于广阔的历史视野和多维的艺术空间，从更多的鲜活案例中获得认识的深化。

第二个方面是着眼于课题的实践性，及时把握当下艺术创作中具有风向标意义的新动向、新趋势，引领文艺实践更好地担负起以艺术的方式讲好中国

① 参见《习近平在中共中央政治局第三十次集体学习时强调 加强和改进国际传播工作 展示真实立体全面的中国》，《人民日报》2021 年 6 月 1 日。

故事、主动构建中国形象的使命。新时代中国文艺的创新发展会不断涌现一些值得关注的"现象级"作品，其中反映出值得重视的国家形象构建的新案例、新方式。例如 2019 年至 2021 年国庆档电影市场陆续推出的"我和我的 ×ד系列片三部曲——《我和我的祖国》（2019）、《我和我的家乡》（2020）、《我和我的父辈》（2021），创造了不俗的票房纪录，也探索了"拼盘式"叙事模式——由多位导演分别操刀，以一部影片的容量讲述多个家国故事，又以多个故事组合式彰显同一个主题。这一系列影片有效地升华了艺术中的家国叙事，是对电影艺术如何生动呈现人民的家国情怀、塑造当代中国形象的积极探索。又如 2019 年春节档推出的科幻大片《流浪地球》，不仅收获了高票房和好口碑，还以艺术的方式生动彰显了"构建人类命运共同体"的中国观念，塑造了超越狭隘民族情感的中国形象，是以新视角和新观念构建国家形象的可贵探索。再如 2021 年围绕着庆祝中国共产党成立一百周年而推出的一系列主题艺术创作，以"伟大建党精神"为引领，生动演绎中国共产党人的精神谱系，突出了"红色中国"的特定国家形象，也探索了在主题创作的鲜明背景下如何构建国家形象的可行路径，为文艺主动塑造中国形象提供了新鲜经验。这些实践案例都需要我们跟进研究，以期与时俱进，彰显课题研究的实践性品格。

第三个方面是着眼于课题的开放性，在文艺中的国家形象自我构建与"他者"构建的映照互补中寻求形象塑造最优化的实现机制。如上文所述，习近平总书记所强调的新时代中国国家形象塑造，既要"真实、立体、全面"，又要"可信、可爱、可敬"，就是要在开放的视野中努力构建公众接受度高、认同感强的中国形象。相比于新闻媒体的客观报道形态，文艺本身"源于生活又高于生活"的审美属性决定了它在体现"真实、立体、全面"与"可信、可爱、可敬"这两方面要求时，有着更为广阔的发挥空间：可以在历史与现实、写实与虚构、叙事与抒情的有机融合中塑造丰富多彩的中国形象；可以由体制内外、海内外不同背景的艺术家书写和描绘各自心目中的家国之思；进而可以构建出文学艺术中多姿多彩的中国形象谱系——文学艺术所呈现的地域风情、民族性格、民俗传统、时尚潮流、人物风采等会形成多元而又独特的中国风格和中国气派，共同构建起中国形象的整体风貌。课题的开放性还反映在积极关注域外制作机构和艺术家的中国形象言说，分析研究"他者"的观察视角和形象构建策略，主动寻求自我构建与他者构建的互补性融合。例如 2017 年 10 月，在中国共产党第十九次代表大会开幕前夕，美国探索频道推出的三集纪录片《中国：习近平时代》，就是域外以专题片形式反映中国五年来的变化，言说中国形象的新样本。又如 2020 年 5 月英国广播公司（BBC）推出的专题片《杜甫：中国最伟大的诗人》，从英国人的视角讲述和评价杜甫的生平及诗歌创作，这构成了有别于中国自身文学史叙述的言说方式，为我们提供了外国人如何讲述中国伟大诗人的生动案例，也是值得关注的研究样本。对这些域外他者的中国想象和中国言说，我们同样应当纳入研究视域，以丰富和拓展国家形象研究的对象形态。

文艺实践中的国家形象构建是一个动态发展的持续性过程，这也决定了我们的研究依然在路上。在系统梳理和阐释既往的形象构建史，形成形象诗学新建构的同时，新的时代语境和新的实践形态会不断催生新的创作样态，也会对我们的研究提出新的更高要求，需要我们持续地深化研究，力求对文艺实践自觉构建中国形象的宏大愿景有所引领，有所助益。

参考文献

一、中文文献

［美］埃德加·斯诺：《活的中国——现代中国短篇小说选》，文洁若译，长沙：湖南人民出版社 1983 年版。

［苏］巴赫金：《小说理论》，白春仁、晓河译，石家庄：河北教育出版社 1998 年版。

［美］彼得·康：《赛珍珠传》，刘海平、张玉兰、方柏林、江皓云译，桂林：漓江出版社 1998 年版。

［俄］别林斯基著，［俄］别列金娜选辑：《别林斯基论文学》，梁真译，上海：新文艺出版社 1958 年版。

［古希腊］柏拉图：《文艺对话集》，朱光潜译，北京：人民文学出版社 1980 年版。

陈超南、刘天华、姚全兴：《都市审美与上海形象》，上海：上海社会科学院出版社 2008 年版。

陈林侠：《跨文化背景下中国电影的国家形象建构》，北京：人民出版社 2014 年版。

陈平原：《中国小说叙事模式的转变》，上海：上海人民出版社 1988 年版。

陈晓明：《表意的焦虑：历史祛魅与当代文学变革》，北京：中央编译出版社 2002 年版。

程春梅、于红珍主编：《莫言研究硕博论文选编》，济南：山东大学出版社 2013 年版。

程光炜:《文学史的兴起:程光炜自选集》,开封:河南大学出版社 2009 年版。

[法]丹纳:《艺术哲学》,傅雷译,北京:人民文学出版社 1963 年版。

[英]丹尼·卡瓦拉罗:《文化理论关键词》,张卫东、张生、赵顺宏译,南京:江苏人民出版社 2006 年版。

丁帆主编:《中国乡土小说的世纪转型研究》,北京:人民文学出版社 2013 年版。

丁磊:《国家形象及其对国家间行为的影响》,北京:知识产权出版社 2010 年版。

丁亚平主编:《百年中国电影理论文选》(上下册),北京:文化艺术出版社 2002 年版。

丁亚平、吴江主编:《跨文化语境的中国电影:当代电影艺术回顾与展望》,北京:中国电影出版社 2009 年版。

段鹏:《国家形象建构中的传播策略》,北京:中国传媒大学出版社 2007 年版。

范伯群、朱栋霖:《中外文学比较史》,南京:江苏教育出版社 1995 年版。

[瑞士]费尔迪南·德·索绪尔:《普通语言学教程》,高明凯译,北京:商务印书馆 2001 年版。

费孝通:《乡土中国》,北京:生活·读书·新知三联书店 1985 年版。

[美]费正清:《美国与中国(第四版)》,张理京译,北京:世界知识出版社 1999 年版。

[荷]冯·戴伊克:《话语心理社会》,施旭、冯冰编译,北京:中华书局 1993 年版。

[美]弗莱德·R.多尔迈:《主体性的黄昏》,万俊人、朱国钧、吴海针译,上海:上海人民出版社 1992 年版。

[美]弗雷德里克·杰姆逊:《后现代主义与文化理论》,唐小兵译,西安:陕西师范大学出版社 1987 年版。

高秉江:《胡塞尔与西方主体主义哲学》,武汉:武汉大学出版社 2000 年版。

[俄]高尔基:《论文学》,孟昌、曹葆华、戈宝权译,北京:人民文学出版社 1978 年版。

高名潞等:《中国当代美术史 1985—1986》,上海:上海人民出版社 1991 年版。

[德]格罗塞:《艺术的起源》,蔡慕晖译,北京:商务印书馆 1984 年版。

管文虎主编:《国家形象论》,成都:成都科技大学出版社 1999 年版。

郭英剑编:《赛珍珠评论集》,桂林:漓江出版社 1999 年版。

[德]哈贝马斯:《交往与社会进化》,张博树译,重庆:重庆出版社 1989 年版。

[美]哈罗德·布鲁姆:《影响的焦虑》,徐文博译,北京:生活·读书·新知三联书店

1989 年版。

［美］哈罗德·伊罗生：《美国的中国形象》，于殿利、陆日宇译，北京：中华书局 2006 年版。

［德］汉斯 - 格奥尔格·加达默尔：《真理与方法——哲学诠释学的基本特征》，洪汉鼎译，上海：上海译文出版社 1999 年版。

何辉、刘朋：《新媒体环境中国家形象的构建与传播》，北京：外文出版社 2008 年版。

［美］亨利·詹姆斯：《小说的艺术：亨利·詹姆斯文论选》，朱雯等译，上海：上海译文出版社 2001 年版。

洪子诚：《中国当代文学史》，北京：北京大学出版社 1999 年版。

胡婷婷：《历史多棱镜中的"他者"：当代中国电影中的日本人形象研究》，北京：中国社会科学出版社 2018 年版。

胡晓明：《国家形象》，北京：人民出版社 2011 年版。

［美］华莱士·马丁：《当代叙事学》，伍晓明译，北京：北京大学出版社 2005 年版。

姜智芹：《傅满洲与陈查理——美国大众文化中的中国形象》，南京：南京大学出版社 2007 年版。

姜智芹：《镜像后的文化冲突与文化认同——英美文学中的中国形象》，北京：中华书局 2008 年版。

姜智芹：《文学想象与文化利用——英国文学中的中国形象》，北京：中国社会科学出版社 2005 年版。

姜智芹：《西镜东像——姜智芹教授讲中西文学形象学》，北京：中央编译出版社 2014 年版。

［美］柯玮妮：《看懂李安：第一本从西方观点剖析李安的专书》，黄煜文译，济南：山东人民出版社 2012 年版。

邝世编著：《天下无极陈凯歌》，北京：中国广播电视出版社 2005 年版。

［美］勒内·韦勒克、［美］奥斯汀·沃伦：《文学理论》，刘象愚等译，北京：文化艺术出版社 2010 年版。

［英］雷蒙·道森：《中国变色龙：对于欧洲中国文明观的分析》，常绍民、明毅译，北京：时事出版社，海口：海南出版社 1999 年版。

李斌、程桂婷编：《莫言批判》，北京：北京理工大学出版社 2013 年版。

李朝全：《文艺创作与国家形象》，北京：华艺出版社 2007 年版。

李恒基、杨远婴主编：《外国电影理论文选（修订本）》（上下），北京：生活·读书·新知三联书店 2006 年版。

李寿源主编：《国际关系与中国外交——大众传播的独特风景线》，北京：北京广播学院出版社 1999 年版。

李希光、［美］刘康等：《妖魔化中国的背后》，北京：中国社会科学出版社 1996 年版。

李娅菲：《镜头定格的"真实幻像"：跨文化语境下的"中国形象"构造》，北京：人民出版社 2011 年版。

李泽厚：《美的历程》，北京：文物出版社 1981 年版。

李正国：《国家形象构建》，北京：中国传媒大学出版社 2006 年版。

李智：《中国国家形象：全球传播时代建构主义的解读》，北京：新华出版社 2011 年版。

厉震林主编：《中国国际获奖电影的国家形象研究》，北京：中国电影出版社 2013 年版。

刘继南等：《国际传播与国家形象——国际关系的新视角》，北京：北京广播学院出版社 2002 年版。

刘继南、何辉等：《中国形象——中国国家形象的国际传播现状与对策》，北京：中国传媒大学出版社 2006 年版。

刘明：《当代中国国家形象定位与传播》，北京：外文出版社 2007 年版。

刘龙主编：《赛珍珠研究》，昆明：云南人民出版社 1992 年版。

［日］滝本孝雄、［日］藤沢英昭：《色彩心理学》，成同社译，北京：科学技术文献出版社 1989 年版。

［匈］卢卡奇：《卢卡契文学论文集》（二），中国社会科学院外国文学研究所外国文学研究资料丛刊编辑委员会编，北京：中国社会科学出版社 1981 年版。

［匈］卢卡奇：《卢卡契文学论文集》（一），中国社会科学院外国文学研究所外国文学研究资料丛刊编辑委员会编，北京：中国社会科学出版社 1980 年版。

［法］卢梭：《论人类不平等的起源》，吕卓译，南昌：江西教育出版社 2014 年版。

路遥：《路遥全集·早晨从中午开始》，北京：十月文艺出版社 2010 年版。

骆寒超：《现代诗学》，杭州：浙江大学出版社 1990 年版。

［加］马歇尔·麦克卢汉：《理解媒介——论人的延伸》，何道宽译，北京：商务印书馆

2000 年版。

孟华：《符号表达原理》，青岛：中国海洋大学出版社 1999 年版。

孟华主编：《比较文学形象学》，北京：北京大学出版社 2001 年版。

孟建、[德] Stefan Friedrich 主编：《图像时代：视觉文化传播的理论诠释》，上海：复
　　旦大学出版社 2005 年版。

[捷] 米兰·昆德拉：《小说的艺术》，董强译，上海：上海译文出版社 2004 年版。

[美] 明恩溥：《中国人的特性》，匡雁鹏译，北京：光明日报出版社 1998 年版。

莫言：《学习蒲松龄》，北京：中国青年出版社 2012 年版。

[德] 尼采：《悲剧的诞生》，周国平译，南京：译林出版社 2011 年版。

[德] 尼采：《历史的用途与滥用》，陈涛、周辉荣译，上海：上海人民出版社 2000 年版。

[德] 尼采：《论道德的谱系》，周红译，北京：生活·读书·新知三联书店 1992 年版。

宁明编译：《海外莫言研究》，济南：山东大学出版社，2014 年版。

[俄] 佩列韦尔泽夫：《形象诗学原理》，宁琦、何和、王嘎译，北京：中国青年出版社
　　2004 年版。

[俄] 普列汉诺夫：《论艺术（没有地址的信）》，曹葆华译，北京：人民文学出版社
　　1964 年版。

钱林森、[法] 克里斯蒂昂·莫尔威斯凯主编：《20 世纪法国作家与中国——99'南京
　　国际学术研讨会》，南京：南京大学出版社 2001 年版。

[美] 乔舒亚·库伯·雷默等：《中国形象：外国学者眼里的中国》，沈晓雷等译，北京：
　　社会科学文献出版 2008 年版。

秦启文、周永康：《形象学导论》，北京：社会科学文献出版社 2004 年版。

任东华：《茅盾文学奖研究》，北京：中国社会科学出版社 2011 年版。

[瑞士] 荣格：《分析心理学的理论与实践》，成穷、王作虹译，北京：生活·读书·新
　　知三联书店 1991 年版。

[美] 塞缪尔·亨廷顿：《文明的冲突与世界秩序的重建（修订版）》，周琪等译，北京：
　　新华出版社 2010 年版。

[美] 赛珍珠：《我的中国世界——美国著名女作家赛珍珠自传》，尚营林、张志强、李
　　文中等译，长沙：湖南文艺出版社 1991 年版。

单万里编:《纪录电影文献》,北京:中国广播电视出版社 2001 年版。

[苏]舍斯塔科夫:《美学范畴论——系统研究和历史研究尝试》,理然译,长沙:湖南
文艺出版社 1990 年版。

[美]史景迁:《文化类同与文化利用》,廖世奇、彭小樵译,北京:北京大学出版社
1990 年版。

[德]斯宾格勒:《西方的没落》,韩炯编译,北京:北京出版社 2008 年版。

[英]斯图尔特·霍尔编:《表征:文化表象与意指实践》,徐亮、陆兴华译,北京:商
务印书馆 2003 年版。

[美]苏珊·朗格:《艺术问题》,滕守尧译,北京:中国社会科学出版社 1983 年版。

孙有中:《解码"中国形象":〈纽约时报〉与〈泰晤士报〉中国报道比较(1993—
2002)》,北京:世界知识出版社 2009 年版。

[美]苏珊·S. 兰瑟:《虚构的权威:女性作家与叙述声音》,黄必康译,北京:北京大
学出版社 2002 年版。

[美]T. 克里斯托弗·杰斯普森:《美国的中国形象:1931—1945》,姜智芹译,南京:
江苏人民出版社 2010 年版。

[英]托马斯·卡莱尔:《英雄和英雄崇拜——卡莱尔讲演集》,张峰、吕霞译,上海:
上海三联书店 1988 年版。

王俊菊主编:《莫言与世界:跨文化视角下的解读》,济南:山东大学出版社 2014 年版。

王耀辉:《文学文本解读》,武汉:华中师范大学出版社 1999 年版。

王一川:《中国现代卡里斯马典型——二十世纪小说人物的修辞论阐释》,昆明:云南人
民出版社 1994 年版。

王一川:《中国形象诗学——1985 至 1995 年文学新潮阐释》,上海:上海三联书店
1998 年版。

王岳川:《发现东方(修订版)》,北京:北京大学出版社 2011 年版。

王岳川、胡淼森:《文化战略》,上海:复旦大学出版社 2010 年版。

[俄]维克多·什克洛夫斯基等:《俄国形式主义文论选》,方珊等译,北京:生活·读
书·新知三联书店 1989 年版。

[美]韦勒克:《批评的诸种概念》,丁泓、余徽译,成都:四川文艺出版社 1988 年版。

［德］沃尔夫冈·伊瑟尔：《虚构与想像：文学人类学疆界》，陈定家、汪正龙等译，长春：吉林人民出版社 2003 年版。

吴海蔓：《东方是不是东方——赛珍珠在中国》，北京：中国和平出版社 1997 年版。

吴秀明主编：《文化转型与百年文学"中国形象"塑造》，杭州：浙江工商大学出版社 2011 年版。

吴义勤：《自由与局限：中国当代新生代小说家论》，北京：人民文学出版社 2010 年版。

吴友富：《中国国家形象的塑造和传播》，上海：复旦大学出版社 2009 年版。

伍蠡甫、胡经之主编：《西方文艺理论名著选编》，北京：北京大学出版社 1987 年版。

［美］悉尼·胡克：《历史中的英雄》，王清彬等译，上海：上海人民出版社 1964 年版。

［德］席勒：《美育书简》，徐恒醇译，北京：中国文联出版公司 1984 年版。

谢静国：《论莫言小说（1983—1999）的几个母题和叙述意识》，台北：台北秀威资讯科技股份有限公司 2006 年版。

忻剑飞：《世界的中国观——近二千年来世界对中国的认识史纲》，上海：学林出版社 1991 年版。

徐放鸣：《审美文化与形象诗学》，南京：江苏人民出版社 2008 年版。

徐放鸣等：《中国形象的艺术呈现研究》，南京：江苏人民出版社 2014 年版。

徐其超、毛克强、邓经武：《聚焦茅盾文学奖》，北京：作家出版社 2005 年版。

［俄］亚·弗·卢金：《俄国熊看中国龙：17—20 世纪中国在俄罗斯的形象》，刘卓星译，重庆：重庆出版社 2007 年版。

［古希腊］亚里士多德：《诗学》，陈中梅译注，北京：商务印书馆 1996 年版。

严平编：《全球化与文学》，济南：山东教育出版社 2009 年版。

杨扬编：《莫言研究资料》，天津：天津人民出版社 2005 年版。

杨远婴：《电影作者与文化再现：中国电影导演谱系研寻》，北京：中国电影出版社 2005 年版。

［德］姚斯、［美］霍拉勃：《接受美学与接受理论》，周宁、金元浦译，沈阳：辽宁人民出版社 1987 年版。

叶舒宪：《英雄与太阳——中国上古史诗的原型重构》，上海：上海社会科学院出版社 1991 年版。

尹晓丽：《儒家文化传统与中国电影民族品性的构成》，北京：北京师范大学出版社
　　2011年版。

乐黛云：《比较文学与比较文化十讲》，上海：复旦大学出版社2004年版。

乐黛云、［法］勒·比雄主编：《独角兽与龙——在寻找中西文化普遍性中的误读》，北京：
　　北京大学出版社1995年版。

乐黛云、张辉主编：《文化传递与文学形象》，北京：北京大学出版社1999年版。

张邦卫：《媒介诗学：传媒视野下的文学与文学理论》，北京：社会科学文献出版社
　　2006年版。

张弘等：《跨越太平洋的雨虹——美国作家与中国文化》，银川：宁夏人民出版社2002
　　年版。

张昆：《国家形象传播》，上海：复旦大学出版社2005年版。

张靓蓓编著：《十年一觉电影梦：李安传》，北京：人民文学出版社2007年版。

张书群：《莫言创作的经典化问题研究》，济南：山东大学出版社2014年版。

［美］张英进：《中国现代文学与电影中的城市：空间、时间与性别构形》，秦立彦译，南京：
　　江苏人民出版社2007年版。

张哲俊：《中国古代文学中的日本形象研究》，北京：北京大学出版社2004年版。

张志彪：《比较文学形象学理论与实践：以中国文学中的日本形象为例》，北京：民族出
　　版社2007年版。

张志忠：《莫言论》，北京：北京联合出版公司2012年版。

张志忠、贺立华主编：《莫言：全球视野与本土经验》，济南：山东大学出版社2014年版。

赵炎秋：《形象诗学》，北京：中国社会科学出版社2004年版。

郑树森编：《文化批评与华语电影》，桂林：广西师范大学出版社2003年版。

周明伟主编：《国家形象传播研究论丛》，北京：外文出版社2008年版。

周宁：《跨文化研究：以中国形象为方法》，北京：商务印书馆2011年版。

周宁：《天朝遥远——西方的中国形象研究》，北京：北京大学出版社2006年版。

周宁：《异想天开——西洋镜里看中国》，南京：南京大学出版社2007年版。

周宁编：《世界之中国：域外"中国形象"研究》，南京：南京大学出版社2007年版。

周宁主编："世界的中国形象丛书"，北京：人民出版社2010年版。

周宁著 / 编注："中国的形象：西方的学说与传说"丛书，北京：学苑出版社 2004 年版。

朱光潜：《西方美学史》，北京：人民文学出版社 2002 年版。

朱骅：《美国东方主义的"中国话语"——赛珍珠中美跨国书写研究》，上海：复旦大学出版社 2012 年版。

朱磊：《赛珍珠及其作品研究》，济南：山东大学出版社 2012 年版。

朱立元：《接受美学》，上海：上海人民出版社 1989 年版。

朱立元主编：《美学》，北京：高等教育出版社 2001 年版。

朱志荣：《西方文论史》，北京：北京大学出版社 2007 年版。

宗白华：《艺境》，北京：北京大学出版社 1997 年版。

宗坤明：《形象学基础》，北京：人民出版社 2000 年版。

二、外文文献

Adams, J. Donald. *An Anthology of Contemplative Prose.* New York: E. P. Company.

Bassenett S. & A. Lefevere. *Translation, History and Culture.* London: Pinter Publishers, 1990.

Cai, Rong. "Problematizing the Foreign Other: Mother, Father, and the Bastard in Mo Yan's *Large Breasts and Full Hips.*" *Modern China*, 29（1）, 2003.

Chan, Shelley W. "From Fatherland to Motherland: On Mo Yan's *Red Sorghum & Big Breasts And Full Hips.*" *World Literature Today*, 74（3）, 2000.

Duke, Michael. *Past, Present, and Future in Mo Yan's Fiction of the 1980s.* Cambridge, MA: Harvard University Press, 1993.

Goldblatt, Howard. "Mo Yan's Novels Are Wearing Me Out: Nominating Statement for the 2009 Newman Prize." *World Literature Today*, July–August, 2009.

Inge, Thomas M. "Mo Yan Through Western Eyes." *World Literature Today*, 74（3）, 2000.

Liu, Hongtao, Haiyan Lee. "Mo Yan's Fiction and the Chinese Nativist Literary Tradition." *World Literature Today*, 57（2）, 2009.

Ng, Kenny K. K. "Critical Realism and Peasant Ideology: *The Garlic Ballads* by Mo Yan." *Chinese Culture*, 39 (1), 1998.

Nye, Joseph S. & William Owen, "America's Information Edge." *Foreign Affairs*, Mar/April 1996.

Pearl S. Buck trans. *All Men Are Brothers* (*Shui Hu Chuan*) . New York: The John Day Company, 1933.

Snow, Helen. "An Island in Time." *The New Republic*, 1973.

Snow, Helen. "Pearl S. Buck 1892–1973." *The New Republic*, March 24th, 1973.

Wang, David. "The Literary World of Mo Yan." *World Literature Today*, 74 (3), 2000.

Zhang, Yinde. "The (Bio) political Novel: Some Reflections on *Frogs* by Mo Yan." *China Perspectives*, 4, 2011.

参考文献

索引

后记

又到了写"后记"的时候了，这意味着项目的完成和一段合作的结束，也留下了难忘的记忆。回顾当初，成功申报"中国当代文艺实践中的国家形象构建研究"这个国家社科基金重点项目，正值我还在学校主要领导岗位上承担繁重工作之时，属于我的学术研究时间只有晚间和周末，还不能得到充分保证。值得欣慰的是，我们的课题组研究团队是一个精诚合作、勇挑重担的集体，大家都能意识到这个课题的理论价值和实践意义，愿意为此做出努力。在项目顺利开题之后的第一次组会上，各位团队成员根据既定的框架设计主动认领了任务，分头投入资料收集、项目调研和专题研究之中，按照进度要求如期拿出了阶段性成果。在此基础上，课题组根据形势发展变化积极拓展研究领域，追踪新出现的"现象级"国家形象构建案例，酝酿后续的延伸性研究课题。尤其值得称道的是，课题研究推进的过程也是既出成果又锻炼人才的过程。得益于参与课题研究的实践锻炼，项目组的骨干成员郝敬波、张乐金、周建萍、温德朝分别独立地成功获批国家社科基金项目，进一步拓展了本课题的研究视域和实践空间。这正体现了课题组成果产出、项目培育和人才成长的良性机制，是一个国家重点项目所能发挥的引领带动作用之体现。课题组的团队合作精神也弥足珍贵，值得发扬光大。

本书作为该研究项目的最终成果，由我负责整体的框架设计，提出需要研究的重点问题和主要观点，在我和课题组成员分工撰写初稿的基础上，再由我做后期整理统稿加工，形成成果并送审鉴定，温德朝协助我做了项目结题的技术性工作。在项目鉴定完成后，我又按照出版社的审读意见做了进一步修改完善。除我之外，参与初稿写作的课题组成员有：张玉勤（第三章）、周建萍（第四章、第五章）、温德朝（第七章）、郝敬波（第九章第五节，第十一章第三、第四节）、李雍（第八章，第九章第一至第四节）、黄瑜（第十章）、胡洁（第十二章）、陈娟（第十三章）、王怀义（第十四章第三节）、李曼（第十五章）、苗晓霞（第十六章）、周玲丽（第十七章）。另外，我指导的研究生杨璐、黄配配、陈洁、何彤珊、王莎也参与了前期研究工作，发表了课题研究论文，在此一并致谢！

本课题的研究得到了学术界的关注和支持，课题负责人和骨干成员先后携论文参加多次全国性学术会议做学术交流，在大会上介绍项目研究进展情况，取得了良好的宣传推广成效。在海外，则有纽约华美协进社邀请课题负责人赴美讲学，马来西亚拉曼大学邀请课题负责人前往该校中华研究院讲学，马来西亚最大的华文媒体《星洲日报》刊发了报道和对课题负责人的专访，产生了良好的海外反响。在论文发表方面，《中国现代文学研究丛刊》《江海学刊》和《江苏师范大学学报（哲学社会科学版）》陆续推出专栏，刊发我们的前期研究论文，另有《学术月刊》《南方文坛》《艺术百家》《当代电视》《当代电影》《电影文学》《百家评论》《华南师范大学学报（社会科学版）》《阅江学刊》《四川戏剧》等学术刊物也支持了我们的成果发表，尤其是《文艺报》一直对本课题的进展给予关注，不仅陆续发表了本课题组的 7 篇文章，而且以整版篇幅刊发了对课题负责人的专访《文学的使命与国家形象塑造》，人大复印资料的《文艺理论》和《文化研究》等专刊也多次全文转载我们的论文，使课题研究产生了广泛的学术影响。对此，我们谨致以深深的谢意！

本课题的顺利完成得到了我所在单位江苏师范大学社科处和文学院的鼎力支持，学校和文学院为我们提供了多方面的条件保障。本书的出版也得到了高等教育出版社的重视和支持，编辑同志富有学术敏锐性，几年来不断跟进研究计划的进展和书稿的完成情况，及时提出具体翔实的修改意见和学术出版的技术要求，其专业精神和严谨认真的工作态度给我留下了深刻的印象，也使我们保持着默契的合作状态，在此表示衷心的感谢！

风雨多经人未老，关山初度路犹长。学术研究之路是艰辛的，学术追求的境界是永恒的，而我们求索前行的乐趣就在于寻求那"灯火阑珊处"。愿以此与诸位读书人、写书人共勉！

徐放鸣

2021 年 12 月 2 日于徐州